MUITAS LÍNGUAS
UMA LÍNGUA

DOMICIO PROENÇA FILHO

MUITAS LÍNGUAS UMA LÍNGUA
A TRAJETÓRIA DO PORTUGUÊS BRASILEIRO

1ª edição

Rio de Janeiro, 2017

CIP-BRASIL. CATALOGAÇÃO NA PUBLICAÇÃO
SINDICATO NACIONAL DOS EDITORES DE LIVROS, RJ

P957m
Proença Filho, Domicio, 1936–
Muitas línguas, uma língua: a trajetória do português brasileiro /
Domicio Proença Filho. – 1ª ed. – Rio de Janeiro: José Olympio, 2017.

ISBN 978-85-03-01270-6

1. Língua portuguesa – Gramática. I.Título.

16-29841

CDD: 469.5
CDU: 811.134.3'36

Copyright © Domicio Proença Filho, 2017

Este livro foi revisado segundo o novo
Acordo Ortográfico da Língua Portuguesa.

Todos os direitos reservados. Proibida a reprodução, armazenamento
ou transmissão de partes deste livro, através de quaisquer meios,
sem prévia autorização por escrito.

Reservam-se os direitos desta edição à
EDITORA JOSÉ OLYMPIO LTDA.
Rua Argentina, 171 – 3º andar – São Cristóvão
20921-380 – Rio de Janeiro, RJ
Tel.: (21) 2585-2000

Seja um leitor preferencial Record.
Cadastre-se e receba informações sobre
nossos lançamentos e promoções.

ISBN 978-85-03-01270-6

Impresso no Brasil
2017

Para
Antônio Houaiss
Celso Cunha
Sílvio Elia.

Mestres.

In memoriam.

Para Rejane.

Para Domicio Júnior
e Adriano, estímulos permanentes.

E para Flavinho.

O presente é quase sempre mais compreensível quando se possa buscar suas raízes verossímeis ou certas no passado e, em matéria de língua, isso parece fundamental.

Antônio Houaiss

Um galo sozinho não tece uma manhã:
ele precisará sempre de outros galos.
De um que apanhe esse grito que ele
e o lance a outro; de um outro galo
que apanhe o grito que um galo antes
e o lance a outro; e de outros galos
que com muitos outros galos se cruzem
os fios de sol de seus gritos de galo,
para que a manhã, desde uma teia tênue,
se vá tecendo, entre todos os galos.

João Cabral de Melo Neto

Agradecimentos

A Maria Amélia Mello, testemunha entusiasmada do nascimento do projeto do livro e cuja paciência editorial assegurou a crença na proposta e o estímulo ao autor.

À eficientíssima equipe da Biblioteca Lúcio de Mendonça, da Academia Brasileira de Letras — Luiz Antonio de Souza, André Saman, Alice Maria Magalhães Gianotti, Suzy Helena Soares Pires, Paula Lima de Freitas Gomides, Aurileide Freitas Deppe da Costa, pelo pronto atendimento às solicitações de textos.

A Cláudio Aguiar, diretor da Biblioteca do Instituto Histórico e Geográfico Brasileiro, pelo apoio à pesquisa de documentos raros.

A Regina Wanderley, coordenadora do Projeto COLUSO (Comissão Luso-Brasileira para Salvaguarda e Divulgação do Patrimônio Documental), do IHGB, pelo acesso a preciosos documentos da História do Brasil.

Ao Instituto do Livro do Rio Grande do Sul, pelo pronto atendimento à busca de documentos vinculados à história gaúcha.

A Luciane Santana, pelo paciente e eficientíssimo trabalho de digitação das inúmeras versões do livro.

A Domicio Proença Junior, pela leitura crítica dos originais.

A Rejane Maria Leal Godoy, pelas sugestões e pela revisão dos originais.

Para Evaldo Cabral de Mello, pelo privilégio de sua acurada leitura do texto final e as agudas e enriquecedoras observações.

Sumário

Introdução   13

1. Mapa do discurso   15

2. Nos tempos do Brasil Colônia. Línguas
em convivência   21

O achamento da terra pau-brasil. A língua dos achadores

Exploração e conquista. Línguas distintas de distintas gentes

Primórdios da evangelização: credos e línguas

A realidade colonial e a comunicação nas décadas finais do século XVI

No rumo dos bandeirantes: colonização, mescla de línguas

Tensões na construção comunitária. Repercussões na comunicação

Holandeses no Brasil: mais uma língua na colônia

Século XVII: catequese, educação e línguas

Mobilizações da gente de África: línguas de negro, língua de branco

Primórdios da literatura escrita na colônia

No curso da construção comunitária. Interações linguísticas

Século XVIII: instâncias instauradoras. A Coroa e a língua portuguesa
na colônia

A realidade social e linguageira do Brasil colonial: síntese

3. Nos tempos de sede do reino. Consolidação
   da prevalência do idioma luso   231

4. Nos tempos do Brasil Império. Hegemonia
   da língua portuguesa   257

   No período da regência
   Tempos do Segundo Reinado

5. Nos tempos do Brasil Republicano. Aspectos
   da dinâmica da língua oficial consolidada   375

   Na Primeira República
   Na Segunda República (era Vargas)
   Na Terceira República
   Na Quarta República (regime militar)
   Na Quinta ou Nova República

6. Brasil: Um país multilíngue, uma língua
   oficial generalizada   539

   O português do Brasil
   O português brasileiro: variações geográfico-regionais ou diatópicas
   Português brasileiro: variações socioculturais ou diastráticas
   Português brasileiro: variações expressivas ou diafásicas
   Interveniências no processo

Conclusão   627

Bibliografia   629

Índice remissivo   655

Introdução

Este livro objetiva, basicamente, divulgar aspectos do processo de configuração do português brasileiro.

Ao escrevê-lo, pensei nos estudantes de Letras e nas pessoas com alguma curiosidade a respeito da história brasileira do idioma oficial dos países lusófonos, originário de Portugal.

Constitui, deliberadamente, um esboço.

O rigor do retrato, se desejado, poderá ser buscado em consulta à ampla bibliografia do final do volume.

A caracterização do português brasileiro é matéria complexa. Felizmente, tem sido, desde a década de 1970, graças ao desenvolvimento da linguística, objeto de numerosos e iluminadores estudos e pesquisas, intensificados a cada ano.

Os especialistas, portanto, encontrarão aqui matéria consabida.

A interpretação que orienta o traçado é uma entre muitas.

Configura-se a partir de uma perspectiva que o vincula à estreita relação entre a construção comunitária do nosso país e a interação com as várias línguas que, ao longo da história, fizeram desse português uma variante geográfica, caracterizadora de uma norma específica.

Envolve, necessariamente, fatos históricos e sociais. Não sou, entretanto, nem historiador, nem sociólogo. Perpasso-os, sem preocupação com esgotar os múltiplos caminhos, nas trilhas abertas por renomados especialistas, numa visão de estudioso da linguagem, para que ajudem o leitor a ter uma ideia das peculiaridades do uso brasileiro da língua.

O livro objetiva, em paralelo, mobilizar a atenção para fatos de relevância vinculados à utilização da língua portuguesa do Brasil, nas múltiplas e várias circunstâncias do convívio comunitário: a relação entre a fala e a situação de fala; o papel da escola; as variantes geográficas, socioculturais e expressivas e a norma; a língua e a inclusão social.

Entendo que o propósito é pertinente, diante das inquietações e incertezas relacionadas à sua utilização, à sua inserção no universo da lusofonia, à sua relevância como um dos idiomas supercentrais do mundo globalizado.

Assim situado, este livro fundamenta-se em quatro pressupostos básicos: conhecer é interpretar; todo texto é diálogo; a natureza e a especificidade da língua que falamos estão estreitamente vinculadas a fatores histórico-sociais inter-relacionados e integrados; a língua acompanha a dinâmica da cultura em que se insere: encontra-se em permanente mudança.

Na tecedura do texto, associam-se, integrados, um texto-base e textos cultural e linguisticamente ilustrativos. Na bordadura, alguma concessão à função poética da linguagem.

Os textos documentais são reproduzidos na grafia da impressão original. As respectivas transcrições atualizadas dos que implicam difícil descodificação poderão ser encontrados no final dos capítulos. Notas no final de cada unidade aliam referências e eventuais explicitações complementares.

Um último esclarecimento: o texto foi escrito e reescrito ao longo dos últimos quinze anos. Estável, nesse percurso, só o título, adotado desde a redação do projeto da obra.

Durante esse tempo, muita água avolumou-se no fluxo fatal da História. Num processo de gradativa aceleração. A tal ponto, que ultrapassou a capacidade de armazenamento do disco rígido da memória individual e obrigou a uma operacionalização seletiva e constantemente atualizadora.

Mobiliza-me uma dupla expectativa: a de que conduza, mais que tudo, ao prazer da leitura e, em especial, a de que estimule a motivação do leitor para conhecer mais detidamente a fascinante história da língua portuguesa do Brasil.

2017
Domicio Proença Filho

Mapa do Discurso

No princípio, foi o gesto, a música, a dança. Mediações figurativas. Está na carta manuscrita de Pero Vaz de Caminha, o escriba da frota do almirante lusitano.

> [...] e o capitam mandou no batel em terra Njcolaao Coelho pera veer aq̃le rrio e tamto que ele começou pera la de hir acodirã pela praya homeẽs quando dous quando tres de maneira que quando o batel chegou aa boca do rrio heram aly xbiij ou xx homeẽs pardos todos nuus sem nehuũa cousa que lhes cobrisse suas vergonhas. traziam arcos nas maãos e suas seetas. vijnham todos rrijos pera o batel e Njcolaao Coelho lhes fez sinal que posesem os arcos. e eles os poseram. aly nom pode deles auer fala ne enteñdimento que aproveitasse polo mar quebrar na costa. [...][1]
>
> E seendo Afonso Lopes nosso piloto em huũ daqueles navjos pequenos per mandado do capitam por seer home vyvo e deestro per jsso meteose loguo no esquife a somdar o porto demtro e tomou em huũa almadia dous daqueles homeẽs da terra mancebos e de boos corpos. e huũ deles trazia huũ arco e bj ou bij seetas e na praya amdavam mujtos cõ seus arcos e seetas e nom lhe aproueitaram. trouveos logo ja de noute ao capitam omde foram recebidos com muito prazer e festa. [...][2] acemderam tochas e entraram e nõ fezeram nehuũa mençam de cortesia nem de falar ao capitam nem a njinguem. pero huũ deles pos olhos no colar do capitam e começou de acenar cõ a mão pera a terra e despois pera o colar como que nos dezia que avia em terra ouro e tambem vio huũ castiçal de prata e asy meesmo acenava pera a terra e entã pera o castiçal como que avia tambem prata. [...][3]

> Vio huũ deles huũas contas de rrosairo brancas. acenou que lhas desem e folgou muito com elas e lançouas ao pescoço e depois tirouas e enbrulhouas no braço e acenava pera a terra e entã pera as contas e pera o colar do capitam como que dariam ouro por aquilo. Isto tomavamonos asy polo desejarmos mas se ele queria dizer que levaria as contas e mais o colar. jsto nom querjamos entender porque lho nõ aviamo de dar [...][4]
>
> [...] e depois de acabada a misa aseẽtados nos aa pregaçom alevantaramse mujtos deles e tanjeram corno ou vozina e começaram a saltar e dançar huũ pedaço. [...][5]
>
> Entã tornouse o capitã per abaixo per a boca do rrio onde desembarcamos e aalem do rrio amdavã mujtos deles damçando e folgando huũs antre outros sem se tomarem pelas maãos e faziãno bem. [...][6]
>
> (Trecho da carta de Pero Vaz de Caminha)

Depois, a palavra e a mescla. Muitos anos de trocas culturais, de misturas linguageiras. De línguas de português, de índio, de negro d'África e, em menor escala, de outras gentes de etnias outras. Integradas num percurso complexo de marcado dinamismo, em que se entrelaçam inúmeros fatores vinculados aos linguísticos: históricos, demográficos, econômicos, literários, midiáticos, educacionais. Em distintas conjunturas.

Ao longo do processo, o Brasil ficou sendo um país de muitos falares. E os brasileiros nos convertemos em usuários de um idioma oficial, uno e simultaneamente diversificado, um idioma em contínua mudança, lenta ou acelerada, como acontece com qualquer outro.

Na base, a língua portuguesa que veio na fala diferenciada dos ousados navegantes comandados por Pedro Álvares Cabral e dos colonizadores e se tornou língua comum e oficial dos brasileiros.

Retornemos no tempo, guiados pelos textos-memória do percurso. Revisitemos, aprovisionados pela imaginação, instâncias da história de nosso país e da língua oficial de que nos valemos.

Acompanhemos, ao longo da construção comunitária, a sedimentação da nacionalidade e da configuração do português brasileiro.

É um convite.

Notas

1. Acervo: Arquivo Nacional Torre do Tombo. Disponível em <digitarq.dgarq. gov.pt/details?id=4185836>. Texto atualizado: Cf. versões de Silvio Castro (In: CASTRO, Silvio, op. cit., p. 76-98), Paulo Roberto Pereira (In: PEREIRA, Paulo R. [org.]. *Os três únicos testemunhos do descobrimento do Brasil*. Rio de Janeiro: Lacerda, 1999, p. 31-59) e Jaime Cortesão (In: CORTESÃO, Jaime. *A carta de Pero Vaz de Caminha*. 2. ed. Lisboa: Portugália, 1967). "E o Capitão-mor mandou em terra no batel a Nicolau Coelho para ver aquele rio. E tanto que ele começou de ir para lá, acudiram pela praia homens, quando aos dois, quando aos três, de maneira que, ao chegar o batel à boca do rio, já ali havia dezoito ou vinte homens. Eram pardos, todos nus, sem coisa alguma que lhes cobrisse suas vergonhas. Nas mãos traziam arcos com suas setas. Vinham todos rijos sobre o batel; e Nicolau Coelho lhes fez sinal que pousassem os arcos. E eles os pousaram. Ali não pôde haver fala, nem entendimento de proveito, por o mar quebrar na costa."

2. *Ibidem*. Texto atualizado: "[...] E estando Afonso Lopes, nosso piloto, em um daqueles navios pequenos, por mandado do Capitão, por ser homem vivo e destro para isso, meteu-se logo no esquife a sondar o porto dentro; e tomou dois daqueles homens da terra, mancebos e de bons corpos, que estavam numa almadia, e um deles trazia um arco e seis ou sete setas mas delas não se serviram. Trouxe-os logo, já de noite, ao capitão, em cuja nau foram recebidos com muito prazer e festa."

3. *Ibidem*. Texto atualizado: "Acenderam-se tochas. Entraram; mas não fizeram sinal de cortesia, nem de falar ao Capitão nem a ninguém. Porém um deles pôs olho no colar do Capitão e começou a acenar com a mão para a terra e depois para o colar, como que nos dizendo que ali havia ouro. Também olhou para um castiçal de prata e assim mesmo acenava para a terra e novamente para o castiçal como se lá também houvesse prata."

4. *Ibidem*. Texto atualizado: "[...] Viu um deles umas contas de rosário, brancas; acenou que lhas dessem, folgou muito com elas, e lançou-as ao pescoço. Depois tirou-as e enrolou-as no braço e acenava para a terra e de novo para as contas e para o colar do Capitão, como que dizendo que dariam ouro por aquilo. Isto entendíamos assim, mas se ele queria dizer que levaria as contas mais o colar isto não queríamos entender porque não lhos havíamos dar."

5. *Ibidem*. Texto atualizado: "[...] E, depois de acabada a missa, assentados nós para a pregação, levantaram-se muitos deles, tangeram corno ou buzina, e começaram a saltar e a dançar um pedaço."

6. *Ibidem*. Texto atualizado: "[...] então tornou-se o capitão para baixo, para boca do rio onde desembarcamos e além do rio, andavam muitos deles dançando e folgando, uns diante dos outros, sem se tomarem pelas mãos. E faziam-no bem."

Nos Tempos do Brasil Colônia.
Línguas em Convivência

E asy seguymos nosso caminho per este mar de lomgo.[1]

Pero Vaz de Caminha

O ACHAMENTO DA TERRA PAU-BRASIL.
A LÍNGUA DOS ACHADORES

O COMEÇO, SEGUNDO PERO VAZ

1500, o ano. Março, o mês. O dia, 9. A hora, meio-dia.

No porto de Lisboa, a gente, a corte, a surpresa.

No Tejo, o rio, os barcos: dez naus e três caravelas, grávidas de quimeras. Mil e quinhentos tripulantes, de uma população portuguesa de um milhão e meio de habitantes àquele tempo. De 50 a 60 mil em terras lisboetas.

Todo o Portugal vela a partida, inquieto, em tensa festa. Amigos e parentes, entre tristes e felizes, e mais a gente de ver, vozes do sim, orgulhosos comparsas do heroísmo. Vozes do não abrigadas na angústia do silêncio.

O vento aguça a ânsia das velas excitadas. A cruz de Cristo, vermelho-sangue, as adorna, premonitória.

O ar sabe a apreensão e maresia.

O mar, berço da aventura, a verde esperança.

A mão antes beijada d'el-rei D. Manuel, no juízo da história O Venturoso,[2] leve, acena. É soberano de um Portugal senhor dos mares, perito em navegações de longo curso. As cordas, livres do cais, já uma saudade.

Rosas de espuma, falso adorno, bordam o bojo das naus. Quilhas afiadas desenham o curso, na direção do destino. No risco, as Índias, missão.

Urgente. Na ordem real do trono, a rude reparação de agressões recentes[3] e, mais que tudo, o comércio das especiarias,[4] preciosos condimentos: gengibre, canela, cravo, a noz-moscada e, com destaque, a pimenta.

No sentimento dos nautas, a excitação da aventura, a busca do desconhecido, alimentado na imaginação. E, absconso, o medo.

Na cabeça do almirante, a segurança, ancorada no segredo de graves testemunhos: não se elegera, por certo, tal rumo por acaso, ou capricho de argonautas. No meio do caminho, segundo alguns estudiosos, havia o novo, anunciado por inúmeros procedimentos, fatos, circunstâncias.

Entre outros, os apontados pelo historiador João Ribeiro: o propósito assumido de afastar-se a frota da costa do continente negro, recomendação de Vasco da Gama, o grande capitão, descobridor do curso até as Índias, onde aportara em 1498; a ciência de que os mares a oeste, na largura de 18 graus, eram, desde Tordesilhas, o Tratado, de domínio lusitano; a ausência do caráter divinatório, orientador da viagem de Colombo; a presença no comando de fidalgos e homens d'armas.

Se não havia intenção da descoberta, havia muito menos a surpresa ou o acaso do achamento.[5]

Mas a dúvida pervaga, por algum tempo, nessas águas.

O nevoeiro das divergências começa a esvanecer-se diante da pesquisa e das conclusões do historiador português Joaquim Barradas de Carvalho, falecido em 1980, sobre o autor do *Esmeraldo de situ orbis*, o diplomata e navegador Duarte Pacheco Pereira, também lusitano. Este aportara efetivamente em terras do Brasil — em 1498, em viagem sob seu comando —, terras, nas palavras do comandante, de "munto e fino brasil". Não se pode afirmar, entretanto, se anteriormente conhecidas.[6]

A questão tem, na atualidade, entretanto, interesse menor; situa-se mais no âmbito da curiosidade histórica do que nos espaços da compreensão dos processos históricos.[7] O acaso da descoberta frequenta atualmente o território das teses superadas.

Alheia à futura controvérsia, a Cidade Branca, do alto do Castelo de São Jorge, estende o olhar de adeus aos bravos navegantes. O mar, alerta à ousadia.

Na frota, a leveza das caravelas e seu calado curto, orgulho naval da gente portuguesa. Desde 1441.

À mão do comandante as tabelas, as cartas de navegação; a seu dispor o quadrante e o astrolábio, garantia de sabença da posição dos barcos à vista dos astros, guias constantes no céu.

Na cabeça, o saber da experiência. E o espírito da abstrata[8] Escola de Sagres.

Nos lábios, a língua portuguesa do século XVI, feita de dialetos vários das terras lusitanas. Cuidada, na fala dos oficiais e do padre-capelão, na letra dos escrivães, língua culta de Lisboa. Rude, no falar da marinhagem.

> Sñor
>
> posto que o capitam moor desta vossa frota e asy os outros capitães screpuam a vossa alteza a nova do achamento desta vossa terra nova que se ora neesta navegaçam achou nom leixarey também de dar disso minha comta a vossa alteza asy como eu milhor poder ajmda que pera o bem contar e falar o saiba pior que todos fazer, pero tome vossa alteza minha jnoramcia por boa vomtade, a qual bem certo crea q por afremosentar nem afear aja aquy de poer mais ca aquilo que vy e me pareceo.[9]
>
> (Trecho da carta de Pero Vaz de Caminha)

A VIAGEM

Segue a frota ao embalo dos ventos e das expectativas.

Árduo, o curso. Quarenta e quatro jornadas em mar, de longo. Dura, a faina, eivada de sofrências, tédios e temores. Mas com a certeza de porto, que são senhores do mar, os portugueses.

Navegado o mês de março, a 20 de abril, terça das Oitavas de Páscoa, o mar e o céu prodigalizam sinais de via certa: plantas marinhas, sargaços nas águas: botelhos, rabos-de-asno, entre loas e festas. E na manhã seguinte, asas alegres no céu: garças, então chamadas fura-buchos.

O ACHAMENTO

Está escrito. Nessa quarta, às vésperas, no alvorecer fatal da Renascença, o grito do gajeiro: "Terra a vista!" e, ao olhar de todos, preguiçosa, ao longe, na fímbria do horizonte, a primeira curva do monte, Pascoal denominado, e, logo, outros menores.

É terra de muito chão, diz a experiência do marujo. Mas não é de Calicute, conhece o comandante, discípulo de Sagres. E nomeia o território Terra de Vera Cruz, mas logo o entende insular e o batiza: ilha de Vera Cruz. A língua lusa assume a paisagem que se descortina.

O POUSO, A FESTA, A EXPECTATIVA

Vinte e três de abril, sul da Bahia. Ancoram naus, caravelas e navios, a 36 quilômetros da costa, à frente do monte antes avistado. E, logo ao primeiro brilhar do sol, ordena o capitão levantar ferros e seguir na direção da faixa litorânea. E a frota novamente se abriga, agora num remanso, na embocadura de pequeno rio, a uns três quilômetros da praia que se estende, emoldurada de densos verdes de floresta ampla. E a nave-mãe acolhe, em festa, todos os capitães, alegres e ditosos.

De repente, os olhares divisam homens a caminhar na surpresa da paisagem. E ordena o comandante, ouvidos os seus pares, que num batel a terra se dirija Nicolau Coelho e sua experiência de Índia, e com ele Gaspar da Gama, sabedor do árabe e de outros idiomas, e mais um marujo guineense e um escravo de Angola. Distintos falantes de distintas línguas. No afã de alguma comunicação.

A TERRA, A GENTE

É terra formosa e fértil, adornada de verde e luz, por certo grávida de ouro e de prata, banhada de águas preciosas, rica de flora e fauna.

Nela habita — logo se descobre — uma gente vermelha, nua e descansada, que, ao ver equivocado do escriba, não conhece lavratura, mas a alegria da caça, do jogo, da dança e do canto.[10] Nos lábios, o fluir de outra língua, estranha, desconhecida.

A nudez dos silvícolas certamente não provoca estranhamento: conhecem-na da gente da África os portugueses, convivas de etíopes de hábitos similares.

E trocam-se barretes e capuzes, setas, arcos, bugigangas. As palavras, perturbadas pelo vento e pelo estranho, longe do entendimento: falam atos, gestos de paz. Apenas o começo.

No texto do piloto anônimo, outro integrante da frota, o registro, recuperado via língua italiana, e um equívoco de data:[11]

> Aos 24 dias de abril, que foi quarta-feira da oitava da Páscoa, houve a dita armada vista da terra, de que teve grande prazer. E chegaram a terra para verem que terra era, a qual acharam terra muito abundante em árvores e gentes, que por ali andavam, pela costa do mar, e lançaram ferro na foz dum rio pequeno. E depois de lançadas as ditas âncoras, o Capitão mandou deitar um batel ao mar pelo qual mandou ver que gentes eram aquelas, e acharam que gentes de cor parda, entre o branco e o preto, e bem-dispostas, com cabelos compridos e andam nus como nasceram, sem vergonha alguma, e cada um deles levava o seu arco com flechas, como homens que estavam a defender o dito rio. Na dita armada não havia ninguém que compreendesse a sua língua. E visto isso, os do batel voltaram ao Capitão e neste instante fez-se noite, na qual noite houve grande tormenta.[12]

O PORTO MAIS SEGURO

Movem-se as naves em busca de outro porto, mais tranquilo, diante do impacto da forte tempestade da noite anterior. Ferros mergulham enfim em águas protegidas: um recanto entre arrecifes, na foz do Mutari a dois quilômetros da praia, junto ao ilhéu da Coroa Vermelha, doze quilômetros ao norte da atual Porto Seguro, enfim repouso ameno das fadigas do mar alto.

Anoitece, quando Afonso Lopes, o piloto, chega de esquife à praia referida. Encontra dois aborígenes; logo os aprisiona, diante de olhares e setas curiosos e inertes, e os conduz à nau do capitão.

O ENCONTRO

A bordo os espera a pompa e circunstância de um trono no convés atapetado de rubra cor, tochas acesas. O almirante, o traje engalanado, amplo colar ao peito, aguarda, soberano.

Ei-los ali, sem aparente surpresa, com simplicidade tanta e tão bela inocência na nudez e nos adornos de penas nas cabeças, ossos a furar lábios, elegâncias: são belos esses gigantes dessas plagas de além-mar! Olham nos olhos novéis como reis, imperadores, seguros do seu mirar.

Que lhes reserva o destino nos rumos advindos desse encontro inédito? Que querem esses homens cor de lua, nesses troncos sem folhas que flutuam sobre o baço espelho das águas desse mar? Só o sabe Tupá e o futuro.

Os olhares e as mãos indígenas apontam o ouro e a prata, os brilhos nas vestes lusas exibidos e, ao longe, o verde território. Que pensamentos habitam nesse instante as cabeças de tais senhores daquela terra estranha? A cobiça, por seu turno, excita a compensatória fantasia do capitão e de todos os seus comandados: os gestos indígenas informariam que aquelas terras abrigariam, seguramente, os preciosos metais.

Mas não é de supor, como adverte Caminha, que apenas indicassem o desejo de levar com eles os adornos e adereços?

A manhã acorda batéis, esquifes e praia apinhados de povo pau-brasil, guerreiros muitos e mais quatro mulheres, as primeiras diante dos surpreendidos olhos achadores.

Armas depostas sobre a areia, tudo é troca, alegria neste sítio que, na mente de Europa coletiva, se acreditará de imediato ser o "terreal paraíso descoberto",[13] um símile do Éden, na imaginação europeia e no traçado do sonho dos audazes navegantes, plantado em sítio inexplorado, o chão da utopia.

O Destino sorri, enigmático.

A MISSA, A PRIMEIRA

Em terra, o comandante. E ergue os olhos ao céu e agradece, e com ele todos os capitães, e conclama à prece em missa, a primeira, celebrada, numa ilhota, em domingo consagrado à Páscoa.

Reza-a frei Henrique, dito de Coimbra, o capelão da frota, ao abrigo da bandeira da Ordem de Cristo e da palavra evangelizadora, missão. E a língua latina, pela vez primeira, ecoa surda aos ouvidos virgens, pouco atentos: *Dominus vobiscum...* E brinca, em meio ao culto, a alegre gente cor de brasa e dança e canta, prenhe de ingênuo folgar. Difícil imaginar, a esse passo, o que o traço do futuro lhe reserva.

> Ao outro dia feguinte,* fahio Pedraluarez em terra com a mayor parte da gente: na qual fe diffe logo Miffa cantada, & ouue pregaçam: & os Indios da terra que ali se ajuntáram ouuião tudo com muita quietaçam, vfando de todos os actos e cerimonias que vião fazer aos noffos. Eafsi fe punham de giolhos & batião nos peitos, como se teueram lume de Fé, ou que por algũa via lhes fora reuelado aquelle grande & ineffabil mysterio do Sanctifsimo Sacramento. No que mostrauam claramẽte eftarẽ difpostos pera receberẽ a doctryna Chriftaã a todo tẽpo q̃ lhes foffe denũciada como gẽte q̃ue não tinha impedimẽto de ídolos, nem profeffaua outra ley algũa que podeffe contradizer a efta noffa, com diante fe vera no capitulo que trata de feus coftumes.[14]
>
> (Trecho da *História da província de Santa Cruz, a que vulgarmente chamamos Brasil*, de Gândavo)

---

* A grafia correspondente ao fonema "s" aproximava-se da letra "f". Adotada assim na presente edição.

A OUTRA MISSA, DE CRUZ CHANTADA

E, a 1º de maio, celebra-se nova missa. A dois tiros de besta[15] do fluvial remanso, chantada na terra a Cruz de Cristo. E o mesmo celebrante, dito o sermão, lança aos pescoços pagãos crucifixos em fios agregados. E a contrição envolve o capitão e a todos, na certeza da futura fé de tais gentios, todos de joelhos, olhos e ouvidos curiosos e inúteis, à espera da Palavra, o Eterno Verbo.

A comunhão sela a certeza da Fé e da Esperança, virtudes a propagar. E move a consciência missionária diante de tal gente de uma terra, em tal maneira graciosa, que nela querendo se plantar, tudo germinará, por bem das águas, muitas, e mais o melhor fruto: a salvação da gente, semente a ser lançada por sua Majestade Real, na voz e na ação missionária.

Palavra de Pero Vaz.

A EL-REI, A BOA-NOVA

Convoca o Almirante os capitães. Ordena a volta de uma nave, a de Gaspar de Lemos, às terras lusas, com a boa-nova a el-rei do achamento. Com ele, a carta de Pero Vaz, o escriba, decerto amigo da Real Figura, e mais outras dezenove, por capitães e escrivães lavradas. E papagaios, macacos, e a madeira cor de brasa. A terra achada emerge do discurso.

NA DIREÇÃO DA ESTRANHA GENTE E SUA LÍNGUA

Manda ainda o Comandante que degredados — dois — restem desembarcados, vanguardeiros. Há que saber melhor de tal terra e de tal gente. E conhecer-lhes a língua, então mistério. Língua estranha, incompreensível. A ponto de trazer dúvidas sobre a pertença à condição humana. E se humanos não eram, nada impedia o tê-los como escravos.

Esse, o inacreditável juízo que, entretanto, baila em cabeças europeias, dúvida felizmente fraturada, mais tarde, por Paulo III, pontífice da Igreja de Roma: bula papal reconhece que são gente, seres racionais, é urgente convertê-los ao rebanho do Senhor. Está no texto da *Universis Christi Fidelibus*, de 1536.

Por ora determina mais o Capitão que a frota prossiga o salso navegar: convém guardar o segredo nas dobras do discreto. Não sem antes explorar o virgem território. E os pés navegadores encontram rio de água muita e boa, às margens palmeiras altas, de melhor palmito, fartamente degustado. E todos bailam amenamente, lusos e vermelhos.

Felizes dias!

> [...] pasouse emtam aalem do rrio Diego Dijz alx.e que foy de Sacavens que he homẽ gracioso e de prazer e levou comsigo huũ gayteiro noso cõ sua gaita e meteose cõ eles a dançar tomandoos pelas maãos e eles folgavam e rriam e amdavam cõ ele muy bem ao soõ da gaita. despois de dançarem fezlhe aly amdando no chaão mujtas voltas ligeiras e salto rreal de que eles se espantavam e rriam e folgavã muito.[16]
>
> (Trecho da carta de Pero Vaz de Caminha)

DE NOVO O MAR E O DESTINO

A terra achada, a Cruz de Cristo e o Selo Real, marcas de posse, tornam as velas ao rumo da buscada messe das Índias Ocidentais, celeiro de especiarias. Afinal, nas plagas descobertas — ledo engano — nada de presas de guerra, de butins, de ascensão social ou proteção de família, antigas motivações: só, irônica e rubra, a madeira-brasil, matéria-prima cobiçada pela tinturaria de Europa.

A frota levanta ferros, então, a 2 de maio. O rumo: Leste. Destino: a Índia, Calicute. E sub-reptícia, permanece plantada na Cruz a Fé, e nos ouvidos silvícolas, os sons da nova língua estranha.

Os passos dos degredados e de dois desertores ferem medrosos as trilhas desconhecidas. Extasia a profusão de frutas, aves, verde e alegria.

Madeira e palha erguem inesperadas choças, armam-se redes e fogo, moradias.

A eles os índios lhes pareciam, segundo dizem mais tarde, gente de tal inocência, que, se da fala lusa houvessem entendimento, logo à fé de Cristo acorreriam, salvas as almas para glória e louvor da Santa Madre Igreja e vassalagem a Sua Alteza Real, o Venturoso.

Culturalmente europeu, o olhar de Pero Vaz vê na terra e na gente nova a referida concretização paradisíaca. E mais: a feição e o comportar-se dos nativos, a organização das tribos levam os achadores à comparação com africanos da Guiné: eis que ao gentio, além de índio, chamam também de "negro", "negro da terra".

Do sítio achado dá notícia, além da Carta, a citada *Relação* do anônimo piloto. E se, na descrição do território e dos seus desnudos habitantes, revela parcimônia, a sua intuição vislumbra a geográfica verdade:

> A terra é grande e não sabemos se é ilha ou terra firme. Julgamos que seja pela sua grandeza terra firme. E tem muito bom ar e estes homens têm redes e são grandes pescadores e pescam peixes de muitas espécies, entre os quais vimos um peixe que apanharam, que seria grande como uma pipa e mais comprido e redondo e tinha a cabeça como um porco e os olhos pequenos e não tinha dentes e tinha orelhas compridas do tamanho de um braço, e da largura de meio braço.[17]

Sabença da terra achada

Chega a el-rei D. Manuel a nova do achamento. Na letra das cartas, nas amostras, e mais na prova viva: um índio que o capitão Gaspar aprisionara, por certo à revelia do almirante Cabral.

A gente e a terra nova, pouco a pouco, povoam o imaginário nos espaços do discurso. A língua portuguesa ecoa tímida na terra pindorama. No silêncio do mistério verde, o abrigo de outras vozes.

O território encontrado, entretanto, não move, nos primeiros anos, de rara sabença e pouca bibliografia, o real empenho: parece parco de bens aos olhos do Venturoso. El-rei apenas assegura a posse e o converte em pouso em meio à rota das Índias desejadas e buscadas e em centro de exploração da madeira cor de tinta.[18]

Perpassemos alguns fatos e aspectos dos rumos desses começos, no percurso da história e da língua.

EXPLORAÇÃO E CONQUISTA. LÍNGUAS DISTINTAS DE DISTINTAS GENTES

A ASSUNÇÃO DO TERRITÓRIO

Os objetivos das expedições exploradoras que, em 1501, aportam à terra achada, no âmbito da régia orientação, envolvem ação de polícia, mapeamento da faixa litorânea, conhecimento e notícia de circunstâncias do ambiente nativo e da natureza da gente de cor vermelha.

No curso do convívio primeiro, o escambo: toras do pau-de-tinta, devidamente cortadas, víveres e outros produtos trocados por colares, espelhos, pentes e alguma ferramenta útil à extração pleiteada. Na mão de obra, o indígena.[19]

Na guarda da mercadoria, fruto da experiência da empreitada africana, a implantação das feitorias ao longo do litoral conquistado. Na concretude, galpões simples de madeira cercados de paliçadas; de mobiliário, caixotes, arcas, abrigo das toras armazenadas. As pioneiras, instaladas nos sítios que o futuro tornaria Cabo Frio, Rio de Janeiro e Pernambuco.

Ao fundo da determinação exploratória, o Tratado de Tordesilhas assegura os interesses de Portugal e de Espanha. Estabelece também que os possíveis habitantes em tais sítios encontrados convertam-se em fiéis servos do Senhor e da Igreja.

O acordo divide o mundo. A linha divisória passa, recordemos, a oeste do arquipélago de Cabo Verde: ao todo, 370 léguas. As terras do ocidente seriam posse espanhola. As do leste, lusitanas. Hegemonias.

Não se define a ilha do arquipélago dada como referência, nem a medida das léguas a partir de cada grau. As futuras terras achadas pelo almirante luso estavam, no entanto, asseguradas à posse de Portugal. Seguramente havia consciência de que existia tal sítio no caminho do Oriente.

O certo é que a arte de Pedro Nunes — cosmógrafo-mor da Coroa portuguesa — desenha, em 1537, o traçado dos limites de acordo com o texto legitimador: uma linha imaginária que se estende além da ponta do Amazonas, o rio, da parte do Oeste, no Porto de Vicente Pinzón, na foz do Oiapoque, e corre pelo sertão até além de São Matias, a baía, hoje em terras argentinas.

O traçado demarcatório, numa visão atual, vai da paraense Belém à cidade de Laguna, em terras catarinenses. A Oeste e ao Sul, é claro, a terra que se encontrasse seria pertença de Espanha. Seria, pois distintos foram os caprichos da História. É matéria de muitos consabida.

UMA EXPEDIÇÃO, DE PASSAGEM

Ainda em 1501, a partir de 10 de março, nova frota incerta singra as águas do Oceano Tenebroso. O rumo e o destino idênticos aos do almirante Pedro Álvares. O objetivo, também o comércio das raras especiarias. Três naus e uma caravela. No comando, João da Nova.

O comandante teria recebido instruções de pouso nas estranhas plagas da terra nova encontrada. Nelas teria aportado em abril do mesmo ano. Trata-se, entretanto, de episódio sem registros mais precisos de estada e de percurso.

A PRIMEIRA EXPEDIÇÃO DE CARÁTER EXPLORATÓRIO

A primeira expedição realmente exploradora do potencial possível da terra do pau-brasil é a que traz no comando o mesmo Gaspar de Lemos, o capitão que levara ao conhecimento do Rei a nova do achamento. Integra a tripulação o viajado e afortunado piloto Américo Vespúcio.[20]

São três as caravelas que partem para a empreitada. A 15, do mesmo março.

No percurso e em águas oceânicas, redescobre-se e renomeia-se de São Lourenço a então ilha da Quaresma, também dita de São João.

No desembarque dos lusos, a 17 de agosto, em praia norte-rio-grandense de localização duvidosa, um desastre aguarda os nautas: a hostilidade gentia e mais, eram canibais. É quando os navegantes descobrem, entre os índios do Brasil, o rito da antropofagia, que a pena de Vespúcio apresentará à estupefação europeia.

Sem permitir-se vinganças nem a seus comandados, o capitão ordena à frota que siga no rumo sul. E segue dando nome aos sítios encontrados no percurso: cabo de Santo Agostinho, de São Roque, São Francisco, o grande rio, baía de Todos os Santos.

A língua dos achadores vai, assim, rebatizando e marcando a posse dos sítios recém-achados. Em paralelo, múltiplos termos nativos.

Já a bordo, desde o encontro do rio, três índios, de sua própria vontade, agregam-se à expedição.

Cabrália é o próximo porto da frota do explorador. Ali está, na praia, a Cruz de Cristo chantada, monumento. Ali se encontram os dois degredados, deixados pelo Almirante, surpreendentes convivas dos índios Tupiniquim, "línguas" carregados de informações sobre a gente cor de brasa. "Línguas", uma vez que já sabem a fala dos naturais e se convertem em intérpretes: pontes.

Com as naus abarrotadas do chamado pau-de-tinta, seguem as naves em sua faina exploratória.

De repente, a deslumbrância: águas abertas ao oceano ladeadas de montanhas, paisagem de maravilha, ornada de muito verde.

Entende o capitão que seja a foz de um grande curso fluvial. O nome indica o equívoco: chamam-no Rio de Janeiro. Era esse o mês da chegança, no ano de 1502. Sítio, logo se sabe, na palavra silvícola Guanabara, corruptela de *wa'nã pa'ra*, saco de mar, braço de mar. É ver, designar, marcar a posse, seguir. As línguas do branco e do índio começam a associar-se, no espaço da toponímia.

E, cinco dias passados, de bons ares, ventos bons, nova paisagem extasia. Agora de uma enseada, que abriga as naus fatigadas: Angra dos Reis, é chamada, em honra dos três reis magos, cuja festa na data se comemora. Nomeiam também, na sequência, São Vicente.

A viagem continua. E o capitão denomina Cananeia a ilha com que depara e onde aporta, no litoral de São Paulo. Ainda é verão de 1502.

Aprovisionada, volta a frota ao mar alto em fevereiro. E a 22 de julho, relança âncora no velho porto lisboeta. Sem novas das riquezas porventura abrigadas na esperança d'el-rei.

Dessa importante viagem dá notícia o citado Américo Vespúcio, em polêmico texto escrito.

Em seu juízo, entretanto, se trata de terra nunca antes conhecida. A ponto de sugerir que se chame Mundo Novo.

E é dele o julgamento de sua pouca relevância, em termos de riquezas minerais, ouro, prata ou diamantes. Considera que se trata de sítio de boa aguada, lenha farta, e um bom pouso com seus numerosos portos, para as viagens às Índias.

Destaca, em contrapartida, a presença do pau-brasil, em seu juízo investimento menor, diante das especiarias.

Entende-se, diante de tais notícias, a decisão manuelina de explorar o território encontrado pelo comandante Cabral.

Nessa direção, a Real Figura assume a opção pelo arrendamento, regulado por contrato datado de 1502, renovado por prováveis dez anos, em 1505, e novamente validado em 1513, assinado com um consórcio de mercadores portugueses, à frente Fernando de Noronha, ou de Loronha, cristão-novo, como os demais, e sócio da empreitada.

Chegam, em 1503, numa frota de sete pequenos navios, comandada por Gonçalo Coelho. Com ele, ainda uma vez, Américo Vespúcio. Fernando de Noronha é tornado donatário, em janeiro de 1504, da citada ilha de São Lourenço, que herdará o seu nome.

Amplia-se, pouco a pouco, a presença do colonizador e da língua lusitana na terra recém-achada.

A TERRA REBATIZADA

Correm os dias e os meses como as águas. E ante a constatação, no decurso de um ano, da imensa extensão do território, o nome novo: Terra de Santa Cruz.

O definitivo batizado, entretanto, emergirá da árvore mobilizadora: Terra do Brasil, a terra da madeira cor de brasa, e logo, apenas, Brasil.[21] A partir do mesmo ano de 1503.

O nome será oficialmente legitimado pelo alvará real de nomeação de Martim Afonso de Sousa, em 1530. Nas palavras do texto oficial, "Martim Afonso de Sousa do meu conselho capitam mor d'armada que envyo aa terra do Brasil".[22]

O curso das designações é, a propósito, explicado nas falas em português de Brandônio e Alviano, interlocutores dos *Diálogos das grandezas do Brasil*, texto elaborado em 1618 por Ambrósio Fernandes Brandão, senhor de engenho, residente em terras pernambucanas desde 1583.

> BRANDÔNIO — Esta provincia do Brasil é conhecida no mundo com o nome de America, que com mais resão houvera de ser pela Terra de Santa Cruz, por ser assim chamada primeiramente de Pedralvares Cabral, que a descobriu em tal dia, na segunda armada que el-rei D. Manoel, de gloriosa memoria, mandava á India, e acaso topou com esta grande terra, não vista nem conhecida até então no mundo, e por lhe parecer o descobrimento notavel, despediu logo uma caravela ao Reino com as novas que achara, e sobre isso me disse um fidalgo velho, bem conhecido em Portugal, algumas cousas de muita consideração.
>
> ALVIANO — E o que é que vos disse esse fidalgo?
>
> BRANDÔNIO — Dizia-me elle que ouvira dizer a seu pai, como cousa indubitavel, que a nova de tão grande descobrimento foi festejada muito do magnanimo rei, e que um astrologo, que naquelle tempo no nosso Portugal havia, de muito nome, por esse respeito alevantára uma figura, fazendo computação de tempo e hora em que se descubriu esta terra por Pedralvares Cabral, e outrossim do tempo e hora em que teve El-Rey aviso de seu descobrimento, e que achara que a terra novamente descoberta havia de ser de uma opulenta provincia, refugio e abrigo da gente portuguesa: posto que a isto não devemos dar credito, são signaes da grandeza em que cada dia se vai pondo.
>
> ALVIANO — Não permitta Deus que padeça a nação portugueza tantos damnos que venha o Brasil a ser o seu refugio e amparo; mas dizei-me se Pedralvares Cabral poz a esta provincia nome de Terra de Santa Cruz, que rezão há pera nestes proximos tempos se chamar Brasil, estando tanto esquecido o nome que lhe foi posto?

BRANDÔNIO — Não o está pera com Sua Majestade e os senhores dos conselhos; pois nas previsões e cartas que passam, quando tratam deste Estado, lhe chamam a terra de Santa Cruz do Brasil, e este nome Brasil se lhe ajuntou por respeito de um páo chamado desse nome, que dá uma tinta vermelha, estimado por toda a Europa, que só desta provincia se leva pera lá.[23]

(Trecho dos *Diálogos das grandezas do Brasil*, de Ambrósio Fernandes Brandão, 1618)

A VIAGEM DA NAU "BRETOA" E A NOTÍCIA DA TERRA ACHADA

Entre os textos-testemunho, destaca-se o livro de viagem e regimento da nau "Bretoa", que se sobressai no marítimo comércio 11 anos depois da chegada do comandante Cabral. O autor, Duarte Fernandes, escrivão. É o primeiro relato de viagem comercial às terras recém-achadas. O documento dá a medida de mais uma modalidade de uso da língua de Portugal.

LLYURO DA NÁOO BERTOA

QUE VAY PARA A TERA DO BRAZYLL
DE QUE SOM ARMADORES
bertolameu marchone e benadyto morelle e fernã de lloronha e francysco mz
que partio deste porto de lix^a a xxij de feuereiro de 511.

L° Do dya que partimos da cydade de llysboa para ho brazill ate que tornamos a purtugall.

Em sabado xxij dyas ffeujreyro era de 1511 ãanos: partyo naoo bertoa de dyante de samta cateryna para ho brasyll e no dyto dya fomos de fora seguyndo ho camjnho das canaryas em tençom de tomarmos as pescaryas como no Regymẽto dellRey noso Sñor mãda.

It. aos xxbiij dyas de feujreyro em sesta feyra chegamos as canaryas e a dous dyas de março em domjngo a tarde começamos nossa pescarya e no dyto domyngo fomos seguyndo nosa ujagem para ho brasill.

It. aos bj dyas do me da bryll em domjngzo de llazaro chegamos a aujsta do rjo de sam francisco tera do brasyll.

It. aos xbij dias dabrylll em quymta feyra de treuvs chegamos a baya de todollos samtos.

It. a xij dyas do mes de mayo em segûda feyra partymos para cabo fryo.

It.aos xxbj dyas do mes de mayo em segûda feira achegamos ao porto de cabo fryo.

It. aos xxbiij dyas do mes de julho partymos de cabo frio para purtugall.[24]

(Trecho do *Livro de viagem da nau "Bretoa"*, 1511)

Os senhores da terra achada, falantes de várias línguas

E a selva se faz gente.

E são tupis-guaranis, senhores da costa brasileira, do Ceará à Lagoa dos Patos, no Rio Grande do Sul, unidos por traços comuns na língua e na cultura, razão do nome composto, e divididos em dois grupos: os tupis ou tupinambás, migrantes, que habitam o território situado entre Iguape e o atual estado do Ceará e ainda as terras localizadas entre os rios Tietê e Paranapanema; os guaranis, dominadores do litoral desde Cananeia, no atual estado de São Paulo, até a Lagoa dos Patos, no Rio Grande do Sul, e também das terras ribeirinhas do rio Paraguai.

E são também jês ou tapuias, habitantes do interior, grupo étnico que abrange: os aimorés, donos do litoral sul da Bahia, norte do Espírito Santo e terras interioranas; os goitacases, senhores do território situado na foz do rio Paraíba; os tremembés, sediados entre Maranhão e Ceará.[25]

Tupis-guaranis: donos das terras ocupadas pelos achadores; tapuias: praticamente por eles ignorados ao longo do período colonial.

Indígenas: usuários de cerca de mil línguas, várias e ágrafas — a estimativa carece de consenso —, e que sobrevivem das águas e da terra, pródigas em flora, em ares e usos de consumo. Com visão de mundo, religião, hábitos e costumes peculiares. A vida, comunitária, pautada no solidário. Sem moradas definitivas, espalhados pelo vasto território, ao acaso das presas em caçadas, pescarias, a plantar e colher mandioca, feijão, milho, amendoim, batata-doce, pimenta, algodão, guaraná, cará, erva-mate, abóbora e muita fruta. Com muito pouco de trocas, a não ser de adornos e de mulheres. Mas delas emergem alianças, nos combates e nas festas de devoração do inimigo comum, canibalismos.

Impossível também apontar números precisos de habitantes ao tempo da descoberta. Estimativas apontam para 1 ou 2 milhões, logo em rápido decréscimo por baixas durante as guerras, apresamento escravista, doenças vindas dos brancos ou integração cultural. Para Darcy Ribeiro, "somavam talvez 1 milhão de índios, divididos em dezenas de grupos tribais, cada um deles compreendendo um conglomerado de várias aldeias de trezentos a 2 mil habitantes".[26]

EXPEDIÇÕES DEFENSIVAS E NÃO MENOS EXPLORADORAS

Eis que outro Fernando, rei de Espanha, sabedor de certo rio rico em prata, em espaços que, à luz do Tratado regulador, podiam-lhe pertencer, manda caravelas, duas, à procura do precioso metal e de limites legais. Em 1515. No comando Juan Días de Solis, cuja nacionalidade, se lusa ou se espanhola, divide os estudiosos.

No percurso, a breve frota transita por Cabo Frio, Rio de Janeiro, Cananeia e ancora em Santa Catarina. Daí segue na direção do Prata, o curso fluvial buscado. Em 1516 chega ao destino. O comandante morre, pouco depois, em mãos nativas.

Movem-se os lemes das naus na direção do retorno ao porto ponto de partida. Em águas catarinenses, naufraga uma das embarcações que deixa sobreviventes, alguns poucos, entre os índios, para cerca de 15 anos de convívio e fundo conhecimento da gente rubra, da geografia, da língua.

O idioma de Castela se mistura ao dos indígenas. Mas esse já é outro curso da história das línguas da Sul-América.

A iniciativa espanhola move a ação de Portugal. D. Manuel finalmente determina a povoação do Brasil, com colonos e machados e enxadas, nos rumos da lavradura. E ordena a viagem de três naus, com perto de trezentos tripulantes.

É a frota comandada por Cristóvão Jacques, "comissário do pau-brasil", senhor assim do comércio da madeira cor de tinta. Compete-lhe ainda guardar as fronteiras de qualquer gesto invasor. Revisitemos, brevemente, o curso de sua navegação. A partida de Lisboa se dá em 1516.

Aportam as naus em Cabo Frio, na feitoria, que encontram desativada. Dirigem-se, em seguida, para a do Rio de Janeiro. Dali segue o comandante à caça dos castelhanos. Rumo: Santa Catarina. Chega, prende alguns sobreviventes do naufrágio ali havido. Retorna à terra carioca; manda uma nau a Lisboa, com carga de pau-brasil e os espanhóis aprisionados.

No ano seguinte, 1517, funda em terras pernambucanas a segunda feitoria, a de Itamaracá: mais uma fonte de madeira-brasa a enriquecer Portugal. Chega de torna-viagem ao cais de sua Lisboa em 1519.

Voltará à nova terra em 1521. Duas, sob seu comando, as caravelas agora. A bordo, sessenta homens. A missão, exploradora. De terras e águas do sul. Na esteira da descoberta de território e estuário da expedição comandada por João de Lisboa e Estêvão Froes, em 1514, e onde estiveram Solis e seus comandados.

A frota ancora em Santa Catarina, no verão de 1522, onde incorpora aos tripulantes antigo náufrago da viagem de Solis, que vivera alguns anos entre os índios Carijó. Melchior Ramires é o seu nome, português de nascimento, guia por força do saber adquirido na terra do exílio e do medo dos suplícios. É mais um "língua", de marcada experiência.

Torna ao porto lisboeta, carregada de informações, no mesmo ano. Tempo em que, morto o rei D. Manuel, o trono é de D. João, terceiro do nome.

A TERCEIRA EXPEDIÇÃO DO MESMO COMANDANTE

O novo soberano adota, como é sabido, outros projetos em relação à Colônia. E, em tal direção, ordena a ação de nova esquadra: uma nau, quatro caravelas. Em fins de 1526. À frente ainda o mesmo Cristóvão Jacques. Missão: proteger o território das investidas francesas.

Duro o combate aos gauleses, com vitória lusitana.

Do duelo de diplomáticos e financeiros entendimentos entre o rei francês e o luso emerge mais um Tratado, o de 1530.

A ação gaulesa, entretanto, seguirá por muito tempo ainda ativa.

Ao lado das línguas índias, português e fala francesa começam a marcar presença no território da Colônia.

A Coroa, pouco a pouco, marca a presença e a posse.

A EFETIVA ASSUNÇÃO: A AÇÃO DE MARTIM AFONSO DE SOUSA

Gradualmente se concretiza a estruturação comunitária.

Pouco antes do referido Tratado, a falta de numerário levara a cuidosa majestade a concentrar olhos e cobiça na terra do pau-brasil e de sedutores mistérios. Na motivação, régios privilégios, que é preciso garantir a fazenda e o território; ou a terra é ocupada, ou segue aberta a investidas de outras gentes.

É quando D. João assume a Colônia.

A assunção tem início com a expedição, comandada por Martim Afonso de Sousa, senhor de competência provada e amigo do soberano, que levanta ferros do porto lisboeta em março de 1530. Com ele viaja Pero Lopes, também de Sousa, seu irmão, que deixa para o futuro um precioso diário dos rumos da navegação.[27]

O português culto de Lisboa assegura, em carta régia, a concessão do poder.

> Dom Joham &c A quantos esta mjnha carta virem faço saber pera que as terras que martym afonso de souza do meu conselho achar ou descobryr na terra do brazyll omde o emvio por meu capitão moor que se possam aproueytar eu per esta mjnha carta lhe dou poder pera que elle dito martym afonso posa dar as pessoas que comsygo leuar as que na dita terra quyserem vyuer e pouoar aquella parte das terras que hasy achar e descobryr que lhe ben parecer e segundo o merecerem as ditas pessoas por seus seruyços e calydades pera aas aproueytarem e as terras que hasy der sera somente nas vidas daquelles a que as der e mays nam e as terras que

lhe parecer bem podera pera sy tomar porem tamto ate mo fazer saber e aproueytar e gramjear no mylhor modo que elle poder e vyr que he necesaryo pera ben das ditas terras e das que hasy der as ditas pessoas lhes passara suas cartas declarando nellas como lhas da em suas vidas somente o que de demtro de seys annos do dia da dita data cada hum aproueytar a sua e se no dito tenpo asy nam fizer as podera tornar a dar com as mesmas condicoes a outra pessoas que as aproueytem e nas ditas cartas que lhes asy der hyra trelladada esta mjnha carta de poder para se saber a todo tempo como o fez per meu mandado e lhe ser Imteyramente guardada a quem a tyuer e o dito martym afonso me fara saber as terras que hachou pera poderem ser aprouveytadas e a quem as deu e quamta camtydade a cada hum e as que tomou pera sy e a dysposiçam dellas pera o eu ver e mandar nyso o que bem me parecer e por que asy me praz lhe mandey dar esta mjnha carta por mym asynada e asellada com ho meu sello pemdemte dada em a Villa de crasto verde a XX dias do mês de novembro fernam da costa a fez anno do nacymento de noso Sõr Jhû Xº de mjll bc xxx anos.[28]

(Carta para o capitão-mor das terras de sesmarias, 1530)

Em suas múltiplas andanças, por dois anos, pelo amplo território, Martim Afonso vai de Pernambuco ao Uruguai; determina a exploração da costa nordeste até as plagas maranhenses e, na direção do Sul, a estende até a foz do rio da Prata; funda, em faixa do litoral, a vila de São Vicente, povoação pioneira. Em 1532.

O lugar é estratégico. Visa à facilidade de acesso às anunciadas riquezas que abriga a bacia do Prata, por meio do Tietê, afluente do Paraná e também do Paraguai, outro leito promissor. Ali é plantado o açúcar, nas mudas, trazidas por ele, e no engenho, o primeiro.

O explorador adentra o território para além da serra do Mar, até terras de São Paulo, onde funda a vila de Santo André da Borda do Campo.

No apoio e na comunicação, os náufragos e degredados encontrados no percurso: brancos que vivem com índios, lusos que casam com índias. Com destaque o Caramuru, ou Diogo Álvares Correia,[29] e ainda João Ramalho,[30] o Bacharel de Cananeia,[31] e o "língua" Francisco Chaves, conhecedores dos índios e das benesses da terra.

É o começo efetivo do processo colonizatório. A língua portuguesa segue ampliando gradativamente a sua presença. Em paralelo, as línguas dos indígenas.

Voltam os Sousa à Europa em 1533.

> Domingo 13 dias do mes de março pela menhãa eramos de terra quatro leguas: e como nos achegamos mais a ella reconhecemos ser a Bahia de Todolos Santos; e ao meo dia entramos nella [...]
>
> Aqui estivemos tomando agua e lenha, e carregando as naos, que dos temporaes que nos dias passados nos deram, vinham desaparelhadas. Nesta bahia achamos hum homem portugues que havia vinte e dous annos que estava nesta terra; e deu rezam larga do que nella havia. Os principaes homês da terra vieram fazer obediencia ao capitam I.; e nos trouxeram muito mantimento, e fizeram grandes festas e bailos; amostrando muito prazer por sermos aqui vindos. O capitam I. lhes deu muitas dadivas. A gente desta terra he toda alva; os homês mui bem dispostos e as molheres mui fermosas, que nam ham nenhûa inveja as da Rua Nova de Lixboa. Nam tem os homês outras armas se nam arcos e frechas; a cada duas leguas tem guerra hûs com os outros.[32]
>
> (Trecho do *Diário da navegação: 1530-1532*,
> de Pero Lopes de Sousa)

RELEVÂNCIA DO CUNHADISMO NO PROCESSO COLONIZATÓRIO E NO CONVÍVIO DAS LÍNGUAS

Caramuru e João Ramalho são exemplos, assinala Darcy Ribeiro, das decorrências do cunhadismo, instituição social própria da comunidade silvícola no Brasil.

Consistia em dar aos estranhos, como esposa, moça índia. Assumida a relação, ela ganhava a condição de sua temericó.

Estavam assim a eles assegurados, por força do sistema de parentesco vigente entre os aborígenes, estreitos vínculos com integrantes da tribo. Tornavam-se seus pais ou sogros os parentes da geração dos pais dela; na sua própria geração, todos passavam a ser seus irmãos cunhados. Na geração inferior, convertiam-se, também na totalidade, em suas noras e genros.[33]

Ganha então o cunhadismo, em que pese a condenação dos missionários, excepcional relevância no processo de mestiçagem dos habitantes da Colônia e na mistura de línguas e de práticas culturais.

A mescla mais se acentua, na medida em que não havia limites para o número de temericós oferecidas aos hóspedes nas várias comunidades. Prolifera, em consequência, nos espaços do território, um sem-número de mamelucos.

Darcy Ribeiro é, a propósito, categórico: "Sem a prática do cunhadismo, era impraticável a criação do Brasil."[34]

João Ramalho costuma ser considerado, inclusive, "o fundador da paulistanidade", figura central que era do núcleo paulista de mestiçagem. A tal ponto que, na sua povoação de Santo André, "era capaz de levantar 5 mil índios de guerra, enquanto todo o governo português não conseguiria 2 mil". O testemunho é do aventureiro Ulrich Schmidel, que o visitou em 1553.[35]

Já Diogo Álvares Correia nucleariza, em tal direção, também com grande família indígena, os primórdios da mestiçagem baiana.

Inúmeros outros portugueses por sua vez foram agraciados com temericós Tabajara em Pernambuco, e desses conluios nasceram outros tantos mamelucos.

Mesmo no Maranhão parece ter havido um sobrevivente luso, de empresa malograda, de quem também se originaram mestiços.

A união de temericós da etnia Tamoio e franceses dá origem a mamelucos, em terras do Rio de Janeiro. Espanhóis possivelmente também se miscigenaram.

Entrecruzam-se as etnias na tênue e embrionária estruturação comunitária.

Entretecem-se, na trama da comunicação, as primeiras malhas verbais, feitas de línguas indígenas e da língua lusitana, com presença, inda que de menor porte, de línguas de França e de Espanha. Começos.

Logo depois chegam os negros das longes terras da África, os negros e suas línguas.

Doações do amplo espólio

A divisão do território da Colônia nas capitanias hereditárias, na sequência do retorno da expedição de Martim Afonso, suscita também algumas observações relativas ao traçado comunitário e aos caminhos da língua dos achadores.

As 14 faixas de terra, de 200 a 650 quilômetros — no limite linhas paralelas ao equador, do litoral ao meridiano de Tordesilhas —, são entregues, entre 1534 e 1536, a cidadãos de algum modo vinculados à Coroa.

Quem são esses donatários, senhores de tal benesse? Alguns são funcionários, outros vêm da burguesia, outros mais de algum sucesso na empresa do Oriente. Os direitos e deveres inerentes à função que lhes é atribuída registram-se em documentos escritos em português, a sua língua vernácula.

Os capitães-donatários, ou capitães-generais, podem doar sesmarias, fundar vilas, nomear funcionários e só prestam contas de seus atos à Majestade em pessoa.

As sesmarias são terras cedidas a quem quer que se obrigue a lhes render vassalagem. É o começo dos grandes latifúndios.

Do total das capitanias, é consenso nos compêndios de História, destacam-se apenas São Vicente e Pernambuco. As outras mais não resistem à carência de recursos financeiros, aos ataques estrangeiros, às investidas indígenas, às próprias lutas internas e à ausência dos titulares que nunca vieram à Colônia. E, pouco a pouco, retornam à régia posse original.

São Vicente tem, no comando, o citado Martim Afonso de Sousa. Com ele chegam nove fidalgos cavaleiros, sete cavaleiros afidalgados, dois moços da Câmara Real, primeiros nobres colonizadores. Nos lábios o português de Lisboa, e o testemunha o registro no diário do irmão que o acompanha.

Aqui neste porto de Sam Vicente varámos hũa nao em terra.

A todos nós pareceu tam bem esta terra, que o capitam I. determinou de a povoar, e deu a todoslos homês terras para fazerem fazendas: e fez hũa villa na ilha de Sam Vicente e outras 9 leguas dentro pelo sartam, á borda d'hum rio que se chama Piratininga: e repartiu a gente nestas 2 villas e fez nellas oficiaes: e pôz tudo em boa obra de justiça, de que a gente toda tomou muita consolaçam com verem povoar villas e ter leis e sacreficios e celebrar matrimonios e viverem em comunicaçam das artes; e ser cada um senhor do seu: e vestir as enjurias particulares: e ter todolos outros beñs da vida sigura e conversavel.[36]

(Trecho do *Diário da navegação: 1530-1532*,
de Pero Lopes de Sousa)

Em Pernambuco comanda Duarte Coelho. Desde 1535. No núcleo, a vila de Olinda, que ele mesmo fundara.

E o açúcar assume a paisagem nordestina. Com presença ainda em Santos. E com ele, os engenhos.

Amplia-se, pouco a pouco, o espaço comunitário. Dominantes na intercomunicação, o português e as línguas de índios.

O PRIMEIRO GOVERNO-GERAL E SUAS DECORRÊNCIAS

Eis que, em 1548, numa mudança de rumos, D. João cria para o novo território o primeiro governo-geral, instalado no ano posterior. É o que tem à frente Tomé de Sousa, experiente fidalgo da casa real portuguesa. Primo de Martim Afonso. Recordemos alguns dados ligados ao seu mandato que ajudam a entender o percurso do idioma luso.

Com o governador aportam mil indivíduos, entre os quais os degredados, que agora são quatrocentos, e os jesuítas: Manuel da Nóbrega e mais cinco.

Na estrutura comunitária, além dos batinas negras ou jesuítas, o governador, os magistrados e os funcionários, integram os núcleos populacionais dispersos, que, a esse tempo, constituem a Colônia, um número significativo de profissionais: cirurgiões, barbeiros, sangradores, pedreiros, serradores, tanoeiros, serralheiros, caldeireiros, cavaqueiros, carvoeiros, oureiros, calheiros, canoeiros, pescadores, construtores de bergantins. Mulheres solteiras não, exceto uma escrava moura. Na sustentação, o comércio de pau-brasil e o açúcar, em precária produção em terras de Pernambuco, São Vicente e Espírito Santo. Na intercomunicação dos colonizadores, a língua portuguesa.

Tem início o crescimento da Bahia, berçada em Salvador, primeira vila fundada pelo governador com foros de cidade, pouco a pouco construída e capital da Colônia até 1763.

Tomé de Sousa assegura a defesa do território, constrói fortificações, torna obrigatório o serviço militar; viaja pelas capitanias do Rio de Janeiro e de São Vicente. Neste último sítio encontra o aventureiro Hans Staden: contrata-o como artilheiro.[37]

No percurso, aporta à baía de Todos os Santos. Em 13 de março de 1551. Ali está Diogo Álvares Correia, o Caramuru, que lhe garante o apoio dos seus mamelucos e mais dos Tupiniquim: convívios. Na contracorrente, os índios Tupinambá conflitos. Belicosos. Ao lado do governador, o padre Manuel da Nóbrega.

Começa a delinear-se, de maneira decisiva, a marcha da colonização. No processo, a revolucionária mudança na prática cultural do índio: a roça variada e múltipla cede lugar à fazenda da monocultura da cana.

O indígena já não planta a sua subsistência: o que cultiva converte-se, para além do seu consumo, em futura mercadoria. Na mão de obra, o trabalho escravo. Em conflitos de apresamento. Em enfrentamentos constantes. Na comunicação um fato de grande monta: a preocupação missionária com o domínio da língua dos indígenas. Nóbrega testemunha.

> Hé gente que nenhum conhecimento tem de Deus, nem idolos, fazem tudo quanto lhe dizem. Trabalhamos de saber a lingoa delles e nisto ho pe. Navarro nos leva avantagem a todos. Temos determinado ir viver com as Aldeas como estivermos mais assentados e seguros, e aprender com elles a lingoa, e i-los doctrinando pouco a pouco. Trabalhey por tirar em sua lingoa as orações e algumas praticas de N. Senhor, e nom posso achar lingoa que mo saiba dizer, porque sam elles tam brutos que nem vocabulos tem. Spero de

> as tirar o melhor que poder com hum homem que nesta terra se criou de moço, ho qual agora anda muy occupado em o que ho Governador lhe manda e nom está aqui. Este homem com hum seu genrro he ho que mais confirma as pazes com esta gente, por serem elles seus amigos antigos.[38]
>
> (Trecho de carta de Manuel da Nóbrega ao padre Simão Rodrigues, datada de 10 de abril de 1549)

Os jesuítas, assinale-se, com nove anos na metrópole, já eram senhores de poder, abrigados nas graças do rei D. João III, com controle de colégios, entre eles o das Artes da Cidade de Coimbra. Desde 1542. A situação de privilégio ganhará força ainda maior com a oficializada proteção do Concílio de Trento, em 1563.[39]

Chegados às plagas coloniais, o latim eclesiástico frequenta, nas cerimônias do culto, o cotidiano dos ouvidos dos nativos.

Decorridos quatro anos de sua estada no governo, o tempo do seu mandato, retorna Tomé de Sousa, a pedido, às suas casa e família em terras de Portugal. E lá se torna conselheiro da Coroa em relação ao Brasil.

> ### Senhor
>
> Nas deradeiras que o ano pasado escrevi a Vossa Alteza dizia que Pero de Guoees, capitão mor do mar desta costa, e o provedor moor e o ouvidor gerall erão idos desta çidade a corerem as capitanias daqui para São Vicente, que são daqui leguoas, pouco mais ou menos; são tornados aqui a salvamento, cada hum ffazendo seu offiçio como milhor podia, que formando se em todo com os regimentos que lhes dei, e eu com os que Vossa Alteza deu. Pero de Guoees a ida daqui para São Vicente non topou nao alguma de cosairos e depois de poer o provedor mor e o ouvidor gerall em São Vicente para usareem de seos offiçios se aperçebeo o milhor que pode e de mais gente da terra, he tornou outra vez a corer a costa ate o Rio de Janeiro, que he agora a maior escalla de cosairos, e nem

achou cosairo algum. E topou antre os índios dous françeses, hum grande linguoa e outro ffereiro que estavam ffazendo brasill para quando tornase a nao que ali os deixara; e elle os ouve a mão por suas industrias que as sabe e milhor que ningem nesta terra, e mos trouxe. Nom os mandei enfforcar porque tinha muita neçesidade de gente que nom custe dinheiro.[40]

(Trecho de carta de Tomé de Sousa a el-rei D. João III, enviada de Salvador em 18 de julho de 1551)

NOS TEMPOS DE DUARTE DA COSTA, SEGUNDO GOVERNADOR

Na comitiva de Duarte da Costa, o segundo governador, que chega em 1553, destaca-se presença relevante para os rumos da colonização e da língua: quatro jesuítas, entre eles José de Anchieta, e Luiz da Grã, antigo reitor do Colégio de Coimbra. Não nos esqueçamos dos propósitos dos catequizadores.

O novo governante enfrenta revoltas de indígenas e invasões estrangeiras. Na sua gestão eclode crise de base, que não consegue superar: o conflito entre jesuítas, defensores da catequese, e os colonos, ávidos de escravização. Do acirramento e do embate decorrem os rumos jesuíticos na direção do interior da Colônia.

A colonização do Nordeste move-se do litoral para dentro. O mesmo se dá com o Centro-Sul e o Sudeste. Núcleo-base: São Vicente, a próspera capitania. No começo, o açúcar e o engenho. Sem maiores opulências. Depois, outras plantações: cultivo de trigo e uva. E, com destaque, a pecuária.

À frente desses percursos, ainda o passo e o trabalho missionário do jesuíta. Há muitos índios na serra, a grande serra do Mar. Cumpre nela semear a palavra do Senhor. E os batinas negras adentram o verde da grande selva. José de Anchieta e Manuel da Nóbrega chegam, por ínvios caminhos conquistados, ao planalto de Piratininga. E fundam São Paulo. São Paulo de Piratininga. Povoação, em 1554. Vila, em 1561. É quando criam o colégio dos jesuítas.

Índios, religiosos e colonizadores seguem a trilha dos rios, e eles são o Tietê, o Paranaíba e tantos outros. Conduzem o gado pelo vale do São Francisco e chegam até o Piauí. Na rota que leva ao Sul, povoam o território que será o Paraná, no futuro. Entre harmonia e conflitos. Sobretudo de poder e métodos, num mundo de muita troca e domínio. E de miscigenação.

> Nesta terra há hum grande peccado, que hé terem os homens quasi todos suas negras por mancebas, e outras livres que pedem aos negros por molheres, segundo ho costume da terra, que hé terem muitas molheres. E estas deixam-nas quando lhes apraz, o que hé grande scandalo para a nova Igreja que o Senhor quer fundar. Todos se escusão que nom tem molheres com que casem, e conheço eu que casarião se achassem com quem ; e tanto, que huma molher, ama de um homem casado que veo nesta armada, pelejavão sobre ella a quem a averia por molher; e huma scrava do Governador lhe pedião por molher, e diziam que lha queriam forrar. Pareceme cousa muy conveniente mandar S. A. algumas molheres, que lá tem pouco remedio de casamento, a estas partes, ainda que fossem erradas, porque casaram todas muy bem, com tanto que não sejão taes que de todo se tenhão perdido a vergonha a Deus e ao mundo. E digo que todas casaram muito bem, porque hé terra muito grossa e larga, e huma pranta que se faz huma vez dura X annos aquella novidade, porque asi como vão apanhando as raízes, prantão logo os ramos e logo arrebentão. De maneira que logo as molheres terião remedio de vida, e estes homens remediarão suas almas, e facilmente se povoaria a terra.[41]
>
> (Trecho de carta de Manuel da Nóbrega ao padre Simão Rodrigues, datada de 9 de agosto de 1549)

No núcleo dos confrontos entre padres e senhores, a escravização do índio. A tal ponto que a sua limitação por ordem da Santa Sé e da Coroa portuguesa, em 1539-1540, mobiliza descontentes desde o Rio de Janeiro.

É também nesse governo carregado de problemas que os franceses, comandados por Nicolas Durand de Villegaignon, ocupam a ilha de Serigipe, na baía de Guanabara. Em 1555. São nobres, artífices, soldados, perto de seiscentos homens que chegam em dois navios fortemente armados.

A França, como se depreende, não reconhece a partilha aprovada em Tordesilhas: a terra é de quem descobre. E explora. Ao fundo, motivador, o já famoso pau-de-tinta e a cobiça europeia de tecelões deslumbrados.

Naus gaulesas há algum tempo pirateavam a madeira preciosa, em terra firme e em navios portugueses. De passagem, os franceses nomeiam acidentes geográficos.

Villegaignon firma presença no território ocupado. Lembremo-nos de alguns feitos, a propósito: a fundação de Henriville, centro urbano cujo nome homenageia o rei de França Henrique II, financiador da empreitada; a aliança com os Tamoio; a ampliação, ao longo de quatro anos, dos seus domínios em espaços que se estendem das terras do Rio às plagas de Cabo Frio; a repressão à rebelião dos colonos, insatisfeitos com o rigor calvinista do severo comandante; o pedido à liderança de Calvino do envio de missionários.

A solicitação, atendida. São 14 que vêm, em meio a trezentos outros homens, entre eles, Jean de Léry, sapateiro, que deixa um precioso relato, em francês, de sua estada, a *Histoire d'un voyage fait en la Terre du Brésil autrement dite Amerique*, publicada em 1578. Vieram também mulheres francesas, brancas.

O som da fala gaulesa ecoa mais forte na terra do pau-brasil.

HISTOIRE
D'UN VOYAGE
FAIT EN LA TERRE
DU BRESIL AUTRE-
MENT DITE AME-
RIQUE.

Contenant la nauigation, & choses remar-
quables, veuës sur mer par l'aucteur. Le compor-
tement de Villegaignon en ce païs la. Les meurs
& façons de viure estranges des Sauuages A-
Meriquains: auec vn colloque de leur langange.
Ensemble la description de plusieurs Animaux,
Arbres, Herbes, & autres choses singulieres,
& du tout inconnues par deça, don't on verra les
sommaires des chapitres au commencement du
liure.[42]

(Texto da capa do livro de Jean de Léry, 1578)

T — Erejúpe?

F — Pá, ajú.

T — Te! augé nipó.Marápe nde réra?

F — Rery(Léry) usú.

T — erejakasó piáng?

F — Augebé.

T — Inadé repiáka oú! Repiáka ou, eh! Che rayra! Te, ou reté he-
noín Rery-uso ime.

F — Ererú nde karamemó?

— *Vieste?*

— *Pois não, vim.*

— *Eis aí, muito bem. Qual teu nome?*

— *Ostra-Grande.*

— *Emigraste?*

— *Perfeitamente.*

— *Veio nos ver! Veio nos ver, oh, meu filho! Veio realmente o nome*
Ostra-Grande para ficar.

— *Trouxeste tuas malas?*[43]

(Diálogo, em tupi, entre um tupinambá e um francês,
não se sabe se real ou fictício, reproduzido
no livro de Jean de Léry, 1578)[44]

Em 1557, Duarte da Costa deixa o governo-geral, sob fortes pedidos ao rei que o substitua.

Villegaignon volta à França em 1559. O enclave gaulês permanece plantado no território fluminense.

Ao fundo, o lento fluir do tempo, entre atos, feitos, viagens e convívios linguageiros: línguas índias, latim, em boca religiosa, português, língua geral, línguas de África, francês, em menor escala: mesclas.

A EXPANSÃO DO ENGENHO

As condições da vida urbana e da administração exibidas por Salvador e Recife, aberto o caminho de envio pelo mar para os mercados de Europa, mobilizam portugueses na direção do cultivo da cana e da expansão do engenho. Bahia e Pernambuco convertem-se, na segunda metade do século XVI, nos principais núcleos açucareiros da Coroa lusitana.

É riqueza de tal ordem essa que vem do açúcar, que mobiliza o destaque do padre Fernão Cardim em texto do seu *Tratados da terra e da gente do Brasil*, de 1586.

> DAS CANAS (XIII)
>
> Nesta terra ha muitas especies de cana e tacoára; há de grossura de huma coxa de hum homem, outras que têm huns canudos de comprimento de huma braça, outras de que fazem frechas e são estimadas; outras tão compridas que têm tres ou quatro lanças de comprimento; dão-se estas canas por entre os arvoredos, e assi como há muitas, assi ha muitos e compridos canaveaes de muitas leguas, e como estão entre as arvores vão buscar o sol e por isso são tão compridas.[45]
>
> (Trecho do livro *Tratados da terra e da gente do Brasil*, de Fernão Cardim, 1586)

É a vitória do engenho. Que obriga, entre outros atos, a medidas de proteção como armas, casas, fortaleza. E traz para seu espaço a presença religiosa.

Eis que surgem a casa-grande, morada do senhorio, a senzala para os escravos, e a capela que busca uni-los, guardadas as distâncias necessárias, na direção do Senhor.

Numa ação em paralelo, ganham presença arrendatários de terrenos de pouca monta, os lavradores da cana de diferentes camadas sociais: alguns próximos dos senhores patriarcais, outros artesãos e roceiros movidos pela aventura. E são muito numerosos os colonos lusitanos que buscam a nova terra. Nos lábios, a língua portuguesa, no discurso de usuários de distintos estamentos sociais.

Na mão de obra, de início, ao lado do trabalhador livre, o indígena escravizado, negro da terra chamado, em princípio tecnicamente mais hábil. Depois serão africanos, ao tempo conhecidos como negros da Guiné. Na comunidade, junto aos reinóis e famílias, os altos funcionários e arranjos da política.

Ativo, o porto do Recife, de gradual crescimento, centro econômico de marcada burguesia comercial, povoado de portugueses.

Estrutura-se gradativamente a realidade comunitária.

Matiza-se a intercomunicação, diante das línguas em curso nas fainas do cotidiano. Inclusive as vozes de África, que os primeiros escravos chegaram em 1538. Intencionalmente, de origens distintas e de distintas falas, estratégias de negreiros.

Dos índios e suas línguas

Diversas e várias as línguas usadas pelos silvícolas. Muitas delas com afinidades etimológicas, morfológicas, semânticas, sintáticas. Todas ágrafas. Disseminam-se palavras, mormente na toponímia. Além do cotidiano da comunicação, cultiva-se o hábito de contar e ouvir histórias.

Línguas indígenas do Brasil: agrupadas pelos especialistas em famílias, com base em estreita afinidade genética. Essas famílias, por seu turno, situam-se em quatro troncos linguísticos: tupi, jê, caribe e aruaque.

Tais troncos são desprovidos de caráter totalizante: famílias há que não os integram, entre elas a txapakura, a guaicuru, a catuquina, a miúra, a nambiquara e a pano; algumas, limitadas a uma única língua, sem afinidade com qualquer outra, são classificadas como famílias isoladas, caso das línguas macu, tucano e ianomâmi.[46]

O tronco tupi presentifica-se nas línguas das tribos que viviam na costa brasileira, de Iguape até o Ceará, e na bacia dos rios Paraná e Paraguai.

Línguas de grupos distintos — dos troncos tupi, aruaque e caribe e das famílias macu e tucano — configuram a heterogeneidade linguística da grande bacia amazônica.

Línguas macro-jê distribuíam-se pela região central da Colônia, com presença nos espaços correspondentes no Pará, Maranhão, Piauí, Mato Grosso, Espírito Santo, Minas Gerais e Rio Grande do Sul.[47] Diversificações.

Apresamento e consequente escravização levam os Tupi a fugir da faixa litorânea. Na direção da Amazônia e, no limite, de terras do Paraguai. A rota de fuga era a estratégia usada para evitar o confronto com os Jê, senhores do interior.

Mais tarde, já no século XVII, retornam às plagas sulistas. É quando passam a dominar a totalidade do litoral de São Paulo. Dado importante, em termos da dinâmica das línguas, em destaque, da chamada geral. Movimentações.

AS LÍNGUAS GERAIS

"Língua geral" é uma designação dada por portugueses e espanhóis, desde os tempos coloniais, a línguas indígenas de uso generalizado num determinado território. A expressão vincula-se, portanto, à amplitude da difusão.[48]

Para Aryon Dall'Igna Rodrigues, a língua assim nomeada constitui uma continuação de língua indígena que passa também a ser falada pelos mestiços nascidos de brancos europeus e de mulheres índias.

O Quéchua e o Guarani, usados na América Espanhola, estavam nesse caso: eram chamados, respectivamente, no século XVI e no século XVII, de língua do Peru e Língua Geral da Província do Paraguai.

A língua usada, no tempo colonial, pelos indígenas que habitavam toda a faixa litorânea do território brasileiro, entretanto, não era, de início, denominada "geral".

A nomenclatura de referência a designava "Língua da Terra", "Língua do Brasil", "Língua do Mar", e, designação fixada ao longo do século XVII, "língua".

Os indígenas que a falavam, por sua vez, não eram ainda conhecidos como tupis: tal designação só será adotada a partir do século XIX. Eles eram chamados de "gentios" e "negros da terra". A língua por eles utilizada passou a ser denominada Tupi Antigo. No século XVIII, passa a ser também conhecida como Tupinambá.

"Língua da terra", "Língua do Brasil", "Língua do Mar", Tupi Antigo, Tupinambá, Língua Brasílica são expressões que se referem, portanto, a um mesmo idioma. Esta última aparece também na designação de outras línguas gerais.

Essa língua de tantos nomes predomina na comunicação entre portugueses e silvícolas nos dois séculos primeiros da colonização. Torna-se, inclusive, a língua da expansão bandeirante no sul e da ocupação da Amazônia, no norte, onde passará por alterações significativas.

Curiosamente, a totalidade dos estrangeiros que convivem com os Tupi ou Tupinambá aprendia a bem utilizá-la, como testemunha o padre Fernão Cardim, no texto citado, de 1586, que transcrevo na grafia da edição de 1925:

> Em toda esta provincia ha muitas e varias nações de differentes linguas, porém uma é a principal que comprehende algumas dez nações de Indios: estes vivem na costa do mar, e em uma grande corda do sertão, porém são todos estes de uma só lingua ainda que em algumas palavras discrepão e esta é a que entendem os Portuguezes; é facil e elegante, e suave, e copiosa, a difficuldade della está em ter muitas composições; porém dos Portuguezes quasi todos os que vêm do Reino e estão cá de assento e comunicação com os Indios a sabem em breve tempo, e os filhos dos Portuguezes cá nascidos a sabem melhor que os Portuguezes, assim homens como mulheres, principalmente na Capitania de São Vicente, e com estas dez nações de Indios têm os Padres comunicação por lhes saberem a lingua e serem mais domesticos e bem inclinados: estes forão e são amigos antigos dos Portuguezes, com cuja ajuda e armas conquistarão esta terra, pelejando contra seus proprios parentes e outras nações barbaras e eram tantos os desta casta que parece impossível poderem-se extinguir, porem os Portuguezes lhes têm dado tal pressa que quasi todos são mortos e lhes têm tal medo, que despovoão a costa e fogem pelo sertão a dentro até trezentas a quatrocentas leguas.[49]

O convívio entre portugueses e mulheres índias propicia relacionamentos interétnicos. Sobretudo diante da ausência de mulheres brancas. O vernáculo dos frutos decorrentes, os mamelucos, era a língua materna. Esta, na boca mestiça dos mamelucos, ganha forte presença nos espaços distanciados da Bahia, então núcleo da administração dos colonizadores lusos.

A Língua Brasílica, ou Tupi Antigo, passa a ser de uso comum na comunicação de portugueses e seus descendentes e de escravos indígenas e africanos. Estes últimos desde 1538, início do tráfico negreiro, de índios Tupinambá e de outros sediados nas missões, trabalhavam nas fazendas, integravam as tropas. Ou seja, a totalidade da população que convivia nos espaços da Colônia.

Entre os falantes de "língua travada", é a língua que predomina na comunicação cotidiana; o português era reservado ao uso escrito ou aos espaços oficiais.[50]

"Língua travada" era a expressão usada pelos missionários para nomear as línguas indígenas de maior dificuldade na pronúncia.

A língua dos Tupi, portanto, passa a ter um uso *generalizado*. E já apresenta diferenças em relação ao Tupi de origem. Passa então a ser referida como Língua Geral. A partir da segunda metade do século XVII.

Não sem divergências. A aplicação da expressão, nesses termos, não é tranquila. Às vezes aparece usada com outra acepção. É o que ocorre, por exemplo, na referência do padre Antonio Vieira, como registra Aryon Rodrigues: "Língua Geral significa, por vezes, o mesmo que para nós, 'língua da família Tupi-Guarani', ou seja, qualquer língua reconhecidamente afim do Tupinambá, mas não idêntica a ele."[51]

Essa é a língua que é objeto da *Arte da gramática da língua mais usada na costa do Brasil*, texto elaborado, com base no latim eclesiástico, pelo padre José de Anchieta e que circula como manuscrito até chegar à letra impressa em 1595.

Até a chegada dos religiosos que vêm com Duarte da Costa, apenas o padre Azpilcueta Navarro, que viera com Tomé de Sousa, havia aprendido a língua da gente indígena. E nela, no rumo da catequese, cuidara da tradução de orações, cantos sacros e profanos, formara "línguas" como ele.

Na base dessa prática, além da dificuldade de conduzi-la em português ou latim, ou ainda em espanhol, a Companhia de Jesus preconizava que a catequese devia concretizar-se na língua do catequizado. Era a metodologia apontada por São Francisco Xavier, haurida nos ensinamentos do apóstolo São Paulo.[52]

À luz desse princípio é que a língua tupi da faixa litorânea é objeto de sistematização gramatical pelo padre Anchieta e por outros missionários.

Anchieta, portanto, não cria nem inventa uma língua: sistematiza, com as devidas adaptações, uma prática linguística existente.

Essa tese, divulgada na década de 1980, contrapõe-se, em certa medida, à explicitação amplamente difundida anteriormente e ainda divide posicionamentos. Em especial, à conceituação de Mattoso Câmara Jr. formulada na década de 1960 e reiterada em livro de 1972. Segundo ele:

> Os Tupi do litoral, entre a Bahia e o Rio de Janeiro, formavam uma série de tribos bastante homogêneas, cultural e linguisticamente. Os dialetos que falavam foram aprendidos pelos brancos, e daí se desenvolveu uma língua de intercurso, que era fundamentalmente o dialeto tupinambá, de um dos grupos mais importantes e mais em contato com os portugueses. Os missionários jesuítas o estudaram, descreveram normativamente e ensinaram em tratados gramaticais, para fins especialmente de catequese. Ele serve não só para as relações com os índios Tupi, mas também para os contatos com todos os índios em geral. As nações não Tupi o aprendiam com relativa facilidade (o que não sucedia com o português). Assim se estabeleceu a língua geral tupi, ao lado do português, na vida cotidiana da colônia.[53]

Durante algum tempo, a expressão referia-se apenas à língua de base tupi organizada gramaticalmente pelo padre José de Anchieta, o chamado Tupi Missionário.

A "língua da terra" foi também objeto do *Catecismo na Língua Brasílica*, de Antônio Araújo, lançado em 1618, e de uma segunda gramática, lançada no mesmo ano, de autoria do padre Luís Figueira, a *Arte da Língua Brasílica*, de que se tem notícia em manuscrito de 1621.

Posteriormente, com o desenvolvimento dos estudos na área, ganhou vulto o entendimento de que se desenvolveram também outras línguas gerais no território brasileiro naquela época.

Os batinas negras usavam na catequese esse Tupi Missionário. Alguns dentre eles, nascidos na Colônia, eram possivelmente bilíngues desde a infância.

Aryon Rodrigues identifica ainda a constituição de uma Língua Geral do Sul ou Língua Geral Paulista, também chamada de Tupi Austral e Língua Geral Meridional, e uma do Norte Língua Geral também denominada Língua Geral Amazônica e Língua Geral Setentrional e, posteriormente, Nheengatu. Ambas decorrentes do uso do Tupinambá.

A Língua Geral Paulista emerge da fala dos indígenas Tupi sediados em São Vicente e no alto Tietê. Apresenta pequenas diferenças em relação ao Tupinambá.

Foi a língua de comunicação dos mamelucos de São Paulo, dominante no século XVII. Não nos esqueça a prevalência do vernáculo que aprendiam com as mães indígenas.

Com as bandeiras, marcadas de forte presença mameluca, disseminou-se pelos espaços interiores de São Paulo, Minas Gerais, Mato Grosso e Paraná.

É a partir do século XVIII que passa a ser referida, sintomaticamente, como "língua geral".

Neste mesmo século, já perde espaço para o predomínio português.

Sua utilização, entretanto, estende-se até os começos do século XIX, em registros esparsos, no interior paulista, notadamente em Porto Feliz.

A rara documentação a ela vinculada é um *Vocabulário elementar da Língua Geral Brasílica*, de autoria do padre Joaquim Machado, publicado em 1936 na *Revista do Arquivo Municipal* de São Paulo. É também ilustrativo um manuscrito abrigado na Biblioteca Nacional intitulado *Vocabulário Geral dos Índios da América*, possivelmente datado do século XVIII, apresentado em 2001, em comunicação de Aryon Dall'Igna Rodrigues e Ruth Maria Fonini Monserrat no II Colóquio sobre Línguas Gerais.

A Língua Geral Amazônica tem origem na colonização portuguesa da região do Maranhão e do Pará que teve lugar na primeira metade do século XVII.

A faixa litorânea maranhense, que se estendia até a foz do rio Tocantins, era densamente ocupada pelos índios Tupinambá. A língua que eles falavam predominava na região.

O relacionamento íntimo dos colonizadores portugueses com mulheres índias gera mestiços, os mamelucos, cujo vernáculo é a língua materna.

Configura-se, desse modo, um uso da língua indígena num contexto social distinto da realidade comunitária das tribos sediadas na região.

Por outro lado, o contingente mameluco nascido de tais relações passa a constituir a maioria da população não indígena da região. De tal forma, que o vernáculo por eles utilizado culmina na configuração de uma língua distinta do Tupinambá de origem.

Assim caracterizada, tal língua converte-se em meio de comunicação comum ao contingente populacional mestiço e não mestiço nos espaços amazônicos urbanos e nos estabelecimentos situados no interior da Amazônia.

Nessas condições, torna-se a língua usada nos aldeamentos indígenas religiosos, que congregavam usuários de outras línguas indígenas: converte-se, de fato, numa língua geral.

Passa a ser, inclusive, a partir do século XVII, a língua predominante no Estado do Grão-Pará e Maranhão, mesmo em lábios de colonizadores portugueses, fossem colonos, soldados ou missionários.

Torna-se, juntamente com o Tupinambá ou Tupi Antigo de que se origina, a língua dominante na colonização portuguesa da Amazônia naquele século e no seguinte.

Nessa condição, a Língua Geral Amazônica assume uma dupla função: é utilizada na catequese e é "veículo da ação social e política portuguesa e luso-brasileira até o século XIX".[54] Desde o terceiro quartel da centúria passa a ser conhecida também como Nheengatu ("língua boa").

A esse tempo, já é bastante distinta do Tupinambá de origem e também da Língua Geral Amazônica do século XVIII.

Na origem da distinção a dinâmica do tempo e a possível formação de distintos dialetos desta última.

Ainda na atualidade, é utilizada, em especial na bacia do rio Negro. Em alguns sítios segue sendo a língua materna dos caboclos e é utilizada na comunicação entre indígenas e não indígenas ou entre indígenas de línguas diversas.

Sua presença se faz notar também em lugares da Amazônia peruana, da Colômbia e da Venezuela.

A documentação comprobatória é bastante significativa.

> iané iára Tupána reikó waá iwáka opé ne réra iamoité iaikó.
>
> "Nosso Senhor (iané iára) Deus, que estás no céu, teu nome nós estamos (ia-ikó) honrando (ia-mo-ité)."[55]
>
> (Versão do padre-nosso "rezada em Manaus e no Solimões no fim do século XIX, publicada em 1890 pelo botânico João Barbosa Rodrigues")

Depreendida de várias línguas ou dialetos cariris, marcada de afinidades e difundida no amplo território do sertão da Bahia, ganhou presença a *Língua Kiriri*.

Os indígenas que a utilizavam, integrantes da Grande Nação Cariri, dominavam as terras que se estendiam desde o planalto de Borborema até os limites do Ceará, Pernambuco e Rio Grande do Norte.

O missionário jesuíta Luiz Vincêncio Mamiani, à semelhança do que fizera Anchieta com o Tupi Antigo, elaborou uma *Arte de grammatica da Língua Brazílica da naçam Kiriri*, publicada em 1699. Na modelização, de ambas, também o latim eclesiástico. De sua autoria também é um *Catecismo da doutrina christãa na Língua Brazílica da naçam Kiriri*, de 1698.

De 1709 data a impressão em Lisboa do *Katecismo indico da lingoa Kariris*, de autoria do padre capuchinho Bernardo de Nantes.

Esse idioma cariri básico foi usado pelos missionários capuchinhos e franciscanos na catequese. Divulgado, transformou-se em língua geral, amplamente utilizada na região.

Acrescente-se que o Tupi Missionário também era, paralelamente, usado na comunicação com os gentios.

Ensino de Deos como Creador de tudo	Wróbi mo nhinho mono duninholj
Pergunta: Quem he que fez o ceo, a terra & as mais criaturas?	Pergunta: ande Cunne duntihholi aranque, Radda, iddeho wohô ye?

Refpofta: He Deos	Refpofta: andelinhínho.
P. para que fez tudo ifto?	P. hamáplè de cunne?
R. Para nós	R. doquemápleà.
P. E quem fez	P. ande cunne dur
a nós?	foholi kalfea?
R. He Deos noffo	R. Andelí kupadawa
Senhor.	nhinho.
P. Para quem nos Fez?	P. hamaplèdè cunne?
R. para fi.	R. do duhamàplého.[56]

(Trecho do *Katecismo indico da lingoa kariris*,
do padre Bernardo de Nantes, 1709)

Nos territórios das missões do Rio Grande do Sul e na então denominada província de Guaíra, na parte oeste do que é na atualidade o estado do Paraná e nas margens orientais do rio Uruguai, com extensões no território argentino, presentificava-se a língua conhecida como Guarani Antigo.

Com seu uso generalizado, ganhou foros de língua geral: a Língua Geral Guarani, dominante ao longo dos séculos XVI e XVII.

No âmbito da orientação do projeto de catequese da Companhia de Jesus, foi também objeto de gramática consubstancializadora por dois outos jesuítas: na *Breve introducción para aprender la Lengua Guarani*, reconhecida como a primeira gramática da língua, de Alonso de Aragona, e na *Arte y vocabulario de lengua guarani*, de Antonio Ruiz de Montoya. De 1639.

Montoya compilou ainda dois dicionários, um espanhol-guarani e outro guarani-espanhol, este também conhecido como *Tesoro de la Lengua Guarani* do mesmo ano.

A partir do século XVIII, usa-se, na Colônia, uma língua falada por brancos e mulatos brasileiros que não é indígena nem africana, mas um português simplificado. É a chamada Língua Geral Brasileira.[57] Constitui, segundo alguns estudiosos, a base do português caipira.

A existência de *Línguas Gerais Africanas* habita o território das possibilidades. Presume-se que tenham tido presença nos quilombos.

Em síntese, a comunicação, no tempo do Brasil Colônia, mobilizou, ao longo do tempo e do espaço: o Tupi Antigo ou Língua Brasílica; a Língua Geral Tupi ou Tupi Missionário; a Língua Geral Paulista; a Língua Geral Amazônica; a Língua Geral Cariri; a Língua Geral Brasileira; possíveis línguas gerais de base africana.

NOS TEMPOS DE MEM DE SÁ, O TERCEIRO GOVERNADOR

Mem de Sá, desembargador, sábio nas "letras legais", é nomeado governador-geral em 1557. Assume com missão pacificadora e sem mandato fixo: o tempo do seu governo é o tempo de sua vontade e se estende por 15 anos.

Entre as instâncias comunitárias ao tempo do seu governo, ele promove a eliminação dos abusos, domina à força a rebeldia dos silvícolas.

Em paralelo, dá seguimento à conversão pela mão dos jesuítas e à organização em aldeias por estes comandada.

No curso do seu mandato dizimam-se indígenas caçados em tribos e aldeados em missões. De 12 mil numa delas, para citar um exemplo, configura-se a rápida redução a apenas mil.

Muitos índios são ceifados também por graves epidemias. Entre elas, a de varíola, de 1562 a 1563, que não atinge os lusitanos e elimina mais de 30 mil indivíduos, entre indígenas e negros. Novo surto mata mais um quarto da população de índios sobreviventes. Só nas terras da Bahia perecem 70 mil.

É de imaginar o impacto do extermínio no contingente de usuários das línguas em que se comunicavam.

Outra missão delegada ao terceiro governador é expulsar definitivamente os gauleses que ainda permanecem senhores de terras nos espaços fluminenses.

Nesse mister, assinale-se, Mem de Sá inflige, em 1560, séria derrota aos invasores, que abandonam Serigipe. Vitória de pouca monta: se muitos retornam à Europa, outros se deslocam para a aldeia de Uruçumirim, futura praia do Flamengo, acolhidos pelos citados Tamoio. E a luta continua.

Como estratégia preventiva, ordena a metrópole a organização de uma nova força armada, que vem em 1563. É a que tem no comando o sobrinho do governador-geral, Estácio de Sá. Missão: ocupar o Rio de Janeiro.

Chegado às terras cariocas, o comandante se dá conta do desequilíbrio de forças e vai em busca de reforços. Encontra-os na fundada São Vicente: portugueses da Colônia, temiminós e seu chefe Arariboia, tupiniquins e mestiços.

Pouco a pouco, acentua-se a mistura de etnias e de línguas.

Eis que Estácio retorna à Guanabara. Lança ferros na atual praia do Forte de São João, bairro da Urca. Ordena, de imediato, a construção de um povoado. Entre o morro Cara de Cão e o Pão de Açúcar, às margens da praia Vermelha. Um núcleo de resistência à investida invasora, sítio que não passa, entretanto, de um simples e fortificado acampamento militar.

É a primeira fundação da cidade do Rio de Janeiro. Em 1º de janeiro de 1565. Dali comanda o ataque aos franceses e aos índios aliados acantonados a oeste do litoral até o rio Carioca e mais na ilha de Paranapuan, atual Governador.

É quando ganha relevo a organização indígena da confederação dos tamoios, aliança de aimorés, tupinambás e goitacases no combate aos portugueses.

Estabelecidos em Iperoig, que será mais tarde Ubatuba, os índios confederados permanecerão vinte anos: de 1554 a 1575. Elemento relevante para a vitória portuguesa é a intermediação dos jesuítas, especialmente Anchieta e Manuel da Nóbrega, negociadores de uma trégua, uma cunha na aliança de gentios e franceses.

A derrota destes últimos custa muitas perdas lusas, como a de Estácio de Sá. Muitos fogem para Cabo Frio. O aliado chefe indígena Arariboia se instala em sesmaria: presente que se tornará a cidade de Niterói. Na comunicação, ganha força certamente o Tupi Missionário.

Assegurada a posse do território, o governador Mem de Sá transfere para o morro de São Januário, depois morro do Castelo, a povoação inicialmente plantada pelo sobrinho. Entre as razões do translado, a excelência estratégica da nova localização: visão ampla da baía, águas do rio Carioca, planícies aptas à agricultura de manutenção. É a segunda fundação da cidade de São Sebastião do Rio de Janeiro. A data, vá o lembrete, 1º de março, o ano 1567.

OS NÚCLEOS POVOADORES: AS CAPITANIAS REAIS

A paz estabelecida, retorna o governador à capital, à Bahia. Em 1568. No comando da cidade, deixa Salvador Correia de Sá, outro sobrinho, como Estácio.

Desligado de São Vicente, ganha o sítio baiano autonomia: agora é capitania, distinta da hereditária: capitania real, modalidade criada pela Coroa com o advento dos governadores-gerais. No comando, capitães-mores.

Não se caracteriza solução de continuidade: a situação anterior persiste. Caso contrário, indeniza-se quem usufrui do direito. Como o senhor da capitania da Bahia, a primeira transformada, em relação à família do antigo donatário. Depois vieram as da Paraíba, Rio Grande do Norte, Rio de Janeiro e Sergipe; no século XVII, as do Maranhão, Ceará, Pernambuco e da Colônia do Sacramento.[58]

Espanhóis, outra presença, outra língua

Arno e Maria Wehling, seguros historiadores, destacam a presença espanhola na Colônia e, nos rumos a ela inerentes, apontam três movimentos.

O primeiro está ligado à eventual exploração do pau-de-tinta em território paulista e nos litorais do Paraná e de Santa Catarina, entre 1520 e 1530.

O segundo tem lugar nos anos 1540, quando Cabeza de Vaca, governador do Paraguai, dirige-se do litoral catarinense até terras de Assunção.

Ali pretende assumir a governança e fundar uma província que envolveria a totalidade da região sul de São Vicente, plano que não se efetiva. Na resistência, ressalte-se o empenho de Tomé de Sousa.

O terceiro movimento vincula-se a três fatos: as investidas mais intensas no decênio de 1550, com a fundação da cidade de Guaíra, em 1557, na região de Sete Quedas; a criação de Vila Rica (Villa Rica del Espírito Santo), o "Paraná espanhol", em 1570 (ou 1576, há divergências), instalados espanhóis e jesuítas; a frustrada expedição que objetivava fundar quatro povoados entre São Francisco do Sul, costa de Santa Catarina, e o curso do rio da Prata.

A ameaça das incursões de Espanha no território da Colônia perdura até o século XVIII, quando os tratados de limites definem fronteiras.[59]

A língua dos castelhanos acrescenta-se à realidade multifacetada da comunicação na Colônia. Inda que sem prevalência, mas certamente com repercussões, regionalizadas, em dimensões vocabulares e suprassegmentais no idioma do colonizador português.

A CATEQUESE E A LÍNGUA

No governo de Mem de Sá, os jesuítas dominam, só nas terras da Bahia, cerca de 6 mil aldeamentos indígenas. Mais de 5 mil silvícolas, entre eles quatrocentos curumins, frequentam suas escolas. Índios-ponte entre as falas dos seus pares e o português de colonos e jesuítas.

Relevante, a propósito, a atuação das mulheres a garantir, junto a amantes e maridos, a prática do bilinguismo — língua geral, português — e a troca cultural, procedimentos que se estendem aos descendentes mamelucos, nascidos desses íntimos convívios. E não nos esqueça que é língua indígena o vernáculo materno. Começa a configurar-se a Língua Geral Paulista.

Na ação do jesuíta, a catequese pedagógica em Tupi Missionário e a garantia da vassalagem à Coroa lusitana.

> Como Mem de Sá tomou a governança, começou a mostrar sua prudencia, zelo e virtude, asy no boom governo dos christãos como do gentio, pondo tudo na ordem que N. Senhor lhe ensinou.
>
> Primeiramente cortou as longas demandas que avia, concertando as partes, e as que de novo nascião atalhava da mesma maneira, ficando as audiencias vazias e os procuradores e escrivães sem ganho, que era uma grande ymmundicia que comia esta terra e fazia gastar mal o tempo e engendrava odios e paixões. Tirou quanto pode o jogo, que era outra traça, fazendo a todos entender em seus trabalhos com fructo, e, evitado este, se evitarão muytas offensas de N. Senhor, como blasphemias e rapinas que na terra avia; finalmente mostró-sse muy diligente em todo o que pertencia a serviço de Deus e d'El-Rey. Acabou o engenho e acabará cedo a See, e com ho exemplo de sua pessoa convida a todos a boom viver, de tal maneira que sabe N. Senhor quanta enveja lhe eu tenho.[60]
>
> (Trecho de carta de Manuel da Nóbrega ao governador Tomé de Sousa, datada de 5 de julho de 1559)

Na sequência do processo

No tempo d'el-rei D. Sebastião, a Coroa segue atenta ao processo colonizatório.

Ainda com Mem de Sá no comando, determina-se, por lei, o fim da escravidão dos gentios por colonos, que reagem negativamente. É 1570.

Firma-se o domínio luso no território da Colônia. Habita-o população de 30 ou 40 mil habitantes, em que a gente portuguesa, entretanto, não alcança a quarta parte. A maioria é mameluca nos espaços colonizados, e o mameluco certamente privilegia a língua geral emergente.

No destaque, a essa época, quatro núcleos de implantação solidificada: Espírito Santo, Bahia, São Paulo, com menos força, e Pernambuco. Em queda, Itamaracá, Ilhéus e Porto Seguro.

Em São Paulo prevalece a presença mameluca e de índios livres e escravos. Em três vilas costeiras: São Vicente, Santos e Iperoig, e na serra de Piratininga. Ao fundo, a presença jesuítica.

A povoação carioca convive com o equilíbrio do português e do índio.

Na Bahia, vale dizer, Salvador, predomina a presença lusitana. Nos arredores da cidade, comunidades indígenas, comandadas pelos jesuítas, asseguram mão de obra e provisão de mantimentos.

Cerca de 8 mil índios escravos e 4 mil escravos negros acionam a produção de mais de trinta engenhos, dos quais dois em Pernambuco, altamente produtivos, à força do braço africano, presença forte no Nordeste.

As várias línguas, mescladas, num fogo cruzado e recruzado, inserem-se na dinâmica do processo, em espaços diversificados.

Mudança na administração. A persistência gaulesa

Solidifica-se a presença lusa de tal forma, que el-rei, pressionado, instaura, na terra colonizada, os dois núcleos de administração: o Brasil do Norte e o Brasil do Sul. Em 1572.

É tempo em que o primeiro se estende de Pernambuco até Porto Seguro, Salvador é a capital. O Brasil do Sul, capital Rio de Janeiro, vai de Ilhéus até o limite meridional do território. Na base da alteração, a promoção da parte norte da Colônia e a hegemonia do Sul, objeto de constantes investidas estrangeiras.

A situação perdura até 1578, data da reunificação da administração colonial sob um único governo. A capital permanece Salvador. O governador-geral, Lourenço da Veiga, testemunha a perda de independência de Portugal para a Coroa de Espanha. Em 1580.

Ao fundo, as mesmas disposições do governo lusitano, na direção da afirmação da posse e do comando: o controle do gentio, seja pela catequese, seja pelo extermínio, e a expulsão dos gauleses. Longa na área, entretanto, a presença destes últimos, que se estenderá até o século seguinte, notadamente nuclearizada nas terras do Maranhão.

De permeio continua a resistência do silvícola. Com inúmeros assaltos a núcleos colonizadores e a engenhos, com muito sangue derramado de branco, de negro e índio.

Como concessão conciliante, Sua Majestade admite a chamada "guerra justa", comum na América espanhola; justa porque defensiva ou porque punitiva do rito da antropofagia. A solução não conduz aos frutos dela esperados.

Os dois últimos governadores desse Brasil quinhentista são Manuel Teles de Barros, de 1583 a 1587, e Francisco de Souza, de 1591 a 1602. No interregno, a administração exercida por juntas governativas. Na ação, a continuidade da defesa litorânea contra a invasão estrangeira, a conquista do litoral do Nordeste, a frustrante busca do ouro.

Seguem, pouco a pouco desenhados, o traçado do Brasil e a configuração comunitária. Em rumos múltiplos e vários.

Nos espaços da comunicação interpessoal, convivem línguas distintas, de branco, de negro e índio, e, dominantes, na comunicação cotidiana, as gerais desenvolvidas à época. Entre as primeiras, em espaço paralelo, a língua francesa, e, em menor escala, o espanhol, nos sítios assinalados.

Para além de Tordesilhas

No rumo do processo histórico, adentram o território as entradas e bandeiras, que alguns chamam armações,[61] pioneiros heroísmos, na ampliação de fronteiras dessas terras portuguesas, para além de Tordesilhas.

Afinal a terra achada ia muito além de ilha e exigia conquista e catequização: plantar, tirar-lhe das entranhas o ferro, a prata, o ouro e as esmeraldas supostamente escondidas em montanha feita de mito; trazer as almas gentias para o abrigo da Fé.

No comando, os colonizadores, senhores do poder e força; a seu lado, os missionários, a preparar a seara da religião e do trabalho, garantida a vassalagem a Sua Majestade Real.

No grosso dos comandados, índios de distintas tribos e, em maioria, mamelucos e mulatos, e cafuzos, que a miscigenação já se impõe, de maneira incontrolável. E são homens válidos e fortes, e mulheres e crianças. Nos lábios, distintas línguas.

Dominante na comunicação cotidiana a Geral Paulista, ao lado do português.

E os avanços se ampliam nos rumos do interior.

Desbrava-se o sertão, planta-se a agricultura.

Bandeirantes não se fixam, antes se deslocam, sempre, na expansão da conquista da terra de Santa Cruz, cuja potencialidade celebra o entusiasmo do citado cronista do *Diálogo das grandezas.*

> ALVIANO — Pois dizei-me agora da grandeza, com que já me tendes ameaçado, desta provincia chamada Brasil ou terra de Santa Cruz.
>
> BRANDONIO — Tem seu principio esta terra, a respeito do que está hoje em dia povoado dos portuguezes, do rio das Amazonas, por outro nome chamado Pará, que está situado no meio da linha equinocial até a capitania de São Vicente, que é a ultima das da parte do Sul da dita linha, e entre esta primeira povoação e a ultima de S. Vicente há muitas terras fertilissimas, povoações, notaveis rios, famosos portos e bahias capacissimas de se recolherem nelles e nellas grandes armadas.
>
> ALVIANO — Pois dizei-me de cada uma em particular.

BRANDONIO — O Pará ou Rio das Amazonas, que é nos tempos presentes a primeira terra do nosso descobrimento a respeito das mais que temos povoadas pera a parte do Sul, está situado, como tendo dito, na linha equinocial, aonde não temos até o presente (por ser novamente povoada) mais que um pequena fortaleza guardada de poucos e mal providos soldados. Tem de bocca mais de oitenta léguas, e no reconcavo deste seio de tanta largueza há innumeraveis ilhas, umas grandes e outras pequenas, bastecidas de muitos arvoredos, com sítios excellentissimos para se poderem fazer nellas grandes povoações, e todas estão cercadas de agua doce; porque todas que occupa este grande reconcavo são desta calidade. A terra firme pelo rio a dentro é fertilissima, acompanhada de muitos bons ares, e por esse respeito nada doentia; tem muitas excellentes madeiras, capazes para grandes fabricas, muito mantimento de ordinario da terra, muita caça agreste, de que abundam todos os seus campos, muito peixe, que se pesca com pouco trabalho, sadio e saboroso, e de differentes castas, muito marisco a até o presente (pelo pouco tempo que ha que é povoada) não se ha feito pelos nossos nenhum beneficio na terra; a qual habita gentio de cabello corredio e côr baça e que usa da mesma lingua de que usam as demais do Brasil.[62]

(Trecho dos *Diálogos das grandezas do Brasil*, de Ambrósio Fernandes Brandão, 1618)

A terra do Brasil assoma como fonte de madeira, alimentos e minérios, extraídos e enviados para os senhores de além-mar. Na sustentação do novo empório, a garantia da posse de imensas propriedades. Quem vinha queria terras, e cobiçava as riquezas. Ao fundo, a prática de economia predatória.

Onde a força do trabalho dessas graves exigências? O povo da raça indígena mal resiste à imposição dos grilhões: a passiva complacência convive com embates, confrontos e resistências.

Des que nesta terra estou, que vim com V. M., dous desejos ne atormentarão sempre pre: hum de ver os christãos d'estas partes reformados em bons costumes, e que fossem boa semente tresplantada nestas partes, que desse cheiro de bom exemplo; e outro, ver disposição no gentio para se lhe poder pregar a palavra de Deus, e elles fazerem-se capaces da graça e encontrarem na Ygreja de Deus, pois Christo N. Senhor por elles também padeceo. Porque pera isso fuy com meus yrmãos mandado a esta terra, e esta foy a yntenção do nosso Rey, tam christianissimo, que a estas partes nos mandou. E porque pera ambas estas cousas eu via sempre por esta costa toda mao, aparelho, ó quantos cálices de amargura e de angustia bebia a minha alma sempre! E disto alguma cousa alumbrará a V. M, porque eu communicava com elle sempre minha dor, posto que aynda naquelle tempo não me amargavão tanto as fezes deste calix por não entrar tanto nelas.[63]

(Trecho de carta de Manuel da Nóbrega
a Tomé de Sousa, 5 de julho, 1559)

Muita água flui no leito denso do tempo, e muito sangue, até o fim da escravização do índio, que esperará a longínqua lei de 1755, que a extingue no Estado do Grão-Pará e Maranhão, e o alvará de 1758, que estende a extinção a todo o território da Colônia.

A QUESTÃO DO ÍNDIO ESCRAVO

Forças condicionadoras estão no cerne do decréscimo da presença do indígena em tal condição, mormente no que concerne à produção do açúcar: a difícil empreitada de sua escravização, nos espaços da floresta; a forte pressão dos jesuítas, centrada na preocupação da catequese; o tráfico do negro escravo, negócio de alta renda para a Coroa portuguesa e para tantos dedicados ao execrável comércio; a violência, a fome, a doença, cúmplices negativos do processo colonizatório.

Acrescente-se a resistência aborígene configurada em revoltas assumidas: várias tribos reunidas, entre elas a dos Cariri tendo à frente os Ianduí.

Trata-se de silvícolas que aprenderam a cavalgar e a usar armas de fogo e mantiveram, por três anos, guerra aberta aos portugueses em terras do Rio Grande do Norte, até serem derrotados pelas tropas comandadas por Domingos Jorge Velho. Em 1687.

Muito índio, todavia, foi escravo na Colônia. Sobretudo em localidades de poder aquisitivo baixo: um silvícola escravizado custava, em termos de mercado, um terço do que se pagava pelo escravo africano.

Dentro e fundo, ao lado do braço índio, avulta a força do negro escravo nas pedras da construção. Na resistência libertadora, os quilombos.

DE TEXTOS E DE LEITURAS

Há leitores no primeiro século do Brasil Colônia. Poucos, que a população, reitere-se, é quase totalmente analfabeta. Os livros, de duas naturezas: doutrinários, trazidos pelos missionários — catecismos, vida de santos, manuais; obras leigas, contrabandeadas, às escondidas, pelo Estado e pela Igreja, como a história de amor, objeto do *Diana*, de Jorge de Montemayor, de leitura interdita a residentes na Bahia de 1591; ou as *Metamorfoses* de Ovídio, *Os Lusíadas* de Camões, os *Mistérios da paixão de Cristo*.

Leem-se também folhetos de cordel, vindos nas naus e caravelas. E textos não literários. Entre eles, os citados *Tratados da terra e da gente do Brasil*, do padre Fernão Cardim, de 1586, e o *Tratado descriptivo do Brasil*, do português Gabriel Soares de Sousa, de 1587. Português escrito. No modelo da metrópole.

O texto de Gabriel Soares de Sousa apoia-se nos registros do autor de observações por ele feitas durante os dezessete anos em que viveu no Brasil, onde enriquecera com o açúcar. Origina-se de solicitação da Coroa espanhola, então senhora de Portugal. Apresenta, com rigor, a topografia baiana, plantas do Novo Mundo, zoologia, notícias da agricultura praticada, formas medicinais adotadas pelos silvícolas.

PRIMÓRDIOS DA EVANGELIZAÇÃO: CREDOS E LÍNGUAS

A AÇÃO CATÓLICA E AS LÍNGUAS GERAIS

Oito os primeiros religiosos chegados com o almirante achador: franciscanos, capelães da frota.

De pouco relevo, nas primeiras décadas, a pregação religiosa. A intensificação presentifica-se a partir de 1549, com a ação do grupo de missionários jesuítas chefiados por Manuel da Nóbrega. Entre eles, o citado padre Azpilcueta Navarro. No processo, a relevância das línguas de comunicação.

> Ha graça e amor de Christo Nosso Senhor seja com V. Alteza sempre. Amen.
>
> Logo que a esta Capitania de Duarte Coelho achegamos outro Padre e eu, escrevi a V. A. dando-lhe alguma emformação das coussas desta terra, e por ser novo nesta Capitania e nam ter tanta experiencia dela me fiquaram por escrever algumas coussas que nesta suprirei.
>
> Nesta Capitania se vivia muito seguramente nos peccados de todo ho genero e tinhão ho pecar por lei e costume, hos mais ou quase todos nam comungavão nunqua e ha absolvição sacramental ha recebiam perseverando em seus peccados. Hos eclesiásticos que achei, que são cinquo ou seis, viviam a mesma vida e com mais escandalo, e alguns apostatas; e por todos asi viverem nam se estranha pecar. Ha ignorancia das cousas de nosa fé catholica hé quá muita e parece-lhes novidade ha pregação delas. Quasi todos tem negras forras do gentio e quando querem se vão pera os seus. Fazen-se grandes injurias aos sacramentos que quá se ministrão. Ho sertão está cheo de filhos de christãos grandes e pequenos, machos e femeas, com viverem e se criarem nos custumes do gentio. Avia grandes odios e bandos. Has cousas da Igreja mui mal regidas, e as da justiça polo conseginte, finalmente commixti sunt inter gentes et didicerunt opera eorum.

> Começamos com ha ajuda de Nosso Senhor a emtender em todas essas cousas e faz-se muito fructo, e já se evitão muitos peccados de todo ho genero. Vans-e confessando e emendando, e todos querem mudar seu mao estado e vestir a Jesu Christo Nosso Senhor.[64]
>
> (Trecho de carta de Manuel da Nóbrega a D. João III, datada de 14 de setembro de 1551)

Logo depois se destaca o trabalho de Anchieta. Com ele e seus companheiros vêm para a Colônia "órfãos de Lisboa, moços perdidos, ladrões e maus".[65] Estes logo se convertem em "meninos-língua", por força do aprendizado do Tupi a que são submetidos. No objetivo catequista, a conversão das crianças índias.

Data do ano da chegada a instalação, em São Vicente, no litoral de São Paulo, de uma casa da Ordem e de uma igreja, primeiro núcleo irradiador da buscada catequese.

O ano de 1567 marca o advento dos primeiros candidatos ao noviciado. Em 1573 têm início as aulas de "ler, escrever e algarismos". Ganha presença na Colônia a educação sistematizada.

A evangelização envolve, de um lado, espaços da fé, na língua do cate-quizando, gramaticalmente organizada pelos religiosos; do outro, a cultura portuguesa, nas classes dos jesuítas, que comandarão oficialmente ensino e catequese até 1758. Em paralelo, a vassalagem à Coroa portuguesa.

Ganham também presença no processo missionários de outras ordens.

Outros franciscanos, chegados em 1584, atuam intensamente no litoral nordestino. Do Rio Grande do Norte a Alagoas. Notadamente nos engenhos e bandeiras. Nestas, apoiam a captura dos indígenas. Entre 1588 e 1591, sediam-se em conventos. Tal como acontece com beneditinos, a partir de 1580, e com carmelitas, desde o mesmo 1584.

A atuação franciscana é, por carta régia, limitada na Amazônia: franciscanos de Santo Antônio assumem missões do Cabo do Norte, Marajó e norte do Amazonas; franciscanos da Piedade comandam missões do Baixo Amazonas. No Sudeste movem-se em visitas sazonais a vilas e povoados crescentes no interior.

Os carmelitas sediam-se em Olinda. Ensinam língua geral e teologia, na preparação de missionários destinados à evangelização na Colônia. Na Amazônia, cedo envolvem-se em atividades vinculadas ao comércio de especiarias.

Beneditinos logo ampliam, na mesma terra amazônica, as riquezas da Confraria e se tornam proprietários de fazendas e de escravos.

Padres mercedários assumem as missões de Varumã, do Urubu e de parte do Baixo Amazonas. Na região, cabem aos jesuítas as missões do Xingu, do Tocantins, de Tapajós e Madeira.

O gradativo deperecer das tribos indígenas litorâneas e a catequização maciça de escravos africanos levam ao interior a ação missionária. Em tal direção, destaca-se a presença de capuchinhos franceses e de oratorianos de Itália na área sertaneja das margens do São Francisco.

A Igreja Católica associa-se assim estreitamente ao Estado na organização do processo colonizatório da América portuguesa. A vinculação é inerente à relação, àquela época, entre as duas instituições.

É competência da Igreja: a educação dos habitantes; o exercício do "controle das almas" no cotidiano das gentes, assegurada a obediência à Coroa portuguesa; a garantia, pela imposição dos sacramentos e dos atos da liturgia, do direito à eterna bem-aventurança.

Ao Estado, cabem: o exercício de poder sobre a Colônia; a assunção e a organização administrativa da terra colonizada e da política de povoamento; a garantia da mão de obra que se fizesse necessária; a regulamentação das relações entre Colônia e metrópole. Na lei e na força.[66]

É tão estreito o relacionamento entre a Coroa e o Clero, que se institui o mecanismo do "padroado real", estabelecedor dos deveres e hierarquizações para ambas as instâncias, com prevalência do Estado.

A Igreja permitia à Coroa portuguesa, assumidos os respectivos gastos, atividades inerentes à hierarquia religiosa. Entre estas, recolher o dízimo, criar dioceses e nomear bispos.

Ao Estado, competia, em contrapartida, promover a evangelização, garantidos "os direitos e a organização da Igreja em todas as terras descobertas".[67] Nesse âmbito, entretanto, a Companhia de Jesus desfrutava de situação privilegiada: maior independência na ação e acesso direto ao Sumo Pontífice, com submissão menor ao governo lusitano.

Esse *status* assegura aos jesuítas forte poder de influência na definição de políticas e estratégias governamentais e religiosas relacionadas com o processo de catequização na Colônia.

É neste último que se destaca a ação de adaptar e simplificar a língua indígena, convertida, em língua geral, nos termos assinalados.

Outros credos e outras línguas na Colônia

Em menor escala, marcam presença nas terras do pau-brasil a religião judaica, o protestantismo e as crenças africanas.

Descendentes de judeus buscam as terras brasileiras, movidos por perseguições na Península Ibérica, a partir do século XVI. Alojam-se tais imigrantes na Bahia, em Pernambuco, em território maranhense. Mesclam-se aos cristãos. Logo assimilam os costumes das comunidades locais. E, de par com o vernáculo, adotam as línguas dominantes no convívio: o português e a língua geral dominante onde se alojem. Predominam os cristãos-novos, muitos logo proprietários de terras, engenhos, e escravos.

A preservação da identidade cultural viceja na prática clandestina de atos da religião de origem. Ao fundo, a coercitiva ameaça do Tribunal do Santo Ofício.

Este último não se instala na Colônia, mas atua por intermédio das "visitações" inquisitoriais. Estas ocorrem no Nordeste, ao longo dos três séculos coloniais: em 1591, 1618, 1627, e em 1763 e 1769, no Grão-Pará. No desempenho, o centramento no combate às heresias e no zelo da fé e da moral católicas, propósito que envolve a condenação de ritos e práticas religiosas israelitas.[68]

No convívio restrito à comunidade e na prática da liturgia seguramente presentifica-se o uso da língua de origem.

> Vi por mandado dos illuftríffimos & reuerendiffimos Senhores da Sancta & Geral Inquifição efta obra de Pero de Magalhães fobre a ortographia da Lingua Portuguefa, com hum Dialogo em fauor da mesma lingua. E não achey nella coufa contra a fee & bõf costumes antes tenho o tal exercicio por licito & proueitoso nefte genero de materias defta qualidade, & me parece se deue imprimir. Em fe do qual affinei aqui. Viij de Octubro 1574.
>
> F. Bertholameu Ferreira.
> Vifta a enformação acima efcrita imprimafe.
> Em Lixboa 9 de Octubro de 1574.
> Lião Anriquez Manoel de Coadres[69]
>
> (Parecer do Tribunal do Santo Ofício da Inquisição, 1574)

A presença protestante evidencia-se, de início, na palavra e na ação dos citados missionários calvinistas, oriundos de Genebra, ao tempo da tentativa de fundação da França Antártica. Vêm carregados de prestígio.

Villegaignon, o comandante, começa por prestar-lhes obediência, mas em seguida contesta-lhes posicionamentos doutrinários. A ponto de proibir-lhes o exercício da pregação, o que os leva a buscarem a saída do retorno.

Dificuldades da travessia no mar trazem uns tantos de volta. Recebe--os a desconfiança do comandante francês que, a este passo, abjurara a doutrina e os obriga a redigir declaração relacionada a aspectos a esta concernentes, a *Confessio Fluminensis*. Equívoco de confiança, diante de estratégia traiçoeira: a assinatura no texto é tida como traição e sela sentenças de morte.

Nova presença gaulesa virá, mais atuante, ao tempo da governança holandesa de Maurício de Nassau.

Negros escravos e seus descendentes asseguram a proliferação de cultos oriundos das longes terras de África. Abrigam-se, em sua prática, na simplicidade de choupanas rudes, erigidas, notadamente, às margens de pequenos rios, ou próximo de fontes, águas sagradas. Na liturgia, os cantos, em línguas de África, a dança, os sacrifícios. E o sincretismo.

É o começo de uma atividade religiosa de marcada presença na realidade brasileira, com traços fortes no candomblé da Bahia e nos xangôs nordestinos.

Outras manifestações originárias do continente africano também permanecerão, como os calundus, rituais de origem jeje, trazidos pela gente negra do Daomé, atualmente Benin, situado na costa ocidental da África.[70]

Nesse contexto religioso, esclarece Yeda Pessoa de Castro, língua deve ser entendida menos como competência linguística e mais como um veículo de expressão simbólica. No uso, circunscreve-se a um léxico de base africana vinculado ao universo dos recintos sagrados destinados a cerimônias do culto, e já modificado pela interferência da língua portuguesa no Brasil.[71]

Os traços configuradores de tais línguas vinculam-se às "diferenças de procedência meramente formais de um repertório linguístico de origem africana, específico das cerimônias ritualísticas em geral e de cada "nação" em particular, ou seja, ewe-fon ou jeje-mina, iorubá ou nagô-queto, banto ou congo-angola".[72]

Nois sumo caboco da mata,
brasileiro, qu'e é qu'eu sô,
pedimo licença pr'entrá
nessa aldea, nosso sinhô.
(candomblé-de-caboclo)

Toté, toté do maiongá,
maiá coquê.
Toté, toté do maiongá,
maiá coquê.
(nação congo-angola)

Hun si agô iê.
Agô ô, si ê.
(nação jeje-mina)

Agô, agô lonã.
modupé, agô.
Agô, agô lonã.
(nação nagô-queto)[73]

(Textos de rituais africanos)

Associadas ou não às religiões, frequentam assim o mercado verbal palavras de diversas origens: hebraica, francesa, africana; entrelaçam-se, mescladas ou alternadas, ao longo do tempo, com maior ou menor presença, no tecido da língua portuguesa do Brasil.

COMEÇOS DA EDUCAÇÃO: JESUÍTAS E PEDAGOGIA

Se privilegiam a língua geral na faina da catequese, os jesuítas não descuram do prestígio do idioma luso.

A eles se deve, nos termos assinalados, a fundação da primeira escola, de leitura e escrita, base da ação missionária nessas terras pau-brasil. À frente, Manuel da Nóbrega.

Nela são ministradas aulas de ler, escrever e contar, para filhos de portugueses, de mamelucos, de caboclos. No alunado, crianças brancas, índias, pardas e morenas. Negras não. Ou talvez, mais tarde, diante da carta real de 1686, que manda matriculá-las.[74]

Escolas de tal natureza se estendem, em 1576, por Porto Seguro, Ilhéus, Espírito Santo, São Paulo, Rio de Janeiro, São Vicente, Pernambuco e Salvador. Nesta última cidade, os missionários mantêm ainda uma classe de Artes e outra de Teologia. Na sequência, ampliam a atuação, com a fundação de colégios em São Paulo, Espírito Santo, Recife, Cachoeira, Paraíba, Belém, Maranhão e Paranaguá.

A língua portuguesa escrita, ainda que precariamente, começa a ampliar presença no espaço comunitário.

Implantam os jesuítas na Colônia um pioneiro sistema de ensino, entendido como tal um conglomerado de escolas, com estrutura de sustentação. Em ritmo progressivo.

Para além da escola elementar, instituem aulas de humanidades e latim em colégios do Rio de Janeiro, de Pernambuco e Bahia, sítios onde formam bacharéis, em 1575, e mestres em Artes, em 1578.

Na base do sistema, as determinações das *Constituições* de 1559: cinco anos para a formação em Letras e sete para os estudos superiores de Teologia e Filosofia. E logo, em 1586, os princípios do *Ratio studiorum*, reformulados em 1599: ensino em três cursos ou períodos, de Artes (Filosofia e Ciência), de Teologia e Ciência Sagrada.

O curso de Artes abrangia o estudo de Aristóteles e Santo Tomás de Aquino, Física, Ciências Naturais, na parte explorada pela observação e pelo cálculo, Física especial ou aplicada.

Na realidade brasileira, sintetiza Pedro Calmon, "não concorriam as ciências com as letras". A retórica, "mera cultura da forma, da imaginação, do gosto, da palavra", interessava mais que a natureza.[75]

Ressalvada sempre a relatividade de dados referentes à época, estima-se em 50 mil, por outro lado, o número de índios orientados, no todo, ao longo do período colonial, pelos jesuítas. Em língua geral, nos contatos diretos, em escolas, em colégios. Aculturações. Não sem confrontos ideológicos com os donos do gado, do algodão e das drogas sertanejas, acirrados a tal ponto, que os padres acabam expulsos, em 1684, das terras do Maranhão. Em 1686, conseguem apoio do rei para retornar, mas os confrontos persistem, até a decisão pombalina de expulsão dos batinas negras de todo o território da Colônia, em 1759.

A REALIDADE COLONIAL E A COMUNICAÇÃO
NAS DÉCADAS FINAIS DO SÉCULO XVI

ESPAÇOS DE TERRA E GENTE

Nos começos do decênio de 1580, a Colônia já contava com quatro importantes centros, ao longo do litoral: Rio de Janeiro, Bahia, Pernambuco e São Vicente.

Recorde-se que o trono português passa, naquele ano, ao domínio de Espanha. Estabelece-se a União Ibérica, que perdurará até 1640. A Paraíba e o Rio Grande do Norte, dominados por franceses, são finalmente conquistados, respectivamente, em 1587 e em 1597-98.

O espaço colonizado corresponde, nessa época, apenas a certa extensão de terras do litoral, pontilhadas de pequenas áreas em cujo contingente populacional predomina a gente indígena. Gradual, o adentramento para espaços do interior.

Há, a propósito, divergências em relação aos dados da população a esse tempo.

Pandiá Calógeras, para uma ideia e um exemplo, registra, à luz de antigos cronistas, em 1583, um total de 57 mil indivíduos: 25 mil brancos, 18 mil índios civilizados, 14 mil escravos negros. Estes, em sua maioria, sediados em Pernambuco.[76]

O Rio de Janeiro, em tal quadro, abriga, em 1585, 750 brancos, em 150 casas, 3 mil indígenas e cem escravos negros. A informação é de Anchieta.

Brasileiro é, à época, e será por longo tempo, o designativo do comerciante da madeira cor de brasa.

Na base da economia, o comércio de tal madeira e logo a concentração na lavoura canavieira, com a produção do açúcar.

Os engenhos emergem próximos do litoral para maior agilidade do escoar da produção. Alguns, à margem dos rios, para facilidade de acesso à água, fundamental.

A composição comunitária envolve, salvo poucas exceções, segmentos diversos: portugueses de baixa qualificação social na origem, e eles são fidalgos pobres; clérigos; degredados; artífices e artesãos; índios aculturados e, desde meados do século, escravizados; os primeiros escravos africanos; indígenas e gente negra de difícil quantificação.

Esse contingente é composto de indivíduos de níveis culturais diversificados: senhores e respectivas famílias; escravos; trabalhadores especializados: mestres de açúcar, purgadores, caixeiros, calafates, caldeireiros, carpinteiros, pedreiros, barqueiros, sapateiros, ferreiros e alfaiates.

Na extensão do trabalho, mercadores, e lavradores de roça, numa proliferação de pequenos e grandes proprietários. De um lado, senhores de terras na realidade rural, de outro, os serviçais.

Na comunicação, baixíssimo o domínio da modalidade culta da língua portuguesa. Forte, a presença das línguas gerais. Altíssimo, o índice de analfabetos.

Precaríssima a atividade urbana: as cidades, pobres, de construções rudes, quase fortificações; as ruas, tortuosas, ausente o escoamento de águas pluviais; parco e rústico, o mobiliário: núcleos convertidos praticamente em postos de comércio e de passagem.

Nas fazendas, isolamento.

Complexa, a construção comunitária dos primórdios da gente do Brasil. Difícil a fixação de vínculos primários, diante da mobilidade, da instabilidade e da dispersão que caracterizam a realidade colonial.

Multifacetada, a estratificação social. Sem o convívio que estimula o desenvolvimento intelectual, privilégio dos religiosos.[77]

Ao longo do século, assinala Ronaldo Vainfas, configura-se a marca histórica da ruptura: uma comunidade tribalmente organizada, em estágio da pedra-lascada, cede espaço ao surgimento, por transplantação, de uma sociedade de caráter mercantil. Deflagra-se o processo de aculturação de mão dupla, "em que a dominação portuguesa sobre os índios não excedia a hipótese de 'indianização' de colonos, nem a adoção seletiva, por parte dos índios, de elementos da cultura colonizadora".[78]

Emblemática, a propósito, a figura dos mamelucos. Filhos de mães indígenas, conhecem a língua e o *modus vivendi* nativo e a utilizam no convívio do mestiço e comunitário. Integrados ao universo dos conquistadores, atuam no apresamento de indígenas destinados à escravidão e tornam-se ativos participantes das bandeiras que adentram em busca de metais preciosos.[79] De permeio, a mescla linguística. Com destaque para a caracterização gradativa da Língua Geral Paulista o testemunho de Vieira comprova:

> É certo que as famílias dos portuguezes e índios de São Paulo estão ligadas hoje humas ás outras, que as mulheres e os filhos se criam mystia e domesticamente, e a lingua que nas ditas famílias Re a com os indios, e a portugueza a vão os meninos aprender a escola.[80]

Configura-se o esfacelamento da comunidade indígena, de seus valores culturais.

Emerge, em síntese, uma sociedade escravista, acentuadamente predatória, em meio a um lento e árduo processo de conquista territorial pelos portugueses, pontuado de conflitos guerreiros com os primitivos senhores da terra e com o insistente interesse de outros povos, em especial dos franceses.

> Expulsos os Franceses que occupavao havia onze annos esta Provincia, se recolherão para as suas de Europa, os que não ficarão entre os Gentios. Donde algũns furando os beiços como elles, lhes receberão por molheres as filhas. Cujos descendentes servirão de lingoas, & de juntar os socorros da terra, a outros, que noutras ocasiões, vindo infestar nossas Costas, vagarão com mais trabalho do que fruto, pelas Capitanias & mares de todo o Brasil, & fo Maranhão todo.[81]
>
> (Trecho do livro *Nova Lusitânia: história da guerra brasílica*, de Francisco de Brito Freire, 1675)

Evidencia-se o convívio de línguas distintas, em registros vários, com marcada interinfluência e com incipiente matizamento em função da localização dos segmentos comunitários.

LÍNGUAS DA COMUNICAÇÃO

Cultivam entre si os padres inacianos o latim e a retórica, mesmo no primitivo espaço da Colônia.

> De Beata Virgine Dei Matre Maria
> Eloquar? an sileam, sanctissima Mater Iesu?
> Num sileam? laudes eloquar anne tuas?
> Mens agitata pii stimuli hortatur amoris,
> Ut Dominae cantem carmina pauca meae.
> Sed timet impura tua promere nomina lingua,
> Quae sordet multis contemerata malis.
> Scilicet illius, quae clausit ventre Tonantem,
> Audebit lingua profana loqui?
> Mens stupefacta fugit, nisi quod tuus, optima Virgo,
> Corde metum pávido cedere cogit amor.
> Quida faciam? quare trepidam? cur mostra rigescent
> Pectora? cur te lingua silebit iners?
> Ipsa loquet cogis, tu vires sufficis ipsa
> Dicere conanti refficis ipsa manus.
> Tu pietate foves materna, animumque iacentem
> Erigis, aethereis accumulasque bonis.
> Sidereae tangar si non ego Matris amore,
> Si mea non dicant Virginis ora decus;
> Duritia silicis, ferrique aerisque rigorem
> Vincat et invictum cor adamanta meum.
> Quis mihi virgineos sub pectore claudere vultus
> Praestet, ut ardenter te pia Mater amem?
> Tu mihi cum cara sis única Prole voluptas.
> Tu desiderium cordis amorque mei.[82]
>
> (Trecho do poema à Virgem Maria, escrito por
> Anchieta nas areias da praia de Iperoig)

Nas escolas de catequese e na vida cotidiana do contato comunitário domina o Tupi Missionário. E nessa língua geral expressam-se orações e cânticos, poemas e composições teatrais elaboradas pelos religiosos.

Rudá, Rudá
Iuaka pinaiê
Amãna reçaiçu...
Iuáka pinaié
Aiuetê Cunhã
Puxuiuera oikô
Ne mumanuáara ce recé
Quahá caaruca pupé[83]

(Exemplo de oração em Tupi Missionário.)

A atividade escolar, fiel aos princípios da Ordem, envolve também, gradualmente, o hábito da representação de peças, facilmente assimilado pelos índios aldeados. Em especial na ação de José de Anchieta.

Na festa de S. Lço

No 2º acto entraõ tres Diabos
q querem destruir à aldeia
com peccados, aos quais resisten
S. Lço e S. Sebastião e
O Anjo da guarda liurãdo
a aldea, e predendo os Diabos.
Cujos nomes saõ. guaixara,
q hee o Rey, Aimbire, e
Sarauaya seus criados

guaixara
Xe moaju marãgatu
Xemoirõetecatuabo
Aipo recopicaçu.
Aba çerã ogoeru
Xe retama momoxiábo?[84]

(Trecho do *Auto de São Lourenço*, de José de Anchieta)

Ativíssimo, o bilinguismo — língua geral, português — na segunda metade do século. No processo, a ação de missionários-línguas, colonos-línguas, indígenas-línguas. Trocas culturais e linguageiras.

No intercâmbio, constatações linguísticas, como as de Anchieta, confirmadas por Pero de Magalhães Gândavo. E também, associadas a constatações de outra ordem, por Gabriel Soares de Sousa, em 1587. Atente-se para a designação do idioma: "lingoa do Brasil", "língua deste gentio", "Uma língua que é quase geral nesta costa do Brasil".

> Nesta lingoa do Brasil não ha f, l, s, z, rr dobrado nem muta com liquida, vt, cra, pra, etc.[85]
>
> (José de Anchieta)
>
> A língoa deste gentio toda pella costa he hũa, careçe de três letras — F — não se acha nella, nẽ, L nẽ R, cousa digna despanto, por q̃ assy não tem fê, nẽ Lei, nẽ, lei, nẽ Rei, & desta maneira viuẽ sem justiça desordenadamente.[86]
>
> (Pero de Magalhães Gândavo)
>
> Ainda que os Tupinambás se dividiram em bandos, e se inimizaram seus com os outros, todos fallam uma lingua que é quasi geral pela costa do Brazil, e todos tem uns costumes em seu modo de viver e gentilidades; os quaes não adoram nenhuma cousa, nem tem nenhum conhecimento da verdade, nem sabem mais que ha morrer e viver; e qualquer cousa que lhe digam, se lhes mette na cabeça, e são mais barbaros que quantas creaturas Deus criou. Tem muita graça quando fallam, mórmente as mulheres; são mui compendiosas na fórma da linguagem, e muito copiosos no seu orar; mas falta-lhe três letras da do A B C, que são F, L, R grande ou dobrado, cousa muito para se notar; porque senão tem F, é porque não tem fé em nenhuma cousa que adorem; nem os nascidos entre os christãos e doutrinados pelos padres da Companhia tem fé em

Deus Nosso Senhor, nem tem verdade, nem lealdade a nenhuma pessoa que lhe faça bem. E se não tem L na sua pronunciação, é porque não tem lei nenhuma que guardar, nem preceitos para se governarem; e cada um faz lei a seu modo, e ao som da sua vontade; sem haver entre elles leis com que se governem; nem tem lei uns com os outros. E se não tem esta letra R na sua pronunciação, é porque não tem rei que os reja, e a quem obedeçam, nem obedecem a ninguem, nem ao pai o filho, nem o filho ao pai, e cada um vive ao som da sua vontade: para dizerem Francisco dizem Pancico, para dizerem Lourenço, dizem Rorença, para dizerem Rodrigo dizem Rodigo; e por este modo pronunciam todos os vocábulos em que entram essas tres letras.[87]

(Gabriel Soares de Sousa)

Presença acentuada na base da formação da realidade cultural e linguística a esse tempo, a ação dos jesuítas.

Na comunicação comunitária, o convívio das línguas: a portuguesa, as do índio, em destaque o Tupi Missionário, língua geral, as do negro.

A primeira, língua de contato, sem preocupação dos falantes com a sua difusão.

A língua geral, gradativamente dominante e estimulada pelos batinas negras. Nas tribos virgens de colonização, as muitas línguas da realidade silvícola.

Entre a lusa e a indígena, a ação dos "línguas" — que as entendiam e falavam — na direção dos fins práticos inerentes aos contatos entre etnias.

Em menor escala, entre os negros e afrodescendentes, línguas provindas de África. Na mescla, interinfluências.

Assinale-se que a língua francesa, ainda que em volume reduzido, frequenta, obviamente alterada, o cotidiano da comunicação de alguns indígenas e mamelucos, mas sem repercussão de monta no idioma do colonizador lusitano. O espanhol presentifica-se, setorizado.

AS LÍNGUAS DO CONVÍVIO

Sintetizemos. A língua portuguesa chega ao Brasil na fala de distinta gente, de lugares distintos. Encontra-se unificada, entretanto, na condição de idioma nacional do país dos achadores, em que pese a diversidade dialetal.

Caracteriza-se também como língua de cultura, ou seja, no dizer de Antônio Houaiss: "Língua que, por sua tradição escrita, é capaz de lidar com quaisquer temas de quaisquer tempos e lugares, temas humanos ou divinos, científicos ou poéticos, particularistas ou universalistas."[88]

Esta última circunstância deve-se ao processo modernizador e formalizador que a marca ao longo dos fins do século XV e começos do XVI. É falada, escrita e constitui suporte de uma literatura em desenvolvimento, a partir do século XIII. E já permite a depreensão da modalidade culta e a modalidade popular.

As línguas muitas dos aborígenes de tribos várias, de troncos comuns, ágrafas, seguem geograficamente confinadas, em função, basicamente, do território de vivência de cada tribo ou "nação", espaço fundamental de sobrevivência de cada uma como grupo social.

Tais línguas, territorialmente vinculadas, logo cedem espaço às línguas gerais.

Nos começos, a língua geral de base tupi, o Tupi Missionário, codificada pelos jesuítas, passa a ser utilizada, possivelmente, como própria, por algumas comunidades, próximas dos centros urbanos que se iam constituindo, e às quais já se incorporavam usuários brancos. Da mesma forma, os chefes índios e seus próximos se permitiam empregar a língua portuguesa.

Difícil, entretanto, detectar com segurança as marcas do português usado no Brasil desses primeiros tempos, diante de três fatores: a mobilidade; a dispersão e a instabilidade da população; a carência de registros da manifestação oral. O certo é que predomina a modalidade popular do idioma.

Vário e amplo o território, distintos, os rumos do processo da colonização.

Há que imaginar a mescla gradativa que acompanha a ação dos vários "línguas", a intercomunicação de colonizadores, religiosos, indígenas, africanos, mestiços, estrangeiros.

Que mudanças matizariam essa língua portuguesa na boca dos muitos "línguas", missionários ou colonos a passá-la aos aborígenes? Que marcas lhe agregariam as falas dos filhos d'África e os falares indígenas? E as línguas outras estrangeiras? E em que medida?

O missionário-língua formava índios-língua e mamelucos-língua, convertidos em seus aliados. Controladores do indígena, os batinas negras sedimentavam o bilinguismo e, por força dos princípios que regiam a catequese, privilegiavam o uso da língua geral missionária.

Os índios-língua, por seu turno, contribuíam para a incorporação de lusismos aos seus vernáculos, agregadores de aspectos linguísticos do idioma do português.

Os negros adaptavam suas falas à dos colonizadores e preservavam, nos cultos religiosos, marcas das línguas nativas. É possível que usassem, nos quilombos, línguas gerais baseadas em línguas trazidas de África.

Segundo Yeda Pessoa de Castro, encontra-se, nos cânticos da umbanda, um ponto, cantado para "para obrigar um espírito a falar direito", ou seja, a "falar língua", de acordo com sua "nação de santo", no presente caso, na língua de Zambi, Deus Supremo do mundo banto ou "calunga": "O dia amanheceu na calunga! Tu fala direito na língua de Zambi! O dia amanheceu na calunga! Tu tem que falá na língua de Zambi!"[89]

Os franceses e outras presenças estrangeiras eventuais deixam possíveis marcas, ainda que esparsas, localizadas e de pouca repercussão.

Da língua portuguesa escrita sabemos, pelos muitos testemunhos presentificados nos textos. E tais documentos deixam ver características: oscila a ortografia, sem regras unificadoras; predomina o português tal como era na Lisboa do século XVI, e de que a carta de Caminha é notável documento.

Configurações de termos da língua lusa em boca indígena figuram em peças teatrais de José de Anchieta e no citado *Tratado descriptivo do Brasil*, de Gabriel Soares de Sousa. Podem ser também encontradas no *Vocabulário da Língua Brasílica*, do padre Leonardo Nunes, obra do século XVI.

O linguista Ariel Castro destaca, a propósito, exemplos de fontes várias: registrados por Anchieta, entre outros. Pancico, para Francisco; Rorenço, para Lourenço; Rodigo, para Rodrigo; Peró, em lugar de Pero; Marasá, paí para padre (em poema jesuíta); colhidas em outras fontes, palavras como arapineta (alfinete); açukiri (açúcar); garetara (jantar); mauka (barriga);

kapina (campina); kandyba (canavial); siara (cear); xauí, xabí (chave); junira (funil); bixana, pixana (bichano, gato); maía (mãe); berancia (melancia); paía (pai); pana (pano); paratu (prato); saberu, sabaru (sábado); toroto (tonto); cabaçu (cabaça); cepeta (espeto); curuça (cruz); kandora (quintal); makaka (macaco); mocoratu (mulato); papera (papel); pitá (fita); oifi (hoje); sorra (soldado); taipaba (taipa); xeringa (seringa); aramoçara (almoçar); camixá (camisa); martera (martelo); navaia (navalha); tambora (tambor); tomaramo (tomara); aratara (altar); catanha (castanha); conhara (cunhado); janera (janela); manteca (manteiga); merendara (merendar); panera (panela); pucuru (púcaro); reia (rei); rimão (limão); varaia (balaio).[90]

Os exemplos deixam perceber, e Ariel Castro os aponta, os três processos indiciadores de mudanças na interação linguística, marcas do desenho da variante geográfica da língua em curso na Colônia na direção do seu abrasileiramento: a tendência a deslocar a sílaba tônica para o final do vocábulo; a distribuição mais equilibrada da tonicidade entre as sílabas, principalmente pela utilização do /a/ em todas as posições; fortalecimento do /i/ e do /e/ finais. Lembra ainda, como decorrências dos processos assinalados, fatos singularizadores do português brasileiro, entre eles alveolarizações, labializações, passagens de consoantes a vogais, nasalização típica da língua Tupi.

As marcas dominantes da presença da língua indígena, assinale-se, situam-se na parte aberta do idioma, ou seja, no vocabulário, e no âmbito da fonética.[91]

Sílvio Elia assinala a acentuada convivência e a miscigenação, no século XVI, entre portugueses e tupis. Em decorrência, aponta dois aspectos significativos: o crescimento do contingente populacional de mamelucos que, na centúria seguinte, integrariam, com marcante presença, as bandeiras desbravadoras; a rápida difusão da língua geral, por ele entendida como Tupi Missionário, que envolvia espaços urbanos e rurais. Ganhava vulto, acrescenta, o bilinguismo: língua geral, português. O uso da língua geral estendia-se, inclusive, aos negros africanos, chegados como escravos, que se comunicavam "mais facilmente nessa koiné indígena do que em suas línguas nativas". E acrescenta o filólogo: "esse estado de coisas iria continuar até aprofundar-se no século seguinte. Contudo, a língua escrita, que refletia a norma culta, permanecia fiel aos cânones europeus".[92]

À luz da tese de Aryon Rodrigues, atualmente corroborada por inúmeros linguistas, cabe acrescentar ao espaço do bilinguismo a utilização da Língua Geral Paulista, de início em processo de configuração, em especial na fala dos mamelucos que "iriam engrossar as hostes bandeirantes", mas, pouco a pouco, plenamente utilizada no século XVII.

NO RUMO DOS BANDEIRANTES: COLONIZAÇÃO, MESCLA DE LÍNGUAS

No processo colonizatório, a ação dos bandeirantes junta-se ao passo do jesuíta, frequentemente marcada de confronto belicoso.

Na mobilização, o ouro e as presumidas pedras preciosas plantados na terra pródiga, as drogas do sertão, o braço índio para o trabalho escravo. Este, num processo cumulativo: indígenas apresados engrossam, aos milhares, as fileiras predadoras na caçada aos seus iguais.[93]

A caça aos índios, a propósito, marca-lhes as ações no século XVI; na centúria seguinte, ganham vulto o combate aos índios e aos quilombos e a prospecção do valioso metal amarelo que segue sendo a tônica do desempenho no Oitocentos.

Em paralelo, emergem do percurso de suas botas inscientes, desbravamento, ampliação territorial, comunidades, colonização.

Árduo, sangrento, difícil o percurso da aventura. Entre os percalços, a natureza inóspita, o enfrentamento quilombola, a resistência indígena, notadamente cariri.

Na constituição da bandeira, grupos de dez a mais de cem participantes, gentios e mamelucos, em marcada maioria. Entre eles, desertores e fugitivos da justiça. Indispensável a presença de um capelão: carmelita, em princípio, notadamente depois da dissensão da Coroa com os padres da Companhia de Jesus, em função do tratamento dispensado aos aborígenes. Admitia-se a presença de mulheres.

No comando, de regra, um branco, por vezes um mameluco.

Nas empreitadas, o contingente de brancos sempre inferior ao de mamelucos e índios. Um exemplo: 69 brancos, 2 mil índios e novecentos mamelucos integravam a bandeira comandada por Manuel Preto e Raposo Tavares, no ataque à região do Guaíra, oeste do Paraná, em 1629.[94]

Os passos dos bandeirantes, partidos basicamente de São Paulo de Piratininga, os levam a Minas Gerais, a Mato Grosso, a Goiás, ao Norte da Colônia, às aldeias guaranis do Sul, responsabilidade dos jesuítas espanhóis. Uma mostra do empenho e do denodo que os move: a bandeira de Raposo Tavares, então carregado de experiência, perpassa, entre 1648 e 1652, rota de 12 mil quilômetros: no rumo do Paraguai chega aos contrafortes andinos; na direção nordeste corta o território que viria a ser Rondônia; desce depois o leito dos rios Mamoré e Madeira e, no curso do Amazonas, estende os passos até as terras de Belém.[95]

Na orientação dos rumos e da subsistência, a sabedoria do índio, senhor do verde e das águas e conhecedor dos frutos, fauna e flora, garantia de alimento, destacado o mel, a caça e o peixe, fonte de cura de doenças, aliados às crendices e aos ritos da tradição: deles, de brancos, de negros. Trocas culturais. Teceduras.

Amplo, o poder do chefe. Em frequente conflito com a autoridade portuguesa.

Para esta, no entanto, é de notável valia a ação que as bandeiras desenvolvem: expansão e domínio do território, descoberta de pedras preciosas, escravização de índios, e mais a repressão aos bolsões de rebeldia contra a Coroa lusitana.

No âmbito destes últimos, destacam-se a eliminação do Quilombo dos Palmares, em Alagoas, em 1695, e o fim da Guerra dos Bárbaros, travada entre 1683 e 1713, que acaba com rebelião dos silvícolas, sobre preparar o terreno da plantação de cidades. Com apoio da Real Majestade, como atesta carta de D. Afonso VI ao bandeirante Fernão Dias Paes datada de 1644, em que o autoriza a concorrer com o que seja necessário para a descoberta das minas.

No rumo do que seja necessário, dá-se o apresamento de perto de 300 mil indígenas, nas missões do Paraguai, atestam padres jesuítas. De destino pouco claro: talvez objeto de venda como escravos, para o trabalho com o açúcar, em São Vicente e no Rio de Janeiro.

Nesta última cidade, os índios constituiriam de um terço a um quarto dos trabalhadores em engenhos mantidos por beneditinos. Também em terras paulistas o suor da gente indígena aduba a agricultura, em especial o trigo. Sobretudo em meados do século XVII. Ao fundo, exigências da presença de holandeses.

A mobilizadora presunção da existência nas terras coloniais de ouro e outros metais preciosos encontra realidade na descoberta do metal amarelo no leito do rio das Velhas, em 1695. Nas cercanias do que viriam a ser Caeté e Sabará.

É o começo do que se repetiria, ao longo de quatro décadas, em Minas Gerais, Goiás, na Bahia e em Mato Grosso. Em paralelo, as bandeiras descobrem jazidas diamantíferas.

Estendem-se as fronteiras da Colônia. Os bandeirantes, povoadores, no século XVII, da faixa sul litorânea — Paraná, Santa Catarina —, adentram, o século seguinte, terras do Sul e do Oeste, de São Paulo ao Rio Grande do Sul, com passagem por Mato Grosso: sobretudo vinculadas ao gado e à agricultura.

São muitos os que seguem na delirante aventura da riqueza. Homens. Que as mulheres, os velhos, as crianças vão ficando nos povoados, nas vilas e cidades. As primeiras, na tentativa de assegurar o ritmo da vida comunitária, difícil empreendimento. Mas presenças instauradoras.

Ao longo dos caminhos desbravadores e por força da ação da catequese de jesuítas e carmelitas, erguem-se fortificações, sobretudo às margens dos rios, povoados decorrentes e instaurações de missões religiosas.

Evidencia-se a mistura linguística na comunicação cotidiana do percurso, nas incipientes organizações comunitárias.

O contingente de mestiços de branco e índia leva à conclusão do predomínio do vernáculo do mameluco: a Língua Geral.

TENSÕES NA CONSTRUÇÃO COMUNITÁRIA. REPERCUSSÕES NA COMUNICAÇÃO

MOBILIZAÇÕES AO NORTE

No Norte da Colônia, a colonização começa no século XVII. Mais precisamente em 1612, diante da ameaça francesa às terras do Maranhão. Antes, não mobiliza a atenção dos portugueses.

Agilizada a ação repressiva, configura-se, após a expulsão dos gauleses, a preocupação da Coroa. Vale destacar alguns acontecimentos evidenciadores. Emerge a fundação de Belém, em 1616, ponto de partida para a assunção efetiva da ação colonizatória na região.

No âmbito do processo, ocorre, em 1637, a viagem de Pedro Teixeira, que navega o Amazonas e chega a Quito então vice-reinado. Desce em seguida na direção de Belém e funda o povoado de Franciscana.

Data do mesmo ano o empenho na defesa contra as invasões estrangeiras que leva à criação da capitania da Costa do Cabo Norte, onde é hoje o Amapá.

Mais tarde, em 1690, é implantado, na foz do rio Negro, um posto avançado, próximo do que viria a ser a cidade de Manaus.[96]

E mais: o governo central, sob o mando de Espanha, cria, como foi destacado, o referido Estado do Grão-Pará e Maranhão, com governo distinto e separado do Estado do Brasil. Duplicidade de polos administrativos, legislação própria, caracterizadoras de distanciamento.

As atividades econômicas não mobilizam interesses estrangeiros. A base da subsistência é o cultivo do algodão e a atividade coletora das citadas "drogas do sertão", ativadores da fundação de missões e povoados.

Desenvolve-se também um número pequeno de grandes propriedades: engenhos, fazendas de gado.

A região atrai a presença de imigrantes portugueses. Na base da mão de obra, escravos libertos e, ilegalmente, índios.

Convertidos, no trabalho agrário das missões e em atividade campesina vária, em pequenos proprietários ou posseiros livres, atuam brancos, índios ou mestiços. No convívio, durante muito tempo, a troca direta de produtos, que escassa era a moeda: escambo.

Predomina a cultura indígena, e a miscigenação, sobretudo diante da escassez de mulheres brancas.

Na comunicação, prevalece a Língua Geral Amazônica.

Movimentações ao Sul

No Sul, o processo colonizatório ganha distinta configuração. Jesuítas incursionam na direção Leste, desde Paranapanema. Bandeirantes estendem seus passos ao longo das coxilhas.

A Coroa, por seu turno, concede capitanias até os limites do rio da Prata. Em 1676.

Data de 1680 a Nova Colônia do Sacramento, nas cercanias da ilha de São Gonçalo.

Em 1684, é fundada, por imigrantes açorianos, nas futuras terras catarinenses, a cidade de Laguna.

Portugal, ignora, sutil, a linha de Tordesilhas. Não sem contestações espanholas e ameaças de rompimento de relações diplomáticas. O impasse é superado pelo Tratado Provisório de Lisboa, de 1680, com o retorno à discussão dos limites fronteiriços.

Longe está de ser tranquilo o processo colonizador. Multiplicam-se conflitos em torno do usufruto dos muitos bens auferidos.

No âmbito dos rumos da colonização, convivem línguas gerais e língua portuguesa, com predomínio das primeiras.

Tensões e conflitos no processo

Paralelamente à estrutura oficial do poder, configuram-se outras instâncias, ao longo do século XVII.

Na faixa do litoral, senhores de engenho aliam-se a funcionários na interferência na ação administrativa e judiciária. Casamentos propiciam alianças familiares na direção do favorecimento de interesses.

Na região sertaneja, donos de escravos e terras ampliam riqueza e mando, seguros da impunidade de seus atos, que envolvem frequentemente o crime e lutas sangrentas entre famílias, à revelia das autoridades. Estas se revelam impotentes, diante dos chamados "negócios do sertão".

E são várias as revoltas ao longo do tempo e das capitanias.

Como a que eclode em São Paulo, em 1641, motivada pelo receio de perda de bens e da interrupção do comércio entre o Sudeste e o rio da Prata, com envolvimento de espanhóis, que, em grande número, habitam o território, e marcada por ideias separatistas. E, no Rio de Janeiro, em 1661, a "Revolta da Cachaça", mobilizada pelos novos impostos. Ou a do Maranhão, em 1684, liderada pelos irmãos Manuel e Tomás Beckman, causada por dissensões entre jesuítas e autoridades em torno da escravização indígena e por questões vinculadas ao monopólio das exportações.

Tensos convívios, na construção comunitária, tensa comunicação, marcadas pela diversificação. Em português, em registros vários e matizados, e nas línguas gerais Brasílica, Paulista, Amazônica, Cariri, Guarani, com incidência vária, em função da dinâmica do desenho comunitário; no cadinho da mistura, espanhol e línguas de África.

Na intensificação da tensão, invasão holandesa e, com ela, mais uma língua nos espaços da comunicação, ainda que de presença restrita.

HOLANDESES NO BRASIL: MAIS UMA LÍNGUA NA COLÔNIA

CONFRONTOS E RESISTÊNCIAS

1624. A união, num só comando, de Portugal e Espanha, a partir de 1580, leva à proibição do comércio açucareiro que navegava tranquilo entre a Colônia e a Holanda.

Esta última, então senhora de 66% dos fretes entre Brasil e Portugal, decide invadir o território colonial. Objetivo: assumir a produção dos engenhos e o comércio servil.

Recordemos alguns fatos do conflito e da conquista.

A ação guerreira tem como alvo de início a cidade de Salvador.

Repassemos algumas instâncias do confronto, vinculadas ao envolvimento comunitário.

É maio. Rápido, o ataque batavo: a posse da cidade se dá em torno de 24 horas. Incisiva, entretanto, a resistência, mobilizada pelos grandes proprietários de fazendas e de escravos, então chamados homens bons, sediados em propriedades próximas.

Agrega-se sintomaticamente a comunidade contra o inimigo estrangeiro. No comando Matias de Albuquerque, que, de imediato, é escolhido governador, e pela Igreja, o bispo D. Marcos Teixeira.

Atenta, a Coroa envia urgente reforço de mais de 12 mil combatentes, em 52 navios. Entre eles, muitos nobres, na condição de voluntários. É a *Jornada dos Vassalos*.

Uma das naves guerreiras dirige-se ao Rio de Janeiro. Nas águas do Espírito Santo, rechaça grupos flamengos que entravam por esse flanco.

A frota concentra o fogo no território baiano. A rendição chega em 1625, no alvorecer de maio. Salvador retorna ao domínio luso-espanhol.

Os holandeses recuam, depois de um ano na Bahia, sem qualquer ultrapassagem. Mas, em 1628, tomam Fernando de Noronha, para serem rechaçados no ano posterior, por forças pernambucanas.

Voltam à carga em terras de Pernambuco, em 1630, mais precisamente em Olinda. Sessenta e sete navios em invasão avisada, anunciada até em sermões da região. A Coroa ordena a defesa aos habitantes da terra.

À frente, com recursos mínimos, ainda Matias de Albuquerque.

Impõe-se, nos combates, a supremacia flamenga. O governador abandona o Recife. Os holandeses, duas semanas decorridas do começo dos confrontos, assumem o domínio da cidade.

O comandante Matias, sediado no interior, reorganiza a resistência.

Uma adesão importante agrega-se às forças de Holanda: Domingos Fernandes Calabar, profundo conhecedor do cenário dessa guerra.

Após dois anos de relativo equilíbrio de forças, os invasores terminam vitoriosos.

Mas a luta continua. E será longa.

No curso da guerra, os holandeses acumulam conquistas: a ilha de Itamaracá, em 1633, o Rio Grande do Norte e a Paraíba, em 1634. Dominam também o cabo de Santo Agostinho, decisivo no âmbito do belicoso conflito: inviabiliza a exportação do açúcar para Portugal. Ao tempo, nova armada ibérica vem para ser derrotada.

PRESENÇA E AÇÃO DE MAURÍCIO DE NASSAU

A Holanda manda e comanda em terras amplas entre o rio São Francisco e o que já era Ceará. Instaura-se uma nova realidade, em paz até 1644. À frente, o principado de Maurício de Nassau, que chega ao Recife em 14 de janeiro de 1637. Com seus experientes 32 anos de vida. A cidade é, então, um aglomerado de 250 casas.

O príncipe, de linhagem alemã, atua em múltiplas e variadas frentes.

Vende ou confisca engenhos, de fogo morto desde a fuga dos seus donos para território baiano. Passa-os à posse de holandeses, judeus e brasileiros, financiados pela Companhia das Índias Ocidentais. Mas permite a permanência de muitos com os seus antigos donos.

Estimula com vigor o plantio da mandioca.

Assegura a permanência do braço escravo, que, em grande número, com o controle do comércio no território africano, também debandara para as terras da Bahia.

Apesar de protestante, pois que era calvinista, favorece a vinda de judeus das longínquas terras holandesas, e eles atuam como "línguas" entre os da Holanda e os da terra. Autoriza, inclusive, a instalação de duas sinagogas.

O governante incentiva também, por meio da vinda de artistas e cientistas de Europa para Pernambuco, a atividade cultural levada a cabo pela gente da Colônia. E apoia os estudos científicos, entre eles os da fauna e da flora brasileiras e das doenças tropicais.

Faz do Recife capital da capitania e cuida de aprimorar as condições da cidade. A ele se deve o novo traçado, similar ao de Amsterdã, da urbe pernambucana, chamada Cidade Maurícia.

O tempo de seu governo, entretanto, é também marcado pelo sub-reptício desconforto do conflito de culturas.

O administrador operoso volta à sua pátria, em 1644. Deixa um Recife com 2 mil residências, população de 6 mil habitantes, incluídos os de Olinda.

Os "retirados de Pernambuco" reinstalam-se, em sua maioria, entre a Bahia e o Rio de Janeiro. Uns ingressam na burocracia ou na carreira militar; outros passam a viver dos seus escravos. Migrações.

No período em que se afirma a presença holandesa com Maurício de Nassau, convivem o Brasil holandês, o Estado do Brasil e o Estado do Grão-Pará e Maranhão.

O idioma holandês passa a integrar o convívio local das línguas vernáculas de italianos, alemães e comerciantes franceses, escoceses, dinamarqueses e ingleses que se fixam na região, mas sem qualquer interveniência no português ou na língua geral.

Como explicita a percuciência de Evaldo Cabral de Mello, entre os de Holanda e os luso-brasileiros a comunicação linguística praticamente inexistia. Reduzidíssimo o número desses últimos que se expressava em holandês. Talvez Calabar, que iniciou sua aproximação com eles na condição de intérprete. E assinala o rigoroso historiador que entre os holandeses alguns poucos dominavam a língua lusa porque tinham vivido em Portugal. Esses serviam de "línguas" entre os dois seguimentos comunitários.

Mesmo entre os calvinistas, o número de falantes era mínimo: na ação catequética junto aos indígenas, utilizam livros escritos em castelhano.

A língua que funcionava como veículo facilitador da comunicação era o francês, de forte presença nas classes superiores dos Países Baixos, graças às escolas fundadas pelos huguenotes. O próprio Maurício de Nassau, lembra ainda Evaldo Cabral de Mello, que entendia português e, por atrapalhar-se ao falá-lo, preferia comunicar-se em latim com os luso-brasileiros que o dominavam, não apenas se correspondia em francês com as parentes, como promoveu a apresentação de comédias francesas no Recife.

E, ainda como fator de distanciamento, o historiador aponta o tríplice propósito dos senhores do açúcar:

> preservar a fé católica, o sentimento português e a fidelidade monárquica relativamente à contaminação por valores exóticos, inerentes à convivência com hereges, a que todo católico tinha obrigação, com estrangeiros que, como tais, eram gente de hábitos distintos e com homens sem rei, pois que as Províncias Unidas dos Países Baixos viviam sob regime republicano.[97]

O território retomado

A Coroa lusa volta aos seus primeiros detentores, na pessoa do citado D. João IV, desde 1640. Mas a Holanda afirmava-se na posse da terra de além-mar que conquistara.

Ausente o príncipe holandês, os portugueses se lançam à tarefa da reconquista do território ocupado. A partir de 1645.

É a hora dos heroísmos que unem as três etnias contra o inimigo comum.

São elas representadas pelo branco André Vidal de Negreiros e um próspero proprietário e agricultor, o mulato João Fernandes Vieira, que já haviam participado da retomada de Angola; por Henrique Dias, o negro; por Filipe Camarão, nome cristão de Poti, o índio, destaques da história brasileira oficial, e pelos muitos anônimos lusos, castelhanos, italianos mercenários e brasileiros unidos pela causa comum: a expulsão do invasor. Sintomas da consciência comunitária.

Longo, o tempo dos combates.

O interior é retomado, os holandeses asseguram o domínio do Recife.

As Batalhas de Guararapes, de 1648-49, a crise da Companhia das Índias Ocidentais, que reduz o apoio logístico, e a guerra entre Inglaterra e Holanda, deflagrada em 1652, solapam a resistência. Alguns focos persistentes são finalmente eliminados com o cerco da cidade, em 1654, por poderosa esquadra lusa.

Rendem-se os holandeses, depois de já terem deixado o Maranhão e Macapá em 1648. Firma-se então um Tratado, de Haia, como é chamado.

Portugal paga à Holanda, à guisa de indenização pela "perda do Nordeste", 4 milhões de cruzados, sob a forma de impostos, até a independência do Brasil.

A região retorna plena aos primitivos senhores. À luz de outro sentimento: o nascente nativismo.

Deixam os holandeses, finalmente, o território brasileiro. Com pouca influência na estrutura social. E nenhuma na língua.

REPERCUSSÕES LINGUAGEIRAS

Que idiomas predominam na fala do caboclo dessa terra ao tempo da presença holandesa na Colônia? Português e línguas gerais.

Diante de tais circunstâncias, sabiamente os jesuítas asseguram, com cuidado redobrado, o domínio dos indígenas. Nessa direção, limitam, o mais que lhes é possível, o acesso dos catequizados à aprendizagem do idioma lusitano.

Consequência do bilinguismo: a língua colonizadora aos poucos assume matizes fortemente diferenciadores na fala dos naturais da terra colonizada. Inclusive em lábios de africanos e de afrodescendentes.

Faz-se também poderosa, no Norte, de lento processo colonizador, a ação dos inacianos, por força do distanciamento dos grandes centros da Colônia.

SÉCULO XVII: CATEQUESE, EDUCAÇÃO E LÍNGUAS

AINDA A AÇÃO JESUÍTICA, CONFLITADA

Ao longo do século XVII, seguem ainda os inacianos senhores da educação. Esta continua centrada na catequese dos índios, na instrução dos filhos dos colonizadores, na formação de novos sacerdotes. Está no projeto educacional do padre Manuel da Nóbrega. Na comunicação, presentificam-se português e Língua Brasílica.

A esse tempo, a Companhia tem a posse de 36 residências e de 36 missões. A tal patrimônio se juntam 11 estabelecimentos de ensino, no Rio de Janeiro, Olinda, São Paulo, Santos, Espírito Santo, São Luís do Maranhão, Recife, Belém, Paraíba. Não sem conflito de base: divergências com os senhores de engenho, os plantadores de cana e os bandeirantes em torno da mão de obra indígena.

Entre 1628 e 1641, no bojo desse confronto, bandeirantes destruíram aldeias dos batinas negras situadas entre o Paraguai, o Paraná e o Rio Grande do Sul. Os Sete Povos das Missões — que abrigavam, desde 1632, para além de 10 mil indígenas, sob orientação jesuítica — são por eles frequentemente atacados.

Os jesuítas, entretanto, conseguem evitar a escravidão do silvícola. Com apoio da Coroa: ato de D. João IV, datado de 1640, estabelece que cabe exclusivamente a eles o contato com os índios.

A medida acirra revoltas. Em São Paulo, em Santos, em São Luís. Os descontentes se valem de ataque armado às escolas missionárias e de manifestações expressas junto ao governo da metrópole.

A violência culmina na expulsão dos missionários desses sítios conflagrados a que só mais tarde retornam.

Em meio às tensões decorrentes dos conflitos e embates, a Companhia de Jesus nomeia, em 1653, um importante visitador, que vivera na Bahia, em companhia dos pais, até entrar no seminário: o mesmo Antonio Vieira do sermão contra os de Holanda. Missão: a construção de igrejas, a catequese nas terras do Maranhão.

No apoio, ainda o governo luso. Concretamente explicitado em determinação régia de 1667. O documento reforça legislação anterior e decreta a liberdade total dos índios com severa punição a quem não cumprir a lei.

Excetuam-se os silvícolas que não aceitem a catequese, sejam autores de latrocínio ou se recusem ao pagamento de tributos, a defender o rei ou que se neguem a trabalhar para a Coroa. Nesses casos se autoriza a chamada "guerra justa".

Pelas mãos e pelo verbo dos missionários jesuítas, indígenas do sertão são trazidos, na dinâmica da catequese, para aldeias litorâneas. Ali lhes é propiciada a educação religiosa.

Vieira se opõe a tal prática. Defende a fixação do índio nas terras interioranas, a fim de evitar os confrontos com a avidez dos colonos e com a inveja e atitudes de outras ordens religiosas.

A orientação do notável pregador encontra forte resistência. A tal ponto que ele é levado a deixar o Maranhão em 1654, sítio para onde, entretanto, mais tarde regressará.

Mesmo diante de tais instâncias, destaca-se, no processo colonizatório, a atuação de jesuítas e franciscanos, especialmente os primeiros.

As duas ordens religiosas serão responsáveis, perto de 1740, por aldeias que abrigavam cerca de 50 mil indígenas. E mais: os inacianos eram senhores de engenho, de grandes fazendas de gado, de plantações de algodão, e detinham ampla parcela do comércio das citadas drogas do sertão.[98]

As escolas dos padres missionários, por outro lado, constituem o centro, único, na época, também de formação leiga em idioma vernáculo. Por eles passam escritores de nomeada, atuantes na fundação da literatura brasileira. Entre outros, Gregório de Matos, Bento Teixeira, Manuel Botelho de Oliveira, e o próprio Antonio Vieira.

O ensino que desenvolvem representa funda contribuição para o traçado da língua e da cultura na Colônia, em que pesem interesses políticos e religiosos.

Em tal direção, os jesuítas, assinala Maria José Werebe, "procuram controlar a influência das culturas indígenas e africanas e as 'ameaças' francesa e holandesa nos séculos XVI e XVII".[99]

Entre as consequências da orientação pedagógica da ordem, situa-se a desestruturação de valores aborígenes, a partir da educação das crianças índias, centrada na substituição da cultura nativa pela cultura alienígena. Contrapartida: a dialética desse tenso jogo de forças. Se a educação europeizante traz a marca de presença forte, destaca a mesma estudiosa, os jesuítas, por seu turno, não se mantêm imunes à influência das culturas do índio e do africano E, certamente, incorporaram crenças e superstições presentes em tais culturas, o que deve ter contribuído para certas peculiaridades do catolicismo brasileiro.[100] Decorrências desse processo repercutem nos usos do idioma português.

E mais: ante a difícil, senão impossível, tarefa de fazer valer os princípios éticos e morais da religião diante da corrupção dos costumes arraigados na Colônia, os inacianos flexibilizam a moral e a ética católicas.

Os jesuítas agem ainda como intermediários entre índios, portugueses e quilombolas.

Outros espaços de ação

Paralelamente à ação das ordens religiosas, a difusão do catolicismo presentifica-se na atuação de irmandades e confrarias.

Trata-se de associações formadas por homens e por mulheres, brancos, negros ou mulatos, em torno da devoção a um santo. Objetivo: auxiliar a Igreja e promover a vida social na Colônia.

A elas se deve, entre outras atividades, a fundação e manutenção de abrigos para meninos pobres e de hospitais e o recolhimento de órfãos.

A significação da Igreja no processo colonizatório pode ser ainda avaliada pela solicitação feita pela Coroa portuguesa da instalação de um bispado do Brasil, dois anos decorridos da chegada dos jesuítas.

Júlio III, pontífice, atendera então ao pedido. Criou-se o bispado em 25 de fevereiro de 1551, subordinado ao arcebispado da capital lusitana. Salvador ganhou foros de cidade, com a Igreja do Santo Salvador convertida em catedral. Além das funções de zelador da moral e dos bons costumes, o bispo era também o substituto eventual do governador, nos seus impedimentos.

O templo agrega e congrega, propicia intercâmbios, intercomunicação. Convivem, na dinâmica da língua, o uso formal dos clérigos e o informal comunitário em suas múltiplas modalidades. Ao latim da liturgia unem-se, na voz missionária, o português dos sermões, a língua geral da catequese, o português matizado na fala de negros e afrodescendentes.

Obviamente o pregador em seus sermões e nos demais escritos utiliza, e com mestria, a sua língua vernácula, na contracorrente do vezo de valorização da cultura castelhana. Afinal os portugueses permanecem sob o jugo de Espanha por longos sessenta anos.

Os sermões de quem não era da Companhia de Jesus marcavam-se, entretanto, e Vieira o assinala, de termos "ocasionais por incompreensíveis".

Esses termos eram próprios do português falado no Brasil do século XVII, exemplificado nos sermões dos capuchinhos, carmelitas e mercedários, já nascidos e vividos nas terras coloniais. Esse, o idioma sintomaticamente considerado, já em 1655, "mau português" se comparado à língua metropolitana.

Era o português dos brasileiros, que para muitos estudiosos — é matéria longe do consenso — advinha da interação com as línguas dos indígenas. Ao fundo e em paralelo, também assunto polêmico, a contribuição das falas de gente vinda da África.

Percursos outros da fé

Paralelamente à ação dos jesuítas, configura-se na comunidade multifacetada da Colônia a presença de cultos indígenas e africanos. A marca dominante é o sincretismo.

Grupamentos indígenas associam elementos católicos a crenças próprias, comportamento que os portugueses denominam "santidade", movimento marcado por caráter messiânico.

Ao culto aderem posteriormente escravos africanos, fugidos de fazendas canavieiras e mesmo brancos e mamelucos.

Os adeptos cultuam ídolos de acentuado hibridismo, dotados de poderes sagrados, os "santos", capazes de assegurar a expulsão dos colonizadores e a volta do paraíso tupinambá. As lideranças adotam a terminologia católica e se autodenominam "papas" e "bispos". No ritual, cerimônias longas, por vezes durante dias, marcadas pela ingestão de bebidas alcoólicas e infusões de tabaco em elevadas proporções.

> Em hum Engenho se alevantou huma sanctidade por hum escravo que desinquietou a toda a terra, porque os escravos dos christãos são os que nos fazem caa a principal guerra por o descuydo dos seus senhores. Aconteceo que vindo hum indio de outra Aldea a pregar a santidade que andava, hum o recolheo e lhe ajuntou gente num terreiro pera ouvir. E a sanctidade que pregava era que aquele sancto fizera bailar o Engenho e ao senhor com elle, e que converteria a todos os que queriaem paxaros, e que matava a lagarta das roças que entonces havia, e que nós não eramos para matar e que avia de destruir a nossa igreja, e os nossos casamentos que não prestavão, que o seu sancto dezia que tivessem muytas mulheres e outras cousas desta qualidade.[101]
>
> (Trecho de carta de Manuel da Nóbrega, datada de 5 de julho de 1559, alusivo à passagem de uma santidade pelo engenho da Bahia)

Com presença atuante entre 1560 e 1627 na parte sul da Bahia, esses grupos religiosos assumem também ataques aos engenhos e às plantações de cana. Terminam por ser desestruturados pelos governantes lusos.[102]

Os escravos africanos seguem cultuando os rituais de origem, privilegiadas, sobretudo, as entidades guerreiras, ritos que chegam à atualidade, sincreticamente marcados.

Vários desses procedimentos são adotados, também sincreticamente, por outros integrantes da sociedade colonial e acabam incorporando-se à tradição religiosa da gente do Brasil. No processo, perseguições, repressão, aviltamentos, violências.

Na língua, configura-se a presença forte de palavras rituais, notadamente no espaço das contribuições originárias da África.

> Cantiga de caboclo
>
> Sô brasileiro.
> Sô brasileiro, imperadô!
> Sô brasileiro,
> O quê qu'eu sô?

Quando vim de Aruanda,
'Meu Jesus, São Bento,
Só, só, eu vim só
De lá vem vino uma força maió.

Ogum, Ogum, meu pai!
Foi o sinhô memo que disse
Fio de pemba não cai.

Oh! Viva Oxóssi, ê!
'Oh! Viva Oxóssi, á!
Ele é caboco do mato, minha pai![103]

MOBILIZAÇÕES DA GENTE DE ÁFRICA: LÍNGUAS DE NEGRO, LÍNGUA DE BRANCO

PERCURSOS DO NEGRO ESCRAVO NO TERRITÓRIO DA COLÔNIA

Quatro a 5 milhões de africanos arrebatados da terra-mãe chegam escravos à Colônia, até 1855. Pelos portos de Salvador, o primeiro, de Recife, de Belém, de São Luís e do Rio de Janeiro, núcleo básico do abjeto comércio. Trocados, em grande número, sobretudo pelo fumo, de produção no Recôncavo, e também pela aguardente.

Cerca de 30 mil indivíduos vêm, no século de Quinhentos, da Guiné-Bissau, da Guiné, da Costa da Mina. Perto de 800 mil originam-se do Congo e, sobretudo, de Angola, a partir do século XVII e, em maior número, durante o século XVIII.

Nesta última centúria, oriundos também da Costa da Mina, chegam perto de 1,3 milhão.

É gente de distintas origens e idiomas diversos, de tribos várias e variada cultura. E são, de origem sudanesa: iorubás ou nagôs, jejes, ewes-fons, tapas, fânti-axântis e hauçás; e de origem banto: angolas, bengalas, moçambicanos, monjolos. De presença no campo, na cidade, na senzala, na casa-grande, na resistência dos quilombos. Nas falas, presume-se, perto de duzentos diferentes idiomas.

Idiomas de negro adentram casas de brancos e frequentam convívios com indígenas. Com predomínio do quimbundo de Angola, língua do grupo banto, nas terras do Rio de Janeiro, e do iorubá, na Bahia.

São línguas e culturas africanas que, do litoral, se espalharão por todo o território da Colônia. A presença banta estende-se pelos territórios correspondentes ao Rio de Janeiro, Minas Gerais, Maranhão, Pernambuco e Alagoas. Os sudaneses, chegados à Colônia anos depois, ocupam as terras baianas.

Mesclas, que levam gradualmente a uma integração no idioma português-base, ainda que de difícil configuração.

E são vários e distintos os dialetos africanos na comunicação dos escravos, como assinala a percuciência de Yeda Pessoa de Castro: dialeto das senzalas, em geral de base banta, utilizado por escravos de variada origem étnica; dialeto rural, uma expansão do dialeto das senzalas, de emprego no contato direto e mais prolongado, nas *plantations* e nos engenhos, seja entre escravos, seja entre escravos e senhores; dialeto das minas, de base jeje, emerso do contato direto com a fala europeia; dialetos urbanos, de base nagô, usados em Salvador e no estado de Pernambuco.[104]

Negro usa língua de branco, por força da catequese e da condição escrava, e adapta suas crenças por meio do sincretismo. E, por certo, também se vale de alguma língua geral, ainda que sem documentação comprobatória.

Escassos, parcos relatos iluminam a penumbra de tais fatos, de tal trama, em que um povo, escravizado, se agrega e se fusiona, e outros são os gemidos e os cantos e os lamentos, e outras são as culturas.[105] E distinta já é a língua amalgamada em palhas e camas, no roçado e no engenho.

Há um país nascituro na casa-grande e senzala.

Há os senhores de engenho, feitores, capitães de mato, e interesses de intermédio.

Há gente vinda de África e filhos nascidos escravos.

Há deuses e axé e ritos, que só a força da fé suaviza amargas sofrências.

Existem amenos convívios, em espaços familiares.

Há, em paralelo, repressão, violência e crueldade, e, nos espaços quilombolas, em contrapartida, guerrilhas, insurgências e revolta organizada, oxigenação de liberdade, a cada dia buscada, seja com fugas maciças ou agressões a senhores.

Avulta o negro africano na construção do Brasil.

Só a pálida memória e uns poucos documentos guardam alguns nomes e datas. Mas os números permanecem e são marca de relevo. Além da presença nos folguedos e nos cantos e orações da liturgia dos cultos.

> Mano ficou, hé
> Borocochô
> Malé, ou Malê
> Papai borocô
> Mano ficou, hé
> Todo franganhado
> Malé, ou Malê
> Nós estamo aringado.[106]

(Passagem de um folguedo de origem banta, o maculelê, em que seu comparsa que é laçado e jogado ao chão faz de conta que é gente sudanesa: nagô ou malê. Daí a cantiga de menosprezo.)

> Zambi lê lê, camundê,
> Pruquê tu era congo, jocombê
> "Andaraê, andaraê.

> Nosso todo já tá prompto
> P'ra cum perna trocá,
> Hoje branco há de ficá,
> Olê, lê, lê, olé
> De boca pero o á.

> Mãe Maria faz angú
> Faz angú p'ra tu comê
> Ó muleque do angú
> Falla tu que é falladô
> "Ufá, ufá, pindá
> Quilá, quitô.[107]

(Trecho de auto dos Cucumbys [de cucumbre, comida usada pelos congos], que é o mesmo que brinquedo dos congos, em que se configura a mistura de português com quimbundo)

Na letra de José de Anchieta, em 1583, vale reiterar o anteriormente citado: 14 mil africanos integram os 57 mil habitantes que fazem a população da terra colonizada; 25 mil são portugueses; os índios, 18 mil, não considerados nesses cálculos muitos dos que habitam o mistério da floresta.

Já em 1600, dobrada a população, agora 100 mil habitantes, 30 mil são gente de Europa e os negros, 20 mil.

Outro dado, de importância: inda o período é Colônia, negros e mulatos constituem 79% da população baiana, 75% dos mineiros, 68% da gente de Pernambuco, 64% dos habitantes do Rio de Janeiro.

Nos primeiros anos do tráfico, chegam 5 a 6 mil por ano. Já no século XVII, o número sobe a 30 mil. E no século seguinte, por força do ouro e do açúcar, a média anual ascende a 80 mil escravos, que, ao longo do tempo, se espalham pelos engenhos, pelos campos, pelas minas, pelas cidades, em atividades várias.[108]

E existem os recém-chegados, os "boçais", a usar só língua de África, lado a lado dos "ladinos", que vêm falando português, e ainda mais o " crioulo", nascido já nessas terras.[109] E também os já libertos.

Africanos e afro-brasileiros totalizam 42% da população, nessa última centúria.

São tempos de plasmação. E de mercantilismo.

O braço, o sangue, o suor escravo asseguram a economia do Brasil colonial.

Integra-se o africano a uma comunidade feita de religiosos, de grandes e pequenos proprietários, iletrados na maioria, com seus muitos dependentes, de comerciantes, administradores e serviçais.

A colonização instaura propulsores espaços políticos e econômicos. O acelerado crescimento da agroindústria açucareira mobiliza, por outro lado, a imigração voluntária e numerosa de colonos portugueses.

Mesmo diante da estanqueidade dos setores da pirâmide social que se estrutura na época, a troca linguageira e a interinfluência entre as línguas utilizadas, ainda que de difícil ou impossível configuração, impõe-se incontrolavelmente.

Os dias de prégaçao e festas de ordinario havia muitas confissões e communhões, e por todas chegariam a duzentas, afora as que fazia um padre, lingua de escravos da Guiné, e de indios da terra, prégando-lhes e ensinando-lhes a doutrina, casando-os, baptisando-os, e em tudo se colheu copioso fructo com grande edificação de todos [...]

Daqui partimos o segundo de Julho, e aos 14 do mesmo, dia de S. Boaventura, perto do meio dia, deitamos ferro no arrecife de Pernambuco, que dista da villa uma bôa legua. Logo vieram dous irmãos com rede e cavallos, em que fomos, e no collegio fomos recebidos do Padre Luiz da Grã, Reitor, e dos mais padres e irmãos com extraordinária alegria e caridade. Ao dia seguinte se festejou dentro de casa, como cá é de costume, o martyrio do Padre Ignacio d'Azevedo e seus companheiros com uma oração em verso no refeitorio e outra em língua d'Angola, que fez um irmão de 14 annos com tanta graça que a todos nos alegrou, e tornando-a em portuguez com tanta devoção que não havia quem se tivesse com lágrimas [...]

Logo à quarta-feira fizeram os irmãos estudantes um recebimento ao padre visitador dentro em casa, no tempo do repouso. Recitou-se uma oração em prosa, outra em verso, outra em portuguez, outra na língua brasilica, com muitos epigramas [...]

Os estudantes de humanidades, que são filhos dos principaes da terra, indo o padre à sua classe, receberam com um breve dialogo, boa musica, tangendo e dançando mui bem; porque se prezam os pais de saberem elles esta arte. O mestre fez uma oração em latim.[110]

(Trechos do livro *Tratados da terra e da gente do Brasil*, de Fernão Cardim, 1625)

INSTÂNCIAS DE RESISTÊNCIA

Nordeste da Colônia. Fins do século XVI. Negros escravos começam a fugir para a liberdade e a união comunitária.

Agrupam-se inicialmente em terras de Pernambuco e Alagoas. Mais precisamente entre o curso inferior do rio São Francisco e as proximidades do cabo de Santo Agostinho. Florescem os quilombos.[111] O primeiro, em 1575.

Na ação estratégica, presentifica-se a guerrilha, marcada pela mobilidade, emergente em qualquer sítio de presença escrava estratificada na Colônia.

Quilombos: espaço de organização social, de luta organizada e de capacidade de resistência e de reestruturação, diante dos reveses.[112]

1630: Ampliam-se núcleos quilombolas. Notadamente na Bahia e na Paraíba. É tempo de confrontos belicosos. Marcados por invasões e destruição de fazendas, agregação de novos ex-cativos. Baldadas, as tentativas de eliminação.

É tempo dos dois grupamentos que se agigantam na paisagem adornada de palmeiras, base do topônimo, e assim caracterizados na palavra do cronista Gaspar Barléu, amigo do conde Maurício de Nassau:

> Há dois desses quilombos, o Palmares Grande e o Palmares Pequeno. Este (Palmares pequeno) é escondido no meio das matas, às margens do rio Gungouí, afluente do célebre Paraíba. Distam de Alagoas vinte léguas, e da Paraíba para o Norte, seis. Conforme se diz, contam 6 mil habitantes, vivendo em choças numerosas mas de construção ligeira, feitas de ramos de capim. Por trás dessas habitações há hortas e palmares. Imitam a religião dos portugueses, assim como seu modo de governar: àquela presidem os seus sacerdotes, e ao governo, os seus juízes. Qualquer escravo que leva de outro lugar um negro cativo fica alforriado, mas consideram-se emancipados todos quantos espontaneamente querem ser recebidos na sociedade. As produções da terra são os frutos das palmeiras, feijões, batatas-doces, mandioca, milho, cana-de-açúcar. Do outro lado, o rio setentrional das Alagoas fornece peixes com fartura. Deleitam-se os negros com carne de animais silvestres, por não terem a dos domésticos. Duas vezes por ano, fazem o plantio e a colheita do milho [...] O Palmares Grande, à raiz da serra Behé (serra da Barriga), dista trinta léguas de Santo Amaro. É habitado por cerca de 5 mil negros que se estabelecem nos vales. Moram em casas, esparsas, por eles construídas nas próprias entradas das matas, onde há portas escusas que, em casos duvidosos, lhes dão caminho, cortando através das brenhas, para fugirem e se esconderem. Cautos, examinam por vigias se o inimigo se aproxima.[113]

Palmares Grande, ou simplesmente Palmares: 59 léguas, abundantes de palmeiras; núcleo, a serra da Barriga; agregação de escravos e também de desertores e mais de pessoas livres, durante a guerra holandesa; três culturas aliadas, índia, branca e africana. E africana, de Angola janga, a pequena. De fala banta, em sua grande maioria, ao lado de uma provável língua geral de base banta e do domínio da língua portuguesa. Organização apoiada na propriedade de todos, à semelhança de vivências de África.

1644-1645: as investidas holandesas, mobilizada uma centena de indígenas Tapuia, festejam a ilusória destruição de Palmares Grande: o quilombo se reorganiza, fustigado, em pequena escala, por eventuais grupos armados por senhores de engenho.

Expulsos os de Holanda, o governo português da Colônia assume a missão desestruturadora. Em ação guerreira sistemática.

Recordemos momentos da heroica saga quilombola.

Resiste a gente de Palmares. No comando, Ganga-Zumba. Num dos confrontos, ganha vulto o destaque da ação e da liderança de Zumbi, seu sobrinho e futuro substituto.

Investidas de 1676 e 1678 surpreendem-se diante de aldeias fortificadas destruídas a fogo e abandonadas.

Aprisionados dois filhos de Ganga-Zumba, palmareiros e portugueses reúnem-se em Recife, em busca de acordo de paz.

O chefe negro aceita devolver às autoridades lusas quilombolas não nascidos na comunidade. O acordo, feito, desagrada vários líderes, entre eles Zumbi. Instala-se a crise. O tio morre envenenado. Zumbi é aclamado rei. Seguem-se, então, treze anos de embates. Os quilombolas são, já há algum tempo, negros fugidos, silvícolas, brancos, mulatos, cafuzos.

1685: nova tentativa de acordo pacificador. Que não prospera. Mesmo diante da promessa escrita do rei de haver por bem perdoar o capitão Zumbi dos Palmares de todos os excessos praticados contra a sua Real Fazenda e contra os povos de Pernambuco, e do reconhecimento de que a rebeldia palmarina "teve razão nas maldades praticadas por alguns maus senhores", em desobediência às suas reais ordens. Mesmo diante do convite para, sem qualquer cativeiro ou rejeição, morar, sob proteção régia, onde quisesse com a família e todos os seus capitães, ciente o governador da capitania.[114]

O governador é Souto Maior, que, nesse mesmo ano, firma acordo com Domingos Jorge Velho, o bandeirante, para agir contra o povo palmarino.

Snor. He justo que eu faça presente a V. Mg.e o Estado em que achei a Guerra dos Palmares, que foi terem pedido pás a meu antecessor Dom João de Souza, o qual me disse estaua disposto a Capitulala, porquanto não tinha nenhuns effeito para se por em campanha, porque os que aqui auia se tinhão gasto nesta guerra, e os moradores desta capitania, não estauam capazes de contribuir para ella, pelo terem feito em muitas ocasiões; e hoje se lhes junta o terriuel, anno que exprimentarão, na falta de seus asucares, com que não foi possive podellos obrigar, a algũa contribuição; e por todas estas rezois, me será forçoso pedindo-me este palmar pazes asseitallas, fazendo todos os partidos convenientes ao serviço de V. Mag.e; e bem destes Pouos, até que V. Mag.e tome sobre esta materia a rezolução que for seruido; porque s.or se se ouuer de fazer Guerra a estes negros tão insolentes, he necessario mandar V. Mag.e consinar na parte que lhe parecer effeitos, para por hũa ves se destruírem estes bárbaros; e não terão estes Pouos tão ontinuas operçois, porque todas as horas me fazem queixas das tiranias, que lhe estão fazendo, dando-lhe assaltos, matando brancos, leuandolhe escrauos, e saqueandolhes suas casas: e boa testemunha he destes insultos meu antecessor, pla experiencia que o seu Governo lhe mostrou.[115]

(Trecho da carta do governador João da Cunha
Souto Maior ao rei de Portugal, em que dá notícia
do pedido de paz pelos negros de Palmares)

A luta persiste. E o grande quilombo cai, em 1695. Depois de 42 dias de sítio e muito sangue derramado. Zumbi escapa, com muitos de seus companheiros. A traição o surpreende com seus últimos vinte comandados, num difícil esconderijo.

Milhares de orelhas negras pendem da barriga de Domingos Jorge Velho, diante de uma serra vazia, lacrimejante de sangue. É a derrota.

Na realidade da história oficial, Zumbi escapa do massacre para ser capturado em 20 de novembro de 1695. Condenado e executado, tem a cabeça exposta em praça pública, na boca, os órgãos genitais.

Senhor. Dandosse comprimento ao que VMag.de tem premeti-
do, vay na presente ocasião hum Pataxo para a Ilha da Madeira e
considerando que naquelle Porto pode estar Navio que com mayor
Brevidade chegue a esta Corte me pareceo não dilatar a VMag.de a
notisia de se aver conseguido a morte do Zombi ao qual descobrio
hum Mulato de seu mayor valimento que os Moradores do Rio de
São Fransisco prisionarão, e Remetendoceme topou com hua das
tropas que aqueles destrictos de diques asertou ser de Paolistas em
que hia por cabo o capitão André furtado de Mendonça, e temendo
o dito Mulato que fosse punido por seus graves crimes, oferessem
que segurandolhe a vida em meu nome se obrigava a entregar este
Treidor, asseitouçelle a ofertã e desempenhou a palavra guiando a
tropa ao Mocambo do negro que tinha já lançado fora a pouca família que o acompanhava, ficando só mente com Vinte negros, dos
quais mandou catorse p.ª os postos das emboscadas que esta gente
uza no seu modo de guerra, e hindo com os seus que lhe restarão
a se ocultar no sumidouro que artefiçiosa mente avia fabricado,
achou tornada a paçagem; pelejou valeroza ou desesperadamente
matando um homem ferindo alguns e não querendo Renderce nem
os companheiros, foy preciso Matallos e só a hum se apanhou vivo;
emviouçeme a cabeça do zunbi que detreminey se puzesse em hum
pao no lugar mais publico desta Praça a satisfaser os ofendidos e justamente queixozoz e atemorizar os Negros que suprestisiozamente
julgavão este immortal; pello que se entende que nesta empresa se
acabou de todo com os Palmares a frota veyo a salvamento ao cabo
depois de a Recolher pasou a Bahia espero volte para seguir viagem
nos ultimos dias de Abril comforme o dispoem seu Regimento, esti-
marey que en tudo se exprimentem sosesos felises para que VMg.de
se satisfaça do zello com que procuro desempenhar as obrigações de
leal vasallo, Ds. G. a Real pesoa de VMa.de como todos desejamos
(em junta). Pern.co. 14 de Março de 696.[116]

CAETANO DE MELLO E CASTRO

(Trecho da carta de Caetano de Mello e Castro, governador de
Pernambuco, em que dá notícia ao rei de Portugal da
morte de Zumbi dos Palmares, 1696)

No espaço mitificatório, que aurifica os heróis, o grande chefe não se rende: atira-se do alto da serra dos Gigantes, num voo para a morte e para a glória, na memória da gente brasileira. No mesmo ano de 1695.

Outros quilombos proliferam nas terras coloniais. Inúmeros.[117] Alguns em torno do ouro das Minas Gerais, espalhados por Vila Rica, e por terras de Cerco Grande, Pedra Bonita, Serra do Carraça e outros sítios. Com forte repressão de capitães do mato.

Quilombos: grupos integrados por gente negra e de outras etnias alojados nas cercanias citadinas, em convívios e trocas comunitárias, a cultuar práticas familiares e religiosas, mantidas relações econômicas e sociais com outros segmentos comunitários.

Na comunicação, português e línguas gerais: de índios e, possivelmente, de negros. Menos presentes, línguas estrangeiras. Mesclas. Trocas linguageiras, nas quais é mais densa a presença africana, certamente com predomínio de falares negros ou de falares crioulos de base portuguesa, notadamente nos agrupamentos de maior resistência. Em especial no Recôncavo baiano.

> Abre ziterero,
> abre zingongá
> chegô Maria Conga
> que veio trabaiá.
>
> Pai Catiano,
> lá de Angola,
> trazifulori ni sacola
> Pra zifio zinfetiá[118]
>
> (Cantiga de preto velho)

Outras marcas, testemunhas da herança

A presença da etnia negra na gente, na cultura e na língua do Brasil configura-se em múltiplos traços.

Singulariza as marcas da culinária baiana e a terminologia inerente: é ver **acarajé, vatapá, bobó, xinxim de galinha,** peixe com molho de coco e várias outras iguarias; inventa a feijoada e pratos de ritual, entre muitos, abará, marafa, puçanga, adum, ebó, ipeté.

Planta a força de trabalho.

Traz mitos, orixás e ritos e um culto matizado, mandinga, figa, despacho.

Gera morenos e mulatos, em leito de carne branca, e cafuzos, em redes avermelhadas. O leite branco de negras passa de beiços a lábios.

Deixa ginga, cria bossa, trejeitos de malandragem da melhor malandraria.

Planta sensualidade nos meandros das mulheres e no tempero da saudade um travo triste de banzo.

Deixa música dolente, samba, lundu, batucada, caxambu, partido, jongo, calango, o maxixe, a umbigada. Sensualiza requebros e movimentos sutis de esmerada coreografia.

Planta palavras e ritmos na língua que se falava.

Forja cultura mestiça na gente miscigenada e, pouco a pouco, a resistência, na busca da identidade.

E muito mais agasalha em espaços de sensibilidade e construção do imaginário.

PRIMÓRDIOS DA LITERATURA ESCRITA NA COLÔNIA

No âmbito do processo colonizador emerge uma literatura que, efetivamente, "descobre" o Brasil "achado" pelo almirante Cabral.

Nela se corporifica a transfiguração mimética de uma realidade que se vai constituindo desde os primeiros momentos da comunidade florescente na Colônia.

Cria-se, em escala gradativa, uma arte literária identificadora e aurificadora de condições paisagísticas, psicológicas, intelectuais vinculadas à vida comunitária.

É uma arte literária caracterizadora de um processo inicial de formação.

A língua-suporte é basicamente a que se usa em Portugal, ainda que matizada de elementos indígenas. Em alguns casos, em seus começos, com presença paralela do espanhol, do latim e da língua geral, o Tupi Missionário.

Os autores, mesmo os nascidos na terra colonizada, têm formação lusitana. Direta ou, indiretamente, pela via jesuítica. Brasil ainda é território português.

O público receptor é mínimo, num ambiente social, ao longo dos três séculos de Colônia, sem imprensa e sem universidade e com uma população marcada por altíssimo índice de analfabetismo.

Os textos ainda obedecem à modelização da metrópole. Mas permitem depreender dimensões religiosas, políticas, éticas, ideológicas, econômicas e culturais que se situam na base na formação da sociedade brasileira, em que pese o controle da censura sobre os livros. Esta exercida em três instâncias: a régia, pelo desembargo do Paço desde 1576, a episcopal e a da Inquisição.

A impressão de livros, a propósito, está condicionada, desde 1624, assinala Nelson Werneck Sodré, à aprovação das "autoridades reconhecidas pelo Estado, entre as quais, para esse fim, estavam as da Igreja, mas dependiam ainda, para circularem, da Cúria Romana".[119]

Esse controle muda de gestores em 1768, ano em que o marquês de Pombal os substitui pela Real Mesa Censória, só extinta em 1787.

No espaço do literário, tudo começa com a pena missionária do padre José de Anchieta, numa escrita que se vale do português, do latim, do espanhol e da língua geral por ele configurada. Na produção missionária, poemas, peças de teatro.

Sua arte, colocada a serviço da catequese, evidencia a linhagem de Gil Vicente, o criador do teatro português, associada a tendências renascentistas. A elas o catequista acrescenta termos e realidade da vida indígena da terra.

Nos textos, evidencia-se o registro do multilinguismo dominante na comunicação da Colônia, ainda que mediatizado pela arte do escritor.

O citado *Auto de São Lourenço* é um exemplo marcante. São 1.503 versos, dos quais apenas quarenta escritos em português: 595 em espanhol, um deles em guarani, e, em tupi, 867. O mesmo tupi está presente no *Auto da pregação universal*, sua primeira peça, datada de 1567 ou 1570. Também o latim é usado em textos literários, como no citado poema à Virgem Maria, escrito nas areias da praia de Iperoig.

As composições poéticas do padre Anchieta, carregadas de religiosidade, refletem, por outro lado, a tomada de contato com uma gente nova e surpreendente.

A óptica, como não podia deixar de ser, é etnocentrista: o índio visto, situado e retratado com olhos europeus, almas que devem ser resgatadas e trazidas para a religião, como aconselhava o escriba da frota do almirante a el-rei, o Venturoso.

A língua portuguesa literária ainda se faz presente, no espaço desses primórdios, no texto maneirista da *Prosopopeia*, de Bento Teixeira,[120] publicado em 1601, poema laudatório, fiel ao vezo da época.

A composição nucleariza-se nos três primeiros donatários da capitania de Pernambuco, em destaque o terceiro, Jorge de Albuquerque Coelho.

É escrito em oitava rima, e o modelo é Camões.

Prólogo
Dirigido a Jorge Dalbuquerque Coelho,
Capitão, & Gouernador da Capitania
de Paranambuco, das partes do Brasil
da noua Lufitania, &c.
Se he verdade, o qve
Diz Oracio, que Poettas, & Pintores,
Eftão no mefmo préedicamento: &
eftes pêra pintarem perfeytamento hua
Imagem, primeyro na lifa tauoa
fazem riscunho, pêra depois irem pintando os
membros della extenfamente, até realçarem as tintas, & ella
ficar na fineza de sua perfeyção: Affim eu querendo
dibuxar com obstardo pinzel de meu engenho a viua
Imagem davida, & feytos memoraueis de vossa merce,
Quis primeyro fazer este riscunho, pera depois, fendome
Concedido por vossa mercê, yr muy particularmente
Pintando os membros desta Imagem, senão
me faltar a tinta do fauor de vossa merce, a quem peço
humildemente, receba minhas Rimas, por ferem as
primeyras primicias com que tento feruilo: E porque entendo,
Que as aceytará com aquella beneuolencia, & brandura
natural, que custuma, respeytando mais a pureza do animo,
que a vileza do presente: Não me fica mais
que desejar, senão ver a vida de vossa merce augmentada,

& estado prosperado, como todos os seus subditos desejamos.
Beija as mãos de vossa merce:
(Bento Teyxeyra)
Seu vassallo.

[...]

Cantem Poetas o poder Romano,
Sobmettendo Nações ao jugo duro,
O Mantuano pinte, o Rey Troyano,
Decendo á confusão do Reyno escuro.
Que eu canto hum Albuquerque soberano
Da Fé, da cara Patria firme muro
Cujo valor & ser, que o Ceo lhe inspira,
Pode estancar a Lacia & Grega lira.[121]

Descripção do Recife de Peranambuco

XVII
Pera a parte do Sul, onde a pequena,
Ursa, se vé de guardas rodeada,
Onde o Ceo luminoso, mais serena,
Tem sua influyção, & temperada.
Iunto da noua Lusitania ordena,
A natureza, mãy bem atentada,
Hum ponto tam quieto, & tam seguro,
Que pera as curvas Naos serue de muro.

XVIII
He este porto tal, por esta posta,
Huma cinta de pedra, inculta, & viua,
Ao longo da soberba, & larga costa,
Onde quebra Neptuno à furia esquiua.
Antre a praya, & pedra descomposta
O estanhado elemento se diriua,
Com tanta mansidão qe huma fateyxa,
Basta ter à fatal Argos anneyxa.

XIX

Em o meyo desta obra alpestre, & dura,
Huma boca rompeo o Mar inchado,
Que na lingoa dos barbaros escura,
Paranambuco, de todos he chamado.
De Para, na que he Mar, Puca rotura,
Feyta com furia desse Mar salgado,
Que sem no diriuar, commeteer mingoa,
Coua do Mar se chama em nossa lingoa.[122]

(Trecho da *Prosopopeia*, de Bento Teixeira, 1601)

Começa a construir-se, na linguagem literária, a imagem singular da comunidade nascente.

Frequentam a leitura também textos não literários. Em destaque os citados *Diálogos das grandezas do Brasil*, de Ambrósio Fernandes Brandão.

Os *Diálogos*, na palavra dos já referidos Brandônio e Alviano, interlocutores, tratam da terra e da gente da Colônia. Exaltam peixes, gado, legumes, frutas, maravilhas do lugar paradisíaco. Incentivam a vinda de colonos, tal como o faz Gabriel de Sousa.

BRANDONIO — E' culpa, negligencia e pouca industria de seus moradores, porque deveis de saber que este estado do Brasil todo, em geral, se fórma de cinco condições de gente, a saber: maritima, que trata de suas navegações, e vem aos portos das capitanias deste Estado com suas náos e caravelas, de fazendas que trazem por seu frete, aonde descarregam e adubam suas náos, e as tornam a carregar, fazendo outra vez viagem com carga de assucares, páo do Brasil e algodões para o reino, e de gente desta condição se acha, em qualquer tempo do anno, muita pelos portos das capitanias. A segunda condição de gente são mercadores, que trazem do reino as suas mercadorias a vender a esta terra, e commutar por assucares, do que tiram muito proveito; e daqui nasce haver muita gente desta calidade nella com suas lojeas de mercadorias abertas, tendo correspondencia com outros mercadores do reino, que lh'as mandam, como o intento destes é fazerem-se sómente ricos pela mercancia, não tratam do augmento da terra, antes pretendem de a esfolarem tudo quanto podem. A terceira condição de gente são officiaes mechanicos de que há muito no Brasil de todas as artes, os quaes procuram exercitar, fazendo seu proveito nellas, sem se alembrarem por nenhum modo do bem commum. A quarta condição de gente é de homens que servem a outros por soldada que lhes dão, occupando-se em encaixamento de assucares, feitorizar cannaviaes de engenhos e criarem gados, com nome de vaqueiros, servirem de carreiros e acompanhar seus amos; e de semelhante gente há muita por todo este Estado, que não tem nenhum cuidado geral.

A quinta condição é daquelles que tratam da lavoura, e estes taes se dividem anida em duas especies: a uma dos que são mais ricos, tem engenhos com titulo de senhores delles, nome que lhes concede Sua Magestade em suas cartas e provisões, e os demais tem partidas de cannas; a outra, cujas forças não abrangem a tanto, se occupam em lavrar mantimentos e legumes. E todos, assim uns como outros, fazem suas lavouras e gragearias com escravos de Guiné, que pera esse effeito compram por subido preço.[123]

(Trecho dos *Diálogos das grandezas do Brasil*,
de Ambrósio Fernandes Brandão, 1618)

Acrescente-se, datada de 1627, a *História do Brasil*, do jesuíta frei Vicente do Salvador, de nome leigo Vicente Rodrigues Palha, brasileiro de Matoim, seis léguas ao norte de Salvador, nascido em 1564. Trata não só dos colonizadores. Traz histórias de indígenas, de negros, brancos e mulatos, entre elas narrativas folclóricas. Registra fatos e se permitem críticas à política da Coroa em relação à Colônia. Língua: a portuguesa.

Os mais barbaros se chama *in genere* Tapuhias, dos quaes ha muitas castas de diversos nomes, diversas linguas, e inimigos uns dos outros.

Os menos barbaros, que por isso se chama Apuabetó, que quer dizer homens verdadeiros, posto que tambem são de diversas nações e nomes, porque os de S. Vicente ateh o rio da Prata sao Carijoz, os de Rio de Janeiro Tamoios, os da Bahia Tupinambas, os do rio S. Francisco Amaupiras e os de Pernambuco ateh o rio amazonas Potyguarás, comtudo se fala um mesmo linguage e este aprendem os religiosos que os doutrinam por uma arte de grammatica que compoz o padre Joseph de Anchieta, varão santo da ordem da Companhia de Jesus. É linguage mui compendioso, e de alguns vocabulos mais abundante do que o nosso portuguez, porque nós a todos os irmãos chamamos irmãos e a todos os tios, tios, mas elles ao irmão mais velho chamam de uma maneira, aos mais de outra; o tio irmão do pai tem um nome, e o tio da mãi outro, e alguns vocabulos têm de que não usam sinão as femeas, e outros que não servem sinão aos machos.[124]

(Trecho da *História do Brasil*, de frei Vicente do Salvador, 1627)

Outros textos de História — *Valeroso Lucideno* (1648), de frei Manuel Calado; *Nova Lusitânia* (1675), de Francisco de Brito Freire; e *Castrioto Lusitano* (1679), de frei Rafael de Jesus, deixam, no fundo, perceber, no colonato, sentimento de oposição aos "estrangeiros": franceses e holandeses.

A propósito, Alfredo Bosi assinala, em relação à cultura letrada, a limitação ao estamento social. Só raramente se verifica a interação caracterizadora de alguma mobilidade vertical. A condição de alfabetizado, limitada a reduzida parcela da população, constitui um marco divisório entre a cultura oficial e o cotidiano popular. A organização e a reprodução deste último se efetiva "sob o limiar da escrita".[125]

Nos fins do século XVII, longe está o êxtase dos navegantes achadores, o tempo da surpresa admirada. A hora afirma a conquista, amplia a exploração de outras riquezas abrigadas nas entranhas da Colônia, evidencia a prevalência do idioma português já matizado, basicamente, por efeitos da mescla com a língua geral e com os falares africanos.

NO CURSO DA CONSTRUÇÃO COMUNITÁRIA. INTERAÇÕES LINGUÍSTICAS

"BRASIL", SÉCULO XVII: O TERRITÓRIO E A GENTE

Concretiza-se, pouco a pouco, o desenho do Brasil.

Estende-se, gradativamente, o domínio lusitano a vários espaços da Colônia: a todo o litoral e aos sertões do Nordeste; à bacia amazônica; ao interior paulista; ao interior do Paraná; a Santa Catarina.

Um dos fatores relevantes desse processo de expansão é, ao lado da ação missionária, o citado movimento bandeirante. E mais: as bandeiras contribuem também para a ampliação da população branca e mestiça, ao longo do território, para a disseminação da cultura lusitana, e, de forma marcante, para a unidade da fala popular interiorana e para a disseminação da Língua Geral Paulista. Nessa circunstância, nova medida altera a face da administração colonial. Em 1602, cria-se o Estado do Brasil, antigo Brasil do Norte, capital Salvador; o Brasil do Sul torna-se Repartição do Sul, capital Rio de Janeiro. Até a volta da unidade, em 1612.

Na orientação dos governantes, as mesmas ordens anteriores: a povoação do território, a expulsão dos gauleses, o controle do gentio, seja pela catequese, seja pelo extermínio. E mais, na linha de Espanha, a proibição da entrada de estrangeiros, impedidos também do exercício de atividades no comércio e na mineração.

A metrópole organiza a gestão da vida comunitária.

Os franceses, entretanto, ocupam o Maranhão, como ficou assinalado, de 1612 a 1615.

O francês: mais uma língua que, em paralelo, assim se junta, localizada, às que nesses sítios se falam.

No Sul, frustra-se a esperança da descoberta de riquezas.

A Coroa, ainda uma vez, em 1621, altera a estrutura político-administrativa colonial: cria-se o Estado do Grão-Pará e Maranhão, que se estende destes espaços às terras do Ceará e tem como sede ora Belém, ora São Luís, e o Estado do Brasil, que vai do Rio Grande do Norte até o Extremo Sul. A capital continua Salvador.

A divisão da ação administrativa implica estabilização de segmentos populacionais, com possíveis repercussões no idioma.

A economia segue privilegiando terras, açúcar e gado. Terras garantem o plantio. Açúcar e pecuária asseguram o fluxo do comércio.

Emergem vilas e cidades: Mogi das Cruzes, em 1611, Parnaíba, em 1625, Taubaté, em 1650, Jacareí, em 1653, Jundiaí, em 1655, Guaratinguetá, em 1657, Itu, nesse mesmo ano, Sorocaba, em 1661, Paranaguá, em 1648, São Francisco do Sul, em 1658, Desterro, atual Florianópolis, em 1673-1675, Laguna, em 1684, Curitiba, em 1693.

O processo colonizador mobiliza, na centúria, contingentes populacionais, dispersos e rarefeitos, caracterizados por mesclas de culturas: de índio, de branco e negro.

Em 1637, São Luís, por exemplo, é habitada por 310 homens livres e centenas ou milhares de silvícolas, quase todos escravizados. Belém, por seu turno, abriga população de 430 homens livres e um número de indígenas de difícil quantificação. Em 1662, a população chega a seiscentos habitantes.

Entre os numerosos indígenas que habitavam a capital maranhense, há nações e tribos em conflito, falantes de línguas várias, entre eles tapuias, tupinambás, tabajaras, tamarambeses, tocantins, pacajarés, aruás, quanis, nbuanas, andurás. De permeio, os mamelucos. Nos embates de ingleses e holandeses com a gente portuguesa, alianças, seja com os lusitanos, seja com os opositores.

Configura-se, em termos de culturas, de um lado a interação, de outro, o desestruturar-se, como acontece no âmbito das comunidades indígenas.

Em paralelo, mobilizações.

1654: chegam mais e mais europeus. Os silvícolas seguem sendo, pela força do governo, transformados em escravos, aldeados ou empurrados na direção do interior. Os que se mantêm longe dos núcleos colonizados asseguram suas marcas culturais.

No traçado da diversidade, vinculada à extensão territorial e às muitas formas de povoamento, presentificam-se distintos modos de convivência, em constante mutação. Como acontece nos sítios por onde passam as "bandeiras", na paisagem de São Paulo.

No Nordeste açucareiro, exceção em tal processo, a marca é a estabilidade. Com presença acentuada de escravos africanos, dominante no trabalho desenvolvido nos engenhos e mesmo no artesanato urbano. Ganham destaque os comerciantes do açúcar.

Nos espaços do cotidiano, procedimentos diversos.

Exemplares, assinala Laura de Mello e Souza, os bandeirantes de Piratininga: de início, afastam-se de hábitos hauridos na pátria-mãe lusitana em favor dos cultivados pelos naturais da terra; em seguida, harmonizam procedimentos próprios de ambas as naturezas e retomam, adiante, hábitos da cultura europeia de origem.[126] E contribuem, significativamente, como foi assinalado, para a disseminação da Língua Geral Paulista.

Nos núcleos urbanos, as igrejas favorecem a convivência e a sociabilidade. Todos os integrantes da comunidade se conhecem, a identidade social é indiciada pelas roupas e pelos ofícios.

A proximidade do convívio implica comunicação em português e nas línguas gerais.

No mundo rural, as distâncias seguem alimentando o isolamento.

Caracterizam-se gradativamente transformações de hábitos e práticas nos espaços familiares. Mais lentas nos engenhos e nas fazendas.

A população totaliza, no ano de 1700, 350 mil habitantes, brancos, índios, e mais mestiços e escravos africanos, não computados obviamente os silvícolas do sertão. Ao longo do território, com distintos índices de predomínio, em função das regiões, presentificam as diversas línguas gerais.

Aos poucos vão os colonos "descobrindo-se como 'paulistas', 'pernambucanos', 'mineiros', etc., para afinal identificarem-se como 'brasileiros', na direção da constituição de uma identidade".[127]

O GADO E A COLONIZAÇÃO

As bandeiras desbravam e preparam territórios.

Quem planta mais cidade e gente é o vaqueiro, com seus bois e seus cavalos. Chega, vê e permanece. E não costuma matar índio, chama-o à atividade comum. E os currais pioneiros prenunciam fazendas e engenhos, lavradura e pecuária. Povoações.[128]

As primeiras peças bovinas vêm, a propósito, em 1534, por obra de uma mulher: D. Ana Pimentel, esposa e procuradora de Martim Afonso de

Sousa. São importadas das Canárias e da ilha da Madeira para São Vicente, a capitania. Outras chegam com a comitiva do governador-geral Tomé de Sousa, em 1549.

Sobre os cavalos, há controvérsias. A hipótese mais aceita: chegam com o gado bovino da mulher do governador. Há quem defenda, entretanto, que os primeiros aportam em 1520, em terras do Maranhão.

O boi: urgente alimento, além de, na faina do engenho, converter-se em elemento de tração. Cavalos: pés dos vaqueiros na guarda das fazendas de gado, no percurso das extensões campesinas, na condução de boiadas no rumo de outras fazendas, de povoados, cidades.

E o gado se multiplica. Convive com o vaqueiro. E com os senhores de engenhos e de fazendas. De início ao abrigo de ambos. A cana, porém, exige a amplitude da terra. Sobra pouco para o boi e o sabe o dono de engenho. A tal ponto que leva a metrópole a proibir-lhe a presença em espaço de dez léguas litorâneas no Recôncavo baiano. E o rebanho é tangido para dentro do território.

Dividem-se os espaços: no litoral, os engenhos, no interior, as fazendas. Nascidas das sesmarias. É a infância do latifúndio. Emergem fazendas de criação, de engorda. No intermédio, as feiras e seu comércio.[129]

E no caminho das reses seguem a colonização e as línguas por vastos, amplos percursos. De São Vicente para Curitiba, da Bahia na direção do Maranhão, Piauí, Paraíba, Ceará, Rio Grande do Norte. Ao longo do São Francisco, aos leitos do Tocantins e Araguaia; de Pernambuco, no rumo do Piauí. No rumo Sul, estendem-se ao Paraná, com mais presença paulista, e a Santa Catarina, chegando ao Rio Grande do Sul e à Banda Oriental, que será o Uruguai.

Ao fundo, a política expansionista do governo lusitano, o empenho de ávidos criadores, logo senhores de grandes extensões de terra. Algumas com mais de um milhão de hectares. Na mão de obra, o predomínio do escravo.

Com a exploração do ouro, o gado bovino chega às terras de Minas Gerais.

No Sul, nos começos do século de Setecentos, a excelência das terras para a pecuária mobiliza portugueses e paulistas, que para lá tangem manadas e vão plantando fazendas no caminho, que leva até os campos gerais do Paraná e às terras de Vacaria, no Rio Grande do Sul.

De gado, de gente e fala

Fazendas de gado: distintas das que se destinam à prática da agricultura. Extensas, sertâneas, com pouca exigência de pessoal, presença rara de proprietários, divididos pela atuação em muitas posses. Instalações, no geral, modestas. Algumas são mais bem organizadas; entre os serviçais, índios, descendentes e mestiços e mais homens livres e escravos africanos. Maior aproximação entre senhores e empregados. Presença acentuada de língua oral, matizada, sem maiores intervalos entre os grupos sociais.

E, dominador, senhor dos cuidados exigidos pelo gado, o vaqueiro, com seus merecidos privilégios, entre eles a pertença de um quarto dos bezerros.

A exploração do gado implica várias decorrências.

Envolve, de um lado, senhorios e riqueza. Do outro, compradores e comércio. No processo, exigências de comunicação, em português e em língua geral.

Primordial no processo de interiorização da Colônia, constitui fator relevante de ocupação de espaços, diverso das bandeiras e do apresamento do indígena, pautados na predação.

Propicia rápida expansão das fazendas, sobretudo no século XVII: 18 mil quilômetros quadrados ocupados, contra 4.700 na centúria anterior. Núcleos de maior relevo: Bahia e Pernambuco.

Contribui para a fixação do homem na terra, no sertão. E sertão é, a esse tempo, território que se afasta da faixa do litoral. E, no Nordeste, região de secas devastadoras. Seca e estiagem constituem sinônimos de sede e fome, de perda de reses, de pobreza e morte de muitos. Carências.

Em áreas de menor inclemência, as reses se multiplicam, com as águas ampliadas pelas chuvas. Nas consequências, progresso, opulência, aglomerados de gente. No convívio, o trabalho de vaqueiros livres e de escravos de ambos os sexos, muitos deles alforriados: uniões e casamentos, com os filhos desde os sete anos participantes ativos da faina cotidiana.[130] Na decorrência, avulta uma população mestiça.

A pecuária também amplia estradas nos caminhos da Colônia. Entre elas a que estabelece a ligação, no final do século XVII, do Maranhão à Bahia, do Piauí a Pernambuco.

Fundamentalmente mobilizadora da ampliação da colonização portuguesa no território da Colônia, converte-se ainda em elemento propiciador de distintos convívios linguageiros no cotidiano das fazendas e no intercâmbio dos vários grupos comunitários que integram a população.

Nas pegadas dos rebanhos, a língua do vaqueiro se mistura à do indígena, plantada nos povoados. Nos documentos, o português. Na comunicação cotidiana, a língua oral transmitida, certamente a língua geral dominante na região, ao lado da portuguesa matizada em lábios de gente de África.

A LITERATURA EM PROCESSO

Na centúria, avulta a produção literária do doutor em Direito nascido em terras baianas, Gregório de Matos.

Os muitos textos, entretanto, que lhe são atribuídos não são então editados. Coligidos, só começam a vir a lume no século XIX. Cópias volantes, entretanto, garantem a divulgação de uma poesia feita de múltipla face: amorosa, sacra, erótica, moral, escatológica, satírica. Esta última, ponto destacado, fustiga os senhores do poder, os mestiços e a totalidade das classes sociais emergentes naqueles tempos baianos. Paralelamente, seus versos exaltam as mulatas, em poemas de acentuado erotismo.

Trata-se de uma poesia barrocamente visual, marcada pela dessublimação do eloquente e a assunção de uma linguagem coloquial.

No plano da transfiguração da realidade, matizes: se é nitidamente português na lírica, produz também um discurso satírico vazado em linguagem singular, diante da produção em seu tempo.

Nesse sentido, faz uso de um número significativo de termos da língua portuguesa do povo, dentro das tendências da poesia do gênero, e se permite a licenciosidade e mesmo o chulo.

Os versos do Boca do Inferno demonstram que já existe um poeta no Brasil senhor da arte poética.

Nos seus poemas, eventualmente, registra traços da fala da época, praticamente no espaço do léxico. É ver, a título de exemplo, versos de "Verdades", e o soneto que se faz de um "Conselho a qualquer tolo para parecer fidalgo, rico e discreto".

Verdades

Quem não tem juízo é tolo,
Quem morre fica sem vida,
Perna delgada é comprida,
Reposto de jogo é bolo;
Negro ladino é crioulo,
Sebo de vaca é gordura,
Figado e bofes força
Manteiga é nata de leite
É oleo todo o azeite
E todo o vigario é cura.

Sem a língua não se fala,
Quem não come morre á fome,
A empinje toda come,
O surrão de couro é mala
Palalá é merda rala,
O tatú tem casca dura,
O salgado faz secura,
Arroz sem casca é pilado,
As sôpas são pão molhado
O ferrolho é fechadura.
[...]

A farinha do Brasil
Primeiro foi mandioca,
Milho estalado é pipoca,
O gato todo é sutil;
Três barris e um barril,
Enchem todos uma pipa,
Não se faz caza sem ripa,
Ou vara com seu sipó,
Quem não tem ninguém é só,
Todo o bom cavalo esquipa.[131]

Conselho a qualquer tolo para parecer fidalgo, rico e discreto

Bote a sua cazaca de veludo,
E seja capitão siquer dois dias,
Converse á porta de Domingos Dias,
Que pega fidalguia mais que tudo.

Seja um magano, um picaro, um cornudo,
Vá a palacio, e apóz das cortezias
Perca quanto ganhar nas mercancias,
E em que perca o alheio, esteja mudo.

Sempre se ande na caça e montaria,
Dê nova solução, novo epitéto
E diga-o, sem propózito, à porfia;

Que em dizendo: *facção, pretexto, efecto*
Será no entendimento da Bahia
Mui fidalgo, mui rico e mui discreto.[132]

(Gregório de Matos)

Assumidamente português é o discurso do padre Antonio Vieira, com seu texto no limite da prosa não literária: feito de sermões e cartas, em linguagem barroca, elaborada, como no seu "Sermão pelo bom sucesso das armas de Portugal contra as da Holanda".[133]

Confideray, Deos meu, & perdoayme fe fallo inconfideravelmente — Confiderai a quem tirais as terras do Brafil e a quem dais. Tirais eftas terras aos Portuguezes, a quem no principio as déftes; bastavba dizer a quem as deftes, para perigar o credito de voffo nome, que não podem dar nome de liberal merces com arrependimento. Para que nos disse Saõ Paulo q̃ vós, Senhor, quando dais nam vos arrependeis: Sine poenitentia enim sunt dona Dei? Mas deixado isto a parte: tirais estas terras àquelles mesmos portuguezes a quem efcolheftesentre todas as nações do mūndopara Cõnquistadores da vossa Fè, e a quem déftes por Armas como Insignia e Divisa singular vossas próprias Chagas. E será bem, supremo Senhor & Governador do Universo, que às sagradas quinas de Portugal & às Armas e Chagas de Christo succederaō as heréticas Listas de Hollanda, rebeldes a seu Rey e a Deos? Será bem, que estas se vejaõ tremolar ao vento vitoriosas, & aquellas abatidas, arrastadas & ignominiosamente rˉedidas? Et quid fácies magno Confiderai nomini tuo? E que fareis (como dizia Iosué) ou que ferà feito de vosso gloriofo nome em cafo de tanta afronta?

Tirais também o Brasil aos Portuguezes, que assim estas terras vastissimas. Como as remotissimas do Oriente, as conquistaraõ à custa de tantas vidas e tanto sangue, mais por dilatar vosso nome e nossa Fé (que esse era o zelo daquelles Christianissimos Reys), que por amplificar e estender seu Imperio. Assim fostes servido que entrasssemos nestes novos mundos, tão honrada e tão gloriosamente, e assim permitis que saiamos agora (quem tal imaginaria de vossa bondade!) com tanta afronta e ignominia. Oh! Como receo que non falte quem diga o que diziam os Egípcios: Callide eduxit eos, ut interficeret et deleret terra que a larga mão com que nos destes tatos domínios e Reyno não foram merces de vossa liberalidade, senão cautella e dissimulaçam de vossa ira: para aqui fóra e longe de nossa Patria nos matardes, nos destruires, nos acabares de todo.[134]

(Trecho do "Sermão pelo bom sucesso das armas de Portugal contra as da Holanda", do padre Antonio Vieira, 1640)

Versos de Anchieta, Bento Teixeira, Gregório de Matos, prosa de Antonio Vieira: textos fundadores. A língua na literatura: língua portuguesa dos séculos XVI e XVII, modelizada segundo os padrões da metrópole, mas já matizada de brasilidade. Textos marcados de representações valorizantes, que logo integrarão o imaginário do brasileiro.

Da língua escrita não literária

Um exemplo representativo é a *Relação do naufrágio que passou Jorge d'Albuquerque Coelho, capitão e governador de Pernambuco,* texto de Afonso Luiz Piloto, publicado, juntamente com o texto da *Prosopopeia,* em 1601. Trata-se, como evidencia o título, do relato da viagem desastrosa do então donatário de Pernambuco, quando de seu regresso a Portugal, depois de ter ajudado o irmão, durante cinco anos, nos confrontos com silvícolas revoltados. Faz-se de um prólogo, um soneto e 13 capítulos.

CAPITULO PRIMEYRO

No tempo que a Raynha Dona Catherina Auó delRey Dom Sebastião gouernaua este Reyno de Portugal por seu Neto, veyo noua do Brasil & da Capitania e Pernambuco, que os mais dos principais dos Gentios que na dita Capitania auia, estauão aleuantados contra os Portugueses, & tinhão cercados os mais dos Lugaresa & Villas, que na dita Capitania auia. Pella qual rezão a dita Raynha mandou a Duarte Coelho Dalbuquerque, que era herdeiro da Capitania, que a fosse socorrer. E por saber, & entender, quão necessario lhe era leuar consigo seu irmão Iorge Dalbuquerque Coelho, pediu á Raynha, que mandasse ao dito seu irmão que o acompanhasse no socorro daquella Capitania, & fosse com elle ajudala a socorrer, Como foy: Por lhe a dita Senhora Raynha mandar, que acudisse áaquella necessidade, pello seruiço que nisso fazia a Deos, & a el-Rey seu neto, & ao bem do povo pouo deste Reyno. E chegou á dita Capitania no Anno de sessenta, sendo elle, de idade de vinte annos: & por ter ja alguma esperiencia das cousas da guerra, assi do Mar, como da Terra, despois de seu irmão Duarte Coelho Dalbuquerque, tomar posse da Capitania & servir de capitão & gouernador della: Chamou a conselho, alguns padres da capitania graues, que estauão no Collegio que os ditos padres tem na Villa de Olinda, huma das principais Villas que ha na Capitania de Pernambuco & a muytos homens honrados das principais do gouerno da terra, & se assentou entre todos, que se enlegesse por Géral da guerra & conquistador da terra da dita capitania, Iorge Dalbuquerque Coelho.[135]

(Trecho da *Relação do naufrágio,* de Afonso Luiz Piloto, 1601)

FINAL DO SÉCULO XVII: SITUAÇÃO LINGUAGEIRA

Desde logo se pode avaliar, a tal tempo, no multifacetado universo da Colônia, as instâncias várias da intercomunicação cotidiana.

A língua portuguesa segue ampliando espaços de utilização.

Seu emprego, entretanto, em termos de espaço geográfico e tempo de utilização, reveste-se de peculiaridades, em função da mobilização social e das diferenças que marcam os contingentes populacionais silvícolas, portugueses e africanos. Ao fundo, a presença populacional ampliada de gente de origem lusa e de África, por força da política mercantilista adotada, circunstância que está na base de algumas constatações.

Altamente esclarecedor, a propósito, o testemunho do padre Antonio Vieira, em sermão de 1657 em que, inclusive, atesta o uso das outras línguas em curso e a utilização da língua africana.

> Quam praticada foſſe a do Braſil neſſa noſſa Provincia, bem o testifica a primeira Arte, ou Grammatica dela, de que foy Author, & inventor o grande Anchieta, & com razão ſe pode eſtimar por hũ dos feus milagres. Bem os teſtificão as outras que depois sairaõ mais abreviadas & os Vocabularios taõ copiofos & o Catecifmo taõ exactoem todos os mysterios da Fê & taõ fingular entre quantos fe tem efcrito nas linguas politicas, que mais parece ordenado para fazer de Chriſtãos Theologos, que de Gentios Chriſtãos. Sobre tudo o teſtifica o mefmo ufo, de que nos lembramos os velhos, em que a nativa lingua Portugueza não era mais gèral entre nòs do que a Brafílica. Ifto he o que alcancei, mas não he isto o que vejo hoje, naõ fei fe com mayor fentimento ou mayor admiração.[136]
>
> E que direi eu ao Collegio da Bahia, ou o que me dirà elle a mim, quando neſta grande Cómunidade he já taõ pouco geral a lingua chamada geral do Brasil, que saõ mui contados aquelles em q̃q fe acha?[137]

133

Diremos pois que fe tem engroffado as antigas finezas, ou fe tem apagado, & quando menos esfriado efte fogo das linguas de noffa Provincia, por fe ver menos cultivada hoje nella a língua geral do Brafil? Não digo, nem fe póde dizer tal coufa: pois he certo que à diminuição de hũa lingua tem fuccedido cinco. A Portugueza, com que por tantos meyos fe infifte na reformação dos Portuguezes; a Ethiopica, cõ que fó nefta Cidade se doutrinão, & catequizaõ vinte & cinco mil negros, não fallando do infinito numero dos de fóra; as duas de Tapuyas, com que no mais interior dos Certoens ainda remotíffimos, fe tem levantado as feis novas Christãdades dos Payayás, & Chiriris; nem finalmēte a própria Brafilica, & geral, com que nas doze refidencias mais vifinhas ao mar, em quatrocentas legoas de cofta, doutrina a Companhia, & conferva as relíquias dos Indios defte nome, que jà estariaõ acabados, fe ella os nam conservára.[138]

(Trechos do texto do sermão do padre Antonio Vieira, Exortação I — em véspera do Espírito Santo, datado de 1657)

O uso da Língua Brasílica, ou Tupi Missionário, dá mostras de diluição em vários sítios, já a meio da centúria. Para alguns estudiosos, como Luiz Carlos Villalta, difundida no vale amazônico e no Pará, por jesuítas e religiosos de outras ordens, teria dado origem à Língua Geral Amazônica,[139] que se sobrepõe com muito mais evidência nos sítios mais afastados das áreas urbanas.

Em Minas Gerais, o Tupi Missionário perde espaço, em decorrência da mineração centrada no trabalho do escravo africano, aliada ao consequente desenvolvimento urbano, que acelera a eliminação da presença indígena, marcada pela expulsão do território.

Em São Paulo, durante algum tempo afastado da economia de exportação, mantém-se a presença indígena em condição escrava maior do que a dos africanos, predomina a Língua Geral Paulista, situação extensiva ao Paraná e ao Rio Grande do Sul.

No território paulista do século XVII, a propósito, as pessoas passam a vida em suas casas ou em caçadas a índios. Reúnem-se eventualmente nas poucas festas que se realizam. Restrito, em consequência, o espaço da comunicação.

As falas dos africanos seguem divididas entre o português crioulizado, a língua geral e os dialetos de origem.

E vai-se fazendo um povo na terra com jeito de pátria nova moldado em muitas feições, um povo miscigenado, de cultura e línguas plurificadas.

A vida segue, no cotidiano comunitário e na convivência das línguas. Sub-reptícias, as imperceptíveis mudanças na fala do colonizador.

Na comunicação oral, bilinguismo: língua geral, português, com prevalência ora de uma, ora de outra, de acordo com a região. E, em menor escala, outras línguas gerais ou de imigrantes, as muitas línguas indígenas e as várias africanas.

Nos rumos da flor do Lácio, configuram-se dois percursos, em constante interação, de maior ou menor evidência.

Tem-se, de um lado, a língua vivenciada na fala cotidiana sujeita às distintas variáveis geográficas, históricas e culturais, língua na boca do povo, de marcada espontaneidade. Com presença mais forte na ambiência rural.

De outro, tem-se a língua modelizada pelos padrões normativos, oriundos da metrópole, modalidade dita culta, frequentadora assídua da escrita, com lugar de privilégio na imprensa, na literatura e na letra oficial. De presença predominante nos espaços urbanos.

Evidenciam-se os inícios de um aspecto que, na esteira de Cronos, acompanhará o comportamento linguageiro da gente do Brasil. Trata-se de reflexos do espaço em que o idioma se insere: a cultura brasileira dos tempos coloniais.

O traçado de tal configuração, no século XVII, exige, adverte Sílvio Elia, a consideração do duplo aspecto assinalado.

Impõe considerar também, como aponta Serafim da Silva Neto, que o português falado pelas pessoas cultas no Brasil é diferente do português falado pelas pessoas cultas em Portugal: os colonizadores originavam-se de regiões distintas, o que conduziu a um certo nivelamento e à prevalência de um caráter conservador. Afinal, os moradores da Colônia não vivenciavam o cotidiano da metrópole e o consequente processo de alterações do idioma de Portugal.

Acresce ainda que é tempo de União Ibérica e do atestado uso do castelhano, ao lado do português, na atividade linguageira dos usuários do registro culto em terras portuguesas. Na realidade colonial a associação mais forte é a do bilinguismo português/língua geral, nos dois segmentos de falantes.

Começam a evidenciar-se as diferenças.

SÉCULO XVIII: INSTÂNCIAS INSTAURADORAS. A COROA E A LÍNGUA PORTUGUESA NA COLÔNIA

UMA "POLÍTICA" DO IDIOMA

Começos do século XVIII: os rumos jesuíticos da catequese contrariam os interesses de muitos. Notadamente no Pará e no Maranhão.

Habitantes locais defendem a "descida" de silvícolas antropófagos para as aldeias. Solicitam intervenção da Coroa. D. João V, rei ao tempo, atende aos reclamos, em ato de 1718.

Na sequência do régio documento, o governador, Bernardo Pereira de Berredo, cria Comissão, em 1719.

A medida objetiva basicamente a ampliação da liberdade de adentramento no sertão e da movimentação de índios. Destino dos silvícolas: as residências dos colonos e os engenhos. Justificativa: necessidade de maior provimento aos cofres do governo e constrangimento a "entradas" legalmente não autorizadas.

Da aplicação da regulamentação decorre a escravização de milhares de indígenas. De tal forma que, em 1728, se acredita que Alexandre de Sousa Freire, o novo governante, assumia o cargo com permissão régia para livre caça aos aborígenes.

Numa correção das distorções, Sousa Freire apressa-se em criar nova Comissão, encarregada de assegurar o cumprimento da lei de 1718, que permanecia em vigor.

"Foi aí", registra o linguista Ariel Castro,

que se deliberou que entre as obrigações dos colonos estava o ensino da língua portuguesa, de acordo com a carta régia de 1727, que ainda não era do conhecimento dos moradores e que tinha sido dirigida ao superior das missões a cargo dos religiosos da Companhia de Jesus. Tratava esta carta-régia de uma extensão da lei de 1718, a qual, agora, a Junta convocada por Sousa Freire tornava obrigatória através do bando de 1728, também para os colonos.[140]

O mesmo estudioso assinala que a citada carta-régia "marca o verdadeiro nascimento do ensino oficial da língua portuguesa no Brasil". E acrescenta, dado relevante: "Com ela também, se oficializa em todo o reino a expressão língua portuguesa como denominação do Estado para o instrumento linguístico nacional que se queria unificado."[141]

CARTA RÉGIA (12 DE SETEMBRO DE 1727)

Dom João, por graça de Deos, rei de Portugal e dos Algarves, daquém e dalém mar em Affrica da Guiné, Fasso saber a vos, Superior das Missões dos Religiosos da Companhia de Jezus do Estado do Maranhão, que se tem por notícia que assim os Índios que se achão Aldeiados nas Aldeias que são da administração da vossa Religião, como os que nascem nellas, e outros sim dos que novamente são descidos dos Certões, e se mandão para viverem nas ditas Aldeias, não só não são bem instruídos na Lingoa Portugueza, mas que nenhum cuidado se põe em que elles a aprendão, de que não pode deixar de rezultar num grande disserviço de Deos e meu, pois se elles se pozerem praticos nella, mais facilmente poderão perceber os mistérios da fé Catholica e Ter maior conhecimento da Ley da verdade, e com esta inteligencia, millor executarem tudo o que pertencer ao meu Real servisso, e terem maior afeição aos mesmos Portuguezes, recebendo-se por este meio aquelas utilidades que se podem esperar dos dittos Índios, seguindo-se ahinda maiores se os inclinarem a aprender a trabalhar nos officios mecanicos, pois a muito menor preço terão as suas obras os moradores do dito Estado [...].[142]

O documento d'el-rei, assinala o mesmo linguista, define indiretamente uma "política" em relação à Colônia ao privilegiar o ensino da língua portuguesa aos indígenas, em clara oposição à orientação dos missionários.

Era a estratégia adotada na direção de uma desejada prevalência do português na contracorrente da realidade heterogênea, esta caracterizada pelo uso concomitante de diversas línguas no cotidiano colonial, mais notadamente das línguas gerais.

Os documentos reguladores emanados da Coroa e do governo local propiciam a união dos habitantes em termos de uso da língua e sua denominação, e em termos do tratamento relacionado aos indígenas.

Perdem os jesuítas espaços predominantes de atuação junto aos índios e em relação ao uso da língua geral no processo da catequese.

Os batinas negras buscam reverter a situação. Enviam, nesse sentido, em 1730, documento dirigido à Coroa. Sem respaldo do governo local, não logram, de imediato, êxito na empreitada. Este só virá em 1735.

Mobilizações comunitárias no percurso bandeirante

No rumo dos desbravadores brilham diamantes e ouro, este em maior escala. Em Minas Gerais, Mato Grosso, em Goiás e na Bahia.

> Em treze gráos da Linha Equinoccial para o Sul, na Costa da America, onde se dividio a terra, e se recolheo o mar, fazendo huma formosa Abra, das mais efpaçofas que reconhece o Orbe, em fuas ribeiras: em cujo golfo, como em praça, paffeaõ navegando as embarcaçoens fem mais roteiro, que a aprazivel vifta dos altos montes, cobertos de verdes plantas, das quaes por arte de engenhos fe faz o claro açucar. Nesta bella concha fe vê huma rica perola, engaftada em fino ouro, aquella nobre, e fempre leal Cidade do Salvador, Bahia de Todos os Santos, Metropoli do Eftado do Brafil: a qual teve feu principio pelos infignes Portuguezes naquelle novo Emporio do mundo, como largamente trataõ varios Authores. Logo na entrada da Barra, em hum viftoso outeiro, eftá edificada huma Igreja da Mãy de Deos com o Titulo da Senhora da Victoria.[143]
>
> (Trecho do *Compêndio narrativo do Peregrino da América*, de Nuno Marques Pereira)

O ouro chega em boa hora: na crise da agroindústria.

Mobiliza, como assinalam Adriana Lopez e Carlos Guilherme Mota, numeroso contingente migratório, feito de aventureiros. É gente de condição vária, da nobreza como da plebe; de ambos os sexos, sejam jovens, sejam velhos; de distintas etnias; religiosos de variadas ordens; e vagabundos, mulheres, poucas, entre elas prostitutas.

Desloca, do litoral e das plantações de tabaco e de açúcar, para o interior da Colônia, mão de obra, quer livre, quer escravizada. Conduz à atração da fortuna das minas senhores de engenho com todos os seus escravos.[144]

A ânsia de riqueza move gente de toda parte.

Aumenta o comércio escravista.

Amplia-se a imigração portuguesa e com ela a presença da língua. De 1701 a 1760, chegam cerca de 10 mil novos habitantes a cada ano. Ao todo, perto de 600 mil pessoas.

A Coroa lusitana, atenta à organização comunitária, nomeia governador, cria conselhos em Ribeirão do Carmo, Sabará e Vila Rica de Ouro Preto e, em 1720, a capitania de Minas Gerais, todas com as respectivas infraestruturas administrativas.

Os bandeirantes seguem no rumo de Mato Grosso e, em 1728, acham ouro em Cuiabá, novo foco de atração e de mobilização migratória. Ainda que de pouca monta, diante da dificuldade de acesso à região. Mais tarde, em 1730, mais jazidas são encontradas, na região de Guaporé. Com eles segue a Língua Geral Paulista.

O grande centro mobilizador, no entanto, continua sendo o território mineiro.

Em 1729, diamantes são descobertos no Serro Frio, no norte da região.

A partir de 1733, junta-se ao gado bovino a atuação dos muares, para o transporte de carga, até então carregada em lombo de negro escravo. Mulas e burros cedo ganham lugar de destaque no desenvolvimento econômico e social do Centro-Sul, do Centro-Oeste, do Extremo Oeste, notadamente São Paulo, Minas Gerais, Mato Grosso.

Entre 1724 e 1726, a propósito, a importação anual de muares em São Paulo totaliza mil cabeças, número duplicado até 1750. Desta data até 1780, o número chega a 5 mil e até 1800, a 10 mil peças. De 1826 a 1845, ultrapassa

30 mil. São Paulo chegou a mobilizar 49,8% de animais importados, contra 28,2% de gado bovino e 22% de cavalos.[145]

Na movimentação dos muares e do comércio em que se inserem, destaca-se a ação dos tropeiros. Sua função: compra e venda de mercadoria vária. Movem-se por espaços vários da Colônia, notadamente nos rumos que ligam São Paulo e Minas aos pagos do Rio Grande. No percurso das tropas, os pousos, embriões de vilas e cidades.

Na comunicação cotidiana de bandeirantes e tropeiros, predomina a Língua Geral Paulista; nos documentos escritos, a língua portuguesa.

Ainda no curso das migrações, funda-se, em 1737, o povoado do Rio Grande de São Pedro, núcleo da ocupação do futuro Rio Grande do Sul, nova extensão de terras chamada então de "o continente". Para tal sítio acorre gente do Rio, Bahia, São Paulo, Minas Gerais e levas de açorianos e mesmo de Sacramento. Espaços de predomínio da Língua Geral Guarani.

AINDA A REAÇÃO AOS JESUÍTAS

Manifesta-se em 1738. Núcleo comunitário: a Bahia. Rei: ainda D. João V. Mobilizador: Diogo da Conceição, irmão leigo. Propósito: impedimento da presença indígena nas aldeias e extinção das missões dos jesuítas, substituídas pela criação de igrejas a cada vinte léguas do território. Destinação dos novos templos: conversão em núcleos de atração para os indígenas egressos das aldeias e para os colonos. Justificativa: maior racionalidade no povoamento do território colonial. Resultado da proposição: nulo.[146] A proposta, indiciadora do relacionamento entre o colonizador e indígena.

O fim dos aldeamentos indígenas só virá em 1755, no Maranhão, e em 1758, em ato de D. José I, em todo o Brasil.

A língua portuguesa, mesclada, amplia espaços.

CONFIGURAÇÕES NO PROCESSO

É 1763. Move-se o centro econômico do Nordeste para o Centro-Sul. Núcleo, a cidade do Rio de Janeiro, porto de entrada e saída, que substitui Salvador como nova capital do vice-reinado. Em cada uma, cerca de 40 mil habitantes.

Ampliam-se caminhos de intercomunicação, terrestres e fluviais, ao longo do território.

As estradas abrem-se ao fluxo do comércio e do gado entre as várias regiões. Em destaque, São Paulo, Minas, Bahia.

São Paulo já é cidade livre, desde 1711. E controla tanto a importação interna como a exportação.

Ao longo da atração do ouro de Minas, surgem vilas e povoados, como Vila Rica, São João del-Rei, Ribeirão do Carmo, São José del-Rei, Sabará, Serro Frio, Paracatu, Triauí.

A Coroa, atenta, assegura o imposto sobre o ouro e outros metais preciosos.

A exploração do ouro contribui para a ampliação do segmento médio da sociedade urbana.

Ganham presença: advogados; médicos, em grande número usuários das mezinhas oriundas da flora medicinal; militares; artesãos, na maioria mulatos, que exercem ofícios vários: ferreiros, carpinteiros, tanoeiros, ourives, sapateiros, fabricantes de doces, de queijo, de sabão; comerciantes, responsáveis pelo varejo, nas quitandas, nas tendas, nas vendas, nas tavernas, lugares onde se acentua a convivência das pessoas, músicos, poetas e mais os artistas plásticos, mobilizados pelo luxo propiciado a alguns pela mineração.

O corpo social integra ainda inúmeros escravos forros, condição decorrente de alguma riqueza que conseguem amealhar, ou das dificuldades dos senhores em mantê-los a seu serviço.

O preciosíssimo metal financia estudos na metrópole e a construção de edifícios e igrejas.

Do fausto são vestígios a arquitetura e esculturas presentes nas cidades conhecidas como históricas: Ouro Preto, Congonhas, Tiradentes, São João del-Rei, Mariana.

Nesse conjunto de distintos segmentos comunitários intensificam-se convívios de gente e falas diversificadas.

Acelerado crescimento populacional, diversificação maior das camadas sociais, desenvolvimento de atividades de cultura constituem marcas da região aurífera na capitania das Minas Gerais

Ao fim e ao cabo, entretanto, uma sociedade pobre, marcada pela ascensão no começo e queda no final da centúria. Um indício: de 20 mil habitantes em 1740, a população de Ouro Preto se vê reduzida em 1804 a apenas 7 mil.

O fumo é cultivado no Pará, no Maranhão, em Minas, em Pernambuco e, mais que em outro lugar, na Bahia. Mais barata do que a da cana, a cultura do tabaco leva à mobilização, em 1780, de negros e mulatos livres em percentual de valia.

Ainda que em menor escala, a cachaça também se faz presente na economia da Colônia. Notadamente em terras de Campos, Paraty, Rio de Janeiro. Desenvolve-se a criação de suínos e a indústria de laticínios.

Ouro, tabaco, cachaça, suinocultura e infância da indústria congregam contingentes comunitários. No controle, instâncias do poder público.

Participam da administração pública através das câmaras, como elegíveis e eleitores, os proprietários de terras e de escravos: os citados "homens bons". Desde que puros de sangue, ou seja, sem ascendência judia até sexta ou sétima geração, ou africana, com alguma e rara exceção para mulatos. Aceitam-se os descendentes possíveis da gente indígena. Estão fora do processo: operários, degredados, mecânicos e peões.

Desenha-se, pouco a pouco, o intrincado traçado do perfil comunitário. Longe ainda da unidade. No processo, a alternância de períodos marcados por tranquilidade e de períodos marcados por insatisfações e revoltas, alimentadas de interesses vários.

Nesse contexto, seguem as línguas mesclando-se na intercomunicação, já privilegiada a portuguesa, com prevalência acelerada, notadamente nos núcleos urbanos.

De gente, riqueza e língua

A exploração do ouro adensa a trama das três etnias no tecido comunitário.

A tal ponto que, em 1776, a capitania das Minas abriga 320 mil pessoas. A maioria, composta de negros e de mulatos: 52,2%, os primeiros, 25,7%, os segundos. De brancos a porcentagem é de 22,1.[147]

O perfil comunitário envolve artesão, advogado, minerador, negociante, fazendeiro e militar. E os padres jesuítas, até 1759.

No apoio à exploração do ouro, a presença integradora do tropeiro e seus muares. No sistema de transporte e na burla à fiscalização.

Nas andanças das tropas, pousos, sementes de povoações. Que mais tarde se convertem, entre outras, em Passo Alegre, Passa Três e Passa Quatro, Pouso Alto, Pouso Vinte.

Os missionários, enquanto livres das interdições, seguem usando língua de índio na faina da evangelização, geral, evidentemente, e nas escolas, alfabetizam em português. Além dessa circunstância, não incluem, entretanto, no sistema pedagógico, o ensino do idioma, deixado aos rumos do uso. Passa-se da alfabetização diretamente ao latim. À luz da Gramática desse idioma e nele escrita, de autoria do padre Manuel Álvares, por alguns séculos adotadíssima em várias partes do mundo.[148]

Aos poucos evidenciam-se níveis diversos de uso do português.

São, a propósito, exemplificadoras as passagens de um registro de ocorrências, datado de 8 de junho de 1719, feito a pedido do juiz de fora da Vila de Santos, relacionado com a punição, por um escrivão, das execuções infligidas a um escravo do padre guardião Frei José de Santa Brígida, de nome Bartolomeu. O castigo consistiu em chicotadas, conhecidas na época como "vergastadas".

No dia seguinte, um grupo de frades, acompanhado do escravo, levou o escrivão para o convento e lhe devolveu as chicotadas, entre os religiosos chamadas "disciplinadas".

VERGASTADAS E DISCIPLINADAS

O que eu promety fazer na uerdade e foy o cazo na forma seguinte que sendo a vinte e sete do dito mes de Mayo do dito anno ãdando eu escriuaõ Rondado a villa de moite topey fora de horas a hum preto criollo por nome Bertholameu que se dis ser escrauo do Padre Frey Joseph de Santa Brizida Guardiaõ do dito conuento de Santo Antonio desta villa e reprendendo eu ao dito criollo que se recolhesse respondeu me que se recolheria quando quizesse e a vista desta resposta dey no dito criollo humas vergastadas e o dito criollo leuantou da mão com hum prato que Leuaua e ao despois se abaxou ao cham a pegar uma pedra pêra me atirar [...]
No outro dia Domingo do Espirito Santo indo eu a missa ao dito couento com o Dito Doutor Juis de fora estando elle dentro

> da Igreja as oito horas da menhan do dito dia do espirito Santo me
> chamaraõ ao alpender do dito couento dous religiosos por nomes
> Frey Pedro e Frey Bertholameu e pegandome em mim me recolhe-
> raõ para dentro da portaria que logo se fechou e aonde estauaõ seis
> religiozos e puchandome pellos cabellos me leuaraõ ao capitullo
> os ditos religiosos com os outros seis em cuja companhia fora
> tambem o o dito guardiaõ frey Joseph de Santa Brizida e o Padre
> Frey Antonio cubas o definidor e seno eu Leuado ao capitullo me
> tiraraõ a cazaqua e vestia depois de me hauerem tirado a espada
> logo na portaria e fizera me ajuelhar a forssa [...][149]

Aumenta o índice de emprego do português na comunicação, por força da imigração lusitana, relativamente intensificada, e dos descendentes, a partir dela.

O que não impede a prevalência da língua geral, em alguns lugares da Colônia. Atesta-o o padre Jacinto de Carvalho, em texto de 1729, a propósito da ação dos jesuítas, em grafia atualizada:

> A razão de já hoje não porem nenhum cuidado os missionários em ensinar a língua portuguesa aos índios, é por alcançarem por experiência, ser este seu trabalho inútil.
>
> Os moradores nascidos no Pará sabem primeiro falar a língua dos índios do que a portuguesa; porque como não bebem, nem se criam com outro leite mais, que com o das índias, com o leite também bebem a língua, nem falam outra, senão depois de andar uns anos na escola a tratarem com os portugueses que vão de Portugal e com esta comunicação os portugueses nascidos no Pará aprendem a falar a língua dos índios. As mulheres é que ficam com maior ignorância, porque nunca sabem falar senão em português tosco, e é necessário haver nas igrejas confessores, peritos na língua, para as poder confessar, de sorte que elas se possam explicar, e o confessor entender.[150]

O documento atesta ainda a natureza do vernáculo dos mamelucos.

Como se depreende, a realidade sobrepõe-se, nesse caso, à orientação da Carta Régia de 1727.

No interior, no nordeste de Pernambuco e Norte da Bahia, é possível que dominasse a Língua Geral Cariri.

A ação das bandeiras, por outro lado, leva a alterações na configuração do território de pertença do indígena e à disseminação mais ampla da Língua Geral Paulista. Recorde-se, a propósito, que o grosso do contingente bandeirante era feito de mamelucos que, segundo alguns estudiosos, dela se valiam.

O uso dessa língua geral, entretanto, reduz-se, gradualmente, às comunidades campesinas interioranas, convertida, até bem mais tarde, pelo menos em fazendas de São Paulo, em idioma de conversa domiciliar. Como testemunha Hercule Florence, que passou pela região em 1828: "Em São Paulo, há sessenta anos [1768], as senhoras conversavam nessa língua, que era a da amizade e intimidade doméstica. Ouvi-a na boca de alguns velhos".[151]

As guerras de resistência e as alianças de grupos de índios em defesa de suas terras possivelmente provocam o surgimento de outras "línguas gerais", usadas como meio de comunicação entre tribos não tupis.

É provável que, já em meados do século XVIII, o português, consolidado, predominasse nos grandes conglomerados populacionais: Minas, Olinda, Recife, Salvador, Rio de Janeiro, São Paulo e São Vicente. Vernáculo, no espaço da comunicação familiar. Escrito, assume o livro, e amplia sua presença como suporte da literatura. Nesta, ainda fiel ao modelo da Europa, mas já marcado pelo citado "instinto de nacionalidade".

Muitos, nessa realidade, os analfabetos. Poucos os que desfrutam da produção e da leitura dos textos de literatura.

O século, entretanto, assiste ao aparecimento das primeiras bibliotecas particulares na Colônia. Antes, só as havia em mosteiros e colégios.

Gradativamente, em relação ao português, se configura a dicotomia entre segmento culto e segmento popular.

Mais um texto literário

Vem a público, no começo da centúria, com o título de *Música do Parnaso*, livro do autonomeado "o primeiro filho do Brasil que pôs no metro a suavidade do verso": o bacharel em Direito pela Universidade de Coimbra, o baiano Botelho de Oliveira de prenome Manuel. Escrito em 1703, publicado, em Lisboa, em 1705, sintomaticamente em "quatro coros de rimas portuguesas, castelhanas, italianas e latinas, com seu descante cômico reduzido em duas comédias: *Hay amigos para amigos e Amor, engaños y celos*": em quatro idiomas, "para que se entenda que pode uma só Musa cantar com diversas vozes". Na verdade, demonstração de erudição.

> Nefta America, inculta habitaçaõ antiguamente de Barbaros Indios, mal fe podia efperar que as Mufas fe fizeffem Brafsileyras com tudo quifseraõ tambem paffar a efte Emporio, aonde como a doçura do açucar hè tão fympathica com a fuavidade do feu canto, acharaõ muitos engenhos, que imitãdo aos Poetas de Italia, & Hefpanha, fe applicaffem a tão difcreto entretenimēto, para que fe não queixaffe efta ultima parte do Mundo, que affim como Apollo lhe cõmunica os rayos para os dias, lhe negaffe as luzes para os entendimentos. Ao meu, posto que inferior aos de que he tão fertil efte Paiz, dictarão as Mufas as prefentes Rimas, que me refolvi expor á publicidade de todos, para ao menos fer o primeyro filho do Brazil, que faça publica a fuavidade do metro, jà que o não fou em merecer outros mayores créditos na Poefia.[152]

> (Trecho de *Música do Parnaso*,
> de Manuel Botelho de Oliveira, 1705)

O modelo, declarado e imitado, é o mestre maior do barroco, o espanhol D. Luís de Góngora y Argote, nas palavras do autor "o culto Góngora" a que acrescenta "o vastíssimo Lope" e "o insigne Camões", entre outros.

A produção literária de Botelho de Oliveira marcaria apenas mais um acontecimento histórico-literário, não fosse o poemeto intitulado "A Ilha de Maré", com que termina o livro. Um exemplo de nativismo explícito. E vai além, reveste-se de representatividade fundadora: contribui para a construção da imagem maravilhosa da realidade brasileira, imagem que, desde os viajantes e Pero Vaz de Caminha, configura-se sobretudo no texto de literatura.

Trata-se de um processo que não é exclusivo da nossa circunstância histórica. A imagem da América se sedimenta a partir do simulacro na linguagem. É consenso. E o pano de fundo dessa simulação é o paraíso terreal.

O poema de Botelho, porém, dentro de tal perspectiva, só em certa medida se vincula ao mito paradisíaco: nele, a invenção poética se faz de uma visão maravilhada da Natureza. Centraliza-se na flora, no clima, nos frutos do mar e da terra. E não privilegia dimensões fantásticas e mágicas. Fundem-se o *locus amoenus* com o paraíso terreal. Idealiza-se, na linguagem, a chamada *Terra brasilis*.

O maravilhoso presente na "Ilha de Maré" insere-se na tendência modelizante da poética dos séculos clássicos, pautada na imitação da arte greco-romana. Destaca-se a apropriação estilizante da mitologia pagã como elemento valorizador e estético.

Ao valer-se dos deuses da mitologia, Botelho, de certa forma, "diviniza" a paisagem que descreve. "Maré" é paraíso feito de natureza. Não é o paraíso contemplativo da religião cristã. Reveste-se da dimensão humanizante da mitologia grega, carregada de prazer e de alegria, onde se inserem o comer, o degustar, onde sensualidade e erotismo ganham notável relevo. Assim dimensionado, o olhar do poeta é o de um pintor encantado.

Na culminância da descrição, configura-se a assunção de uma linguagem marcada de barroquismo.

> A 'Ilha de Maré' termo desta Cidade da Bahia
> Sylva
> Iaz em obliqua fòrma, & prolongada,
> A terra de Marè toda cercada
> De Neptuno, que tendo o amor conftante,
> Lhe dà muytos abraços por amante,
> E botandolhe os braços dentro della
> A pretende gozar, por fer muy bella.
> Nefta affistencia tanto a senhorea,
> E tanto a galantea,
> Que do mar de Marè tem o appellido,
> Como quem préfa o amor de feu querido:
> E por gofto das prendas ammorofas
> Fica marè de rosas, e vivendo nas anfias fucceffivas,
> Saõ do amor marès vivas;

E fe nas marcas menos a conhece,
Maré de faùdades lhe parece.[153]
[...]
Tenho explicado as fruytas, & os legumes
Que dão a Portugal muitos ciumes,
Tenho recopilado
O que o Brafil contempara invejado,
E para preferir a toda a terra,
Em fi perfeitos quatro AA encerra.
Tem o primeiro A, nos arvoredos
Sempre verdes aos olhos, fempre ledos,
Tem o fegundo A, nos ares puros,
Na temperie agradaveis & feguros;
Tem o terceiro A, nas agoas frias,
Que refrefcam o peyto, & são sàdias;
O quarto A, no açucar deleytofo,
Que he do mundo o regalo mais mimofo;
Saõ pois os quatro AA por fingulares
Arvoredos, Açucar, Agoas, Ares.[154]

(Trechos do poemeto "Ilha de Maré ",
de Manuel Botelho de Oliveira, 1705)

Vale comparar os textos de Botelho de Oliveira, para melhor visão de seu posicionamento, com os versos do livro *Frutas do Brasil*, de frei Antonio do Rosário, publicado em 1702 e também vinculado barrocamente ao processo mitificatório de aspectos da natureza brasileira dos tempos coloniais.

Leytor

Pela Carta de marear, que publiquey no anno de 92, tomey terra, & logo mudey de officio, de mareante me fiz pomarifta, de maritimo, lavrador, para por mar, & por terra fervir como devo aos amigos, & benevolos leitores: agora das frutas do Brafil, ainda que agreftes, & defconhecidas, faço parabolas [...].[155]

> No eftado Ecclefiaftico ha Pastores, Parochos, & Curas d'almas; eftes tem duas caftas de frutas que imitar: Mamões, & Umbús: o Mamaõ he excellente fruta, tem a femelhança & fabor de Melão, comefe a toda a hora fem fazer dano, compoem os humores, refrigera o fígado: eftas virtudes naturaes do Mamaõ moralizadas, faõ o zelo, a charidade a diligencia, o amor de Deos, & do proximo, que devem ter os que tem almas a feu cargo. Os Umbús faõ como ameixas, comemfe como Melancias: nos fertões onde naõ ha rios nem fontes, he o refrigerio da fede: pelos defertos defta America he muito neceffaria a virtude defta fruta nos Pastores & Parochos, que tem obrigação de darem os alimentos & refrigerios efpirituais às fuas ovelhas, que padecem a fome do pão da doutrina, & fede dos Sacramentos da Igreja. De Jabuticabas livre Deos aos Paftores do rebanho de Chrifto; faõ como uvas ferraes, tem a raiz fóra da terra.[156]
>
> (Trecho do livro *Frutas do Brasil*, de Antonio do Rosário, 1702)

Sedimenta-se, na literatura, o registro formal.

A BATALHA DAS FRONTEIRAS

Com a expansão portuguesa, retornam antigas divergências com a Coroa de Espanha.

Sertanistas, bandeirantes oriundos de Mato Grosso, adentram a Amazônia.

O Tratado de Madri, firmado em 13 de janeiro de 1750, reconhece o direito do *uti possidetis*. A terra é de quem a tem, na concreção do real.

O documento regula a situação das transgressões de Tordesilhas: o limite imaginário da linha antes prevista cede lugar a fronteiras criadas pela Natureza, notadamente as águas de alguns cursos fluviais.

Portugal tem assegurada a posse dos territórios que seriam posse espanhola por ele ocupados no processo da colonização. Correspondem a espaços situados nos atuais estados do Rio Grande do Sul, Santa Catarina,

Paraná, Mato Grosso do Sul, Goiás, Tocantins, Rondônia, Amazonas, Roraima, Amapá e quase todo o Pará. Em troca, a Coroa lusa cede à Espanha a Colônia do Sacramento, fundada em 1680.

Mas existem os jesuítas e os Sete Povos das Missões do Uruguai, pertença de Portugal, pelas normas do Tratado. Os Sete Povos se fazem, no entanto, de gente índia, da tribo dos guaranis, organizada em aldeamentos de responsabilidade de jesuítas espanhóis.

Na memória de indígenas e religiosos permanece forte a lembrança das violentas acometidas bandeirantes, responsáveis pela escravização de aldeados e o massacre de reduções. E são eles que resistem a ser vassalos do governo lusitano. É a Guerra Guaranítica, que se estende de 1756 a 1757.

Tropas unidas de Espanha e do reino português forçam, em combates acirrados, a mudança pretendida. Decorrências do embate e do impasse: suspensão da execução do Tratado; permanência, na posse lusitana, da Colônia do Sacramento; expulsão, na administração pombalina, dos jesuítas de Portugal e de suas colônias.

As novas regras do jogo passam a ser definidas, em 1761, pelo Tratado de El Pardo, que anula o de Madri. E a colônia citada continua portuguesa.

Com a Guerra dos Sete Anos (1756-1763), em que Portugal se opõe à Espanha, fratura-se o Acordo do Pardo: a Colônia do Sacramento retorna à posse espanhola, que ainda se estende a uma parte do território gaúcho.

Novos conflitos que agitam a realidade europeia têm, entre as consequências, outro acordo: o Tratado de Santo Ildefonso, de 1777. O documento regula a posse do território em conflito: a Colônia do Sacramento e o território dos Sete Povos das Missões seguem em mão espanhola; a Portugal voltam a Ilha de Santa Catarina e as terras rio-grandenses antes tomadas por Espanha.

Tempos de Revolução Francesa, 1789. A Coroa lusitana determina a invasão do território dos Sete Povos das Missões, que voltam a ser portugueses. A guerra luso-espanhola termina em mais um documento: o Tratado de Badajós, de 1801, cujo texto não alude aos Sete Povos, até hoje de posse brasileira. Fronteiras. Intercâmbios. Matizes linguísticos, regionalizados, na decorrência. Ao fundo, português, espanhol, língua geral, a Guarani, certamente.

Um certo marquês e a oficialização do idioma

Reinado de D. José, primeiro do nome. No trono em 1750.

A argúcia de um polêmico ministro dá-se conta do potencial da Colônia: Sebastião José de Carvalho e Melo, conde de Oeiras, depois marquês de Pombal.

Sob sua orientação, o governo luso adota procedimentos incisivos. Cria duas companhias de comércio: em 1755, a do Grão-Pará e Maranhão; em 1759, a de Pernambuco e Paraíba. Busca impedir a ação contrabandista do ouro e dos diamantes. Aprimora o sistema de arrecadação de impostos. Propicia a instalação de manufaturas.

A Coroa adota ainda uma política de aculturação do indígena, forma de assegurar a fixação de fronteiras e a posse portuguesa das terras do Norte e do Sul.

Em tal direção, acaba, em 1757, com a escravidão dos índios; estimula, através de legislação, os casamentos entre indígenas e brancos; transforma, na região amazônica, aldeias silvícolas em vilas, sob administração lusitana. E, fato relevantíssimo, *torna obrigatório o uso oficial da língua portuguesa no Brasil*. Primeiro, num Diretório, datado de 3 de maio do mesmo 1757, no Maranhão e Pará. Depois, em 1758, ao convertê-lo em Alvará Régio, estendido a todo o espaço da Colônia.

---

6. Sempre foi máxima inalteravelmente praticada em todas as Nações que conquistárão novos Dominios, introduzir logo nos Póvos conquistados o seu proprio idiôma, por ser indisputavel, que este he hum dos meios mais eficazes para desterrar dos Póvos rusticos a barbaridade dos seus antigos costumes; e ter mostrado a experiencia, que ao mesmo passo, que se introduz nelles o uso da Lingua do Principe, que os conquistou, se lhes radíca tambem o affecto, a veneração, e a obediencia ao mesmo Principe. Observando pois todas as Nações polîdas do Mundo este prudente e sólido systema, nesta Conquista se praticou tanto pelo contrario, que só cuidárão os primeiros Conquistadores estabelecer nella o uso da Lingua, que chamarão geral; invenção verdadeiramente abominavel, e diabolica,

para que privados os Indios de todos aquelles meios, que os podião civilizar, permanecessem na rustica, e barbara sujeição, em que até agora se conservárão. Para desterrar este perniciosissimo abuso, será hum dos principaes cuidados dos Directores, estabelecer nas suas respectivas Povoações o uso da Lingua Portugueza, não consentindo por modo algum, que os Meninos, e Meninas, que pertencerem ás Escolas, e todos aquelles Indios, que forem capazes de instrucção nesta materia, usem da Lingua propria das suas Nações, ou da chamada geral; mas unicamente da Portugueza, na fórma, que Sua Magestade tem recomendado em repetidas Ordens, que até agora se não observáão com total ruina Espiritual, e Temporal do Estado.

(Diretório de 3 de maio de 1757, parágrafo 6)

7. E como esta determinação he a base fundamental da Civilidade, que se pretende, haverá sem todas as Povoações duas Escólas publicas, huma para os Meninos, na qual se lhes ensine a doutrina Cristã, a ler, escrever, e contar na fórma, que se pratica em todas as Escólas das Nações civilizadas; e outra para as Meninas, na qual, além de serem instruidas na Doutrina Christã, se lhes ensinará a ler, escrever, fiar, fazer renda, custura, e todos os mais ministerios proprios daquelle sexo.[157]

(Diretório de 3 de maio de 1757, parágrafo 7)

Observe-se que a "Lingua, que chamárão geral", citada no documento, entendida como "invenção", refere-se certamente à língua indígena gramaticalizada pelos jesuítas.

EU ELREI Faço saber aos que este Alvará de confirmação virem: Que sendo-Me presente o Regimento, que baixa incluso, e tem por titulo *Directorio que se deve observar nas Povoações dos Indios do Pará, e Maranhão, em quanto Sua Magestade não mandar o contrario:* deduzido nos noventa e cinco Paragrafos, que nelle se contém, e publicado em tres de Maio do anno proximo precedente de mil setecentos e cincoenta e sete por Francisco Xavier de Mendonça Furtado, do Meu Conselho, Governador, e Capitão General do mesmo Estado, e Meu Principal Commissario e Ministro Plenipotenciario nas Conferencias sobre a Demarcação dos Limites Septemtrionaes do Estado do Brazil: E que sendo visto, e examinado com maduro conselho, e prudente deliberação por Pessoas doutas, e timoratas, que Mandei consultar sobre esta materia se achou por todas uniformemente, serem muito convenientes, para o serviço de Deos, e Meu, e par ao Bem Commum, e felicidade daquelles Indios, as Disposições conteúdas no dito Regimento: Hei por bem, e Me praz de confirmar o mesmo Regimento em geral, e cada hum dos seus noventa e cinco Paragrafos em particular, como se aqui por extenso fossem insertos e transcriptos: E por este Alvará o confirmo do Meu proprio Motu, certa ciencia, Poder Real, e absoluto; para que por elle se governem as Povoações dos Indios, que já se achão associados e pelo tempo futuro se associarem, e reduzirem a viver civilmente.

Pelo que Mando ao Presidente do Conselho Ultramarino, Regedor da Casa da Supplicação, Presidente da Meza da Consciencia, e Ordens; Vice-Rei, e Capitão General do Estado do Brazil, e a todos os Governadores, e Capitães Generaes delle; como tambem aos Governadores das Relações da Bahia e Rio de Janeiro; Junta do Commercio destes Reinos, e seus Dominios; Junta da Administração da Companhia Geral do Grão Pará, e Maranhão; Governadores das Capitanías do Grão Pará, e Maranhão, de S. José do Rio Negro, do Piauhi, e de quaesquer outras Capitanias; Desembargadores, Ouvidores, Provedores, Intendentes, e Directores das Colonias; e a todos os Ministros, Juizes,Justiças, e mais Pessoas, a quem o conhecimento deste pertencer, o cumprão e guardem, e o fação cumprir, e guardar tão inteiramente, como nelle se contém; sem embargo, nem dúvida alguma; não obstantes quaesquer Leis, Regimentos, Alvarás, Provisões, Extravagantes, Opiniões e Glossas de Doutores, costumes e estilos contrarios: Porque tudo Hei por derogrado para este fim somente, ficando aliás sempre em seu vigor. E Hei outro sim por bem, que este Alvará se registre com o mesmo Regimento nos livros das Camaras, onde pertencer, depois de haver sido publicado por Editaes: E que valha como Carta feita em Meu Nome, passada pela Chancellaria, e sellada com os Sellos pendentes das Minhas Armas; ainda que pela dita Chancellaria não faça transito, e o seu effeito haja de durar mais de hum anno, sem embargo das Ordenações em contrario. Dado em Belém aos 17 dias do mez de Agosto de 1758 com a Assignatura de ElRei, e a do Ministro.

Regist. na Secretaria de Estado dos Negocios do Reino no Livro da Companhia Geral do Grão Pará, e Maranhão, a fol. 100., e impr. Na Officina de Miguel Rodrigues juntamente com o Diretorio de 3 de Maio de 1757.[158]

(Alvará de 1758)

E mais: a administração gerida pelo ministro institui o ensino público, ainda que incipiente, e cria escolas, privilegiada a gramática do idioma. É o começo do ensino normativo. Na base, o modelo culto, peculiar à metrópole.

Ilmo. Exmo. Snr Do arbitrio que tomou o Governador e Capitão General do Estado Francisco Xavier de Mendonça Furtado, respectivo às assemttações dos dizimos, o qual Sua Magestade foi devido approvar, foi tão util à real Fazenda, que d'elle resultou o assenttarem-se os dizimos de embarque para os annos de 1756, e 1757 com o avanço de
1: 900$000, porque andando ate agora assenttados pelos dous annos antecedentes em 10: 410$000, novamente se assenttarão por Luiz Gonçalves para os dous annos futuros por 12:310$000.[159]

(Trecho do ofício do bispo do Pará, Diogo de Mendonça Real, datado de 16 de agosto de 1755)

A censura permanece, substituídas as instâncias anteriores, como ficou assinalado, pela instituição da Real Mesa Censória, em 1768, que perdurará ativa até 1787.

EDUCAÇÃO E CONFRONTO COM OS JESUÍTAS

Agiganta-se o choque do governo pombalino com a orientação da pedagogia jesuítica, notadamente em relação ao idioma português.

A legislação régia citada e outras medidas do marquês ferem fundo a influência e a atuação dos batinas negras, que acabam expulsos pelo ministro do território brasileiro, medida que também se estende aos religiosos mercedários. Fratura-se o "padroado real".

As riquezas amealhadas pela Companhia de Jesus, entre elas as propriedades nas cidades e nos campos, são objeto de leilão. As igrejas em que atua passam a bispos desvinculados. As inúmeras escolas em que assumiram a tarefa da educação sistemática são tornadas hospitais de militares e palácios de governo. Nem mesmo as bibliotecas, organizadas pelos padres, ficam isentas do expurgo.

Na contrapartida, o paliativo do subsídio literário, um imposto destinado à escola oficial, datado de 1772, que incide sobre a produção do vinho, do vinagre e da cachaça. Os recursos dele oriundos possibilitam a ampliação do número dos professores brasileiros que, aos poucos, substituem os professores estrangeiros.

Assumem a missão educativa os beneditinos, carmelitas e franciscanos.

A reforma pombalina inclui ainda a criação do cargo de professor régio, funcionário estatal, e do cargo de diretor-geral dos estudos, e ainda, no âmbito do primário, a cadeira de ler e escrever. É o Estado a assumir, paralelamente, a ação educativa.

Em decorrência, abre-se, ainda em 1759, concurso público para professores de latim e de retórica; público-alvo: a emergente burguesia do Brasil colonial. Nível: secundário.

O ensino de nível primário perde dimensão e qualidade.

A excelência não é o forte da prática docente dos professores concursados. Permanece a insuficiência de quadros no magistério. Os jovens de famílias abastadas vão à busca de formação em Portugal, notadamente em Coimbra. Com eles segue, inerente, o instinto de nacionalidade.

Um sintoma: na Colônia, dava-se preferência aos primeiros, em especial aos padres; os professores lusitanos eram considerados entre os segundos.

Criam-se "aulas" sob a responsabilidade de mestres individuais: 17 de ler e escrever: quatro delas em Pernambuco, quatro em terras da Bahia, duas no Rio de Janeiro, uma em São Paulo, em Mariana, em Vila Rica, em São João del-Rei, em Sabará, no Maranhão, no Pará; 15 de gramática latina, seis de retórica, três de grego, três de filosofia.

A Igreja aceita sem problemas as medidas expulsórias do ilustrado marquês. E mais: Roma, insatisfeita com a Ordem, culmina por extingui-la, em ato de Clemente XIV, datado de 1773; o complexo jogo que rege os movimentos da política e da história, entretanto, irá fazê-la retornar, em 1814.

Com a expulsão decretada pelo marquês de Pombal, desmantela-se o sistema que os padres jesuítas seguiam desenvolvendo. Mas no ensino mantém-se a orientação da Igreja.

Os mestres religiosos assumem a tarefa pedagógica em seus conventos, nos seminários de formação sacerdotal e, nos lares abastados, o ensino domiciliar. Eram eles padres-mestres e capelães de engenho, nomeados em acordo com os bispos e todos com baixo nível de instrução.

Pombal tem como objetivo modernizar o ensino à luz do enciclopedismo, que emerge em terras de França. Faltam, entretanto, recursos humanos e materiais e não é sequer possível dispensar os professores de formação jesuítica. As mudanças no nível médio, terminado como sistema, não ferem o essencial. O ensino permanece vinculado ao *Ratio studiorum* jesuítico.

A exceção é o seminário de Olinda, fundado em 1800 pelo bispo Azeredo Coutinho, cuja orientação se apoia na reforma pombalina. D. Azeredo também cria um colégio pioneiro destinado à educação das meninas da casa-grande.

REFLEXOS NA COMUNICAÇÃO

A extinção da condição escrava para o índio; a miscigenação, legalmente autorizada e estimulada; a expulsão dos jesuítas; o convívio nas vilas e no ambiente familiar; o uso das línguas gerais; o eco das vozes do negro escravo e dos afrodescendentes, escravizados ou forros; as várias falas imigrantes; a alfabetização dos indígenas; os novos rumos do ensino; a presença da literatura; a mobilidade social; a formação diversificada dos grupos comunitários; as relações interétnicas, tudo isso certamente repercute, com distinta volumetria, nos rumos da língua portuguesa na Colônia. Em especial na ampliação das distâncias entre a matizada língua popular e a normatizada língua dos letrados. Poucos.

Assume maior evidência um público alfabetizado leitor de jornais e de livros traduzidos, ainda que reduzido. Ganha espaço a letra escrita. A escola, por outro lado, propicia o surgimento de segmentos cultos, usuários da modalidade jornal do idioma.

Os traços peculiares do português falado no Brasil começam a assumir configurações mais nítidas.

Eis que o polêmico marquês e sua visão reformadora são alijados do poder. No saldo da ação que desenvolveu, os resultados de uma revolução cultural levada a termo pela equipe de homens de pensamento e ação por ele lideradas e que divide avaliações. Ao fundo, a doutrina iluminista.

Situação da Colônia ao tempo de D. Maria I

1777: morre o rei D. José. Viva a rainha: D. Maria I.

A Metrópole e a Colônia prosseguem no rumo dos seus destinos mercantis. Na base, ainda o açúcar, há algum tempo em crise, e o ouro, em fase de exaustão, e o algodão maranhense, de notória prosperidade.

Aldeias e vilarejos seguem matizando a paisagem colonial; na dinâmica do processo, umas e outros de vida tão rápida quanto o tempo em que se estruturam; poucos os exemplos de desenvolvimento e sedimentação duradouros.

Para além dos núcleos urbanos, tem continuidade, entretanto, o predomínio da dispersão, do isolamento e das precárias condições das formas do coexistir cotidiano.

Emergem novas práticas e costumes nos espaços da organização familiar e da alimentação. Um dos fatores: a distância dos padrões de subsistência da Metrópole.

As moradias, acrescente-se, abrigam, com frequência, pessoas de diferentes origens,[160] no espaço de uma sociedade estratificada. Tal fato não impede, entretanto, a proximidade da convivência doméstica.

Ainda é reduzido o número de mulheres brancas; numerosa, a presença de índias, negras e mulatas. Com decorrências na miscigenação e na comunicação interpessoal.

"A relação entre senhores e escravos ia além da relação de produção", observa Leila Mezan Algranti, que destaca alguns aspectos: a convivência caseira de crianças escravas com os filhos dos senhores; serviço de pajem a cargo de escravos; mucamas em quarto de senhores; escravos recadeiros, ou que integram o séquito da família; escravos que servem à mesa, introduzem visitantes e, junto às senhoras, participam de trabalhos de costura.

Consequentemente, acrescenta a estudiosa, a presença escrava ultrapassava os espaços da cozinha e da lavoura das fazendas. Estendia-se a distintos lugares, em instâncias distintas, muitas vezes como coparticipes do trabalho dos senhores, em alguns casos dividindo a esteira e o alimento com alguns deles, mais pobres.[161]

E, obviamente, os escravos comunicavam-se. Com os senhores e entre si. Com reflexos, na língua portuguesa, de suas falas de origem. E o vernáculo dos frutos das relações entre brancos e mulheres índias era a língua materna, matizada e matizando-se.

DE REVOLTAS E CONJURAS

A população da Colônia, no último quartel do século XVIII, totaliza cerca de 3 milhões de habitantes, brancos, negros, índios, mestiços, quase todos jovens e livres. Na maioria, dedicados à agricultura, nas terras do litoral. No interior, o forte é a pecuária e a exploração do minério.

Nos postos de decisão e comando, na posse da riqueza e terras, configura--se o domínio lusitano.

Nas povoações, atuam comerciantes, funcionários, artesãos, médicos, advogados, arquitetos, engenheiros, naturalistas, professores de francês, de química, de matemática e artistas de várias atividades: são cantores, bailarinos, atores, compositores. Sempre presente, a igreja, por seus muitos sacerdotes.[162] Mesclam-se línguas e registros vários. Dominante, em ampla escala, o informal.

É significativo, em termos do uso da língua portuguesa, o tratado proposto, em 1789, a Manoel da Silva Ferreira por seus escravos sublevados.

Meu Senhor, nós queremos pás, e não queremos guerra; Se meu senhor também quizer nossa pás há de ser nesta conformidade, se quizer estar pello que nós quizermos a saber.

Em cada semana nos há de dar os dias de sesta fra e de Sabado para trabalharmos para nós não tirandao hum destes dias por cauza de dia Sto e Para podermos viver nos hadedar Rede tarrafa e canoas.

Não nos hade obrigar a fazer camboas, nem amariscar, e quando quizer fazer camboas e mariscar mande os seus pretos Minas.

Para o seu sustento tenha: Lanxa de pescaria e canoas do alto, e quando quizer comer mariscos mande os seus pretos Minas.

Faça uma barca grande p^a quando foi p^a Bahia nós metermos as nossas cargas p^a não pegarmos fretes.

Na planta de mandioca, os homens queremos que só tenhão tarefa de duas mãos e meia e as mulheres de duas mãos

A tarefa de farinha hade ser de cinco alqueires razos, pondo arrancadores hastantes p^a estes servirem de pendurarem os tapetes.

A tarefa de cana hade ser de cinco mãos, e não de seis, e a dês canas em cada freixe. No barco hade pôr quatro varas e hum p^a o Leme, e hum no leme puxa mt^o por nós.

A madeira que se serra de mão em baixo há de serrrar três, e hum em cima.

A medida de lenha hade ser como aqui se praticava, p^{a}a cada medida um cortador, e huma mulher para carregadeira.

Os actuais Feitores não os queremos, faça eleição de outros com a nossa aprovação.

Nas moendas hade pôr quatro moedeiras, e duas guindas, e huma carcanha.

Em cada huma caldeira hade haver botador de fogo, e em cada terno de taixas o mesmo, e no dia Sábado hade haver Remediavelmente peija no Engenho.

Os marinheiros que andão na Lanxa além de camisa de baeta que se lhes dá, hão de ter Gibão de baeta e todo o vestuário necessário.

O Canavial de Jabirú o hiremos aproveitar por esta vez, e depois hade ficar pua pasto por que não podemos andar tirando canas p^a entre mangues.

> Poderemos plantar nosso arros onde quizermos, e em qualqr Brejo, sem que pª isso peçamos licença, e poderemos cada hum tirar jacarandas ou qualqr pau sem darmos parte pª isso.
>
> A estar por todos os artigos a cima, e concedermos estar sempre de posse da ferramenta, estamos prontos pª o servir-mos como dantes, pois não queremos seguir os mãos costumes dos mais Engenhos.
>
> Poderemos brincar, folgar e cantar em todos os tempos que quizermos sem que nos empeça e nem seja precizo licença.[163]
>
> (Tratado proposto, em 1789, a Manoel da Silva Ferreira por seus escravos sublevados)

Já muita gente é Brasil, pois nascida nesta terra. E há brasileiros a estudar nas universidades da França, de Edimburgo e de Coimbra, usuários do registro culto.

Aumentam, a cada passo, os inúmeros descontentamentos diante das exigências e do controle português, destacada a política fiscal da Coroa.

Os rigores da lei e do fisco seguem gerando confrontos, revoltas, conjurações.

Data de 1710 a eclosão da Guerra dos Mascates, travada entre a elite pernambucana açucareira, nuclearizada em Olinda, e comerciantes do Recife.

Ponto de partida deflagrador: o movimento destes últimos pela criação de uma Câmara recifense independente: o Recife era então um porto a serviço de Olinda.

O conflito ganha amplitude. Envolve as milícias rurais, integradas por segmentos livres da população do campo, mobilizadas pelos senhores do açúcar. O governador foge para a Bahia. A aristocracia açucareira assume o controle da capitania. Emerge significativamente um novo objetivo: a independência de Pernambuco. E mais: um grupo vai além: defende a instauração da república na região e, gradativamente, a expansão da revolta à Bahia e ao Rio de Janeiro.

Mas a luta recrudesce e chega ao epílogo em 1711, com uma vitória dos "mascates" que retomam o Recife com reforços advindos de Lisboa. Nomeia-se um novo governador. O Recife é elevado à condição de vila pela Coroa, com a pretendida Câmara Municipal e logo como capital da capitania.[164]

1720. É tempo da Sedição de Vila Rica. Pavio da deflagração: configurações da cobrança fiscal da Coroa.

Objetivo: eliminação das Casas de Fundição, responsáveis pelo registro do ouro em barras e pela arrecadação do imposto fixado em um quinto por arroba.

No confronto, de um lado, o Conde de Asumar, governador; de outro, a elite socioeconômica e política das vilas e povoados coloniais, os chamados "homens bons".

Desfecho: derrota dos revoltosos. Em destaque, a execução de Felipe dos Santos que, mesmo sem participação no comando da ação, notabilizou-se pela capacidade de, com a força da palavra, mobilizar o povo.

Trata-se, assinalam Lilia Schwarcz e Heloísa M. Sterling, da "mais importante revolta ocorrida das Minas, antes da Conjuração Mineira."[165]

Em Minas Gerais, o ouro, ainda que em queda gradativa de produção, o diamante, o fausto, as fazendas de gado ou de cana contrastam com a pobreza e a miséria da grande massa de gente: cerca de 300 mil habitantes, em 1770, 50% de negros escravizados.

Um sentimento de pátria adeja no ar, alerta, oxigena rumores, e atos e rebeldia. Independência é propósito que, pouco a pouco, ganha vulto. De um lado associado à manutenção da monarquia e do regime escravista. De outro, à instauração da República e à liberdade do escravo. De permeio, e poderoso obviamente, o jogo dos interesses.

É tempo em que palavras novas e fortes sopram das terras de Europa. Entre elas, o liberalismo alimentador da Revolução Americana de 1776, liberdade, igualdade, fraternidade, ideias-base da Revolução Francesa, palavras que habitam cabeças e vozes de poucos, mas capazes de levá-las a outros ouvidos e mentes.

Não há imprensa, é verdade, e os livros são poucos e raros no território da Colônia. Mas circulam entre os letrados ideias na fala oral e em alguns manuscritos. Vários deles clandestinos.

A Conjuração Mineira, que eclode em 1789, diante de tal contexto e na vaga dessas ideias, vivifica-se no gesto e no verbo de alguns, quase todos letrados e bem-postos na vida e na administração pública.[166]

A denúncia, é sabido, corta o tímido voo da conjura. Em destaque a de Joaquim Silvério dos Reis, participante do movimento, muitas prisões, exílios e uma corda.

Da forca pende a palavra: *Libertas quæ sera tamen*. E abriga-se nas mentes e nos corações.

Exprema a vil calúmnia muito embora
Entre as mãos denegridas e insolentes,
Os venenos das plantas,
E das bravas serpentes

Chovam raios e raios, no meu rosto
Não hás-de vêr Marília, o medo escripto,
O medo perturbado,
Que infunde o vil delicto.

Pódem muito, conheço, pódem muito,
As Fúrias infernais, que Pluto move;
Mas póde mais que todas
Um dedo só de Jove.

Este Deus converteu em flôr mimosa,
A quem seu nome deram, a Narciso;
Fez de muitos os Astros,
Qu'inda no ceo diviso.

Elle póde livrar-me das injúrias
Do nescio, do atrevido, ingrato povo;
Em nova flôr mudar-me,
Mudar-me em astro novo.

Porém se os justos ceos, por fins occultos,
Em tão tyranno mal me não soccorrrem,
Verás então, que os sabios,
Bem como vivem, morrem.

Eu tenho um coração maior que o mundo,
Tu, formosa Marília, bem o sabes;
Um coração e basta,
Onde tu mesma cabes.[167]

("Marília de Dirceu", de Tomás Antônio Gonzaga)

E avultam outras palavras, e forcas, fuzis — retalhos, fios, traçados no tecido maior da pátria nascitura. Em que pesem os conflitos de interesses, o ideal libertário insiste para além da sombra da cela e do patíbulo.

Nova bandeira se agita, aos ventos de dezembro, agora em 1794, na trama de outros homens. Sede, a Sociedade Literária, de estatutos secretos; cidade, o Rio de Janeiro; casa, a de Manuel Inácio da Silva Alvarenga, advogado e poeta; o fim brevíssimo, agudo: sequestro de livros e três anos de prisão.

A crise assume o momento. Expande-se, lenta, incisiva.

E chega até a Bahia, no ocaso do Setecentos, onde ouro se chama açúcar, e para o homem da Colônia seguem pesando as leis e os impostos e mais o preço da alimentação de base: a carne e a farinha de mandioca.

Mais uma vez, a revolta eriça espíritos descontentes. De artesãos, soldados, oficiais, um professor, um cirurgião, na maioria, 11 escravos e dez trabalhadores negros e mulatos. Da melhor mulataria. Em 1798.

RELAÇÃO DA FRANCEZIA FORMADA PELOS OMENS PARDOS DA CIDADE DA BAHIA NO ANO DE 1798

Governando a Capitania da Bahia D. Fernando de Portugal, aportou nesta Cidade uma Náo Franceza q' depois de descarregar com todo o segredo, e sagacidade uns Livrinhos, cujo conteúdo, era ensinar o modo mais commodo de se fazer sublevaçoens nos Estados com infalivel effeito, unica carga , q' sem duvida traria, se retirou para o Rio de Janeiro. Instruidos , pois bem na liçao' destes Livrinhos alguns pardinhos, e tambem branquinhos da plebe, conceberao' o arrojado pensamento de fazerem tambem seu levante, sem mais outro intento, senão de fazerem por este meio, tao' arriscado, feliz a sua desgraçada sorte, passando, quero dizer, de pobres a Ricos, de pequenas á grdes de viz a baixos á estimados e finalmente de Servos, pois muytos dos pardos erao' cativos, á Senhores (...)[168]

É a Conjuração Baiana, também chamada Revolta dos Alfaiates, artífices bem treinados, que costuram na penumbra bordados de libertação. E opõem-se aos ricos do Brasil e ao domínio de Portugal. E querem igualdade, sem distinção de cor ou de riqueza, e uma sociedade em que a diferença de raça não seja obstáculo à ascensão de cargos. Nem impeça a mobilidade social. Nos panfletos, *Avisos ao povo bahiense*, escritos em língua portuguesa, incisivos e lúcidos, a afirmação de cidadania.

> [...] cada hum he cidadão mormente os homens pardos e pretos que vivem escornados e abandonados, todos serão iguaes, não haverá diferença, só haverá liberdade igualdade e fraternidade.[169]
>
> (Avisos ao povo bahiense)

Reveladores, os textos dos autos da devassa.

> Contra a Religião [...] e contra o Estado, a negar a subordinação e a obediencia ao Rei, e suas Leys, exaltando, elevando o systhema Frances, e a sua legislação com também asua forma do Governo [...] he melhor a regencia demuitos do que de hum só [...] huma formal einteira sublevação, que se pertendia executar nesta Cidade, matando atodas as pessoas dasua Governança, afim de passar para as mãos dosditos confederados, saqueando os cabedais das pessoas opulentas, eos cofres daarrecadação publica, dando liberdade atodos os creados, estabelecendo uma Republica deigualdade.[170]
>
> (Manoel de Santa Anna, Salvador, Bahia, 1799,
> em *Autos da Devassa do Levantamento e
> Sedição Intentados na Bahia em 1798*)

No programa dos revoltosos, a instauração da democracia e da independência, renitentes. A denúncia caminha rápida, nas sombras da traição, e, célere, a repressão.

1801: A "Conjuração dos Suassuna", associada ao Areópago[171] de Itambé, fundado em 1798 pelo padre Arruda Câmara, reativa as asas do sonho. Objetivo: formação da República, em Pernambuco. Resultado: fracasso. Mas as ideias persistem, alertas.

No rumo das letras:
movimento academicista

Começa a configurar-se uma consciência cultural nos espaços da Colônia. Ainda estreitamente associada à metrópole.

Esse conscientizar-se evidencia-se em vários conglomerados urbanos no Brasil nascente, entre outros, Rio de Janeiro, Salvador, Recife, São Paulo, Ouro Preto. Marcado pela semelhança de procedimentos no âmbito literário, científico, histórico e pelo controle da censura.

Exemplifica-se no movimento academicista, reflexo de atitude intelectual dominante na Europa desde o século XVI.

Tal movimento envolve, na classificação de José Aderaldo Castelo, três grupos de atividades e produção: *celebrações oficialmente autorizadas de festejos públicos e comemorações solenes; atos acadêmicos; criação de "academias".*

As *celebrações* se subdividem em atividades recreativas, a saber: a) festas tradicionais e populares — iluminárias, cavalhadas, alegorias, folias portuguesas, cortejos, danças, congadas, representações teatrais; b) solenidades religiosas que envolvem sermões, procissões, *Te Deum.*

Os *atos acadêmicos* destinam-se a "fazer uma academia", com programa específico para um único ato, que podia se estender por dias e semanas.

A *criação de "academias"* envolve a fundação de associações permanentes, integradas por clérigos, religiosos, militares, com sede, estatutos, diretoria, dedicadas à história, literatura, ciência.[172]

A primeira manifestação no Brasil é um festejo público, em 1641, documentado em texto: *Relação da aclamação que se fez na capitania do Rio de Janeiro do Estado do Brasil, e nas mais do sul, ao Sr. Rei Dom João IV.*

Dos *atos*, o crítico cita um dos mais significativos, a instalação da Academia dos Seletos, no Rio de Janeiro, em 1752, em sua única sessão, realizada em 30 de janeiro, em louvor a Gomes Freire de Andrade, que acabara de ser promovido a Mestre de Campo Geral.

ACADEMIAS
I a
DOS ESQUECIDOS

Conciderando o sobredo Gor Vasco Fernandes Cezar de Menezes, q' em todas as Republicas bem ordenadas se encontravao' introduzidas Academias nao' permtio, q faltasse no Brasil esta pedra de toque ao inestimavel ouro dos seus talentos: Erigio pois uma Doutissima Academia, q' se fazia em Palacio na sua prezença, com o titulo de Academia Brazilica dos Esquecidos. Derao' lhe forma as pessoas de mayor graduaçao', e entendimento, q' se achavao' na Bahia tomando o por seu Protector no anno de 1724. Prezidirao' nella eruditíssimos sugeitos. Houverao' graves, e discretos assumptos, aos quaes se fizerao' elegantes e agudíssimos; porem em poucos annos, ficou verdadeiramente Academia dos Esquecidos, ou para melhor dizer Esquecida.[173]

(*Notícias da Bahia*, autor desconhecido)

Mais de duas dezenas de academias emergem ao longo do século XVIII, na esteira do movimento academicista florescente em Portugal e na França. Dentre elas, três destaques: a Academia Brasílica dos Esquecidos, Salvador, 1724-25, que realizou cerca de 18 sessões; a Academia dos Felizes, Rio de Janeiro, 1736-40; a Academia Brasílica dos Renascidos, Salvador, 1759-60, que sobreviveu durante perto de 15 sessões.

A marca da produção: dessas agremiações é a representatividade em termos de documentação, testemunho e visibilidade do Brasil no exterior, em português, segundo o modelo culto da língua escrita da metrópole. Exemplos: o *Novo Orbe Seráfico Brasílico*, ou *Crônica dos frades menores da Província do Brasil*, obra impressa em Lisboa, em 1761, de frei Antônio de Santa Maria Jaboatão, autor também do *Catálogo genealógico das principais famílias que procederam de Albuquerques e Cavalcantes em Pernambuco e Caramurus na Bahia*, que terá edição em 1950; os *Desagravos do Brasil e glórias de Pernambuco*, obra datada de 1757, de D. Domingos de Loreto Couto, pernambucano, sócio correspondente da Academia Brasílica dos Renascidos, que registra "valores, legendas, tradições, atividades culturais e intelectuais resultantes dos contatos de portugueses, índios, africanos", no processo da formação da sociedade na Colônia; o *Compêndio Narrativo do Peregrino da América*, de 1760, de Nuno Marques Pereira, escrito em forma de diálogo, texto feito de realidade e ficção, tecido em versos e em narrativa de fatos exemplares, ao longo de um percurso que vai de Salvador até Ouro Preto. Marcado por dimensões moralizantes à luz da doutrina católica. Visão de Brasil colonial.

CAPITULO I.

Dá o Peregrino principio à Sua naraçaõ: e trata
da conversação, que teve com o Ancião acer-
ca de que todos Somos Peregrinos neSte mun
do: e do que devemos obrar com acerto, para
chegarmos á noSSa patria, que he o Ceo.

E M treze gráos da Linha Equinoccial para o Sul, na Cofta da America, onde fe dividio a terra, e fe recolheo o mar, fazendo huma formofa Abra, das mais efpaçofaS que reconhece o Orbe, em fuas ribeiras: em cujo golfo, como em praça, paffseaõ navegando as embarcaçoens sem mais roteiro, que a aprazivel vista dos altos montes, cobertos de verdes plantas, das quaes por arte de engenhos fe faz o claro açucar. Nefta bella concha fe vê huma rica perola, engaftada em fino ouro, aquella nobre, e fempre leal Cidade do Salvador, Bahia de Todos os Santos, Metropoli do Eftado do Brafil: a qual teve feu principio pelos infignes portuguezes naquelle novo Emporio do mundo, como largamente trataõ vários Authores. Logo na entrada da Barra, em hum vistoso outeiro, está edificada huma Igreja da Mãy de Deos com o Título da Senhora da Victoria.[174]

(Texto do *Compêndio narrativo do peregrino da América*,
de Nuno Marques Pereira, 1760)

E produzem-se poemas e cultiva-se a oratória. Textos marcados pela erudição, pelo aulicismo, pelo autoelogio. Relevantes, como manifestações da arte literária na direção da comunicação direta, através do poema e da representação teatral, diante de um público que une eruditos, letrados e analfabetos, num tempo de textos impressos raros e de raríssimos leitores. As atividades são importantes ainda como assunção de grupo, pelo espírito de pesquisa e de rigor, e como documentação do estado da cultura na Colônia e da língua portuguesa àquele tempo.[175]

Às academias juntam-se, na mesma direção, as duas sociedades de intelectuais, ambas no Rio de Janeiro: uma científica, em 1772, outra, a citada literária, fundada por Manuel Inácio da Silva Alvarenga, em 1786. Preocupações, entre várias: flora indígena, inundações da cidade.

Floresce, ainda que timidamente, a atividade intelectual.

Ainda as letras: a poesia do Grupo Mineiro

Ampliam-se os horizontes literários no século XVIII, com o chamado grupo mineiro: poesia lírica, poemas épicos e, de novo, a sátira ferina: as *Cartas chilenas*, texto em verso, de circulação manuscrita nos dois últimos decênios da centúria. Estas, de autoria de Tomás Antônio Gonzaga, segundo a maioria dos estudiosos. Centradas na crítica aos desmandos do governador Luís da Cunha Meneses, o Fanfarrão Minésio. Denunciadoras do conflito de poder.

> !Ó senhores! ! ó Reis!! ó Grandes! quanto
> São para nós as vossas Leis inuteis!
> Mandais debalde, sem julgada culpa,
> Que o vosso Chefe, a arbitrio seu, não possa
> Exterminar os réos, punir os impios.
> É co' os Ministros de menor esfera
> Que fallão vossas Leis. Nos Chefes vossos
> Somente o despotismo impéra e reina:
>
> Gozar da sombra do copado tronco
> É só livre ao que perto tem o abrigo
> Dos seus ramos frondosos. Se se aparta
> Da clara fonte, o passageiro prova
> Turbadas águas em maior distância.[176]
>
> (Trecho das *Cartas chilenas*, de Tomás Antônio Gonzaga)

É a hora da vasta obra poética de Cláudio Manuel da Costa, ex-aluno brasileiro do Colégio dos Jesuítas, advogado em Vila Rica, formado em Coimbra, fazendeiro de gado, dono de lavras e mineração; dos versos do editadíssimo *Marília de Dirceu* (1792-1812), do desembargador Tomás Antonio Gonzaga, natural do Porto, também aluno dos jesuítas e bacharel por Coimbra; dos 33 poemas que restaram da produção de outro estudante do Colégio dos Jesuítas, o advogado e rico minerador nascido no Rio de Janeiro, Inácio José de Alvarenga Peixoto. Poetas inconfidentes.

É o tempo do poema herói-cômico "O desertor" (1774) e dos rondós e madrigais que compõem *Glaura* (1799), ambos de Manuel Inácio da Silva Alvarenga, e ainda dos poemas épicos: *O Uraguay* (1769), de José Basílio da Gama, de marcada especificidade; do camoniano *Caramuru* (1781), de frei José de Santa Rita Durão; das modinhas e lundus da *Viola de Lereno* (1798), de Domingos Caldas Barbosa.

Todas essas obras ajudam a sedimentar, na arte do verso, matizes novos no antigo idioma. Notadamente com a presença de elementos reveladores de entusiasmo pela paisagem local.

As pedras amarellas e encarnadas,
De que estão essas taças coroadas
Produz o Itatyaia; aquelle Rio,
Que vae buscar com placido desvio
Outro, que de Guará, purpurea ave,
Na lingua patria o nome tem suave:
E juntando as correntes, vai formando
O grande Rio Doce; do Gualacho
Nos futuros auspicios talvez acho
Que um pequeno ribeiro o nome guarda.
Nas margens suas de nascer não tarda
O grosso engenho que decante um dia
As memorias da patria, e de Garcia;
Que levante de Albuquerque sobre a fama,
Que a villa adorne de triunphante rama;

> E dos patrios avós louvando a empreza,
> Sobre o estrago dos annos deixa accesa
> A memoria de feitos tão gloriosos:
> Crescei para o cercar, louros famosos.[177]
>
> (Trecho do poema "Vila Rica", de Cláudio Manuel da Costa)

Evidenciam-se, nos versos, traços de nativismo mesclados aos traços do modelo vigente na Europa, o Arcadismo. Entre tais traços, associado à consciência dos atributos da civilização, o bucolismo — exaltação da vida campesina, simples, mas sem rusticidade, com sua paisagem, seus pastores, seu gado; o culto das normas ditadas pela Antiguidade clássica, presentes nas artes poéticas e nos manuais da época, preconizadoras do retorno ao equilíbrio e à simplicidade dos modelos greco-romanos, diretamente ou através de exemplos renascentistas.

Trata-se de uma poesia que traz também marcas de rococó e pré-romantismo e revela momentos de inspiração para além da camisa de força neoclássica. Começos. Ao gosto do tempo. Ainda sem a configuração de um sistema literário. Reforços da presença do registro formal do idioma.

Tecem-se, na palavra literária, as tramas do imaginário da comunidade, na construção de uma identidade cultural.

> Hum frio susto corre pelas veias
> De Caitutú, que deixa os seus no campo;
> E a irmã por entre a sombra do arvoredo
> Busca co'a vista e teme de encontralla.
> Entrão em fim na mais remota, e interna
> Parte de antigo bosque, escuro e negro,
> Onde ao pé de huma lapa cavernosa
> Cobre huma rouca fonte que murmura,
> Curva lotada de jasmim e rosas.
> Este lugar delicioso e triste,
> Cansada de viver, tinha escolhido
> Para morrer a misera Lindoya.

Lá reclinada, como que dormia,
Na branda relva, e nas mimosas flores
Tinha a face na mão, e a mão no tronco
De hum fúnebre cipreste, que espalhava
Melancolia, sombra. Mais perto
Descobrem que se emrola no seu corpo
Verde serpente, e lhe passeia, e cinge
Pescoço, e braços, e lhe lambe o seio.
Fogem de a ver assim sobressaltados,
E parão cheios de temor ao longe;
E nem se atrevem a chamalla e temem
Que desperte assustada, e irrite o monstro,
E fuja, e apresse no fugir a morte.
Porém o destro Caitutú, que treme
Do perigo da irmã, sem máis demora
Dobrou as pontas do arco, e quis tres vezes
Soltar o tiro e vacilou tres vezes
Entre a ira e o temor. Em fim sacode
O arco, e faz voar a aguda setta,
Que toca o peito de Lindoya, e fere
A serpente na testa, e a boca, e os dentes
Deixou cravados no vizinho tronco.[178]

("O Uraguay", de José Basílio da Gama, 1769)

CANTIGAS

Eu sei, cruel, que tu gostas,
Sim, gostas de me matar;
Morro, e por dar-te mais gosto,
Vou morrendo de vagar:

Eu gosto morrer por ti;
Tu gostas ver-me espirar;
Como isto he morte de gosto,
Vou morrendo de vagar:

Na boca do povo, o cotidiano da comunicação segue evidenciando a interação linguística e a variedade dos registros. Distanciamentos.

> Amor nos unio em vida,
> Na morte nos quer juntar;
> Eu, para ver como morres,
> Vou morrendo de vagar...[179]

("Viola de Lereno", de Domingos Caldas Barbosa, 1798)

> Sô rei do Congo,
> Quero brincá;
> Cheguei agora
> De Portugá.
> Coro:
> É sambangalá,
> Chegado agora
> De Portugá.
> [...]
> Ê mamaô. Ê mamaô.
> Ganga rumba, seisesê iacô.
> Ê mamaô. Ê mamaô.
> Zumbi. Zumbi, oia Zumbi,
> Oia mameto mochicongo.
> Oia papeto.
> Coro:
> — Quambato, Quambato.
> — Savotá ó língua.
> — Quem pode mais?
> — É o só. É a lua.
> — Santa Maria.
> — E S. Benedito.[180]

(Trecho de letra de composição de congada, folguedo comum no Rio de Janeiro do tempo dos vice-reis)

O "Brasil" nos fins do século XVIII

Compreende um território similar ao da atualidade, sem a banda cisplatina, sem certas faixas limítrofes do Oeste, sem o Acre e sem definição de fronteiras com as Guianas.

Nos espaços da sustentação econômica, expande-se o cultivo do açúcar, por terras de Campos, São Paulo e Minas Gerais. Amplia-se o comércio do produto.

Também o fumo ocupa novos campos além do núcleo baiano: traz o verde de suas folhas a plantações do Rio e São Paulo incrementada a exportação para as plagas da mãe África.

Das entranhas de Minas segue a colheita do ouro e das pedras preciosas.

No Rio Grande de São Pedro, com centramento em Pelotas, emerge a indústria do charque e atende plena ao consumo da gente urbana.

Estradas asseguram a ligação de todas as regiões da Colônia.

Na população de cerca de 3 milhões de habitantes, em 1758 — ressalvada a relatividade dos dados —, perto de 1 milhão de brancos e livres; 1,6 milhão de negros, entre escravos e libertos; 650 mil índios e mestiços integrados, vale dizer, mulatos, cafuzos, mazombos, essencialmente "crioulos", no sentido de nascidos nas terras da Colônia. Não computados, obviamente os silvícolas bravios, ocupantes do interior. Expansões.

E raros são os fidalgos, inda que muitos alardeiem ou pretendam fidalguias.

No povo, comerciantes, grandes e pequenos, estes discriminados, negros escravos e negros livres.

Bandeirantes seguem pervagando espaços e disseminando língua geral paulista.

O gado fixa gente.

O engenho vivifica o interior; o comércio ativa os povoados, as vilas, as cidades.

O ouro move deslocamentos na direção das jazidas, amplia comércio e riqueza.

Viandantes entregam mercadorias e recebem pagamentos.

Tratantes cobram compromissos.

Comboeiros transportam escravos.

Tropeiros trazem aos centros urbanos cavalos e muares do Sul e do Nordeste.

Nas cidades, ainda em pequeno número, intensifica-se o comércio dos mais diversos produtos, seja em vendas, seja em lojas. Estas nos centros maiores; as vendas, na periferia. No convívio imediato com o público consumidor os caixeiros, no apoio, guarda-livros e escriturários; no financiamento, os senhores proprietários.

Forte a presença de mulheres. De um lado, sob o mando dos maridos, próprio da estrutura patriarcal da família extensiva, que envolve parentes consanguíneos e afins, agregados e protegidos. Notadamente no espaço rural do engenho. É a lição de Gilberto Freyre, em *Casa-grande e senzala*, lembra Boris Fausto, que acrescenta: em estamentos de outro nível na escala social, esse modelo inexiste: a mulher assume ação independente, em especial na ausência de cônjuge ou companheiro.

O historiador destaca ainda que, mesmo entre famílias socialmente bem situadas, há casos de assunção da administração doméstica por mulheres, nos longos períodos de atuação masculina nos espaços sertanejos. Assinala também, a título de exemplo, que, na Ouro Preto de 1804, em 203 unidades domésticas, só 93 eram lideradas por representantes do sexo masculino.[181]

E presentificam-se ciganos na comunidade colonial, desde o século XVII. De início, na condição de degredados, nas terras cariocas, no Maranhão, em Pernambuco, depois como caldeireiros, ferreiros, latoeiros, comerciantes de ouro, de cavalos, de escravos, regadeiras, quiromantes. Atuam também como tanoeiros, carpinteiros, alfaiates, ourives e sapateiros.

De permeio, nas áreas de mineração, o contraste da riqueza de uns com a miséria de muitos. Na população, poucos letrados e muitos analfabetos. Na azáfama urbana do cotidiano, pedintes, órfãos, famílias pobres, indigência. Nem faltam ociosos e vadios. E violência.

Concentram-se moradores nas fazendas e nos engenhos. E eles são senhores, poucos nobres, altos comerciantes e ainda cristãos-novos nestes últimos, e pequenos proprietários nas primeiras, com suas famílias, a comandar trabalhadores, fossem livres ou escravos.

Grandes fazendas ao lado de roçados reduzidos configuram a realidade onde laboram e transitam grupos de trabalhadores da terra.

Delineia-se, com nitidez gradativa, um quadro comunitário marcado pela diversificação social e pela frequente mudança no jogo de relações entre o campo e a cidade.

Na comunicação, a dominância da língua portuguesa, na modalidade popular. Na fala dos escravos, o português matizado.

O campo: região de maior concentração populacional ao tempo da Colônia, situação alterada aos poucos pelo desenvolvimento do comércio e da máquina administrativa no espaço da vida urbana.

> O ser Senhor de Engenho, he titulo, a que muitos afpiraõ; porque traz configo o fer fervido, obedecido & refpeitado de muitos E fe for, qual deve fer, homem de cabedal, & governo; bem fe póde eftimar no Brafil o fer Senhor de Engenho, quando proporcionalmente fe eftimaõ os Titulos entre os Fidalgos do Reyno. Porque Engenhos ha na Bahia que daõ ao Senhor quatro mil pães de Affucar, & outros pouco menos, com canna obrigada à Moenda, de cujo rendimento logra o Engenho ao menos a ametade, como de qualquer outra, que nelle livremente fe moe: & em algumas partes, ainda mais que a metade.
>
> Dos Senhores dependem os Lavradores, que tem Partidos arrendados em terras do mefmo Engenho, como os Cidadaõs dos Fidalgos: & quanto os Senhores faõ mais poffantes, & bem aparelhados de todo o neceffario, affaveis & verdadeyros, tanto mais faõ procurados, ainda dos que naõ tem a canna cativa, ou por antiga obrigação, ou por preço, que para iffo receberaõ.[182]
>
> (Trecho de *Cultura e opulência do Brasil*,
> de André João Antonil, 1711)

Ao longo do século XVIII, ao lado do comércio itinerante, desenvolve-se, no espaço citadino, o mercado fixo, centrado em pequenas vendas e em grandes lojas. Nessa faina, atuam também, e com destaque, as mulheres. Brancas, negras e mulatas. Ganha presença a prostituição. Relevo especial assumem os barbeiros. Nas barbearias, transitam as notícias, muitas vezes nelas elaboradas.

TREMOR DE TERRA EM PERNAMBUCO

No dia 5 de julho de 1790 pelas 4 oras, ou das 3 para as 4 da madrugada deu um tremor de terra não' muito sensível: porq' na Villa do Recife mtas pessoas que estavao' dormindo o não' sentirao': porem outros acordarao', asim como eu, q' entao' me achava no Recife, e acordey com abalo, e estremecimento da cama e não' causou prejuízo algum.

OUTRO

No dia 28 de 8bro de 1811 pelas 7 pa 8 da noite deu um tremor de terra bastante sensível, q' repetio segunda vez, logo immediatamente, porem, Louvado Deos, não' cauzou prejuízo algum.[183]

(*Notícias da Bahia*, autor desconhecido)

NOS ESPAÇOS DO IDIOMA

Trocas de toda ordem pontuam esse universo populacional. Inclusive linguageiras. Vocábulos vinculados a essas tarefas tantas e a esse vário comércio frequentam intensamente o mercado verbal da comunidade, multifacetada, na construção gradativa do português do Brasil, caracterizada, nos espaços campesinos, por um ritmo mais lento.

As línguas gerais ainda são utilizadas no cotidiano da comunicação, uso de difícil configuração, rigorosa, em termos de tempo e geografia.

Presença e atuação ainda poderosas: os religiosos, que, sobre criarem missões no litoral, levam cultura e alfabetização em língua portuguesa ao interior.

No norte, persiste basicamente o predomínio da Língua Geral Amazônica.

Em Recife, Salvador, Rio de Janeiro, núcleos urbanos de acentuado desenvolvimento, informa Leila Mezan Algranti, evidencia-se, já desde o final do século XVIII, a participação de mulheres em conversas, seja entre elas, seja com os homens, e nas atividades sociais, como visitas, frequência ao teatro etc.[184]

A língua portuguesa segue desfrutando gradativamente de mais espaço, notadamente nas situações internas, inclusive na modulação fonética dos negros.

A presença intensificada do imigrante luso amplia os horizontes de sua utilização como língua vernácula do ambiente familiar.

Escrito, o português firma sua posição como suporte da literatura emergente. Nesta, ainda fiel ao modelo da metrópole, mas com marcas diferenciadoras.

A língua viva e descontraída do povo ganha maior presença, no convívio comunitário.

> Serra, serra, serra a velha,
> Puxa a serra, serrador,
> Que esta velha deu na neta
> Por lhe ouvir falar de amor.
> Serra, ai serra! Serra a velha,
> Puxa — ai! — puxa serrador!
> Serra a velha — ai! viva a neta,
> Que falou falas de amor.
>
> Serra! — A pipa é rija,
> Serra! — a velha é má,
> Serra! — a neta é bela,
> Serra! — e serra já.[185]
>
> (Trecho, em grafia atualizada, de composição integrante da folia portuguesa intitulada "Serração da velha", festejo de rua que alegrava o Rio de Janeiro do século XVIII)

Configura-se paralelamente um português simplificado, falado por brancos e mulatos brasileiros, que não é indígena nem africano: é a citada Língua Brasileira.

A situação, em termos de língua escrita e oralidade, pode ser, em certa medida, avaliada pelo depoimento do frei Francisco de Nossa Senhora dos Prazeres, no seu *Poranduba maranhense*:

Prezentemente, a lingua corrente no paiz é a portuguesa; os instruidos a falam muito bem; porem entre os rusticos ainda correm um certo dialecto que, emquanto a mim, é o rezultado da mistura das linguas de diversas nações que têm abitado no Maranhão: elles a falam com um certo metal de voz, que faz muito agradavel ao ouvido.[186]

Em nota, o religioso apresenta o texto da seguinte carta, "que dá alguma ideia delle":

Meu Fio: Estimarei que tu já esteja meió das tua cezão; eu e tua comade Quitaja não passâmo tão má. Ahi ti mándo um côfo, e deu delle duas garrafas d'agoa arden; bai d'ellas vão duas faca e treis cuié di prata embruiadas nuas fôia.

Não te remetto agora o moléque Cazuza porque o vejo ainda muito columin; elle cá nos vai servindo para i ó má pescá com o Tótó! O nosso Lulú esteve má dos óio, que eu cuidei ele lhe spocávo. Agora está tão gordo que o Chichi não o póde abraçá. Tem cuidado no Feitô manda tirá o capim lôlô e tijuco terreiro. Meu fio, eu te dou a minha bençam e Deu nosso sinhô ti dê a sua por seu infinito amô. Asseita muitas lembrança do nhô Mâno, e do Quinquim. Tua May Poluca.[187]

Transposição da carta para o registro formal:

Meu filho: Estimei que tu já estejas melhor das tuas sezões. Eu e tua comadre Quitéria já não passamos tão mal; aí te mando um cesto e dentro dele duas garrafas de aguardente; debaixo delas vão duas facas e três colheres de prata embrulhadas numa folha; não te remeto agora o moleque Cazuza (José) porque o vejo ainda muito curumim (garoto); ele cá vai nos servindo, para ir ao mar pescar com o Totó (Antônio)! O nosso Lulu (Luis) esteve tão mal dos olhos, que eu cuidei que eles saltavam fora (espoucavam). Agora está tão gordo que o Chichi (Francisco) não pode abraçar. Tens cuidado no feitor: manda tirar o capim lolô (erva do arroz) e o tijuco (lama) do terreiro. Meu filho, eu te dou a minha bênção e Deus Nosso Senhor te dê a sua por seu infinito amor. Aceita muitas lembranças do Nhô Mano e do Quinquim (Joaquim). Tua mãe Poluca (Apolônia).

Assinale-se, no texto da missiva, a presença da expressão oral na transcrição escrita.

Ainda que o exemplo se circunscreva ao Maranhão, é provável que esse seja um uso generalizado na Colônia.

Acentuam-se, na manifestação falada de parte da população, traços diferenciadores, em relação à fala da metrópole.

Predomina a oralidade, apesar dos esforços oficiais e do professorado leigo. A expressão escrita ainda é privilégio de poucos. Seu emprego restringe-se praticamente aos textos religiosos, aos documentos públicos, aos reduzidos textos literários. Uso regular de cima para baixo: dos mestres para os educandos. Cinco professores nos dois colégios criados em 1798: os citados Seminário de Olinda e a Escola de Meninas. Um fato sintomático: na orientação do ensino a preocupação, entre outras, de evitar, no uso do português colonial, "vícios na pronúncia" de origem lusitana ou da fala típica dos negros.

AS CIDADES, A GENTE, O PROCESSO

A paisagem urbana adorna-se de cidades. No embrião, rudes moradias, em blocos entrecortados de ruelas estreitas. A propósito, assinala Sérgio Buarque de Holanda, a construção das cidades na América levada a termo pelos portugueses carece de planejamento, de regra, ou de método. Seu traçado se insere "na linha da paisagem".

Salvador, a capital até 1763, começa no altiplano de um monte, origem da Cidade Alta.

Aos poucos vai-se convertendo em núcleo de concentração do poder de magistrados, de clérigos, de fidalgos. E desde 1570 já exibe a imponência da Catedral da Sé, iniciada por Tomé de Sousa, completada por Mem de Sá. E logo o Colégio dos Jesuítas, com descrição preservada no texto do *Tratado descriptivo do Brasil*, de Gabriel Soares de Sousa, datado de 1587.

> Tem este collegio grandes dormitorios e muito bem acaba-
> dos, partes dos quaes ficam sobre o mar com grande vista; cuja
> obra é de pedra e cal, com todas as escadas, portas e janellas
> de pedrarias, com varandas, e cubiculos mui bem forrados, e
> por lageados com muita perfeição, o qual collegio tem grandes
> cercas até o mar, com agua muito boa dentro, e ao longo do mar
> tem umas terracenas onde recolhem o que lhe vem embarcado
> de fóra. Tem este collegio ordinariamente oitenta religiosos,
> que se occupam em prègar e confessar alguma parte d'elles,
> outros ensinam latim, artes, theologia e casos de consciencia,
> com o que tem feito muito fruto na terra; o qual está muito
> rico, porque tem de S.M. cada anno quatro mil cruzados e da-
> vantagem, importar-lhe-á a outra renda que tem na terra outro
> tanto; porque tem muitos curraes de vacas, onde se afirma, que
> trazem mais de duas mil vacas de ventre, que n'esta terra parem
> todos os annos, e tem outra muita grangearia de suas roças e
> fazendas onde tem todas as novidades dos mantimentos, que
> se na terra dão em muita abastança.[188]
>
> (Trecho do *Tratado descriptivo do Brasil em 1587*,
> na grafia da edição-fonte, de 1879)

Pouco a pouco erguem-se casas de rés de chão e sobrados.

A riqueza do açúcar abre-se ao luxo de edifícios públicos, de templos, de residências.

E o burburinho do comércio fervilha, desde meados do século XVII, com negras a vender carne de baleia e outros pescados, toucinho, hortaliças várias, em contraste com o movimento de lojas abastecidas de tecidos europeus.

Recife, por seu turno, nos dois séculos primeiros, transita de humilde povoado retraçado de mocambos e de pobreza, de moradas simples de pescadores, a cidade pontuada de sobrados e do porto mais frequentado da Colônia.

No trânsito do açúcar, barcos cortam as águas dos dois rios citadinos. No trabalho, canoeiros, lavadeiras, gente escrava e gente livre. E, desde 1631, é sítio privilegiado pela riqueza do açúcar e logo pelo progresso da administração flamenga. No prolongamento, Olinda.

O Rio de Janeiro também desce de um morro, o do Castelo, e preenche aos poucos, com casas de telhas e de tijolos, as várzeas e os vales do seu traçado geográfico. Igrejas, edifícios públicos, começam a ganhar forte presença durante o século de Seiscentos e se multiplicam na centúria subsequente. Mais ainda com a futura conversão em nova sede do reino.

São Paulo baixa de Piratininga, a colina, igrejas e habitações de tabatinga e de taipa. De um e de dois andares. Algumas já luxuosas, para os padrões do tempo. Para além fazendas, cinturão verde. No cotidiano, comércio, burocracia, atividades religiosas.

As moradias mineiras começam no equilíbrio das faldas e nos interregnos das montanhas. Casas de pau a pique, telhas de barro, casas de "sopapo", nos inícios, depois cedem lugar ao fausto de residências fundadas na riqueza do ouro e nas pedrarias.

Arraiais se fazem povoados, que se tornam vilas e logo ganham foros de cidade, adornadas de monumentos, ornatos arquitetônicos, jardins, fontes, esculturas. Com o ouro a mobilizar gente de diversa origem e condição social. A mineração assentada no braço africano escravo conduz à eliminação da presença indígena.

Intensifica-se, nessa época setecentista, também a progressiva imigração de trabalhadores europeus. Na bagagem, costumes, culinária diversa, formas de tratamento, vestuário peculiar, formas de expressão.

Transforma-se, significativamente, no curso do século XVIII, a realidade da Colônia. Evidencia-se, pouco a pouco, a configuração de uma identidade comunitária própria.

A língua portuguesa insere-se, relevante, em tal processo: a língua, como aponta Celso Cunha, expressa a consciência de uma coletividade e constitui o meio pelo qual esta concebe o mundo que a cerca e age sobre ele.[189]

Salvador, Recife, Rio de Janeiro, São Paulo, cidades das Minas Gerais constituem exemplos dos núcleos urbanos em que se movem funcionários, militares, religiosos, comerciantes, indígenas, escravos, negros alforriados, homens e mulheres em fervilhante comunicação: intercâmbios que contribuem significativamente para a configuração multifacetada da língua portuguesa do Brasil, fortalecida pela oficialização ditada pela Coroa, ao tempo do marquês de Pombal.

Tenho a honra de fazer sciente a V. m. que estou estabelecido nesta Cidade, e prompto a empregar-me em manejar os interesses de todos os Amigos, que me quizerem distinguir com as suas Commissões nas quaes eu me empregarei com aquelle zelo, e actividade a que a honra e probidade me obrigão.

A longa experiencia que tenho de Negocios Mercantis e do Commercio, que se faz nesta Praça, e a felicidade de ter contrahido aqui uteis amizades, me induzem a capacitar-me que V. m. tirará todo o bom partido das Ordens, que se servir passar-me, o que a rectidão da minha conducta me fará ser digno de merecellas; assim como tambem a sua estimação, e honrosa correspondencia.

Todos os Negocios serão debaixo da nova Firma de João Paulo das Chagas: terei todo o cuidado em que ella goze de hum inteiro, e sólido crédito.

Os puros e sinceros offerecimentos que faço do meu pouco prestimo, e os grandes desejos que me acompanhão de fazer-me agradavel a V.m., merecem bem se digne acolhe-los, e que me conceda a liberdade de me confessar ser

De V.m.

Attento venerador e criado[190]

(assinatura)

(Texto de carta, datada de 1798, enviada da Bahia a Lisboa)

Na comunicação paulistana predomina, entretanto, até meados do século XVIII, a Língua Geral Paulista. Talvez por força, durante longo tempo, da mão de obra indígena escravizada, com menor presença de escravos vindos da África.

Na região do Grão-Pará e Maranhão, o português permanece limitado ao espaço das elites e a Língua Geral Amazônica segue sendo a língua usada pelo povo. A tal ponto que esta última é a língua dos núcleos familiares centrados na união de mulheres de origem índia com portugueses e mamelucos. A língua portuguesa presentifica-se também nos documentos da administração pública.

A REALIDADE SOCIAL E LINGUAGEIRA DO BRASIL COLONIAL: SÍNTESE

ASPECTOS DA CONSTRUÇÃO COMUNITÁRIA

Muita gente lusitana se instala, como foi assinalado, na terra nova nos tempos coloniais, e muita gente é trazida escrava de território africano. Em menor escala, franceses, holandeses, espanhóis marcam presença localizada.

Forja-se desde os começos uma comunidade integrada de culturas diversificadas e marcada pelo convívio de línguas também distintas. Em constante interação.

Em termos sócio-históricos, até 1808, o Brasil se constrói predominantemente em espaços do interior. Na configuração, destacam-se dois aspectos: o patriarcalismo rural e uma estrutura social em que o braço escravo assegura a produtividade e o lucro. Da fazenda e do engenho. As povoações rurais constituem os efetivos centros de produção.

As vilas e cidades litorâneas centralizam recursos e máquina administrativa. Abrigam atividades cartoriais, artesanais e de comércio. Propiciam instâncias de lazer e convívio social, ainda que precários. Aproximam povo e poder oficial e religioso. Caracterizam-se pela baixa densidade populacional e sequer exercem influência sobre os conglomerados do campo. Em muitos casos, pelo contrário, deles chegam a depender. Acrescente-se, a propósito, a precariedade da comunicação.

Na síntese precisa de Arno e Maria José Wehling:

> O Brasil no início do século XIX, ao cabo de três séculos de colonização, era um país de contrastes, de situações extremas: litoral e sertão, riqueza e pobreza, cultura popular sincrética e ortodoxia filosófica e religiosa, licenciosidade de costumes e rigidez de comportamento, valores cristãos e escravidão, mandonismo rural e massa servil, economia exportadora e produção de autoconsumo.
> [...]
> O Brasil em 1808 era ainda um arquipélago, ligado pelos laços às vezes tênues da língua portuguesa, do catolicismo e da ação administrativa renovada pelos ministros pombalinos e pós-pombalinos. Esse arquipélago possuía tipos humanos, formas de vida social, atividades econômicas e expressões culturais diversificadas.[191]

Nesse arquipélago, sintetizo, a partir da caracterização que elaboram, configuram-se "ilhas" marcadas por distintos aspectos.

No Norte vive uma população esparsa, com predomínio de índios e mamelucos, pequeno contingente de negros; desenvolve-se atividade extrativa no interior e cultivo de cana e mandioca na faixa do litoral.

Na região interiorana do Nordeste o forte segue sendo a pecuária e nela se destaca a figura do vaqueiro. Entre os habitantes, dominância da mescla de indígenas e europeus.

Essa mesma configuração se repetirá, acrescente-se, no interior do Rio Grande do Sul, desde o século XVIII. Marcante, a importância do cavalo e da produção de ouro.

Espanhóis ganham destaque no âmbito populacional.

No amplo espaço que vai do Nordeste ao Rio Grande, a faixa do litoral se faz de duas subáreas.

A primeira se estende das terras nordestinas às cariocas, com massa populacional constituída de brancos, mulatos e negros — estes em marcada maioria — e alguma presença índia. Na atividade, a cana, o tabaco.

A segunda vai de São Paulo às plagas rio-grandenses; nela se destacam a pequena propriedade de família nuclear portuguesa e a agricultura de subsistência.

No Centro-Sul, Minas, Goiás, Mato Grosso e interior de São Paulo, ganham vulto a mineração, a agricultura, a pecuária. Em destaque, na população, brancos e negros e descendentes.

Nas cidades como no campo, predomina a comunicação falada, exigida pelo convívio. Em português, concorrente com as línguas gerais indígenas, pouco a pouco ensombrecidas e com falares de África gradualmente a inserir-se no vocabulário da língua conquistadora, em especial no léxico da religião, da música e da culinária afro-brasileira. Com a presença sistematizadora da escola reduzida a alguns estabelecimentos de precário ensino primário e médio.

Em resumo: configura-se, ao longo daqueles tempos, um Brasil eminentemente rural, mas com vilas e cidades nascentes na faixa do litoral.

A tônica da construção da sociedade brasileira, assinale-se, é a multipolarização. Ela decorre de uma pluralidade de núcleos de irradiação situados diversamente em termos de tempo e de espaço.

Os pontos de partida, apontam Maria José e Arno Wheling, foram, no século do achamento e dos inícios da colonização, Olinda e Recife, a partir de 1535, Salvador, desde 1549, São Paulo, desde 1554, Rio de Janeiro, desde 1557; na centúria seguinte, emergiram São Luís, a partir de 1612, e Belém, desde 1616; no século XVIII, foi a vez de Florianópolis, desde 1748, e Porto Alegre, desde 1752. Deles se originaram inúmeros outros, ao longo do processo histórico-social. Ao fundo, movimentos migratórios, externos e internos.

Essa multiplicidade de núcleos e a natureza dos contingentes comunitários de cada um dos pontos de partida certamente têm implicações com os traços diversificadores da realidade social brasileira marcada pela mescla de etnias e de línguas que se situam na base de sua configuração.

A realidade social da Colônia apoia-se na mão de obra escrava, na sua quase totalidade africana, de baixíssima vida média. Na administração e na justiça, pontifica a presença do branco colonizador, que também exerce, ao lado de mestiços forros, atividades de fiscalização, direção, e capatazia.[192]

Trata-se de uma sociedade que distingue, com base na origem e na religião, integrantes "puros" e "impuros". Estes últimos, constituídos de negros, descendentes de negros e cristãos-novos. Com restrições na participação comunitária. Discriminações. Com alguns cidadãos convivas de alguma cultura letrada, usuários do padrão culto da língua.

A propósito, a relação entre língua, nação e significação política avulta no século XVIII. É o momento em que ganham espaço, no âmbito dos estudos, os conceitos de língua nacional e dialeto.

A primeira é, então, entendida como a língua oficial do Estado; o segundo, emergente no século XVI, é identificado com o sentido de linguagem regional, desde 1550, a partir do poeta francês Ronsard. Na Espanha, a partir de 1604. Em Portugal, data do século XVII e se define no *Vocabulário português latino* do padre Rafael Bluteau: "Modo de falar próprio e particular de huma lingoa nas differentes partes do mesmo reino: o que consiste no acento, ou na pronunciação, ou, em certas palavras ou no modo de declinar e conjugar".[193]

No tecido comunitário, destaca-se a miscigenação. De brancos e de silvícolas, origem dos mamelucos, notadamente, ao longo do século XVI, na Bahia, em Pernambuco, São Vicente e Rio de Janeiro.

Nas outras capitanias, durante o século XVII. Em menor escala, de mestiços de descendência francesa, ainda no Rio de Janeiro e nas capitanias do norte. De brancos e gente negra, neste mesmo século XVII e no seguinte, com presença acentuada em Pernambuco, Bahia, Minas Gerais, Rio de Janeiro. De negros e gente índia, com frequência, nos quilombos, e, em fins do século XVIII, no Pará, no Maranhão, em Mato Grosso e Goiás.[194] Diversificações. Com decorrências na intercomunicação e na mescla de línguas.

De pouca monta, até meados dessa última centúria, a presença de mulheres brancas. E mais: o Estado estimulava o casamento, o que, legalmente, protegia a instituição da família. Ressalte-se que era permitido o matrimônio entre escravos, independentemente da vontade dos senhores. É de imaginar o vernáculo dos descendentes.

No âmbito religioso, impõe-se o catolicismo do português colonizador, com repressão mais ou menos intensa, conforme a região, aos cultos oriundos da África, ao sincretismo dos cultos indígenas. Em que pesem as circunstâncias, prevalece este último, favorecido por inúmeros aspectos comuns aos diversos credos.

Vida familiar, convívios de amor livre, festas religiosas e profanas, públicas e privadas, comércio propiciam interações culturais, convívios linguageiros, em distintas e várias instâncias.

Não nos esqueça a forte presença das línguas gerais, ao longo do território.

Na base da formação das elites, avulta a educação jesuíta e a formação ilustrada dos que receberam instrução na Coimbra do século XVIII. Destacado, em tal espaço, o uso do português, em sua modalidade culta, falada e escrita.

A população é, entretanto, na maioria analfabeta, com a comunicação cotidiana pautada fundamentalmente na língua oralizada na variedade popular. A realidade comunitária não conhece órgãos de imprensa. A educação reflete o uso culto da metrópole. A literatura incipiente, modelizada à europeia, é marcada por alguns traços diferenciadores e usufruída por alguns poucos.

A difícil configuração da língua portuguesa usada na Colônia a esse tempo, diante da falta de fontes orais, só pode ser apoiada nos textos escritos, o que, necessariamente, a relativiza.

FUNDAMENTOS DA TECEDURA

Estruturam-se no Brasil Colônia as bases em que, na interpretação de Darcy Ribeiro, desde então se edifica a sociedade brasileira, integrada, singularmente, no seu nascimento, "numa etapa mais elevada da evolução sociocultural".

Essas bases evidenciam-se com a implantação dos primeiros engenhos de açúcar.

Emergem de um processo de "incorporação ou *atualização histórica*" — que, no juízo do antropólogo, "supõe a perda da autonomia étnica dos núcleos engajados, sua dominação e transfiguração".[195]

Ele as situa em três planos: o adaptativo, o associativo e o ideológico.

O plano adaptativo relaciona-se à tecnologia vinculada à produção e à reprodução das condições materiais da existência. Abrange seis bases: a incorporação da tecnologia europeia aplicada na produção, no transporte, na construção e na guerra e concretizada no emprego de instrumentos de metal e nos vários e múltiplos dispositivos mecânicos; a navegação transoceânica, integradora dos novos mundos a uma economia mundial, na condição de produtores de mercadorias de exportação e de importadores de negros escravos e bens de consumo; o estabelecimento do engenho de cana, apoiado na aplicação de complexos procedimentos agrícolas, químicos e mecânicos vinculados à produção do açúcar e, posteriormente, às tecnologias aplicadas à mineração de ouro e diamantes; a introdução do gado, fonte de carne e couro, além de elemento de transporte e de tração e mais a criação de porcos, galinhas e outros animais domésticos, a lavoura tropical indígena, garantidores da subsistência dos núcleos coloniais; a adoção e difusão de novas espécies de plantas cultiváveis, tanto alimentícias quanto industriais, posteriormente de decisiva relevância na vida econômica de distintas variantes da sociedade brasileira; a tecnologia portuguesa, primária, aplicada à produção de tijolos e telhas, sapatos e chapéus, sabão, cachaça, rodas de carros, pontes, embarcações etc.

O plano associativo vincula-se a modalidades de organização socioeconômica. Inclui quatro fatores basilares: substituição, por outras formas de estruturação social, da solidariedade elementar fundada no parentesco, característica do mundo tribal igualitário. Essa substituição conduz à divisão da sociedade em componentes rurais e urbanos e a estratifica em classes opostas umas às outras, ainda que se interdependam, por força da complementaridade dos papéis que desempenham; introdução da escravidão indígena, logo substituída pelo comércio de escravos africanos; integração, numa estrutura sociopolítica única, de todos os núcleos locais; disponibilidade de capitais financeiros destinados a arcar com os custos da implantação das empresas, provê-las de escravos e de outros recursos produtivos e capacitados para arrecadar as rendas que produzirem.

O plano ideológico relaciona-se às formas de comunicação, ao saber, às crenças, à criação artística, à autoimaginação étnica. Nele se inserem também quatro bases: um reduzido estrato social de letrados orientador das atividades mais complexas e difusor de conhecimentos, crenças e valores, por meio do saber erudito e técnico europeu da época; "uma Igreja oficial, associada a um estado salvacionista", que, pela catequese, intermedeia inicialmente a "submissão dos núcleos indígenas", impõe, na sequência, "um catolicismo de corte messiânico" e controla rigorosamente a vida intelectual da colônia, com o objetivo de impedir a difusão de qualquer outra ideologia e do saber científico; artistas, com suas manifestações fiéis aos modelos europeus então vigentes, notadamente aos traços do barroco, estilo epocal dominante ao tempo das primeiras manifestações da comunidade colonial; a língua portuguesa, difundida gradativa e lentamente, até tornar-se o principal meio de comunicação com a metrópole e entre os segmentos comunitários da Colônia.[196]

EXPANSÃO E CARACTERIZAÇÃO DA LÍNGUA PORTUGUESA

A língua portuguesa que chega ao Brasil é, basicamente, trazida na fala de camadas populares formadas de gente do campo e das províncias e, em menor escala, na boca da oficialidade das naves, de membros da corte, de missionários e funcionários do Estado. Longe de ser homogênea.

Camponeses e provincianos originam-se de lugares distintos, com a fala matizada. Muitos vêm do Sul de Portugal, outros do Minho, do Douro, de Beiras, de Trás-os-Montes; outros mais das ilhas, com destaque para os açorianos que imigraram para o Maranhão e para o Pará, e, com marcante presença, para Santa Catarina.

Trata-se, portanto, da língua portuguesa configurada no século XIV, identificada por vários linguistas contemporâneos à luz de pesquisas fundamentadoras, como a modalidade básica do português brasileiro.

Na comunicação, modalidades de uso que se misturam e se fundem e diluem as singularidades de cada uma, para constituir uma espécie de português médio, marcado de acentuada unidade.

Na base da expansão do idioma do colonizador, aspectos dominantes: o contato e a intercomunicação, de caráter assistemático; em índice menor, ensino sistemático, por meio, notadamente nas fases iniciais, da atuação dos jesuítas.

A ação educadora dos batinas negras, a propósito, é, durante longo tempo, estimulada pela Coroa. Esta, inclusive, exalta o seminário que criam para ensinar português aos filhos dos aborígenes, ensino este reduzido, porém, à alfabetização. Só a partir da política pombalina, como vimos, passa a ser privilegiado e, com a escola pública, integrado ao sistema pedagógico.

Desde logo se configuram, no âmbito da língua portuguesa, realidades distintas: de um lado, a formação de grupos cujo repertório cultural e linguístico possibilita um uso que, sem desfigurar-lhe a estrutura de origem, confere novos matizes ao idioma; de outro, a utilização de um falar com características definidas, resultantes de alterações frequentemente extremas, em relação ao português usado na metrópole.

Ressalte-se, ao longo dos séculos XVI, XVII e XVIII, o significativo predomínio, em termos populacionais, de etnias não brancas, em destaque representadas por indígenas e mamelucos e por negros e afrodescendentes. É ver os percentuais apontados por Tânia Lobo, em texto de 1996:[197]

	ETNIAS NÃO BRANCAS	ETNIA BRANCA
1538–1600	70%	30%
1601–1700	70%	30%
1701–1800	68%	32%

LÍNGUAS DE ÁFRICA E OUTRAS LÍNGUAS

Em lábios africanos, a propósito, vale reiterar, delineiam-se, ao longo dos tempos coloniais, distintas situações. Em tese, que quase nada se sabe da real configuração dos idiomas de África em tais instâncias utilizados.[198]

Há usuários de línguas várias e pertencentes a grupos étnicos distintos que adotam a língua geral da região onde se situam. São, no sentido do tempo, denominados boçais.

Outros, que detêm o conhecimento do português, aprendido por força do tráfico de escravos, abandonam a língua de origem e adotam a portuguesa e uma língua geral: são os chamados ladinos.

Outros mais, nascidos no Brasil, utilizam basicamente português e língua geral.

Estudiosos há, ainda, como Artur Ramos, por exemplo, que admitem a existência de línguas gerais de origem africana no Brasil: uma de base banta, outra de base nagô.

Aryon Dall'Igna Rodrigues é de opinião que uma outra língua geral se tornou língua franca de integrantes de comunidades heterogêneas.

Para Yeda Pessoa de Castro, por seu turno, constituíram-se, no Brasil colonial, "falares de emergência", oriundos das exigências de comunicação entre africanos de distinta procedência, os por ela designados "dialetos das senzalas", e, por outro lado, entre africanos e portugueses, o "dialeto das minas" e o "dialeto rural".[199]

Alberto da Costa e Silva conclui, a propósito, que a língua usada nos quilombos era efetivamente o português, com inserções de termos africanos, ou crioulos ou pidgins de base portuguesa.

É certo que, no nordeste dos engenhos, os escravos e os mestiços serviçais contribuem desde cedo para o predomínio do português, matizado, como língua de comunicação com capatazes e senhores.

Ganham mais presença, por outro lado, nas senzalas, nas plantações, nas minas, nos quilombos, dialetos afro-brasileiros, de par com as prováveis "línguas gerais" de origem africana.

Integrantes de grupos de mesma origem e mesma língua, que, a partir do fim do tráfico, falam o idioma comum, nagô ou iorubá, teriam aderido à "língua geral" dominante na realidade social a que se integram e, a partir do final do século XVIII, adotam o português.

Bilinguismo e trilinguismo seriam procedimentos comuns.

Em função do deslocamento de contingentes da população litorânea de que resulta o povoamento interiorano, diferentes percentuais, de índios, negros, mestiços e brancos "decaídos" comunicavam-se num pidgin ou num falar crioulo. Por pidgin entenda-se, na definição de Celso Cunha, "uma língua de gramática e vocabulário simplificados, surgida numa situação de emergência, para obter um mínimo de compreensão entre falantes de idiomas diversos". É criação de pessoas adultas, não é língua materna de ninguém.

Entenda-se por "crioulo" um falar resultante da deturpação de uma língua ocidental por populações inicialmente aloglotas. No caso, trata-se da língua oriunda da adaptação do português na fala dos mestiços, quer ameríndios, quer africanos.

Em outro enfoque, no caso, na lição de Celso Cunha, entende-se por crioulo o "pidgin" que "se consolida e se torna o idioma nativo de uma comunidade".[200]

Esclarece, a propósito Anthony J. Naro, referendado pelo mesmo Celso Cunha: "um crioulo é uma língua como qualquer outra, sujeita às mesmas regras gramaticais e universais, uma vez que sua gramática é construída pelos que a aprendem como primeira língua da mesma maneira que qualquer outra gramática".[201]

É significativo, a propósito, o quadro comparativo de números relacionados aos contingentes étnicos da população brasileira de 1583 a 1890, resultante de pesquisa de Alberto Mussa, dado a público em tese de 1991:[202]

	1583–1601	1601–1700	1701–1800	1801–1850	1851–1890
Africanos	20%	30%	20%	12%	2%
Negros brasileiros	—	20%	21%	19%	13%
Mulatos	—	10%	19%	34%	42%
Brancos brasileiros	—	5%	10%	17%	24%
Europeus	30%	25%	22%	14%	17%
Índios integrados	50%	10%	8%	4%	2%

Ressalte-se o predomínio, no século XVII, do contingente africano.

A presença dos franceses no Maranhão, entre 1612 e 1614, não muda o estado de coisas: o vernáculo gaulês situa-se em paralelo, na intercomunicação dos falantes de origem. Difícil detectar francesismos oriundos de tal época. Até porque, em princípio, emergiriam de mesclas com a língua geral local.

Os holandeses, por seu turno, se deixam marcas na paisagem e na cultura do Nordeste, entre 1630 e 1654, em nada influem na língua portuguesa.

O espanhol marca presença no extremo Sul e no oeste do Paraná, territórios por algum tempo de pertença espanhola, e ainda em São Paulo, ao tempo da União Ibérica.

Assinale-se um fato relevante: as invasões de não portugueses a essa época mobilizam, nos espaços da resistência, o sentimento de identidade cultural. A língua portuguesa constitui, no caso, um dos fatores que contribuem para a sua caracterização e para a unidade comunitária.

Outros estrangeiros adaptam-se às línguas do convívio colonial.

Nesse quadro de marcada complexidade, a língua vinda de Portugal matiza-se pouco a pouco de diferenças, na direção da variante brasileira. De difícil identificação, por força do predomínio da oralidade e do baixíssimo índice de alfabetização.

Línguas em convivência

Convivem, em resumo, na comunicação cotidiana dos habitantes do território, ao longo dos três primeiros séculos, várias línguas, com presença maior ou menor nos vários núcleos populacionais da Colônia:

- *"Línguas gerais", de base indígena:* Dividem-se por várias regiões, ao longo do tempo. A Língua Geral de base Tupi, ou Tupi Missionário, é implantada no século XVI, ao longo da costa, e levada para o interior nos séculos XVII e XVIII, pela ação catequética e pedagógica dos jesuítas; a Língua Geral Paulista, também conhecida como Tupi Austral, Língua Geral do Sul e Língua Geral Meridional decorrente da fala mameluca, é usada a partir do XVII. A Língua Geral Amazônica, depois Nheengatu, também chamada Língua Brasílica, difundida entre os nativos, é empregada, também a partir do século XVII, pelos missionários; a Língua Geral Cariri presentifica-se no Nordeste e no norte da Bahia; a Língua Geral Guarani é utilizada no Sul, notadamente no território das Missões.

É provável, a propósito, que, na faixa litorânea que vai de Pernambuco ao Rio de Janeiro, a Língua Geral de base tupi difundida pelos batinas negras, já na primeira metade do século XVII, tenha perdido espaço, entre os colonizadores, para a língua portuguesa e para falares crioulos ou semicrioulos de base portuguesa usados pelos africanos. De qualquer modo, é, ainda a meio do século XVIII, língua utilizada nas viagens e nos negócios. Eventualmente, é usada pelos jesuítas, de par com o português, como língua-suporte de textos literários.

O Nheengatu chegou a ser, até 1877, mais falado do que o português no Amazonas e no Pará. Atualmente, ainda é usado na região do vale do rio Negro, por cerca de 8 mil falantes. Para o tupinólogo Eduardo de Almeida Navarro, essa configuração atual da Língua Geral Setentrional emerge no século XIX. A Língua Geral Paulista encontra-se extinta desde os começos do século XX.

A intercomunicação entre os tupis, espalhados pela faixa litorânea, passa a ser marcada, em função das novas relações sociais, por um bilinguismo por elas exigido, possivelmente matizado. Os integrantes de cada tribo seguem comunicando-se, no ambiente tribal, na sua língua vernácula. Alguns deles, entretanto, passam a utilizar línguas gerais no convívio com aqueles que a dominam entre os portugueses, e ainda aqueles que a conhecem entre grupos outros.

As línguas gerais cedem gradativamente espaço ao português nas cidades do litoral e nos engenhos de açúcar. Nas primeiras, impõe-se o idioma do colonizador.

Nos engenhos, o português matizado do negro escravo sobrepõe-se, possivelmente, à fala do indígena.

A língua geral, afastada das cidades e da zona agrícola do litoral, permanece forte no interior, em zonas onde predomina a presença de índios, mestiços e mamelucos.

• *O português* presentifica-se em várias situações. É língua do comércio, nos portos do litoral, nas cidades e vilas de maior importância. É usada na comunicação cotidiana das famílias lusitanas. E escrita, já com os traços arcaizantes que permaneceriam até a atualidade, é utilizada nos documentos oficiais e nos papéis da Igreja e nos colégios jesuítas, mas à feição do latim e exclusiva da formação de sacerdotes. É também língua-suporte de literatura.

Admite-se que, como ficou assinalado, em meados do século XVIII, consolidada, predominasse nos grandes conglomerados populacionais: Olinda, Recife, Salvador, Rio de Janeiro, Minas Gerais, São Paulo, São Vicente. Com a língua geral nesses espaços restringida aos serviçais, inicialmente índios ou descendentes de índios.[203]

Nessas cidades, ao lado da fala oral distendida, pratica-se o português culto, oralmente e por escrito. Provavelmente, já se configurava um uso localizadamente marcado por diferenciações de caráter suprassegmental. Nas viagens e nos negócios interioranos, usa-se a língua geral ou a tradução por meio dos "línguas".

Assim situada, a língua portuguesa, quando presente nos documentos e discursos, marcados ou não de intenção artística, obedece às normas do uso culto.

Nos engenhos, ao longo da faixa litorânea, prevalece a língua falada, coloquial, resultante do contato dos brancos com os negros de rara ou nenhuma cultura.

A modalidade escrita segue presente e obrigatória desde a determinação pombalina, na documentação oficial, no comércio, na escola, na imprensa, na literatura. Na primeira, como nos textos eclesiásticos, com a língua marcada de traços arcaizantes.

Na metrópole, o português convive intimamente com o espanhol, ao tempo da União Ibérica; o português usado na Colônia associa-o à convivência com as línguas gerais de base indígena e com as línguas africanas.

Um alvará datado de 30 de setembro de 1770 situa o português como *língua nacional* e aponta critérios e formas de assegurar a sua prevalência, destacada a ação didático-pedagógica e a indicação de textos-base, após considerações fundamentadoras, centradas nos exemplos da antiguidade clássica, notadamente da Grécia e Roma.

Eu El-Rei Faço saber aos que este Alvará virem, que em consulta da Real Meza Censoria Me foi presente, que sendo a correção das linguas Nacionaes dos objetos mais attentidos, para a cultura dos Povos civilizados, por dependerem della a clareza, a energia, e a magestade, com que devem estabelecer as Leis, persuadir a verdade da Religião, e fazer uteis, e agradaveis os Escritos: Sendo pelo contrario a barbaridade das linguas a que manifesta a ignorancia das Nações, e não havendo meio, que mais possa contribuir para polir, e aperfeiçoar qualquer idioma, e desterrar delle esta rudez, do que aplicação da Mocidade ao estudo da grammatica da sua propria língua: porque sabendo-a por principios, e não por mero instincto, e habito, se costuma a fallar, e escrever com pureza, evitando aquelles erros, que tanto desfigurão a nobreza dos pensamentos, e vem a adquirir-se com maior facilidade e sem perda de tempo a perfeita intelligencia de outras diferentes línguas: pois que tendo todas principios communs, acharão nellas os principiantes menos que estudar todos os rudimentos, que levarem sabidos na Materna: de sorte que o referido methodo, o espirito de educação foi capaz de elevar as linguas Grega, e Romana ao grão de gosto, e perfeição, em que se virão nos formosos Séculos de Athenas, e Roma, o que bem testemunhão as excellentes e inimitaveis Obras que delles ainda nos restão: Conformando-me Eu com o exemplo destas, e de outras Nações illuminadas, e desejando, quanto em Mim he, adiantar a cultura da língua Portugueza nestes Meus Reinos, e Domínios, para que nelles possa haver Vassallos úteis ao Estado: sou servido ordenar que os Mestres da Língua Latina, quando receberem nas suas Classes os Discípulos para lha ensinarem, os instruão previamente por tempo de seis mezes, se tanto forem necessarios para a instrução dos Alunnos na Grammatica Portugueza, composta por Antonio José dos Reis Lobato, e por Mim aprovada para o uso das ditas Classes pelo methodo, clareza, e boa ordem com que he feita. E por quanto Me constou que nas Escolas de ler e escrever se praticava até agora a lição de processos litigiosos, e sentenças, que somente servem de consumir o tempo, e de costumar a Mocidade ao orgulho, e enleios de Foro: Hei por bem abolir para sempre um abuso tão prejudicial. E mando, que em lugar dos ditos processos, e sentenças, se ensine aos meninos por impressos, ou manuscritos de differente natureza, especialmente pelo Catecismo pequeno do Bispo, de Montpellier, Carlos Joaquim Colbert, mandado traduzir pelo Arcebispo de Evora para instrucção dos seus Diocesanos, para que por elle vão também aprendendo os Princípios da Religião, em que os mestres os devem instruir com especial cuidado, e preferencia a outro qualquer estudo. E este se cumprira tão inteiramente como nelle se contém, sem dúvida ou embargo algum. Pelo que mando à Real Meza Censoria, Meza do Desembargo do Paço Director Geral dos Estudos, Senado da Camara, e a todos os Desembargadores, Corregedores, Provedores, Juizes, e mais pessoas destes Meus Reinos, e Dominios o cumprão e guardem.[204]

(Alvará de 30 de setembro de 1770)

De par com a reduzida parcela escolarizada da população, a grande massa de povo permanece fiel à língua que unia, livremente, no espaço da parte aberta, ou seja, do vocabulário, o português, as contribuições indígenas e as contribuições africanas.

O português, que acaba se impondo, é diversificado pelos fatores assinalados, como a língua integrada a uma cultura também transplantada.

Trata-se, em relação a índios e negros, de um português usado, na maioria, por falantes de vernáculo outro. Caracteriza-se, por isso mesmo, pelo discurso marcado pelas interferências linguísticas decorrentes dessa circunstância.

De outro lado, na comunicação de portugueses com portugueses de origem ou nascidos na Colônia, a língua não era uniforme.

Evidencia-se um ambiente misto, em termos de uso da língua portuguesa comum.

Presentifica-se, ao longo da primeira metade do século XVIII, a necessidade cada vez maior do português em todas as instâncias das relações comunitárias.

O idioma pouco a pouco predomina, gradativamente matizado, em relação ao português europeu, de aspectos diferenciadores e tendências específicas.

Em paralelo, persistem, com acentuada perda de espaço, as línguas gerais, de base indígena, seguramente; de base africana, com probabilidade.

De permeio, e com menos relevância, falas outras, de invasores e imigrantes: francês, holandês, espanhol. Existem também vestígios de textos de negros da Bahia escritos em árabe ou em caracteres árabes.

A língua espanhola, assinala Luiz Carlos Villalta, divide espaços com a língua geral guarani, no território fronteiro ao Paraguai, ao Uruguai e à Argentina, pertença da Coroa espanhola em 1750. Uma prática bilíngue. Na base, o íntimo relacionamento entre índios, colonizadores e mestiços.

Na decorrência dessa multifacetada realidade, configura-se um mesclado convívio linguístico: português, línguas gerais, possíveis dialetos crioulos, falas estrangeiras.

Esse convívio, entretanto, não propicia "mestiçagem" de línguas, avessas, por sua própria natureza, a tal possibilidade. Na comunicação, uma delas, a portuguesa, acaba predominando, aberta a influência de outras, notadamente no léxico e em determinados traços não estruturais.

Nesse processo, ao que tudo indica, uma estrutura de base indígena, carregada na sua parte aberta de elementos portugueses e africanos, cedia lugar a uma estrutura de base portuguesa marcada, no mesmo espaço aberto, de vocábulos africanos e indígenas.

As línguas gerais, por sua vez, na sua condição de meio de comunicação oral, já se caracterizariam por determinadas pronúncias, aspectos tonais e outras marcas não estruturais locais. Esses elementos certamente se fizeram presentes no uso do idioma predominante.

É também possível que, nesse âmbito, o próprio português já fosse matizado por comportamentos linguísticos diferenciados, em função dos lugares da Colônia onde, há algum tempo, já se superpunha. Configurava-se, gradativamente, por força desses aspectos, uma dialetação do português usado no Brasil.

No processo, duas modalidades de um mesmo idioma em mutação: a fala popular, disseminada pelo vasto território desbravado e a língua culta dos padres, dos letrados, dos doutores formados em Coimbra. Grupos estanques. Distanciados. Diglossia, que se acentuará ao longo do tempo. E, no âmbito de uma realidade que, como assinala Caio Prado Jr. e Celso Cunha referenda, se constitui de "uma vasta colônia de analfabetos, sem núcleos culturais capazes de irradiar um padrão idiomático, sem universidades, com um núcleo insignificante de escolas de primeiras letras — as únicas que ensinavam o idioma — sem imprensa [...] com a população realmente produtiva espalhada pelas fazendas e engenhos, a língua oral passou a seguir seus caminhos sem nenhum controle normativo".[205]

- *Línguas indígenas várias:* restringem-se aos espaços silvícolas.

- *Idiomas "crioulos" ou "semicrioulos", de base portuguesa:* são falados por mestiços ameríndios ou africanos e por brancos "decaídos". São de difícil configuração diante da carência de registros históricos caracterizadores. As fontes disponíveis nessa direção limitam-se a representações nos espaços escritos da literatura e do teatro, em textos litúrgicos e lúdicos mantidos pela tradição e a vestígios remanescentes em comunidades quilombolas.

A confiabilidade nas manifestações linguísticas atribuídas nos textos literários aos falantes negros e escravos é passível de suspeição, porque mediatizada pelos escritores. Impossível saber se correspondem efetivamente à realidade da prática linguageira ou se resultam do processo criador dos autores.

Por outro lado, marcas linguísticas atribuídas aos negros em tais textos frequentemente coincidem com as que são atribuídas a personagens brancos de pouca ou nenhuma escolarização, notadamente oriundos de espaços rurais.

- *Falares africanos, e prováveis "línguas gerais" de base africana:* são utilizados nos quilombos ou entre africanos ainda não aportuguesados, também de difícil caracterização.

— UHÁMIHIMELAMHI
— NHIMÁDOMHÁ
— GUIDÁSUCAM?
— HUMDÁSUCAM
— NHIMMÁCOHÍNUM
— NIHTIMCAM
— SÓHÁ MADÉNAUHE
— GUIGÉROUME?
— GUTTIM A SITÓH
— GUI HINHÓGAMPÈ GUÀSUHÉ

Tradução em português:

— Vamos deitar-nos
— Eu não vou lá
— Tu tens amigos (machos)?
— Eu tenho amigo (macho)
— Eu ainda não sei dos seus negócios
— Eu tenho hímen
— Dê cá que eu to tirarei
— Tu me queres?
— Vosmicê tem sua amiga (mulher)
— Tu és mais formosa do que ela (minha mulher)[206]

(Reconstituição de diálogo de "abordagem sexual,
sedução e negociação amorosa em língua mina-jeje",
com base em um manuscrito mineiro do século
XVIII, feita por Yeda Pessoa de Castro)

Uma provável *Língua Geral Brasileira*, nem indígena nem africana, corresponderia a um português simplificado, falado por brancos e mulatos brasileiros a partir do século XVIII, identificado com a "Língua Geral do Brasil caipira".

• *Francês, holandês, espanhol:* localizados, limitam-se a um uso restrito, em função de invasões, eventuais domínios ou circunstâncias especiais.

- *Eventuais outras línguas estrangeiras:* são usadas, ao lado do português, em comunidades imigrantes.

Texturas coloniais

Na configuração do processo colonizador do Brasil, misturam-se, em síntese: brancos, sejam os senhores e seus familiares, sejam os prestadores de serviços; índios integrados, que logo perdem a identidade de origem; indígenas bravios; cafuzos; mulatos, gradualmente livres; negros e mestiços negroides escravizados; variados contingentes quilombolas que, durante os séculos XVI e XVII, ainda se multiplicam, para, no século seguinte, começarem a reduzir-se pela ação repressora, pelo gradual enfraquecimento, pela aculturação; imigrantes de origem vária. Não nos esqueça de que a Coroa portuguesa permitia a livre entrada na colônia de estrangeiros que vieram dispostos a trabalhar. E eles foram espanhóis, italianos, irlandeses, flamengos, ingleses e alemães, permissão interrompida durante o domínio espanhol e só mais tarde parcialmente revogada.

Esses vários segmentos comunitários distribuem-se, com maior ou menor incidência de uns ou de outros, pelo território da Colônia.

A miscigenação dilui, em parte, as barreiras e os conflitos sociais. As línguas, essas convivem. Com dominância do português, ascensional, de par com as línguas gerais, estas com presença diversificada em termos de espaço-tempo, ao longo da Colônia.

A marca da intercomunicação, no cotidiano da sobrevivência comunitária, é, nos dois séculos iniciais, o bilinguismo. Independentemente de grupos étnicos ou de classes sociais.

As muitas tribos indígenas, várias ainda sem contato com o colonizador, se valem, como ficou assinalado, das diversas línguas que cultivam.

O mesmo acontece, possivelmente, com grupos de escravos e seus descendentes de línguas de origem ou de provável língua comum, esta notadamente nos quilombos.

Nesse processo, Houaiss assinala, dividem-se os falantes, ainda que seja inviável o rigor da delimitação: alguns, sem abandonar a língua vernácula, se valem concomitantemente de uma língua geral; outros usam a língua geral como vernácula, e o português como segunda língua; outros mais passam a ter o português como língua vernácula, e usam a língua geral como segunda opção.[207]

Só alguns poucos, sem maior atuação comunitária, limitam-se ao uso de sua língua de origem.

Acrescentem-se os que dominam o português e inúmeras outras línguas, como acontece com vários missionários jesuítas.

Os falares indígenas autóctones e o Tupi Missionário perdem aceleradamente presença desde o final do século XVII. As demais línguas permanecem sendo utilizadas, com maior ou menor presença.

> Nitio xa potar cunhang
> Setuma sacai waá;
> Curumú ce mama-mamane
> Boia sacai majané
>
> Nitio xa potar cunhang
> Sakiva-açu waá
> Curumú ce monto-montoque
> Tiririca -tyva majané.
>
> Scha manu rumaê curì
> Tejerru iaschió.
> Aiquê Caracara-i
> Serapiró aramù cucì.
>
> Scha manu rumaê curì
> Ce nomborê caá puterpi
> Aiquê Tatú memboça
> Ce jutúma aramú curi.
>
> (Versos em língua geral, coletados por Spix e Martius, registrados na viagem pelo Brasil, por eles ouvidos, em 1820, do capitão José Rodrigues Preto, comerciante, diretor de índios da aldeia Mawétexto e tradução publicados na *História da literatura brasileira*, de Sílvio Romero)

Tradução de Norberto Silva, apud Sílvio Romero:

Não quero mulher que tenha
As pernas bastante finas,
A medo que em mim se enrosquem
Como feras viperinas

Também não quero que tenha
O cabelo assaz comprido,
Que em matos de tiririca
Achar-me-ia perdido.

Quando me vires sem vida,
Ah! não chores, não, por mim.
Deixa que o Cacarara-i
Deplore meu triste fim.

Quando me vires sem vida
Atira-me à selva escura,
Que o tatu há de apressar-se
Em me dar a sepultura.[208]

As prováveis trezentas línguas trazidas pela gente de África ao Brasil percorrem caminhos outros.

Entre os escravos alguns existem já familiarizados desde a África com os portugueses e sua língua, usada para fins práticos elementares. Funcionam como pontes entre os de sua condição e colonizadores.

Mesmo nos quilombos, seria difícil a comunicação em língua de origem predominante. Até porque abrigam não apenas negros, mas brancos, mestiços e índios, estes oriundos de tribos dizimadas. Há estudiosos que, nesse espaço, admitem a utilização de alguma língua geral de base africana. Outra tese aponta para a adoção do português, num processo de crioulização.

Os quilombos, acrescente-se, atravessarão os séculos XIX e XX, e culminarão por converter-se em aldeamentos abertos.

Por outro lado, ao longo do tempo da escravatura, grandes contingentes de escravos e forros buscam os núcleos citadinos: na mobilização, sobretudo, a atração dos aglomerados de irmãos de etnia ali constituídos e receptivos: os chamados "territórios negros".

Tais agrupamentos caracterizam-se por relações sociais e de parentesco e manifestações culturais peculiares, traços relevantes como fatores de resistência, seja ao escravismo, seja à subsequente discriminação da gente negra e seus descendentes.

Os "territórios" eram de amplitude vária, em função da relação entre os negros e a população das cidades que os abrigavam: grandes áreas no Rio de Janeiro e em Salvador, pequenos aglomerados em São Paulo e em Porto Alegre. Vinculações agregadoras, relevantes na construção da identidade cultural.[209]

Línguas índias, africanas, línguas imigrantes seguem juntas ao português, de variados matizes: de Lisboa, dos Açores, de outros sítios.

Aos poucos, a língua portuguesa falada no Brasil vai ganhando, em função da interação idiomática, contornos, peculiaridades. Com índice maior ou menor de falantes nos núcleos comunitários por força da dinâmica da diversificada mobilização de contingentes populacionais e das distintas características da comunidade.

O predomínio do português sobre as línguas gerais indígenas já é perceptível nos fins do século XVII em vários espaços da Colônia e de modo diferenciado.

No Nordeste, aproximadamente entre 1770 e 1780, a predominância do idioma português configura-se tanto na área rural como nos centros urbanos do litoral, como Olinda e Recife e periferia. A população indígena é, pouco a pouco, assimilada pela cultura dos lusos, e incorporada à língua então já luso-brasileira.[210] Esta ganha nuances, ao lado de línguas africanas de origem, na fala do contingente negro da população.

Em Minas, em 1720, e logo após em Mato Grosso, o predomínio não se caracteriza pela uniformidade: a população das cidades históricas enriquecidas pelo ouro permite-se cunhas de português em meio à língua geral e aos falares indígenas. Tal atitude é facilitada, na medida em que os aborígenes locais pertencem a distintos troncos etnolinguísticos. É mesmo provável que mais de uma língua geral tenha florescido na região.

203

A prevalência da língua portuguesa acentua-se no final do século XVIII e começos do seguinte, notadamente nos núcleos urbanos. Vai também caracterizando-se com nitidez no idioma a unidade na diversidade, que permanece como marca configuradora até os tempos atuais.[211]

Por outro lado, a política adotada pelo marquês de Pombal contribui sobremaneira para a predominância do português, por força da obrigatoriedade, por lei, do uso do idioma em todo o território da Colônia, proscrito o emprego de quaisquer outros.

Essa proibição, vale lembrar, envolve: a Língua Geral de base Tupi; o latim, usado pelos jesuítas em certas situações religiosas ou literárias; talvez o espanhol, o francês, o holandês, remanescentes, além do inglês, eventualmente usado nas vultosas operações de contrabando de ouro que marcaram a vida das Minas Gerais.

UM PARÊNTESE, POR OPORTUNO

Para Serafim da Silva Neto, nos séculos XVI e XVII configura-se a primeira fase da história da língua portuguesa no Brasil. Vai, segundo o filólogo, do início da colonização, em 1532, até a expulsão definitiva dos holandeses, em 1654. A segunda estende-se de 1654 até 1808, ano da transmigração da família real; a terceira, desta data em diante.[212]

Periodização de história de línguas é, entretanto, assunto que divide estudiosos.

Tradicionalmente, apoia-se em mudanças estruturais do idioma, os chamados fatores internos, ou em mudanças sócio-históricas relacionadas com alterações na estrutura linguística, ditos fatores externos.

A tendência atual, evidenciada a partir de 1980, tem sido minimizar-lhe a relevância e fundamentá-la em mudanças estruturais amplas e altamente significativas. Na base, os avanços dos estudos linguísticos.

A divisão proposta por Serafim da Silva Neto, pautada em fatores externos e datada de 1950, é de emprego frequente, ainda que objeto de questionamento. Entre os aspectos vulneráveis, aponta-se, por exemplo, o balizamento na expulsão dos holandeses, cuja presença de 24 anos na Colônia e em espaço restrito foi, como ficou assinalado, linguisticamente de pouca significação.

Ariel Castro, a propósito, propõe, em livro de 2000, modificação nos limites do período colonial: entende que "no plano linguístico tal período de formação termina simbolicamente em 1702, quando Dom João de Lencastro, governador da Bahia de 1694 a 1702, escreveu para o rei Dom Pedro II (de Portugal) propondo a criação de dois seminários para curumins e cunhantãs com a condição de neles não se falar outra língua senão a portuguesa".[213]

Em que pese o simbolismo da proposição do governador, cumpre ressaltar, esta tornou-se inviável, por falta de recursos, e pela inconstância dos silvícolas, como se depreende da régia resposta, datada de 12 de abril de 1702.

> [...] fundar-se a custa da real fazenda nos arrabaldes desta cidade dois grandes seminarios, hum para colomins, e outro para cunhatains: este administrado por mulheres, e hum sacerdote velho de boa vida, e costumes, e aqueles pellos Religiosos da Companhia de Jesus para em bem e outro seminario se criarem os meninos e meninas filhos dos Índios de diade de quatro athe doze annos, os quaes havião de ser mandados pelos Missionarios athe de todo se extinguirem as Missoens, em condição de que nos seminarios se não havia de fallar outra lingoa mais do que a Portugueza, e que por conta da junta havia de correr a criação desta multidão sem número de crianças, e deve depoiz de completa a idade de doz annos se entregassem os machos aos officiaes machanicos pra lhes ensinar seus officios e as femeas se repartissem por cazas de pessoas nobres e honradas e que finalmente os rapazes que por sua rudeza não podessem aprender officios, os obrigasse a junta a servir em lavouras a seus anos.[214]
>
> (Trecho da proposta do governador D. João de Lencastro, 1702)

Na mesma linha de Silva Neto, destaca-se a proposta do linguista francês Paul Teyssier, de 1984, assim configurada: primeira fase: do período colonial até a chegada de D. João (1808), destacada a convivência do português e da Língua Geral de base Tupi e os traços específicos que começam a marcar a língua do colonizador; segunda fase: da chegada de D. João (1808) à Independência (1822), assinalada pela "relusitanização" do Rio de Janeiro; terceira fase: o Brasil independente (desde 1822), com destaque para a valorização das raízes indígenas, a influência da cultura africana, a integração de europeus, a sedimentação da "forma particular que é a língua do Brasil".[215]

Entre os aspectos questionáveis, o reducionismo patente na segunda fase. A partir de 1990, surgem estudos que convergem para uma periodização apoiada em perspectiva que associa, a partir das propostas apontadas, fatores socioeconômicos, demográficos e educacionais.

É o caso da proposição de Tânia Lobo, da Universidade da Bahia, que divide a história do português do Brasil em duas etapas: primeira fase: caracterizada por um multilinguismo generalizado, pela não urbanização, pela não escolarização, pela não estandardização linguística; segunda fase: multilinguismo localizado; urbanização; escolarização, estandardização linguística.

A autora ressalva a necessidade futura de subdivisões, a partir da emergência de diferentes histórias linguísticas regionais, e destaca alguns fatos que considera essenciais para a compreensão da história da língua portuguesa no Brasil: a mudança de contexto; a associação do aumento da população à transformação de um país eminentemente rural em eminentemente urbano; o crescente aumento dos índices de escolarização.[216]

De 1997 é a divisão apresentada por Marlos de Barros Barbosa, que envolve: uma primeira fase, que vai da divisão da Colônia em capitanias hereditárias (1534) à descoberta do ouro nas Minas Gerais e as mudanças decorrentes das reformas pombalinas; uma segunda fase, que vai de 1750 a 1922, e admite uma primeira subfase, da descoberta do ouro em Minas Gerais e das reformas pombalinas até 1808, com a chegada da família real e suas consequências, e uma segunda subfase, que vai da vinda da família real até 1850, data da proibição do tráfico de escravos, e uma terceira subfase até 1922; uma terceira fase, a partir de 1922, centrada na formação da linguagem literária.[217]

Questionáveis, na proposta, a consideração no mesmo plano, da língua falada e da língua literária e o período atribuído à formação da linguagem da literatura.

As várias proposições são marcadas, por sua natureza, de caráter didático. Assim situadas, entretanto, terminam, ressalvados os questionamentos, por complementar-se, por força dos aspectos comuns em que se apoiam os distintos enfoques. A feição múltipla e vária que os caracteriza, a complexidade do processo em que se inserem implicam impossibilidade de fixação de limites temporais rigorosos, o que não invalida a configuração do percurso sócio-histórico caracterizado: periodizações, mesmo com o risco de reducionismo, atendem ao vezo humano de dividir para compreender.

Notas

1. Cf. CASTRO, Silvio, op. cit., p. 40. A ortografia do escriba da frota cabralina segue a escrita fonética própria dos textos portugueses até o século XV. Entenda-se, na interpretação de Jaime Cortesão, em sua edição do texto da *Carta*: a expressão *de longo é adjunto do verbo seguir, seguir de longo, ou seja, "correr diretamente ao lugar do destino, sem mudar de bordo, fazer volta ou desvio no rumo"*. Cf. CORTESÃO, J., op. cit., e ELIA, Sílvio. *Fundamentos histórico-linguísticos do português do Brasil*. Rio de Janeiro: Lucerna, 2003, p. 20.

2. D. Manuel I (1469-1521), décimo rei de Portugal.

3. Não fora tranquilo, ao fim e ao cabo, o encontro entre Vasco da Gama e o Samorim no maio de 1498, em Calicute. O soberano hindu menosprezou a frota e os presentes pouco significativos com que o almirante o brindara, chegando a ignorar sua presença. A resposta veio na forma de cargas dos canhões dos navios portugueses, para onde o agravo da ofensa reconduzira o comandante luso. A frota cabralina, poderosamente equipada em armas e regalos de alta valia, além de capitães de alta nobreza, reagiu com resposta bélica intimidadora. (Cf. BUENO, Eduardo. *A viagem do descobrimento*. Rio de Janeiro: Objetiva, 1998, p. 19.) Canhões e munição foram de fato usados por Cabral: à sua ordem, diante de percalços e conflitos na transação com as especiarias, Calicute foi bombardeada ininterruptamente durante dois dias, com mortes e danos de muitos dos seus habitantes.

4. O termo deriva do latim *especia*, empregado em medicina para designar "substância". Logo passou a nomear substância muito ativa e cara, utilizada como tempero de alimentos, remédio, perfumaria. A esse sentido associa-se ainda o de "produto raro", usado em pequenas quantidades. (Cf. FAUSTO,

Boris. *História do Brasil*. 2. ed. São Paulo: Edusp, 1995, p. 26.) As especiarias serviam para conservar alimentos, envelhecer o vinho e, segundo alguns, funcionavam como afrodisíacos.

5. Cf. RIBEIRO, João. *História do Brasil*. Edição revista e completada por Joaquim Ribeiro. Rio de Janeiro: Edições de Ouro, 1967, p. 37.

6. Cf. CARVALHO, Joaquim Barradas de. *À la recherche de la specificité de la Renaissance portugaise. L'Ésmeraldo de situ orbis de Duarte Pacheco Pereira et la littérature portugaise de voyages à l'époque des Grandes Découvertes*. 2 **v**. Paris: Fondation Calouste Gulbenkian, 1983. Cf. LOPEZ, Adriana e MOTA, Carlos Guilherme. *História do Brasil. Uma interpretação*. São Paulo: Editora Senac São Paulo, 2008, p. 65.

7. Cf. FAUSTO, Boris, op. cit., p. 30.

8. Abstrata porque não existia em termos de espaço físico, sequer como centro de estudos ou de observação: nomeia o conjunto do pensamento de pensadores, astrônomos, astrólogos, cartógrafos, na sua maioria judeus fugidos, desde o século XIV, das perseguições em Espanha e unidos no Algarve em torno do filho do rei D. João I, o infante D. Henrique, governador da região, que para aquele sítio os atraía. Quem de tudo isto dá notícia é Gomes Eanes de Zurara, o cronista e seu biógrafo. (Cf. BUENO, Eduardo, op. cit., p. 55-60.)

9. Acervo: Arquivo Nacional Torre do Tombo. Disponível em <digitarq.dgarq. gov.pt/details?id=4185836>.

10. Engano, de fato, do escrivão: um dos traços distintivos dos índios tupinambás é a lavradura da terra, pois plantam e colhem abóbora, milho, feijão e, sobretudo, mandioca. (Cf. AQUINO, Rubim Santos Leão de et al., *Sociedade brasileira: uma história através dos movimentos sociais*. Rio de Janeiro: Record, 1999, p. 22.)

11. Esclarece Silvio Castro: a relação foi publicada pela primeira vez por Montalboddo, Francazono da. *Paesi nuvamente ritrovati*. Veneza, 1507, e logo em seguida por G. B Ramusio (In: MILANESI, Marica (org.). *Navigazioni e viaggi*. 6 v. Turim: Einaldi, 1978 [v. 1, p. 619-53]). A versão italiana serviu sempre de base para a recuperação do texto. (Cf. CASTRO, Silvio, op. cit., p. 103.) O texto de Montalboddo constituía-se de uma coleção de relatos de viagens, entre os quais as cartas atribuídas a Américo Vespúcio, com a primeira descrição da terra e das gentes encontradas pelos portugueses. O texto original da *Relação*, escrito em português por um integrante da frota de Cabral, se perdeu e dele só são conhecidas versões a partir do século XVI, em língua italiana. A tradução em língua portuguesa data do século XIX.

Os textos de Vespúcio e do piloto constituem as primeiras notícias chegadas ao grande público europeu. A notícia do achamento do Brasil foi objeto de carta do rei D. Manuel ao monarca de Espanha, em 1501. A carta de Caminha permaneceu perdida durante longo tempo. Foi encontrada pelo pesquisador Juan Batista Meñoz entre documentos da Torre do Tombo e publicada, pela primeira vez, em 1817 pelo padre Manuel Aires do Casal, com omissões, entretanto, de passagens sobre a nudez dos silvícolas.

12. Relação do piloto anônimo. In: PEREIRA, Paulo (org.), op. cit., p. 75.

13. Como escreve Sebastião da Rocha Pita, na sua *História da América portuguesa* (1724). Cf. PITA, Sebastião da Rocha. *História da América portuguesa*. Belo Horizonte: Itatiaia; São Paulo: Edusp, 1976, p. 19.

14. GÂNDAVO, Pero de Magalhães. *História da província de Santa Cruz, a que vulgarmente chamamos Brasil*. Rio de Janeiro: Jorge Zahar, 2004, 2. ed., p. 6-7 do texto em fac-símile. Modernização do texto original e notas de Sheila Moura Houe e Ronaldo Menegaz.

15. A trezentos metros.

16. Acervo: Arquivo Nacional Torre do Tombo. Disponível em <digitarq.dgarq. gov.pt/details?id=4185836>. Cf. também PEREIRA, Paulo (org.), op. cit., p. 46-47. Texto atualizado: "[...] passou-se então além do rio Diogo Dias, almoxarife que foi de Sacavém, que é homem gracioso e de prazer; e levou consigo um gaiteiro nosso com sua gaita. E meteu-se com eles a dançar, tomando-os pelas mãos; e eles folgavam e riam, e andavam com ele muito bem ao som da gaita. Depois de dançarem, fez-lhes ali, andando no chão, muitas voltas ligeiras, e salto real, de que eles se espantavam e riam muito e folgavam."

17. Cf. PEREIRA, Paulo (org.), op. cit., p. 77-78. A descrição refere-se ao peixe-boi.

18. CORTESÃO, J. *A colonização do Brasil*. Lisboa: Portugália, 1969, p. 39.

19. Cf. AQUINO et al., op. cit., p. 96-97.

20. É a primeira das duas viagens ao Brasil feitas por Américo Vespúcio. As notícias a ela referentes integram a carta *Mundus Novus* enviada a Lorenzo de Pierfrancesco de Médici em 1502 e que contou com cerca de quarenta edições em seis idiomas a partir do original em latim. Vespúcio entende, ao contrário do que pensava Colombo, que o território visitado era parte de um novo continente. O êxito e a repercussão da missiva levaram o geógrafo alemão Martin Waldseemüler a considerá-lo o descobridor, em viagem anterior de 1499, daquela parte do mundo, e a chamá-la de América no mapa-múndi que elaborou em 1507. Para uma visão fundamentada da contextualização histórica de Vespúcio e das polêmicas questões que suscita, ver CASTRO,

Ariel. *Américo, América! Decifrando enigmas da vida e da obra de Américo Vespúcio*. Veneza: Centro Internazionale Della Grafica Di Venezia, Navona Editora, 2008. Sobre o comando da expedição, historiadores há que o atribuem a Gonçalo Coelho. Sigo a lição de, entre outros, WEHLING, Arno e WEHLING, Maria José C. M. *Formação do Brasil colonial*. 2. ed. Rio de Janeiro: Nova Fronteira, 1999.

21. Cf. BRANDÃO, Ambrósio Fernandes. *Diálogos das grandezas do Brasil*. Edição da Academia Brasileira de Letras, corrigida e ampliada com numerosas notas de Rodolfo Garcia e introdução de Jaime Cortesão, Edições Dois Mundos, p. 46-49.

22. Controvertida, a etimologia, por carecer de fundamentação histórica. Para Nascentes, vem do substantivo *brasil*, corruptela do italiano *verzyno*, nome do pau vermelho empregado em tinturaria, proveniente da *Caesalpinia sappan lin* (no Brasil, *Caesalpinia echinata Lam*.) do Extremo Oriente, conhecido muito antes do descobrimento do país [...]. A derivação de *brasa*, tão aceita, não passa de mera etimologia popular [...]. A designação provocou maldições de alguns devotos, como atestam, entre outros, João de Barros (*Ásia*, I, 5, 2) e Damião de Góis (*Crônica de D. Manuel*, I, 1, 118), assinala Antenor Nascentes. Cf. NASCENTES, Antenor. *Dicionário etimológico da língua portuguesa*. Rio de Janeiro: Francisco Alves, Acadêmica, Livros de Portugal, 1952, p. 50.

23. BRANDÃO, Ambrósio Fernandes. *Diálogos das grandezas do Brasil*. Segundo a edição da Academia Brasileira, corrigida e aumentada, com numerosas notas de Rodolfo Garcia e introdução de Jaime Cortesão. Rio de Janeiro: Edições Dois Mundos, p. 47-48.

24. VARNHAGEN, F. A. de. *Diário da navegação de Pero Lopes de Sousa pela costa do Brazil até o rio Uruguai (de 1530 a 1532). Acompanhada de vários documentos e notas e Livro da Viagem da Nao "Bretoa" ao Cabo Frio (em 1511) por Duarte Fernandes (nova edição), tudo anotado e precedido de um noticioso prologo escripto pelo seu editor F. A. de Varnhagen*. 4. ed. Rio de Janeiro: Typ. de D. L. dos Santos, 1867, p. 97-98. Ivan Alves Filho assinala que, "depois de percorrer uma parte do litoral brasileiro (a nau levara um mês e meio para atingir o Rio São Francisco desde Lisboa), a Bretoa retira cinco mil toras de pau-brasil de Cabo Frio, então entreposto comercial". In: ALVES FILHO, Ivan, op. cit., p. 32. Observe-se a objetividade do relato, a ausência de juízos de valor e a natureza da grafia. Texto atualizado: "Livro da nau "Bretoa" que vai para a terra do Brasil, de que são armadores Bartolomeu Marchioné, Benedito Morelli, Fernão de Noronha e Francisco Martins e que partiu deste

porto de Lisboa em 22 de fevereiro de 1511. Desde o dia em que partimos da cidade de Lisboa para o Brasil até que retornamos a Portugal.

No sábado aos 22 dias de fevereiro de 1511 partiu a nau "Bretoa" da frente de Santa Catarina para o Brasil e no mesmo dia seguimos o caminho das Canárias com a intenção de pescarmos como manda o Regimento del Rei Nosso Senhor.

Aos 27 dias de fevereiro, uma sexta-feira, chegamos às Canárias e aos 2 dias de março, um domingo à tarde, começamos nossa pescaria e no dito domingo seguimos logo nossa viagem para o Brasil.

Aos 6 dias do mês de abril, no domingo de Lázaro, chegamos à vista do rio São Francisco, terra do Brasil.

Aos 17 de abril, quinta-feira de trevas, chegamos à baía de Todos os Santos; a 16 dias do mês de maio, uma segunda-feira, partimos para Cabo Frio.

Aos 26 dias do mês de julho, partimos de Cabo Frio para Portugal."

25. Cf. FAUSTO, Boris, op. cit., p. 37-41. A distribuição dos indígenas em distintos grupos étnicos se deve a especialistas. Tupis e tapuias é classificação jesuíta. Karl von den Steinen e Paul Ehrenreich os situam em três agrupamentos: tupis-guaranis, caraíbas, nauraques; a estes, Rodolfo Garcia acrescenta os jês ou tapuias. (Cf. ELIA, Sílvio, op. cit., p. 49.)

26. RIBEIRO, Darcy. *O povo brasileiro*. 2. ed. São Paulo: Companhia das Letras, 1995, p. 31. A propósito, assinala Antônio Houaiss: "Não sabemos quantos eram os brasílicos ao tempo do descobrimento e no primeiro século — mas suspeitamos que entre 4,5 e 2,5 milhões, a densidade possível de gente para a rentabilidade possível da terra, baixa ante a atingida em terras europeias, asiáticas, africanas e mesmo americanas do Pacífico, América Central e do Norte". (Cf. HOUAISS, Antônio. Língua e realidade social. In: _____. *A crise de nossa língua de cultura*. Rio de Janeiro: Tempo Brasileiro, 1983, p. 64.) Dados mais amplos podem ser encontrados em MELATTI, Júlio César. *Índios do Brasil*. São Paulo: Edusp, 2007.

27. O *Diário* narra, com minúcias, a viagem, realizada entre 3 de dezembro de 1530 e 24 de novembro de 1532. O texto traz muitas informações sobre o Brasil. Com distanciamento similar ao que marca o relato do piloto anônimo. E com alguns pontos de contato com a *Carta* de Pero Vaz. Pero Lopes de Sousa permaneceu longo tempo na Colônia, o que lhe possibilitou maior observação. Cf. SOUSA, Pero Lopes de, op. cit. "A 1ª edição do Diário de Pero Lopes de Sousa foi feita em 1859", esclarece o prólogo do editor.

28. Carta para o capitão-mor das terras de sesmarias. R. Arch. Liv. 41 da chancelaria de D. João 3º fl. 103. In: SOUSA, Pero Lopes de, op. cit., p. 78-79. Original no arquivo da Torre do Tombo. Texto atualizado: "A quantos esta minha carta virem, faço saber, a fim de que as terras que Martim Afonso de Sousa por meu conselho achar ou descobrir na terra do Brasil, para onde o envio como meu capitão-mor se possam aproveitar. E por esta minha carta lhe concedo poder para que ele, o dito Martim Afonso, possa dar às pessoas que consigo levar e que na dita terra quiserem viver e povoar, aquela parte das terras que achar e descobrir que bem lhe parecer e de acordo com o merecimento das ditas pessoas, por seus serviços e qualidades, para as aproveitarem; e as terras que assim doar somente pertencerá aos que receberem durante as suas vidas e mais não. E as terras que segundo lhe pareça bem poderá tomar para si, porém tanto até me dar conhecimento e aproveitá-las do melhor modo que puder e ver que é necessário para o bem das ditas terras e das que doar; às ditas pessoas lhes passará cartas com a declaração de que lhes concede em suas vidas somente o que dentro de seis anos a partir da dita data cada um tire proveito da sua; e se, no citado tempo, assim não fizerem as poderá tornar a dar, mesmas condições, a outras pessoas que saibam aproveitá-las; e nas ditas cartas que der nesses termos, lhes der irá transladada esta minha carta de poder, para se saber, a todo tempo que o fez por meu mandato e lhe ser inteiramente garantida a quem a tiver. E o dito Martim Afonso me dará conhecimento das terras que achou pra poderem ser aproveitadas e a quem as doou e em que coube a cada um, e as que tomou para si, para que eu ter conhecimento e ordenar, em relação a elas, o que bem me parecer. E porque assim me praz ordenei que lhe dessem esta minha carta, por mim assinada e autenticada com o meu selo. Dada na Vila de Castro Verde, aos 20 dias do mês de novembro. Fernão da Costa a escreveu, no ano de nascimento de Nosso Senhor Jesus Cristo de mil quinhentos e trinta anos."

29. Diogo Álvares Correia, o Caramuru, naufragara em águas baianas, possivelmente em 1509 ou 1510, e ali se estabelecera. Teria casado com Paraguaçu, filha do principal chefe indígena da região, tinha vários filhos e desfrutava de prestígio entre os silvícolas. Recebe Martim e seus comandados na baía de Todos os Santos, a 13 de março de 1531. Facilita-lhes o contato com os tupinambás da região.

30. De João Ramalho é sabido que chega às terras brasileiras em 1508. E ganha o respeito e o mando dos silvícolas. Envolve-se com muitas índias e com elas tem muitos filhos. Fato desencadeador da reprovação jesuítica. Cf. RIBEIRO,

Darcy, op. cit., p. 83-84, e BUENO, Eduardo. *Náufragos, traficantes e degredados. As primeiras expedições ao Brasil. 1500-1531.* Rio de Janeiro: Objetiva, 1998, p. 177-79. Sua ação é relevante na colaboração com Martim Afonso sobretudo na distribuição de terras por colonos nas vilas de São Vicente e de Piratininga. (Cf. LOPEZ, Adriana e MOTA, Carlos Guilherme, op. cit., p. 71.)

31. Trata-se de personagem controvertido e misterioso da História do Brasil, até no nome: Duarte Peres ou Pires. Para a maioria dos historiadores, ele efetivamente existiu, e teria sido um "degredado", deixado em Cananeia, litoral sul de São Paulo, pela expedição realizada por Américo Vespúcio em 1501. Ao longo do tempo, ganhara poder e liderança entre os índios. Martim Afonso o teria recebido, em 17 de agosto de 1531, trazido num dos barcos que, em viagem que fez na direção do Sul, mandara para vistoriar o sítio onde fundara seus navios, justamente em frente à ilha de Cananeia. Com ele subiu à nau capitânia um genro, o marinheiro espanhol Francisco Chaves, acompanhado de seis companheiros. Foi esse Francisco que propôs conseguir, para o comandante, com apoio, ouro, prata e escravos. (Cf. BUENO, Eduardo. *Capitães do Brasil. A saga dos primeiros colonizadores.* Rio de Janeiro: Objetiva, 1999, p. 23 e 50.)

32. VARNHAGEN, F. A. de. Op. cit. p. 23-24. Ver também SOUSA, Pero Lopes de. *Diário da Navegação. 1530-1532,* v. 1. Estudo crítico pelo comandante Eugenio de Castro. Prefácio de J. Capistrano de Abreu. 2. ed. Rio de Janeiro: Edição da Comissão dos Centenários Portugueses, 1940, p. 155-57. Texto atualizado: "Domingo, aos treze dias do mês de março pela manhã estávamos da terra a quatro léguas: e quando nos aproximamos mais dela reconhecemos ser a Bahia de Todos os Santos; e ao meio-dia entramos nela [...]

Nesta baía achamos um homem português que havia vinte e dois anos estava nesta terra e nos deu ampla notícias do que nela havia. Os principais homens da terra vieram prestar obediência ao capitão I, e nos trouxeram muitos mantimentos e festejaram e bailaram, mostrando muito prazer por termos aqui vindo. O capitão I lhes deu muitas dádivas. A gente desta terra é toda alva; os homens muitos bem-dispostos e as mulheres mui formosas, (tanto) que não guardam nenhuma inveja às da Rua Nova de Lisboa. Não têm os homens outras armas senão arcos e flechas; a cada duas léguas travam guerra uns contra os outros."

33. Cf. RIBEIRO, Darcy, op. cit., p. 82-83.

34. Id., ib., p. 83.

35. Id., ib., p. 84.

36. VARNHAGEN, F. A. de. Op. cit. p. 66.

37. Natural de Hessen, Alemanha, nascido possivelmente em 1501, Hans Staden chegara a Olinda em 28 de janeiro de 1548. Depois de participar de confrontos entre silvícolas e portugueses nas terras pernambucanas, retornou à Europa para voltar à colônia em viagem que terminou em naufrágio, em Santa Catarina. Salvo, acabou arcabuzeiro, em Bertioga. E em 1554 foi prisioneiro dos Tamoios. Fingiu-se de francês e conseguiu ser poupado de devoração antropofágica. Retornou à Europa em 1555 e relatou suas andanças e peripécias no livro *Descrição verdadeira de um país de selvagens nus, ferozes e canibais situados no Novo Mundo América* (no original alemão, *Wahraftig Historia und Beschreibung einer landschaft der wilden, nackten, grimmigen menschenjresser-leuten in der Neuenwelt America gelegen*).

38. NÓBREGA, Manuel da. Carta ao padre Simão Rodrigues Lisboa. Baía [1º de abril de], 1549. In: _____, *Cartas do Brasil e mais escritos do P. Manuel da Nóbrega (opera omnia)*, com introdução e notas históricas e críticas de Serafim da Silva Leite. Coimbra: Acta Universitatis Conimbrigensis, 1955, p. 19. O homem que na terra se criou de moço a que o texto se refere é Diogo Álvares Correia, o Caramuru, que desde o primeiro contato permaneceu amigo do missivista.

39. Cf. CASTRO, Ariel. *A língua do Brasil*. Rio de Janeiro: Galo Branco, 2000, p. 35.

40. Apud CAFEZEIRO, Edwaldo. *Discurso e texto. Dimensão simbólica e cidadã do português brasileiro e africano*. Rio de Janeiro: Achiamé, 2011, p. 161-62. Original na Torre do Tombo, Corpo Cronológico, maço 86, doc. 96.

41. NÓBREGA, Manuel da, op. cit., p. 29-30.

42. LÉRY, Jean de. *Histoire d'un voyage fait en la terre du Bresil, autrement dite Amerique*. Disponível em: <http://www.e-rara.ch/gep_g/doi/10.3931/e--rara-6750>.

43. Compreenda-se por mala, no caso, tudo o que serve para guardar peças de vestuário que alguém possa ter.

44. LÉRY, Jean de. *Viagem à Terra do Brasil*. Belo Horizonte: Itatiaia; Brasília: UnB, 1980, p. 275 ss. In: CAFEZEIRO, Edwaldo, op. cit., p. 122-23.

45. CARDIM, Fernão. *Tratados da terra e da gente do Brasil*. Introdução e notas de Baptista Caetano, Capistrano de Abreu e Rodolpho Garcia. 2. ed. Rio de Janeiro: J. Leite, 1925, p. 79.

46. Cf. VILLALTA, Luiz Carlos. O que se fala e o que se lê: língua, instrução e leitura. In: SOUZA, Laura de Mello e (org.). *História da vida privada no Brasil*,

v. 1. São Paulo: Companhia das Letras, 1997, p. 334. Villalta remete, em nota, para as seguintes fontes: Aryon Dall'Igna Rodrigues. *Línguas brasileiras*; Erasmo de Almeida Magalhães. "Línguas indígenas", em Maria Beatriz Nizza da Silva (coord.). *Dicionário da história da colonização portuguesa no Brasil*; Angela Domingues. "A educação dos meninos índios no Norte do Brasil na segunda metade do século XVIII", em Maria Beatriz Nizza da Silva (coord.). *Cultura portuguesa na Terra de Santa Cruz*, e Darcy Ribeiro, *O povo brasileiro. A formação e o sentido do Brasil.*

47. VILLALTA, op. cit. p. 334.

48. Sigo, na caracterização seguinte, na esteira do posicionamento de Aryon Dall'Igna Rodrigues. Cf. RODRIGUES, Aryon Dall'Igna. *Línguas brasileiras. Para o conhecimento das línguas indígenas.* 4. ed. São Paulo: Loyola, 2002. A primeira edição data de 1985.

49. CARDIM, Fernão. *Tratados da terra e da gente do Brasil.* Introducções e notas de Baptista Caetano, Capistrano de Abreu e Rodolpho Garcia. Rio de Janeiro: Editores J. Leite & Cia. 1925.

50. Cf. FERRONHA, Antonio Luís e BITTENCOURT, Mariana. A via láctea lusófona. In: FERRONHA, Antonio Luís (coord.). *Atlas da língua portuguesa na história e no mundo.* Lisboa: Imprensa Nacional — Casa da Moeda; Comissão Nacional para as Comemorações dos Descobrimentos Portugueses; União Latina, 1992, p. 78-79.

51. RODRIGUES, Aryon Dall'Igna, op. cit., p. 101.

52. Cf. CASTRO, Ariel. *A língua do Brasil*, op. cit., p. 36-37.

53. CÂMARA JR., Joaquim Mattoso. *História e estrutura da língua portuguesa.* Rio de Janeiro: Padrão, 1975, p. 29.

54. RODRIGUES, Aryon. *A língua do Brasil*, op. cit., p. 102.

55. Cf. Id., ib. p. 109. Compare-se com a mesma frase, em Tupinambá, do século XVI: *oré rúb ybákype tkwár imoetépyramo né réra t oikó*, constante do catecismo publicado pelos jesuítas em 1618, como registra o mesmo Aryon Rodrigues.

56. NANTES, Bernardo de. *Katecismo indico da lingoa kariris.* Biblioteca Brasiliana Digital Guita e José Mindlin. Disponível em: <www.brasiliana.usp.br>.

57. SILVA, Rosa Virgínia Mattos e. *O português são dois: novas fronteiras, velhos problemas.* São Paulo: Parábola, 2004. Ver também CASTILHO, Ataliba T. de. *Nova gramática do português brasileiro.* São Paulo: Contexto, 2010, p. 179-80.

58. Cf. AQUINO et al., op. cit., p. 178.

59. Cf. WEHLING, Arno e WEHLING, Maria, op. cit., p. 73-74.

60. NÓBREGA, Manuel da. Carta ao governador Tomé de Sousa, datada de 5 de julho de 1559. In: _____ . *Cartas do Brasil (1549-1560)*. Rio de Janeiro: Imprensa Nacional, 1886, p. 333-34.

61. Caso de Heitor Megale, professor de filologia e língua portuguesa da USP, para quem "os bandeirantes nunca se denominaram bandeirantes": "Quando você pega documentos da época lavrados em cartório ou escritos por um deles, a expressão é sempre 'fulano está no sertão', ou 'fulano está numa armação', 'mandou buscar algo na armação'." (Suplemento *Mais! Folha de S.Paulo*, 10 mar. 2002, p. 21). A partir do exame de manuscritos dos séculos XVII e XVIII, Megale e sua equipe obtiveram informações sobre a época das bandeiras em Taubaté (SP), no Vale do Paraíba; em áreas periféricas do ciclo mineiro do ouro, como Paracatu e Ibituruna; na região de Cuiabá, em Mato Grosso e em Capitão (GO)", entre outros sítios.

62. BRANDÃO, Ambrósio Fernandes, op. cit., p. 35-36. A língua citada é a geral.

63. NÓBREGA, Manuel da. *Cartas do Brasil e mais escritos do P. Manuel da Nóbrega (opera omnia)*, p. 318.

64. NÓBREGA, Manuel da. Carta a D. João III, rei de Portugal. Olinda [Pernambuco], 14 de setembro de 1551. In: _____ ·*Cartas do Brasil e mais escritos do P. Manuel da Nóbrega (opera omnia)*, op. cit., p. 98-99.

65. Cf. PRIORE, Mary del e VENÂNCIO, Renato. *Uma breve História do Brasil*. São Paulo: Planeta, 2010, p. 29.

66. Cf. FAUSTO, Boris, op. cit., p. 60.

67. Id., ib., p. 60-67.

68. Cf. PRIORE, Mary del e VENÂNCIO, Renato, op. cit., p. 35-36.

69. Cf. GÂNDAVO, Pero de Magalhães. *Regras que ensinam a maneira de escreuer a orthografia da lingua portuguefa: com hum Dialogo que adiante fe fsegue en defensam da mesma lingua*. Em Lisboa, na officina de Antonio Gonsalvez, 1574.

70. Cf. PRIORE, Mary del & VENÂNCIO, Renato Pinto. *O livro de ouro da História do Brasil*. Do descobrimento à globalização. Rio de Janeiro: Ediouro, 2001, p. 53.

71. Cf. CASTRO, Yeda Pessoa de. *Falares africanos na Bahia*. Rio de Janeiro: Academia Brasileira de Letras/Topbooks, 2001, p. 80.

72. Id., ib., p. 80.

73. Apud CASTRO, Yeda Pessoa de. Id., ib., p. 7. *Toté*: figura em cânticos de louvor, nas "cantigas de licença"; *maingá*: banhar-se, ir para a *maingá*, o banho ritual dos noviços; *coquê*: nome de Iemanjá; *agô*: pedido de licença; nome de Exu.

74. Cf. FREYRE, Gilberto. *Casa-grande e senzala*. São Paulo: Global, 2006. Ver também SODRÉ, Nelson Werneck de. *História da literatura brasileira*. 4. ed. Rio de Janeiro: Civilização Brasileira, 1964, p. 55.
75. CALMON, Pedro. *História social do Brasil*, v. 1. *Espírito da sociedade colonial*. 2. ed. São Paulo, 1937, p. 126-27.
76. Gândavo, por sua vez, estima em 3 mil os negros de toda a Colônia. Anchieta, 10 mil em Pernambuco, e de 3 a 4 mil na Bahia; Fernão Cardim situa 2 mil em Pernambuco, e a mesma estimativa de Anchieta para a Bahia; Gabriel Soares de Sousa aponta 4 a 5 mil em Pernambuco e 5 mil na Bahia. Cf. ELIA, Sílvio. *A unidade linguística do Brasil (condicionamentos geoeconômicos)*. Rio de Janeiro: Padrão, 1979, p. 64-65.
77. Cf. VERÍSSIMO, José. *História da literatura brasileira*. 3. ed. Rio de Janeiro: José Olympio, 1954, p. 27.
78. VAINFAS, Ronaldo. Moralidades brasílicas: deleites sexuais e linguagem erótica na sociedade escravista. In: SOUZA, Laura de Mello e (org.), op. cit., p. 231.
79. Id., ib., p. 231-32.
80. VIEIRA, Antônio. *Obras várias*, I. Lisboa, 1886, p. 249. Anud. HOLANDA, Sérgio Buarque de. *Raízes do Brasil*. Editora Ática. Org. Pedro Meira Monteiro & Lilia Moritz Schwarcz. Est. do texto e notas.
81. FREIRE, Francisco de Brito. *Nova Lusitania: historia da guerra brasílica*. Lisboa: 1675, p. 41.
82. ANCHIETA, Josepho de. S.J. *De Beata Virgine Dei Matre Maria*. Rio de Janeiro: Oficinas Gráficas do Arquivo Nacional, 1940, p. 1-2. Tradução livre:

"Cantar? Ou silenciar, Mãe Santíssima de Jesus?
Calar, porventura? Ou cantar teus louvores?
Alvoroçada a mente se sente compelida pelo estímulo do amor
A que meus parcos versos a Senhora louvem.
Receia, no entanto, cantar-te as glórias com a língua impura.
Muitas culpas recobrem-na de manchas.
Como ousará a língua assim profana
Louvar Aquela que no ventre abrigou o Onipotente?
A mente estupefata entra em fuga,
Salvo se teu amor, excelsa Virgem,
Expulse o medo fundo que o domina.
O que fazer? Por que temer incerto?
Por que há de gelar-me o peito?

Por que se encolherá a língua, fria?
Mas... és tu que me obrigas a cantar:
Ajudas-me a esforçar-me balbuciante
A revigorar a mão tremente.
Tu me estreitas no materno seio,
Tu me ergues a alma prostrada
E a cumulas de graças celestiais.
Se o amor da Mãe divina me não dobrar,
Se à glória da Virgem meus lábios não se abrirem,
Que meu coração vença com firmeza
A pedra, o ferro, o bronze,
O diamante indômito!
Quem me dera abrigar no fundo do peito
A tua virginal imagem,
Para envolver-te, piedosa Mãe, em amor ardente!
Sê tu, com o teu Filho,
O único anseio e amor do meu coração!"

83. In: ROMERO, Sílvio. História da literatura brasileira. 3. ed. aum. Rio de Janeiro: J. Olympio, 1943, v. I, p. 109. Em tradução:

"Rudá, Rudá
Vos que estais nos céus
E que amais as chuvas...
Vós que estais no céu
Fazei com que ele (o amante).
Por mais mulheres que tenha
As ache todas feias;
Fazei com que ele se lembre de mim
Esta tarde quando o sol se ausentar
No Ocidente."

84. ANCHIETA, José de. *Auto representado na festa de São Lourenço*. Peça trilíngue de século XVI, transcrita, comentada e traduzida, na parte tupi, por M. L. de Paula Martins. In: Museu Paulista. Boletim I. Documentação Linguística I. Ano I. São Paulo: 1948. Tradução livre:

"Na festa de São Lourenço

No 2º ato entram três
diabos que querem
destruir a aldeia com pecados, os quais
resistem São Lourenço e São Sebastião
e o Anjo da Guarda, livrando a
aldeia e prendendo os diabos cujos
nomes são: Guaixará, que é o rei;
Aimbirê e Saravaia, seus criados

Guaixará
Molestam-me os virtuosos.
irritando-me muitíssimo
os seus novos hábitos.
Quem os terá trazido.
para prejudicar a minha terra?"

85. Id., ib., p. 22.
86. GÂNDAVO, Pero de Magalhães. *Tratado da Terra do Brasil. História da província Santa Cruz.* Belo Horizonte: Itatiaia, 1980, p. 40.
87. SOUSA, Gabriel Soares de. *Tratado descriptivo do Brasil em 1587.* Edição castigada pelo estudo e exame de muitos códices manuscriptos existentes no Brasil, em Portugal, Hespanha e França, e accrescentada de alguns commentarios á obra por Francisco Adolpho de Varnhagen. Rio de Janeiro: Typographia de João Ignácio da Silva, 1879, p. 280-81.
88. HOUAISS, Antônio. *A crise de nossa língua de cultura,* op. cit., p. 7.
89. Cf. ZESPO, Emanuel. *Pontos cantados e riscados da umbanda.* Apud CASTRO, Yeda Pessoa de, op. cit., p. 101.
90. CASTRO, Ariel. *A língua do Brasil,* op. cit., p. 50-51.
91. Cf. TEYSSIER, Paul. *História da língua portuguesa.* São Paulo: Martins Fontes, 1997, p. 109-10, e, especialmente, HOUAISS, Antônio. *O português no Brasil.* Rio de Janeiro: Revan, 1992, p. 63-70. Ver também LORENZATO, João Roque. *Curiosidades vocabulares indígenas na cultura do Brasil.* São Paulo: Palavra e Prece, 2007.
92. ELIA, Sílvio. *Fundamentos histórico-linguísticos do português do Brasil,* op. cit., p. 46.

93. Assinala, a propósito, Alfredo Bosi, numa apreciação da dinâmica do processo histórico: "A barbarização ecológica e populacional acompanhou as marchas colonizadoras entre nós, tanto na zona canavieira quanto no sertão bandeirante, daí as queimadas, a morte ou a preação dos nativos. Diz Gilberto Freyre, insuspeito no caso porque apologista da colonização portuguesa no Brasil e no mundo: 'O açúcar eliminou o índio'. Hoje poderíamos dizer: o gado expulsa o posseiro; a soja, o sitiante; a cana, o morador. O projeto expansionista dos anos 70 e 80 foi e continua sendo uma reatualização em nada menos cruenta do que foram as incursões militares e econômicas dos tempos coloniais". (BOSI, Alfredo. *Dialética da colonização*. São Paulo: Companhia das Letras, 1992, p. 22.)
94. Cf. FAUSTO, Boris, op. cit., p. 94.
95. Id., ib., p. 96.
96. Id., ib., p. 90.
97. MELLO, Evaldo Cabral de. *A educação pela guerra. Leituras cruzadas de história colonial.* São Paulo: Penguin Clássicos. Companhia das Letras, 2014, p. 250.
98. FAUSTO, Boris, op. cit., p. 91.
99. Cf. WEREBE, op. cit., p. 23.
100. Id., ib., p. 23.
101. NÓBREGA, Manuel da. *Cartas do Brasil e mais escritos do P. Manuel da Nóbrega (opera omnia).* Introdução e notas históricas e críticas por Serafim Leite, S.J. Coimbra, por ordem da Universidade, p. 297.
102. Cf. LOPEZ, Adriana e MOTA, Carlos Guilherme, op. cit., p. 150-51.
103. In: CASTRO, Yeda Pessoa de, op. cit., p. 92-93.
104. Cf. CASTRO, Yeda Pessoa de, apud QUEIROZ, Sônia. *Pé preto no barro branco. As línguas dos negros da Tabatinga.* Belo Horizonte: Editora UFMG, 1998, p. 101.
105. É de notar-se que Ruy Barbosa, ministro da Fazenda do primeiro governo da República, determinou, em ato de 14 de dezembro de 1891, que fossem incinerados todos os registros oficiais referentes à escravidão no Brasil. Para uns, um gesto romântico, destinado a apagar a vergonha de tal mancha nos quadros da história pátria; para outros, mais realistas, ato de preservação do erário púbico, ameaçado pelas previsíveis ações judiciais de ressarcimento por perdas e danos, dos antigos senhores de escravos. A medida não atingiu, entretanto, a totalidade dos textos. Restaram anotações de senhores de escravos, relatos da repressão, registros de revoltas, documentos de seguro, venda e manumissão de escravos, além de inúmeras descrições de fatos do cotidiano.

Cf. SCHWARCZ, Lilia Moritz e GARCIA, Lúcia. *Registros escravos: repertório de fontes oitocentistas pertencentes ao acervo da Biblioteca Nacional.* Rio de Janeiro: Ministério da Cultura, s.d.

106. Cf. ALMEIDA, Plínio de. Pequena história do maculelê. *Revista Brasileira de Folclore*, 16 set./dez. 1966. Apud LOPES, Nei. *Bantos, malês e identidade negra.* Rio de Janeiro: Forense Universitária, 1988, p. 50. "Aringado": protegido, garantido por uma "aringa", fortificação.

107. In: RAMOS, Arthur. *O folk-lore negro do Brasil.* Rio de Janeiro: Civilização Brasileira, 1935, p. 52-53.

108. Cf. FAUSTO, Boris, op. cit., p. 68. Segundo Yeda Pessoa de Castro, em estatísticas aduaneiras destacadas por Maurício Goulart, em 1949, o tráfico de escravos para o Brasil envolveu, no total, perto de 30 mil indivíduos no século XVI, 800 mil no século XVII, aproximadamente 2,5 milhões no século XVIII e 1,5 milhão no XIX, até 1830. Cf. CASTRO, Yeda Pessoa de, op. cit., p. 45.

109. Cf. id., ib., p. 69.

110. CARDIM, Fernão. *Tratados da terra e da gente do Brasil.* Rio de Janeiro: J. Leite, Editores. 1925 p. 317-329. O texto de Cardim data de 1625. Os trechos estão transcritos na grafia da edição-fonte.

111. Cf. MOURA, Clóvis. *Rebeliões na senzala.* 3. ed. São Paulo: Livr. Ed. Ciências Humanas, 1981, p. 87.

112. Id., ib., p. 87.

113. Cf. PRIORE, Mary del e VENÂNCIO, Renato, op. cit., p. 60.

114. Cf. Carta d'el-rei a Zumbi dos Palmares. In: ALVES FILHO, Ivan, op. cit., p. 87.

115. Acervo: Arquivo Histórico Ultramarino AHU_CU_015,Cx.13,D,1329. Disponível em <www2.iict.pt/?idc=82>.

116. Acervo: Biblioteca Digital Luso-Brasileira. Disponível em (bdlb.bn.gov.br/acervo/handle/123456789/373966>.

117. Uma lista dos principais dentre eles pode ser encontrada em MOURA, Clóvis. *Os quilombos e a rebelião negra.* São Paulo: Brasiliense, 1981.

118. In: CASTRO, Yeda Pessoa de, op. cit., p. 91.

119. SODRÉ, Nelson Werneck. *História da imprensa no Brasil.* 4. ed. atual. Rio de Janeiro: Mauad, 1999, p. 10.

120. Bento Teixeira ou Bento Teixeira Pinto é autor de identificação controversa. Com esse segundo nome figura na *Biblioteca lusitana*, livro de Barbosa Machado, citado como "natural de Pernambuco". Esse lugar de nascimento foi contestado pelo beneditino Domingos do Loreto Couto, que, nos *Desagravos do Brasil e glórias de Pernambuco*, desloca para Olinda seu lugar de

nascimento. Cabe a Rodolfo Garcia no seu livro *A primeira visitação do Santo Ofício às partes do Brasil*, de 1929, situar um Bento Teixeira, cristão-novo, nascido na cidade do Porto, e identificá-lo como o autor da *Prosopopeia*, por entender que seria o único, ao tempo, em terras pernambucanas, com instrução suficiente para criar o poema. Ao poeta é costume atribuir a autoria da *Relação do naufrágio que passou Jorge d'Albuquerque Coelho, capitão e governador de Pernambuco*, que alguns, a partir de Varnhagen, põem na conta do Afonso Luiz Piloto.

121. TEIXEIRA, Bento. *Prosopopeia*. Dirigida a Jorge Dalbuquerque Coelho, capitão e governador de Pernambuco. Nova Lusitania & Cia. Recife: Universidade Federal de Pernambuco, 1969, p. 119-20.

122. Id., ib., p. 127-28.

123. BRANDÃO, Ambrósio Fernandes, op. cit., p. 32-33.

124. SALVADOR, frei Vicente do. *História do Brasil*. 3. ed. Revista por Capistrano de Abreu e Rodholpo Garcia. São Paulo: Melhoramentos, s/d, p. 58.

125. BOSI, Alfredo, op. cit., p. 25.

126. Cf. SOUZA, Laura de Mello e. Formas provisórias de existência: a vida cotidiana nos caminhos, nas fronteiras e nas fortificações. In: ———. (org.), op. cit., p. 46.

127. Cf. NOVAIS, Fernando A. Condições da privacidade na Colônia. In: SOUZA, Laura de Mello e (org.), op. cit., p. 23.

128. A importância do gado na formação do Brasil é apontada por vários estudiosos, entre eles Capistrano de Abreu, Afonso Arinos e o filólogo Silvio Elia. Cf. ELIA, Sílvio. *A unidade linguística do Brasil*. Rio de Janeiro: Padrão, 1979, Cap. VI

129. Cf. AQUINO et al., op. cit., p. 188.

130. PRIORE, Mary del e VENÂNCIO, Renato, op. cit., p. 78.

131. ACADEMIA BRASILEIRA DE LETRAS. Obras de Gregório de Matos, v. 1. Rio de Janeiro: Officina Industrial Graphica, 1930, p. 307-09.

132. Id., ib., p. 52.

133. Sermão pregado na Igreja de N. Sra. da Ajuda, na cidade da Bahia, com o Santíssimo Sacramento exposto, no ano de 1640, época em que a ameaça de invasão holandesa se fazia iminente. A velha igreja, demolida em 1912, por força de reurbanização, foi substituída pela atual, de mesma denominação.

134. VIEIRA, Antônio. Sermam pelo bom Svcesso das Armas de Portvgal Contras as de Hollanda. Na Igreja de N. S. da Ajuda da Cidade da Bahia. In: ———.

Sermoens do Pe. Antonio Vieira. Da Companhia de Iesu. Pregador de S. Magestade. Lisboa: Officina de Miguel Deslandes, 1863, p. 428-79.

135. In: PILOTO, Afonso Luiz e TEYXEIRA, Bento. *Naufrágio e Prosopopeia.* Recife: Universidade de Pernambuco, 1969, p. 55-56. Texto conforme a edição de 1601, com introdução, notas e glossário do professor Fernando de Oliveira Mota.

136. VIEIRA, Antonio. Exhortaçam I Em vespora do Espirito Santo. In: _____. *Sermoens,* op. cit., p. 520.

137. Id., ib., p. 521.

138. Id., ib., p. 522.

139. Cf. VILLALTA, Luiz Carlos, op. cit., p. 337.

140. CASTRO, Ariel. *A língua do Brasil,* op. cit., p. 84.

141. Id., ib., p. 85.

142. Conselho Ultramarino, Arq. 1.2.3.3 — Instituto Histórico e Geográfico Brasileiro. Apud CASTRO, Ariel. *A língua do Brasil,* op. cit., p. 84, obra em que, como esclarece o autor, a Carta transcrita é "pela primeira vez apresentada".

143. PEREIRA, Nuno Marques. *Compendio narrativo do Peregrino da America. Em que se tratam vários discursos espirituaes, e moraes, com muitas advertências, e documentos contra os abusos, que se achaõ introduzidos pela malicia diabólica no Estado do Brasil.* Lisboa: Oficcina de Antonio Vicente da Silva, 1710, p. 1-2.

144. LOPEZ, Adriana e MOTA, Carlos Guilherme, op. cit., p. 192.

145. Cf. PRIORE, Mary del e VENÂNCIO, Renato, op. cit., p. 81.

146. Cf. CASTRO, Ariel. *A língua do Brasil,* op. cit., p. 86.

147. Cf. FAUSTO, Boris, op. cit., p. 104-05.

148. Cf. CUNHA, Celso. *A questão da norma culta brasileira.* Rio de Janeiro: Tempo Brasileiro, 1985, p. 75. Celso Cunha esclarece a questão e acrescenta que, "até o século XIX, a Gramática do Padre Manuel Álvares teve 530 edições: 100 na Itália; 73 na Bélgica; 71 na Polônia; 17 na Tcheco-Slováquia; 44 na Alemanha; 41 na França, 25 em Portugal; 23 na Hungria; 20 na Lituânia; 19 na Suíça; 14 na Espanha; 6 na Áustria; 4 na Iugoslávia e no Luxemburgo; 3 na Irlanda, no México e na Romênia; 2 na Holanda e na Inglaterra; 1 na China, no Japão e na Rússia". Fundamento e base, para os jesuítas, de todo o ensino secundário e superior. Leia-se a propósito SPRINGHETTI, S. J. Storia e fortuna della Grammatica di Emmanuele Álvares. In: *Humanitas,* 13-14, p. 283-304, Coimbra, 1961-1962 (especialmente p. 304).

149. FACHIN, Phablo. O português da chibata. In: *Língua Portuguesa.* Editora Segmento. Ano I, n. 2, 2005, p. 57.

150. MELO MORAIS, *Corografia histórica, Cronográfica, Genealógica, Nobiliária e Política do Império do Brasil*. Rio de Janeiro: Tipografia Brasileira, V. 1860, p. 323.

151. FLORENCE, Hercule. *Viagem fluvial do Tietê ao Amazonas*. Apud SILVA NETO, Serafim da, op. cit., p. 59.

152. OLIVEIRA, Manuel Botelho de. *Música do Parnaso*. Edição fac-similar [1705-2005]. Cotia, SP: Ateliê Editorial, 2005. Org. e estudo crítico de Ivan Teixeira. Introdução.

153. OLIVEIRA, Manuel Botelho de. *Música do parnaso*, p. 127.

154. Id., ib., p. 135.

155. ROSARIO, Antonio do. *Frutas do Brasil*. Edição fac-similar. Rio de Janeiro: Fundação Biblioteca Nacional, 2008.

156. Id., ib., p. 109-10.

157. Trechos do Diretório de 3 de maio de 1727, convertido em lei em 17 de agosto de 1728. Coleção da Legislação Portuguesa, ano de 1757, p. 508-09, p. 634-35.

158. Arquivo do Conselho Ultamarino 1.1.3. Acervo do IHGB, p. 103.

159. Cf. CASTRO, Ariel. *A língua do Brasil*, op. cit., p. 107.

160. Cf. ALGRANTI, Leila Mezan. Famílias e vida doméstica. In: SOUZA, Laura de Mello e (org.), op. cit., p. 83-154.

161. Id., ib., p. 132.

162. Cf. AQUINO, Rubim Santos Leão de et al. *Sociedade brasileira: uma história*. Rio de Janeiro: Record, 1999, p. 327.

163. Apud REIS, João José; SILVA, Eduardo. Negociação e conflito: a resistência negra no Brasil escravista. São Paulo: Companhia das Letras, 1989. Documento descoberto e divulgado pelo historiador norte-americano Stuart B. Schwartz no artigo "Resistence and Acommodation in Eighteenth-Century Brazil: the slaves view of slavery". In: *Hispanic American Historical Review*, Duarhan, v. 57, n. 1, 1977, p. 69-81. Esclarecimento: pretos-minas são os escravos nascidos na África; o termo opõe-se a crioulos, escravos nascidos no Brasil. Cf. ALVES FILHO, Ivan, op. cit., p. 131.

164. Cf. SCHWARCZ, Lilia e STERLING, Heloísa M. *Brasil: uma biografia*. São Paulo: Companhia das Letras, 2015, p. 140-141.

165. SCHWARCZ, Lilia e STERLING, Heloísa M., op. cit., p. 139.

166. Para Aquino et al., por exemplo, "Não se deve concluir ter sido Tiradentes o chefe do movimento libertador. Ao que tudo indica, o cabeça do movimento foi o tenente-coronel Francisco de Paula Freire de Andrade, comandante do Regimento de Cavalaria Regular de Minas Gerais e em cuja residência se

realizaram inúmeras reuniões de conjurados. Segundo o traidor Silvério dos Reis, 'o primeiro cabeça' era o poeta e magistrado Tomás Antônio Gonzaga, acusação possivelmente ocorrida porque era inimigo pessoal do velho apaixonado pela jovem e bela Marília" (AQUINO et al., op. cit., p. 343). Acrescente-se que o tenente-coronel era cunhado de Álvares Maciel e que a conjura envolveu cerca de sessenta conspiradores, todos socialmente bem situados.

167. GONZAGA, Tomás Antônio. *Marília de Dirceu*. 2. ed. Lisboa: A Editora, p. 71.

168. IHGB DL, Doc. 2, p. 44. *Notícias da Bahia*. Autor desconhecido. Transcrição do original por Regina Wanderley, da Comissão Luso-Brasileira de Preservação Documental.

169. Apud MAXWELL, Kenneth. *A devassa da devassa. A Inconfidência Mineira: Brasil e Portugal, 1750-1808*. Rio de Janeiro: Paz e Terra, 1994, p. 245.

170. Perguntas ao réu Manoel Batista de Santa Anna (pardo, soldado do Segundo Regimento de Linha de Salvador, Bahia, em 11/2/1799), em *Autos da devassa do levantamento e sedição intentados na Bahia em 1798*, v. XXXVI. Salvador: Imprensa Oficial, 1961, p. 294. Apud LOPEZ, Adriana e MOTA, Carlos Guilherme, op. cit., p. 272.

171. Areópago: na Grécia antiga, tribunal de Justiça ou conselho famoso pela retidão e pela honestidade dos julgamentos. Por extensão, qualquer um com tal característica, e também "assembleia de literatos, cientistas e sábios", caso do de Itambé.

172. Cf. CASTELLO, José Aderaldo. *A literatura brasileira. Origens e Unidade (1500-1960)*, v. 1. São Paulo: Edusp, 1999, p. 91-93.

173. *Notícias da Bahia*. Autor desconhecido. IHGB, DL 399 DOC 2 Projeto COLUSO — Comissão Luso-Brasileira para Salvaguarda e Divulgação do Patrimônio Documental. Coord. Regina Wanderley, p. 86.

174. PEREIRA, Nuno Marques, op. cit., p. 1-2.

175. Cf. CASTELLO, José Aderaldo, op. cit., p. 98-103.

176. *Cartas chilenas (Treze). Em que o poeta Critillo conta a Dorotheo os factos de Fanfarrão Minezio, Governador do Chile. Copiadas de um antigo manuscripto de Francisco Luiz Saturnino da Veiga, e dadas a luz por Luiz Francisco Veiga, Bacharel formado em sciencias jurídicas pela Faculdade do Recife*. Rio de Janeiro: Eduardo e Henrique Laemmert, 1863, p. 27-28.

177. COSTA, Cláudio Manuel da. Vila Rica. In: *Obras poéticas de Cláudio Manuel da Costa*. Rio de Janeiro: Garnier, 1903. 239. Melania Silva Aguiar, acrescenta, na edição crítica por ela organizada, o verso "Ele por vários córregos girando", antes de "E juntando as correntes vai formando" e esclarece, em

nota: "estes versos, ausente no manuscrito de Lisboa e nas edições do poema, figura num dos manuscritos da Biblioteca Nacional do Rio". Cf. PROENÇA FILHO, Domicio (org.). *A poesia dos Inconfidentes*. Rio de Janeiro: Nova Aguilar, 1996, p.427.

178. GAMA, José Basílio da. *O Uraguay*. Lisboa: Na Regia Officina Typografica, 1769, p. 78-80.

179. BARBOSA, Domingos Caldas. *Viola de Lereno: collecção das suas cantigas, offerecidas aos seus amigos*, v. 1. Lisboa: Officina Nunesiana, 1798, p. 24.

180. In: EDMUNDO, Luís. *O Rio de Janeiro do tempo dos vice-reis*. Brasília: Senado Federal, p. 169-70.

181. Cf. FAUSTO, Boris, op. cit., p. 73.

182. ANTONIL, André João. *Cultura e opulencia do Brasil*. Por suas Drogas, e Minas, Com várias noticias curiofas do modo de fazer o Affucar, plantar, & beneficiar o Tabaco; tirar Ouro das Minas; & defcubrir as da Prata; E dos grandes emolumentos, que efta Conquista da America Meridional dá ao Reyno de PORTUGAL com eftes, & outros generos, & Contratos Reaes. Lisboa: Na Officina Real Deslandiana, 1711. Livro I, capitvlo I, p. 9 f. 1.

183. *Notícias da Bahia*, op. cit., p. 85.

184. Cf. ALGRANTI, Leila Mezan, op. cit., p. 117.

185. In: EDMUNDO, Luís, op. cit., p. 179.

186. PRAZERES, padre Francisco de N. S. dos. Poranduba maranhense, ou Relação histórica da província do Maranhão. In: *Revista do Instituto Histórico e Geográfico*, 54(1), p. 139-40.

187. Id., ib., p. 140.

188. SOUSA, Gabriel Soares, op. cit., p. 111-112. Texto reproduzido na grafia da época da edição citada.

189. Cf. CUNHA, Celso. *Gramática do português contemporâneo*. Belo Horizonte: Bernardo Álvares, 1970, p. 15.

190. Apud BARBOSA, Afranio Gonçalves. Fontes escritas e história da língua portuguesa no Brasil: as cartas de comércio no século XVIII. In: LIMA, Ivana Stolze e CARMO, Laura do (Org.). *História social da língua portuguesa*. Rio de Janeiro: Casa de Rui Barbosa, 2008, p. 181-211.

191. WEHLING, Arno e WEHLING, Maria José C. M., op. cit., p. 349.

192. Cf. FAUSTO, Boris, *A língua do Brasil*, op. cit., p. 63-64.

193. Cf. CASTRO, Ariel, op. cit., p. 90. O conceito será mais tarde reformulado.

194. Cf. WEHLING, Arno e WEHLING, Maria José C. M., op. cit., p. 228-29.

195. RIBEIRO, Darcy. *O povo brasileiro: a formação e o sentido do Brasil*. São Paulo: Companhia das Letras, 1995, p. 74.

196. RIBEIRO, Darcy, op. cit., p. 75-76.

197. Cf. LOBO, Tânia. *A formação histórica do português brasileiro. O estudo da questão*. Comunicação ao XI Congresso da Associação de Linguística e Filologia da América Latina. Apud SILVA, Rosa Virgínia Mattos e, op. cit., p. 27.

198. Como explicita Yeda Pessoa de Castro, "são raros os documentos linguísticos do tempo da escravidão, e os papéis oficiais relativos ao tráfico que poderiam dar uma vista em relação aos seus falantes pouco acrescentam" (CASTRO, Yeda Pessoa de, op. cit., p. 71).

199. In. QUEIROZ, Sônia. *Pé preto no barro branco. A língua dos negros da Tabatinga*. Belo Horizonte: Editora UFMG, 1998, p. 101.

200. Cf. CUNHA, Celso. *Língua, nação, alienação*. Rio de Janeiro: Nova Fronteira, 1981, p. 38.

201. NARO, Anthony J. *Estudos diacrônicos*. Petrópolis: Vozes, 1973, p. 98. Apud CUNHA, Celso. *Língua, nação, alienação*, op. cit., 1981, p. 39.

202. MUSSA, Alberto. *O papel das línguas africanas na história do português do Brasil* (1996). Dissertação de mestrado. Rio de Janeiro: Faculdade de Letras da Universidade Federal do Rio de Janeiro, 1991, p. 163. Apud LUCCHESI, Dante. Africanos, crioulos e a língua portuguesa. In: LIMA, Invana Stolze e CARMO, Laura do, op. cit., p. 166.

203. Cf. HOUAISS, Antônio. *A crise de nossa língua de cultura*, op. cit., p. 33.

204. Coleção da Legislação Portuguesa: Legislação de 1763 a 1774. Lisboa: 1829, p. 497-98. In: CASTRO, Ariel. *A língua do Brasil*, op. cit., 117-18.

205. CUNHA, Celso. O Projeto NURC e a questão da norma culta brasileira. In: FERRONHA, Antônio Luís (coord.), op. cit., p. 75.

206. Apud PRIORE, Mary del. *História do amor no Brasil*. São Paulo: Contexto, 2012, p. 66.

207. Cf. HOUAISS, A. *O português do Brasil*. 3. ed. Rio de Janeiro: Revan, 1992, p. 115.

208. In: ROMERO, Sílvio. História da literatura brasileira. 3. ed. Rio de Janeiro: José Olympio, 1943, v. I, p. 108

209. Cf. WISSENBACH, Maria Cristina Cortez. Da escravidão à liberdade: dimensões de uma privacidade possível. In: SEVCENKO, Nicolau (org.). *História da vida privada no Brasil*, v. 3. São Paulo: Companhia das Letras, 2002, p. 99.

210. Cf. HOUAISS, Antônio. *O português do Brasil*, op. cit., p. 99.

211. Cf. id., ib., p. 98.

212. Cf. SILVA NETO, Serafim da. *A língua portuguesa do Brasil.* Rio de Janeiro: Acadêmica, 1960, p. 25-26.
213. CASTRO, Ariel. *A língua do Brasil,* op. cit., p. 79.
214. *Anais do Arquivo Público da Bahia,* 29, p. 95-96. Apud CASTRO, Ariel. *A língua do Brasil,* op. cit., p. 79.
215. Cf. TEYSSIER, Paul. *História da língua portuguesa.* Trad. de Celso Cunha. São Paulo: Martins Fontes, 1997, p. 95-97.
216. Lobo, Tânia. *A questão da periodização da história linguística do Brasil.* In. CASTRO, Ivo; DUARTE, Inês (Orgs.) Razões e emoções. Miscelânia de estudos em homenagem a Maria Melena Mira Mateus. Lisboa: Imprensa Nacional; Casa da Moeda, 2003.
217. Id., ib.

Nos tempos de sede do reino.
Consolidação da prevalência do idioma luso

A Corte lusa nas terras do Brasil

Novembro chega soturno no Portugal de 1807. Dom João, no trono desde 1782, por força da enfermidade de D. Maria I, rege uma pátria ameaçada. A França napoleônica leva suas tropas às fronteiras lusitanas. Capitular é iminente. A Inglaterra pressiona. O momento impõe a concretização da estratégia há algum tempo assumida e planejada: deslocar a sede do reino para as terras do Brasil. Revisitemos aqueles tempos, nas asas da História.

Lisboa, o dia, domingo, 29, a hora, sete da manhã. No porto, a gente, estarrecida e irada. Azáfama e tristeza.

PASSAGEM DA SNRA. D. MARIA I RAINHA D' PORTUGAL DO PRINCIPE REGENTE D. JOÃO E MAIS FAMILIA REAL PELA CIDADE DA BAHIA PARA O RIO DE JANEIRO

Constante S(ua) Altesa) Real O Principe Regente de Portugal D. João, em procurar os últimos re(cursos) de socêgo ao seu Povo; enviou o Marquês de Marialva a Napoleão eis quando entra no Porto de Lisboa uma Fragata Inglesa, comunicando a S. A. Real, não só os depravados, e monstruosos intentos de Napoleão, contra o sagrado de sua Pessoa, e Real Familia, como os tratados secretos concluídos em 27 de outubro de 1807, entre o Imp(erador) dos Franceses e S.M. Católica Carlos IV de Espanha, os quais eram firmados aleivozamente sobre vários artigos: contra Portugal.

> Desde esse momento, determinou S. A. Real sem detença embarcasse, a fazer a sua retirada para os seus domínios do Brasil; e o manifestou publicamente no dia 27 de Novembro de 1807, dia melancólico, dia de perturbação, que arrastou afora de si a desgraça, a infâmia e o prejuízo da Naçaõ Portuguesa. Em os dias 27-28, e 29 tudo foi confusão, desordem, desarranjo. Etc. por toda a Cidade de Lisboa. Finalmente no dia 29 com vento fresco, e favorável se fez à vela a Esquadra Portuguesa, composta de 8 Naus, 3 Fragatas 2 Brigues, e uma Escuna de Guerra, e uma Charrua de mantimentos, e com ela 21 Navios de comercio Nacional. S.A. Real Tinha-se embarcado no dia 27 ao meio dia dando Beija mão na Ca(mara).[1]
>
> (*Notícias da Bahia*, autor desconhecido)

Apressadas naves ainda uma vez singram as águas do velho Tejo, indiferente, e ganham o salso elemento na rota traçada por Cabral. A bordo, a família real, e alguns súditos. Na cobertura, quatro naus inglesas. Ao fundo, a ameaça napoleônica.

Em águas próximas à ilha da Madeira, dá-se a divisão do comboio, por força de violenta tempestade. Sofrido, o urgente percurso.

1808, 24 de janeiro: festeja-se a chegada, à Bahia, do grupo maior das naves, entre elas a que transporta a pessoa do Regente. Rejubila-se o povo entusiasmado.

> V DUQUE DE CADAVAL foi D. MIGUEL CAETANO ALVARES PEREIRA DE MELO, filho do sobredito D Nuno. Este foi o q' acompanhou ao Principe Regente na sua retirada a AMERICA. Com a sua Familia toda, ficando em Lixaa. O outro Irmao' D. NUNO, e já com principios de molestia já habituada: porem esta com a viagem se a foi agravando de sorte, q' apartandosse a Nau Em que vinha, de Comboy por cauza da tempestade, q' lhes tinha vindo na altura das Ilhas de CABO VERDE; foi arribado á Cidade da Paraiba, ancorando fora da BARRA, ahi foi cumprimentádo do gor a Pessoas principaes, e logo os Professores da sobredita Cidade q' forao' vêlo, mandados pelo govor, o dezengarao' q' estava com

> molestias imdicadas umas com outras, a que as fazia incuraveis, e
> perigozas, chegou á Bahia e foi conduzido com a sua Familia pa a
> caza q' foi do Desor Betencourt no Forte de S. Pedro, e nunca sahio
> á publico por nao' poder, como tambem não' pode acompanhar o
> Principe pa o Rio de Janeiro, ficando na Bahia, e indo á molestia
> em crescimento, finalmente faleceu as 6 oras da manhaa' do dia 14
> de mayo de 1808. A respeito de sua molestia uns Professores asun-
> tarao' que era procedida de grande abundancia de umor gallico,
> espalhando internamte por todo o corpo, outros q' era procedida
> de uma inflamaçao' no Figado misturada com alguma hydrepezia.[2]
>
> (*Notícias da Bahia*, autor desconhecido)

Com D. João, desloca-se para a Colônia a máquina administrativa: ministros, juízes da Suprema Corte, conselheiros, militares da Marinha e do Exército, funcionários do Tesouro, dignitários da Igreja. Na carga, os arquivos governamentais, o real tesouro, por segurança trazido numa das belonaves inglesas, uma máquina impressora e livros, base do acervo da biblioteca que logo seria criada.

8 de março, do mesmo ano: desembarca nas terras cariocas D. João e todo o seu séquito numeroso.

Dois mil funcionários servem a Sua Alteza; 276 fidalgos e dignitários. A estes se acrescentam setecentos padres, quinhentos advogados, duzentos praticantes de medicina.

No fim das guerras napoleônicas vêm para o Rio 4 a 5 mil militares.

No total, 15 a 16 mil pessoas transferem-se, pouco a pouco, de Portugal para o Brasil; 8 mil portugueses de nome. Vêm também gente de Angola e de Moçambique: colonos e administradores.[3]

Com todos eles amplia-se o contingente comunitário e a presença da fala lusitana, na língua portuguesa.

Vale destacar algumas entre as relevantes providências do Regente: a determinação da abertura dos portos às nações amigas, antes mesmo de transferir a sede do governo para o Rio de Janeiro; a revogação do decreto, de 1785, que proíbe manufaturas no território da Colônia; a isenção de impostos para a importação de matérias-primas destinadas à indústria; o subsídio às indústrias da lã, da seda, do ferro; o incentivo à invenção e introdução de novas máquinas.

A gente que chega e a infraestrutura de apoio implicam a exigência de mão de obra: aportam ao Rio de Janeiro, no mesmo ano da real chegada, 9.600 escravos. Em 1809 chegam mais 13.700; em 1810, 18.700; 1811 registra a entrada de 18.330. Em 1813 o número é de 17.390 e, em 1814, mais 15.370.

Em síntese, registra Boris Fausto, em números oficiais, no período de 1811 a 1820, chegam, em média, 32.770 escravos às terras do Brasil; e de 1821 a 1830, 43.140. Os portos ao sul da Bahia e o do Rio de Janeiro destacam--se pelo maior volume: no primeiro período citado, 53% do total, e 69% no segundo. A concentração maior se verifica nas plantações de café do vale do Paraíba e na cidade do Rio de Janeiro.[4] São as línguas de África a ampliar seus ecos no território brasileiro.

O TERRITÓRIO, NOVA GENTE QUE CHEGA, OUTRAS LÍNGUAS

Nesses começos do século XIX, o Brasil tem definidos os contornos de sua geografia. Ainda à exceção das terras acrianas, mais tarde tomadas à Bolívia, e com o acréscimo da Guiana Francesa, invadida e anexada em 1809, devolvida em 1817 à França de Luís XVIII, por decisão do Congresso de Viena.

Vicejam cidades, modestas, na paisagem, à exceção do Rio e de centros do progresso oriundo da extração e exportação do ouro, entre eles Salvador, São Luís e Ouro Preto.

Na capital, relatam Mary del Priore e Renato Pinto Venâncio, árvores frondosas engalanam vistosas casas de campo no Catete e em Botafogo. Agua-deiros, escravos, ciganos e mendigos cruzam as ruas sujas e estreitas. A vida cultural é pontuada por saraus familiares, pelo entrudo, ancestral do carnaval, e, em destaque, pelas missas de domingo. Espaço de lazer destaca-do: o Passeio Público. Nas serestas, à beira-mar, o violão pontua modinhas e lundus nas noites enluaradas. Cultiva-se a conversa nas lojas, ao fim do expediente; joga-se gamão e *whist* nas residências. Junto ao Paço, o teatro e seus espetáculos; perto dele, um café que se permite jogos clandestinos.

A gente, alegre. Apesar do alto preço do aluguel dos imóveis, do açúcar, do café, do leite ruim, da carne do gado, péssima. Salvam-se as frutas e as leguminosas.

Esse o cotidiano da cidade que obriga o príncipe regente e sua corte a deslocamentos em coches e seges de pouca pompa, ou montados a cavalo, ou, na maioria dos casos, a pé.[5]

A pronúncia portuguesa da metrópole volta a conviver com a fala multifacetada da Colônia, notadamente na capital e nos grandes centros.

O porto, franquiado à exportação e à importação, abrira-se também a artistas, a ideias. A medida, entretanto, mobiliza descontentes. Ideias de independência agitam muitas cabeças.

É quando a cidade carioca, com foros de sede do reino, engalana-se de virtudes urbanas e arquitetônicas. São bancos, entre eles, o do Brasil; a Biblioteca Real, futura Nacional; o Supremo Conselho Militar; o Jardim Botânico; teatros; a Imprensa Régia. A paisagem ganha calçadas, ruas, iluminação.

Faz mais D. João, como é consabido: intervém no longo confronto de portugueses e espanhóis que marcava a região e anexa a Banda Oriental ao Brasil, com a designação de Província Cisplatina.

Imigrantes chegam para integrar a mão de obra, desde 1808, eventualmente, sem o estabelecimento de uma política ordenatória. De distintas nacionalidades: espanhóis, portugueses, italianos, russos, alemães e sírios.

E outros estrangeiros se achegam: são ingleses, franceses, norte-americanos, suecos, suíços. Comerciantes, na maioria dos casos. E vêm também artistas, militares, artesãos e diplomatas. E muitos em bloco, caso dos 2 mil suíços que se instalam como colonos e fundam Nova Friburgo, no estado do Rio de Janeiro. Distintas gentes de distintas línguas, línguas de cultura, passam a multifacetar ainda mais a comunicação na convivência comunitária.

Tempos outros, outras falas, no cenário brasileiro. Predominante, o português.

Um dado, importante: de 1808 até 1822, aproximadamente, só 20 mil habitantes do reino no Brasil sabem ler e escrever. E poucos são os textos disponíveis: a organização da biblioteca régia criada por D. João levou muito tempo para colocar os livros à disposição dos leitores. À leitura, entretanto, jornais, revistas, panfletos. No mesmo período, Portugal já conta com 80 mil letrados, e um significativo número de obras, sejam manuscritas, sejam impressas.

Houaiss destaca, a propósito, a florescência na corte e na província de gazetas, nos primeiros 25 anos do século XIX, de pasquins e periódicos vários. Considera-a decorrência da presença de prensas, prelos e caixas de tipos, de obsolescência lenta.

Aventa ainda duas hipóteses: que as primeiras teriam sido usadas em vilas periféricas ou longínquas, na impressão de panfletos e folhas avulsas locais; que algumas, no final do mesmo século e nos começos do XX, teriam sido utilizadas na produção, no Nordeste, dos folhetos de cordel, "cujas raízes orais, por via ibérica, seriam muito anteriores no Brasil".[6]

Eram doze cavalleiros
Homens muito valorosos,
Destimidos, animosos,
Entre todos os guerreiros,
Como bem fosse, Oliveiros
Um dos pares de fiança
Que sua perseverança
Venceu todos infiés
Foram uns leões cruéis
Os doze pares de França.

[...]

Tinha o duque de Nemé
Que era uma espada medonha,
O grande Guy de Borgonha
Geraldo de Monde Fé
Carlos Magno tinha fé
Em todos seus cavalleiros,
Pois entre todos guerreiros
De que nos trata a historia
Vê-se sempre a maior gloria
De Roldão e Oliveiros.[7]

(Texto do folheto *Batalha de Oliveiros com Ferrabraz*, de Leandro Gomes de Barros)

A IMPRENSA E A LÍNGUA

Com a Imprensa Régia, criada por Antônio de Araújo, futuro conde da Barca, ganha presença, na prática, uma norma orientadora da língua escrita no Brasil. Modelizada pela norma lusitana.

Livros começam imediatamente a ser produzidos, como, em 1808, *Observações sobre o comércio franco do Brasil*, de Antônio da Silva Lisboa, em 1809, *O tratado de geometria*, de Legendre, em 1810, *Marília de Dirceu*, de Tomás Antônio Gonzaga, entre outros. O ano de 1813 já registra a existência de duas livrarias na capital da Colônia.

Os princípios norteadores dos rumos da língua portuguesa irão logo refletir-se, a médio prazo, no sistema de educação pública ao tempo da independência. São de ver as referências de lei de 15 de outubro de 1827 à Constituição do Império e à História do Brasil como textos modelares.

Data de 10 de setembro de 1808 o lançamento do primeiro jornal publicado em terras brasileiras: a *Gazeta do Rio de Janeiro*. Feito de informações sobre o estado de saúde de todos os príncipes europeus, de eventuais documentos, notícias de aniversários, poemas laudatórios à família real. Poucas folhas, preço baixo, curta periodicidade. Circulará até 31 de dezembro de 1822.

GAZETA DO RIO DE JANEIRO
SABADO 10 DE SETEMBRO DE 1808
Doctrina sed vim promovet insitam
Rectique cultus pectora roborant.
HORAT. ODE III.Lib.IV

Londres 12 de Junho de 1808

Noticias vindas por via de França
Amsterdão 30 de Abril

Os dois Navios Americanos, que ultimamente arribárão ao Texel, não podem descarregar as suas mercadorias, e devem immediatamente fazer-se á vela sob pena de confiscação, Isto tem influido muito nos preços de vários generos sobre tudo por se terem

> ontem recebido cartas de França, que dizem, que em virtude de
> um Decreto Imperial todos os Navios Americanos serão detidos
> logo que chegarem a qualquer porto de França.
>
> *Notícias vindas por Gottenburgo*
>
> Chegáráo-nos esta manhã de Hamburgo, e de Altona até de-
> zessete do corrente. Estas ultimas anunciam que os Janizaros em
> Constantinopla se declararão contra a França, e a favor da Ingla-
> terra; porem que o tumulto se tinha apaziguado, — Hamburgo
> está tão exhaurido pela passagem de tropas que em muitas casas
> não se acha já huma côdea de pão, nem huma cama. Quase todo o
> Hannover se aqcha nessa deploravel situação, — 50000 homens de
> tropas Francezas, que estão em Italia, tiveram ordem de marchar
> para Hespanha.[8]
>
> (Trecho de texto publicado na *Gazeta do Rio de Janeiro*)

Doutrinário, combativo saíra, no mesmo ano, o número inaugural do *Correio Braziliense*. Em 1º de junho, três meses antes, portanto, do aparecimento da *Gazeta*. Fundado, editado e escrito por Hipólito José da Costa. Feito em Londres, "dada a dificuldade de publicar obras periódicas no Brasil, já pela censura prévia, já pelos perigos a que os redatores se exporiam, falando livremente das ações dos homens poderosos", como explicita o fundador e registra Nelson Werneck Sodré.[9] Brochura, mais de cem páginas, periodicidade mensal, preço alto. Circulação clandestina, por força de proibição da Coroa, suspensa em 1820.

> Introducçaõ
>
> He de admirar que, sendo Nós os primeiros promotores dos
> jornaes publicos, na Europa, e sendo certo que estas publicaçoens
> excitáram tanto enthusiasmo publico da Naçaõ Portugueza nas
> guerras da acclamaçaõ, que varios officiaes de officios mechanicos

se prestaram voluntariamente a ajudar a tropa nas differentes batalhas de linhas d 'Elvas, Ameixial, e Montes Claros, recolhendo-se depois da victoria ao seio das suas familias, e ao seo lavor ordinario, até que uma nova occasiaõ de defeza nacional pedisse outra vez o soccorro das suas armas, para a exterminação do inimigo commum. Sendo tambem Nós aquella Naçaõ, que comprou a sua liberdade, e independencia com estes jornaes politicos, seremos agora a unica, que se hade achar sem estes soccorros, necessarios a um estudo independente o qual poderá algum dia rivalizar, pela sua situaçaõ local, em que a natureza poz o vasto Imperio do Brazil, ás primeiras Potencias do mundo?

Levado destes sentimentos de Patriotismo, e desejando aclarar os meus compatriotas, sobre os factos politicos civis, e literarios da Europa, emprendi este projecto, o qual espero mereça a geral aceitaçaõ daquelles a quem o dedico.

Longe de imitar só, o primeiro despertador da opiniaõ publica nos factos, que excitaõ a curiosidade dos povos, quero, alem disso, traçar as melhorias das Sciencias, das artes, e n' uma palavra de tudo aquillo, que pode ser útil á sociedade em geral. Feliz eu se posso transmittir a uma Naçaõ longínqua, e socegada, na lingua, que lhe he mais natural, e conhecida, os acontecimentos desta Parte do mundo, que a confusa ambiçaõ dos homens vai levando ao estado da mais perfeita barbaridade. O meu unico desejo será de acertar na geral opiniaõ de todos e para o que dedico a esta empreza todas as minhas forças, na persuasaõ de que o fructo do meu trabalho tocará a méta da esperança, a que me propus.

Londres, 1 de Junho, de 1808.[10]

(Trecho de texto publicado no *Correio Braziliense*)

Em 14 de maio de 1811 é publicado, na Bahia, o primeiro número de *A Idade d'Ouro do Brazil*. Defensor da Coroa e do absolutismo. Sairá de cena em 1823, com a derrota e expulsão do general Madeira.

De 1811 é também *O Investigador Português*, lançado em julho, ostensivamente patrocinado pelo Príncipe Regente. Com recomendação expressa de promoção e apoio por parte dos governadores da Bahia, de Pernambuco, do Rio Grande do Sul, de São Paulo, de Minas Gerais, do Maranhão, do Pará. No objetivo, a contraposição ao *Correio Braziliense*. O governo retira o beneplácito, diante da posição adotada pelo periódico a favor da permanência da corte no Brasil.

Discursos, trechos de história, antiga e moderna, de autores clássicos, anedotas etc. fazem os dois únicos números do periódico *Variedades ou Ensaios de Literatura*, o primeiro, nos começos de fevereiro, o segundo, em fins de julho de 1812.

Da mesma natureza é *O Patriota*, "jornal litterario, político, mercantil &tc", confeccionado na Imprensa Régia, que circula de janeiro de 1813 a dezembro de 1814. Mensalmente, no primeiro ano, e bimestralmente no seguinte.

Imprensa: espaço de divulgação e de sedimentação da língua, em seu registro formal, veículo de massificação dessa modalidade de uso do idioma oficial.

Novos rumos na educação

O ensino elementar não desfruta de maior atenção. E, no todo, permanece com a orientação anterior. As novas circunstâncias comunitárias exigem, entretanto, profissionais qualificados: notadamente militares, médicos, engenheiros.

O governo amplia a rede de estabelecimentos escolares, com a criação das escolas régias, equivalentes ao atual ensino médio, e inaugura o ensino superior nas terras do Brasil. Cria, entre outros, na Bahia, em 1808, a Escola Médico-Cirúrgica e, no Rio, a Academia Real da Marinha; no mesmo ano, no Rio de Janeiro, os cursos de medicina e anatomia; em 1810, a Academia Real Militar, que, em 1858, passa a Escola Central, para ser Escola Politécnica em 1874, base da futura Escola Nacional de Engenharia. No Maranhão e na Bahia funcionam escolas de artilharia e fortificação.

Para preencher o vazio de quadros técnicos, exigidos pelo melhor desempenho da agricultura e pela emergente atividade industrial, criam-se os cursos especiais: na mesma Bahia ainda em 1808, o curso de economia; em 1812, o curso de agricultura; em 1817, o curso de química — que inclui química industrial, geologia e mineralogia; o curso de desenho técnico, em 1818; no Rio de Janeiro, em 1812, o curso de agricultura — que abrange estudos de botânica e jardim botânico; em 1816, a Escola de Ciências, Artes e Ofícios, que se transforma, em 1834, na Real Academia de Pintura, Escultura e Arquitetura Civil. Em Minas Gerais, cadeiras especiais: desenho e história, em 1817, em Vila Rica, e retórica e filosofia, em Paracatu, em 1821.

Ao fundo, na orientação educacional, e ainda marcantes, os princípios da educação implantados pela Companhia de Jesus.

A docência é exercida em língua portuguesa, na capital e em quase todo o território brasileiro. Obviamente, o ensino da língua é fiel à norma europeia, orientação que se fortalece.

O registro informal segue predominando na comunicação cotidiana. Paralelamente, persistem núcleos reduzidos de usuários de línguas gerais.

Acelera-se o desenvolvimento da região litorânea. No interior, mantém-se a dispersão e o isolamento, ao longo do vasto território.

> **Vio Sua Alteza Real a ordem, Documento n. 1, que V.Exa.** expedio, prohibindo semelhantes danças nas ruas e largos dessa Cidade, não impedindo com tudo que os escravos se juntem nos largos da Graça e do Barbalho, e que ahi dancem até o toque das Ave Maria; e em atenção a segurar a V.Exa. que desordens commetidas não nascem destes ajuntamentos que delles não espera mal algum, que o numero de escravos que nelles se entertem he muito diminuto; desfarça Sua Alteza Real a permissão, que V.Exa. concedeu, esperando contudo, que pouco a pouco extingão semelhantes divertimentos, como mais convem e se ainda se consentem nesta Capital a que não convem, hum numero de escravos tão excessivo, como V. Exa. supõe he por que estes não teem feito desordenm, como os dessa capitania por mais de huma vez, ha annos a esta parece o que obrigou o Conde da Ponte a dar providencias mais energicas para os conter, e posto que V.Exa. manda observar em geral, como se mostra do Documento nº 6, as ordens do dito Conde, o Governo Interino seus Antecessores, seguindo o estilo praticado pelos Governadores do Brazil depois de tomarem posse em quanto não estão enteirados do que convem alterar/creio que as, que dizem respeito aos escravos, não estavão em seu inteiro vigor, por ser constante que se havião prohibido os Batuques.[11]
>
> (Trecho de correspondência assinada pelo marquês de Aguiar, datada do Palácio do Rio de Janeiro em 6 de junho de 1814)

A Colônia faz-se reino

É 1815, tempo de Brasil Reino, unido a Portugal e Algarves, para alegrias europeias e do comércio da nova sede do governo maior. Derrotado em 1814, Napoleão já não era uma ameaça.

> DOM JOÃO, POR GRAÇA DE DEOS Principe Regente de Portugal e dos Algarves, d'aquém e d'além mar em África de Guiné, e da Conquista, Navegação, e Commercio da Ethiopia, Arabia, Persia, e da India &tc. Faço Saber aos que a presente Carta de Lei virem, que Tendo constantemente em Meu Real Animo os mais vivos desejos de fazer prosperar os Estados, que a Providencia Divina confiou ao meu Soberano Regimen: E Dando ao mesmo tempo a importancia devida á vastidão e localidade dos Meus Dominios da America, á copia e variedade dos preciosos elementos de riqueza que elles em si contém; E outrossim Reconhecendo quanto seja vantajosa aos Meus fieis Vassallos em geral huma perfeita união e identidade entre Meus Reinos de Portugal e dos Algarves e os Meus Dominios do Brasil, erigindo estes áquella graduação e categoria politica, que pelos sobreditos predicados lhes deve competir, e na qual os ditos Meus Dominios já forão considerados pelos Plenipotenciarios das Potencias, que formárãoo Congresso de Vienna, assim no Tratado da Aliança concluído aos oito de Abril do corrente anno como no Tratado Final do mesmo Congresso: sou portanto Servido, e me Praz Ordenar o seguinte:
>
> I.Que desde a publicação desta Carta de Lei o Estado do Brasil seja elevado á dignidade, preeminencia, e denominação de REINO DO BRASIL.
>
> II. Que os Meus Reinos de Portugal, Algarves, e Brasil formem d'ora em diante hum só e unico Reino debaixo do Titulo de REINO UNIDO DE PORTUGAL, E DO BRASIL, E ALGARVES.

> III. Que aos Titulos inherentes á Coroa de Portugal, e de que agora Hei feito uso, se substitua em todos os Diplomas, Cartas de Leis, Alvarás, Previsões, e Actos Publicos o novo Titulo de PRINCIPE REGENTE DO REINO UNIDO DE PORTUGAL, E DO BRASIL, E ALGARVES, d'aquém e d'além Mar, em Africa de Guiné e dA Conquista, Navegação, e Commercio da Ethiopia, Arabia, Persia, e da India &tc.[12]
>
> (Carta de lei que cria o Reino Unido de Portugal,
> Brasil e Algarves, 1815)

Morre D. Maria, em 1816. O regente D. João é aclamado rei, o sexto do mesmo nome. Seis meses depois.

A população brasileira se faz de 3.817.900 de habitantes. Destes, 1.887.900 livres (1.000.043 brancos; 595.500 negros e mestiços; 259.400 índios) e 1.930.000 escravos; 74% dessa população encontra-se sediada na faixa litorânea, do Rio de Janeiro, Pernambuco, Bahia, Paraíba. Na capital, residem 130 mil pessoas.

Mesmo com a chegada maciça de portugueses, o contingente de negros e de afrodescendentes segue sendo dominante em termos populacionais.

Altas, as taxas de nascimento e de mortalidade, em especial a infantil.

ARTISTAS E CIENTISTAS NO DESENHO DA PAISAGEM

As obras deixadas pelos cientistas, artistas e viajantes chegados à terra do Brasil no tempo de D. João nos possibilitam revisitar aspectos marcantes daqueles tempos.

O zoólogo Johann Baptist von Spix e o botânico Carl Friedrich von Martius, alemães, chegam em 1817. Encarregados de pesquisa sobre os seres naturais do país, o percorrem, de São Paulo à Amazônia, e registram o resultado de suas investigações na preciosa publicação denominada *Reise in Brasilien: Viagem pelo Brasil*. Von Martius é ainda autor, entre outros títulos, de um *Glossário das línguas brasileiras*.

O botânico, pesquisador e professor francês Saint-Hilaire vem em 1816, viaja, durante seis anos, por Goiás, Minas Gerais, Rio Grande do Sul, e chega à então Província Cisplatina. Suas pesquisas incluem relevantes dados sobre a geologia, o relevo, o clima, hábitos das gentes, atividades econômicas. Registra-os no seu *Viagens pelo interior do Brasil.*

Amplia-se o conhecimento da gente e das línguas do Brasil na sistematização da letra impressa.

O arquiteto Grandjean de Montigny e os pintores Debret, Taunay e Lebreton, secretário do Instituto de Belas-Artes da França, chegam à sede do reino também em 1816. Integrariam, segundo a tradição histórica, uma missão de artistas franceses, como tal questionada por Lilia Moritz Schwarcz.

Para a historiadora, "é difícil saber se a 'missão artística' foi um plano estratégico da Corte de D. João ou uma espécie de afastamento compulsório de artistas ligados a Napoleão. Parece ter havido uma convergência de interesses. De um lado, artistas formados pela Academia francesa inesperadamente desempregados. De outro, uma monarquia estacionada na América e carente de representação oficial".[13]

Auguste Henry Victor Grandjean de Montigny (Paris, 1776–Rio de Janeiro, 1850) é o primeiro professor de arquitetura do país, introdutor, nesse espaço, do estilo neoclássico. A ele se devem marcantes projetos concretizados em terras cariocas: a Academia de Belas-Artes, a Escola Real de Ciências, Artes e Ofícios, o Mercado da Candelária. E também diversas mansões residenciais.

Jean-Baptiste Debret (Paris, 1768-1848), que retorna à França em 1831, publica, em Paris, de 1834 a 1839, em três volumes, a importante série de gravuras sobre os feitos, paisagens e costumes do Brasil da época, denominada *Voyage pithoresque e historique au Brésil* [Viagem pitoresca e histórica ao Brasil]. Sua obra contém cerca de 150 gravuras, preciosas para uma visão da vida do Rio de Janeiro, ainda que numa ótica europeia setecentista.

Nicolas Antoine Taunay (Paris, 1755-1830) é responsável pelo traço planejado de inúmeras paisagens urbanas da então capital do reino, de quadros de natureza histórica e de retratos de família. Investimentos. Na cultura e no espaço do convívio citadino. Verdade que, neoclássico, arcadiza a paisagem física e humana ao retratá-las.

Registra-se a vida da Colônia. Engalana-se a paisagem da urbe.

Os filhos do reino e os naturais da terra

A presença da Corte na nova sede do reino conduz à constituição de uma elite carregada de nostalgia de Europa. Esse segmento comunitário procura adaptar à realidade brasileira padrões cortesãos de Lisboa, normas ditadas por Coimbra. Na vida social, como na língua, o idioma português, que passa a conviver com um processo de relusitanização.

Para a sedimentação e unidade desta última, irão contribuir: a educação sistematizada das escolas, ainda que precária; a imprensa; a literatura, que se permite uma que outra marca brasileira na temática ou no texto.

Pouco a pouco, o indígena assimila mais intensamente os hábitos do colonizador, e aproxima-se ainda mais, notadamente nos grandes centros, da língua falada dos lusitanos.

Sincretizam-se, gradativamente, traços culturais peculiares dos negros vindos de África.

Mas, ainda uma vez, há muitos descontentes com os rumos da vida na região.

As antigas ideias libertárias mobilizam insatisfações, alimentadas pelo nativismo e pelo antagonismo, há algum tempo em processo, entre os naturais da terra e os chamados filhos do reino, cuja presença se faz mais numerosa e atuante, notadamente de militares e outros funcionários públicos. Começa a corporificar-se o esboço de uma identidade nacional própria.

Um sintoma marcante da crise é a eclosão da revolta de 1817, no Nordeste, num Pernambuco que se encontra bem longe do que é felicidade. Açúcar, algodão, seca, insatisfações diante dos privilégios lusitanos e ideias de liberdade nutrem o gesto rebelde.

São agora homens da lei, homens de armas, da Igreja, do comércio e mais os proprietários que erguem bandeira de luta. Na maioria, nascidos no Brasil. Representam mais do que simples individualidades: buscam assumir a voz e a vontade comunitárias. E assumem a rebeldia contra a subordinação à Coroa portuguesa. Na direção da independência.

Trata-se de um movimento que se propõe interferir até no discurso coloquial: mais um sinal da identidade com o sentimento da diferença.

Os revoltosos recebem apoio do Rio Grande do Norte, de Alagoas e da Paraíba. Ao fundo, o descontentamento diante dos privilégios concedidos aos portugueses. As malhas aumentam os espaços da rede. Rompida, ainda uma vez: a rebelião de 6 de março não passa de 19 de maio.

Nuvens espessas no além-mar

Diante das pressões externas que chamam o rei João e sua corte para as terras europeias, a comunidade local reage. Quer a permanência do monarca no Brasil. Nessa direção, rebelam-se militares em Belém e Salvador.

Também no Rio de Janeiro, em comunhão com o povo, pressões latifundiárias, burocratas, de comerciantes bem-sucedidos e de membros da Justiça atuam. Maçons tecem, articulam. E D. João fica. E jura a Constituição de 1821, premido pelas forças armadas. Para logo decidir que volta. Retornar é preciso. Para garantir o trono. Segue em 21 de abril. Com ele, 4 mil lusos. Mas deixa eleições de brasileiros como deputados nas cortes do reino. Indiretas, mas gerais.

Sua presença em terras brasileiras, aponta José Murilo de Carvalho, assegura a unidade do Brasil, porque, com a transferência da sede da Coroa, estabelece na capital carioca um centro de legitimidade política sobre as subdivisões da Colônia. A atuação da Corte no Rio de Janeiro torna-se fundamental para manter tal unidade. Inclusive com o uso da força contra os movimentos de separação.[14]

Árdua, a costura do tecido comunitário. Com a língua portuguesa entre as forças, ainda que tênues, garantidoras da tecedura.

AS ARMAS PORTUGUEZES ÁS ARMAS AMANTES DA NOSA NAÇÃO

As Armas avitantes desta Cidade ja he tempo de quebrares os Grilhoens em q̃ atanto tempo tendes Vivido em Laçados naõ pello nosso augusto Monarca mas Sim pellos que o trazem emganadoouvendido esses nosos amantes eaduladores dopovo; deitaij as escamas dos vosos olhos fora e naõ percamos Umsomomento p que vós siguro que tereis q.m Vos defenda e Seja o nosoGrito em geral Viva El Reij D. João 6º etoda afamlia Rial evivaõ as cortes eparaellas a Constituição do Rº do Rº de Janeir.º aprecai-vos q.to antes milhor pois ja he mais que tempo e detempo Vede os nossos am.tes da nossaPatria o quanto tem feito na noça Patria. Grande dia de Gloria Para onosoReijno naõ fiquemos atras Vem saveis que somos os mesmos edevemos mostrar-lhe quenão ficamos atras pois oquetem obrado por nosdevaselhe Corresponder senaõ ficaremos tidoseavidos por Covardes eindignos da Boa União; Agora acavo deverodecreto que hontem Vaixou emque diz que nomeara Sª Mª os Rezidentes então estavam com criad. esses endevidos p/ que tornavam a a ficar entaõ tinhamos o Inferno dos Pobres denovo acelerado. enfim As Armas Portuguezes. Sem demora avri osOlhos enquanto he tempo. As armas Amigos da Naçaõ Não tenhais medo; Viva El Reij D. Joao 6º e a Constituição do Rº dejaneir.º.

Na Imprençaõ Regia daN. [1821][15]

> (Panfleto manuscrito que circulou no tempo
> da independência do Brasil)

O RETORNO DO MONARCA AO TRONO ANTIGO E ALGUMAS DECORRÊNCIAS

Tão logo as naus e as caravelas d'el-rei, as velas de novo enfunadas, retomam o caminho aberto pelo audaz capitão Pedro Álvares, na direção de Lisboa, seu filho Pedro, Regente, enfrenta interesses e insatisfações. Paira no ar o desejo de retorno ao estado de colônia. Convém a muitos. Mas a muitos desagrada.

Em termos populacionais, inverte-se a situação anterior: o litoral passa a ser mais povoado do que o território dos sertões.

Grandes áreas do Império continuam sob domínio de tribos indígenas ainda desconhecidas e hostis.[16]

Ainda a ação da imprensa

O público leitor diminuto, mas razoável, nas circunstâncias da época, continua a conviver com inúmeros periódicos, notadamente a partir de 1821. Entre eles, *O Revérbero Constitucional Fluminense*, logo o órgão doutrinário da Independência, que circula durante treze meses, quinzenal e mensalmente; *O Espelho, O Amigo do Rei e da Nação, O Bem da Ordem, Atalaia, O Conciliador do Reino Unido, A Estrela Brasileira, A Malagueta, O Despertador Braziliense*.

Na Bahia, saem o áulico *Semanário Cívico*, e a *Minerva Brasiliense*. Em Recife, a *Aurora Pernambucana*, a *Segarrega*, o *Diário Constitucional*, o primeiro a defender interesses brasileiros, cujo título reduz-se, em 1822, para *O Constitucional*. No Maranhão, é lançado *O Conciliador do Maranhão*, favorável aos interesses lusos, substituído, em 1823, pela *Gazeta Extraordinária do Governo Provisório*. *O Correio Braziliense* circula, poderoso, até 1822.

Mobilizam-se consciências. Amplia-se a presença e a influência da letra escrita. A maçonaria atua na direção de ideias emancipacionistas.

Imprensa, escola, política e cultura assumem maior nitidez no traçado da fisionomia da sociedade brasileira.

O estado da língua

Em 1808, a língua portuguesa já se encontra consolidada e oficializada como idioma comum nacional.

Com a vinda da família real, dobra a população urbana do Rio de Janeiro, logo capital do reino: aos prováveis 16-18 mil brancos, e possíveis 20 mil índios, negros e mestiços, somam-se cerca de 10 mil ou mais portugueses, chegados com o príncipe regente D. João.

É marcante a presença do idioma luso na comunicação e, segundo Houaiss, "há razões para crer que certos traços típicos da pronúncia portuguesa inovadores na lusofonia em relação ao resto da metrópole e até então inexistentes no Brasil tenham prevalecido no falar do Rio de Janeiro, espalhando-se por boa parte da província do mesmo nome e pelo litoral sul até Santos".[17]

No reinado de D. João, em 1819, contavam-se 4,6 milhões de habitantes. Os índios, nesse conjunto, somavam 800 mil, os brancos, 1,38 milhão. Os demais, no total de 2,42 milhões, eram negros e mestiços.

Pode-se imaginar o que tal quadro implica, em termos de uso da língua oficial.

Acentua-se, ao final do século XVIII e começos do seguinte, a diversidade associada à unidade que marca o português do Brasil. Assinala Celso Cunha:

> Esta a situação em que nos encontrávamos, às vésperas da Independência: as inflexíveis normas gramaticais obedecidas passivamente pelos letrados da Colônia tinham conseguido manter unificada a língua culta, mas pelo artificialismo de tal unificação, haviam aumentado, muito além do natural e do admissível, a distância entre as duas formas da linguagem, a transmitida e a adquirida, que praticamente deixaram de comunicar-se. Entramos, assim, no século XIX com um vácuo enorme entre a língua escrita e a língua falada.[18]

Tal circunstância não impede, entretanto, que a língua portuguesa, consolidada no Rio de Janeiro, sede do reino, se expanda pelo resto do Brasil, sob o influxo das influências das línguas locais: língua convertida, nessa condição, em fator relevante de unidade nacional.

São reveladores, nessa direção, os posicionamentos de vários escritores relacionados com o uso português do idioma. E mais relevantes, quando, ressalta Barbosa Lima Sobrinho, "eram levadas em nossos teatros peças que ridicularizavam as maneiras, vícios, dialetos e outras particularidades da Colônia. Falar bom português era não só demonstração de fidelidade política, como de cultura, de educação social e até mesmo (quando a evidência não o desmentisse) de pureza de sangue".[19]

No período marcado pela vinda da família real e a proclamação da independência, o português é no Brasil a língua predominante, mas ainda divide espaço com línguas gerais e já se encontra matizado por diferenças de harmonia vocálica, melodia frasal etc., ainda que de configuração quase impossível.

Ó boio, dare de banda,
Xipaia essa gente,
Dare pra trage,
E dare pra frente...
Vem mais pra baxo,
Roxando no chão
E dá ao pai Fidere,
Xipanta Bastião...
Vem pra meu banda
Bem difacarinha,
Vai metendo a testa
No Cavalo — marinha,
Ô, ô meu boio,
Desce desse casa,
Dança bem bonito
No meio da praça....
Toca essa viola,
Pondo bem miúdo;
Minha boio sabe
Dançá bem graúdo.[20]

(Fala do personagem Mateus, do Reisado do
Cavalo-Marinho e Bumba-meu-boi, folguedo do
Recife, de menção mais antiga datada de 1840)

PROPOSTA

Ha muito tempo que Portugal tem começado e continua a hostilizar o Brasil com tropas e com intrigas e perfidias; até projecta sublevar e armar os escravos; e abre emprestimos para escravizar o Brasil.

O Brasil tem-se constituído em Imperio independente e separado — He pois da sua dignidee p^a bem da sua conservação que este Imperio repila a força com a força, e suffoque com maiores e mais prontas forças as de Portugal. Não há hum momento que se não deva ja aproveitar. Proponho pois, que sem mais demoras se tomem as medidas seguintes.

1º que se faça logo logo hum emprestimo pelo menos de 10 milhões de cruzados.

2º que estes 10 milhões sejaõ empregados em [palavra mutilada] eaprontarr embarcações de guerra, ja artilhadas e com a maruja necefsaria, pª defender nofsas costas, e atacar as do inimigo; e em levantar tropas estrangeiras, q̄ venham defender-nos e pelejar por nos, pª evitar os males, que novos recrutamentos devem nas actuaes circunstancias causar no Brasil.

3º que se mande ja sequestrar ereter todos os cabedais pertencentes a subditos Portugueses residentes naquelle Reino, eaplicalos aos meios da nossa defefa.

4º que todos o Portugueses pouco affecto à nofsa Causa seja logo deportado pªo interior, e ahi, com toda a segurança retido em refens, para responderēn pelas suas [palavra mutilada] pelas dos Brasileiros q̄ se achão em Portugal.

5º que se declare logo a Guerra a Portugal, e se faça sahir Corsarios contra os navios Portugueses.

6º que se declare o direito de talião contra os soldados Portugueses, que forem feitos prisioneiros, se os nossos forem castigados como rebeldes, e não como prisioneiros [palavra mutilada] em justa guerra, (Final de 1822-início de 1823).[21]

(Panfleto manuscrito que circulou no tempo
da independência do Brasil)

Notas

1. *Notícias da Bahia*, op. cit.
2. *Notícias da Bahia*, p. 32,
3. Cf. ALENCASTRO, Luiz Felipe de. Modelos de História e historiografia imperial. In: _____ (org.). *História da vida privada no Brasil*, v. 2. São Paulo: Companhia das Letras, 1997, p. 12-13. O número de portugueses advindos com o regente tem sido, recentemente, objeto de questionamento.
4. FAUSTO, Boris, op. cit., p. 192.
5. Cf. PRIORE, Mary del e VENÂNCIO, Renato, op. cit., p. 153-54.
6. HOUAISS, Antônio. *A crise de nossa língua de cultura*, op. cit., p. 40-41.
7. BARROS, Leandro Gomes de. *Batalha de Oliveiros com Ferrabraz*. Apud *Literatura popular em verso*, v. 2. Rio de Janeiro: Casa de Rui Barbosa; Campina Grande: Fundação Universidade Regional do Nordeste, p. 176-77.
8. Apud *Dois séculos de imprensa no acervo da Biblioteca Nacional. Agenda 2010.* Rio de Janeiro: Fundação Biblioteca Nacional.
9. Cf. SODRÉ, Nelson Werneck. *História da imprensa no Brasil*, op. cit., p. 20.
10. COSTA, Hipólito José da. *Correio Braziliense* ou *Armazém Literário*. Jun. 1808, p. 4. São Paulo: Imprensa Oficial do Estado; Brasília: *Correio Braziliense*, 2001. Edição fac-similar.
11. Acervo: Arquivo Nacional Torre do Tombo.
12. Carta da lei na qual D. João VI eleva o Brasil à categoria de Reino Unido de Portugal, Brasil e Algarves. Rio de Janeiro: Impressão Régia, 1815. Disponível em: <http://www2.camara.leg.br/legin/fed/carlei/anterioresa1824/cartade-lei-39554-16-dezembro-1815-569929-publicacaooriginal-93095-pe.html>.
13. SCHWARCZ, Lilia Moritz. Eram os franceses missionários?. In: *Revista de História da Biblioteca Nacional*. Rio de Janeiro, Ano 3, n. 28, jan. 2008, p. 67.

14. CARVALHO, José Murilo de. Entrevista à revista *Veja*. Ano 40, n. 51, 20 dez. 2007, p. 11.
15. Cf. CARVALHO, José Murilo de; BASTOS, Lúcia; BASILE, Marcello (orgs.). *Às armas, cidadãos! Panfletos manuscritos da independência do Brasil (1820-1823)*. São Paulo: Companhia das Letras; Belo Horizonte: Editora UFMG, 2012, p. 130-31, panfleto 18.
16. Cf. LOPEZ, Adriana e MOTA, Carlos Guilherme, op. cit., p. 370-71.
17. Cf. Houaiss, Antônio. *O português do Brasil*, op. cit., p. 102.
18. CUNHA, Celso. *Língua portuguesa e realidade brasileira*. Rio de Janeiro: Tempo Brasileiro, 1968, p. 21.
19. In: LIMA SOBRINHO, Barbosa. *A língua portuguesa e a unidade do Brasil*. 2. ed. Rio de Janeiro: Nova Fronteira, 2000, p. 137.
20. Apud. ROMERO, Sílvio. Folclore brasileiro: contos populares do Brasil. Belo Horizonte: Itatiaia; São Paulo: Edusp, 1985 p. 159.
21. CARVALHO, José Murilo de; BASTOS, Lúcia; BASILE, Marcello (orgs.), op. cit., p. 172-73.

Nos tempos do Brasil Império.
Hegemonia da língua portuguesa

TEMPOS DO PRIMEIRO REINADO

INDEPENDÊNCIA, CONSOLIDAÇÃO E LÍNGUA

A Constituição Política do Império do Brasil, datada de 1824, estabelece, "Em nome da Santíssima Trindade", o traçado da cidadania, no texto do Título II, artigos 6º, 7º e 8º:

> Art. 6. São Cidadãos Brazileiros
>
> I. Os que no Brazil tiverem nascido, quer sejam ingenuos, ou libertos, ainda que o pai seja estrangeiro, uma vez que este não resida por serviço da sua nação.
> II. Os filhos de pai Brazileiro e Os illegitimos de mãi Brazileira, nascidos em paiz estrangeiro, que vierem estabelecer domicilio no Imperio.
> III. Os filhos de pai Brazileiro, que estivesse em paiz estrangeiro em serviço do Imperio, embora elles não venham estabelecer domicilio no Brazil.
> IV. Todos os nascidos em Portugal, e suas Possessões, que sendo já residentes no Brasil na época, em que proclamou a independencia nas Provincias onde habitavam, adheriram á esta expressa, ou tacitamente, pela continuação da sua residencia.
> V. Os estrangeiros naturalisados, qualquer que seja a sua Religião. A Lei determinará as qualidades precisas para a carta de naturalisação.
> Art. 7. Perde os Direitos de Cidadão Brazileiro
> I. O que se naturalizar em paiz estrangeiro.

II. O que sem licença do Imperador aceitar Emprego, Pensão ou Condecoração de qualquer Governo Estrangeiro.

III. O que for banido por sentença.

Art. 8. Suspende-se o exercício dos Direitos Politicos

I. Por incapacidade física ou moral.

II. Por sentença condemnatoria a prisão, ou degredo, emquanto durarem os seus efeitos.[1]

Entre outras determinações, a Carta Magna garante direitos individuais; oficializa o catolicismo como a religião do Império; admite, por omissão de referência, o voto ao analfabeto. O mesmo princípio não se estende, entretanto, à população feminina, excluída por consenso social desse direito de escolha de representantes do povo nas esferas do poder.

No âmbito da língua, a propósito e significativamente, já se ouvem vozes, ainda que minoritárias, que propugnam por uma total liberação dos modelos da metrópole. Entre elas, as de José Clemente Pereira e Bernardo Pereira de Vasconcelos.

O primeiro propõe, em sessão do Parlamento, de 22 de junho de 1826, a redação em linguagem brasileira, por mais própria, dos diplomas de médicos-cirurgiões do novo país.

Pereira de Vasconcelos, solidário ao pronunciamento, defende que se poderia ser brasileiro independentemente da obediência rigorosa aos modelos lusitanos e "ser sábios sem tanto nos guiarmos pela Universidade de Coimbra".[2]

Mais tarde, prevalece, entretanto, em contrapartida, a tendência lusitanizante, defendida por José Lino Coutinho, antigo deputado nas cortes de Lisboa.

O texto constitucional, acrescento, provoca descontentamento generalizado.

O começo. Tumultuado. Do Brasil, monarquia politicamente independente, sob o comando de um imperador português. Acordada com o rei, seu pai.

O privilégio assegurado pela Constituição aos interesses lusitanos em detrimento dos senhores da agricultura e de representações do povo acentua o crescimento das ideias liberais.

É sintomática a rebelião concretizada a partir do citado Areópago de Itambé, que conduz à ruptura com o poder do imperador: a tal ponto que, em 1824, a 2 de julho, é proclamada a Confederação do Equador, integrada por Pernambuco, Paraíba, Rio Grande do Norte e Ceará.

Destaque-se, no corpo das milícias, ao lado do contingente de brancos, a presença, por força da estratégica abolição da escravatura decretada pelo governador da província, de muitos negros e mulatos, ao tempo maioria da população local. E até de alguns estrangeiros.

Trata-se de uma revolta de caráter popular e urbano. Na cena revolucionária, a palavra ativa da imprensa, representada pelo *Typhis Pernambucano*.[3] No núcleo deflagrador, o texto constitucional. No ideário, liberdade de opinião e de imprensa; igualdade de todos, direito à propriedade e à educação. Na comunicação, em língua portuguesa, mescla de registros idiomáticos.

NA EDUCAÇÃO: NADA DE NOVO

Apenas muitas denúncias sobre a situação educacional, e projetos que não são levados a termo.

Um faz-se lei, em outubro de 1823.

Entre outros dispositivos, o texto legal estabelece a plena liberdade de ensino; determina a criação de escolas de primeiras letras em todas as cidades, nas vilas, nos lugarejos; de escolas para meninas, nos sítios mais populosos; garante a todos os cidadãos instrução primária gratuita.

Trata-se de princípios que preconizam uma realidade desejada, mas muito longe de existir. A lei não vai além da letra do texto e da publicação, ainda que, na prática da ação docente, inaugurasse a monitoria dos alunos mais capacitados. Os resultados: ruins.

Ao ensino também se refere a lei promulgada em 15 de outubro de 1827.

Trata-se da primeira e única lei geral sobre o ensino primário do Império e a única proposta estendida à totalidade da nação independente.

Seu texto, entre outras instâncias, inscreve no sistema legal do Brasil — dado relevante — a expressão "língua nacional", como se lê no

Art. 6º — Os professores ensinarão a ler, escrever, as quatro operações da aritmética, prática de quebrados, decimais e proporções, as noções mais gerais de geometria prática, a gramática da língua nacional e os princípios da moral cristã e da doutrina da religião católica e apostólica romana, proporcionados à compreensão dos meninos, preferindo as leituras a Constituição do Império e a História do Brasil.[4]

Outro documento regulador é o Ato Adicional, datado de 1834. Nele se estabelece, sem as providências necessárias, a descentralização do ensino e se atribui às assembleias das províncias a legislação sobre ensino elementar e médio. Apenas o ensino no Município Neutro, depois Distrito Federal, em todos os níveis, compete ao poder central.

Um fato significativo, em relação ao idioma: escola, à época, implica alfabetização, e centralização no registro formal, à luz das normas portuguesas.

A IMPRENSA FORTALECIDA

A imprensa, também relevante na sedimentação do registro formal do idioma, amplia espaços com assunção de posicionamentos políticos. Alguns títulos indiciam o volume representativo de sua presença. Sigo, a propósito, nas pegadas de Nelson Werneck Sodré.

O Tamoio, de oposição, é lançado pelos irmãos Andrada, em 1823. Vive apenas por três meses.

Em Minas publica-se, nesse mesmo ano, em Ouro Preto, o *Compilador Mineiro*. Na velha capital, aparece, em 1824, *A Abelha de Itacolomi*. Vários periódicos são lançados em 1825, como *O Universal* e *O Patriota Mineiro*.

Na província cearense, a imprensa chega em 1824 com o *Diário do Governo do Ceará*.

A Sentinela da Liberdade na Guarita de Pernambuco, de oposição à monarquia, de 1823, é retomada na prisão pelo fundador Cipriano Barata, com título significativo: *A Sentinela da Liberdade na Guarita de Pernambuco Atacada e Presa na Fortaleza do Brum por ordem da Força Armada e Reunida*. Solto em 1830, depois de encarcerado na Fortaleza de Santa Cruz, sediada no Rio de Janeiro, o alquebrado e ainda intrépido jornalista pernambucano volta à luta na palavra com *A Sentinela da Liberdade, hoje na Guarita do quartel de Pirajá na Bahia de Todos os Santos.* Da nova prisão só sai com a abdicação do imperador Pedro I. Em 1825 vem a lume o *Diário de Pernambuco.*

Os liberais moderados assumem tribuna impressa em *A Aurora Fluminense,* de Evaristo da Veiga, fundada em 1826. A palavra radical também se presentifica em 1828 e 1829, na *Gazeta Paraibana,* em cuja esteira se publica o *Abelha Revolucionária.* Nesse último ano, e em 1830. De 1831 é *O Replúblico.*

Em São João del-Rei surgem, em 1827, *O Astro de Minas* e *O Amigo da Verdade;* em Diamantina, *O Eco do Serro,* em 1828. De Ouro Preto é também *O Precursor das Eleições,* lançado em 1830. Destaca-se o grande jornal liberal da província: *A Sentinela do Serro,* fundado por Teófilo Otoni, na Vila do Príncipe, futura cidade do Serro Frio.

O primeiro jornal impresso em São Paulo é *O Farol Paulistano,* de 1827, de tendência liberal; segue-se, em 1829, a estreia de *O Observador Constitucional,* à frente Libero Badaró. No total, são 64 periódicos paulistas, ao tempo da independência, todos de vida efêmera.

Também em 1827 surge o primeiro jornal do Rio Grande do Sul: o *Diário de Porto Alegre.* É o ano da abolição da censura. Em decreto do mês de agosto.

Sai, ainda no mesmo ano, no Rio de Janeiro, um jornal pioneiramente destinado ao público feminino: *O espelho diamantino,* criado por Pierre Plancher e cuja publicação estendeu-se até 1828, num total de 14 edições.

Também na direção do mesmo público, é lançado, em Recife, em 1831, por Emile de Bois-Garin, *O espelho das brasileiras.*

O Macaco Brasileiro, com 16 números entre junho e agosto de 1822, faz-se de humor e crítica de costumes.

Trata-se de publicações em sua maioria de vida curta, de caráter oficial ou oficioso; na província, fiéis ao lento ritmo ditado pelos ventos da atividade política e pelos interesses de grupos; na Corte e em regiões conflagradas, movidas por um desenvolvimento acelerado.[5]

> De hoje por diante continuará-se-há a publicação deste JOR-
> NAL DO COMMERCIO.
> Esta folha exclusivamente dedicada aos senhores Negociantes
> conterá diariamente tudo o que diz respeito ao Commercio, tanto
> em Annuncios, como em Preços Correntes exactos de Importação
> e Exportação, entrada e sahida de Embarcações, etc. etc.
> Os Proprietarios bem ao facto de todos os ramos mercantis
> desta Capital não pouparão nem despezas nem zelo para tornar
> esta empreza digna de aceitação publica e rogão para melhor de-
> sempenho dos seus deveres a protecção e assistencia do honrado
> Corpo do Commercio.
> As Assignaturas se fazem na rua da Alfândega, N. 47 onde
> igualmente se recebem antes do meio dia, todos os Annuncios
> mercantis, que devem *sem falta* ser inseridos no dia seguinte.[6]
>
> (Trecho de texto publicado no *Jornal do Commercio*)

Assinale-se ainda a presença de jornais vinculados às comunidades francesa e inglesa, como o *Courrier du Brésil*, o *Rio Herald* e o *The Rio Packet*.

É tempo também de revistas, entre elas: *O Auxiliador da Indústria Nacional*, publicado a partir de 1833, uma das primeiras publicações de caráter periódico destinada a um público específico; o *Periodico dos Pobres*, que surge na década de 1850; *O Brasil Illustrado*, publicação literária, da mesma década; *Guanabara: revista mensal artistica, scientifica e litteraria*, em circulação de 1849 a 1856, com notável repercussão; o *Jornal das Senhoras*, no prelo de 1852 a 1855; o *Jornal das Familias*, onde, ao lado de figurinos franceses e conselhos de beleza, são publicados contos de Machado de Assis; a *Revista Musical de Bellas Artes*, uma entre as muitas revistas especializadas que ganham presença na década de 1870.

O português culto e escrito ganha, assim, espaços relevantes, mesmo diante do pequeno contingente de leitores.

Jornais e revistas, além de testemunhos da vida comunitária, contribuem, com relevância, para a sedimentação da língua portuguesa como idioma oficial e generalizado.

INTRODUCÇÃO

A Aurora da liberdade que pela vez primeira espalhou o seu resplandecente manto sobre o vasto orisonte do Brasil em 1822, hoje brilha ainda com todo o seu resplandor: os primeiros raios desta filha do Ceo fecundarão o solo sagrado da Patria; desde a memoravel era da independencia huma geração nova cresce, e se nutre em principios de uma justa Liberdade, garantida pelo governo representativo. A Constituição dada á Nação por seu Soberano legitimo, acolhida com reocnhecimento, interpretada com o mai severo juiso pelos Mandatarios do povo, observada pelo poder executivo, e finalmente respeitada por todos os verdadeiros amigos da ordem, e do bem publico, se reforça de dia em dia cada vez mais em suas bazes, e na opinião publica exhaure o impulso de seu crescimento. E assim qual seria o nosso mais sagrado dever, se não de concorrermus por nossos trabalhos, para mantermus o pacto legislativo, que liga a Nação ao Soberano! este é pois o nobre encargo, que nos impomus hoje: talvez para que o digno desempenho de uma tão nobre, quanto louvavel tarefa, fossem necessarios grandes talentos e uma experiencia, que não é possivel, sejão já partilha nossa [...][7]

(Primeira página da edição número 1 de *A Aurora Fluminense*)

CRISE NO PODER IMPERIAL

1825: destaca-se o redesenho do território do Brasil, com a recuperação da Província Cisplatina pelo Uruguai e a declaração da independência da chamada Banda Oriental, de imediato incorporada às Províncias Unidas do Rio da Prata.

Travada a guerra com aquele país vizinho, o acordo firmado em 1828, com mediação da Inglaterra, reconhece a independência do território em litígio, a partir de então a República Oriental do Uruguai.

Internamente, os focos de rebelião que pontuam a construção comunitária são significativos, diante dos contingentes envolvidos e da gradativa intensificação do sentimento de nacionalidade.

Em Pernambuco, pequenos proprietários e trabalhadores rurais, índios e escravos, e, no começo, senhores de engenho envolvem-se, em 1823 e 1833, na Guerra dos Cabanos. O objetivo, o retorno do primeiro imperador.

O Motim dos Mercenários, no Rio de Janeiro do mesmo ano de 1828, envolve alemães, húngaros e irlandeses: soldados profissionais.

Ainda em Pernambuco, eclode, em 1º de fevereiro de 1829, a ação de camadas populares.

O início da década de 1830 é marcado por clima de guerra civil. Conflitos armados unem, contra o poder central ou contra a escravidão e a pobreza, fazendeiros, silvícolas, soldados, pequenos proprietários.

A situação rebelde é controlada, mas não impede que a pressão de fatores externos e internos leve, em 7 de abril de 1831, à abdicação de D. Pedro, a favor do filho, com 5 anos.

Um trecho da "Proclamação" em nome da Assembleia Geral aos Povos do Brasil, assinada pelo Bispo Capelão Mor Presidente e por Luiz Francisco de Paula Cavalcanti de Albuquerque Secretário, dá a medida, no português formal da época, do estado de ânimo dominante e, com a grafia atualizada, do registro culto do idioma:

BRASILEIROS!

Um acontecimento extraordinário veio surpreender todos os cálculos da humana prudência; uma revolução gloriosa foi operada pelos esforços, e patriótica união do povo, e tropa do Rio de Janeiro, sem que fosse derramada uma só gota de sangue; sucesso ainda não visto até hoje, e que deve honrar a vossa moderação, energia, e o estado da civilização a que haveis chegado.

Brasileiros! Um Príncipe mal aconselhado trazido ao princípio por paixões violentas e desgraçados prejuízos antinacionais, cedeu à força da opinião pública, tão briosamente declarada, e reconheceu que não podia ser mais o Imperador dos Brasileiros. A audácia de um partido que todo se apoiava no seu nome, os ultrajes que sofremos de uma facção sempre adversa ao Brasil, a traição com que foram repentinamente elevados ao Ministério homens impopulares, e tidos como hostis à Liberdade, nos pôs as armas nas mãos. O Gênio Tutelar do Brasil, a espontaneidade com que a força armada, e o povo correu à voz da pátria oprimida, tiraram aos nossos inimigos o conselho, e a coragem; eles desmaiaram; e a luta foi decidida sem que se tornasse mistér tingir as armas no sangue dos homens. D. Pedro I abdicou em seu Filho, hoje o Senhor D. Pedro II, Imperador Constitucional do Brasil.[8]

NO PERÍODO DA REGÊNCIA

AINDA TURBULÊNCIAS E CONFRONTOS

Durante o período regencial subsequente, o aplauso das ruas e o texto de cartazes espalhados pela cidade vinculados à antecipação da maioridade do novo imperador mobilizam o entusiasmo do povo:

"Queremos Pedro Segundo,
embora não tenha idade:
A nação dispensa a lei,
e viva a maioridade![9]

Enquanto 1840 não chega, o período regencial vive momentos também difíceis, marcados por conflitos de interesses.

É tempo de mobilizações político-partidárias, semeadura dos partidos Liberal e Conservador. De um lado, a conjugação de integrantes da pequena classe média, padres, pequenos proprietários rurais; de outro, o agrupamento de juízes, grandes senhores rurais, burocratas e altos comerciantes, segmentações. Estruturações políticas.

É também a hora da criação da Guarda Nacional, do Corpo de Guardas Municipais Permanentes e de reformas. Como a do Código de Processo Criminal, no ano de 1832, que regulamenta o de 1830. Como a regionalização do poder, por meio da criação das Assembleias Provinciais. Estrutura-se a governança. Explicitam-se descontentamentos.

Absolutistas querem a volta de D. Pedro, o pai; "exaltados" lutam por liberdades individuais, a autonomia das províncias, e alguns propõem a proclamação da república. A "guerra" envolve palavras: se os brasileiros são "cabras", português é "marinheiro", "caramuru", "pé de chumbo", entre outros pejorativos.

Eclodem novas rebeliões, mobilizadoras de distintos segmentos comunitários.

Na chamada Cabanagem, deflagrada na província do Pará, que se estende de 1832 até 1840, destaca-se a participação de camadas populares de vida extremamente pobre: escravos, negros forros, mestiços e índios, organizados em tropa. Entre os propósitos, sintomaticamente, a oposição aos estrangeiros e aos maçons e a defesa de Pedro II, do catolicismo, dos brasileiros, do Pará, da liberdade. No processo, os rebelados chegam a proclamar a independência da província como República Independente do Pará.

No Maranhão, por seu turno, a Balaiada, de 1833 a 1841, faz-se de ações isoladas, com maior presença no núcleo populacional mais relevante do estado, extensivas ao interior do Piauí.

A esse tempo, a população maranhense totaliza cerca de 200 mil habitantes, entre eles 90 mil escravos e um grande número de trabalhadores atuantes nas fazendas centradas na pecuária.

Na deflagração da revolta, situa-se o conflito de segmentos elitistas. Na sequência, o fundo envolvimento dos grupos sociais menos favorecidos. Na base da designação evidencia-se o ofício de um dos líderes, Manuel Francisco dos Anjos Ferreira, fabricante e vendedor de balaios.

Aliam-se a ele o cafuzo Raimundo Gomes e o negro Cosme, com 3 mil escravos fugidos, sob seu comando. Amplifica-se o propósito deflagrador. Núcleo: defesa da religião católica, da liberdade e da lealdade à Constituição e a D. Pedro II.

Os rebeldes são derrotados. Ao longo do processo, muitos escravos abandonam a luta e organizam-se em quilombos.

No Sul, a Guerra dos Farrapos ou Guerra dos Farroupilhas (1835-1845) tem, no cerne, a insatisfação diante da cobrança de impostos pelo governo do Império. No comando da revolta, bem-sucedidos fazendeiros da fronteira, na adesão, oficiais do exército e maçons.

Longo o tempo dos embates. Com envolvimento, inclusive, do grupo de italianos, revolucionários refugiados no Brasil, à frente Giuseppe Garibaldi. No processo, alguns eventos relevantes: o controle temporário da província de Santa Catarina, a proclamação, em 1838, da República de Piratini, na cidade do mesmo nome, presidida por Bento Gonçalves e com uma ação efetiva. Ao fundo, sintomas de identidade comunitária; preservada, a língua nacional.

PROCLAMAÇÃO

RIO-GRANDENSES!

Raiou a aurora de vossa felicidade! Pelos jornaes ultimamente recebidos, vimos que os briosos Paulistas, em defesa de sua Patria, commeçarao a guerra contra o tyrano do Brasil! a as phalanges Paulistanas marcharaó sobre o inimigo comum, já os sattellites da escravidáo tem recebido sobre suas criminosas cabeças o affiado gume das espadas dos livres: que brilhantes successos váo desenvolver-se!

Rio-grandenses! A época da liberdade e da justiça vai ser marcada em nossa Historia. No meio de taó faustos auspicios, o governo da Republica Rio-Grandense vai quanto antes convocar o congresso Nacional, para estabelecer as leis fundamentais, porque tanto almeijaó os verdadeiros Republicanos. Para levar a effeito taó grande obra, eu vou dirigir o leme do governo, entregando o Commando do Exercito ao Cidadaó General Antonio Netto. Rio-Grandenses! reuni-vos ao redor deste vaalente Chefe; obedecei-lhe, cumpri suas ordens, ajudai-o. Correi à porfia contra os oppressores do vosso Paiz. O Brasil em massa se levanta como hum só homem, para sacudir o ferreo jugo do 2º Pedro. He este o momento de mostrardes ao mundo, que sois Rio-Grandenses. Se assim fizerdes, vereis em breve tremollar o estandarte tricolor em todos os pontos da Republica: os Rio-Grandenses iludidos viráo aos vossos braços, e naó só as salvareis a Patria, como sereis os libertadores do Brasil inteiro — Viva a liberdade! Vivaó os rio-Grandenses! Vivaó nosssos Irmaós Paulistas! Viva a futura Assembléa do Riogrande.

Quartel-General em Cassiqui
13 de Julho de 1842
Bento Gonçalves da Silva
ALEGRETE — ANNO 1842[10]

(Texto da proclamação da República de Piratini)

De 1835 a 1837, na Bahia, a Revolta dos Malês mobiliza centenas de negros muçulmanos. No comando, escravos nagôs.

Na bandeira de luta, o fim da condição escrava, a conquista da liberdade e a instauração, na Bahia, de uma monarquia islâmica. O planejamento, longo e cuidadoso, em muitas reuniões. Como os "ajuntamentos" realizados na casa do preto forro Belchior da Silva Cunha, um dos chefes do movimento, frequentados por um negro "escravo de um homem que faz fumo", "o qual negro quando está no brinquedo fala também língua de Nagou e he velho com alguns cabellos brancos".[11] É outro chefe o mestre Luís Salim. Na liderança, o destaque ainda do alujá Pacífico Licutã, que "sabia ler e escrever, ensinando aos demais os mistérios e rezas malês" e falando-lhes da necessidade da rebelião.[12] Testemunhos da presença da língua portuguesa e das línguas vernáculas de origem em boca africana ou afrodescendente. No percurso, a dilação, a derrota. E a repressão, violenta.

Revolução dos malês: culminância de um aprendizado de resistência, sofrido ao longo das primeiras décadas do século. Marcadas, entre outras, pela insurgência dos hauçás, de 1807 a 1815; pela revolta em Cachoeira, de 1814; pela Insurreição da Vila de São Mateus, de 1822; pela ação do Quilombo do Urubu, em 1826.

Fato relevante: calcula-se que, em 1824, a população baiana, incluída a de Sergipe del-Rei, incluiria 489 mil negros forros, 35 mil escravos, 80 mil pessoas de cor livres, 13 mil índios e 12 mil brancos. Solidariedades interétnicas e, na decorrência, mesclas linguageiras.

Ilustríssimo Senhor.

Vossa Senhoria repartirá pelo Distrito immediatamente todos os inspetores de Quarterão dessa freguezia e os encarregará de entrarem em todas as casas por lojas pertencentes a pretos africanos dando huma rigorosa busca para descoberta de homens, armamentos, e... ficando na intelligência de que nenhum delle goza de Direito de Cidadão, nem de previlegio de extrangeiro, e que a Polícia exige rigorosamente, que por uma vez se acabe qualquer possibilidade de tentativa como a da noite passada.

Vossa senhoria chamará para turma os cidadons do seo Distrito que julgar necessários forçando-os a obidiencia se o patriotismo ou interesse da propria conservação os não convencer em se prestarem.

As noites de hoje em diante deverão haver innumeras patrulhas de cidadãos e grande vigilancia das autoridades policiais as quais me darão conta de tudo quanto ocorrer a tal respeito, exijo a parte do que ocorreo hontes neste districto. Deos guarde a vossa senhoria.

Bahia vinte e cinco. Ilustríssimo Senhor Juiz de Paz do Primeiro Distrito da Victoria.

Francisco Gonçalves Martins[13]

(Portaria do chefe de Polícia no dia posterior ao movimento de 1835, na Bahia)

Ainda na Bahia, em Salvador, unem-se representantes da classe média e muitos comerciante na defesa da federação e de princípios republicanos. É a *Sabinada*, liderada pelo jornalista e professor Sabino Barroso, da Escola de Medicina. Dura de 1837 a 1838. Entre os propósitos, a libertação dos escravos nascidos no Brasil que aderissem à luta. Na reação, os senhores do engenho, fiéis às forças do governo. A rebelião é abortada.

Politiza-se a comunidade. Evidenciam-se oscilações entre unidade do império e ideias republicanas.

No jogo desses conflitos que pontuam o período da Regência, interagem, como se depreende, contingentes de variada etnia e, consequentemente, de vernáculos distintos. Cruzam-se modalidades e registros do idioma oficial.

No predomínio da comunicação, assoma o português, certamente com marcas de abrasileiramento e, seguramente, um dos fatores fundamentais da construção identitária e da unidade da nação.

REPERCUSSÕES NOS RUMOS DO IDIOMA

Basicamente, os participantes das revoltas que eclodem no período da regência valem-se, em sua comunicação, da língua portuguesa, já ao tempo a língua nacional, carregada, entre outros aspectos, de matizes, em função das distintas regiões nas quais é utilizada e dos contingentes das distintas etnias que se miscigenam na realidade comunitária da nação.

Cumpre considerar-se ainda, em relação ao uso do idioma, os variados segmentos sociais envolvidos nos movimentos, o nascente instinto de nacionalidade e as distâncias entre os núcleos interioranos. No espaço como no tempo. E mais os hábitos e práticas da vida cotidiana, na família e na comunidade, social e linguisticamente matizada, e ainda mais a prevalência da língua oralizada e o baixíssimo índice de alfabetização.

O português, por outro lado, ainda divide espaços, em alguns lugares, nos inícios do século XIX, com as línguas gerais, a Paulista e o Nheengatu e até com a variante usada no Maranhão, como vimos no registro de frei Francisco de Nossa Senhora dos Prazeres, no seu *Poranduba maranhense*, matizado, provavelmente, na configuração da Língua Geral Brasileira.

No Pará, onde era forte a presença da Língua Geral Amazônica, morreram, no curso da Cabanagem, 30 mil caboclos e índios sem tribo, ou seja, o equivalente a um quinto da população local.

Tece-se, gradualmente, uma complexa rede de interações que, certamente, estão na base das diferenças das variantes que se integram na unidade do português do Brasil.

Evidencia-se um fato: o século XIX assiste à tomada de consciência pelos brasileiros dessas múltiplas distinções, agora no âmbito do vocabulário, da fonética e da morfossintaxe. A classificação virá na centúria seguinte.

A PRESENÇA DOS PERIÓDICOS

Ao longo da Regência e estendida a sua ação ao Segundo Reinado, a imprensa segue ativa. Entre outros, acrescentam-se novos títulos em várias cidades do Império. Nos começos do período publicam-se 35 periódicos, divididos entre apoio e oposição ao governo.

Em 1827, sai o *Jornal do Commercio*, no Rio de Janeiro.

Na São Paulo de 1831 emerge a *Voz Paulistana*, jornal de oposição à Coroa; de 1832 é *O Federalista*.

Em 1833, o *Publicador Paraibano*, na Paraíba; de Goiás, em 1830, é a publicação de *Matutina Meiapontense*; em Santa Catarina, em 1831, de

O Catarinense; no Rio Grande do Norte, em 1832, de *O Natalense*; em Sergipe, também em 1832, de *O Recompilador Sergipano*; no Espírito Santo, em 1849, de *O Correio da Vitoria*.

Surgem pasquins de curta existência, como *O Sapateiro Político*, de 1835, acompanhado de *A Novidade* e de *A Novidade Extraordinária*, a que se junta, entre muitos, *O Compadre de Itu a Seu Compadre do Rio*, adversário do regente Feijó.

Presentificam-se inúmeros de caráter circunstancial, mas significativos.

Surgem pasquins ligados aos militares, como *O Cidadão Soldado*, *O Torto da Artilharia*, *O Soldado Aflito*.

Vinculados à questão da cor negra relacionada à condição brasileira, circulam *O Mulato*, *O Brasileiro Pardo*, *O Homem de Cor*, *O Crioulinho*, *O Meia Cara*, *O Cabrito*.

A vinculação da brasilidade ao indígena evidencia-se em periódicos como *O Tupinambá Peregrino*, *O Tamoio*, *O Novo Caramuru*, *O Carijó*.

Publicam-se, no Rio de Janeiro de 1836, dois periódicos estrangeiros: *Litterary Intelligence* e *Révue Brésilienne*, voltados para letras ou assuntos externos. Desponta ainda a *Revista Brasileira de Ciências, Artes e Indústria*.

O ano de 1852 marca o aparecimento de *Brasil*, fundado por Justiniano José da Rocha, criador também dos jornais *Cronista* e *Atlante*.

Inúmeras publicações surgem no Rio Grande do Sul, entre elas *O Povo*, de 1838, órgão da Revolução Farroupilha, como foram *O Americano*, em 1842, e *O Mensageiro*, em cena de 1835 a 1836, e *A Estrela do Sul*, de 1843.

No Paraná, é de 1853 o *Dezenove de Novembro*, no Amazonas, de 1854, a *Estrela do Amazonas*.

Às vésperas da Cabanagem, no Pará, a imprensa ganha vulto no conflito de posicionamentos que então se delineia. A posição conservadora estampa-se em periódicos como *A Opinião* e *O Despertador*. Os liberais entrincheiram-se no *Orfeu Paraense* e no *Publicador Amazonense*, entre outros.

Na Bahia, sessenta periódicos configuram os conflitos entre liberais e conservadores. Entre eles, o *Novo Diário da Bahia* de um lado e, de outro, o *Conservador Social*.

Escreve-se. Em língua portuguesa. E os periódicos, relevantes no processo da construção comunitária, seguem privilegiando e sedimentando o uso formal. Na direção do uso generalizado, ao longo da nação emergente.

O POVO

JORNAL POLITICO, LITTERARIO, E MINISTERIAL DA REPUBLICA RIO GRANDENSE

Este Periodico he propriedade do Governo. Se publica na 4ª feira e Sabbado de cada Semana. Vende-se em Piratini, na Casa do Redactor, onde tambem se recebem Assignaturas á 4$000 rs. Em prata cada Semestre, pagos adiantados. "Folha avulsa, 80 rs. O poder que dirige a revolução, tem que preparar os animos dos Cidadaõs aos Sentimentos de fraternidade, de modestia, de igualdade e desinteressado e ardente amor da Patria.[14]

Joven Itália. Vol.V.
PIRATINI, TYPOGRAPHIA REPUBLICANA
RIO-GRANDENSE: ANNO DE 1838

(Texto constante da primeira página do n. 1
do vol. 1 do jornal *O Povo*, publicado em
Porto Alegre, 1938)

REGÊNCIA, LÍNGUA E IDENTIDADE NACIONAL

O país vive um momento histórico em que a língua portuguesa ganha ainda mais relevância.

Ao lado de sua condição de meio de comunicação, contribui fundamentalmente para a efetiva construção de uma identidade nacional: na formulação, no discurso, de uma história singular; na configuração de um povo, de seu passado; na interpretação dos conflitos, das lutas, dos ajustes; na leitura do seu presente; na construção do imaginário.

Concretiza-se no contexto do período regencial, de par com a ideia de uma história do Brasil *independente,* assinalam Adriana Lopez e Carlos Guilherme Mota, "a ideia de um Brasil 'contemporâneo', pois a consciência de nação afirma-se quando, numa determinada cultura, ocorre a passagem da crônica de episódios e do memorialismo à interpretação histórica compendiada e 'estabilizada'".[15]

Se o ser humano *é* na linguagem, a identidade nacional *é* no discurso da história de um povo. Para tal contribui também o discurso da literatura, corporificador do imaginário em suas peculiaridades. Trata-se de um processo dinâmico, que envolve conflitos, construções, reconstruções, contradições.

É ler os livros de História, que, ao fim e ao cabo, configuram, na linguagem e na visão e interpretação dos fatos, a imagem da nação. É ler os textos literários, alimentadores do imaginário nacional. Ao fundo, ideologias. Conhecer é interpretar.

TEMPOS DO SEGUNDO REINADO

ASPECTOS DA REALIDADE COMUNITÁRIA

Pedro II também enfrenta, vale assinalar, alguma turbulência inicial, com as "guerras do sul", em 1851, contra Oribe, Rosas e Aguirre e algumas insurreições internas.

> **PROCLAMAÇÃO**
>
> **BRASILEIROS!**
>
> A assembléa geral legislativa do Brasil, reconhecendo o feliz desenvolvimento intellectual de S.M. o Senhor D. PEDRO II, com que a Divina Providencia favoreceu o Imperio de Santa Cruz; reconhecendo igualmente os males inherentes a governos excepcionaes, e presenciando o desejo unanime do povo desta capital; convencida de que com este desejo está de acordo o de todo o império, para convferir-se ao mesmo Agusto Senhor o exercício dos poderes que, pela constituição Lhe competem; houve por bem,

> por tão ponderosos motivos Declara-Lo em maioridade, para o effeito de entrar imediatamente no exercício d'esses poderes, como Imperador Constitucional e Defensor Perpetuo do Brasil. O Augusto Monarcha acaba de prestar o juramento solemne determinado no art. 103 da constituição do imperio.
>
> Brasileiros! Estão convertidas em realidade as esperanças da Nação; humas nova éra apontou; seja ella de união e prosperidade. Sejamos nos dignos de tão grandioso beneficio.
>
> Paço da assembléa geral, 23 de julho de 1840[16]

Algumas conclusões frequentam o consenso dos historiadores e pensadores de cultura, com quem sigo dialogando. Repasso-as, com algumas observações.

Definem-se, ao tempo, tendências ideológicas e políticas, polarizadas entre liberalismo e conservadorismo.

Sedimenta-se a consciência da identidade nacional.

Move-se gradativamente, ao longo do reinado, o núcleo econômico do Império: do Norte e Nordeste para o Centro-Sul.

A sociedade brasileira é, à época, fundamentalmente agrária, latifundiária e escravocrata. Com espaço aberto para a presença de fortes dimensões burguesas e urbanas, abolido gradativamente o trabalho escravo.

No processo, a ascensão da classe média, ainda que com reduzida consciência de si mesma como tal: seu modelo de comportamento é a classe dominante que, ciosa e experiente, assegura sua presença no comando do poder público.

Meta de comerciante, lembra Nelson Werneck Sodré, é tornar-se fazendeiro, ou ganhar status por meio de título de nobreza ou de titulação acadêmica, ou pelo modo de vida. Em paralelo, corporifica-se a formação de um proletariado urbano.

Ganha presença, de um lado, a nascente burguesia comercial — banqueiros, financistas, negociantes, importadores, parlamentaristas radicais, protecionistas, partidários de legislação avançada, defensores de política imigratória como solução para o braço exigido pelo trabalho, industrialistas, que clamam pela substituição da agricultura dispersa por fábricas centralizadas. Estruturações.

De outro lado, configura-se a burguesia agrária: proprietários de grandes extensões de terra, livre-cambistas, escravistas, a solicitar liberdade aduaneira para a saída do algodão, do fumo, do açúcar e do café para a Inglaterra, além de serem adversários intransigentes da política imigratória. Contingências do jogo econômico.

Tempos de consolidação

A economia da Colônia, nas três primeiras décadas do século XIX, entretanto, segue centrada na agricultura, em que pese a queda da exportação do açúcar e do algodão.

Na compensação, um fato novo: avulta a vigorosa cultura cafeeira, que, gradual, se estende do vale do Parnaíba, terras do Rio de Janeiro, e se desloca para Minas e, com forte presença, São Paulo. Surge a rica e poderosa classe dos fazendeiros do sul.

Paralelamente à burguesia do café, a classe média urbana ascende, social e politicamente.

Desenvolve-se o comércio exterior.

Ganha força a indústria nascitura. Com estaleiros, fábricas, estradas de ferro, portos, companhias de navegação.

A estrutura social inclui, paralelamente, quilombolas, barqueiros, boiadeiros, marinheiros de embarcações fluviais, lavradores, trabalhadores ocasionais, trabalhadores livres.

Pouco a pouco, configura-se ampla e ativa participação da população mestiça na vida social, política e intelectual.[17]

O vasto território que agora se faz nação mantém o traçado geográfico do século anterior, com lugares ainda desconhecidos e tribos virgens do contato branco.

É habitado por população dispersa, que totaliza 14.333.000 habitantes, em 1890. Analfabetos, na maioria, usuários, em consequência, em termos de língua portuguesa, dos registros oralizados informal e ultrainformal.

Localizado, o emprego da Língua Geral Amazônica, e disperso no convívio familiar e comunitário o emprego de outras congêneres.

E mais: dados estimados contabilizam, entre 1850 e 1888, de 100 a 200 mil escravos migrantes no território das zonas açucareiras nordestinas na direção centro-sul. Falantes de um português matizado.

A extinção do tráfico de escravos[18] não impede o fluxo, agora pela via ilegal do contrabando.

Dilui-se o cuidado dos mercadores com evitar o aporte de escravos unilíngues nos centros mais populosos.

Presentifica-se, na primeira metade do século, a intercomunicação entre falantes africanos de mesma língua. Na decorrência, a provável utilização, em alguns quilombos, de falares negros unificados, notadamente no Rio de Janeiro e na Bahia.

Acelera-se, nas principais cidades, o processo de urbanização. Expandem-se os espaços. Áreas rurais transmudam-se em suburbanas. Criam-se instituições financeiras, indústrias, sociedades anônimas, companhias de seguro, variados estabelecimentos comerciais.

Evidenciam-se melhoramentos nos serviços públicos: cidades ganham redes de esgotos sanitários, iluminação a gás, abastecimento domiciliar de água encanada; calçamento com paralelepípedos; correm nas ruas, ao lado dos tílburis e carruagens, os bondes de tração animal.

Assentam-se os trilhos da malha ferroviária, que ocupa muitas das atividades antes próprias dos muares dos tropeiros, notadamente na produção cafeeira. Com a *rubiacea* ganha destaque, no tecido da sociedade, o trabalho assalariado, ao lado do trabalho escravo.

Começa, por outro lado, a mecanizar-se a exploração do campo e a terra se converte em matéria de mercadoria.[19]

Multiplicam-se os espaços de vida social e lazer: livrarias, associações vinculadas a manifestações artísticas, cafés, confeitarias, teatros, locais destinados a passeios públicos.

O melhor exemplo é o Rio de Janeiro, a capital do Império.[20] Progresso, ainda longe da excelência: a beleza da paisagem esconde precárias condições de higiene.

Mas vive-se e convive-se. E surgem novos grupos sociais, decorrência do mercado interno: fazendeiros do Oeste Paulista, empresários, profissionais liberais, funcionários públicos, intelectuais, artesãos, pequenos e médios comerciantes.[21] Trocas. De ideias, de aspirações, de atividades políticas.

O governo ainda enfrenta, no entanto, alguma insatisfação configurada em revoltas. Como as havidas em São Paulo e em Minas, com repercussões cariocas. Conflitos entre proprietários rurais de posição liberal.

São ainda liberais os opositores que promovem a Revolução Praieira, em 1848. Em Pernambuco. De pouca repercussão. Porta-voz, o *Diário Novo*, sediado na rua da Praia, fonte da designação. Sem êxito.

Acentua-se, na dinâmica do processo social, a estruturação multifacetada da comunidade colonial. Ampliam-se os espaços da intercomunicação pessoal e da convivência das múltiplas variantes regionais e socioculturais. Começa, possivelmente, a evidenciar-se a valorização da variante de prestígio. Em paralelo, por força do processo de urbanização aliado ao afluxo de imigrantes, esse registro abre-se a formas do registro informal e de línguas estrangeiras.

FATOS MARCANTES E CRÍTICOS

Alguns acontecimentos históricos, registram historiadores e sociólogos, modelam o perfil da sociedade.

A abolição da escravatura, leva a mudanças nos rumos da economia do país e a dissensões entre o governo e forte contingente da classe social dominante. Dividem-se opiniões e posicionamentos.

A vaga abolicionista cresce, avassaladora, corporificada em campanhas, associações, movimentos, apoio da imprensa, participação de intelectuais, de escritores, de gente dos mais variados estamentos da sociedade. A ponto de a província do Ceará declarar, isoladamente, abolida a escravidão em seu território, em 1884. E, em 1885, o governo aprova a Lei dos Sexagenários, ou Lei Saraiva-Cotegipe, acordada entre liberais e conservadores.

Por essa época, amplia-se significativamente o índice de fuga de escravos, notadamente em fazendas de São Paulo. Aumenta o movimento em torno da libertação total oficializada pela Lei Áurea, de 13 de maio de 1888.

> A Princeza Imperial, Regente em Nome de Sua Magestade o Imperador, o Senhor D. PEDRO II, Faz saber a todos os subditos do IMPERIO, que a Assembléa Geral Decretou e Ella sancionou a Lei seguinte:
>
> Artigo 1º É declarada extincta desde a data d'esta Lei a escravidão no Brasil.
>
> Artigo 2º Revogam-se as disposições em contrario.
>
> Manda portanto a todas as autoridades a quem o conhecimento e execução da referida Lei pertencer que a cumpram e façam cumprir e guardar tão inteiramente como n'ella se contem.
>
> O Secretario de Estado dos Negocios d'Agricultura Commercio e Obras Publicas e Interino dos Negocios Estrangeiros Bacharel Rodrigo Anquito da Silva do Conselho de Sua Magestade o Imperador o faça imprimir, publicar e correr.
>
> Dado no Palacio do Rio de Janeiro, em 13 de Maio de 1888, 67º da Independencia e do Imperio.
>
> Princeza Imperial Regente[22]
>
> (Lei n. 3353, de 13 de maio de 1888)

Na dinamização do processo, assinale-se o alto número de alforrias e a permissão a escravos de fazendas de cana e de café de cultivarem, em quintais próximos às suas moradias ou em pequenos lotes de terreno, produtos alimentícios, para uso próprio ou para serem comercializados.

O contingente dos alforriados pode ser medido pelos índices do censo de 1872: libertos ou livres constituem, na data, 43% da população brasileira, 73% da gente de origem africana. Os escravos, 15%.

Livre era o negro ou o mulato já nascido livre no Brasil; liberto era o escravo que havia obtido a liberdade, comprada ou concedida, neste último caso, quase sempre por medida de economia ou por motivos afetivos: 64% dos alforriados entre 1807 e 1831, no Rio de Janeiro, pertenciam ao sexo feminino. Miscigenações e integração. Com alguma repercussão nos usos do idioma dominante. De difícil e quase impossível configuração, diante da carência de registros.

> O Barão do Rio Grande do Conselho de Sua Magestade o Imperador Senador do Imperio
>
> Declaro pela presente que o meu escravo Barnabé, natural da Costa de Affrica e de setenta annos de idade pouco mais ou menos, dou inteira liberdade ee paragem para dispor de si mesmo como si de ventre livre nascido fòra. & para constar lhe pafsei a presente carta que vae por mim escrita e afsignada. Rio de Janeiro, 20 de Julho de 1872.
>
>
>
> Barão do Rio Grande
> Rio de Janeiro, 20 de Julho de 1872[23]
>
>

Alforria, até 1865, envolvia limitações como eventuais prestações de serviço ou revogação por motivos aleatórios. O que não impediu, em determinadas regiões, como na Bahia, o registro é de Boris Fausto, o desenvolvimento de consciência comunitária caracterizada pela interação de traços culturais africanos e europeus.

O mesmo censo de 1872 registra presenças dominantes ao lado dos africanos: os portugueses e imigrantes alemães. A esse tempo, o contingente italiano é de 6 mil indivíduos.

À data da abolição, ressalte-se, o território brasileiro encontra-se, em sua maior parte, sem ocupação, o que mobiliza o interesse de muitos.

O ruralismo perde espaço, em consequência do crescimento e da criação e do desenvolvimento das cidades. Configura-se um patriarcalismo urbano, de marcante atuação, desenvolve-se um novo modelo sociocultural, com acentuada influência em toda a realidade do império.

Destaca-se a atuação de jornalistas e profissionais liberais.

A Guerra do Paraguai, que se estende de 11 de novembro de 1864 a 1º de março de 1870, a chamada Guerra da Tríplice Aliança, paralelamente às motivações várias e apontadas pelos historiadores, intensifica, além de outras decorrências, o sentimento de nacionalidade.

Mesmo diante do recrutamento forçado de menores abandonados, escravos e criminosos e da ausência de prévia formação militar dos voluntários da pátria, traz coesão e estabilidade ao exército.

É de representantes da classe média emergente que se faz o contingente de oficiais, formados na Escola Militar, ou forjados na carreira da caserna. Constitui-se, dessa forma, uma classe média militar, ao lado da classe média civil, esta integrada por industriais e comerciantes.[24]

A questão religiosa, que perpassa os anos de 1870, evidencia, na origem, o conflito entre as pretensões de autonomia do catolicismo oficial e as exigências do tradicional posicionamento do governo, defensor da ingerência dos chefes de Estado nos assuntos de religião.

Mobiliza-se o espírito liberal. Avultam questionamentos.

A valorização da ciência, um dos traços de relevo na visão de mundo dominante desde o século XVIII, entra em choque com a tradição do pensamento religioso.

As novas tendências do pensamento europeu adaptam-se à realidade brasileira: é tempo de repercussão no país das ideias filosóficas, científicas e estéticas dominantes no velho continente, destacados o Positivismo, o Evolucionismo, o Realismo e o Naturalismo.

A imprensa, presentificada por toda a parte do Império, informa e forma, na letra do texto. Posiciona-se. Contribui para a sedimentação de valores de uma sociedade desde os primórdios cristã, mais precisamente, católica. Em paralelo, seguem seu curso os cultos protestantes e as religiões afro-brasileiras e seu marcado sincretismo.

A configuração comunitária é reforçada pelo contingente letrado, capaz de sintetizar no discurso muitas das linhas mestras do complexo mitológico brasileiro. Na imprensa e, especialmente, na literatura. A partir do uso formal do idioma, dominante no texto escrito. Em que pese o alto índice de analfabetos.

Nas manifestações literárias, a idealização romântica, de base subjetiva, cede espaço à observação e à análise da realidade, pautadas em visão objetiva.

Destacam-se estudos e textos literários centrados em aspectos psicológicos e culturais do povo brasileiro, decorrentes da dinâmica do processo histórico, ressaltado o período colonial.

Estruturação comunitária, miscigenação, movimentos reivindicatórios, comércio, imprensa, literatura, construção do imaginário e do complexo mitológico brasileiro vinculam-se a distintos usos linguísticos. Sedimentam-se variedades linguísticas.

RUMOS DA COMUNICAÇÃO

Na comunicação comunitária, a língua portuguesa assume a hegemonia, seja no discurso falado, seja no discurso escrito. Já marcada por diferenças em relação à modalidade lusitana, atestada no texto de escritores e na sátira de caricaturas. Dividida, ao longo do território imperial em distintas variantes.

Cede ainda, possivelmente, alguns espaços a uma língua geral e a dialetos crioulos ou a dialetos de África, sem grande volume. Destaque-se, a propósito, a presença africana significativa no Rio de Janeiro, em Salvador, em Campos, em Niterói.

Persiste, em paralelo, em alguns lugares, o uso de línguas gerais, como na Amazônia, e, ainda em 1860, em sítios niteroienses.

A imprensa segue contribuindo para a conscientização das gentes e para a consolidação do registro formal do idioma dominante.

A arte literária abre-se, levemente, ao aproveitamento do registro informal, ainda que privilegie o formal.

A escola assegura o ensino sistemático dessa última variante.

Taboleta nova

Referido o que lá fica atraz, Custodio confessou tudo o que perdia no título e na despeza, o mal que lhe trazia a conservação do nome da casa, a impossibilidade de achar outro, um abysmo, em summa. Não sabia que buscasse; faltava-lhe invenção e paz de espírito. Se pudesse, liquidava a confeitaria. E afinal que tinha elle com politica? Era um simples fabricante e vendedor de doces, estimado, afreguezado, respeitado, e principalmente respeitador da ordem publica...

— Mas o que é que ha? Perguntou Ayres.

— A republica está proclamada.

— Já ha governo?

— Penso que já; mas diga-me V. Ex. ouviu alguém accusar-me jamais de attacar o governo? Ninguem. Entretanto... Uma totalidade! Venha em meu socorro, Excellentíssimo. Ajude-me a sair deste embaraço. A taboleta está promta, o nome todo pintado — *"Confeitaria do Imperio"*, a tinta é viva e bonita. O pintor teima em que lhe pague o trabalho, para então fazer outro. Eu, se a obra não estivesse acabada, mudava de título, por mais que me custasse, mas hei de perder o dinheiro que gastei? V. Ex. crê que se ficar *"Imperio"*, venham quebrar-me as vidraças?

— Isso não sei.

— Realmente, não ha motivo; é o nome da casa, nome de trinta annos, ninguém a conhece de outro modo...

— Mas póde pôr *"Confeitaria da Republica"*...

— Lembrou-me isso, em caminho, mas também me lembrou que, se daqui a um ou dois meses, houver nova reviravolta, fico no ponto em que estou hoje, e perco outra vez o dinheiro.

— Tem razão... Sente-se.

— Estou bem.

— Sente-se e fume um charuto.

Custódio recusou o charuto, não fumava. Aceitou a cadeira. Estava no gabinete de trabalho, em que algumas curiosidades lhe chamariam a atenção, se não fosse o atordoamento do espirito. Continuou a implorar o socorro do visinho. S. Ex., com a grande intelligência que Deus lhe dera, podia salval-o. Aires propôs-lhe um meio termo, um título que iria com ambas as hipóteses, — *"Confeitaria do governo"*.

— Tanto serve para um regimen como para outro.[25]

(Trecho do romance *Esaú e Jacó*, de Machado de Assis)

Literatura, identidade e mobilizações europeias

A literatura ganha, nesse quadro, lugar de relevância. Até porque traça o perfil do imaginário em consonância com o quadro social. E corresponde ao ideal da independência buscada.

A repercussão das ideias dominantes na Europa e a decorrente visão de mundo, pano de fundo do movimento da independência, também orienta a pena dos escritores. É tempo de Romantismo.

Na realidade europeia, configura-se uma discordância profunda entre os caminhos da literatura e os rumos da modernidade. Entenda-se modernidade como um conjunto de aspectos sociais e culturais predominantes no Ocidente, para muitos especialistas desde os fins do século XVIII.[26]

O progresso e a racionalização do desenvolvimento científico e tecnológico do Ocidente abrigam, à época, no seu bojo, excepcional progresso material e riqueza. Não trazem, por paradoxal que pareça, o ansiado retorno à existência paradisíaca. Ao contrário, convertem-se em causas de uma série de pesados problemas intensificados gradativamente ao longo da modernidade.

As fundas mudanças sociais, econômicas e demográficas emergentes nos inícios do século XIX, sobretudo em suas dimensões utilitaristas e deslocadoras da consciência religiosa, conduzem, desde logo, a consequências traumatizantes.

É um tempo, como assinala Alfredo Bosi, marcado pela repercussão, no comportamento dos indivíduos, das contradições inerentes à Revolução Industrial e à ascensão da burguesia.[27]

Essa configuração delineia-se com muita nitidez na França e não está ausente de outros lugares.

Com o racionalismo e a burocratização, vêm também o cerceamento da liberdade individual, o desencanto da vida prosificada, uma sensação de vazio existencial. O sonho começa a desvanecer-se.

A modernização social alicerça o progresso, amplia as possibilidades de bem-estar do ser humano. Mas traz, no seu curso, a desindividualização e a fragmentação.

A razão, nuclear na cosmovisão setecentista e válvula reguladora por excelência do seu comportamento social, possibilita-lhe equilibrar-se nos seus múltiplos desdobramentos, entre eles o de chefe de família, trabalhador e cidadão. Acentua, em contrapartida, como agentes norteadores e repressores, a consciência do dever, a presença da culpa. A organização social não lhe propicia os grandes bens esperados: apesar dos muitos disfarces racionalizadores, avultam diferenças.

As obras que fazem o Romantismo na Literatura, emergente na Europa, nos fins do século XVIII e começos do XIX, evidenciam novos procedimentos.

Entre outros, os românticos sacralizam a obra de arte, veem-na como capaz de conduzir "a uma salvação das rotinas da vida cotidiana, e, especialmente, das crescentes pressões do racionalismo teórico e prático".[28]

Os textos permitem também perceber uma visão de mundo marcada pelo choque com o cotidiano imediato e as evidências de um generalizado mal-estar existencial, o chamado *mal do século* (*mal du siècle*).

Na busca de soluções compensatórias, o artista passa a valorizar a imaginação criadora: a arte abre-se para a manifestação da alma.

O conflito do eu com o mundo circundante leva-o a evadir-se para outros espaços distintos, a buscar apreender a totalidade do real através da intuição e da realização na linguagem.

Ele acredita que tem a capacidade de interpretar, a seu modo, o familiar e o transcendente que empresta eternidade ao mundo sensível que o cerca.

Ganha vulto, em consequência, a poética da subjetividade, um dos traços fundamentais da nova estética e que corresponde a um anseio de preencher a falta de sentido da existência.

O texto literário, à luz de tal posicionamento, carrega-se de elementos simbólicos, e essa ênfase no símbolo é outra das fortes marcas românticas, embora não seja exclusiva.

Os artistas, além de exaltados como gênios criadores, assumem a missão de "guias" da sociedade, e, depois de um primeiro instante de preocupação acendradamente individualista, terminam por converter-se em defensores do reformismo social. Valorizam-se elementos nacionais.

REPERCUSSÕES BRASILEIRAS

No Brasil, o Romantismo desenvolve-se a partir dos modelos europeus e com começos compreensivamente mais tardios. Culmina por apresentar alguns traços diferenciais, em relação a temas e concepção de vida, mantida a fidelidade à caracterização geral do estilo epocal.

Não existe, obviamente, no país, a problemática cultural que, àquele tempo, marca a realidade europeia. Mas há uma língua, como tal ponto de partida e de chegada do texto da literatura, que, a partir do modelo europeu, revela a singularidade das vozes e da realidade que por meio dela se presentifica.

Na realidade brasileira, as manifestações românticas começam a intensificar-se, no âmbito do texto literário, a partir de 1836. A tomada de posição explicita-se num texto-manifesto historicizado: o "Ensaio sobre a história da Literatura do Brasil", publicado por Domingos José Gonçalves de Magalhães na revista-marco do início do movimento: *a Nitheroy Revista Brasiliense de Sciencias, Lettras e Artes.*

> É rica a mythologia, são belissimas suas ficçoens mas á força de serem repetidas e copiadas vão ssensivelmente desmerecendo; alem de que, como o passaro da fabula, despimos nossas plumas para apavonar-mo-nos com antigas gallas, que não nos pertencem. Em Poesia requer-se mais que tudo invenção, genio e novidade; repetidas imitaçoens o espirito embrutecem como a muita arte, e preceitos tolhem e sufocam o genio. As primeiras verdades da sciencia, como os maiss belos ornamentos da Poesia, quando a todos pertencem, a ninguem honram. O que dá realce, e nomeada a alguns dos nossos Poetas não é certamente o uso desstas ficçoens; mas sim outro genero de bellezas naturaes, não colhidas nos livros, mas que só a Pátria lhes inspirára.[29]
>
> (Trecho do ensaio de Domingos José Gonçalves de Magalhães publicado na revista *Nitheroy*)

À medida que se concretiza, ao longo do século, nos textos de diversos autores, o movimento possibilita a depreensão de marcas configuradoras.

Ganha aspectos peculiares, por força do ambiente ao qual se aclimata. Os românticos brasileiros ultrapassam os riscos da mera adoção de modelos importados; conferem marcas específicas, nacionais, à arte que realizam.

Idealiza-se, na arte, a pátria recém-inaugurada. Exalta-se o índio, aurificado como símbolo, o sentimento, a liberdade, a natureza: começa a desenhar-se, a partir do discurso, o complexo mitológico caracterizador da cultura brasileira, distinta da portuguesa. Surgem textos sobre o negro, em perspectiva abolicionista. É ler os poemas de Gonçalves Dias, de Álvares de Azevedo, de Castro Alves, entre muitos.

Como os sons do boré, sôa o meo canto
Sagrado ao rudo povo americano:
Quem, quer que a natureza estima e présa
E gosta ouvir as empoladas vagas
Bater gemendo as cavas penedias,
E o negro bosque sussurrando ao longe.
Escute-me. — Cantor modesto e humilde,
A frente não cingi de misto e louro,
Antes de verde rama engrinaldei-a,
D'Agrestes flores enfeitando a Lyra;
Não me assentei nos cimos do Parnaso,
Nem vi correr a lympha da Castália.
Cantor das selvas, entre bravas mattas
Aspero tronco de Palmeira escolho.
Unido a elle soltarei meo canto,
Em quanto o vento nas palmares zune,
Rugindo os longos encantados leques.[30]

(Trecho do poema "Os timbiras", de Gonçalves Dias)

Datam dos anos 1840 as primeiras narrativas na área da ficção: desde *O filho do pescador*, de Joaquim Norberto Teixeira e Sousa, lançado em 1843, e *A moreninha*, de Joaquim Manuel de Macedo, logo no ano seguinte, às deliciosas *Memórias de um sargento de milícias*, de Manuel Antônio de Almeida, publicadas, de 1852 a 1853, em folhetins do *Correio Mercantil*, e em 1854 em livro. Manifestações da língua literária do século XIX, marcada de presença brasileira.

Começava a cahir a noite.

— Vamos levantar a sucia, minha gente, disse um dos convivas.

— Sim, vamos.

— Nada, inda não: Vidinha vae cantar uma modinha.

— Sim, sim, uma modinha primeiro; aquella: "se os meus suspiros pudessem".

— Não, essa não, cante antes aquella: "Quando as glórias que eu gozei...".

— Vamos lá, decidam, respondam uma voz aflautada e languida.

[...]

Assentou-se, finalmente, que ella cantaria a modinha: "se os meus suspiros pudessem".

Tomou Vidinha uma viola, e cantou acompanhando-se em uma toada insipida hoje, porém de grande aceitação naquelle tempo, o seguinte:

Se os meus suspiros pudessem
Aos teus ouvidos chegar,
Verias que uma paixão
Tem poder de assassinar.

Não são de zelos
Os meus queixumes,
Nem de ciúme
Abrazador;
São das saudades
Que me atormentam
Na dura ausencia
De meu amor.[31]

(Trecho do romance *Memórias de um sargento de milícias*, de Manuel Antônio de Almeida)

Ganha vulto o nacionalismo, à luz da ideologia romântica modelizante. No confronto, o conservadorismo dos defensores da vinculação com a cultura portuguesa.

Em relação ao uso da língua comum, os nacionalistas defendem um posicionamento autônomo, aberto ao uso de construções e vocabulário já marcadamente brasileiros; o purismo dos conservadores rejeita procedimentos nesse sentido, que representariam, no seu entender, a corrupção do idioma.

Destaca-se, nos espaços desse antagonismo, o romancista José de Alencar, declaradamente preocupado, entre outros posicionamentos, com a língua literária brasileira, com uma sintomática tomada de posição.

Na sua criação em literatura o escritor associa formas da língua da tradição clássica a formas peculiares do uso brasileiro, com o aproveitamento, inclusive, de palavras de origem indígena. É ler *O Guarani*, de 1857, é ler *Iracema*, de 1865. É ler os seus perfis de mulher, os romances históricos.

> Iracema sahiu do banho: o aljofar d'agua ainda a roreja, como á doce mangaba que corou em manhã de chuva. Emquanto repousa, empluma das penas do guará as flechas de seu arco, e concerta com o sabiá da mata, posado no galho proximo, o canto agreste.
>
> A graciosa ará, sua companheira e amiga, brinca junto della. Ás vezes sobe aso ramos da arvore e de lá chama a virgem pelo nome; outras remexe o urú de palha matisada, onde traz a selvagem seus perfumes, os alvos fios do crautá, as agulhas da jussára com que tece a renda, e as tintas de que matiza o algodão.
>
> Rumor suspeito quebra a doce harmonia da sesta. Ergue a virgem os olhos, que o sol não deslumbra; sua vista perturba-se.
>
> Diante della e todo a comtempla-la, está um guerreiro estranho, si é guerreiro e não algum máo espirito da floresta. Tem nas faces o branco das areias que bordam o mar: nos olhos o azul triste das aguas profundas. Ignotas armas e tecidos ignotos cobrem-lhe o corpo.
>
> Foi rapido, como o olhar, o gesto de Iracema. A flecha embebida no arco partiu. Gotas de sangue borbulharam na face do desconhecido.
>
> De primeiro impeto, a mão lesta cahiu sobre a cruz as espada; mas logo sorriu. O moço guerreiro aprendeu na religião de sua mãi, onde a mulher é symbolo de ternura e amor. Soffreu mais d'alma que da ferida.

> O sentimento que elle poz nos olhos e no rosto não o sei eu. Porém a virgem lançou se si o arco e a uiraçaba, e correu para o guerreiro, sentida da magoa que causára.
>
> A mão que rapida feríra, estancou mais rapida e compassiva o sangue que gotejava. Depois Iracema quebrou a flecha homicida: deu a haste ao desconhecido, guardando comsigo a ponta farpada.[32]
>
> (Trecho do romance *Iracema*, de José de Alencar)

É a propósito ilustrativa a crítica condenatória do emprego de vocábulos e construções gramaticais próprios do uso brasileiro do idioma a ele dirigida, em 1870, pelo filólogo Pinheiro Chagas.

Mesmo diante das posições antagônicas, agudiza-se o "instinto de nacionalidade", marca que, como acentuou Machado de Assis, acompanha desde sempre o processo literário brasileiro.

A exaltação da natureza idealizada presentifica-se em inúmeros textos, como, entre outros, em escritos de Gonçalves Dias.

> E eu levei os meus olhos do norte ao sul do occaso ao nascer do sol — 'té onde elles alcançavam — e respondi:
>
> "Meu pai, vejo diante de meus olhos uma prodigiosa extensão de terreno: é por ventura algum grande imperio — tão grande espaço me parece que encerra.
>
> "E as arvores, que o sombreiam, são robustas e frondosas — com se desde a creação presenciassem o incessante volver dos seculos.
>
> "E a relva que o tapisa é densa e aveludada; e as suas flôres melindrosas e perfumadas, e as suas aves canoras e brilhantes como as suas flôres.
>
> "E o céo que cobre essa terra bemdita é sereno e estrellado, e parece reflectir nas suas côres fulgentes o sorriso benevolo e carinhoso de quando o Creador o suspendia nos ares como um rico diamante pendente do seu throno.[33]
>
> (Trecho de "Meditação", de Gonçalves Dias)

A problemática da escravidão também tem lugar na pena literária. Como tema. Sem a idealização concedida ao aborígene. Não como voz daqueles que não têm voz, mas centrada na mobilização do sentimento humanitário e na exaltação da liberdade.

É traduzida em língua portuguesa, sem preocupação maior com africanismos. Marcada, com poucas exceções, pelo estereótipo, como exemplifica, entre muitos textos, a passagem do romance *A escrava Isaura*, de Bernardo Guimarães, no diálogo entre a personagem-título e a sua senhora, Sinhá Malvina, diante de uma canção entoada pela primeira.

> — Não gosto que a cantes, não, Isaura. Hão-de pensar que és maltratada, que és uma escrava infeliz, victima se senhores barbaros e crueis. Entretanto passas aqui uma vida, que faria inveja a muita gente livre. Gozas da estima de teus senhores. Derão-te uma educação, como não tiverão muitas ricas e illustres damas, que eu conheço. És formosa, e tens uma côr tão linda, que ninguem dirá que gira em tuas veias uma só gota de sangue africano. Bem sabes, quanto minha boa sogra antes de expirar te recomendava a mim e a meu marido. Hei-de respeitar sempre as recommendações daquella santa mulher, e tu bem vês, sou mais tua amiga, do que tua senhora. Oh! Não; não cabe em tua boca essa cantiga latimosa, que tanto gostas de cantar. — Não quero, — continuou em tom de branda reprehensão, — não quero que a cantes mais, ouviste, Isaura?... senão, fecho-te o meu piano.
>
> — Mas, senhora, apezar de tudo isso, que sou mais que uma simples escrava? Essa educação, que me derão e essa beleza, que tanto me gabão, de que me servem?... são trastes de luxo collocados na senzala do africano. A senzala nem por isso deixa de ser o que é: uma senzala.
>
> — Queixas-te da tua sorte, Isaura?...
>
> — Eu, não senhora; não tenho motivo;... o que quero dizer com isto é que, apezar de todos esses dotes e vantagens, que me attribuem, sei conhecer o meu lugar.[34]
>
> (Trecho de *A escrava Isaura*, romance
> de Bernardo Guimarães)

Mas já se trata de um passo importante na mobilização da consciência brasileira, como ocorre marcadamente em poemas de Castro Alves.

> Desce do espaço immenso, ó águia do oceano!
> Desce mais, inda mais... Não pode o olhar humano
> Como o teu mergulhar no brigue voador.
> Mas que vejo eu ahi... q̃ quadro de amarguras!
> Que canto funeral!... Que tétricas figuras!...
> Que scena infame e vil!... Meo Deus! Meo Deus! Q̃ horror!
>
> Era um sonho Dantesco... O tombadilho
> Que das luzernas avermelha o brilho,
> Em sangue a se banhar.
> Tinir de ferros... estalar de açoite...
> Legiões de homens negros como a noite
> Horrendos a dansar...
>
> Negras mulheres, suspendendo ás tetas
> Magras creanças, cujas bocas pretas
> Rega o sangue das mães;
> Outras, moças... mas nuas, espantadas,
> No turbulhão de espectros arrastados,
> Em ancia e magoa vãs.
>
> E ri-se a orchestra, ironica, estridente...
> E da ronda phantastica a serpente
> Faz doudas espiraes...
> Se o velho arqueja... se no chão resvalla,
> Ouve-se gritos... o chicote estala,
> E voam mais e mais...[35]
>
> (Trecho do poema "Tragédia no mar
> [O navio negreiro]", de Castro Alves)

Bernardo Guimarães é um dos poucos que procura reproduzir a expressão falada do negro, como num dos "causos" que conta em *Lendas e romances*, "Uma história de quilombolas".

— Então, malungo, está comendo tão caladinho!... falla sua verdade, isto não é melhor do que comer uma cuia de feijão com angu, que o diabo temperou, lá em casa do seu senhor?...

— E ás vezes nem isso, pae Simão. Laranja com farinha era almoço de nós, e a enxada na unha de sol a sol... isto aqui sim, é outra cousa... se eu soubesse já ha mais tempo estava cá. Viva o quilombo, meu malungo, e o mais leve tudo o diabo.

— E o capitão do matto, a forca, Matheus!... você não tem medo? olha que nossa cabeça não anda muito segura em cima do pescoço...

— qual forca, pae... tolo serei eu, se elles me apanhão. Tambem não sei qual é melhor, se morrer uma vez, ou estar apanhando surra todo o santo dia. Quando menos a gente morre de barriga cheia e sem vergão na cacunda... Ah! que carne gostosa está!... como chama isso, pae Simão?...

— Com effeito!... gente desgraçada que é captivo!... nem sabe o que é presunto... Agora toma lá, coma disso, tambem, Matheus.

Pae Simão collocou diante do parceiro uma tigella cheia de azeitonas, e um punhado de bolachas.[36]

(Trecho de *Lendas e romances*, de Bernardo Guimarães)

A paisagem e a fala típica do sertão ganham relevo em *Inocência*, do visconde de Taunay, lançado em 1872. Língua coloquial, regionalismos. Mas mediatizada pela literatura. Taunay, curiosamente, situava-se entre os escritores contrários ao abrasileiramento da língua literária.

— Pelo que vejo, disse elle, o Sr. gosta de prosear.

— Ora se! retrucou o mineiro. Nestes sertões só sinto a falta de uma cousa: é de um christão com quem de vez em quando dê uns dedos de *parola*. Isso sim, por aqui é *vasqueiro*. Tudo anda tão calado!... uma verdadeira caipiragem!... Eu, não. Sou das Geraes, nasci na Parahybuna, conheci no meu tempo pessoas de muita educação, gente mesma de truz e fui criado na Mata do Rio como homem e não como bicho do monte.

— Ah! o senhor é também de Minas?

— Nhôr-não, respondeu o outro. Sou caipira de S. Paulo: nasci na villa da Casa Branca, mas fui criado em Ouro Preto.

— Ah! na cidade Imperial?...

— Lá mesmo.

— Então é quasi de casa, replicou o mineiro rindo-se ruidosamente.[37]

(Trecho do romance *Inocência*, de Visconde de Taunay)

O teatro registra costumes. Em fala bem-comportada. São algumas das muitas manifestações que fazem a literatura brasileira da época. Exemplos são as peças *Demônio familiar*, de José de Alencar, e *Caiu o ministério!*, de França Junior.

EDUARDO — Vem cá!

PEDRO — Senhor!

EDUARDO — Responde-me a verdade.

PEDRO — Pedro não mente nunca.

EDUARDO — Que versos são uns que entregaste a D. Henriqueta, de minha parte?

PEDRO — Forão versos que senhor escreveo...

EDUARDO — Que eu escrevi?

PEDRO — Sim, senhor.

EDUARDO — A Henriqueta?

PEDRO — Não, senhor.

EDUARDO — A quem então?

PEDRO — Á viuva.

EDUARDO — Que viuva?

PEDRO — Essa que mora aqui adiante; mulher rica; do grande tom.

EDUARDO (rindo) — Ah, lembro-me! E tu levaste esses versos á Henriqueta?

PEDRO — Levei, sim, senhor.

EDUARDO — Com que fim, Pedro?

PEDRO — Sr. não se zanga, Pedro diz porque fez isso.

EDUARDO — Falla logo de uma vez. Que remedio tenho eu senão rir-me do que succede?

PEDRO — Sinhá Henriqueta é pobre; pae anda muito por baixo; senhor casando com ella não arranja nada! Moça gasta muito; todo o dia vestido novo, camarote no theatro para ver aquella mulher que morre cantando, carro de aluguel na porta, vai passear na Rua do Ouvidor, quer comprar tudo que vê.

EDUARDO — Ora, não sabia que tinha um moralista desta força em casa![38]

(Trecho da peça *Demônio familiar*, de José de Alencar)

CAHIO O MINISTÉRIO!
Comedia original de costumes
Em Tres Actos

ACTO I

O theatro representa parte da rua do Ouvidor. Ao fundo a redacção do Globo, a casa immediata, a confeitaria do Catellões e o armarinho vizinho. O interior destes estabelecimentos deve ser visto pelos espectadores. Ao subir o panno a escada que communica o pavimento inferior do escriptorio do Globo com o superior deve estar occupada por muitos meninos, vendedores de gazetas; algumas pessoas bem vestidas conversão junto ao balcão. Em casa dos Castellões muita gente conversa e come. No armarinho grupos de moças, encostadas ao balcão, conversão e escolhem fazendas. Grande movimento na rua.

SCENA I

(Um vendedor de bilhetes de loteria, 1º, 2º, 3º e 4º vendedores de jornaes, Dr. Raul Monteiro e Ernesto.)

Vendedor de Bilhetes — Quem quer os duzentos contos? Os duzentos contos do Ypiranga!

1º Vendedor de Jornaes — A Gazeta da Tarde, trazendo a chronica parlamentar.

2º Vendedor — A Gazeta de Notícias traz a carta do Dr. Seabra.

3º Vendedor — A Gazetinha.

4º Vendedor — A Espada de Damodes, trazendo o grande escandalo da camara dos deputados, a historia do ministerio, o movimento do porto, e também trazendo o assassinato da rua do Senado.

3º Vendedor — A Gazetinha e o Cruzeiro.

Raul Monteiro — (Que deve estar parado á porta da Globo a ler os telegrammas: voltando-se e vendo Ernesto, que sae do Castellões.) Oh! Ernesto, como vaes?

Ernesto — Bem. E tu?

Raul — Então? Nada ainda?

Ernesto — Ouvi dizer agora mesmo no Bernardo que foi chamado para organizar o ministerio o Faria Soares.

Raul — Ora! Ora! O Soares partio hontem com a família para Therezopolis.

Ernesto — É verdade; porém disserão-me que hontem mesmo recebeu o telegrama e que desce hoje. Ahi vem Goularte.

Raul — Homem, o Goularte deve estar bem informado.[39]

(Trecho da peça *Caiu o ministério!*, de França Junior)

O escritor é testemunho e antena do seu tempo. A literatura contribui para a organização do repertório cultural comum das pessoas. Observe-se a limitação dos exemplos a escritores referendados pelo cânon. As muitas manifestações coetâneas que não o integram aguardam a necessária pesquisa.

O movimento romântico, dominante na cultura brasileira aproximadamente de 1836 a 1880, com repercussões para além, coincide com a afirmação do país. Identifica-se com o modo de ser e de sentir da sociedade nascente, sobretudo um marcante sentimentalismo. Converte-se em estilo de vida. Traduz muito da individualidade e da dimensão comunitária coletiva, destacado um marcante sentimento de nacionalidade.

Nesse rumo, envolve outros traços relevantes.

Identifica no indianismo a mitologia representativa do povo que se afirmava, indianismo peculiar: a doutrina do "bom selvagem" somada ao antilusismo faz do índio a representação simbólica da independência espiritual, política, social e literária.

Contribui para a afirmação do Brasil como nação.

Marca-se de caráter político e social.

Valoriza a cor local.

Assume a literatura popular como fonte original de criatividade artística: é ver a relevância conferida às manifestações do folclore.

Destaca, idealizando, a natureza brasileira.

Matiza o "mal do século". Traz a consolidação da literatura nacional.

Afirma-se a poesia, cria-se a ficção.

Da preocupação com a criação de uma literatura eminentemente nacional emerge a aproximação das modalidades escrita e falada do idioma. Com alguma resistência à imposição das severas normas gramaticais portuguesas.

> Se eu morresse amanhã, viria ao menos
> Fechar meus olhos minha triste irmã;
> Minha mãe de saudades morreria,
> Se eu morresse amanhã!
>
> Quanta gloria pressinto em meu futuro!
> Que aurora de porvir e que manhã!
> Eu perdêra chorando essas coroas,
> Se eu morresse amanhã!
>
> Que sol! que céo azul! que doce n'alva
> Acorda a natureza mais louçã!
> Não me batêra tanto amor no peito,
> Se eu morresse amanhã!
>
> Mas essa dôr da vida que devora
> A ancia de gloria, o dolorido afan...
> A dor no peito emmudecêra ao menos,
> Se eu morresse amanhã![40]
>
> (Texto do poema "Se eu morresse amanhã",
> de Álvares de Azevedo)

O texto escrito sensibiliza, obviamente, a população letrada.

O texto oralizado, especialmente poemas declamados e peças de teatro, é que tem possibilidade de mobilizar a opinião pública nos espaços das massas analfabetas.

O ROMANTISMO E A LÍNGUA

Começa a avultar a caracterização da norma brasileira. Lentamente. E Alencar constata e vaticina, à luz de um posicionamento evolucionista:

> Em especial vai-se libertando a língua portuguesa do Brasil das normas clássicas dos escritores portugueses. As línguas progridem e se transformam — se a língua portuguesa não pode progredir, há de transformar-se para formar a língua brasileira. Negá-lo é negar o futuro do Brasil. [...] o dialeto brasileiro já se distingue do dialeto português: cada vez essa distinção deve ser mais profunda.[41]

A língua, na arte literária do Romantismo, contribui fundamente para a identidade do Brasil.

E mais: é a partir do movimento romântico que o homem de letras passa a ser compreendido, na comunidade nacional, como agente de missão civilizadora, quer por meio da obra que realiza, quer por intermédio de sua responsabilidade como intelectual e sua ação social e política.[42]

Essa responsabilidade se revela, entre outros aspectos, na consciência da significação do idioma como elemento relevante na singularização da identidade cultural. Há que considerar, a propósito, a especificidade da linguagem literária, em que a língua funciona como suporte. O texto de literatura constitui um uso especial do idioma, assumido, com intenção criadora e artística pelo escritor. Flui de uma interação com a língua da comunicação cotidiana.

Evidencia-se a partir dos começos da segunda década do século XIX, quando ganha o interesse dos estudiosos, a preocupação com a questão da língua portuguesa do Brasil. Inicialmente de forma eventual. Sem caráter problematizador.

É de autoria de Domingos Borges de Barros, visconde e barão de Pedra Branca, o texto mais antigo de que se tem notícia sobre o que ele já denomina "idioma brasileiro", escrito em francês e datado de 1820, e onde aponta traços que o diferenciam do português lusitano. Segue um trecho:

> Les langues montrent les moeurs et le caractère des peuples. Celle des Portugais se ressent de caractère réligieux et belliqueux, ainsi les mots *honnête, galant, béate, bizarre* etc., ont une signification bien différente de celle qu'ils ont en français. La langue portugaise abonde em termes et phrases pour exprimer les mouvements emportés, des actions fortes. En portugais, on frappé avec tout: et quand le Français, par exemple a besoin d'ajouter le mot *coup* à la chose avec laquelle on frappe , le Portugais l'exprime du seul mot de l'instrument. On dit en français , un coup de pierre, en Portugais, une pedrada, um coup de couteau, une facada etc. On le peut dit hardiment de toutes choses.
>
> Sans manquer à l'idiotisme, on peut aussi hardiment former des superlatifs ou des diminutifs de tout adjectifs: ou en fait quelque fois même des substantifs. L'âpreté dans la prononciation a acompagné l'arrogance des expressions et conserve encore aujoud'hui en héritage: mais cette langue, transportée au BRÉSIL, se ressent de la douceur du climat et du caractère de ses habitants; elle a gagné pour l'emploi et pour les expressions des sentiments tendres, et, tout en conservant son energie, elle a plus aménité. On peut s'en convaincre en lisant les poésies de Gonzaga, de J. da Gama (nous ajouterons de M. le baron de Pedra Branca) et de plusieurs autres ecrivains brésiliens.
>
> A cette première différence, qui embrasse la généralité de l'idiome brésilien, il fut encore ajouter celle des mots qui ont changé tout-à--fait d'acception, ainsi que celle de plusieurs autres expressions qui n'existent point dans la langue portugaise, et qui ont été empruntées aux indigènes, ou qui ont été importées au Brésil par les habitants de différentes colonies portugaises d'outre-mer.[43]

Tradução livre:

As línguas revelam os costumes e o caráter dos povos. A dos portugueses está impregnada de seu caráter religioso e belicoso, assim as palavras *honnête, galant, béate, bizarre* etc. têm uma significação bem diferente da que têm em francês. A língua portuguesa é rica de termos e frases que exprimem os movimentos bruscos, as ações fortes. Em português, golpeia-se com tudo: e quando o francês, por exemplo, tem necessidade de juntar a palavra *coup* à coisa com a qual ela golpeia o português o exprime apenas com o nome do instrumento. Diz-se em francês, um *coup de pierre*, em português, uma pedrada, um *coup de couteau*, uma facada etc. Podemos dizê-lo afoitamente de todas as coisas.

Sem concessão ao idiotismo, pode-se também afoitamente formar superlativos e dominutivos de todos os adjetivos: e certamente por vezes mesmo de substantivos. A aspereza na pronúncia acompanhou a arrogância das expressões e conserva ainda hoje a herança disso: mas esta língua, levada ao BRASIL, se impregna da doçura do clima e do caráter de seus habitantes; ela ganhou com o uso, com a expressão de sentimentos suaves e conservando sua energia, tornou-se mais amena. Fica-se convencido dessa característica lendo as poesias de Gonzaga, de J. da Gama (acrescentamos o nome do barão de Pedra Branca) e de muitos outros escritores brasileiros.

A esta primeira diferença, que abarca o idioma brasileiro em geral, torna-se necessário acrescentar a das palavras que mudaram totalmente de sentido, bem como a das muitas expressões que não existem na língua portuguesa e que foram emprestadas aos indígenas ou que foram importadas no Brasil pelos habitantes das diferentes colônias portuguesas de além-mar.

O pronunciamento foi publicado na obra do geógrafo e estatístico Adrien Balbi, intitulada *Introduction à l'Atlas ethnographique du globe ou Classification des peuples anciens et modernes d'après leurs langues*. O parêntese foi acrescentado por ele. O baiano Borges de Barros exerceu as funções de encarregado de negócios do Brasil junto ao rei da França.

Outra voz que à época se pronuncia é a de José Bonifácio de Andrada e Silva, não fora ele o Patriarca da Independência. Sua manifestação limita-

-se a aspectos da linguagem da poesia, âmbito em que defende o direito à criação, pelos escritores brasileiros, de neologismos, cultos. A novidade era a desvinculação do aval lusitano.

> Para podermos pois traduzir dignamente a Pindaro, ser-nos--hia preciso enriquecer primeiro a lingua com muitos vocabulos novos, principalmente compostos, como provavelmente fizerão os mesmos Homero e Pindaro para com a sua: se por fatalidade nossa o immortal Camões, que tanto tirou do latim e italiano, não ignorasse o grego, certo teria dado ao seu poema maior força e laconismo e á língua portugueza maior emphase e riqueza. Nós já temos muitos vocábulos compostos tirados do latim, e por que não faremos, e adoptaremos muitos outros, tanto ou mais necessarios em poesia, como por exemplo: auricómada, roxicómoda, boquirrubra, braccirrosea, olhinegra, olhiamorosa, argentipede, tranciloira, docirrisonha, docifallante, etc., etc. Ousem pois os futuros engenhos brasileiros, agora que se abre nova época no vasto e nascente Imperio do Brasil à lingua portugueza, dar este nobre exemplo; e fico, que apesar de franzirem o beiço puristas acanhados, chegará o portuguez, já bello e rico agora, a rivalisar em ardimento e concisão com a lingua latina, de que traz a origem.[44]
>
> (Trecho de texto de José Bonifácio de Andrada e Silva)

A questão da autonomia literária evidencia-se, de início, em textos de Domingos José Gonçalves de Magalhães, notadamente no citado ensaio publicado na *Nitheroy* e no polêmico poema "A Confederação dos Tamoios", de 1856, texto em que, vale assinalar, ainda se está longe da concretização do propósito, em termos de uso da língua. Esse traço caracteriza também os *Suspiros poéticos e saudades*, de 1836, livro tradicional e didaticamente fixado como marco inicial do Romantismo brasileiro.

As duas obras poéticas e o ensaio consubstanciam afirmações de independência em relação ao modo de fazer literário português. A dedicatória de Magalhães ao imperador, por outro lado, constante desse último livro, além de ser um exemplo de uso formal à época, traz um juízo avaliatório da governança do imperador, em que pese o tom laudatório do discurso.

Senhor!

Não é um simples motivo de particular gratidão por especiaes favores devidos à Vofsa Magestade Imperial, e sim um sentimento mais patriotico de profunda admiração, e elevado reconhecimento pela prosperidade de nofso paiz, devida à sabedoria, justiça e amor às instituições no Throno na Augusta Pefsoa de Vofsa Magestade Imperial; é este nobre sentimento que me inspira a idéea de offerecer e dedicar á Vofsa Magestade Imperial este meu trabalho litterario, como um tributo espontaneo de um súbdito fiel ao melhor dos Monarchas.

Vofsa Majestade Imperial deseja ser amado pelas suas virtudes publicas e privadas, que tanto edificam: e o Brasil todo o ama e admira.

Si os bens materiaes, que crescem todos os dias entre nós, afsás apregoam a solicitude de Vofsa Majestade em promovel-os, muito mais apregoam a sabedoria do seu governo os bens moraes e políticos que gozamos, e pelos quaes velhas nações da Europa ainda hoje derramam riso de sangue.

A instrução publica propagada e protegida, a completa liberdade da imprensa, a independência da tribuna, a tolerância dos cultos, os públicos empregos franqueados a todas as capacidades e talentos, o desentravamento do commercio; todos estes grandes bens, e o que d'elles necefsariamente se derivam, ahi estão para apresentar o Brasil como uma nação constituida segundo a dignidade da natureza humana, e conforme os dictames da esclarecida razão e da bôa política, a dar ao mesmo tempo de Vofsa Majestade Imperial ao mundo a idéa de um Principe perfeito, todo empenhado em promover o bem do seu povo.[45]

(Trecho da dedicatória ao imperador de *Suspiros poéticos e saudades*, de Domingos José Gonçalves de Magalhães)

A atitude afirmativa encontra-se reiterada nas contribuições de Gonçalves Dias: sua obra evidencia temas brasileiros. Mas o poeta e professor, como acontece também com Alencar, não objetiva caracterizar uma língua autônoma.

O ideário poético do autor da "Canção do exílio" é assumido no prólogo da primeira edição dos *Primeiros cantos*, datada de 1846.

> Dei o nome de PRIMEIROS CANTOS às poesias que ora publico, porque espero que não serão as ultimas. Muitas dellas não tem uniformidade nas strophes, porque despréso regras de mera convenção; adoptei todos os rhythmos da metrificação portugueza, e usei delles como me parecêrão quadrar melhor com o que eu pretendia exprimir.
>
> Não tem unidade de pensamento entre si, porque forão compostas em epochas diversas — debaixo de céo diverso — e sob a influencia de impressões momentaneas.
>
> Foram compostas nas margens viçosas do Mondêgo e nos pincaros enegrecidos do Gerez — no Doiro e no Tejo — sobre as vagas do Atlantico, a nas florestas virgens da America. Escrevi-as para mim, e não para os outros; contentar-me-hei se agradarem; e se não... é sempre certo que tive o prazer de as ter composto.
>
> Com a vida isolada que vivo, gósto de afastar os olhos de sobre a nossa arena política para lêr em minha alma, reduzindo à lingoagem harmoniosa e cadente o pensamento que me vem de improviso, e as idéas que em mim desperta a vista de uma paysagem ou do oceano — o aspecto emfim da natureza. Casar assim o pensamento com o sentimento — o coração com o entendimento — a idéa com a paixão — colorir tudo isto com a imaginação, fundir tudo isto com a vida e coma natureza, purificar tudo com o sentimento da religião e da divindade, eis a Poesia — a Poesia grande e santa — a poesia como eu a comprehendo sem a poder definir, como eu a sinto sem a poder traduzir.[46]
>
> (Trecho do prólogo de *Primeiros cantos*, de Gonçalves Dias)

Sua posição em relação à língua é por ele resumida em carta ao Dr. Pedro Nunes Leal:

Em resumo:

1º — a minha opinião é que ainda, sem o querer, havemos de modificar altamente o português. 2º — Que uma só coisa fica e deve ficar eternamente respeitada: a grammática e o genio da língua. 3º — Que se estudem muito e muito os classicos, porque é miseria grande não saber usar das riquezas que herdamos. 4º — Mas que, nem só pode haver salvação fóra do Evangelho de S. Luiz, como que devemos admitir tudo o de que precisamos para exprimir coisas novas ou exclusivamente nossas

E que, enfim, o que é brasileiro é brasileiro, e que cuya virá a ser tão clássico como *porcellana*, ainda que a não achem tão bonita.[47]

E seu verso fala pelo indígena, entre outros exemplos, assumida a palavra do pajé, premonitória, no poema "Canto do Piaga".

> Pelas ondas do mar sem limites
> Basta selva sem folhas, hi vem;
> Hartos troncos, robustos, gigantes;
> Vossas matas taes monstros contêm.
>
> Trás embira dos cimos pendente
> — Brenha espessa de vario cipó —
> Dessas brenhas contêm vossas matas,
> Taes e quaes, mas com folhas: é só!
>
> Negro monstro os sustenta por baixo,
> Brancas azas abrindo ao tufão,
> Como um bando de candidas garças,
> Que nos ares pairando — lá vão.
>
> [...]

Não sabeis o que o monstro procura?
Não sabeis a que vem, o que quer?
Vem matar vossos bravos guerreiros,
Vem roubar-vos a filha, a mulher!

Vem trazer-vos crueza, impiedade —
Dons crueis do cruel Anhangá;
Vem quebrar-vos a maça valente,
Profanar Manitôs, Maracás.

Vem trazer-vos algemas pesadas,
Com que a tribu tupi vai gemer;
Hão de os velhos servirem de escravos
Mesmo o Piaga inda escravo ha de ser!

Fugireis procurando um asilo
Triste asilo por iínvio sertão;
Anhangá de prazer ha de rir-se,
Vendo os vossos quão poucos serão.[48]

(Trecho do poema "Canto do Piaga", de Gonçalves Dias)

Em síntese o poeta defende a liberdade de criação e estilo, este aberto ao aproveitamento de vocabulário de origem tupi, garantida a fidelidade ao gênio da língua e às normas gramaticais. Não fora ele o autor das *Sextilhas de frei Antão*, reveladoras de conhecimento do idioma, na melhor tradição do português lusitano.

Bom tempo foy o d'outr'ora
Quando o reyno era christão,
Quando nas guerras de mouros
Era o rey nosso pendão,
Quando as donas consumião
Seus teres em devação.

> Devia o rey huma batalha,
> Deos lhe acudia do ceo;
> Quantas terras que ganhava,
> Dava ao Senhor que lhas deo,
> E só em fazer mosteyros
> Gastava muito do seo.[49]
>
> (Trecho das *Sextilhas de frei Antão*, de Gonçalves Dias)

A posição, a propósito, que mais se aproxima da radicalidade, mesmo com as ressalvas apontadas, é a de José de Alencar. Ainda que em termos. Barbosa Lima Sobrinho acentua que, sobre o assunto, o escritor assumiu "duas atitudes, contraditórias e opostas".[50]

A primeira, caracteriza-se em crítica de 1856 ao referido poema "A Confederação dos Tamoios", de Domingos José Gonçalves de Magalhães: o romancista condena procedimentos poéticos que se afastam do ritmo do verso lusitano e o uso de palavras que considera não referendadas "em português moderno".

A segunda, configura-se diante da crítica aos galicismos encontrados no seu romance *Lucíola* e de reflexos "das novelas parisienses" em *Diva*. No "pós-escrito" dessa última obra o autor explicita o seu posicionamento:

> O autor d'este volume e do que o precedeu com o titulo de Lucíola sente a necessidade de confessar um peccado seu: gosta do progresso em tudo, até mesmo na lingua que falla.
>
> Entende que sendo a lingua instrumento do espirito, não póde ficar estacionaria quando este se desenvolve. Fôra realmente extravagante que um povo adoptando novas idéas e costumes, mudando os habitos e tendencias, persistisse em conservar rigorosamente aquêlle modo de dizer que tinhão seus maiores.
>
> Assim, não obstante os clamores da gente retrograda, que a pretexto de classismo aparece em todos os tempos e entre todos os povos, defendendo o passado contra o presente; não obstante a força incontestavel dos velhos habitos, a lingua rompe as cadêas que lhe querem impôr e vai se enriquecendo já de novas palavras, já de outros modos diversos de locução.

> É, sem duvida, deploravel que a exageração d'essa regra chegue a ponto de eliminar as balisas tão claras das diversas linguas. Entre nós, sobretudo, naturalisa-se quanta palavra inutil e feia occorre ao pensamento tacanho dos que ignorão o idioma vernaculo, ou têm por mais elegante exprimirem-se no jargão estrangeirado, em voga entre os peralvilhos.
>
> Esse ridiculo abuso, porém, não devêra levar ao excesso os doutos e versados na lingua. Entre os dois extremos de uma enxertia sem escolha e de uma absoluta isenção está o meio termo, que é a lei do bom escriptor e o verdadeiro classismo do estylo.[51]

Barbosa Lima Sobrinho sublinha, no caso, "a defesa do meio-termo entre o exagero do conservantismo intransigente e o radicalismo de inovações injustificáveis". Posição similar à de Gonçalves Dias. O citado pós-escrito do romance *Diva* traz, nessa direção, outros pronunciamentos significativos:

> A língua é a nacionalidade de pensamento como a patria é a nacionalidade do povo. Da mesma fórma que instituições justas e racionaes revelam um povo grande e livre, uma lingua pura, nobre e rica, annuncia a raça inteligente e illustrada.
>
> Não é obrigando a estacionar que hão de manter e polir as qualidades que por ventura ornem uma lingua qualquer; mas sim fazendo que acompanhe o progresso das idéas e se molde ás novas tendências do espirito sem contudo perverter a sua índole e abastardar-se.
>
> Crear termos necessarios para exprimir os inventos recentes, asssimilar-se aquelles que, embora oriundos de linguas diversas, sejam indispensaveis e sobretudo explorar as proprias fontes, veios preciosos onde talvez ficaram esquecidas muitas pedras finas; essa é a missão das línguas cultas e seu verdadeiro classismo.[52]

Alencar defende ainda, em carta a Pedro Nunes Leal, a interação entre a língua falada e a língua de literatura:

> Nós, os escritores nacionais, se quisermos ser entendidos de nosso povo, havemos de falar-lhe em sua língua, com os termos ou locuções que ele entende, e que lhes traduz os usos e sentimentos.

Não é somente no vocabulário, mas também na sintaxe da língua, que o nosso povo exerce o seu inauferível direito de imprimir o cunho de sua individualidade abrasileirando o instrumento das ideias.

Se nós, os brasileiros, escrevêssemos livros no mesmo estilo e com o mesmo sabor dos melhores que nos envia Portugal, não passaríamos de uns autores emprestados; renegaríamos nossa pátria, e não só ela, como a nossa natureza, que é o berço dessa pátria.[53]

É progressiva, assinale-se, a caracterização, nos textos literários, da variante brasileira. Na base, o aproveitamento de manifestações da oralidade, conscientemente assumida nos textos do Romantismo.

É a partir dessa consciência da modalidade brasileira da língua oralmente configurada que os escritores românticos chamam a si o direito de expressão literária própria.

Antes, por força de nacionalidade ou de ascendência de pais e avós portugueses e de formação em estabelecimentos lusitanos de ensino, a modelização lusa se impunha e conduzia à não utilização, nos textos literários, de traços da fala brasileira. Os que ousavam eram desde logo estigmatizados, por exóticos ou provincianos.

A linguagem do teatro aproxima-se, como vimos nos exemplos citados, da fala coloquial.

VERSO E REVERSO

ACTO PRIMEIRO
(Uma loja da rua do Ouvidor)
SCENA PRIMEIRA
ERNESTO, BRAGA, depois UM MENINO que vende phosphoros.

ERNESTO, *entrando de um salto*
Apre! É insuportável! Não se póde viver em semelhante cidade: está um homem sujeito à ser empurrado por todos esses meus senhores, e esmagado a cada momento por quanto carro, carroça, carreta ou carrinho anda nestas ruas. Com effeito é uma família... Desde o omnibus, o Noe dos vehiculos, até o coupé aristocrático e o tilbury plebeu!

BRAGA, *dobrando as fazendas.*
  É porque o senhor ainda não está habituado.

O MENINO, *dirigindo-se a Ernesto.*
  Phosphoros! Posphoros! Inalteraveis e superiores!... (*A Braga*)
  Phosphoros, Sr. Braga!

ERNESTO
  Deixe-me, menino!

O MENINO
  Excelentes phosphoros de cêra a vintem!

ERNESTO (A Braga)
  Oh! que massada! Deixe-me! (*O menino sahe*) Esta gente toma-me naturalmente por alguma accendedor de lampeões; entendem que vim ao Rio de Janeiro unicamente para comprar phosphoros. Já não admira que haja aqui tantos incendios. (Senta-se junto ao balcão; uma pausa) Como as cousas mudão vistas de perto! Quando estava em S. Paulo o meu sonho dourado era ver o Rio de Janeiro, este paraiso terrestre, essa maravilha do luxo, de riqueza e de elegância! Depois de tres annos de esperanças consigo emfim realizar o meu desejo; dão-se as ferias, embarco, chego e soffro uma das mais tristes decepções da minha vida. Ha oito dias apenas que estou na corte e já tenho saudades de S. Paulo. (Ergue-se).[54]

(Trecho da peça *Verso e reverso*, de José de Alencar)

O antilusismo dos tempos da construção da independência, corporificado na ideologia nacionalista — e a percuciência de Edith Pimentel Pinto o assinalou —, propiciou a utilização, nos textos de literatura, de termos e expressões tipicamente nacionais.

Configura-se a *norma brasileira*. Pouco a pouco. O processo é alimentado pelo culto da liberdade criadora, próprio do estilo epocal.

Afloram, desde logo, nos textos literários e praticamente a eles circunscritos, por força da idealização valorizadora do silvícola, a presença de indianismos ou tupinismos. Acrescentam-se àqueles termos que já se haviam incorporado ao uso cotidiano, ainda que restritamente, na designação de lugares e manifestações culturais.[55]

Nos espaços morfossintáticos evidenciam-se alguns traços, entre eles, apontados por aquela eminente pesquisadora, em exemplos constantes de textos que seguem ampliados (grifos do autor deste livro).

1) emprego do presente do indicativo com valor de imperativo nas formas *diz* e *traz* (por *dize* e *traze*) no poema "Suspiros", de Casimiro de Abreu:

> (...) Se uma lágrima furtiva
> Nos olhos lhe balouçar...
> *Traz*-me esse pranto d'amor,
> Que quem chora, sabe amar.
>
> *Diz*-lhe que o amante fiel
> Só por ella suspirava,
> E que nas brisas da tarde
> Seus suspiros enviava.
>
> [...]
>
> *Diz*-lhe que o pobre proscripto,
> De noute na magestade,
> Chorava por sua terra
> Longos prantos de saudade.
>
> *Diz*-lhe que o triste poeta
> Cantava cantos de dor,
> Que sua lyra gemendo
> Dizia: — Brasil e amor![56]

2) omissão ou excesso no uso de pronomes associados a verbos, inclusive na voz reflexiva, fora das construções tradicionalmente modelizadas, como exemplificam construções de Alencar, entre outros:

Recolhi um instante em mim para reflectir. Concertado meu plano, a execução foi immediata. Tudo me favorecia: era um sábbado, dia em que o Sr. Duarte se recolhia mais cedo; por outro lado, o passeio de Geraldo me assegurava de sua ausencia. Cheguei à casa do negociante com as primeiras sombras da noite.[57]

3) uso da preposição *em* com verbos de movimento, em alternância com o emprego da preposição *a* no poema "Sub tegmine fagi", de Castro Alves:

> Vem! Nós iremos *na* floresta densa,
> Onde na arcada góthica e suspensa
> Reza o vento feral.
> Enorme sombra cai de enorme rama...
> É o Pagode fantástico de Brahma
> Ou velha cathedral.[58]

> "Onde me levas mais, anjo divino?"
> — "Vem ouvir, sobre as harpas inspiradas,
> O canto das esferas namoradas,
> Quando eu encho de amor o azul dos céus.
> Quero levar-te das paixões *nos* mares.
> Quero levar-te a dédalos profundos,
> Onde refervem sóis... e céus... e mundos...
> Mais sóis... mais mundos, e onde tudo é meu.[59]

4) concordância não adequada à norma gramatical tradicional, como no exemplo do poema "A escrava", de Gonçalves Dias:

> Desertos de branca areia
> De vasta, enorme extensão,
> Onde livre corre a mente,
> Livre bate o coração!

> Onde a leda caravana
> Rasga o caminho passando,
> Onde bem longe *se escuta*
> As vozes que vão cantando![60]

5) colocação pronominal distinta da tradição normativa lusitana em "Invocação", de Fagundes Varela:

> Hei de em minhas canções sempre invocar-te
> Pois creio que me atendes, que tens alma!
> De teu cocar farei um estandarte,
> "Se a tanto me ajudar engenho e arte"
> Nada na terra meu talento espalma!...
> Dá gênio a teu cantor, *lhe estende* a mão,
> Infunde-lhe na fronte a inspiração![61]

No âmbito da grafia, que só no século seguinte será objeto de regulamentação, são frequentes formas resultantes de soluções pessoais dos autores, por vezes em contraposição aos critérios consensuais.

Como se depreende, os aspectos assinalados evidenciam-se na mediação do texto de literatura, que envolve um uso específico da língua.

Por outro lado, não se caracterizam por ampla abrangência. A identificação efetiva de peculiaridades da manifestação não literária escapa, por sua amplitude, aos limites e ao propósito deste livro.

> **Condenno a seis centos e cincoenta açoites a cada hum dados a sincoenta p dia na forma da lei andarem três annos com gonzo de ferro ao Pescoço pa. O que se obrigará seu snr. P. hum termo a por lhe e a conçervar.[62]**
>
> **(Trecho da sentença exarada "no processo conhecido como Manoel Congo, a respeito da fuga e formação de quilombo")**

Textos, leitores, escola

A época em que se evidencia o Romantismo no Brasil é marcada pela ampliação não tão relevante, mas representativa, do público consumidor de romance, de teatro, de poesia. Presente, a valorização estética das manifestações da chamada cultura popular. Como, por exemplo, em textos do citado Bernardo Guimarães.

> Antes de encetar a narração dos acontecimentos, que constituem o principal assumpto d'esta historia, cumpre-nos rememorar uma lenda, ou antes uma avença mythica dos primitivos e selvaticos habitantes da terra americana, a qual sem duvida é desconhecida da maior parte dos leitores.
>
> Esta lenda, possivelmente ampliada e embellecida pela imaginação dos colonos portuguezes, é a historia da Mãe do Ouro, que passo a contar a meus leitores.[63]
>
> (Trecho de "A mãe do ouro", de Bernardo Guimarães)

É ver ainda a abertura do ensino às classes sociais emergentes, notadamente a classe média que, embora precariamente e nos termos assinalados, vai ao colégio e à informação cultural, sobretudo a livresca e literária. Vale comparar os resultados de pesquisa estatística levada a termo pelo sociólogo Roger Bastide, relativa à origem dos escritores brasileiros e à situação econômica de suas famílias:[64]

	Período colonial	Século XIX (só poetas)
Saídos das classes médias	6,9%	26,4%
Saídos das classes superiores	86,3%	36,8%
Saídos das classes inferiores	6,8%	36,8%

A propósito, quem, àquele tempo, frequenta a escola, núcleo de educação sistematizada que privilegia o uso formal do idioma?

Registro, nos anos 1870: 12 mil alunos, entre 6 e 15 anos de idade, em colégios secundários; 16,85% do povo. De nível superior, 8 mil, os estudantes. Na base da formação, escolas de Medicina, no Rio e na Bahia, desde que o rei chegou. E de Direito, em São Paulo, 1827, e em Olinda, no ano que se seguiu. E mais a de Engenharia e os centros militares. Advogados e juízes formam os quadros políticos.

A leitura de literatura conta efetivamente com poucos aficionados. É ainda Alencar que testemunha:

A edição avulsa que se tirou d'O Guarani, logo depois de concluí-da a publicação em folhetim, foi comprada pela livraria do Brandão, por um conto e quatrocentos mil réis que cedi à empresa. Era essa edição de mil exemplares, porém trezentos estavam truncados, com as vendas de volumes que se faziam à formiga na tipografia. Restavam pois setecentos, saindo o exemplar a 2$000.

Foi isso em 1857. Dois anos depois comprava-se o exemplar a 5$000 e mais, nos belchiores que o tinham a cavalo do cordel embaixo dos arcos do Paço, donde os tirou o Xavier Pinto para a sua libraria da Rua dos Ciganos.

A indiferença pública, senão o pretensioso desdém da roda lite-rária, o tinha deixado cair nas pocilgas dos alfarrabistas.[65]

Paralelamente a língua não literária assumida pela parcela letrada da população frequenta os órgãos da imprensa e prossegue na sua construção em processo na fala da comunicação comunitária do cotidiano.

> É uma miseria o estado do nosso theatro: é uma miseria ver que só temos o João Caetano e a Indovina. A representação de uma boa concepção dramática se torna difficil. Quando só ha dois actores de força sujeitamo-nos ainda a ter só dramas coxos, sem força e sem vida, ou a ver estropiar as obras do genio.
>
> Os melhores dramas de Schiller, de Goethe, de Dumas não se realisão como devem. O "Sardanapalo" de Byron, tradusido por uma penna talentosa, foi julgado impossivel de levar-se á scena. No caso do *Sardanapalo* estão os drama de Shakespeare que, modificados por uma intelligencia fecunda deverião produzir muito effeito.[66]
>
> (Exemplo de linguagem não literária, carta de Álvares de Azevedo)

> José Jacintho de Jesus Pantalião... achando-se elle testemunha no assougue de José Antonio da Rocha onde mora e hé empregado, ahi se achava tão bem o réo que se emprega no mister de cortador e qui ahi chegando o preto José escravo de David José Pereira a com-prar carne e... dirigira ao mesmo reo uma grassa pesada que elle

testemunha *não se lembra qual foi...* o refirido réo dera uma ou duas pancadas com o serrote co que dividia a carne, sobre a cabessa do mesmo preto... o offendido... mostrando a cabessa em sanguentada rompeu em insultos contra o réo *chamando-o de caxasseiro* e dizendo que o havia apanhar na rua, que avia em sinar, sendo que foi nesta ocazião que o réo de dentro do balcão onde se achava atirou para o offendido um maxado...[67]

(Exemplo de linguagem jurídica, Arquivo Cartorário, 1859)

Ministerio da Fazenda
DECRETO N. 2723 DE 12 DE JANEIRO DE 1861
Autoriza a criação de uma Caixa Economica e um Monte de Socorro nesta corte, e approva os respectivos regulamentos

Hei por bem autorizar a creação de uma Caixa Econômica e um Monte de Socorro nesta corte, que se regeráõ pelos regulamentos que com este baixaõ, propostos pela comissão encarregada de sua organização, observando-se as seguintes disposições:

1ª As operações dos referidos estabelecimentos deveráõ principiar dentro de seis mezes contados da data do presente regulamento.

2ª O capital necessario para as operações do Monte de Socorro não poderá ser menor de trinta contos de réis, qualquer que seja a sua origem.

3ª É applicavel aos referidos estabelecimentos a disposição da segunda parte do n. 3 do art. 12 do decreto n. 2,771 de 9 de dezembro de 1860.

Angelo Moniz da Silva Ferraz, do meu conselho, senadro do Imperio, presidente do conselho de ministros, ministro e secretario d estado dos negocios da fazenda e presidente do tribunal do tesouro nacional, assim o tenha entendido e o faça executar. Palacio do Rio de Janeiro, em 12 de maio de 1861, quadragésimo da Independencia e do Imperio. Com a rubrica de S.M. o Imperador. *Angelo Moniz da Silva Ferraz.*[68]

(Exemplo de texto oficial, 1861)

A grande massa, iletrada, segue comunicando-se nas múltiplas variantes da língua. Com prevalência dos registros informal e ultrainformal. E a ação da escola?

EDUCAÇÃO E LÍNGUA

O ensino, mesmo precário, repercute necessariamente no processo de formação dos novos profissionais e, com destaque, nos espaços do idioma. No registro privilegiado, ainda o padrão modelizado à luz do português europeu.

Na comunicação interpessoal do cotidiano, acentua-se a dupla dimensão configurada, de um lado, na fala dos cidadãos socialmente mais bem situados, e que são minoria, pautada no registro formal, e, de outro, dos integrantes dos estamentos sociais que não o dominam e valem-se do registro informal.

Configura-se um povo de cultura multifacetada, num território de unidade assegurada, com a língua portuguesa consolidada como principal veículo de comunicação e traço de identidade nacional, por sua própria natureza em constante mudança e já com acentuadas marcas caracterizadoras de variedade. Afirma-se a consciência da dialetação.

Alguns fatos, nos rumos do ensino, situam-se como relevantes. Sigo, na caracterização, basicamente, na esteira de Maria José Werebe e de Paulo Ghiraldelli Jr.

Lei de 1823, decorrente de projeto encaminhado à Assembleia Constituinte, preconiza irrestritamente a liberdade de ensino; determina a criação de escolas de primeiras letras na totalidade das cidades, das vilas e dos lugarejos e, nas cidades de maior índice populacional, escolas para meninas; assegura a todos a gratuidade da instrução primária.

A Lei não se concretiza. Esbarra na realidade da ausência de recursos materiais e humanos que a viabilizem.

A citada lei de outubro de 1827 aplica-se, como vimos, à totalidade do ensino no país.

Ato Adicional de 1834 determina a descentralização do ensino: atribui às assembleias das províncias o poder de legislar sobre o ensino primário e médio; ao governo central, a responsabilidade do ensino superior, e ao Município Neutro, futuro Distrito Federal, também a dos outros níveis. É outro preceito legal que morre na letra do texto, pela absoluta falta, no âmbito das províncias, de recursos e infraestrutura.

Cria-se, na esfera do nível médio, o pioneiro estabelecimento público de ensino na área: o Colégio Pedro II. Em 1837. Nos seus inícios, um objetivo primeiro: fornecer "cultura básica às elites dirigentes".[69] Ao longo de sua existência, no entanto, abrigará gente de todas as classes, e, durante muitos anos, no Império e na República, constituirá o padrão do ensino brasileiro.

O educandário criado traz marcas de excepcionalidade: cuidadas instalações, turmas limitadas entre 30 e 35 estudantes, professores escolhidos entre as melhores cabeças, nomeados pelo imperador, inspeção regularmente exercida. No fundamento do ensino, a educação humanística.

Fato relevante: destaca-se, entre os objetivos permanentemente orientadores da ação pedagógica desenvolvida pelo colégio, o esforço de unificação da língua portuguesa do Brasil, com apoio na manifestação escrita e obedecidos os preceitos da gramática em termos da modelização lusitana; na base, textos clássicos, notadamente arcádicos.

Instalam-se numerosos outros estabelecimentos oficiais a expensas das províncias, e outros mais de responsabilidade particular, na maioria de instituições religiosas. Dados de 1854, no âmbito oficial: 20 liceus; 148 aulas avulsas; 3.713 alunos matriculados.[70] Números de 1865, no ensino secundário, situados por província:[71]

MATRÍCULAS NO ENSINO SECUNDÁRIO EM 1865
Número de alunos

Províncias	Ensino público	Ensino privado	Total
Ceará	156	283	439
Pernambuco	99	536	635
Bahia	337	860	1.197
Município Neutro*	327	2.223	2.250
Minas Gerais**	638	—	—

* matrícula do Colégio Pedro II.
** matrícula equivalente ou inferior à do ensino público.

O estabelecimento modelar do ensino privado à época é o Colégio Caraça, criado em Minas Gerais, de responsabilidade dos padres lazaristas. No fundamento da estruturação, a orientação jesuítica. A mesma linha educacional é assumida pelos próprios representantes da Companhia de Jesus que fundam seus colégios no Rio de Janeiro, São Paulo e Rio Grande do Sul.

Também de orientação religiosa, surgem colégios protestantes, entre eles o conceituado e tradicional Colégio Mackenzie, de São Paulo, criado em 1870.

Na área da agricultura abrem-se algumas escolas. Fecham à falta de procura.

O ensino comercial conta com duas casas, de alunado restrito: uma no Rio de Janeiro e a outra em terras pernambucanas, ambas criadas em 1864.

A necessidade de profissionais para o magistério gera as escolas normais, cujo funcionamento não prima pela regularidade.

O pioneirismo cabe a Niterói, com criação em 1835 e extinção nove anos mais tarde. No mesmo ano, Minas funda a sua escola, cuja instalação espera 1840, para fechar em 1852 e ser recriada em 1859, com reinauguração em 1860. Na Bahia, a data de criação é 1836, a da instalação, 1843. São Paulo ganha a sua em 1846, com uma peculiaridade: conta apenas com um único e heroico professor. É fechada em 1867, reaberta em 1875, de novo extinta em 1877, e reaberta em 1880.[72] Outros estabelecimentos houve, com semelhantes oscilações.

Pode-se avaliar a natureza do ensino que então se desenvolvia. Além disso, o professor primário, egresso dessas escolas, era mal remunerado, além de despreparado e sem prestígio social.

Ganha vulto a esse tempo a ideia de sacerdócio, abnegação e ação desinteressada como atributos esperados dos agentes do magistério. A evasão profissional era apenas questão de outras oportunidades.

Em termos de legislação, avulta, entre as numerosas proposições, a Proposta Rodolfo Dantas, de 1852. Principalmente em função do parecer que suscita, assinado por Ruy Barbosa, parecer globalizante. Marcado de idealismo. Abridor de caminhos, mas longe da realidade do chão da escola.

A importância dos dois textos é de tal ordem, que ambos orientam a "fala" de Pedro II, ao final do seu governo: o governante defende a criação de um ministério da educação, de escolas técnicas, de universidades, uma no norte e outra no sul.[73]

Amplia-se assim, no período imperial, ainda com suas precariedades, a rede de estabelecimentos educacionais no país. Legisla-se sobre o ensino. As leis de novo não se coadunam, porém, com a realidade social.

Em que pese a quantidade de escolas, os resultados, em termos de educação, são pouco significativos: alto índice de analfabetismo, ensino elementar precário, ensino médio de base humanística, ou de base religiosa também. O alunado, nos dois níveis, pertence às classes economicamente mais favorecidas: o ensino superior está longe da pesquisa e do rigor científico. Mas já existe desenvolvimento de cultura letrada e literatada. Permanece amplo, entretanto, o vácuo entre os registros formal e informal do idioma.

Em termos de política linguística, predomina, em todas as instâncias do ensino, a perspectiva orientadora do Colégio Pedro II. Vale dizer, privilegia--se o registro formal. A escola, em todos os níveis, converte-se em eficiente guardião da chamada norma culta.

A VOZ ESCRITA DA IMPRENSA

Há médicos, sacerdotes, jornalistas, advogados, militares em ação no Império do Brasil. Uns, em posição liberal vanguardeira e entusiasmada. Outros, fortes defensores da volta de Pedro I. Outros mais, também adeptos do liberalismo, ainda que moderados. E multiplicam-se os periódicos, convertidos em tribunas das distintas facções, como assinalam os autores de *Sociedade brasileira: uma história*.

São tribunas liberalíssimas, entre outras: *O Adotivo*; *O Brasil Aflito*; *Brasileiro*; *O Bem-te-vi*; *O Burro Magro*; *A Bússola da Liberdade*; *O Cabrito*; *O Capadócio*; *O Cidadão Soldado*; *O Democrata*; *Esbarra*; *Fado dos Chimangos*; *O Filho da Terra*; *A Formiga*; *O Grito dos Oprimidos*; *O Homem do Povo*; *O Indígena do Brasil*; *Jurujuba das Faroupilhas*; *A Malagueta*; *A Nova Luz Brasileira*; *Orfeu Paraense*; *Par de Tetas*; *O Paraense*; *O Pardo*; *O Povo*; *O Publicador Paraibano*; *O Recopilador Liberal*; *Republicano da Sempre-Viva*; *O Repúblico*; *A Sentinela da Liberdade*; *A Trombeta dos Farroupilhas*; *A Voz da Liberdade*.[74]

São, entre vários, órgãos dos restauradores: *O Astro de Minas*; *Barbosa*; *O Caolho*; *O Caramuru*; *O Carijó*; *Catão*; *O Crioulinho*; *Diário da Manteiga*;

O Diário do Rio de Janeiro; O Inflexível; O Instinto; O Ipiranga; Lafuente; A Lima Surda; A Loja do Belchior; O Macaco; O Meia-Cara; Pai José; O Palhaço da Oposição; O Permanente; O Restaurador; Simplício da Roça; O Soldado Aflito; O Tamoio Constitucional; O Teatrinho do Senhor Severo; O Torto da Artilharia; O Tupinambá Peregrino.[75]

Entre os liberais comedidos contam-se: *Aurora Fluminense; O Brasileiro; O Carapuceiro; O Chronista; O Farol Paulistano; O Grito da Pátria; O Grito da Razão; O Homem e a América; O Independente; Jornal do Commercio; O Nacional; O Observador Constitucional; O Observador das Galerias; O Observador Paulistano; O Paulista Centralizador; O Parlamentar; O Propugnador da Maioridade; O Paulista Oficial; O Raio de Júpiter; O Recopilador Mineiro; O Sete de Abril; a Voz Paulistana.*[76]

O *Diário de Pernambuco*, lançado em 1825 e até a atualidade em circulação, é o jornal mais antigo da América Latina. Acrescente-se, a propósito, que, antes dele surgiram vários outros periódicos que desapareceram.

A imprensa consolida-se como mais uma agência cultural sedimentadora e divulgadora do registro formal do idioma. Evidencia-se cada vez mais o vácuo entre a modalidade culta, socialmente privilegiada, e a modalidade popular.

Nos rumos da língua

A burguesia nascente trava contato com as ideias dominantes no mundo europeu de então. Conscientiza-se da importância do conhecimento, como estratégia ascensional. A assunção cultural assume novos matizes. Formam--se engenheiros, médicos e militares. No pano de fundo, o Positivismo.

Conhecimento implica linguagem. Na linguagem, ganha vulto a língua, o português, sedimentado, dominante, já, em termos de variantes, com uso marcadamente diversificado.

A manifestação *escrita* começa a ocupar maior espaço, a cada passo ampliado. Sobretudo na imprensa, como demonstram os exemplos apontados. Também na literatura, que já há algum tempo denota, como ficou assinalado, alguma preocupação com a identidade nacional.

A língua permanece, nesse âmbito, fiel à tradição culta portuguesa, sem grande permeabilidade diante da língua falada e viva, que se multiplica, nas suas variantes regionais e socioculturais, por força dos múltiplos e vários intercâmbios, no contato cotidiano. É ver, a propósito, a padronização da linguagem parlamentar. É sintomática, na revisão normatizante dos discursos da Câmara e do Senado, a atuação, entre outros, de Gonçalves Dias e Machado de Assis.

A grande massa de povo segue analfabeta e cultora do registro informal.

Em relação ao processo de formação, predomina, na primeira metade do século XIX, a tese de que o português brasileiro resultaria de uma evolução natural do português de Portugal. É a teoria evolucionista.

Ocorreria com o idioma, portanto, o mesmo que ocorre com a evolução das espécies. Para os biologistas, as línguas nascem, crescem, desenvolvem-se, morrem. No processo evolutivo do português no Brasil, um fator de relevância seria um dado novo: a influência das línguas indígenas e africanas.

O posicionamento termina por não se sustentar, diante de um entendimento posterior e consensual: quem faz a língua é a sociedade que dela se vale. A língua é um fato social. Sua configuração obedece à dinâmica do tempo. Decorre, como explicita Edith Pimentel Pinto, da sua utilização pelo falante, marcada de alterações de imediato imperceptíveis. Tais mudanças é que conduzem a variedades de natureza social e geográfica, vinculadas diretamente à faixa etária, ao grau de educação, à profissão, à classe social.

A preocupação com explicar a especificidade da língua portuguesa do Brasil acentua-se, a propósito, ao tempo da independência.

A teoria evolucionista divide espaço, ao longo do tempo, com duas outras: a que entende que o português brasileiro resulta de um processo de crioulização e a que entende que sua configuração decorre da *deriva* do idioma, ou seja, na definição de Sapir, como explicita Mattoso Câmara Jr., do "encadeamento de mudanças de uma língua numa direção nítida".

A teoria da crioulização decorre da vinculação que une a língua à sociedade que dela se vale.

Fundamenta-se na mestiçagem característica da sociedade brasileira.

Em função dessa circunstância, o português brasileiro emerge da interação entre o português lusitano e as línguas indígenas e africanas.

Nesse processo, envolve dois estágios: a fase do pidgin e a fase do dialeto crioulo.

Um dialeto crioulo é passível de descrioulização, ou seja, de voltar a aproximar-se da língua europeia de que se originou. Foi o que ocorreu, segundo a teoria, com o português do Brasil.

A explicação conta com adeptos de peso no país e em Portugal. Desde 1880. Data desse ano, por exemplo, o texto do português Adolfo Coelho, para quem diversas particularidades características de dialetos crioulos se repetiam no Brasil.

O brasileiro João Ribeiro, por seu turno, defende em texto de 1889 e Edith Pimentel Pinto registra em 1998 a existência no Brasil do que chama de "bilinguismo externo": a prática da língua portuguesa na escrita e de uma variedade dialetal, um crioulo, na expressão oral.

Para Gladstone Chaves de Melo, em texto de 1946, a difusão de falares crioulos oriundos da população costeira e disseminados no interior pelos bandeirantes de São Paulo estaria na base da uniformidade do português brasileiro.

Serafim da Silva Neto, como já foi assinalado, também admite, em 1951, a base crioula: para ele essa base seria responsável pelas marcas singularizadoras do idioma no Brasil.

Mais recentemente, com a descoberta de crioulos remanescentes em comunidades, como Helvécia e outras, e as pesquisas linguísticas a elas vinculadas, a teoria ganha reforço e adeptos novos. Entre eles, o citado Gregory Guy, que a limita a crioulos de base africana. Um dos seus argumentos fortes é o contingente populacional de escravos africanos no tempo colonial. O processo de descrioulização subsequente se deveria à posterior e intensa europeização do Brasil.

Não faltam, entretanto, divergências. Vale destacar um argumento de Fernando Tarallo, datado de 1986: para ele, a descrioulização teria conduzido a um português brasileiro semelhante e não diferente do português europeu.[77]

Para os defensores da teoria da *deriva*, o português do Brasil constituiria uma continuação do português arcaico.

A língua oficial do Brasil corresponderia a uma deriva do português europeu, submetida a determinados ajustes.

A tese é inicialmente defendida por Mattoso Câmara Jr., em texto de 1957.

Posteriormente o Mestre pioneiro agregou à sua proposição a aceitação da existência de um falar crioulo africano como meio de adaptação do português.

As mudanças gramaticais e fonológicas profundas ocorridas no processo, entretanto, não existiriam, se não correspondessem às tendências estruturais da língua portuguesa.

Entre os que defendem a teoria derivacionista, situa-se o linguista Joseph Naro. Para ele, a língua geral constituiu um fator de impedimento do florescer de um dialeto crioulo. Lembra, inclusive, a inexistência de documentação deste último, o que pode ser questionado diante dos resultados das pesquisas recentes.

As três teorias seguem mobilizando a preocupação e a ação de estudiosos e pesquisadores. O consenso permanece em aberto.

NA EUROPA, SEGUNDA METADE DO SÉCULO XIX

Ampliam-se, em terras europeias, espaços modernizantes. Com melhorias na área da saúde, dos transportes urbanos, da educação. E com possibilidades abertas a muitos de acesso à riqueza.

O momento europeu é marcado por profundas mudanças sociais, econômicas e políticas.

Eclode a série de movimentos de caráter liberal conhecidos como as revoluções de 1848, cujo ponto de partida, na área política, são os problemas vividos pelos trabalhadores mobilizados basicamente pelo desejo de justiça social, aliado a impulso de libertação. Organiza-se a Internacional Operária, em 1864. Tem lugar o movimento inglês intitulado "Da reforma", em 1868. Esse mesmo ano marca a proclamação da república na Espanha,

É tempo da chamada Segunda Revolução Industrial, também conhecida como Revolução Científico-Tecnológica, marcada pelo advento da economia industrializada e pelo surgimento das fábricas, movidas basicamente a ferro, carvão e máquinas a vapor.

Evidencia-se a aceleração de progresso, a correr pelos trilhos das ferrovias, e na esteira dos navios, iluminado pelas descobertas da Ciência e da Tecnologia.

Por outro lado, ganha vulto uma visão determinista, antimetafísica e antiespiritualista da vida.

É o instante em que, à luz das ideias de Augusto Comte, a metafísica cede lugar ao Positivismo, que tem a ciência como base exclusiva. É também a hora do evolucionismo de Darwin, da generalização do método dialético de Hegel, das doutrinas de Spencer, do pessimismo de Schopenhauer. Mobiliza--se o pensamento, reveem-se visões de mundo.

Nada disso, porém, elimina a configuração, nos textos literários, em termos de visão de mundo dominante, da incidência de insatisfações e de pessimismo.

MODELIZAÇÕES NA ARTE, EM ESPECIAL NA LITERÁRIA

Nessa atmosfera, desenvolve-se, entre 1850 e 1910, aproximadamente, a pluralidade de estilos epocais que integra o chamado ciclo pós-romântico: o Realismo, o Naturalismo, o Parnasianismo, o Impressionismo, o Simbolismo.

Considerado o processo da literatura em curso, trazem marcas comuns, ao lado das diferenças que os singularizam.

O subjetivismo cede lugar mais amplo a uma busca de objetividade, notadamente entre realistas, naturalistas e parnasianos.

Mesmo os simbolistas abandonam a hipertrofia do eu, típica dos românticos: já não há espaço atualizado para o simplesmente confessional. Ganha presença deliberada e preferencial no texto literário a representação de realidades coletivas ou de emoções profundas.

A poética de expressão associa-se à poética de construção, procedimento que tem seu ponto culminante na arte pela arte dos parnasianos.

A literatura assume, cada vez mais, um posicionamento crítico diante da realidade em que se insere, ou procura uma interpretação em profundidade para tudo que a cerca.

Dilui-se a visão romântica de integração entre alma e mundo: perde espaço o mundo impregnado da aura que envolvia o imaginário.

A simbolização aurática cede lugar ao predomínio da alegoria desumanizante.

Em tal ambiente, vários procedimentos gradualizam-se nos espaços da arte e da cosmovisão nelas configuradas.

O Realismo, entendido como estilo epocal, envolve uma denúncia da realidade burguesa e dos valores que cultiva, acentua uma preocupação com a mudança da sociedade.

O Naturalismo intensifica as marcas configuradoras das manifestações realistas, com destaque para a visão cientificista da realidade e o interesse pelos temas da patologia social.

O Parnasianismo, concretizado com mais nitidez nas produções em verso, tem como tônicas o culto da forma e a arte pela arte; vale-se de motivos clássicos, num flagrante afastamento da vida presente.

O Simbolismo se faz em duas vertentes, a neorromântica e a construtivista. Em ambas, aproxima-se dos parnasianos através do culto da forma e da palavra rara, mas acentua o conhecimento marcado pela intuição e pela lógica, configurador do poder de vidência atribuído aos artistas.

Aprofunda, por outro lado, comportamentos românticos, ao conferir ênfase à fantasia, ao buscar um afastamento da realidade contemporânea e pretender a concretização de uma poesia centrada na sua própria essência.

Já o Impressionismo nucleariza-se na captação da verdade do instante, a partir da impressão provocada pela realidade num momento dado. Tenta configurar uma busca do tempo perdido, na medida em que, no contínuo fluxo da vida, o presente resulta do passado. Centraliza a atenção no fragmentário, no instável. Confere importância maior às sensações provocadas pelas coisas do que às coisas em si. A razão cede lugar às sensações. A natureza é interpretada, inventada.

Num percurso similar ao dos simbolistas, abandona a estrutura regular da frase, a ordem lógica, valoriza a linguagem expressiva, colorida, à luz do cultivo acentuado da imagística.

O estilo impressionista emerge em meio à Grande Depressão vivida pelo capitalismo ocidental e que se estende aproximadamente de 1870 a 1895.

A Segunda Revolução Industrial, por seu turno, mesmo com todo o avanço que traz no seu bojo, está longe de atender, até mesmo pelos esforços que exige dos recursos humanos, às expectativas de realização existencial.

Permanece, portanto, a oposição cultural que já caracterizara o primeiro ciclo estético da modernidade.

A literatura reflete a crise. Todas as tendências assinaladas implicam procedimentos, também singularizadores, no tratamento da língua-suporte, veiculadora desses novos posicionamentos. Ampliam-se os espaços do idioma como meio de expressão.

Esse estado de crise se agudiza. A ruptura não tarda.

Aspectos da literatura brasileira, nas duas décadas finais do século

Continuam a repercutir no Brasil imperial, ainda que tardiamente, ideias e modelos europeus, notadamente nas manifestações artísticas. Não nos esqueça a morosidade do tempo que caracterizava a chegada das novidades europeias ao país.

Como quer que seja, a partir de 1880 e até os inícios do século XX, ainda a partir dos modelos de Europa, delineia-se, na realidade brasileira, no âmbito cultural, e evidenciado marcadamente nas manifestações literárias, um cruzamento de tendências variadas.

Introjetada e sedimentada a cosmovisão romântica, exauridos os modelos literários amplamente cultivados e que ainda permanecem, embora sem a mesma intensidade, ganham presença outras visões de mundo e outros procedimentos. Em menor escala.

Nos espaços da ficção brasileira, associam-se configurações realistas e naturalistas.

No rumo das modelizações centradas basicamente na observação e na análise da realidade e marcadas de intenção reformadora, os textos conferem singular relevância ao panorama social do Brasil de então.

Nessa direção, ganham prevalência sobre a trama, internalizados nos textos: a ênfase nos problemas sociais, evidenciados em temas urbanos, pelos acontecimentos comuns da vida cotidiana; as residências coletivas; o relevo à cor local, a elementos regionais; as relações entre os seres humanos e o meio físico, o ambiente e a psicologia dos personagens, entendidos como determinantes de comportamentos.

Frequentam o texto ficcional personagens em luta inglória contra as poderosas forças do determinismo atávico, biológico, social. Um dos vezos da época.

Predominam descrições emergentes de um olhar crítico e contundente, objetivador de mudanças na sociedade. Mas ainda molhadas de leite romântico e de influências europeias, notadamente francesas.

Destaca-se, no romance brasileiro do tempo, o centramento em três temas: preconceito racial, adultério, anticlericalismo. É ler, entre outros, *O mulato* (1881) e *O cortiço* (1900), de Aluísio Azevedo; *Bom-crioulo* (1895) e *A normalista* (1893), de Adolfo Caminha; *O missionário* (1888), de Inglês de Sousa.

O pronunciamento de Aluísio Azevedo no romance *O homem*, é a propósito, ilustrativo:

> Quem não amar a verdade na arte e não tiver a respeito do naturalismo idéas bem claras e seguras, fará, deixando de ler este livro, um grande obsequio a quem escreveu.[78]

Essas instâncias se refletem na criação dos artistas da palavra. Ganha presença, paralelamente, a consolidação da nacionalização da língua portuguesa falada no Brasil. Com concessão marcada às normas do português lusitano, mas já tradutora de um modo brasileiro de usar o idioma.

No texto literário, evidencia-se a mediatização da fala cotidiana. Testemunho.

> Leocadia appareceu pouco depois e, vendo por terra tudo que era seu, partido e inutilisado, apoderou-se de furia e avançou sobre a porta, que o marido acabava de fechar, e arremettendo com as nadegas contra as duas folhas, que cederam logo, indo ella cahir lá dentro de barriga para cima.
>
> Mas ergueu-se, e sem fazer caso das risadas que rebentaram cá fora e, escancarando a janela com arremesso, começou por sua vez a arrazar e a destruir tudo que ainda encontrára em casa.
>
> Então principiou a verdadeira devastação. E a cada objecto que ella varria para o pateo, gritava sempre: "Upa! Toma, diabo!"
>
> — Ahi vae o relogio! Upa! Toma, diabo!

E o relogio espatifou-se na calçada.

— Aí vae o alguidar!

— Aí vae o jarro!

— Aí vão os copos!

— O cabide!

— O garrafão

— O bacio![79]

(Trecho do romance *O cortiço*, de Aluísio Azevedo)

Inda estava longe, bem longe a victoria do abolicionismo, quando Bom-Crioulo, então simplesmente Amaro, veiu, ninguem sabe d'onde, mettido em roupas d'algodãosinho, trouxa ao hombro, grande chapéo de palha na cabeça e alpercatas de couro crú. Menor (teria desoito annos), ignorando as difficuldades por que passa todo homem de côr em um meio escravocrata e profundamente superficial como era a Côrte — ingenuo e resoluto, abalou sem ao menos pensar nas consequencias da fuga.

Nesse tempo o "negro fugido" aterrava as populações de um modo fantastico. Dava-se caça ao escravo como aos animaes, de espóra e garrucha, matto a dentro, saltando precipicios, atravessando rios a nado, galgando monanhas... Logo que o facto era denunciado — aqui-del-rei! — enchiam-se as florestas de tropel, sahiam estafetas pelo sertão num clamor estranho, medindo pégadas, açulando cães, rompendo cafezaes. Até fechavam-se as portas, com mêdo... Jornaes traziam na terceira pagina a figura de um "moleque" em fuga, trouxa ao hombro, e, por baixo, o annuncio, quasi sempre em typo cheio, minucioso, explicito, com todos os detalhes, indicando estatura, idade, lesões, vicios, e outros característicos do fugitivo. Além d'isso, o "proprietario" gratificava generosamente a quem prendesse o escravo.

Conseguindo, porém, escapar á vigilancia dos interessados, e depois de cortir uma noite, a mais escura de sua vida, numa especie de jaula com grades de ferro, Amaro, que só temia regressar á "fazenda", voltar ao seio da escravidão, estremeceu diante de um rio muito largo e muito calmo, onde havia barcos vogando em todos os sentidos, á vela, outros deitando fumaça, e lá cima, beirando a água, um morro alto, em ponta, varando as nuvens, como elle nunca tinha visto...

Depois mandaram-no tirar a roupa do corpo (até ficou envergonhado...), examinaram-lhe as costas, o peito, as verilhas, e deram-lhe uma camisa azul de marinheiro.[80]

(Trecho do romance *Bom-crioulo*,
de Adolfo Caminha)

As novas tendências consubstanciam-se de forma peculiar na poesia.

Simpáticos à objetividade dos realistas, predomina nos poetas o cultivo de uma poesia eivada de pinturas de fenômenos naturais, de fatos da história. Em torno de temática universal, mas com abertura para matéria brasileira.

Foi em março, ao findar das chuvas, quasi á entrada
Do outono, quando a terra, em sêde requeimada,
Bebêra longamente as águas da estação,
— Que, em bandeira, buscando esmeraldas e prata,
À frente dos peões-filhos da rude matta,
Fernão Dias Paes Leme entrou pelo sertão.

Ah! quem te vira assim, no alvorecer da vida,
Bruta Patria, no berço, entre as selvas dormida,
No virginal pudor das primitivas éras,
Quando, aos beijos do sol, mal comprehendendo o anceio
Do mundo por nascer que trazias no seio.
Reboavas ao tropel dos indios e das feras!

[...]

De longe, ao duro vento oppondo as largas velas,
Bailando ao furacão, vinham as caravellas,
Entre os uivos do mar e o silencio dos astros;
E tu, do litoral, do rojo nas areias,
Vias o oceano arfar, vias as ondas cheias
De uma palpitação de proas e de mastros.

[...]

Mais numerosa, mais audaz, de dia em dia,
Engrossava a invasão. Como a enchente bravia,
Que sobre as terras, palmo a palmo, abre o lençol
Da agua devastadora, — os brancos avançavam:
E os teus filhos de bronze ante elles recueavam,
Como a sombra recúa ante a invasão do sol.[81]

(Trecho do poema "O caçador de esmeraldas",
de Olavo Bilac)

Caracteriza-se uma preocupação aguda com a técnica do poema, com a composição. Os versos se caracterizam pela perfeição formal, o cuidado com a rima, com o ritmo, com a seleção vocabular. Valoriza-se a arte pela arte. É o Parnasianismo que se desenha. E deita raízes.

Longe do esteril turbilhão da rua,
Benedictino, escreve! No aconchego
Do claustro, na paciencia e no socego,
Trabalha e teima, e lima, e soffre, e súa!

Mas que na fórma se disfarce o emprego
Do esforço; e a trama viva se costura
De tal modo, que a imagem fique nua,
Rica, mas sobria, como um templo grego.

Não se mostre na fabrica o supplício
Do mestre. E, natural, o effeito agrade,
Sem lembrar os andaimes do edifício:

Porque a Belleza, gêmea da Verdade,
Arte pura, inimiga do artificio,
É a força e graça na simplicidade.[82]

(Poema "A um poeta", de Olavo Bilac)

Os textos parnasianos brasileiros deixam perceber marcas dos modelos franceses, destacam o caráter narrativo-descritivo, a preocupação estética, o culto da forma e o compromisso com o rigor das normas gramaticais. Na pena, entre outros, de poetas como Alberto de Oliveira, Olavo Bilac e Raimundo Correia.

Ultima flor do Lacio, inculta e bella,
E's aum tempo, esplendor e sepultura:
Ouro nativo, que na ganga impura
A bruta mina entre os cascalhos vela...

Amo-te assim, desconhecida e obscura,
Tuba de alto clangor, lyra singela,
Que tens o trom e o silvo da procella,
E o arrolo da saudade e da ternura!

Amo o teu viço agreste e o teu aroma
De virgens selvas e do oceano largo
Amo-te, ó rude e doloroso idioma,

Em que da voz materna ouvi: "meu filho!"
E em que Camões chorou no exílio amargo,
O genio sem ventura e o amor sem brilho![83]

(Poema "Língua portuguesa", de Olavo Bilac)

Raimundo Correia, a propósito, permite-se, em carta de 1889, na qual agradece ao amigo Rodolfo Leite Ribeiro um soneto a ele dedicado, um mea-culpa revelador:

> Noto, nas poesias tuas, que O Vassourense tem publicado, muita naturalidade e côr local, alem da nitidez do estilo e da correção da forma. Sentes e conheces o que cantas. São aprazivelmente brasileiros os assuntos, que escolhes. Um pedaço da nossa bella natureza esplendida palpita sempre em cada estrofe tua, com todo o vigor das tintas que aproveitas. No Samba, que me dedicas, por exemplo, nenhuma particularidade falta dessa nossa dansa macabra, movimento, graça e verdade que ressaltam de cada um dos quatorze versos, que constituem o soneto.
>
> Como eu invejo isso, eu devastado completamente pelos prejuízos dessa escola a que chamam parnasiana, cujos produtos aleijados e raquiticos apresentam todos os sintomas da decadencia e parecem condenados, de nascença, à morte e ao olvido! Dessa literatura que importamos de Pariz, diretamente, ou com escala por Lisboa, literatura tão falsa, postiça, e alheia a da nossa índole, o que breve resultará, presinto-o, é uma triste e lamentável esterilidade. Eu sou talvez uma das vitimas desse mal, que vai grassando entre nós. Não me atrevo, pois, a censurar ninguem; lastimo profundamente a todos! É preciso erguer-se mais o sentimento de nacionalidade artistica e literaria, desdenhando-se menos o que é patrio, nativo e nosso; e os poetas e escritores devem cooperar nessa grande obra de restauração. Não achas? Canta um poeta entre nós, um Parthenon de Atenas, que nunca viu; outros os costumes de um Japão a que nunca foi... Nenhum, porem, se lembrara de cantar a Praia do Flamengo, como o fizeste, e qualquer julgaria indigno de um soneto o samba, que echôa melancolicamente na solidão de nossas fazendas, á noite. Entretanto, este e outros assuntos vivem na tradição de nossos costumes, e é por desprezá-los assim que não temos um poeta verdadeiramente nacional.[84]

Essa modalidade de poesia desfruta, na época e ainda por muito tempo, de significativa popularidade, seja na letra escrita dos livros, seja na oralização expressiva dos saraus.

Simultaneamente, caracterizam-se outras visões e outras atitudes. Também de fonte basicamente francesa.

Presentifica-se o Simbolismo. Na base da cosmovisão, uma concepção mística da vida, o conhecimento pautado na intuição e não na lógica; a ênfase no poder de vidência do artista na imaginação e na fantasia; o desprezo à natureza, em troca do místico e do sobrenatural. Aspectos que se evidenciam: personagens caracterizados, de preferência, em momentos incomuns na sua verdade de coerência em relação ao mundo; poética da subjetividade, que busca mergulhar fundo, no íntimo da condição humana, na direção do inconsciente, com interesse maior pelo particular e pelo individual; utilização do valor sugestivo da música e da cor. Amplia-se, na pena literária, o universo da língua.

Com destaque, entre muitos, para Cruz e Sousa e Alphonsus de Guimaraens, os representantes do movimento trazem para a linguagem poética brasileira maior flexibilidade e fluidez, buscando fixar o imponderável, as sensações profundas, novas ideias. E contribuições vocabulares.

A poesia intelectualiza-se. Avulta na língua a expressão do abstrato.

> Entre brumas, ao longe, a aurora.
> O hyalino orvalho aos poucos se evapora,
> Agoniza o arrebol.
> A cathedral eburnea do meu sonho
> Aparece na paz do céu risonho,
> Toda branca de sol.
>
> E o sino canta em lugubres responsos:
> "Pobre Alphonsus! Pobre Alphonsus!"
>
> [...]
>
> Por entre lírios e lilazes desce
> A tarde esquiva: amargurada prece
> Põe-se a lua a rezar.
> A cathedral eburnea do meu sonho
> Aparece, na paz do céu tristonho,

Toda branca de luar.

E o sino chora em lugubres reponsos:
"Pobre Alphonsus! Pobre Alphonsus!"

O céu é todo trevas: o vento uiva.
Do relampago a cabeleira ruiva
Vem açoitar o rosto meu
E a cathedral eburnea do meu sonho
Afunda-se no cháos do céu medonho
Como um astro que já morreu.

E o sino geme em lugubres responsos:
"Pobre Alphonus! Pobre Alphonsus!"[85]

(Poema "A catedral", de Alphonsus de Guimaraens)

A arte literária privilegia a norma gramatical configuradora do chamado uso culto.

EXTREMA CARÍCIA

O que elle, apenas, em realidade sentia naquella hora velada, além de uma esparsa e acerta saudade de tudo, era uma caricia infinita, verdadeiramente inexplicavel, invadil-o todo, difundir-se pelo seu ser como que em musicas e mornos toxicos luminosos. Era uma dormencia vaga, uma leve quebreira e lethargia que o mergulhava n'um somno nebuloso, por entre irisações de brancura, n'um apaziguamento suave, como si elle estivesse acaso adormecido em cisternas de leite, ouvindo passaros invisiveis cantar e sons subtilíssimos de harpas docemente, finamente fluindo... Era um luar espasmodico, em delíquios, que nervosamente o aureolava, que lhe cahia em neblinas de lyrios madidos nas origens mais recondidas da alma. Era um óleo paradisíaco que manso e manso o acalmava, o anesthesiava. Uma extrema caricia, que fazia dilatarem-se-lhe todas as fibras, percorrendo-lhe pelo organismo, extasiantemente, n'uma onda de fluidos maravilhosos, de longos languores, de demorados gozos, de supremas quintescencias de sensibilidade.[86]

(Trecho de *Evocações*, de Cruz e Sousa)

O Impressionismo, repercute, por seu turno, entre outras obras, como *O Ateneu*, romance de Raul Pompeia, *Esaú e Jacó*, romance de Machado de Assis, impregna fortemente *Canaã*, de Graça Aranha, e *Triste fim de Policarpo Quaresma*, romance de Lima Barreto.

Começava a anoitecer, quando o collegio formou ao toque de recolher. Desfilaram aclamados, entre alas de povo, e se foram do campo, cantando alegremente uma canção escolar.

Á noite houve baile nos três salões inferiores do lance principal do edificio e illuminação no jardim.

Na occasião em que me ia embora, estavam acendendo luzes variadas de bengala diante da casa. O Atheneu, quarenta janellas, resplendentes do gaz interior, dava-se ares de encantamento com a illuminação de fóra. Erigia-se na escuridão da noite, como immensa muralha de coral flammante, como um scenario animado de sapiira como horripilações errantes de sombra, como um castello phantasma batido de luar verde emprestado à selva intensa dos romances cavalheirescos, despertado um momento da legenda morta para uma entrevista de espectros e recordações. Um jacto de luz electrica, derivado de fóco invisível, feria a inscripção dourada

A T H E N A E U M

Um arco sobre as janellas centraes, no alto do predio.[87]

(Trecho do romance *O Ateneu*, de Raul Pompeia)

Tais configurações culturais terminam por conviver. E os textos testemunham o estágio da língua na literatura do tempo, em duas instâncias: por meio da língua transmitida, na palavra dos personagens, a permitir-se o uso informal, e na língua adquirida, na voz do poeta ou do narrador onisciente, cuidada, fiel ao registro formal. Tomados como parâmetros, nesse último caso, basicamente os princípios normativos lusitanos.

A língua portuguesa do Brasil, na variante privilegiada pela arte literária, beneficia-se significativamente.

Machado de Assis

Dentre todos os textos do tempo, pairando além das configurações dos estilos epocais, agiganta-se a obra de Machado de Assis.

A busca do lugar social e político pela classe média fundamenta-se na tradição da cultura ocidental, que vem desde o Renascimento: a valorização do conhecimento e das qualidades intelectuais.

É a estratégia usada pela burguesia para contrapor-se, pelas virtudes do intelecto, à aristocracia de sangue e de riqueza. Nesse espaço, a carreira literária ganha notável destaque. E esse dimensionamento, no Brasil, vem desde o Romantismo, como ficou apontado.

O alto prestígio dos escritores propicia a criação, em 1897, da Academia Brasileira de Letras.

Trata-se de um acontecimento a propósito significativo, quando reúne, no processo de fundação, ao lado de Lúcio de Mendonça, Machado de Assis, classe média ascendente, e Joaquim Nabuco, classe alta privilegiada. E mais, quando inclui como cláusula pétrea dos seus estatutos "a cultura da língua e da literatura nacional".

A vida de Machado é um excelente exemplo da estratégia apontada: o mulato pobre, filho de agregados, converte-se, pelo estudo e pelo trabalho, no intelectual consagrado e aceito socialmente. Ultrapassa, pelo saber e por sua condição de escritor excepcional, as possíveis restrições, veladas ou explícitas, da sociedade à sua condição étnica e à condição social de representante da classe média burguesa, advindo de classe "mais baixa".

Muitos escritores seus contemporâneos viveram experiência semelhante. Entre eles, Aluísio Azevedo, Olavo Bilac, Lima Barreto e Cruz e Sousa.

Ressalte-se que, à medida que o criador de *Dom Casmurro* progride na sua produção literária, vão-se abrindo as portas à carreira do funcionário. E o antigo caixeiro da loja de Paula Brito acaba diretor do Ministério da Viação. Cidadão e funcionário exemplar, a crítica aguda e denunciadora ele a instaurou no texto de sua literatura.

Em termos de língua, sua obra configura um uso modelar, para cujo padrão exemplar a sua pena contribui de forma altamente significativa, uso da língua portuguesa em que o escritor busca conciliar a tradição normativa com posicionamentos renovadores. Atitude deliberadamente assumida, como atesta texto de 1873.

A LÍNGUA

Entre os muitos meritos dos nossos livros nem sempre figura o da pureza da linguajem. Não é raro vêr intercalado em bom estilo os solecismos da linguajem comum, defeito grave, a que se junta o da excessiva influencia da lingua franceza. Este ponto é objeto de diverjencia entre os nossos escritores. Diverjencia digo, porque, se alguns caem n'aquelles defeitos por ignorância ou preguiça, outros ha que os adotam por principio, ou antes por uma exajeração de principio.

Não ha duvida que as linguas se aumentam e alteram com o tempo e as necessidades dos uzos e costumes. Querer que a nossa páre no seculo de quinhentos, é um erro igual ao de afirmar que a sua transplantação para a America não lhe inseriu riquezas novas. A este respeito a influência do povo é deciziva. Ha, portanto, certos modos de dizer, locuções novas, que de força entram no dominio do estilo e ganham direito de cidade.

Mas se isto é um fato incontestavel, e se é verdadeiro o principio que d'elle se deduz, não me parece aceitavel a opinião que admite todas as alterações da linguajem, ainda aquellas que destroem as leis da sintaxe e a essencial pureza do idioma. A influencia popular tem um limite; e o escritor não está obrigado a receber e dar curso a tudo o que o abuzo, o capricho e a moda inventam e fazem correr. Pelo contrario, elle exerce também uma grande parte de influencia a este respeito, depurando a linguajem do povo e aperfeiçoando-lhe a razão.

Feitas as exceções devidas não se lêm muito os classicos no Brazil. Entre as exceções poderia eu citar até alguns escritores cuja opinião é diversa da minha n'este ponto, mas que sabem perfeitamente os classicos. Em geral, porém, não se lêm, o que é um mal. Escrever como Azurara ou Fernão Mendes seria hoje um anacronismo insuportavel. Cada tempo tem o seu estilo. Mas estudar-lhes as fórmas mais apuradas da linguajem, dezentranhar d'elles mil riquezas, que, á força de velhas se fazem novas, — não me parece que se deva desprezar. Nem tudo tinham os antigos, nem tudo têm os modernos; com os haveres de uns e outros é que se enriquece o peculio comum.

Outra coisa de que eu quizera persuadir a mocidade é que a precipitação não lhe afiança muita vida aos seus escritos. Ha um prurido de escrever muito e depressa; tira-se d'isso glória, e não posso negar, que é caminho de aplauzos. Ha intenção de igualar as creações do espírito com as da materia, como si ellas não fossem n'este caso inconciliaveis. Faça muito embora um homem a volta do mundo em oitenta dias; para uma obra-prima do espírito são precizos alguns mais.

Aqui termino esta noticia. Viva imaginação, delicadeza e força de sentimentos, graças de estilo, dotes de observação e analize, auzência às vezes de gosto, carências às vezes de reflexão e pauza, língua nem sempre pura, nem sempre copioza, muita côr local, eis aqui por alto os defeitos e as excelencias da atual literatura brasileira, que há dado bastante e tem certissimo futuro.[88]

(Trecho do ensaio "Instinto de nacionalidade",
de Machado de Assis)

Se a arte literária se torna veículo de afirmação e reconhecimento, amplia--se também o seu espaço de repercussão.

Esse aspecto envolve, de imediato, o próprio consumidor dessas novas dimensões, necessariamente presentes no texto.

Matéria nacional e matéria universal passam nele a integrar-se com maior efetividade. Ainda que o público leitor ainda seja diminuto. Mas essa última circunstância é um aspecto que permanecerá durante muito tempo na realidade do país.

Com os pés no chão da realidade: a população era constituída, à época, por 70 a 80% de analfabetos, ainda que já houvesse leitores capazes de esgotar os 2 mil exemplares da primeira edição do *Dom Casmurro*, lançada em Paris, em 1899, o sétimo dos nove romances do autor. É verdade que não foi publicado antes na imprensa, como aconteceu com outros de seus títulos. Mas mesmo esses tinham seus leitores. Não fosse assim, o jornal não lhes teria franqueado espaços.

Vale, a propósito, comparar os índices populacionais daqueles tempos, registrados no *Repertório estatístico do Brasil* (IBGE, 1986):[89]

Brasil: quadro geral e população

Região	1872	1900	1920
Norte	332.847	659.112	1.439.052
Nordeste	4.708.160	6.749.507	11.245.921
Sudeste	4.116.756	7.704.133	13.654.934
Sul	733.486	1.796.495	3.537.167
Centro-Oeste	220.812	373.309	758.531
Total	10.112.061	17.318.554	30.635.605

Os textos literários testemunham o espírito do tempo. Interagem com os que a eles têm acesso. Ampliam-lhes o repertório cultural. Culminam por propiciar ao comum das gentes uma perspectiva organizada dos aspectos caracterizadores da visão de mundo predominante à época em que são produzidos. Trata-se de uma via de mão dupla.

A literatura, por outro lado, segue contribuindo para a sedimentação da variante brasileira da língua portuguesa. Notadamente no seu uso formal. Os romances de Lima Barreto, pautados diretamente na existência do ser humano como indivíduo, como ser comunitário, notadamente no espaço do subúrbio, "o refúgio dos infelizes", configuram exemplos representativos.

— Polycarpo, você precisa tomar juizo. Um homem de idade, com posição respeitável, como você é, andar metido com esse seresteiro, um quase capadócio — não é bonito!

O major descansou o chapéo de sol — um antigo chapéo de sol, com a haste inteiramente de madeira, e um cabo de volta, incrustado de pequenos losangos de madreperola — e respondeu:

— Mas você está muito enganada, mana. É preconceito supor--se que todo homem que toca violão é um desclassificado. A modinha é a mais genuina expressão da poesia nacional e o violão é o instrumento que ella pede. Nós é que temos abandonado o genero, mas elle já esteve em honra, em Lisboa, no seculo passado, com o Padre Caldas, que teve um auditório de fidalgas. Beckford, um inglez notável, muito o elogia.

— Mas isso foi em outro tempo; agora...

— Que tem isso, Adelaide? Convém que nós não deixemos morrer as nossas tradições, os usos genuinamente nacionaes...

— Bem, Polycarpo, eu não quero contrariar você; continue lá com as suas manias.[90]

(Trecho do romance *Triste fim de Policarpo Quaresma*, de Lima Barreto)

As manifestações orais da tradição popular privilegiam as variantes linguísticas dos segmentos sociais em que se inserem.

PERCURSOS DA IMPRENSA

Perde gradativamente espaço, na corte e nas províncias, o jornalismo político. Os pasquins praticamente deixam de circular. Para reaparecerem no final da centúria. Permanecem um ou outro título isolado. Como *O Cascalho* e *O Fuzil*, no Maranhão; *O Valor da Califórnia*, no Recife; *O Itamuntano*, em Ouro Preto; *O Apóstolo*, nesta mesma cidade, "o primeiro jornal republicano", assinala Nelson Werneck Sodré.

Em contrapartida proliferam periódicos. São lançados *O Jornal das Senhoras*, em 1852, que circulará durante três anos, e *O Domingo*, em cena até 1872. Ambos centrados em sonetos, moda, cartas de amor.

> As nossas Assignantes
>
> Redigir um jornal é para muitos litteratos o apogeo da suprema felicidade, *já sou Redactor*, esta frazesinha dita com seus botões faz crescer dous palmos a qualquer individuo.
>
> No circulo ilustrado o Redactor é sempre recibido com certo prestigio do homem que em letra de imprensa póde dizer muita coisa, propicia ou fatal a alguem.
>
> N' outra roda de gente que considera o progresso do genero humano, como uma heresia, e os litteratos como uma casta de vadios, porque entendem que se possa cavar com uma enxada, porem o trabalho intellectual é para essa gente uma alocução em grego: e por tanto o Redactor é... é um vadio mesmo, um ente inútil.
>
> Ora pois, uma Senhora a testa da redação de um jornal! Que bicho de sete cabeças será?
>
> Contudo em França, em Inglaterra, na Italia, na Hespanha, nos Estados Unidos, em Portugal mesmo, os exemplos abundão de Senhoras dedicadas a literatura colaborando diferentes jornaes.[91]
>
> (Trecho de artigo da primeira página de *O Jornal das Senhoras*, primeiro periódico publicado por uma mulher no Brasil)

Em São Paulo, *O Ipiranga*, em circulação até 1869, segue fiel à tendência liberal. Surge o *Correio Paulistano*, de caráter conservador.

Na Corte, emerge o *Jornal do Commercio*, também conservador. E em 1852, o *Correio Mercantil*, cujas páginas estampam, em folhetins, entre 27 de junho desse ano e 31 de julho de 1853, as citadas *Memórias de um sargento de milícias*, de Manuel Antônio de Almeida, assinadas por Um Brasileiro.

É tempo em que a literatura se associa estreitamente à imprensa. José de Alencar colabora, inicialmente, no *Correio Mercantil*; depois, no *Diário do*

Rio de Janeiro, de que é redator-chefe e no qual publica o romance *Cinco minutos*, e ainda, em 1857, com grande êxito, *O guarani*. Em 1860, sai, no mesmo jornal, *A viuvinha*. Em 1855, Machado de Assis estreia em *A Marmota*, que publicará ainda outros escritores.

Grande sucesso da época é a literatura de cordel, vendida nas arcadas do Teatro São Pedro, no Rio de Janeiro.

Surge, em Porto Alegre, *O Mercantil*. Publicam-se revistas, como *A Ilustração Brasileira*, lançada em 1854.

Tem início, em *O Brasil Ilustrado*, a partir de 1855, a publicação regular de caricaturas.

Circula na Corte, em dezembro de 1870, *A República*, órgão do Partido Republicano Brasileiro, a que se somam, entre essa data e 1872, mais de duas dezenas de jornais de mesma orientação.

Data de 1876, 1º de janeiro, o importante lançamento da *Revista Illustrada*, com tiragem recorde para a época, na América do Sul, de 4 mil exemplares.

1873 assiste à estreia de *O Sexo Feminino*, "semanário dedicado aos interesses da mulher" lançado em Campanha, no interior de Minas Gerais, jornal também pioneiro em termos de defesa dos direitos femininos. Circulará até 1889.

A educação da mulher

Zombem muito embora os pessimistas do aparecimento de um novo órgão na imprensa — *O Sexo Feminino*; tapem os olhos os indiferentes para não verem a luz do progresso, que, qual pedra desprendida do rochedo alcantilado, rola violentamente sem poder ser impedida em seu curso; rião os curiosos seu riso sardonico de reprovação á idéa que ora surge brilhante no horizonte da cidade de Campanha: agourem bem ou mal o nascimento, vida e morte do *Sexo Feminino*; persigão os retrógrados com seus diterios de chufas e mofa nossas conterraneas, chamando-as de utopistas: *O Sexo Feminino* aparece, hade luctar, e luctar até morrer; morrerá talvez, mas sua morte será gloriosa e a posteridade julgará o perseguidor e o perseguido.

> O seculo XIX, seculo das luzes, não se findará sem que os homens se convenção de que mais da metade dos males que os opprimem é devida ao descuido, que elles tem tido da educação das mulheres, e ao falso supposto de pensarem que a mulher não passa de um traste de casa, grosseiro e brusco gracejo que infelizmente alguns individuos menos delicados ousão atirar a face da mulher, e o que é mais as vezes, em plena sociedade familiar![92]
>
> (Trecho publicado no semanário *O Sexo Feminino*)

Na contracorrente do movimento emancipacionista, vem a lume o conservador *A mãi de família*, publicação quinzenal, dirigida pelo pediatra Carlos Costa.

A imprensa vinculada a reivindicações de caráter social e ideológico declaradamente assumido ganha presença em inúmeros títulos publicados desde 1845, quando é lançado *O Socialista da Província do Rio de Janeiro*, que vem a público de três em três dias. Entre outros, saem: *O Progresso* e *O Proletário*, em 1848, no Recife; *O Grito Anarquial*, em Niterói, no mesmo ano; o *Jornal dos Tipógrafos*, 1858, no Rio de Janeiro; *A Voz do Povo*, 1860, em Belém; *A Gazeta Operária*, também no Rio, em 1875.

Vêm a lume os almanaques. Entre eles, o *Almanak Laemmert*, publicado entre 1844 e 1889, e *A Folhinha dos Sonhos*.

Data de 1859 o primeiro número de *O Espelho*, "revista semanal de literatura, modas, indústria e artes", cuja existência não chega a seis meses e que conta, entre seus colaboradores, com Paula Brito e o jovem Machado de Assis.

> Ao talento e á intelligencia não fechamos as columnas desta revista; pelo contrario, lisonjear-nos-hemos se de qualquer fórma podermos animar a esta brilhante mocidade, que com os seus vôos de aguia procura abraçar o futuro.
>
> É sabido quanto são escassos os meios entre nós de desenvolver-se a intelligencia, que tambem necessita de um sopro vivificador que a anime.

Jornaes litterarios pode-se dizer que não os ha nesta vasta capital; e pois será esse um duplo merecimento que teremos. Pugnamos pelo progresso ao mesmo tempo que tentamos satisfazer a nossa missão.

O Espelho será pois o pequeno reverbero de uma parte desses raios com que a intelligencia procura illuminar o mundo. Da aceitação que lhe derem os leitores depende o seu futuro. É ella quem marcará as dimensões de sua grandeza, a extensão do seu curso, a sua vida ou a sua morte.[93]

(Texto publicado na primeira
edição da revista *O Espelho*)

Circula, de 1887 a 1902, o jornal *Cidade do Rio*, vinculado à campanha da abolição dos escravos; no comando, José do Patrocínio.

Proliferam, com relevo, os semanários ilustrados, de que são exemplo a modelar *Semana Illustrada*, que circula de 1860 a 1875, *O Mequetrefe*, de 1875 a 1893, a *Revista Illustrada*, de 1876 a 1898. Data de 1876, com tiragem recorde para a época na América do Sul, de 4 mil exemplares. Em alguns deles, ganha presença a sátira, como em *O Mosquito*, que se subtitula "Jornal caricato e crítico" e circula de 1869 a 1877, em *O Besouro*, "folha illustrada, humorística e satyrica", e em *Psiit!*, "hebdomadário cômico". Em 1864-65 circulou o domingueiro *Diabo Coxo*, feito de artigos, poesias, notícias, caricaturas, críticas, anedotas.

GARATUJAS

— Há annos que o não vejo!
— Tenho estado fora da capital.
— Então o que tem feito?
— Ora, estou casado, com duas filhas...
— Pois casou-se com as filhas?
— Não, casei-me; e tenho duas filhas do matrimonio.

— Ah! começo a perceber. E as pequenas são bonitas, já se vê...

— Parecem-se com a mãi.

— Mas minha mãi não se parece com cousa alguma; morreu a mais de vinte annos.

— Peior. Parecem-se com minha senhora.

— Pois tu és captivo?

— Vejo que enlouqueceste, estás hoje diffuso.

— De fuso estás tu; mas affianço-te que não me atarrachas. Adeos.[94]

(Texto publicado na edição n. 7 do *Diabo Coxo*)

O jornal *A Província de São Paulo* passa a denominar-se, em novembro de 1889, *O Estado de S. Paulo*.

Abrem-se ainda os periódicos aos reclames publicitários, em que se alternam registros.

GENTES, VOCÊ JÁ VIO JÁ?

Novo e mui gracioso lundú brazileiro, poesia do curioso B.B., posto em musica pelo professor Dorison: 1º numero do NOVO ALBUM de modinhas, preço 800rs.

A venda na Imprensa de musica de Filippone e Comp., rua dos Latoeiros n.59.

Na rua dos Pescadores n. 19 vendem-se cofres de ferro por preços módicos.[95]

(Texto de anúncio de época)

AS 10.000 MASCARAS
RUA DO OUVIDOR N. 74

Convidamos aos Illms. Srs. socios do CLUB FLUMINENSE e aos mais apreciadores dos bailes mascarados, a virem visitar e

> examinar os nossos costumes á fantasia onde acharáõ riquissimos e novos *donnés* de sedas e chamalotes de todas as côres e lindíssimos *Titis*, tudo feito expressamente para este carnaval; juntamente acharáõ um completo sortimento de mascaras de setim arame e cartão, tudo quanto ha de bom e os preços são de amigo.[96]
>
> (Texto de anúncio de época)

Em que pese a precariedade da distribuição dos jornais, eles já contam com um público mais significativo, com presença marcante de jovens casadouras e de estudantes.

O TEATRO

Convivem, na representação teatral da segunda metade do século XIX, de um lado, sentimentalismos e exacerbações, e de outro, simplicidade, objetividade e temas sociais. No destaque, melodramas, peças de caráter social de Joaquim Manuel de Macedo e os temas sociais e políticos do teatro alencarino. Marcas dominantes: o tratamento superficial de aspectos circunstanciais, ensaios de discussão de teses, propósitos moralizantes, o artificialismo. Entre os exemplos, *O primo da Califórnia*, *Amor e pátria*, *Lusbela* e *Luxo e vaidade*, de autoria do primeiro; *O demônio familiar* e *Verso e reverso*, citados, *As asas de um anjo*, *O jesuíta* e *O que é o casamento*, do segundo.

Em paralelo, a evidência é ocupada pela opereta, pela revista, pelo vaudeville: formas. É tempo da numerosa produção de Artur Azevedo que envolve, entre muitas peças, *O badejo*, *A capital federal*, *O mambembe*.

A comédia segue sendo trabalhada. Um exemplo é França Junior, autor de *Amor com amor se paga*, o citado *Caiu o ministério!*, *Como se faz um deputado*. Não se espere, entretanto, maior apuro na composição. Nesse espaço, a diferença distingue as peças de Machado de Assis: *O protocolo*, *Quase ministro*, *Os deuses de casaca*, *Não consultes médico*, *Lição de botânica*.

Nas primeiras décadas do século XX, ganha continuidade o teatro de costumes, ainda em comédias, como *Nuvem, Quebranto, O intruso*, de Coelho Neto; *O turbilhão, Eu arranjo tudo, Flores de sombra, O milhafre*, de Cláudio de Sousa; *O simpático Jeremias*, de Gastão Tojeiro; *Ordenança do coronel, Vendedor de ilusão, Amor*, de Oduvaldo Vianna; *Manjerona, Morena, Sol do sertão e Bombonzinho*, de Viriato Correia; *Deus lhe pague*, de Joracy Camargo; *Cala a boca Etelvina*, de Armando Gonzaga.

A explosão modernista só repercutirá na arte de representar após 1930 e de maneira globalizante. No intervalo, contribuições de autores e incentivadores como Álvaro Moreira, Renato Viana, Paschoal Carlos Magno.

O MAMBEMBE

Acto primeiro

Quadro 1

Sala de um plano só em casa de D. Rita. Ao fundo, duas janelas pintadas. Porta à esquerda dando para a rua, e porta à direita dando par ao interior da casa.

CENA 1

MALAQUIAS, *moleque, depois EDUARDO.*

(Ao levantar o pano, a cena está vazia. Batem à porta, à esquerda.)

MALAQUIAS (*Entrando da direita*) — Quem será tão cedo? Ainda não deu oito horas! (*Vai abrir a porta da esquerda.*) Ah! é seu Eduardo!

EDUARDO (*Entrando pela esquerda*) — Adeus, Malaquias. Quedê dona Rita? Já está levantada?

MALAQUIAS — Tá lá dentro, sim, sinhô.

EDUARDO — E dona Laudelina?

MALAQUIAS — Inda tá drumindo, sim, sinhô.

EDUARDO — Vai dizer a dona Rita que eu quero falar com ela.

MALAQUIAS — Sim sinhô! (*Puxando conversa*) Seu Eduardo onte tava bom memo!

EDUARDO — Tu assististe ao espetáculo?

MALAQUIAS — Ora, eu não falho! Siá dona Rita não me leva, mas eu fujo e vou. Fico no fundo espiando só!

EDUARDO — Gostas de teatro, hein!

MALAQUIAS — Quem é que não gosta do que é bão? Que coisa bonita quando seu Eduardo fingia que morreu quase no fim! Xi! Parecia que tava morrendo memo! Só se via o branco do olho! E dona Laudelina ajoelhada, abraçando seu Eduardo! Seu Eduardo tava morrendo, mas tava gostando, não é seu Eduardo?

EDUARDO — Gostando porquê? Cala-te!

MALAQUIAS — Então Malaquias não sabe que seu Eduardo gosta de dona Laudelina?

EDUARDO — E ela?... Gosta de mim?

MALAQUIAS — Eu acho que gosta... pelo meno não gosta de outro...eu sou fino; se ela tivesse outro namorado, eu via logo. Aquele moço que mora ali no chalé azu, que diz que é guarda-livro, outro dia quis se engraçá com ela e ela bateu coa jinela na cara dele: pá... eu gostei memo porque gosto de seu Eduardo, e sei que seu Eduardo gosta dela!

EDUARDO — Toma lá quinhentos réis.[97]

(Trecho da peça *O mambembe*, de Artur Azevedo)

O IDIOMA NA LITERATURA: MATIZES

Em termos da utilização da língua-suporte, o texto de literatura ora reforça determinados usos, em destaque o registro formal, ora abre-se para a ruptura e propõe novas formas de expressão. Estas últimas podem ou não coletivar-se.

Observe-se que a presença dos registros informal e ultrainformal nas falas de personagens é criação dos autores. Tal fato relativiza a sua dimensão documental.

A partir da interação entre literatura e língua, alargam-se, no Segundo Reinado, ainda uma vez e significativamente, os horizontes desta última. Mas permanece, ainda acentuada, a dicotomia entre língua popular e língua culta.

O idioma, na voz cotidiana do povo, segue ampla e livremente disseminado nos muitos usos e variantes das comunidades espalhadas pelo país, aberto a múltiplas influências.

A modalidade formal permanece valorizada como índice de "superioridade cultural" e presentificada marcadamente na língua escrita, tradicionalista por natureza, preservada pela escola e sedimentada em textos dos órgãos da imprensa. Sobretudo por aqueles usuários que, formados em terras lusas, são fiéis e obedientes servidores das normas da gramática. Ao fundo, a coerção social.

A diluição da distância assinalada irá dever-se fundamentalmente aos esforços dos escritores preocupados, como assinala Celso Cunha, com "a formação de uma literatura verdadeiramente brasileira (pois que entendida como harmoniosa conciliação de temática e forma expressional)".[98]

Nesse rumo, os românticos prepararam o caminho para a relativa concretização efetivada pelo Modernismo.

Firmada a independência política, estabilizadas e incorporadas culturalmente as proposições românticas, diluídas as manifestações antilusitanas, os textos configuradores dos estilos pós-românticos deixam perceber, em relação à língua, procedimentos, em certa medida, opostos aos que marcam as obras do Romantismo.

A modalidade brasileira do idioma passa a ser entendida, na avaliação da intelectualidade do país, como semelhante ao português dos séculos XV e XVI e, como tal, é considerada mais "legítima",[99] na medida em que o português lusitano modificou-se significativamente a partir do século XVIII. Valorizam-se, como elementos fundamentadores, os estudos brasileiros de filologia e gramática e a leitura brasileira dos clássicos.

Amplia-se, em inúmeros textos configuradores dos estilos epocais pós--românticos, o distanciamento entre a expressão oral e a expressão escrita, a partir de uma atitude hierarquizante que inferioriza a chamada fala popular.

Em consequência, os escritores, com algumas exceções, assumem um registro formal altamente elaborado, na escolha cuidada do vocabulário, como no âmbito da construção frasal, neste espaço com um retorno assumido às modelizações lusitanas. Paralelamente, surgem textos vinculados ao regionalismo, na contracorrente do privilégio concedido ao uso lusitano.

Pereira, depois de todas aquelas explicações que o ancião parecia ouvir com satisfação, disse, voltando-se para este, ou melhor, abaixando-se em cima de sua cabeça:

— Agora, meu filho, vai ao curral a apanhe *para mim* uma *mãosada* de folhas de laranjeira da terra... daquele pé grande que encosta na *tronqueira*.

Mostrou o homúnculo um expressivo gosto que entendêra e sahio correndo.[100]

(Trecho do romance *Inocência*)

A concessão à oralidade situa-se no espaço dos personagens. Quase nunca no discurso do narrador ou na voz do eu que fala nos poemas.

Na prosa de Aluísio Azevedo, por exemplo, figura o registro, no discurso dos personagens, de expressões populares, de gíria, de pronúncia peculiares dos portugueses radicados no Brasil e de negros escravos. Presentificam-se modos de dizer lusitanos e abrasileirados. Aberturas.

No dia seguinte, Jeronymo largou o trabalho á hora de almoçar e, em vez de comer lá mesmo na pedreira com os companheiros, foi para casa. Mal tocou no que a mulher lhe apresentou á mesa e metteu-se logo depois na cama, ordenando-lhe que fosse ter com João Romão e lhe dissesse que elle estava incommodado e ficava de descanço aquelle dia.

— Que tens tu, Jeromo?...

— Morrinhento, filha. Vae anda!

— Mas sentes-te mal?...

— O'mulher! Vae fazer o que te disse e ao depois então me darás á lingoa!

— Valha-me a Virgem! Não sei se haverá chá preto na venda!

E ella sahio, afflicta. Qualquer novidade no marido, por menor que fosse, punha-a doida. "Pois um homem rijo, que nunca cahia doente? Seria a febre amarela?... Jesus, Santo Filho de Maria, que nem pensar n'isso era bom! Credo!

A noticia espalhou-se logo ali entre as lavadeiras.

— Foi da friage da noite, affirmou a Bruxa; e deu um pulo á casa do trabalhador para receitar.

O doente reppelio-a, pedindo-lhe que o deixasse em paz que elle do que precisava era de dormir. Mas não o conseguio: atraz da Bruxa correu a segunda mulher, e a terceira, e a quarta; e, afinal, fez-se durante muito tempo em sua casa um entrar e sahir de saias. Jeronymo perdeu a paciência e ia protestar brutalmente contra semelhante invasão, quando, pelo cheiro, sentio que a Rita se aproximava tambem.

— Ah![101]

(Trecho do romance *O cortiço*, de Aluísio Azevedo)

Na linguagem do verso é ver a língua cuidada, por exemplo, nos textos de Olavo Bilac e Cruz e Sousa.

Não quero o Zeus Capitolino,
Herculeo e bello,
Talhar no marmore divino
Com o camartello.
Que outro — não eu! — a pedra córte
Para, brutal,
Erguer de Athene o altivo porte
Descommunal.

Mais que esse vulto extraordinario,
Que assombra a vista,
Seduz-me um leve relicario
De fino artista.

Invejo o ourives quando escrevo:
Imito o amor
Com que elle, com ouro, o alto relevo
Faz de uma flor.

Imito-o. E, pois, nem de Carrara
A pedra firo
O alvo crystal, a pedra rara,
O ônyx prefiro.[102]

(Trecho do poema "Profissão de fé",
de Olavo Bilac)

Ó Fórmas alvas, brancas, Fórmas claras
de luares, de neves, de neblinas!...
Ó Fórmas vagas, fluidas, crystalinas...
Incensos dos thuríbulos das aras...

Fórmas do Amor, constelarmente puras,
de Virgens e de Santas vaporosas...
Brilhos errantes, madidas frescuras
e dolencias de lyrios e de rosas...

Indeffiníveis musicas suprêmas,
Harmonias da Côr e do Perfume...
Horas do Occaso, tremulas, extrêmas,
Requiem do Sol que a Dôr da luz resume...[103]

(Trecho do poema "Antífona",
de Cruz e Sousa)

Construções já peculiares da norma brasileira perpassam, eventualmente, alguns textos, entre eles colocações de pronomes átonos distintas das que marcam a norma lusitana, estas fixadas em regras desde 1880.

Entre as marcas do trabalho na linguagem que caracteriza os textos literários do período, a pesquisa de Edith P. Pinto destaca o uso acentuado de latinismos, arcaísmos, cultismos, estrangeirismos e termos científicos.[104]

Sou uma sombra! Venho de outras éras,
Do cosmopolitismo das monéras...
Polypo de reconditas reintrancias,
Larva do cháos tellúrico, procedo
Da escuridão do cósmico segredo,
Da substancia de todas as substancias!

A symbiose das coisas me equilibra,
Em minha ignóta mónada, ampla, vibra
A alma de movimentos rotatórios...
E é de mim que decorrem, simultaneas,
A saúde das forças subterraneas
E a morbidez dos seres ilusórios.[105]

(Trecho do poema "Monólogo de uma sombra",
de Augusto dos Anjos)

Na área da morfossintaxe, assinala o torneio frasal elaborado, e raro, que pode ser exemplificado com *Os sertões* de Euclides da Cunha ou nos versos de Alberto de Oliveira.

E o sertão é um paraizo.

Ressurge ao mesmo tempo a fauna resistente das caatingas: disparam pelas baixadas humidas os caititús esquivos; passam em varas, pelas tigueras, num estridulo estrepitar de maxillas percutindo, os queixadas de canella ruiva; correm pelos taboleiros altos, em bandos, esporeando-se com os ferrões de sob as azas, as êmas velocissimas; e as seriemas de vozes lamentosas, e as sericoias vibrantes, cantam nos balsedos, á fimbria dos banhados onde vem beber o tapir estacando um momento no seu trote brutal, inflexivelmente rectilineo, pela caatinga, derribando árvores; e as próprias sussuaranas, aterrando os mocós espertos que se aninham aos pares nas luras dos fraguedos, pulam, alegres, nas macegas altas, antes de quedarem nas tocaias traiçoeiras aos veados ariscos ou novilhos desgarrados...[106]

(Trecho de *Os sertões*, de Euclides da Cunha)

Esta de aureos relevos, trabalhada
De divas mãos, brilhante copa, um dia,
Já de aos deuses servir como cançada,
Vinda do Olympo, a um novo deus servia.

Era o poeta de Teos que a suspendia
Então, e, ora repleta ora esvazada,
A taça amiga aos dedos seus tinia,
Toda de roxas petalas colmada.

Depois... Mas o lavor da taça admira,
Toca-a, e do ouvido aproximando-a, ás bordas
Finas has de lhe ouvir, canora e doce,

Ignota voz, qual se da antiga lyra
Fosse a encantada música das cordas,
Qual se essa voz de Anacreonte fôsse.[107]

(Poema "Vaso grego", de Alberto de Oliveira)

Paralelamente a língua da comunicação cotidiana segue seu rumo, marcada de variantes regionais, e de registros vários.

Um dado relevante: o ensino da língua na escola privilegia o texto de literatura, considerado modelar.

OUTRAS GENTES, OUTRAS FALAS

E, desde as primeiras décadas do século de Oitocentos, vêm chegando os imigrantes.

Alemães constituem, no Sul, colônias em São Leopoldo, em 1824, e a colônia de São Pedro de Alcântara, perto de Florianópolis.

Na direção de São Paulo, fixam-se núcleos em Santo Amaro e em Itapecerica, em 1829. A expansão na província leva-os a Blumenau, nos anos 1850, a Brusque e a Joinville, Dona Francisca àquele tempo. O fluxo continua, em franco descenso, entretanto.

Também para o Rio Grande vão grupos italianos. Depois de 1870. E ali também criam colônias, entre elas a de Caxias, de todas a mais desenvolvida. No total, a propósito, entre 1882 e 1889, só no Rio Grande do Sul instalam-se 41.616 estrangeiros, e destes 34.418 eram nativos da Itália.

É possível que essa presença imigrante esteja na base de certas características de pronúncia e de alguns empréstimos no vocabulário, peculiares de parcelas populacionais em determinadas regiões, variáveis em função do fluxo migratório direcionado a cada uma.

Hipóteses. À espera de pesquisas conclusivas.

ALGUNS ASPECTOS SÓCIO-HISTÓRICOS DO FINAL DO SEGUNDO REINADO

É tempo de mudanças fundas, na realidade brasileira.

Aprimoram-se ainda mais as condições da vida urbana, com ferrovias e portos, redes de telegrafia e outros melhoramentos.

Trabalho assalariado substitui mão de obra escrava, na vaga da abolição.

A nação ensaia seus passos nas sendas modernizadoras. É o progresso a acelerar seus passos.

O Rio de Janeiro, capital e centro irradiador, ganha, ao longo do período, intensa vida econômica, social e cultural. Cafés e confeitarias, saraus, bailes e teatro e até o banho de mar mobilizam os moradores. Apesar da falta de água, da carência de saneamento básico, da sujeira das ruas, do calçamento ruim, da violência e dos crimes, dos assaltos às residências, das muitas epidemias e das enchentes provocadas pelos fortes temporais.

Ampliam-se espaços de intercâmbio social e de interação linguística ao longo do país.

Camillo. — Vou marcar na minha folhinha este venturoso domingo.
Elvira.— E o senhor a gracejar em uma situação destas!
Camillo. — O que tem esta situação? Quer que chore? Não estamos um ao lado do outro?
Elvira. — O coração bem estava me dizendo que eu não devia ir á cidade. Saio de casa afim de comprar na rua do Ouvidor um presente para dar a mamãi...

Camillo. — E quiz a minha boa estrella que seu pai, ao chegar, às trez horas da tarde, na rua Gonçalves Dias, no meio da lufa--lufa do povo, que alli se apinha á espera de bonds, tomasse o carro do Jardim Botânico pelo das Laranjeiras, que investisse para elle, que V. Ex., mais ligeira, alcançasse um lugar, e que elle, ficasse na plata-fóorma, sendo d'ahi enxotado pelo urbano, por estar fóra da lotação. Nada mais natural V.Ex. não deu por isso; o bond partio, eis-me a seu lado, fruindo esta ventura que me esperava. (*Vae á janela.*)

Josepha. — (*Desce*) Ah! minha Nossa Senhora das Candêas, que lembrança desgraçada teve aquelle homem em querer por força vir visitar hoje a comadre. O senhór não avalia em que assados me vi. Derão-me tamanho futicão no vestido, que descoserão-me todo o franzido, perdi o chapéo, romperão-me o chale, estive entalada na porta do carro dois minutos sem poder tomar respiração, puzerão-me emfim mais arripiada do que uma gallinha no chôco. Sento-me furiosa, parte o bond e quando procuro pelo Sr. Pimenta...

Camillo. — Tinha ficado tambem, graças a lotação.

Josepha. — O senhor não me explicará que historia é esta de lotação?

Camillo. — A lotação, minha senhora, é uma medida empregada pela polícia, para que ninguem venha incommodado dentro dos bonds.

Josepha. — Pois olhe, mais incommodada do que eu vim é impossivel! Lá na Meia Pataca não ha lotação, e a gente anda como quer. Onde está meu marido? O senhor comprehende, estou casada com o Pimenta apenas há dois mezes...

Camillo. — Devem ter tido uma lua de mel muito ardida.

Elvira. — Leve-nos para a casa, senhor. Iremos com esta senhora e eu explicarei tudo a meu pai.

Camillo. — Tenha paciência; havemos de jantar juntos. Vou chamar o criado e mandar preparar o que houver de mais exquisito.[108]

(Trecho da peça *A lotação dos bonds*, de França Junior)

O convívio com os textos literários e com a matéria da imprensa ainda é, porém, privilégio de uma minoria. Continua altamente significativo o número de analfabetos.

A letra escrita da imprensa e a linguagem cartorial da segunda metade do século seguem sendo ricas de exemplos de fidelidade ao registro dito culto.

> Libertação de escravos. Realisou-se no dia 5 do corrente mez na casa da camara municipal, a audiência para a entrega das cartas de liberdade aos escravos libertos pelo fundo de emancipação... O Sr. Dr. Antonio Fernandes Moreira... dirigio-se a estes, fazendo-lhes sentir que para serem-lhe proficuos os resultados beneficos da lei, que para serem elles uteis a sociedade em que vão entrar, e poderem ser por esta bem aceitos, era mister aque não abandonasse os hábitos de trabalho, mas antes se dedicassem a elle com todo o ardor, pois só pelo trabalho poderião ser verdadeiramente felizes evitando a ociosidade, origem de todos os vicios... O acto esteve solemne mas simples e modesto como devia ser.[109]
>
> (Notícia publicada, em 7 de novembro de 1878, em *O Municipio*, periódico que circulou na cidade de Vassouras entre 1869 e 1884)

> Pela presente carta por mim assinada, declaro solemnemente que respeitando o dia de hoje sextafeira da Paixão de N. Senhor Jesus Christo e satisfasendo os bons desejos que meu fallecido filho Ormindo nutria a libertar o meu escravo Felisbino, logo que se formasse... confiro liberdade gratuita ao meu dito escravo... podendo gosar de plena isenção do cativeiro como ser de ventre livre tivesse nascido... Nada mais se continha no dito pacto de liberdade no original.[110]
>
> (Texto constante de Livro de Notas de Tabelião situado em Vassouras, relativo ao perído compreendido entre 1869 e 1874)

Amplia-se gradativamente, em síntese, na língua escrita, ao longo dos tempos do Império, a prevalência do registro formal, com alguma concessão aos usos brasileiros do idioma.

A efetiva caracterização dos rumos da manifestação oral no cotidiano da comunicação, cumpre assinalar, é extremamente complexa, diante da carência de material comprobatório e da multifacetada realidade comunitária do país.

Acrescente-se que a caracterização e o ensino da língua à época e durante muito tempo têm como referência a língua literária canônica, o que relativiza, significativamente, as conclusões sobre o assunto.

O POVO E A LÍNGUA NOS TEMPOS DO IMPÉRIO

À luz do censo de 1872, são 9,93 milhões os habitantes do Império do Brasil. Núcleos de concentração: o primeiro ainda é Minas, desde a contagem passada: 2,01 milhões ali vivem. A Bahia vem em seguida: 1,38 milhão. Em São Paulo e Pernambuco, moram, em cada província, 840 mil. O Rio detém o quinto lugar em número de habitantes. Desses totais, os mulatos totalizam 42%; os brancos são 38%, e os negros, 20%. Cumpre ressaltar, a propósito, a importância da figura materna para a aquisição do vernáculo.

O índio é presença dominante na Amazônia, destacada a condição cabocla, fruto da destribalização do silvícola e da mistura com "camponeses sem terra e habitantes de cabanas miseráveis localizadas na periferia dos centros urbanos".[111]

Ganha vulto o processo imigratório, estimulado pelo governo do Império.

A imigração em massa tem início a partir de 1880. E chegam mais europeus e chegam orientais, com instâncias volumétricas variáveis e com plena aceitabilidade e integração comunitária, esta última com alguma resistência por parte dos japoneses e alemães.

Entre 1882 e 1889, 34.416 italianos instalam-se no Rio Grande do Sul, em torno da atividade vinícola.

Colonos alemães atuam na mesma região e em Santa Catarina e com a mesma destinação: 39 mil imigrantes, de 1846 a 1875. No mesmo período, a nação recebeu 152 mil portugueses.

Assinalem-se dados demográficos relevantes: em termos de população total, 80% dos brancos são analfabetos, índice que, entre os escravos, vai a 99,9%. Apenas 16,85% entre 6 e 15 anos frequentam bancos escolares.

Matrícula em escolas secundárias: 12 mil estudantes. Habitantes de nível superior: reduzem-se a 8 mil.[112]

Em 1875, os letrados somam 15,7% da população brasileira: apenas 1.564.481 sabem ler e escrever.

Há portanto, a esse tempo, 8.365.991 analfabetos, 84% da população, a que se somam 7,8% de menores. Porcentagem de iletrados: 92% da população. Predomina, em consequência, a expressão oral. Num português fortemente matizado.

As marcas da brasilidade começam a ganhar espaço simbólico na palavra escrita a partir da ação e do pensamento de apenas 8% da gente do Brasil, percentual que envolve, a partir da segunda metade do século XIX, a presença de mulheres e de muitos estudantes.[113]

Há, entretanto, leitores para o texto literário. Restritos, mas leitores. Entre eles doutores: ao longo do século XVIII, 1.752 brasileiros estudaram na Universidade de Coimbra, e, entre 1801 e 1822, somam-se mais 339.

Essa presença acadêmica, aliás, já se efetiva desde os começos: no século XVI, 13 brasileiros formam-se naquela Universidade, e no XVII o número sobe para 354.

Aos poucos se constitui uma elite cultural,[114] ciosa da língua culta, ditada por Portugal. Ressalte-se que, em 1844, encontram-se instaladas no Rio de Janeiro dez livrarias e 12 tipografias.

As mudanças na estrutura social, a emergência da nova burguesia, alimentada de conhecimento, a nova dinâmica oriunda dos antagonismos entre grupos coincidem com as concomitantes alterações na política e na arte. Em especial nos rumos da literatura. E muda, em decorrência, o público e o gosto do público consumidor.

Pouco a pouco concretizam-se, na vigência do Império, realidades culturais regionalizadas, integradas na unidade de que se faz a nação, com peculiaridades situadas em vários espaços: tradições, crendices, hábitos, culinária, vestuário, arte.

No âmbito do idioma, seguem acentuando-se a diversidade na unidade, a unidade na diversidade.

De um lado, presentifica-se a manifestação cultural feita da vivência cotidiana do povo, de construção assistemática; de outro, evidenciam-se as manifestações culturais de elaboração sistemática, hierarquizada, controlada, elitizada. Ambas em permanente e oscilante interação. No processo, ideologias.

Caracterizam-se, gradativamente, uma realidade comunitária multicultural e uma língua dominante multifacetada.

A comunicação cotidiana privilegia, a essa época, o português como língua comum falada no Brasil. Matizada, em relação ao português europeu.

A língua ensinada na escola, a língua escrita dos órgãos de imprensa, a língua escrita da literatura e a língua escrita para ser falada no teatro contribuem para o dimensionamento e a fixação do uso formal, herança normatizada da metrópole

Configura-se, no âmbito do idioma, com nitidez gradativa, uma dupla situação: o uso cotidiano, na fala do povo, tradicionalizante na área rural, mais aberto na zona litorânea, marcado pelo convívio dos registros formal e informal, este, nesta última, em menor escala; a língua escrita, obediente ao registro formal, apoiado nas regras gramaticais, objeto do ensino escolar, disseminado pela imprensa, com alguma abertura na área do texto literário.

Patenteia-se, a propósito, em vários escritores a "consciência da diferença" e a tomada de posição.

A comunicação cotidiana contribui para a fixação do português falado, à época, no Brasil, com os inúmeros aspectos que caracterizam a sua diversidade. Configurá-lo é extremamente difícil, se não impossível, por sua própria natureza e pela carência de registros documentadores. Manifestações folclóricas e letras de música popular propiciam, entretanto, uma ideia de traços peculiares, ressalvada a precariedade das transcrições.

Vamos dar a despedida
Mandû sarará
Como deu o passarinho;
Mandú sararà:

Bateu asa, e foi embora,
Mandú sararà,
Deixou a pena no ninho
Mandú sararà.[115]

(Quadra do Pará, coligida por Couto de Magalhães,
comprobativa de um período de justaposição do português
e do tupi Mandú sarará é o mesmo que albino)

Você gosta de mim,
Eu gosto de você;
Se papai consentir,
Oh, meu bem,
Eu caso com você...
Alê, alê, calunga,
Mussunga, mussunga-ê.

(Versos coligidos por Sílvio Romero, em Pernambuco,
comprobatórios da justaposição de português
e língua africana)[116]

— Gente! Cadê Varisto?
"Foi na roça.
— Gente, que fazer na roça?
"Plantar mandioca.
— Gente, pra que mandioca?
"Pra farinha.
— Gente pra que farinha?
"Pra dinheiro.
— Gente, pra que dinheiro?
"Pra feitiço.
— Gente, no mundo há disto.[117]

(Jogo de Varisto, Sergipe)

A partir da independência, o português predomina na comunicação em todo o território nacional. Na diversificação de suas variantes. A maioria dos falantes é unilíngue.

Com o afluxo cada vez maior de imigrantes, passa a frequentar o mercado verbal o uso de uma, duas ou mais línguas de cultura.

Nada disso, porém, elimina a configuração, nos textos literários, em termos de visão de mundo dominante, da incidência de insatisfações e de pessimismo.

Com o aumento da população letrada, o emprego de mais de uma língua se evidencia também em variadas contingências: nas atividades eruditas, no comércio internacional, na diplomacia, na alta administração, na sofisticação da vida mundana.

Ganham lugar, entre outras línguas de menor presença, o francês, o inglês, o alemão, o italiano. São idiomas que deixam, pouco a pouco, algumas marcas na língua oficial, notadamente na sua parte aberta, ou seja, nos espaços do vocabulário e ainda em aspectos suprassegmentais.

A consciência dos traços caracterizadores da língua portuguesa do Brasil dá origem aos primeiros levantamentos de brasileirismos a ela incorporados. Desde 1832 até 1888.

São, nesse espaço, obras representativas: o *Dicionário da língua brasileira* (1832), de Luís Maria Silva Pinto; a *Coleção de vocábulos e frases usados na Província de São Pedro no Rio Grande do Sul* (1852), de Antonio Pereira Coruja; o *Vocabulário brasileiro para servir de complemento aos dicionários da língua portuguesa*, de Brás da Costa Rubim, que, em 1872, publica *Vocábulos indígenas e outros introduzidos no uso vulgar*; o *Popularium sul-riograndense e o dialeto nacional* (1870), de Apolinário Porto Alegre; os *Estudos lexicográficos do dialeto brasileiro* (1880), de Antonio Joaquim de Macedo Soares, publicado na *Revista Brasileira*, tomo 4; o *Glossário de vocábulos brasileiros* (1883 e 1884), de Beaurepaire Rohan, publicado na *Gazeta Literária*, no Rio de Janeiro; as *Cenas da vida amazônica* (1886), de José Veríssimo; o *Dicionário da língua portuguesa* (1888) do mesmo Joaquim de Macedo Soares.

DEDICATORIA

Il est bon de retourner parfois au point de départ — *Tribune des Linguistes.*

Aos moços que, se tendo ido formar *em* Coimbra, dizem que querem outra vez ser considerados como nascidos no Brazil, ofereço esta comparação da nossa maneira de falar com a dos actuaes Portuguezes.

> Ella é bem incompleta; porem, já pode servir *para* os recem-
> -chegados que com franqueza confessão ter pena de que sua fala
> os faça passar por estrangeiros. Sua bôa vontade os guiará na
> applicação das observações feitas n'este opusculo, aos casos de
> que não me lembrei.
>
> Possa a leitura d'elle prestar a utilidade desejada pelo
>
>
>
> AUCTOR
>
> Rio 6 de abril de 1879[118]
>
>
>
> (Trecho de *O idioma do hodierno Portugal comparado*
> *com o do Brazil*, de autor anônimo, que assina Um Brasileiro)

Por outro lado, embora os escritores românticos brasileiros tendessem a aproximar-se da oralidade em sua produção literária, incrementou-se, em especial no nosso país, "a coleta das normas do bem falar e bem escrever, fixadas pelas gramáticas".[119]

Pouco a pouco, presentifica-se, nesse sentido, no fim do século XIX e nas primeiras décadas do XX, a coerção do "certo" e do "errado" "do que se devia ou não dizer ou escrever", princípios de forte tendência disciplinadora.

Diante da língua livre do povo, é ainda a língua literária que vai abrigar insurgências contra tal rigor coercitivo.

Como quer que seja, a segunda metade do Oitocentos assiste, na realidade brasileira, à tomada de consciência das diferenças das variantes regionais, no vocabulário, na fonética, na morfossintaxe. Começa a configurar-se com mais nitidez a relação entre unidade e diversidade.[120]

É o tempo em que tem lugar a preocupação com a configuração de uma norma culta brasileira, ainda com base em juízos impressionistas, mobilizadores de polêmica e paixão, procedimento que se estenderá até o final dos anos 1930.

Elementos da fala dos negros e das línguas indígenas evidenciam ainda mais marcas de sua presença incorporadas ao idioma comum. Notadamente no vocabulário.

Um dado, por oportuno: na Manaus de 1850, metade da população não tinha o português como língua vernácula. Em 1878, premidos pela seca de 1877, que assolou a região ao longo de três anos, 120 mil indivíduos, usuários do português, migraram do Ceará para a Amazônia. Em consequência, a língua portuguesa ganhou, à época, predominância.

No Amazonas, evidencia-se nas pequenas povoações emergentes às margens dos rios, falada por poucos, diante do baixo índice populacional: 76 mil habitantes, em 1869, entre eles mil escravos.

No Pará, na mesma data, é usado por 320 mil habitantes, dos quais 30 mil escravos e um contingente não quantificado de silvícolas, abrigados, com suas línguas, no mistério da floresta.

No Nordeste, a prevalência da língua portuguesa sobre as línguas gerais conduz a duas configurações: de um lado, à presença forte de traços arcaizantes; de outro, à caracterização de elementos novos singularizadores da variante regional em relação à lusofonia. O novo é a abertura.

Quando os meninos me viram
Foi sem limite o sussurro,
Um me ameaçava pau
Outro soltava-me um murro,
Gritando tudo a um tempo:
Um pai assim só p'ra burro.

A mulher me perguntou
E quem é vossa mercê?
Eu disse sou seu marido
Ella disse — quem você?
Disse-o o caçula de todos:
Esse é lá papai o que!

Disse o menino papai
É um velho rabugento
Tem cento e vinte janeiros
Já tem o couro cinzento
O Sr. ainda é rapaz
Robusto e bem corpulento.[121]

(Trecho do folheto de cordel *Bento,
o milagroso do Beberibe*,
de Leandro Gomes de Barros)

Cerca de 400 mil habitantes povoam a Amazônia em meados do Oitocentos. Destes, 31 mil escravos e índios bravios de difícil estimativa. Na comunicação, a Língua Geral Amazônica. Essa realidade populacional começa, em 1869, a conviver com o afluxo da língua portuguesa na boca de novos colonizadores.

No Centro-Oeste e no Sudoeste, o português tem presença desigual, destacados os usuários do registro culto, ao lado de línguas gerais várias. Mesclas. Fonte de traços peculiares.

As circunstâncias localizadas não impedem que a língua portuguesa se encontre, a esse tempo, consolidada como idioma nacional do Brasil, já com características peculiares, em relação ao português europeu.

Notas

1. Cf. <www.planalto.gov.br/cciv/03/constituição/diaaddia educação>, <pr.gov. br/diaadia/diadia>.
2. Cf. *Annaes do Parlamento Brasileiro*. Câmara dos Deputados. Sessão de 16 de junho de 1826, Ano 2, p. 154-55. Apud CASTRO, Ariel, *A língua do Brasil*, op. cit., p. 112.
3. Semanário fundado e redigido por frei Caneca. Principal órgão do movimento. Circulou de 25 de dezembro de 1823 a 12 de agosto de 1824.
4. Cf. <planalto.gov.br/ccivil_03/leis/lim/LIM-15-10-1827.htm>.
5. Cf. SODRÉ, Nelson Werneck. *História da imprensa no Brasil*, op. cit., p. 105-06.
6. *Jornal do Commercio*, n. 1, Rio de Janeiro, 1º out. 1827, p. 1. Acervo: Biblioteca Nacional.
7. *A Aurora Fluminense*. Rio de Janeiro, 21 dez. 1827, n. 1, p. 1. Acervo: IHGB.
8. Cf. Coleção das Leis do Império do Brasil de 1831. Segunda parte. Aditamento. Rio de Janeiro: Tipografia Nacional, 1985, p. 7-9. Ver também ARMITAGE, João. *História do Brasil*. Rio de Janeiro: Edições de Ouro, 1995, p. 382-83. Redigiu o texto da Proclamação Evaristo da Veiga.
9. Cf. CARVALHO, José Murilo de. *D. Pedro II*. São Paulo: Companhia das Letras, 2007, p. 39.
10. ARQUIVO HISTÓRICO DO RIO GRANDE DO SUL. Coletânea de documentos de Bento Gonçalves da Silva, 1835-1845. Porto Alegre: Comissão Executiva do Sesquicentenário da Revolução Farroupilha, Subcomissão de Publicações e Concursos, 1985, p. 293.
11. Trecho de manuscrito existente no Arquivo Público da Bahia. Apud MOURA, Clóvis. *Rebeliões na senzala*, op. cit., p. 154.
12. Id., ib., p. 154-55.

13. Portaria do chefe de Polícia no dia posterior ao movimento de 1835, na Bahia, redigido ao presidente da província. APEB. Seção Colonial e Provincial, chefes de Polícia.

14. *O Povo*, n. 1, vol. 1, Porto Alegre, 1º set. 1838.

15. LOPEZ, Adriana e MOTA, Carlos Guilherme, op. cit., p. 446.

16. In: <http://www2.senado.leg.br/bds/handlei/id/242439>.

17. Cf. SODRÉ, Nelson Werneck, *História da literatura brasileira*, op. cit., p. 343. O historiador e crítico apoia-se em pesquisa de Lídia Besouchet.

18. Cf. FAUSTO, Boris, op. cit., p. 175-76.

19. Cf. AQUINO et al., op. cit., p. 556-58.

20. Cf. BASILE, Marcello Octávio N. de C. Consolidação e crise do Império. In: LINHARES, Maria Yeda (org.). *História geral do Brasil*. 9. ed. rev. e atual. Rio de Janeiro: Campus, 1990, p. 264. A cidade era o único centro urbano relevante.

21. Id., ib.

22. *Gazeta de Notícias*. Rio de Janeiro, 14 maio 1888. Acervo: FGV.

23. In: SCHWARCZ, Lilia Moritz. *Registros escravos: repertório das fontes oitocentistas pertencentes ao acervo da Biblioteca Nacional*. MEC, Fundação Biblioteca Nacional, 2006, p. 124.

24. Neste parágrafo e nos dois anteriores, sigo quadro traçado por Santiago Dantas no livro *Dois momentos de Rui Barbosa*, publicado no Rio de Janeiro, em 1949, e citado por SODRÉ, Nelson Werneck. *História da Literatura Brasileira*, op. cit., p. 355.

25. ASSIS, Machado de. *Esaú e Jacob*. Rio de Janeiro: Garnier, 1904, p. 197-98.

26. Entendido o termo *moderno*, em termos periodológicos, como designador de distintas realidades. É usado, ainda que não exclusivamente, para designar determinadas manifestações estéticas produzidas no período histórico compreendido entre a segunda metade do século XIX e o final do século seguinte. Por outro lado, integra a designação conhecida como Idade Moderna.

Os limites deste período histórico dividem os estudiosos: alguns consideram que se estende dos fins do século XVIII até a atualidade; outros levam seus começos ao tempo do Renascimento; outros mais concordam com os inícios do século XVIII, mas o têm por exaurido perto de 1875.

O conceito de *modernidade* associa-se diretamente a essas duas acepções de *moderno*. O termo nomeia a *condição geral da cultura do Ocidente* no tempo que vai de meados da segunda metade do século XIX até o final do século XX. Designa ainda o ciclo histórico-cultural que coincide com a Idade Moderna.

Essa última concepção é a mais generalizada. Nesses termos, a modernidade caracteriza-se à luz de inúmeros aspectos sociais e culturais predominantes no Ocidente desde os fins do século XVIII. Outros especialistas situam o seu começo no século XVI, tempos de Renascimento. Outros mais o retroagem ao século XIV: distintas configurações, pautadas em distintos enfoques e embasamentos.

27. BOSI, Alfredo. *História concisa da literatura brasileira*. 32. ed. São Paulo: Cultrix, 1995, p. 96.

28. Cf. PROENÇA FILHO, Domicio. *Pós-modernismo e literatura*. 3. ed. rev. São Paulo: Ática, 1997, p. 22.

29. MAGALHÃES, Domingos José Gonçalves de (Visconde de Araguaia). *Discurso sobre a história da literatura no Brasil*. In: NITHEROY, *Revista Brasiliense*. Sciencias, Letras, e Artes. Tudo pelo Brasil e para o Brasil. Paris: Dauvin et Fontaine, 1836. Nº 1º, p. 147. Acervo: IHGB.

30. DIAS, Antônio Gonçalves. *Os Tymbiras. Poema americano*. Leipzig: F.A. Brockhaus, 1857, p. 2-3.

31. ALMEIDA, Manuel Antônio de. *Memórias de um sargento de milícias*. Rio de Janeiro: Officinas da Livraria s/d Moderna. Domingos de Magalhães Editor, p. 145-47.

32. ALENCAR, José de. *Iracema. Lenda do Ceará*. 5. ed. Rio de Janeiro: Garnier, 10, p. 18-19.

33. DIAS, Antônio Gonçalves. *Meditação*. Rio de Janeiro: H. Garnier, p. 4.

34. GUIMARÃES, Bernardo. *A escrava Isaura*. 3. ed. Rio de Janeiro: Garnier, p. 12-13. Para outros exemplos de perspectiva estereotipada do negro, ver PROENÇA FILHO, Domicio. Trajetória do negro na literatura brasileira. In: *Revista de Estudos Avançados da USP* 50, v. 1, n. 1, São Paulo, 1987, p. 161-93.

35. ALVES, Antônio de Castro. *Tragédia no mar (O navio negreiro)*. Cotejo do manuscrito com 63 textos integrais e cinco parciais, no total de 15.998 versos, por Antônio José Chediak. Rio de Janeiro: Academia Brasileira de Letras, p. 649-51.

36. GUIMARÃES, Bernardo. *Lendas e romances*. Nova edição. Paris: H. Garnier, p. 2-3.

37. DINARTE, Silvio (pseudônimo de Alfredo Maria Adriano d'Escragnolle Taunay). *Innocencia*. 2. ed. Rio de Janeiro: G. Leuzinger e Filhos, 1884, p. 28-29.

38. ALENCAR, José de. *O demônio familiar*. In: _____ · *Obra completa*, v. 4. Rio de Janeiro: José Aguilar, 1960, p. 98-99.

39. FRANÇA JR. *Cahio o Ministerio!* Rio de Janeiro: Livraria Popular de A A da Cruz Coutinho, 1883, p. 5-6.

40. AZEVEDO, Manuel Antônio Álvares de. *Obras*, v. 1. 2. ed. Rio de Janeiro: Garnier, 1862, p. 543-44.

41. ALENCAR, José de. A língua portuguesa do Brasil — Plano. In: _____ . *Obra completa*, v. 4. Rio de Janeiro: José Aguilar, p. 8 e 11.

42. Cf. PROENÇA FILHO, Domicio. *Estilos de época na literatura*. 15. ed. São Paulo: Ática, p. 231.

43. Observations sur la classification des langues européennes. In: Introducion à l'atlas ethnographique du globe. BALBI, Adriano, 1782. Disponível em: <archive.org/stream/introductionla00balb#page/160/mode/2up>

44. SILVA, José Bonifácio de Andrada e. *Poesias de Americo Elysio (José Bonifacio de Andrada e Silva)*. Rio de Janeiro: Eduardo e Henrique Laemmert, 1861, p. 124-25.

45. MAGALHÃES, D. J. G. de. *Suspiros poéticos e saudades*. 3. ed. Rio de Janeiro: Garnier, 1865.

46. DIAS, Antônio Gonçalves. *Primeiros cantos*. Rio de Janeiro: Eduardo e Henrique Laemmert,1846, p. 5-6.

47. DIAS, Antônio Gonçalves. Carta ao Dr. Pedro Nunes Leal. In: *Jornal do Commercio*, 24 mar. 1907, p. 2. Acervo: Biblioteca Nacional.

48. DIAS, Antônio Gonçalves. *Cantos*. 5. ed. Leipzig: F.A. Brockhaus, 1877, p. 8-9.

49. DIAS, Antônio Gonçalves. Trecho da Introdução ao poema "Loa da Princesa Sancta". In: DIAS, Antonio Gonçalves. Sextilhas de Frei Antão. In: _____ . *Poesia completa e prosa escolhida*. Rio de Janeiro: Aguilar, 1959, p. 285.

50. LIMA SOBRINHO, Barbosa, op. cit., p. 145.

51. ALENCAR, José de. *Diva*. Rio de Janeiro: Jacintho Ribeiro dos Santos, 1903, p. 179-80.

52. Id., ib., p. 180.

53. Apud CUNHA, Celso. *Língua portuguesa e realidade brasileira*, op. cit., 1968, p. 24.

54. ALENCAR, José de. *Verso e reverso*.

55. Cf. PINTO, Edith Pimentel. *A língua escrita no Brasil*. 2. ed. São Paulo: Ática, 1992, p. 20-21.

56. ABREU, Casimiro J. M. de. *As primaveras-poesias*. Lisboa: Livraria Editora de Mattos Moreira & Cardoso, 1882.

57. ALENCAR, José de. *Diva*. Perfil de mulher. Rio de Janeiro. Jacintho Ribeiro dos Santos Editora, 1903.

58. ALVES, Antônio de Castro. Sub tegmine fagi. In: _____ . *Espumas fluctuantes*. Nova ed. Pelotas. Porto Alegre. Rio Grande: Carlos Pinto e Comp., 1870, p. 55.

59. ALVES, Antônio de Castro. O voo do gênio. In: _____ . *Espumas fluctuantes*. Nova ed. Pelotas. Porto Alegre. Rio Grande: Carlos Pinto e Comp., 1870, p. 105.

60. DIAS, Antônio Gonçalves. A escrava. In: *Poesia completa e prosa*. Rio de Janeiro: José Aguilar, 1959, p. 162.

61. VARELA, Fagundes. *Vozes da América*. Porto: Typographia de Antonio José da Silva Teixeira, 1878, p. 210

62. Apud SIMON, Maria Lúcia Mexias. *O falar da escravidão*. Rio de Janeiro: Tempo Brasileiro, 1996, p. 82.

63. GUIMARÃES, Bernardo. *A ilha maldita. O pão de ouro*. Rio de Janeiro: Garnier, 1879, p. 247-48.

64. Cf. CUNHA, Celso. *Língua portuguesa e realidade brasileira*, op. cit., p. 23.

65. ALENCAR, José de. Como e porque sou romancista. In: _____ . *Obra completa*, v. 1. Rio de Janeiro: José Aguilar, 1959, p. 150.

66. AZEVEDO, Manuel Antônio Álvares de. *Obras*, v. 3, op. cit., p. 149-50.

67. Arquivo Cartorário, 1859. Apud SIMON, Maria Lúcia Mexias, op. cit., p. 77.

68. *Jornal do Commercio*, anno XXXVI, n. 19, Rio de Janeiro, 19 jan. 1861, p.1. Acervo: Biblioteca Nacional.

69. WEREBE, Maria José Garcia. *Grandezas e misérias do ensino no Brasil*. 2. ed. São Paulo: Ática, 1997, p. 33.

70. Id., ib., p. 34.

71. Id., ib., p. 34. A referência da autora remete a BARROSO, J. Liberato. *A instrução pública no Brasil*. Rio de Janeiro, Garnier, 1867.

72. Cf. FUSARI, José. C. e CORTESE, Marlene P. Formação de professores a nível de 2º grau. *Cadernos de Pesquisa* 68, p. 70-81, citado por WEREBE, op. cit, p. 32-33.

73. WEREBE, Maria José Garcia, op. cit., p. 36.

74. Cf. AQUINO et al. *Sociedade brasileira: uma história*, op. cit., p. 452.

75. Id., ib. p. 452.

76. Id., ib., p. 453.

77. Para o resumo das teorias, dialoguei com a excelente e didática síntese de CASTILHO, Ataliba T. de. A hora e vez do português brasileiro. Disponível em <www.estacaodaluz.org.br>.

78. AZEVEDO, Aluísio. *O homem*. Rio de Janeiro: Imp. Typ. De Adolpho de Castro Silva. & Cia. 887, pórtico.

79. AZEVEDO, Aluísio. *O cortiço*. Rio de Janeiro: Garnier, s./d., p. 128-29.

80. CAMINHA, Adolpho. *Bom-crioulo*. Rio de Janeiro: Domingos de Magalhães Editor, 1895, p. 29-30.

81. BILAC, Olavo. *Poesias*. Rio de Janeiro: Francisco Alves, 1922, p. 255-56.

82. Id. ib., p. 339.

83. BILAC, Olavo. *Poesias*. Rio de Janeiro: Francisco Alves, 1922, p. 286.

84. CORREIA, Raimundo. *O Vassourense*. Vassouras, 12/05/1889.

85. GUIMARAENS, Alphonsus de. *Pastoral aos crentes do amor e da morte*. São Paulo: Monteiro Lobato & Cia. Editores, 1923, p. 151-52.

86. SOUZA, João da Cruz e. *Evocações*. In: _____. *Obras completas de Cruz e Souza*, v. 2. Rio de Janeiro: Annuário do Brasil, 1, p. 421.-422

87. POMPEIA, Raul. *O Ateneu. (Chronica de saudades)*. Rio de Janeiro: Typ. da Gazeta de Notícias, 1888, p. 23-24.

88. ASSIS, Joaquim Maria Machado de. Instinto de nacionalidade. In: _____. *Critica*. Coleção feita por Mario de Alencar. Rio de Janeiro: Garnier, p. 25-28.

89. MONTEIRO, Hamilton de Mattos. Da República Velha ao Estado Novo. In: LINHARES, Maria Yedda (org.), op. cit., p. 306.

90. BARRETO, Afonso Henriques de Lima. *Triste fim de Polycarpo Quaresma*. Rio de Janeiro: Revista dos Tribunaes, 1915, p. 11-12.

91. Apud *Dois séculos de imprensa no acervo da Biblioteca Nacional*, op. cit.

92. Apud *Dois séculos de Imprensa no Acervo da Biblioteca Nacional*, op. cit.

93. *O Espelho. Revista de literatura, modas, indústria e artes*, n. 1, Rio de Janeiro, 4 set. 1859, p. 12. ed. fac-similar (1859-1860). Acervo: Fundação Biblioteca Nacional.

94. *Diabo Coxo*. Rio de Janeiro, ano I, n. 7, p. 6. Acervo: Biblioteca Nacional.

95. In: *Jornal do Commercio*. Apud ALENCASTRO, Luiz Felipe de (org.), op. cit., p. 32. Acervo: Biblioteca Nacional.

96. Id., ib., p. 53.

97. Cf. <objdigital.bn.br/Acervo_digital/livros_eletronicos/o%20mambembe.pdf>.

98. CUNHA, Celso. *Língua portuguesa e realidade brasileira*, op. cit., p. 21.

99. PINTO, Edith Pimentel, op. cit., p. 26.

100. DINARTE, Sylvio. (Escragnolle Taunay). Inocência. 2. ed. Rio de Janeiro. Typ de G. Leuzinger & Filhos. 1884, p. 74.

101. AZEVEDO, Aluísio. *O cortiço*, op. cit., p. 113-14.

102. BILAC, Olavo. *Poesias*. Rio de Janeiro: Francisco Alves, 1922.

103. SOUSA, João da Cruz e. *Broquéis*. Rio de Janeiro: Magalhães & Cia. Editores, 1893, p. 7-8.

104. Cf. PINTO, Edith Pimentel, op. cit., p. 27.

105. ANJOS, Augusto dos. *Eu*. Rio de Janeiro: 1912, p. 5.
106. CUNHA, Euclides da. *Os sertões*. Rio de Janeiro: Laemmert & Cia., 1902, p. 48-49.
107. OLIVEIRA, Alberto de. *Poesias, 1877-1895*. Rio de Janeiro/Paris: Garnier, 1912, p. 9.
108. FRANÇA JR. *A lotação dos bonds*. Rio de Janeiro: Livraria de Cruz Coutinho, Editos, 1885, p. 10-11.
109. *O Município*. Vassouras, 7 nov. 1878, p. 1. Apud SIMON, Maria Lúcia Mexias, op. cit., p. 68.
110. Cf. Livro de Notas de Tabelião. Vassouras, período de 1869-1874. In: SIMON, Maria Lúcia Mexias, op. cit., p. 81.
111. SALLES, Vicente. *Memorial da Cabanagem*. Belém: CEJUP, 1992, p. 59 e 63. Apud AQUINO et al., *Sociedade brasileira: uma história*, op. cit., p. 469.
112. Cf. FAUSTO, Boris, op. cit., p. 236-37.
113. AQUINO et al., op. cit., p. 582.
114. Cf. CUNHA, Celso. *Língua portuguesa e realidade brasileira*, op. cit., p. 94.
115. ROMERO, Sílvio. *Cantos populares do Brasil*. Belo Horizonte: Itatiaia; São Paulo: Edusp, 1985, p. 227.
116. Id., ib., p. 113.
117. Id., ib., p. 293.
118. *O idioma do hodierno Portugal comparado com o do Brazil*. Rio de Janeiro: Typographia de Lourenço Winter, 1879.
119. Cf. HOUAISS, Antônio. *A crise de nossa língua de cultura*, p. 37.
120. Cf. HOUAISS, Antônio. *O português do Brasil*, op. cit., p. 98.
121. BARROS, Leandro Gomes de. *Bento, o milagroso do Beberibe*, p. 287-88. In: BRASIL — MEC. Fundação Casa de Rui Barbosa/Fundação Universidade Regional do Nordeste. *Literatura popular em verso. Antologia*, v. 2. Rio de Janeiro: Gráfica Olímpica Editora, 1976, p. 287-88.

Nos tempos do Brasil Republicano. Aspectos da dinâmica da língua oficial consolidada

na Primeira República

Nas sendas de atos e fatos

Proclamada a República, em 1889, a Constituição, promulgada em 24 de fevereiro de 1891, estabelece algumas determinações que repercutem nos rumos do idioma oficial.

Transforma as províncias em estados de marcada autonomia, fato que contribui para acentuar a consciência e a sedimentação de traços culturais peculiares e, entre eles, as variantes regionais da língua comum.

Assegura, a brasileiros e a estrangeiros residentes no país, o direito à liberdade, à propriedade e à segurança individual, o que se vincula à afirmação da cidadania, em cujo âmbito a língua contribui como fator de identidade.

Libera o culto de todas as crenças religiosas, separados o Estado e a Igreja, princípio que facilita a integração dos múltiplos credos presentes na comunidade brasileira, desde os primórdios de sua formação. Abre-se espaço para maior circulação de termos e expressões inerentes às respectivas liturgias.

Concede o direito de voto ao brasileiro alfabetizado, ou seja, a 8% de uma população que totalizava 12 milhões de habitantes. Tal direito constitui um incentivo ao aprendizado da língua escrita e em decorrência a uma ampliação de universo cultural e de vocabulário. Amplia espaços da condição cidadã.

> Nós os representantes do povo brasileiro, reunidos em Congresso Constituinte, para organizar um regime livre e democrático, estabelecemos, decretamos e promulgamos o seguinte:
>
> CONSTITUIÇÃO
> DA REPÚBLICA DOS ESTADOS UNIDOS DO BRAZIL
> DA ORGANIZAÇÃO FEDERAL
> Disposições preliminares
>
> Art. 1º A Nação Brazileira adopta como fórma de governo, sob o regime representativo, a Republica Federativa proclamada a 15 de novembro de 1889, e constitue-se, por união perpetua e indissoluvel das antigas provincias, em Estados Unidos do Brazil.
>
> Art. 2º Cada uma das antigas províncias formará um Estado, e o antigo município neutro constituirá o Districto Federal, continuando a ser a capital da União, enquanto se der execução ao disposto no artigo seguinte.
>
> Art. 3º Fica pertencendo à União, no planalto central da Republica, uma zona de 14.400 quilômetros quadrados, que será oportunamente demarcada, para nela estabelecer-se a futura Capital Federal.
>
> Parágrafo único. Efetuada a mudança da capital, o atual Districto Federal passará a constituir um Estado.[1]
>
> (Trecho da Constituição de 1891)

Assegura-se, arduamente, na República, como ocorrera no Império, a construção da unidade do país.

Nesse processo, alguns fatos ganham relevância em relação aos usos do idioma, ainda que os traços configuradores de mudanças não sejam, de imediato, perceptíveis. Vamos a eles.

Expandem-se, no governo do marechal Floriano Peixoto (1891-94), os limites territoriais do país, com a anexação do Acre, após confronto armado com a Bolívia. Aproximam-se português e espanhol na comunicação comunitária fronteiriça.

Permanecem destacados, no alvorecer da República, alguns grandes jornais de notável prosperidade. A imprensa segue contribuindo para a sedimentação do registro formal e, consequentemente, da modalidade culta da língua.

Despontam como os dois mais representativos periódicos da época o *Jornal do Commercio* e a *Gazeta de Notícias.*

SEGUNDA FEIRA
SEXTO ANNO
1 DE OUTUBRO DA INDEPENDÊNCIA
JORNAL DO COMMERCIO

De hoje em diante continuar-se-á a publicação deste JORNAL DO COMMERCIO.

Esta folha exclusivamente dedicada aos senhores Negociantes conterá diariamente tudo o que diz respeito ao Commercio, tanto em Annuncios, como em Preços Correntes exactos de Importação e Exportação, entrada e sahida de Embarcações etc. etc.

Os Proprietarios bem ao facto de todos os ramos mercantis desta Capital não pouparão nem despezas nem zelo para tornar esta empreza digna de aceitação publica, e rogão para melhor desempenho dos seus deveres e protecção e assistencia do honrado Corpo do Commercio.

As Assignaturas se fazem na rua d'Alfandega, Nº. 47, onde igualmente se recebem, antes do meio dia, todos os Annuncios mercantis, que devem *sem falta* ser inseridos no dia seguinte.[2]

(Texto da primeira edição do *Jornal do Commercio*)

De novidade, o *Jornal do Brasil*, que começa a circular em 1891.

Ganha vulto a maior penetração da imprensa nos meios sociais. Cresce a extensão do círculo de leitores.

A população totaliza, em 1900, 17.384.340 habitantes, entre eles 1,1 milhão de portugueses, espanhóis, alemães e italianos.

Ativa-se, no mandato de Afonso Pena (1906-09), o desenvolvimento da indústria. Intensifica-se o processo imigratório, para além das exigências da mão de obra necessária.

A meta é o povoamento dos amplos espaços vazios. Cria-se, nessa direção, o Serviço de Povoamento Nacional. Consequência: mais imigrantes aportam. Aumenta o contingente de espanhóis, portugueses e italianos. Chegam japoneses, libaneses, sírios, italianos. Estes últimos seguem para o Sul, que abriga cerca de 100 mil colonos.

Gradativamente, efetiva-se a interação com o português dominante dos seus idiomas de origem, diferenciada, em função das comunidades a que se integram.

As línguas estrangeiras espraiam, em decorrência, a sua presença regionalizada. Releva notar que, à semelhança do português, trata-se de línguas de cultura, o que influi na natureza da convivência. É pouco significativa, porém, a contribuição ao idioma oficial.

O poder público atua também na integração do país via comunicação: ferrovias passam a ligar Rio de Janeiro, São Paulo, Espírito Santo, Rio Grande do Sul. Determina ainda a instalação, no Oeste, de uma rede de linhas de telegrafia. Intensifica-se, consequentemente, o fluxo de falantes de regiões distintas, nuclearizadoras de variantes regionais.

Avulta, no comando do projeto integratório, o general Cândido Mariano Rondon. Nos espaços da missão, o reencontro com o silvícola e o desenvolver da política de preservação pacífica do indígena brasileiro.

São oito anos de trabalho, na selva e de promoção da convivência com os antigos senhores da terra. Sem forçar aculturações.

Ao general se deve a criação do Serviço de Proteção ao Índio, e mais a política de demarcação das reservas dos silvícolas, importante fator de preservação de suas línguas vernáculas.

No bojo da urbanização e da industrialização, o proletariado organiza-se: em 1907, funda-se a Confederação Operária Brasileira.

Abre-se o leque de vozes representativas dos múltiplos segmentos que compõem a tessitura do povo brasileiro. Na comunicação, intensifica-se a multiplicidade de registros linguísticos. A fala popular começa também a ganhar os espaços da arte.

Nesses começos da República, em que pesem as crises, o Brasil segue inserindo-se nos espaços da modernização. Ganha presença no país o "pensamento científico cosmopolita", iluminador das elites emergentes.

Entre 1900 e 1920, aproximadamente, novos padrões de consumo mobilizam a sociedade brasileira. Na dinamização, a onda publicitária, a interação poderosa "entre as modernas revistas ilustradas, a difusão das práticas desportivas, a criação do mercado fonográfico voltado para as músicas, ritmadas e danças sensuais, e, por último, mas não menos importante, a popularização do cinema".[3]

A TROVA SUGESTIVA

— Adolpho, você que tem sempre novidades, e que (sem a mais leve censura) encontra com tanta facilidade a nota *chic*, que acha que devo dizer esta noite no jogo de prendas que vae haver em casa de D. Andreza, si por acaso me cabe a sentença de recitar?

— Tem os seus conformes...

— Como assim?

— Essa D. Andreza é uma senhora... elegante?

— Ave Maria!...

— Cheia de graça.

— Deixe de pilheria.

— Que sabão usa?

— Não sei, não lhe perguntei...

— Isto não se pergunta: advinha-se.

— Oh!

— Eu, por exemplo, percebo que você usa o famoso sabão Reuter.

— E por quê?

— Porque se conhece pela sua cútis de *biscuit*, pelo coral de seus labios, pela alvura de suas mãos, pelo brilho e ondulação dos seus cabelos... Pelo delicioso perfume que se desprende de sua encantadora pessoa...

— Então, Adolpho! — Que é isto? — Não vê que mamãe pode ouvir?

— É que...

— Vamos. Deixe de ser atrevido... e diga o verso.

— Ahi vae:

As que se lavam com Reuter
Não devem na egreja entrar;
Se os santos sentem-lhe o cheiro
São capazes de peccar.
Meu Santo Antonio de Padua
Livrae-me deste peccado
Que tentação! Vou lavar-me
Com o Reuter tão afamado![4]

(Texto de anúncio ilustrado parodicamente com uma figura
de mulher que simboliza a República, publicado em *O Malho*,
em 14 de setembro de 1912)

Revistas, discos e filmes envolvem usos matizados da língua da comunidade. Estes dois últimos veículos possibilitam testemunhos de registros da manifestação oral na boca dos próprios falantes. As primeiras gravações o documentam objetivamente. Novos termos passam a integrar o vocabulário. Divulgam-se pronúncias e inflexões distintas. Cruzam-se variantes regionais.

Vive-se a *belle époque*. Tempo de visão otimista do passado e do futuro. De mudanças profundas e radicais. Na base, o ultradimensionamento dos métodos científicos, a crença no desenvolvimento material e no progresso ilimitados. Mas também tempo de crise, de desemprego, de inflação.

Instâncias da estruturação comunitária

Ressaltam, em síntese, na Primeira República, situada entre 1889 e 1930, na percuciente lição de Boris Fausto, três instâncias relevantes, em termos de estrutura social: "o avanço da pequena propriedade produtiva no campo, a expansão da classe média urbana, a ampliação da base da sociedade".[5]

Como explicita o historiador, destaca-se, na área rural, a formação de colônias; na paisagem urbana, o desenvolver da classe média, o surgir do operariado. Na primeira é ainda relevante a presença aglutinadora da religião. A ordem capitalista substitui o escravismo. O salário chega ao trabalho.

A cidade ganha relevo na paisagem da cultura e das grandes decisões.

O negro e seus descendentes marcam presença cultural característica, ainda que, como aponta Maria Cristina Cortez Wissenbach, "mimetizados a brancos e pobres, mestiços e caboclos em estilos de vida, valores e meios de sobrevivência e integrados aos ritos de sociabilidade do mundo rural".[6]

Nessa condição, são responsáveis por festas, ritos e ritmos, comuns aos demais segmentos das comunidades rurais. É ver o maracatu, o congo, o moçambique, o cucumbi, a tairisa; é ver e ouvir lundus, cocos, batuques, samba. No discurso oral, a interação linguística; na linguagem litúrgica dos cultos, a presença de africanismos.

Isto é bom

O inverno é rigoroso
Bem dizia a minha vó
Quem dorme junto tem frio
Quanto mais quem dorme só.

Isto é bom, isto é bom
Isto é bom que doi...
Se eu brigar com meus amores
Não se intromete ninguém
Que acabados os arrufos
Ou eu vou, ou ela vem.

Quem ver mulata bonita
Bater no chão com o pezinho
No sapateado a meio
Mata o meu coraçãozinho

Minha mulata bonita
Vamos ao mundo girar

Vamos ver a nossa sorte
Que Deus tem para nos dar

> Minha mulata bonita
> Quem te deu tamanha sorte
> Foi o Estado de Minas
> Ou Rio Grande do Norte
>
> Minha viola de pinho
> Que eu mesmo fui o pinheiro
> Quem quiser ter coisas boa
> Não tenha dó do dinheiro
>
> (Letra de lundu de autoria de Xisto Bahia,
> cantado por Bahiano. Trata-se da primeira
> composição musical gravada no Brasil, em 1902)[7]

A etnia de origem negra mobiliza-se, ainda que timidamente, na direção da afirmação de sua identidade cultural. Ao fundo, introjeções de traços de origem, revitalizados brasileiramente na música, na dança, na religião, na língua. Um exemplo: a letra do samba "Roceira", mais conhecido como "Pelo telefone", de Ernesto dos Santos (Donga) e Mauro de Almeida, gravado em 1917.[8]

A timidez não impede as manifestações de racismo, na direção dos padrões culturais oriundos da África, que pontuam a época.

A capoeira e as várias formas de religiosidade africanas são consideradas, segundo o Código Penal de 1890, práticas criminosas. Em Salvador, batuques, afoxés e candomblés são situados na ilegalidade. A culinária dos antigos escravos é condenada pelos médicos.[9]

Os africanismos vinculados à liturgia dos cultos, à cozinha e às manifestações musicais, entretanto, incorporados ao idioma, passam ao largo das interdições.

Em meio aos indicadores do processo modernizador, sobrevivem, na capital da República, variados tipos tradicionais, com suas práticas e seus discursos: o tropeiro, o baleeiro, o preto-mina, os capoeiras, o engraxate, o palhaço, os vendedores de leite a domicílio, os integrantes da bandeira do Divino, entre outros.[10] Nas suas falas, predomina o registro informal.

> O cigano aproximou-se do catraeiro. No céo, muito azul, o sol derramava toda a sua luz dourada. Do cães via-se para os lados do mar, cortado de lanchas, de velas brancas, o desenho multiforme das ilhas verdejantes, dos navios, das fortalezas. Pelos boulevards successivos que vão dar ao cães, a vida tumultuaria da cidade vibrava num rumor de apotheose, e era ainda mais intensa, mais brutal, mais gritada, naquelle trecho do Mercado, naquelle pedaço de rampa, viscoso de immundicies e de vicios. O cigano, de frack e chapéo molle, já fallára a dois carroceiros moços e fortes, já se animara a entrar numa taberna de freguezia retumbante.[11]
>
> (Trecho de *A alma encantada das ruas*, de João do Rio)

Cresce, no governo de Washington Luís (1926-30), a presença da indústria e do mercado de trabalho a ela vinculado. Notadamente em São Paulo. Multiplicam-se atividades comerciais. Os grupos ascensionais urbanos começam a ganhar maior presença. Aumenta o êxodo rural. Com implicações na dinâmica da língua.

Em certos grupos de poder, configura-se a resistência à mudança. Sobretudo aos imigrantes e à miscigenação.

As decorrências da dinâmica das manifestações da cultura associam-se a vocabulário a elas vinculado, que pode passar gradativamente a integrar a língua portuguesa oficial.

Engalana-se o Rio de novos prédios e vias públicas, destacadas a avenida Central e a modernização do porto. Civiliza-se a cidade, notadamente no centro, coração da administração e dos negócios. No preço, o sacrifício dos contingentes mais pobres que integram a comunidade e que, em nome do progresso, acabam sendo alijados de suas casas antigas. Resultado: a ampliação das favelas cariocas, para onde se deslocam, expulsos pela força do progresso.

Duas cidades, a cidade. De um lado o cartão-postal de um centro urbanizado, iluminado, saneado. De outro, a realidade da pobreza dos barracos, parcos de qualquer infraestrutura.

> Quem assistio a esta sessão presidida por D. Pedro I, foi o mesmo que se assistisse a tudo quanto se deu por toda a cidade: — pedradas, tiros, espaldeiradas, correrias, mortes, ferimentos, bonds quebrados, lampiões partidos, o diabo, enfim! Parecia o fim do mundo, mas foi o princípio de uma cousa que teve fim: Apre! Que salseiro![12]
>
> (Legenda irônica de charge alusiva a um tumulto no largo do Rocio, atual praça Tiradentes, onde se erguia, já à época, a estátua de Pedro I, no dia 11 de novembro de 1904)

A urbe ganha espaço sobre o campo: urbaniza-se o país. São Paulo, neste sentido, se destaca, por força da presença imigrante, do café e da nuclearização do comércio de produtos importados. A agricultura, ainda predominante, começa a ceder lugar à indústria.

O fluxo migratório de tal modo se intensifica, que a população da capital paulista, que totalizava, em 1895, 130 mil habitantes, sobe, em 1920, para 580 mil, mais da metade imigrantes estrangeiros.

Novas palavras, novas expressões, matizes suprassegmentais incorporaram-se à língua comum.

Intensifica-se, ainda que desordenada, a ocupação dos espaços urbanos. Vive-se e convive-se, ao lado de moradias mais nobres, em cortiços, casas pequenas enfileiradas em vilas, sobrados, em conglomerados de várias etnias e culturalmente multifacetados.

A vida citadina possibilita, entretanto, ampla movimentação de pessoas e troca de ideias, alimentada pelo convívio na rua e no local de trabalho de representantes dos mais variados segmentos da comunidade.

O censo de 1920 registra, notadamente em São Paulo, no Rio de Janeiro e no Rio Grande do Sul, um contingente de 9,1 milhões de pessoas em atividade. Desse número, 69,7% dedicados à agricultura, 13,8% à indústria e 16,5% ao setor de serviços, que não devem ser entendidos como de alta produtividade; entre eles, por exemplo, situam-se serviços domésticos remunerados e "bicos" de várias modalidades.[13]

O país abre-se para o mundo. O modelo: a Europa.

Avulta a valorização do conhecimento técnico como fundamentação da melhoria de vida e de governabilidade. Com a inclusão no idioma da respectiva terminologia.

Nos espaços campesinos, aponta Boris Fausto, destaca-se a associação de dimensões sociais e religiosas.

Os movimentos em espaços urbanos envolvem reivindicações a que se acrescenta maior dimensão: mudanças estruturais da sociedade. Notadamente no Rio de Janeiro e em São Paulo, ambas em crescimento gradativo, com ampliações entre 1917 e 1920.[14] Mas com relativos espaços de conquista.

Pleitos coletivos implicam o uso da língua comum, necessariamente vinculada ao universo cultural dos falantes.

Essa última década é marcada por aspectos comunitariamente relevantes

A classe média urbana ascende. Participa ativa da vida política do país, ao lado das elites civis.

A classe operária sindicaliza-se.

O desenvolvimento acelera o processo de politização de camadas de ambos os segmentos. Politização e organização sindical acentuam consciência de classe, estreitam convívios e intensificam a comunicação oral e escrita. Com relevância, a longo prazo, na configuração dos usos do idioma comum.

Corporifica-se, em textos literários e não literários, uma visão crítica da realidade brasileira.

Na comunicação dos convivas desse universo multifacetado, domina a língua portuguesa oficial, matizada, dinamicamente, nas suas variantes socioculturais, regionais e expressivas, a cada passo claramente delineadas.

Destacam-se, como agentes asseguradores da disseminação e da valorização social do registro culto, a escola e a imprensa.

Segmentos comunitários regionalizados seguem cultivando línguas gerais remanescentes, a Língua Geral Paulista, que logo deixará de ser usada, e a Língua Geral Amazônica, que segue sendo usada na comunicação.

Letras da música popular testemunham o registro ultrainformal da fala cotidiana do Brasil. Um exemplo é a letra da composição "Ai, ioiô", de Luís Peixoto, datada de 1928. Onde são usadas palavras como "sofrê", "fechô", "chamô", "zangá" e "subé".

Amplia-se, ao longo dos mandatos destacados, a estratificação comunitária, com reflexos nos rumos dos registros do idioma.

A língua oficial do país segue na sua dinâmica, configuradora da unidade na diversidade. Permanece, acentuada, a distância entre "modalidade culta" e "modalidade popular" do idioma. Socialmente privilegiada, a primeira. Ao fundo, discriminações, distância cultural, coerção social.

MIGRAÇÕES E SEUS PERCURSOS

Os imigrantes advindos de Europa e Ásia e que se fixam no país somam, entre 1880 e 1930, 3.993.766.[15]

Até 1914, chegam 2,74 milhões. Sobretudo para atuar no cultivo do café.

A Primeira Grande Guerra diminui a intensidade do movimento imigratório. Verdade que muitos dos que vêm retornam, diante de dificuldades, aos países de origem. Mas muitos outros permanecem e aqui criam raízes. E descendentes.

A frequência dos que buscam o futuro nesta terra promissora é interrompida pelos rumos da política no mundo e no Brasil.

Só os filhos do sol nascente continuam a chegar, até os anos 1940, em número considerável. E, em sua maioria, sediam-se no estado de São Paulo.[16] Os primeiros tinham vindo em 1908. Muitos se estabelecem como pequenos proprietários rurais, com agricultura diversa, e não apenas centrada no café.

O imigrante italiano fixa-se na maioria no Rio Grande do Sul e em São Paulo, nas fazendas cafeeiras. Vai também para Santa Catarina. Na média imigram 50 mil a cada ano, desde 1880.

Os portugueses, e não são poucos os que vêm, também se destinam a São Paulo. A maioria, entretanto, se estabelece no Rio de Janeiro: em 1920, residem nesta cidade, então Distrito Federal, 172.338 lusitanos, 15% da população; na capital paulista totalizam 65 mil, 11% dos habitantes; no estado do mesmo nome, 167.198.[17] Atuam eficazmente no comércio e na indústria. Em menor escala, dedicam-se à agricultura. Aumenta, significativamente, o índice de usuários da língua portuguesa.

Os que chegam da Espanha sediam-se, em grande número, no estado de São Paulo: mais de 78% dos que vêm ali se encontram, em 1920. Dedicam-se à atividade agrícola e optam pela vida interiorana.

Ainda no começo do século republicano, é a vez dos sírio-libaneses. Logo depois, dos judeus, também em 1920. E não se dirigem ao campo. Preferem espaços citadinos. E são mascates, nos começos do trabalho. E levam o português matizado por suas línguas por sítios interioranos, por cidades e fazendas. Mais tarde assumem o comércio organizado e a indústria.

Todos esses imigrantes se espalham, em números significativos, no Centro, no Sul, no Leste. Com destaque para São Paulo, que do total abrigou mais de 50%: trata-se da região mais ágil em ritmo de expansão e fértil de condições de dar guarida a quem chega.

A esse tempo, a população brasileira totaliza 30.635.605 habitantes. Entre eles, aproximadamente, 20% de "analfabetizados": perto de 6 milhões que sabem ler, mas poucos, na escrita, não vão além da assinatura. Literatos não chegam a 0,8%, ou seja, 18 mil pessoas.

Entre 1820 e 1920, a língua escrita é restrita basicamente a textos oficiais, sentimentais e estéticos. Usada por muito poucos. Mas que possibilitam a existência, em São Paulo, de vinte editoras responsáveis por 203 títulos/ano, com tiragem total superior a 400 mil exemplares, entre eles dois terços didáticos e 100 mil de literatura.

Um dado, relevante, de 1934: à luz do censo da época, 30,2% das terras paulistas pertencem a estrangeiros: 12,2% aos italianos, 5,2% aos espanhóis, 5,1% aos japoneses, 4,3% aos portugueses e o restante a outras nacionalidades.[18] E a referência não inclui a descendência, ao tempo já brasileira.

LEGADO DOS IMIGRANTES

A presença e a atuação dos imigrantes contribui incisivamente para a configuração da sociedade brasileira. Alguns se aglutinam e formam comunidades. Muitos pouco a pouco se misturam, no convívio, em casamentos: miscigenação que, inicialmente, a muitos incomoda, mas que termina por impor-se.

Todos eles atuam de variadas formas: ajudam no desenvolvimento do comércio e contribuem, em muitos casos, para a necessária qualificação de mão de obra industrial e, por consequência, para o crescimento da indústria.

Nesse espaço, são operários, mas culminam por converter-se também em poderosos proprietários de empresa; contribuem fundamentalmente para a urbanização.

Tal contingente de estrangeiros, assim integrados na vida comunitária, deixa, por força de tão acentuada convivência e atuação, em maior ou menor escala, marcas nos usos do idioma oficial.

São traços que, no entanto, não comprometem a estrutura da língua como sistema. Antes situam-se, em pequena escala, no vocabulário, e em algumas ressonâncias na fonética, entre outras configurações que aguardam a precisão das pesquisas. O que mais se evidencia é localizadamente, o bilinguismo; português e vernáculo de origem.

MIGRANTES NA PRÓPRIA TERRA

Importa também considerar, em relação ao rumo da língua portuguesa do Brasil, o fluxo das migrações internas, sobretudo na direção da Amazônia, na fase áurea da produção de borracha.

Gente de vários lugares do país para lá se movimenta. Com destaque, os cearenses. Desde a última década do século XIX.

Se a crise do produto chega a partir de 1910, muitos dos migrantes já haviam se enraizado na região amazônica. A presença dominante na região é, sabidamente, ameríndia.

E não nos esqueça a atração da capital e de centros como São Paulo, para onde muitos brasileiros se deslocam em busca de melhores condições de subsistência.

Em geral, deixam a região de origem nordestinos, mineiros e gente do interior do estado fluminense. Excetuados os oriundos deste último, que mobiliza contingentes na atividade urbana, a maioria dos migrantes dedica--se à atividade rural.

Essa movimentação interna não obedece a nenhum planejamento ou controle. É orientada pela maior ou menor oferta de oportunidades.

Desloca-se ao longo do Brasil, do final do século XIX até a década de 1930, um significativo contingente, num movimento que, segundo Barlán, informa Elza Berquó, envolveu migração "inter-regional de mão de obra livre, por áreas de economia de subsistência, livre voltada para a produção de borracha na Amazônia e de negros libertos, substituídos por imigrantes estrangeiros".[19]

No processo, a preferência pelo espaço da cidade é maior na região Sudeste do país. Nas demais é o ambiente rural que mobiliza os contingentes mais amplos.

Por outro lado, a industrialização expande-se por todo o século XIX e parte significativa da centúria posterior. Notadamente em São Paulo e no Rio de Janeiro. E, a partir da década de 1920, começam a ganhar espaço, como ficou assinalado, os segmentos médios e do operariado na sociedade do Brasil.

Migração maciça e intensa de estrangeiros, migrações internas, associadas à dinamicidade do processo de urbanização e de industrialização, diversificação da economia, mobilização social, entre outros fatores, integram-se no retraçar da sociedade brasileira ao longo da Primeira República. Na base da diversificação estrutural no âmbito urbano, a expansão da classe média; no espaço rural, a expansão da pequena propriedade produtiva.

Toda essa movimentação populacional implica reflexos na comunicação: interações linguageiras, matizamento de variantes regionais, convivência dos vários registros da língua oficial, com prevalência do informal, mescla de traços suprassegmentais.

Mesmo diante da dinâmica do processo de mobilização, tais aspectos possibilitaram aos filólogos Celso Cunha e Serafim da Silva Neto,[20] em 1960, a depreensão de áreas culturais distintas na realidade brasileira, caracterizadas a partir do espaço geográfico, de grupos étnicos, de tipo social e de forma de viver:

- a Amazônia, marcada pelo predomínio da população indígena, demograficamente rarefeita, num amplo território onde avultam águas e florestas, e economicamente, de início pela extração de drogas fitomedicinais e depois da borracha, da madeira e da castanheira;
- o Nordeste litorâneo agrário, com o predomínio mestiço de europeus e africanos e o patriarcalismo rural, a partir do cultivo da cana e dos engenhos;

- o Nordeste mediterrâneo, caracterizado sobretudo pela presença dos mamelucos e por atividade rural centrada na pecuária, na qual se destaca a presença forte das fazendas e dos vaqueiros;
- a zona de mineração do planalto, povoada de mamelucos, crioulos, reinóis, judeus, paulistas, nordestinos, movidos pela atração da riqueza mineral geradora de riquezas mas com a comunidade marcada de costumes tradicionais que o advento da indústria metalúrgica não chega a modificar;
- a zona Centro-Oeste, de predominância portuguesa, mesclada ao ameríndio e, mais tarde, com presença espanhola, notadamente nas áreas de fronteira. Móvel inicial da atração: minérios. Diminuídos, ganham presença, paralelamente, a extração da erva-mate, a pequena agricultura, o gado;
- a zona Centro-Leste, marcada pelo cultivo da rubiácea a partir do Rio de Janeiro e a estender-se pelo vale do Paraíba, chegando a Minas e São Paulo. Ao café junta-se depois o gado, e com o progresso, a industrialização. A marca é a presença de múltiplas contribuições étnicas;
- o Extremo Sul, centrado na pecuária, com presença forte de correntes paulistas e nordestinas, e forte influência espanhola. É o núcleo de surgimento da figura do "gaúcho".[21]

Essas distintas configurações, sobretudo em função dos distintos contingentes comunitários a elas inerentes, ajudam na compreensão do processo que conduz à diversidade na unidade que caracteriza a língua portuguesa do Brasil e da especificidade da norma brasileira.

Algumas das características apontadas na classificação, notadamente as vinculadas à formação populacional, permaneceram. A dinâmica do processo sócio-histórico do país alterou necessariamente, entretanto, ao longo do tempo, esse traçado de base.

Entre os inúmeros fatores da alteração, destacam-se, em especial, a transferência da capital para o planalto goiano; a criação da zona franca de Manaus; a inauguração de vias de acesso como a Transamazônica; o processo migratório interno; a diluição das distâncias e, sobretudo, a aceleração da modernização e de suas exigências.

Como se pode depreender dessa diversificação, a caracterização da nova configuração dos matizes do idioma, emergente da dinâmica do processo cultural, constitui, por sua complexidade, um desafio que, graças aos avanços dos estudos linguísticos, vem, há algum tempo, sendo enfrentado com êxito pelos especialistas.

AINDA A IMPRENSA

Em 1894, sigo apoiando-me basicamente em Nelson Werneck Sodré, a *Gazeta de Notícias* reúne as melhores penas das letras e do jornalismo, associadas em íntimo convívio.

No mesmo ano, o *Jornal do Brasil*, que interrompera a publicação, volta a circular. E atinge, em 1900, a significativa tiragem de 50 mil exemplares. Com a façanha de, no dia 2 de abril, exibir duas edições diárias.

Entre os mais vendidos no Rio de Janeiro despontam ainda a *Gazeta do Rio*, o *Correio da Tarde*, *O País*, o *Jornal do Commercio* e a citada *Gazeta de Notícias*.

1895: *A Notícia* é o primeiro periódico brasileiro a utilizar o serviço telegráfico. *A Semana* encerra suas atividades. Surgem, em contrapartida, *A Cigarra*, *A Bruxa*, *Mercúrio*, entre outros. Em Porto Alegre, circula o *Correio do Povo*.

1896: *O Estado de S. Paulo* atinge a marca de 8 mil exemplares diários. E, pioneiro, envia um correspondente de guerra ao teatro da luta em Canudos. Seu nome: Euclides da Cunha. Ápice de suas reportagens e observações: o citado *Os sertões*.

A distribuição dos jornais, antes feita em carroças, passa a valer-se de jornaleiros.

Nas capitais, o jornal assume dimensões industrial e empresarial. A informação ganha relevância. A ponto de, em 1910, por ocasião da Revolta dos Marinheiros, o *Jornal do Brasil* circular com cinco a seis edições diárias.

A imprensa assumidamente vinculada a movimentos sociais reivindicatórios amplia seus periódicos. Surgem inúmeros títulos ao longo do país. Nas cidades interioranas, permanece a dimensão artesanal e predomina o caráter provinciano, marcado de conflitos locais.

Na segunda metade do século, ganha amplo espaço a publicidade.

15 de junho de 1901: começa a circular o *Correio da Manhã*. Destaque: a opinião.

1902: O *Jornal do Brasil* publica o primeiro romance policial em quadrinhos.

1905: Surge a revista *O Tico-Tico*, destinada ao público infantojuvenil, primeira a publicar histórias em quadrinhos em nível nacional, que terá marcante presença e circulará por mais de cinquenta anos. Com forte consumo do público infantil e juvenil.

1906: estreia a *Revista da Semana*, a primeira a publicar fotorreportagens no Brasil. Circulará até 1950.

1907: circula o importante *Correio da Noite*. Até 1915. Em São Paulo, *A Gazeta*; em Recife, o *Diário de Pernambuco*.

1908: 7 de abril: funda-se a Associação Brasileira de Imprensa.

1911: Irineu Marinho, repórter de *A Notícia*, funda *A Noite*. E, quando perde a sua propriedade, cria *O Globo*, em 1925.

O Jornal é de 1919; a *Folha da Noite*, de 1921, origem da *Folha da Tarde*, em 1924, e da *Folha da Manhã*, em 1925. O *Diário da Manhã* é lançado em 1927, no Recife, onde surgem também *O Tacape*, no mesmo ano, e *O Libertador*.

A *Folha do Norte* surge em Belém; em Fortaleza, a *Folha do Povo* e *O Ceará*; na Paraíba, *O Combate*; *O Democrático* é de Teresina; o *Estado de Minas* e o *Diário Carioca* vêm a público em 1928. No interior, prossegue a rotina localista dos periódicos artesanais.

Ao longo do decênio de 1920, intensifica-se a ação da imprensa. Politicamente participante. Dividida entre governo e oposição. Nas capitais e nas províncias.

Pouco a pouco, a reportagem e as colunas especializadas vão assumindo espaços relevantes. Esporte e cinema chegam aos jornais.

Multiplicam-se revistas ilustradas: literárias, mundanas, críticas. Na capital e nos estados. *Fon-fon* é de 1907; *Careta* começa a circular em 1908; *O Malho*, com seu humor, é de 1902.

No âmbito da literatura, vêm a lume, entre outras, na esteira do modernismo, basicamente restritas a público específico, por força de sua natureza, *Estética*, no Rio de Janeiro, em 1924; *Terra Roxa e Outras Terras*, em 1926, São Paulo; *Revista de Antropofagia*, São Paulo, 1928, ano também de *Papel e Tinta*; *Revista do Brasil*, Rio de Janeiro, de 1927 a 1929, com retorno em 1934; *Movimento*, depois *Movimento Brasileiro*, Rio de Janeiro, 1928 a 1930; *A Revista*, Belo Horizonte, 1925; *Verde*, Cataguases, 1928; *Elétrica*,

Itanhandu, 1928 a 1929, *Novíssima*, São Paulo, 1926; *Arco e Flexa*, Bahia, 1928; *Maracajá*, Fortaleza, 1929; *Madrugada*, Porto Alegre, 1929.

Há ainda em circulação periódicos porta-vozes, como *A Voz do Povo*, da Federação Operária; *A Classe Operária*, do Partido Comunista; *A Tribuna Religiosa*, da Arquidiocese do Rio de Janeiro. Diálogos democráticos. Em 1922, Assis Chateaubriand dá o primeiro passo na direção dos futuros Diários Associados: compra *O Jornal*.

A imprensa, consolidada, segue divulgando o padrão culto do idioma, e contribuindo para a sua sedimentação. Ainda que entre poucos: a maioria da população segue constituída de analfabetos. O longo texto de um anúncio de pílulas Witt, publicado no jornal *O Globo*, nos anos 1930, evidencia esse emprego da língua.

UM NOVO IMPACTO: O CINEMATÓGRAFO

Primeiros anos do século XX: o cinema ganha presença acelerada na capital da República. O filme mudo mobiliza, por trás das telas, artistas do teatro e do canto na dublagem dos atores e atrizes. Em 1907, a crônica de Olavo Bilac registra o impacto da mania cinematográfica que "invadiu todos os teatros e tomou conta de todas as paredes e de todos os andaimes em que é possível estirar um vasto quadrado de pano branco".[22]

Ampliam-se os espaços da língua oralizada, mesclados os registros e os aspectos fonéticos nos diálogos dos personagens.

A LÍNGUA: DICOTOMIAS

As últimas décadas do século XIX são marcadas pela crescente posição nacionalizante em relação ao idioma, acentuada com a proclamação da República. Poderosas, entretanto, as reações em contrário. Com reflexos na criação literária. Exemplar, a propósito, a polêmica travada entre Ruy Barbosa e Ernesto Carneiro Ribeiro em torno do texto do Código Civil Brasileiro, baseada na exigência do rigor do registro culto, fundada no uso e na gramática de Portugal.

Nesses espaços, ganha dimensão emblemática a citada fundação da Academia Brasileira de Letras. Em 20 de julho de 1897. O artigo primeiro do Estatuto da agremiação é indiciador:

> Art. 1º — A Academia Brazileira de Lettras, com sede no Rio de Janeiro, tem por fim a cultura da lingua e da litteratura nacional e funcionará de acordo com as normas estabelecidas em seu Regimento Interno.[23]

A explicitação presente no discurso de Joaquim Nabuco, na sessão inaugural, na qualidade de Secretário-Geral, é ainda mais reveladora.

> A principal questão ao fundar-se uma Academia de Lettras brasileira é si vamos tender á unidade literaria com Portugal. Julguei sempre esteril a tentativa de crearmos uma litteratura sobre as tradições de raças que não tiveram nenhuma, sempre pensei que a litteratura brasileira tinha que sahir principalmente do nosso fundo europeu. Julgo, porém, outra utopia egual pensarmos em que nos havemos de desenvolver litterariamente no mesmo sentido que Portugal ou conjunctamente com elle em tudo o que não depende do genio da lingua. O facto é que, fallando a mesma lingua, Portugal e Brazil têm de futuro destinos litterarios tão profundamente divididos como são os seus destinos nacionaes. Querer a unidade em taes condições seria um esforço perdido. Portugal, de certo, nunca tomaria nada essencial do Brasil, e a verdade é que elle tem muito pouco, de primeira mão, que lhe queiramos tomar. Uns e outros nos fornecemos de idéas de estylo, de erudição e pontos de vista, nos fabricantes de Pariz, Londres ou Berlim... A raça portugueza, entretanto, como raça pura, tem maior resistencia e guarda assim melhor o seu idioma; para essa uniformidade de lingua escripta devemos tender. Devemos oppôr um embaraço á deformação que é mais rapida entre nós, devemos reconhecer que elles são os donos das fontes, que as nossas empobrecem mais depressa e que é preciso renoval-as indo a elles. A lingua é um instrumento de idéas que póde e deve ter uma fixidez relativa; nesse ponto tudo precisamos de empenhar para secundar

> o esforço e acompanhar os trabalhos dos que se consagrarem em Portugal á pureza do nosso idioma, a conservar as fórmas genuinas, caracteristicas, lapidarias, de sua grande epocha... Nesse sentido nunca virá o dia em que Herculano, Garrett ou os seus sucessores deixem de ter toda a vassallagem brasileira. A lingua ha de ficar perpetuamente *pro indiviso* entre nós; a litteratura, essa, tem que seguir lentamente a evolução diversa dos dois países, dos dois hemispherios. A formação da Academia de Letras é a affirmação de que literaria, como politicamente, somos uma nação que tem o seu destino, seu caracter distincto, e só póde desenvolver sua originalidade empregando os seus recursos proprios, e só querendo, só aspirando á gloria que possa vir de seu genio.[24]
>
> (Trecho do discurso de Joaquim Nabuco na sessão inaugural da Academia Brasileira de Letras)

O colonato emergente, nos fins do século citado, ainda que adaptado às novas injunções culturais, leva a uma presença marcante dos idiomas de origem imigrante. Na fala familiar.

Na maioria dos casos, e ainda na atualidade, as famílias são bilíngues. E em vários, é comum, mesmo na atividade comunitária, o uso do vernáculo. Como acontece, por exemplo, nas colônias de imigrantes alemães no Rio Grande do Sul e no norte do Paraná, e com a presença forte dos japoneses e italianos na paisagem de São Paulo. Entre outros.

Lembre-nos, a título de exemplo, o caso da imigração alemã: cultiva-se o bilinguismo, como se depreende de texto de cartilha adotada nas colônias germânicas ainda no início do século XX, de que segue um trecho, em tradução da fonte:

> O Brasil é a terra em que nasceste. O Brasil é a terra em que pela primeira vez avistaste o céu azul e o sol reluzente. O Brasil é a terra onde teu pai e tua mãe vivem. Por isto, é a tua pátria [...] Mas os teus avôs e tuas avós não nasceram aqui no Brasil [...] Eles vieram da Alemanha. Por isso, o avô e a avó eram alemães, e não brasileiros como vocês são [...] É certo, sois brasileiros, por isso deveis falar a língua nacional brasileira e aprendê-la e exercitá-la na escola pra

que mais tarde na vida vos destaqueis como verdadeiros cidadãos brasileiros. Mas em casa, na família, junto ao pai e à mãe, aí vocês precisam falar alemão. Com isso honrarão seus antepassados e sua Pátria. Sem vossos laboriosos antepassados germânicos, vocês hoje não seriam bons brasileiros.[25]

O campo aglutina, conserva. A cidade, em contrapartida, se abre a mais flexibilidade, à plena liberdade de circulação, em especial, de ideias, o que implica uma ampliação de vocabulário, mesmo diante das diferenças individuais em termos de universo cultural. Um dado significativo, a propósito: em 1920, 70% da população brasileira atuava na agricultura.

Destaque-se: tanto os trabalhadores rurais como os trabalhadores urbanos já se reúnem, ao tempo, em significativos movimentos reivindicatórios. Entre os muitos, o que congregou, em 1913, ainda que com os objetivos frustrados, milhares de colonos de Ribeirão Preto em torno de melhoria de salários e de condições de trabalho.

A informação ainda circula, entretanto, em termos restritos. Por meio do convívio, da boca para o ouvido, e, para os poucos que leem, por intermédio, sobretudo, da imprensa e das obras de literatura. Sistemática, por meio dos estabelecimentos de ensino, ainda frequentados por minoria.

Destaca-se a tendência à consideração de uma língua portuguesa comum ao que se chamaria mais tarde de comunidade lusófona.

A língua escrita é objeto nuclear da ação da escola, privilegiado o registro formal.

A literatura contribui para a inter-relação com a língua falada, língua artisticamente trabalhada.

Escola, literatura, registro formal ainda estão, ao tempo, longe da mobilização da grande massa de usuários do idioma comum. Avulta uma acentuada interação dos registros idiomáticos.

Os números são, a propósito, significativos: se os dados de 1872, vale reiterar, revelam que 99,9% dos escravos e cerca de 80% da população livre eram analfabetos, índice que, nessa última faixa, sobe para 86% no caso do contingente feminino, a situação muda pouco, em 1920: o analfabetismo envolve, então, 70% dos homens e 80% das mulheres.

Quando iô tava na minha tera
Iô chamava capitão
Chega na tera dim baranco
Iô me chama Pai João

Quando iô tava na minha tera
Comia minha garinha,
Chega na tera dim baranco
Cáne sêca co farinha

Quando iô tava na aminha tera,
Iô chamava generá,
Chega na tera dim baranco
Pega o cêto vai ganha.

Dizofôro dim baranco
Nó si póri aturá
Tá comendo, tá...drumindo,
Manda nêgo trabaiá.

Baranco — dize quando móre
Jezuchrisso que levou,
E o pretinho quando móre
Foi cachaça que matô.

Quando baranco vai na venda
Logo dizi tá 'squentáro,
Nosso preto vai na venda,
Acha copo tá viráro.

Baranco dize — preto fruta,
Preto fruta co rezão;
Sinhô baranco também fruta
Quando panha casião.[26]

("Lundu do Pai João", colhido pela Sra. J. de Brito Mendes.
Trata-se de composição conhecida em vários
lugares do Brasil, com diferentes versões)

Ganha significação, na configuração de uma política do idioma, a iniciativa de normatização da ortografia.

NOS RUMOS DA ORTOGRAFIA

As normas reguladoras da ortografia são convencionais.

Transitam na superfície da roupagem das palavras.

Apoiam-se em estudos especializados e incluem-se entre os elementos vinculados à estabilidade e à unidade do idioma.

Implicam, entretanto, uma das circunstâncias que costumam caracterizar os problemas vinculados à língua: envolvem dimensões passionais.

Problemas enfrentam-se e são passíveis de solução. As paixões, diziam os gregos, costumam ser causa de desgraça.

Não há, entretanto, risco de tragédia em relação às águas de tal natureza.

As agitações que as mobilizaram e as mobilizam não correram e não correm o risco de transformar-se em tsunamis.

Culminam por converter-se, com o tempo, em suave marulho nas fímbrias das praias filológicas.

Os atos oficiais reguladores revestem-se, ao lado dos linguísticos, de aspectos ideológicos, políticos, econômicos e culturais.

A sua aceitação, entretanto, oscila ao sabor dos ventos comunitários.

Assim situadas, integram, no âmbito da língua portuguesa, uma história que costuma ser dividida em três períodos,[27] ressalvada a relatividade de escalonamentos do gênero, vulneráveis aos riscos do reducionismo:

1) *período fonético* — desde os primeiros documentos até o século XVI. Corresponde à fase arcaica da língua. Caracteriza-se pela falta de uniformidade na transcrição dos fonemas. Exemplos configuradores:

o emprego do h para representar a semivogal [y]: mha senhor;

o uso de vogais iguais em hiato para indicar tonicidade: maa, taaes fee, seetas.ceeu, door;

nasalação indicada por til, por m, n, e até por dois acentos agudos: ũa, omrra, maáos, vimgas, parente, emtô, fazenda;

confusão no emprego de b e v: aveo;

confusão no emprego de ç e c: parece, cidadãaos; pereçoron;

uso de geminadas no começo e no fim de vocábulos: Rramiro, rraynha, rrependido; currall; aquell, ssosteemos;

uso de g com valor de velar antes de e e de i: pagen (*paguem*), tragya;

oscilações no emprego de h: ho ventre, hu, hya;

uso de j em lugar de i: mujtos, menjno; nycolaao;

uso de n ou m antes de p e b: senpre, desenpares, corromperen, embargando;

confusão no emprego de s, ss, c e ç: açerca, virom-sse; fosem, apartasen; uosa, ocçioso;

uso de u em lugar de v: catiuou, saluas, trouueste, ouuio;[28]

2) *período pseudoetimológico* — vai do século XVI até 1904, data de publicações da *Ortografia nacional*, do filólogo Aniceto Gonçalves Viana. A designação do período traduz a dificuldade de se estabelecerem regras precisas na tentativa de apoiar nas formas greco--romanas de origem a representação gráfica dos vocábulos. Vestígios desse posicionamento ainda aparecem em alguns nomes próprios, como Ignez, Thiago, Hyppolitho e outros. Ao fundo, a valorização renascentista da cultura greco-latina.

3) *período simplificado* — vem de 1904 até a atualidade e envolve dois sistemas ortográficos: o sistema simplificado português e o sistema simplificado luso-brasileiro. A partir da adoção do Acordo Orto-gráfico da Língua Portuguesa de 1990, entendo que é mais preciso designá-lo sistema simplificado luso-afro-brasileiro.

O primeiro tem origem no trabalho de Gonçalves Viana: a partir dele, uma comissão de filólogos, entre os quais José Leite de Vasconcelos, Carolina Michaeles de Vasconcelos, José Joaquim Nunes Epiphanio Dias e o autor da *Ortografia nacional*, elabora os cânones tornados oficiais e obrigatórios em Portugal a partir de 1º de setembro de 1911.

O sistema simplificado luso-brasileiro consubstancia-se com o primeiro Acordo assinado pelas Academias dos dois países e tornado oficial em 1931 pelo governo do Brasil.

As preocupações dos estudiosos com a matéria vêm de longa data. Desde o século XVI.

É bastante lembrar as preocupações do gramático Duarte Nunes Leão, no seu *Ortographia da lingoa portugueza*, publicado em 1576, onde ressaltam observações contrárias à falsa etimologia que presidia a ortografia vigente; as *Regras que ensinam a maneira de escrever a orthographia da língua Portuguesa com um Dialogo que adiante se segue em defensam da mesma língua*, de 1574; as *Regras da orthographia portuguesa*, de Amaro de Roboredo, datada de 1615; a *Ortographia ou a arte para escrever certo na língua portugueza*, de 1631, de outro especialista em gramática, Álvaro Ferreira de Vera, e a *Orthographia da língua portugueza, offerecida ao senhor Francisco Manuel de Melo*, de João Franco Barreto, lançada em 1671.

O escritor português D. Francisco Manuel de Melo, autor da célebre *Carta de guia dos casados*, permite-se, em outro livro, *Segundas três musas de Melodino*, obra de 1649, a adoção de uma grafia simplificada.

Simplificação também é a tônica do pensamento de Luís Antonio Verney, exemplificada no seu livro *O verdadeiro método de estudar para ser útil à República e à Igreja*, de 1746.

Na direção contrária, sai, em 1734, o texto de João de Morais Madureira Feyjó, *A ortographia ou a arte de escrever e pronunciar com acerto a língua portugueza*.

Em termos coletivos, a preocupação primeira com o assunto corporifica--se na cidade do Porto. Em 1878. Numa representação à Academia Real de Ciências. Base da proposta: uma ortografia fonética. Na iniciativa, um grupo de cidadãos. Seus nomes: Adriano de Abreu Cardoso Machado, Manuel Felix Coelho, Agostinho da Silva Vieira, João Barbosa Leão.

No Brasil, a questão mobiliza a ação de José Jorge Paranhos da Silva. É ele quem publica, em 1880, um *Sistema de ortografia brasileira*, e, em 1882, uma *Carta de nomes para se ensinar em pouco tempo a ler e escrever figurando a pronúncia do Brasil*, obras centralizadas na especificidade da fala brasileira.

O ano de 1885 assiste ao lançamento das *Bases da ortografia portuguesa*, de autoria do foneticista Aniceto Gonçalves Viana e do sanscritista Vasconcelos de Abreu.

Vozes isoladas, caracterizadoras de posicionamentos singulares, fundamentos, pontos de partida, constroem, assim, gradativamente, uma bibliografia de base sobre o assunto.

A matéria só se torna, porém, objeto de regulamentação oficial em e por países lusófonos, inicialmente por iniciativa do Brasil e de Portugal, a partir dos anos iniciais do século XX.

No âmbito da ação colegiada, é a Academia Brasileira de Letras que se antecipa. Acolhe, na sessão de 13 de junho de 1901, proposta de nomeação de uma comissão para estabelecer regras destinadas a fixar a ortografia que a Casa deveria usar em seu Boletim. Proponente: Medeiros e Albuquerque. A proposição é aceita, a comissão nomeada e encarregada de elaborar um projeto regulador. Integram-na o propositor e mais Silva Ramos e José Veríssimo.

Evidencia-se, em Portugal, a atuação de Gonçalves Viana, que publica, em 1904, a citada obra-marco: a *Orthografia nacional*.

A ele associam-se, na preocupação com a matéria, Francisco Adolfo Coelho e José Leite de Vasconcelos. Tais filólogos consideravam a língua falada no Brasil um dialeto, na definição de Bluteau, da chamada oficialmente língua nacional.

1907: a Academia Brasileira de Letras determina, em 25 de abril, que o texto do projeto decorrente da proposta de Medeiros e Albuquerque seja distribuído pelos acadêmicos, para discussão de cada um dos seus itens e posterior votação, em sessão previamente anunciada.

O projeto é objeto de acirrada discussão em sessão de 2 de maio. A aprovação ocorre na sessão de 17 de agosto, mas não desperta maiores entusiasmos.

1911: com base na *Ortographia nacional*, a citada comissão de filólogos lusos elabora os princípios ortográficos tornados oficiais e obrigatórios em Portugal a partir desse ano. Determinam-se, entre outras regras, a abolição de todos os símbolos da etimologia grega, a substituição das consoantes duplas por consoantes simples, excetuados os rr e ss intervocálicos; regulamenta-se a acentuação gráfica.

1912: o projeto da Academia Brasileira de Letras é aprovado, com a adoção de um sistema ortográfico próprio, independente do sistema português. Na base, diferentemente das normas lusas, a pseudoetimologia.

1915: a ABL decide partir para um acordo com os portugueses, com a adoção das normas lusitanas em vigor desde 1911, decisão abandonada em 1919.

1929: nova proposta de sistema ortográfico é feita no Brasil, pela Academia, e logo também deixada de lado, por força das falhas que apresentava.

A harmonização luso-brasileira, entretanto, não tardará muito.

A EDUCAÇÃO QUESTIONADA

Com a República, busca-se, aos poucos, a concretização, na educação brasileira, de um sistema articulado. Na base, a discussão de princípios fundamentadores que terminam integrados aos textos constitucionais: direito à educação; liberdade de ensino primário gratuito e obrigatório; abertura do ensino público à laicidade; educação religiosa de caráter interconfessional, como obrigação da família e do Estado.

A gratuidade do ensino, já estabelecida na Constituição do Império, não figura na Carta Magna de 1891. Associada à obrigatoriedade de frequência será, entretanto, restabelecida no Art. 150 da Constituição republicana de 1934. Ensino implica, na área da língua portuguesa, nuclearização no registro formal, socialmente privilegiado.

Ambas as determinações caracterizam-se pela difícil concretização, diante da precária realidade escolar da época. Acrescente-se o centramento das preocupações no ensino urbano, ignorado praticamente o ensino no espaço rural.

> **Art. 150.** Compete à União:
>
> a) fixar o plano nacional de educação, comprehensivo do ensino de todos os graus e ramos, comuns e especializados; e coordenar e fiscalizar a sua execução, em todo o territorio do paiz.
> b) determinar as condições de reconhecimento oficial dos estabelecimentos secundario e complementar destes e dos institutos de ensino superior, exercendo sobre elles a necessaria fiscalização;
> c) organizar e manter, nos Territorios, systemas educativos apropriados aos mesmos:
> d) manter no Districto Federal, ensino secundario e complementar deste, superior e universitario;
> e) exercer acção supletiva onde se faça necessaria, por deficiencia de iniciativa ou de recursos e estimular a obra educativa sem todo o paiz, por meio de estudos, inquéritos, demonstrações e subvenções.

Paragrapho unico. O plano nacional de educação constante de lei federal, nos termos do arts. 5, nº XIV, e 39, nº 8, letras a e e, só se poderá renovar em prazos determinados, e obedecerá ás seguintes normas:

a) ensino primário integral gratuito e de frequencia obrigatoria, extensivo aos adultos;

b) tendencia à gratuidade do ensino educativo ulterior ao primario a fim de o tornar mais accessível;

c) liberdade de ensino em todos os graus e ramos, observadas as prescrições da legislação federal e da estadual;

d) ensino, nos estabelecimentos particulares, ministrado no idioma patrio, salvo o de linguas estrangeiras.[29]

(Trecho da Constituição Federal de 1934)

Já a liberdade de ensino consta do texto de 1891, no artigo 72, que garante também "o livre exercício de qualquer profissão moral, intelectual e industrial".

As bases e diretrizes são ditadas e reformadas por nada menos que cinco leis sucessivas, de autoria exclusiva do Executivo, previamente autorizado pelo Poder Legislativo. Sem discussão, portanto, em termos de Congresso Nacional: as reformas de 1891, 1901, 1911, 1915, 1925. Ignoravam-se com tranquilidade os preceitos constitucionais que conferiam a esse último Poder da República a competência para legislar sobre a matéria.

Difícil assegurar, em tais circunstâncias, alguma continuidade e eficiência ao sistema educacional. Em paralelo, vários estados promovem reformas na esfera de suas competências, como as intituladas Sampaio Dória, em 1920, em São Paulo: Lourenço Filho, no Ceará, em 1923; Anísio Teixeira, na Bahia, em 1925; Carneiro Leão, em 1926, em Pernambuco; Francisco Campos e Mário Casassanta, em Minas Gerais, em 1927; Fernando de Azevedo, no então Distrito Federal, em 1929. Em todas, caráter modernizante, antitradicional.

O Colégio Pedro II, agora Ginásio Nacional, assume a definição de uma política do idioma, oficialmente avalizada pelo Decreto Presidencial de 1º de janeiro de 1901 (Reforma Epitácio Pessoa), que delega à congregação do educandário a organização dos programas do então ensino médio. A orientação adotada assegura a permanência do ensino da língua-pátria fiel ao modelo lusitano, pautado pelos textos clássicos.

As demais reformas não resultam em qualquer mudança de rumo nas diretrizes do ensino.

A questão gera polêmicas e divide estudiosos.

A consciência da diferença dos dois usos do idioma é destacada por estudiosos como Eduardo Carlos Pereira:

> Há quatrocentos annos que o portuguez do Brasil se segregou do de Portugal. Foi na época de maior esplendor da lingua, no periodo aureo do quinhentismo, que delle se transplantou para aqui uma vergontea forte e vigorosa, pelos donatarios e colonos, que vieram povoar nossas costas. Bifurcou-se o portuguez, e, sob o influxo de novos fatores mesologicos, prosseguiu ele aqui a sua evolução genial. Quatro séculos são passados de uma dupla evolução, e, a esta hora, apresenta a língua, na historia de sua dialectação divergente, o aspecto de um amplo triangulo, cujo ápice atinge o século XVI, e a cujos pontos externos de base, correspondem já apreciaveis differenciações dialectaes. Nesta evolução divergente, o falar brasileiro e o lusitano apresentam-se como codialectos do portuguez quinhentista, e, não raro, se descobrem, como adeante mostraremos, em nossos hábitos prosódicos, vestigios do quinhentismo, que em Portugal se perderam.
>
> [...]
>
> Seguindo sua trajectoria dialectal, o portuguêz, no Brasil, vai se distanciando do de Portugal, como se vê, não só no lexico, mais ainda nos varios dominios da grammatica. Sendo a lingua o expoente moral de uma raça, a affirmação caracteristica de uma nacionalidade, é natural que essas differenciações lexicologicas e grammaticaes se vão reflectindo nas producções literarias.[30]

A tendência lusitanizante é reforçada pela orientação de inúmeras gramáticas de autores brasileiros. Traduz dois dos três enfoques mais evidentes que orientam, em termos ideológicos, o modo como é encarada a língua pelos usuários, entre 1820 e 1920.

O primeiro a entende como portuguesa e pertença dos portugueses. Esse posicionamento conduz necessariamente os usuários do idioma não portugueses de outras origens a subordinar-se aos princípios que regem a norma lusitana.

Uma segunda posição a considera domínio comum de portugueses e brasileiros, entendendo-se que estes últimos deveriam "aprender" e observar os critérios normativos dos lusitanos.

A terceira atitude entende a língua como patrimônio comum de todos os seus usuários, admitidas todas as suas variantes horizontais e verticais, posicionamento que, a partir de 1920, passa a predominar na comunidade lusófona,[31] privilegiada, entretanto, a prevalência do registro formal. Sob pena de forte coerção social.

REFLEXOS E REFLEXÕES

As mudanças advindas com a República proclamada e a subsequente intensificação do processo urbanizador geram necessidades novas para a população, agora mais participante da vida política do país, com decorrências no idioma.

A escolarização emerge, nos espaços da burocracia e da intelectualidade, como ponto de partida de futuro promissor. A expansão da escola impõe-se como necessária. Escola, sabemos, implica ensino sistemático.

Os ventos de modernização e o espírito de mudança, por seu turno, propiciam discussões de temas de relevância, entre eles a questão da educação do povo. E esta ganha amplo espaço no entusiasmo geral, ao longo dos dois primeiros mandatos presidenciais.

Amplia-se o espaço do ensino elementar, no âmbito urbano: o espaço rural continua a não merecer a devida atenção. Na grade curricular, presença marcante, a língua portuguesa, centrado ainda o ensino no registro privilegiado, sintomaticamente denominado norma culta.

A educação popular só volta à cena e às providências a ela inerentes a partir de 1910.

Retorna, premente, a preocupação com escolarizar o povo que logo se intensifica com a exacerbação do patriotismo e do nacionalismo vinculada à Primeira Guerra Mundial.

Proliferam "ligas contra o analfabetismo", modelizadas pela criação da Liga da Defesa Nacional, criada em 1916, e da Liga Nacionalista do Brasil, de 1917, congregadoras de intelectuais e profissionais liberais de acentuado entusiasmo nacionalista, defensores acendrados da alfabetização. Ao fundo, a ampliação do colégio eleitoral, pois não era permitido o voto aos analfabetos[32] que, em 1920, totalizavam 75% da população de 30.635.305 de habitantes, percentual similar ao de 1900, quando viviam no Brasil 17.438.434 de pessoas.

Terminada a Grande Guerra, novas transformações marcam a realidade cultural brasileira.

Desfruta de presença forte a influência da cultura americana, modelizadora, para parcela representativa da intelectualidade, no âmbito da educação e do processo pedagógico. Palavras e expressões em inglês passam a frequentar, com assiduidade, o cotidiano da comunicação.

Tem início o ciclo de reformas educacionais em âmbito estadual. Funda-se, em 1924, a Associação Brasileira de Educação, que passa a nuclearizar os debates sobre a matéria. Acirrados. Conflitantes.

Na síntese de Paulo Ghiraldelli Jr., confrontam-se três correntes: a Pedagogia Tradicional, a Pedagogia Libertária e o Movimento da Escola Nova.[33]

A Pedagogia Tradicional, ligada à Igreja Católica, mantém forte relação com os princípios educacionais do antigo *Ratio Studiorum* dos jesuítas.

Fundamenta-se basicamente, entretanto, nas teorias das modernas pedagogias alemãs e americanas, destacada a influência do filósofo alemão Johann Friedrich Herbart (1771-1841). As igrejas católicas e protestantes, a propósito, seguem ampliando a rede de estabelecimentos escolares sob sua responsabilidade.

A Pedagogia Libertária é defendida por intelectuais vinculados aos movimentos populares e preocupados com anseios de mudanças sociais de base anarquista e anarcossindicalista.

Vincula-se às primeiras organizações operárias no Brasil. Chega ao país com os trabalhadores imigrantes, entre eles italianos, franceses, espanhóis, portugueses. Defende, entre outros aspectos, uma educação de "base científica e racional", vale dizer livre de qualquer perspectiva mística ou sobrenatural. Aproxima-se teoricamente, entretanto, do pensamento social cristão. Confronta-se com a Pedagogia Tradicional.

Perde força em 1910, diante da repressão do governo aos movimentos sindicalistas.

O Movimento da Escola Nova decorre da mobilização das classes médias preocupadas com a modernização do Estado e da sociedade brasileira.

É marcado, na sua base, por uma política educacional, por uma teoria da educação e de organização escolar e por metodologias próprias, destacada a influência dos educadores John Dewey e William Kilpatrick. Confronta-se também com a Pedagogia Tradicional.

Em relação à situação escolar da Primeira República, a propósito, Paschoal Lemme destaca alguns fatos.

A classe abastada dividia-se entre três procedimentos: matriculava os filhos nos poucos estabelecimentos particulares de ensino, internatos ou semi-internatos, leigos ou religiosos, sediados nas capitais; matriculava-os nas escolas públicas; entregava-os à orientação de preceptores domiciliares, geralmente estrangeiros.

As poucas escolas públicas, também exclusivas das cidades, tinham como público-alvo alunos da classe média.

No interior, as populações dispersas por grandes áreas valiam-se de escolinhas rurais precárias, com professores desprovidos de qualquer formação profissional, escolas que substituíram as antigas aulas, decorrentes da reforma do marquês de Pombal.[34]

Ao longo da década de 1920, ganha presença a proposta do estabelecimento de um sistema nacional de educação, com a estipulação dos níveis de ensino, destacado o ensino primário. Ao fundo, a ideia da educação como capaz de transformar a sociedade. Assegurada a responsabilidade primeira do Governo Federal no processo. Instala-se o debate. Em questão, o modelo tradicional, centrado na formação de elites.

Em tais instâncias, o ensino técnico permanece minimizado e desprestigiado, o ensino superior enriquece-se de mais 17 escolas isoladas. As matrículas nos estabelecimentos de responsabilidade federal passam de cem, em 1907, a 107, em 1912; nas escolas particulares, de cem a 252, no mesmo período.

Escolas: entendidas, na época, como núcleos sistematicamente disseminadores do conhecimento; sedimentadores de valores comunitariamente consagrados; valorizadores do uso formal do idioma, pautado nas normas lusitanas. Em paralelo, na comunicação cotidiana. A população, em sua maioria, prossegue valendo-se da modalidade dita vulgar e do registro informal.

NA SEGUNDA REPÚBLICA (ERA VARGAS)

ASPECTOS DA DINÂMICA SOCIAL

No âmbito das muitas mudanças ocorridas no primeiro governo de Getúlio Vargas (1930-1937), marcado pelo nacional-desenvolvimentismo, cumpre assinalar a política relacionada com o prestígio conferido à classe trabalhadora. Ressaltam, nessa direção, assinale-se: a promulgação das leis trabalhistas ampliadoras de direitos e garantias; a criação da carteira profissional; a regulamentação e a sistematização da atuação dos sindicatos, organizados por categoria profissional, integrada a federações estaduais, por seu turno agrupadas em confederações de âmbito nacional. Na contrapartida, a proibição do exercício de atividade política em todo o espaço sindical e o forte controle e participação fiscalizadora do governo.

Acrescente-se a representação, na Constituinte convocada para maio de 1933, de sindicatos de patrões e trabalhadores, de funcionários públicos e profissionais liberais, eleitos em votação direta e secreta, admitido às mulheres o direito de voto e de participação.

A cidade, com seus negócios e serviços, ganha lugar de primazia. E com ela, desenvolve-se e politiza-se ainda mais a população urbana. Perde lugar, pouco a pouco, a prevalência da comunidade rural.

Tais ações e circunstâncias repercutem na dinâmica do idioma comum: sindicalização e politização implicam intensificação de intercomunicação oral e escrita; legislação e documentação estimulam alfabetização. A cidade dinamiza a interação linguística. Amplia-se o convívio dos registros, ainda socialmente privilegiado o formal.

EDUCAÇÃO E LÍNGUA

Os confrontos ideológicos que ganham volume significativo entre 1930 e 1937 conduzem a reflexos marcantes na área da educação, desde logo preocupação governamental prioritária.

É significativa, a propósito, uma decisão administrativamente centralizadora: a criação, no ano inicial, como preconizava Pedro II, do Ministério da Educação e Saúde.

No âmbito educacional, digladiam-se três posicionamentos.

Os liberais do escola-novismo defendem a prevalência de opções qualitativas no ensino e a criação de escolas técnico-profissionais. Intensificam a sua ação. Lançam, em 1932, o "Manifesto dos Pioneiros da Educação Nova", nuclearizado na renovação das bases do ensino e na reformulação da política educacional.

Os tradicionalistas centralizam-se na ação católica, que se configura em campanhas radicais contra os escola-novistas.

Vozes da pedagogia libertária reiteram a defesa da democratização do ensino nos termos propostos pelo Partido Comunista do Brasil.

O governo entende que a migração interna gerara o "inchamento das cidades" e agravara o conflito oriundo da consequente diversidade social.

Propõe-se a "fixação do homem no campo", por meio da criação de escolas técnicas rurais.

Quanto às cidades, abrigariam escolas profissionais nas áreas da indústria e do comércio, criadas com base nas novas metodologias e capazes de profissionalizar os filhos dos trabalhadores.

Amplia-se o público-alvo da aprendizagem sistemática do registro formal.

A solução conciliatória dos três posicionamentos vem com a Constituição de 1934. De modelo liberal. A educação é assumida como direito de todos.

O mesmo texto legal assegura a liberdade de opinião e a livre manifestação de pensamento. E institui o ensino religioso facultativo e multiconfessional. Mantém ainda a duplicidade de sistemas.

Limitam-se as competências: o poder federal segue sendo responsável pelos ensino secundário e superior. Os estados concentram-se no ensino primário e profissional.

Preocupa-se o novo regime com a formação de uma elite intelectual. Ainda que de forma autoritária. E promove efetivamente a educação. Por meio da reforma do ensino.

Instaura-se um novo sistema de ensino e, durante toda a sua vigência, uma visão da escola como instituição conservadora, pautada sobretudo em valores ditados pela influência do catolicismo.

O conservadorismo estende-se aos espaços do idioma, cujo ensino privilegiará, sem concessões, o padrão culto, ou seja, o uso formal, à luz das normas portuguesas de origem. A tal ponto, que as abonações justificadoras do uso seguirão privilegiando escritores clássicos portugueses, tradição que vem dos começos da centúria, como assinalará, em 1968, Celso Cunha, um dos futuros renovadores mais atuantes do ensino do idioma:

> A obediência cega às normas lusitanas, os compêndios de língua com abonações invariavelmente hauridas em escritores portugueses — os únicos que mereciam crédito — é que continuamos a observar, nos primeiros anos do século atual, quando o purismo brasileiro constrói dois monumentos a que não se pode negar uma impressionante grandeza: a Réplica, de Ruy Barbosa, e a Tréplica, de Carneiro Ribeiro.
>
> Ainda em 1919, quando o professor Sousa da Silveira publicou as suas *Lições de português*, com larga documentação de autores, brasileiros, especialmente de Machado de Assis, o fato, por insólito, causou estranheza entre os professores do idioma.[35]

O ensino da língua na escola continua ainda a dividir-se entre o real e o ideal e este ainda pensado lusitanamente na direção da unidade idiomática.

Começa a apresentação da língua na escola — ainda pautada no registro formal —, ainda a dividir-se entre o real e o ideal e este ainda pensado lusitanamente, na direção de sua unidade.

Paralelamente, como também reclamava o imperador Pedro II, criam-se, não sem polêmica, universidades para além da união de faculdades, mas convertidas em centros de ensino e de pesquisa.

Datam, por exemplo, de 1931 o Estatuto das Universidades Brasileiras, objeto do Decreto n. 19.852, de 13 de abril, e a reorganização da Universidade do Rio de Janeiro, criada em 1920, mas apenas como um aglomerado de três estabelecimentos: a Faculdade de Direito, a Faculdade de Medicina e a Politécnica.

Tem início o delinear-se de um sistema universitário brasileiro. A Universidade Federal de Minas Gerais data de 1927. E surgem, em 1934, a Universidade de São Paulo e, em 1935, a Universidade do Distrito Federal, a futura Uerj. Em 1939, cria-se a Faculdade Nacional de Filosofia. Desloca-se a orientação da política do ensino, com perda de tal atribuição pelo

Colégio Pedro II. É criada no mesmo ano a Universidade do Brasil, depois Universidade Federal do Rio de Janeiro.

Nos centros universitários, a língua se beneficiará muito do estudo e da pesquisa, cada vez mais aprimorados, em função dos avanços da Filologia e da Linguística.

Relevante também é a reforma do ensino secundário, Reforma Campos, imposta pelo Governo Provisório em 1931.

As novas diretrizes estabelecem o currículo seriado, dividido em dois ciclos, um fundamental, com duração de cinco anos, e outro, complementar, de dois anos. Com frequência obrigatória para os alunos e a exigência de diploma de conclusão como pré-requisito para o ingresso no curso superior.

A língua portuguesa ganha destaque na grade curricular. Na fundamentação do seu ensino ainda o padrão culto lusitano gramaticalizado.

A nova orientação didático-pedagógica constitui um avanço significativo nos rumos da divulgação sistemática da cultura e da preservação da língua oficial do país.

Amplia-se a rede de estabelecimentos de ensino público e privado, este último apoiado com empenho pela Igreja Católica. Esta, acrescente-se, defende o ensino da religião, em caráter facultativo, na escola pública como na particular e educação diferenciada, segundo o sexo dos alunos, em função da destinação em termos de mercado de trabalho.

Os escola-novistas opõem-se a tal posicionamento.

Propugnam o ensino público e gratuito, sem distinções ligadas ao sexo dos alunos.

Propõem: o corte de subvenção do Estado às escolas religiosas; a adaptação da escola à realidade regional em que se insira, embora obedecido um currículo mínimo comum.

Defendem: a limitação do ensino religioso aos colégios particulares mantidos pelas várias confissões; a autonomia econômica, técnica e administrativa do sistema escolar, para salvaguardá-lo do jogo de interesses.

Sem definir-se integralmente por esta ou por aquela posição, o governo nitidamente favorece a corrente católica, na linha da Pedagogia Tradicional.

A laicidade, gratuidade, obrigatoriedade e coeducação

A laicidade, gratuidade e coeducação são outros tantos principios em que se assenta a escola unificada e que decorrem tanto da subordinação á finalidade biologica da educação de todos os fins particulares e parciaes (de classes, grupos ou crenças), como do reconhecimento do direito biologico que cada ser humano tem á educação. A laicidade, que colloca o ambiente escolar acima de crenças e disputas, religiosas, alheio a todo o dogmatismo sectario, subtrae o educando, respeitando-lhe a integridade da personalidade em formação, á pressão perturbadora da escola utilisada como instrumento de propaganda de seitas e doutrinas. A gratuidade extensiva a todas as instituições officiaes de educação é em principio egualitario que torna a educação, em qualquer dos seus gráos, accessivel não a uma minoria, por um privilegio economico, mas a todos os cidadãos que tenham vontade e estejam em condições de recebel-a. Aliás o Estado não pode tornar o ensino obrigatorio, sem tornal-o gratuito. A obrigatoriedade que, por falta de escolas, ainda não passou do papel, nem em relação ao ensino primario, e se deve estender progressivamente até uma edade conciliavel com o trabalho productor, isto é até aos 18 anos, é mais necessaria ainda "na sociedade moderna, em que o industrialismo e o desejo de exploração humana sacrificam e violentam a crença e o jovem", cuja educação é freqüentemente impedida ou mutilada pela ignorancia dos paes ou responsáveis e pelas contingencias economicas. A escola unificada não permite ainda, entre alumnos de um e outro sexo outras separações que não sejam as que aconselham as suas aptidões psychologicas e profissionaes, estabelecendo em todas as instituições "a educação em commum" ou coeducação, que, pondo-os no mesmo pé de egualdade e envolvendo todo o processo educacional, torna mais economica a organização da obra escolar e mais facil a sua graduação.[36]

(Texto do *Manifesto dos pioneiros da Escola Nova*)

A LÍNGUA E O CANTO

A música popular amplia espaços e mobiliza, notadamente no Rio de Janeiro, a classe média.

Data, sintomaticamente, de 1937 a realização do I Congresso da Língua Nacional Cantada, o primeiro conclave centrado na língua oralizada. Objetivo: a fixação de "uma língua-padrão a ser usada nas artes de dizer", considerando-se que estabelecê-la e fixá-la "virá por um termo à anormalidade de pronúncia que atualmente se verifica no teatro, na declamação e no canto da língua nacional". Na conclusão, a resolução de "considerar a pronúncia carioca a mais perfeita do país e propô-la como língua-padrão a ser usada no teatro, na declamação e no canto eruditos do Brasil".[37] Sinal do tempo.

No campo, a música caipira mantém seus traços e seus espaços. Um exemplo, a letra de "Marvada pinga", de Ochelsis Laureano, datada de 1937. Na qual figuram termos como "atrapaio", "trabaio" e "dô".

ENQUANTO ISSO, NA EUROPA

Século XX, primeira metade: intensifica-se aceleradamente o progresso científico e tecnológico. O mundo vive um momento de plenitude da Era da Máquina. Transatlânticos multiplicam-se no cruzar de oceanos. O aeroplano atravessa, pela primeira vez, o canal da Mancha. A radiofonia amplia a comunicação. As radiofotos começam a frequentar a imprensa, cada vez mais atuante e influente na formação da opinião comunitária.

A arquitetura funcional concretiza seus primeiros projetos.

É também o instante da teoria da relatividade, da teoria dos quanta, da psicanálise.

A burguesia amplia suas conquistas de poder através do saber e do trabalho. Em contrapartida, acirram-se conflitos de interesse e crises sociais.

Após o horror da Primeira Grande Guerra, novos avanços. Acelera-se o passo da ciência e da tecnologia, cada vez mais dominadoras e transformadoras da Natureza, em nome da melhoria das condições de vida e do utilitarismo.

É tempo de intensa agitação espiritual e cultural. Novas visões de mundo se opõem aos valores tradicionais.

Presentifica-se um novo ritmo na vida da sociedade ocidental.

O excepcional avanço dos estudos de psicologia põe em evidência a tentativa de revelação dos desconhecidos caminhos do inconsciente. Na síntese de Eduardo Prado Coelho, o ser humano, depois de Copérnico, deixou de ocupar o centro do mundo; a partir das teorias de Darwin, não é mais considerado o centro do reino animal; Marx o desloca do núcleo da história; Freud o alija da ilusão de ser o centro de si mesmo, centro este que, no entender do pensador português, não existe, constitui apenas "um lugar vazio" e mais: leva à conclusão de que ele "é constituído por uma estrutura, a estrutura da linguagem".[38]

Reformula-se a teoria do conhecimento, a partir da revalorização da intuição e à luz da filosofia bergsoniana. Privilegia-se, desse modo, a percepção intuitiva da realidade.

É um tempo cultural e socialmente multifacetado, de que esses são apenas alguns aspectos.

A arte insere-se nesse processo. Emergem na Europa estilos estéticos configuradores de novas maneiras de revelar a realidade.

Esses estilos não trazem a marca da uniformidade, mas caracterizam uma ruptura cultural, concretizada a partir dos fins do século XIX e predominante, para muitos, até aproximadamente 1950.

Os percursos revolucionários resistem a uma rotulação rigorosa. Optou-se, então, por termos genéricos como arte moderna, arte modernista e Modernismo.

O Modernismo, termo que culminou por impor-se na realidade brasileira, engloba, na verdade, um conjunto de tendências distintas entre si, mas que deixam depreender elementos comuns que a justificam.

Ressalve-se que, na literatura espanhola e hispano-americana, entretanto, Modernismo nomeia um estilo florescente nas últimas décadas do Oitocentos e que associa procedimentos parnasianos e simbolistas.

As primeiras manifestações europeias de renovação artística evidenciam uma tentativa de exploração do inconsciente. É um traço que já vinha se configurando desde o Simbolismo.

É marcante, a propósito, a repercussão da nova estética nos textos de literatura e, por consequência, na língua-suporte.

Trata-se de um rico território que se revela por meio das associações de ideias, aparentemente gratuitas. Evidencia-se nas liberdades da linguagem que levam, frequentemente, à despreocupação com um significado racional para o texto, notadamente para o poema.

Esse empenho em trazer à tona as emoções mais escondidas, em liberar potencialidades do eu reprimido, associa-se a um comportamento singularizador: a valorização de uma visão surrealizante da realidade. Para além do movimento de vanguarda em que mais se faz presente: o surrealismo.

O procedimento está na base da utilização da alegoria de base surreal. A vida pensada sobrepõe-se à vida vivida. A figuração alegórica assim entendida chega a ser considerada, por vários críticos, o próprio "emblema da escrita moderna".

Por outro lado, converge-se, notadamente nos começos do século XX, para a integração poética da civilização material, revestida de novos matizes: as conquistas da tecnologia e da ciência passam a frequentar os espaços artísticos.

Dessacraliza-se a obra de arte, agora encarada como uma atividade lúdica, um jogo, que envolve tanto o autor como o usuário. Decorrência: o caráter satírico e paródico que marca tantas obras e, de certa forma, um certo distanciamento entre estas e o receptor.

Observa-se uma intensificação da tendência para o hermetismo, que termina por converter-se num poderoso elemento de elitização.

Ganha ênfase a tendência à representação genérica e desindividualizada de cenas e personagens. Por outro lado, o herói tradicional perde espaço para o anti-herói.

Assume-se o exercício da metalinguagem, com o texto centrado no seu próprio fazer-se.

Outra marca fundamental é a liberdade plena de criação.

Em termos de prosa, a temática pode incluir todos os assuntos. A ação e o enredo perdem importância em favor das emoções, estados mentais e reações dos personagens. A construção e a análise dos caracteres se faz por acumulação de instantes significativos, ou pela apresentação da própria consciência em operação (fluxo de consciência).

A literatura torna-se cada vez mais interiorizada e abstrata, construída de experiências mentais, da vida do espírito. Destaca-se um maior interesse pelo homem comum. Também se confere realce à ordem social, em oposição às soluções transcendentais.

Privilegia-se sobretudo a linguagem, que passa a integrar elementos do falar cotidiano. Efetiva-se a democratização da palavra poética. Cultiva-se o verso livre.

Entendo, com João Alexandre Barbosa, que o traço definidor por excelência do autor moderno é assumir, com base do princípio de composição, e não somente do princípio de expressão, "o descompasso entre a realidade e sua representação". Com esse procedimento, o que se coloca em questão é o modo de articulação na linguagem da realidade e da matéria de literatura. Evidencia-se a linguagem como espaço-tempo do texto. Caracteriza-se necessariamente uma ruptura dos das modelizações "realistas".[39]

No seu aspecto multifacetado, o Modernismo envolve movimentos de vanguarda assumidos como tal, que traduzem a inquietação da Europa dos começos do século, onde a anarquia literária parece ser a tônica, e se faz também, obviamente, nas obras singulares de autores representativos.

Entre as vanguardas dos começos do século XX, destacam-se, por sua importância e repercussão, o Futurismo, o Cubismo, o Expressionismo, o Dadaísmo, o Surrealismo. A marca comum é a ruptura.

Os futuristas propõem a assunção estética das conquistas do progresso e pregam a abolição radical do passado, com todos os seus valores. Propugnam o canto exaltado da velocidade, da guerra, do militarismo, do patriotismo; o canto das estações de veículos, as fábricas, as locomotivas, os aeroplanos, os navios a vapor; o canto em poesia das "grandes multidões agitadas pelo trabalho, o prazer ou a rebeldia; as ressacas multicores e polifônicas das revoluções nas capitais modernas"; a certeza do caráter perecível da própria obra que pretendiam.

No âmbito restrito da língua escrita, radicalizam, com propostas que permaneceram no espaço da vanguarda, como disposição ao acaso de substantivos, emprego do verbo no infinitivo, abolição do adjetivo e do advérbio, supressão dos elementos de comparação, substituição dos sinais de pontuação por sinais matemáticos e sinais musicais.

Os propugnadores do Cubismo defendem que a verdade deve ser procurada na realidade pensada e não na realidade aparente; valorizam o humor para afugentar a cinzenta monotonia da vida; entendem que as obras de arte devem ser uma transformação ao mesmo tempo objetiva e subjetiva da natureza, e não uma representação dela. Devem ser suprimidas, no texto literário, a continuidade cronológica e a lógica aparente.

Os textos expressionistas deixam depreender notas de solidariedade universal, posições antibelicistas, pluralidade cósmica na visão do mundo e vinculação, na base, à tese idealista que considera o sujeito matriz da realidade.

Os propositores do Dadaísmo opõem-se às "academias cubistas e futuristas": consideram-nas laboratórios de ideias formais; radicalizam a posição demolidora de todos os valores e sistemas; entendem a arte como libertação suprema, embora não deva ser considerada coisa séria.

Os surrealistas, por sua vez, se opõem à "odiosa realidade" da qual buscam fugir pelo imaginário e defendem, como acentua Franco Fortini, a promoção de uma humanidade em que não haja distinções entre razão e desejo, prazer e trabalho. Propugnam a redenção psicológica, social e universal do ser humano, o ilogismo, a valorização do inconsciente, o automatismo verbal e escrito, a modificação das estruturas da realidade, o emprego da imagem liberada, o humor negro.

As propostas das vanguardas modernistas radicalizam assim a crise entre a cultura estética e a modernização social que se vem configurando ao longo dos estilos romântico e pós-romântico. Mobilizam visões de mundo, ideologias, procedimentos técnicos, dimensões vocabulares.

À luz desses posicionamentos vanguardistas, os textos envolvem procedimentos técnicos peculiares no tratamento da linguagem.

No âmbito do texto literário, a língua-suporte, por seu turno, abre-se, no seu dinamismo, às incursões do novo, que, por sua natureza, exige tempo para incorporar-se ao universo cultural da comunidade como um todo. Muitas das novidades permanecem restritas ao espaço da vanguarda.

A língua portuguesa insere-se nesse processo, aberta aos novos, revolucionários e multifacetados rumos da cultura e da criação na literatura, numa dinâmica de mútua interação. Nesse sentido, assimila alguns procedimentos, mas fecha-se às propostas de caráter radical que interferiam na sua condição de sistema. Estas restringem-se ao âmbito da manifestação literária. O índice de coletivação delas decorrentes é minimamente significativo.

Nas sendas da literatura brasileira

O final do século XIX, é culturalmente marcado, também no Brasil, pela exaustão e pela insatisfação.

A crise social europeia, das primeiras décadas do século seguinte, entretanto, não atinge diretamente o Brasil.

A Primeira Grande Guerra não mancha de sangue nossos campos, nem fere de morte nossa gente. Indiretamente, entretanto, seus efeitos repercutem, ao lado dos problemas próprios de um momento histórico brasileiro de mudanças significativas.

A guerra envolve também uma questão de solidariedade humana e de angústia dos mais lúcidos, que percebem a teia de relações que une os acontecimentos do mundo.

Antes, em termos de arte e cultura, assiste-se, em nosso país, a um misto de estagnação e conformismo.

Acentuam-se, desde 1890, *algumas* insatisfações diante do quadro cultural vigente. O testemunho de Capistrano de Abreu é, a propósito, esclarecedor: "Vejam o índice literário de 1893. À parte um ou outro fenômeno isolado, ou um ou outro caso esporádico interessante e digno de estudo, o quadro é sempre o mesmo: invariavelmente sombrio e desolador."[40]

Também comprobatório é o registro do periódico *A Semana* relativo àquela época: "As letras retraíram-se quase completamente e o nível intelectual tem descido de modo inquietante, perceptível aos olhos menos sagazes."[41]

São testemunhos reveladores da ótica dominante na intelectualidade da época e da relatividade dos juízos críticos. Basta lembrar, a propósito: 1893 é o ano de *Missal* e de *Broquéis*, de Cruz e Sousa; Machado de Assis publica *Dom Casmurro*, em 1889, *Quincas Borba*, em 1891, *Páginas recolhidas*, em 1899, *Esaú e Jacó*, em 1904, e *Várias histórias*, em 1906.

A insatisfação geral se evidencia com mais nitidez nos meios artísticos. Em todo o país, porém mais notadamente e com maior repercussão nos já grandes centros, como o Rio de Janeiro e São Paulo.

Prenuncia-se, como quer que seja, a eclosão de uma ruptura cultural.

Na antecipação do novo, na literatura, destacam-se a perspectiva crítica dos contos de *Urupês*, de Monteiro Lobato, de 1918, e do monumental *Os sertões*, de Euclides da Cunha, lançado em 1902.

Quem assume a iniciativa dos novos rumos é um grupo de intelectuais, artistas e conhecedores do que acontecia em terras europeias e da situação em que se encontravam as letras brasileiras.

Vários deles começam, inclusive, a divulgar, desde 1912, as novidades revolucionárias, e alguns, desde 1917, se propõem traços renovadores em suas obras. Entre os primeiros, destaca-se Oswald de Andrade, entre os demais, Anita Malfatti, Mário de Andrade, Menotti del Picchia.

A famosa Semana de Arte Moderna, realizada em São Paulo, em fevereiro de 1922, é a consubstanciação de uma série de tendências que, no âmbito da intelectualidade progressista de então, se vinham configurando gradativamente e que culminam numa tomada de posição dos artistas diante do público.

Converte-se num marco. De chegada: de insatisfações e desencantos. De partida: a busca do novo, gerador de resistências à mudança.

Envolve pessoas conscientes do que não queriam, como acentuou o escritor Aníbal Machado,[42] e, em literatura, insatisfeitas principalmente com a arte pela arte que dominava o panorama nacional na linguagem culta e cuidada dos parnasianos.

Elas partem em busca dos novos caminhos. Das plagas de Europa, ainda uma vez, a contribuição. Em princípio, à luz do Futurismo. Só que, dessa feita, com menor influência e profundidade, e, sobretudo, como elemento deflagrador. A assunção ampla das novas propostas só vai evidenciar-se plena a partir de 1924.

No âmbito das manifestações artísticas e da cultura, usa-se Modernismo para designar o estilo epocal que tem a *Semana* como marco, ainda que as primeiras manifestações das novas tendências tenham-se configurado desde 1917. A tônica será a da heterogeneidade.

A *Semana*, a propósito, consiste na realização, no Teatro Municipal de São Paulo, de três festivais: o de "Pintura e Esculptura", o de "Literatura e Poesia" (sic) e o de "Música".

Os poucos consumidores de literatura são, ao tempo, eminentemente conservadores, encantados com os bem-comportados versos parnasianos e com a objetividade das propostas realistas e naturalistas.

Nos rumos da tradição cuidada, destacam-se presenças como as de Coelho Neto, ainda em 1922.

> — Eu sou a lagrima.
>
> — Que fazes?
>
> — Carrêo as maguas do coração para o abysmo do esquecimento. Sou como um rio a correr para o mar levando folhas mortas. E tu?
>
> — Eu sou o Riso.
>
> — Que fazes?
>
> — Ilumino a vida.
>
> — E's a Morte. A tua lampada é a caveira onde ficas perenne. Eu sou a vida.
>
> — Porque?
>
> — Porque, sendo ephemera, brilho e passo. A caveira não chora porque não há dor na Morte.
>
> — Sendo assim o Riso é eterno porque se conserva desabrochado dentro mesmo do tumulo.
>
> — Eterno como a ilusão, jardim que não existe, onde entretanto, todas vão colher a Esperança.[43]
>
> (Trecho de "O riso e a lágrima", de Coelho Neto)

As ousadas "novidades" escandalizam, irritam, mas têm o mérito de despertar para algo que, pouco a pouco, iria impor-se com características singulares, reveladoras de uma realidade brasileira como tal. Ao artista cabe o mérito de abalar os alicerces do comodismo e da indiferença.

A *Semana* e suas decorrências imediatas traduzem um movimento contra. Contra o passado. Contra o tradicionalismo e o academicismo. Contra os tabus e preconceitos. Contra a linguagem classicizante e lusitanizante.

Evidencia-se, na base do novo, a busca permanente de três princípios fundamentais, assinalados por Mário de Andrade em 1942: direito à pesquisa estética; atualização da inteligência artística brasileira; estabilização de uma consciência criadora nacional.

Eu insulto o burguês! O burguês-níquel,
O burguês-burguês!
A digestão bem-feita de São Paulo!
O homem-curva! O homem-nádegas!
O homem que sendo francês, brasileiro, italiano,
É sempre um cauteloso pouco-a-pouco!

Eu insulto as aristocracias cautelosas!
Os barões lampeões! Os condes Joões! Os duques zurros!
que vivem dentro de muros sem pulos;
e gemem sangues de alguns milreis fracos
para dizerem que as filhas da senhora falam o francês
e tocam o "Printemps" com as unhas!

Eu insulto o burguês-funesto!
O indigesto feijão com toucinho dono das tradições!
Fóra os que algarismam os amanhãs!
Olha a vida dos nossos setembros!
Fará Sol? Choverá? Arlequinal!
Mas á chuva dos rosais
O êxtase fará sempre Sol!

Morte à gordura!
Morte ás adiposidades cerebrais!
Morte ao burguês-mensal!
Ao burguês-cinema! Ao burguês-tílburi

Padaria Suissa! Morte viva ao Adriano!
"— Ai, filha, que te darei pelos teus anos?
— um colar... — Conto e quinhentos!!!
Mas nós morreremos de fome!"

Come! Come-te a ti mesmo, oh! gelatina pasma!
Oh! purée de batatas morais!
Oh! cabelos nas ventas! Oh! carecas!

Ódio aos temperamentos regulares!
Ódio aos relógios musculares! Morte e infâmia!
Ódio à soma! Ódio aos secos e molhados!
Ódio ao sem desfalecimentos nem arrependimentos,
Sempiternamente as mesmices convencionais!
De mãos nas costas! Marco eu o compasso! Eia!
Dois a dois! Primeira posição! Marcha!
Todos para a Central do meu rancor inebriante!

Odio e insulto! Odio e raiva! Odio e mais odio!
Morte ao burguês de giôlhos,
Cheirando a religião e que não crê em Deus!
Odio vermelho! Odio fecundo! Odio cíclico!
Odio fundamento, sem perdão!
Fora! Fu! Fora o bom burguês![44]

(Poema "Ode ao burguês", de Mário de Andrade, 1922)

"Direito à pesquisa estética" corresponde a superestimar o experimentalismo, traço, a propósito, comum às vanguardas dos anos 1920. A produção modernista brasileira foi efetivamente pródiga nesse quesito, sobretudo no âmbito da produção em verso.

A "atualização da inteligência artística brasileira", em outra clave, implica uma "abertura da arte à realidade nacional". Ao fundo, nacionalismo. À luz de uma reinterpretação do Brasil.

A estabilização citada define-se por si mesma.

Passado o impacto da *Semana*, o grupo vai aos poucos desagregando-se.

Sucedem os mais variados caminhos: *corrente dinamista*, no Rio de Janeiro, preocupada com a valorização poética da técnica no mundo moderno, com o progresso material e a velocidade; *corrente primitivista* ou *anarcoprimitivista*, centrada em São Paulo; *corrente nacionalista*, também paulista; *corrente espiritualista*, de novo no Rio; *corrente do sentimentalismo intimista e esteticista*, descentralizada; *corrente desvairista*, também descentralizada, centrada na pesquisa estética, valorizadora da língua nacional.

A partir da eleição do moderno como um valor em si mesmo, busca-se a originalidade a qualquer preço, embora moderno, na época, carecesse de significação mais precisa.

Configura-se a assunção da liberdade plena de criação. Valoriza-se a criação na linguagem. Democratiza-se a palavra poética.

Dessacraliza-se a arte, com o predomínio da concepção lúdica sobre a concepção mágica, anteriormente dominante. A arte perde a aura idealizadora que a caracterizava.

Assume-se, com intransigência, uma posição nacionalista, à luz de uma visão crítica da realidade do país.

Sedimenta-se o complexo mitológico brasileiro.

Instalam-se novos modelos na criação artística.

São tendências que se evidenciam, vanguardistas, ao longo dos anos 1922-1930.

No âmbito da língua, busca-se integrar à linguagem literária o uso do coloquial cotidiano.

Esse procedimento dos escritores modernistas brasileiros contribuirá significativamente para a redução do espaço entre o registro informal e o registro formal do idioma.

A arte literária modernista começa a abalar, ainda que discretamente, mais como proposta do que como concretização, a prevalência deste último, até então nela preponderante.

As criações na linguagem inerentes ao processo literário e a língua-suporte, vale assinalar, estão estreitamente relacionadas. Imprevisível, entretanto, o destino que a elas reserva o futuro linguageiro: ou coletivizam-se, para além do texto de partida, e se incorporam ao patrimônio linguístico comum, ou se reduzem à estreiteza dos seus limites. As que se coletivizam passam a integrar o acervo da língua, inicialmente divulgadas no uso dos letrados e pouco a pouco frequentadoras do mercado verbal da comunidade.

As propostas modernistas, e não todas, esperarão, a propósito, um longo tempo para ultrapassar os limites da vanguarda e atingir o público consumidor. A tal ponto, que, na década de 1960, permaneciam na condição vanguardista. Um poema como "José", de Carlos Drummond de Andrade, por exemplo, era à época considerado um texto altamente hermético.

O RÁDIO E A DIFUSÃO DO IDIOMA

No âmbito da difusão da língua e de sua sedimentação presentifica-se o rádio.

A radiodifusão ensaiara suas primeiras vozes em 1919, com a Rádio Clube de Pernambuco.

A inauguração oficial de sua presença no país data de 7 de setembro de 1922: é parte dos festejos do centenário da Independência. Oitenta receptores, especialmente importados, privilegiam alguns poucos integrantes, selecionados da sociedade carioca, para ouvir o discurso do presidente Epitácio Pessoa e programação limitada à transmissão de óperas, diretamente do Theatro Municipal do Rio de Janeiro.

O impacto inicial cede lugar ao desinteresse e à interrupção das transmissões.

É a partir de 1923 que passa a mobilizar adeptos, com a Rádio Sociedade do Rio de Janeiro, fundada por Roquette Pinto e Henrique Morize. Rádio com objetivos culturais educativos. Para a elite. Para quem podia comprar receptores. Programação apoiada em discos, emprestados pelos ouvintes. Concertos, palestras, recitais de poesia.

Na sequência do decênio, fundam-se estações radiofônicas, na base de clubes e sociedades: a manutenção das emissoras apoia-se nas mensalidades dos sócios.

Data de 1931 a instauração da rádio comercial. Ouvem-se os primeiros "reclames", ancestrais dos futuros anúncios.

Relevante a presença radiofônica na mobilização popular da Revolução Paulista de 1932. É o começo da forte influência da comunicação de massa no comportamento social.

O governo de Getúlio percebe essa força. A tal ponto, que assume, por decreto, a concessão do direito de operação e o consequente poder de controlar a matéria veiculada.

O rádio passa a contribuir para a formação da imagem da nação pretendida.

Data de 1936 a criação da Rádio Nacional, cujos poderosos transmissores garantiam recepção primorosa em parte significativa do país.

Na contrapartida e durante algum tempo, é objeto do estranhamento do cidadão comum, corporificado, alguns anos mais tarde, em manifestações paródicas e ridicularizantes, como no texto em versos "Radiação", assinado por Nhô-Totico.

Novos rumos na ortografia

1931: concretiza-se o primeiro Acordo Ortográfico luso-brasileiro, a partir das Bases propostas pela Academia Brasileira de Letras e aprovadas pela Academia das Ciências de Lisboa em 19 de março daquele ano.

Na verdade, as regras nele fixadas ratificavam, na sua totalidade, os cânones de 1911.

O Acordo é tornado oficial pelo decreto de 15 de junho, assinado por Getúlio Vargas, então chefe do Governo Provisório. O mesmo Vargas, em Decreto de 23 de agosto de 1933, de n. 23.028, torna obrigatória, em todo o Brasil, a adoção das normas ortográficas nele fixadas. Acordos Ortográficos implicam, antes de tudo, dimensões políticas.

Em decorrência, é publicado, em 1933, o *Vocabulário ortográfico e ortoépico da língua portuguesa*, organizado pela ABL, declaradamente "em conformidade com a reforma por ela realizada de acordo com a Academia das Ciências de Lisboa, e oficializadas pelos Governos de Portugal e do Brasil".

O documento, mesmo com a publicação do *Vocabulário*, tem pouca repercussão na realidade escrita do país.

1934: a nova Constituição, datada deste ano, na esteira das propostas modernistas, contrapõe-se ao Acordo de 1931. O artigo 26 das Disposições Transitórias é, a propósito, clarificador: "Esta Constituição, escrita na mesma ortografia da de 1891 e que fica adotada no país, será promulgada pela Mesa da Assembleia, depois de assinada pelos Deputados presentes, e entrará em vigor na data de sua publicação."

Na sequência, emergem manifestações de parlamentares, em palavras e atos contrários à identificação da língua do Brasil com os princípios ortográficos lusitanos.

Às vésperas do golpe de 1937

É tempo em que repercutem no Brasil as novas ideologias de base totalitária, que mobilizam nações e muitos descontentamentos — fascismo, nazismo, comunismo.

O momento brasileiro é marcado por fatos que influem destacadamente na dinâmica das relações comunitárias: estado de sítio, violência da repressão, tortura, prisões, arbítrio, criação de tribunais e comissões especiais, com a prevalência do poder de polícia.

Na culminância, o golpe de 1937, com a imposição do Estado Novo.

Aspectos pertinentes

Ao longo do período ditatorial do Estado Novo, repercutem na dinâmica da língua, entre outros aspectos, a intensificação do nacional-desenvolvimentismo, a emergência do corporativismo, da industrialização e da sociedade de massa, as mudanças na educação, a repressão redutora da censura, a política cultural.

Divide-se a orientação do governo, em termos de política relacionada a desenvolvimento industrial, entre moderação e aceleração.

Na área política, porém, as relações entre o antigo e o novo abrigam-se no espaço da conciliação.

Alfredo Bosi assinala, a propósito, que Vargas promove, por exemplo, o convívio entre os tradicionais senhores do poder e as aspirações dos grupos emergentes, como os operários e a classe média.

O controle da opinião pública culmina por se fazer totalizante. Atinge, com férreo domínio, além do rádio, a imprensa escrita, as manifestações culturais, como o cinema, o teatro, a literatura; proíbe-se a entrada no país de qualquer publicação considerada pelo governo nociva à cultura e ao crédito do país.

Ao fundo, o poder da linguagem, e no seu bojo, da língua, possibilitadora de discursos mitificatórios.

A ditadura, como assinala com pertinência Sônia Regina de Mendonça, propõe-se a tutela do processo cultural e, com base nesse propósito, adota determinados procedimentos.

Estabelece a diferença entre o que seria "alta cultura" e "cultura menor". Na base da distinção, o índice de nacionalidade, valorizador. Assim situada, cultura passa a ser entendida como "matéria oficial".

O governo ditatorial adota um projeto de nacionalização pautada no paternalismo governamental, objetivada a "promoção cultural" do povo.

Configura-se um posicionamento elitista de direcionismo, de cima para baixo.

Pretende um Brasil culturalmente uno, marcado pela uniforme e homogênea "cultura nacional". Excluído o pluralismo cultural, como excluído estava o pluralismo político. Negada, em decorrência, a condição de cultura a manifestações não abrangidas pelo conceito orientador, tal como se propugnava, entre elas manifestações de minorias étnicas, como as dos núcleos de imigrantes alemães do Sul e grupos representativos da etnia afro-brasileira. Cultura padronizada. Controlada e disciplinada pelo Estado, como sintetiza Sônia Regina de Mendonça, "em todos os domínios da produção, difusão e preservação de bens culturais, posto que: nacionalizar era sinônimo de unificar o descomposto, representava a busca da homogeneização da língua, costumes, comportamentos e ideias".[45]

A ação controladora e direcionadora estende-se a manifestações de caráter popular: estimula-se na manifestação musical a utilização de temas cívicos e que envolvam a apologia da ordem e do trabalho, novos fundamentos da cidadania.[46] Um texto ilustrativo é a letra de "Canção do trabalho", de José Rangel, musicada por Duque Bicalho, com arranjo de Villa-Lobos.

MUDANÇAS NA EDUCAÇÃO

O golpe de 1937 e a instauração do Estado Novo fraturam os avanços da Carta Magna de 1934 e põem fim ao profícuo diálogo que mobilizava a sociedade. Alguns fatos o evidenciam.

O lugar de decisões sobre educação desloca-se para a esfera política.

Imposta no ano do golpe, a nova Constituição dilui a responsabilidade do Estado em relação ao processo educacional, que passa a ter função subsidiária: a educação integral é agora entendida como "o primeiro dever e o direito natural dos paes". Reduz também a amplitude do ensino gratuito.

A educação passa a ser regulada por leis orgânicas que, por meio de decretos-leis, perpassam todo o período ditatorial.

Instituem-se as bases do ensino profissional na direção da formação de trabalhadores qualificados, entendidas como exigência do desenvolvimento econômico.

Determina-se a obrigatoriedade, em todos os estabelecimentos de ensino primário, secundário e normal, do ensino de trabalhos manuais. Insere-se na tradição humanística da escola uma dimensão técnica e profissional.

O ensino superior vive a superação das escolas isoladas.

Ganha destaque uma estratégia sedimentadora: a prioridade à educação. Tática decorrente: reformar o ensino. Culminância unificadora: Lei Orgânica do Ensino Secundário de 1942, extensiva a todo o país.

Avulta, entre outros dispositivos, um objetivo autoritariamente definidor e direcionador: formar na juventude uma mentalidade comum, por meio da uniformização dos procedimentos pedagógicos e da padronização de conteúdos, currículos e livros didáticos impostos em âmbito nacional.

É o momento em que se redefine a estrutura do ensino médio com a manutenção dos dois graus, instituídos o curso ginasial, de quatro anos, e o colegial, de três anos, dividido em dois ramos: o clássico e o científico. No princípio fundamentador, nuclearização maior na formação geral e menor na preparação para o acesso ao curso superior.

Regulamenta-se o ensino técnico-profissional: o ensino comercial, pelo Decreto-Lei n. 4.073, de 31 de janeiro; o ensino industrial, pelo Decreto-Lei n. 6.141, de 28 de dezembro; o ensino normal, pelo Decreto-Lei n. 8.530, de 2 de janeiro; o ensino agrícola, pelo Decreto-Lei n. 9.163, de 28 de agosto. Esses quatro ramos do ensino são distribuídos cada um em dois ciclos.

Em todas as instâncias assinaladas, segue assegurado o privilégio do registro formal no uso obrigatório da língua portuguesa na prática pedagógica. No ensino da disciplina o mesmo procedimento: a nuclearização no padrão culto.

Ao fundo, uma política impositiva, de um regime de força.

É tempo ainda, entretanto, da criação de instituições relevantes, por aglutinadoras: Instituto Nacional de Estudos Pedagógicos (Inep), Instituto Nacional do Livro (INL), Serviço do Patrimônio Histórico e Artístico Nacional (SPHAN), Serviço Nacional de Aprendizagem Industrial (Senai), Serviço Nacional de Aprendizagem Comercial (Senac). Ganha configuração um sistema educacional. Ao fundo, aproveitamento de princípios tradicionais e escola-novistas.[47]

A pedagogia funda-se na *deficiência* dos educandos que o Estado deve superar.

Avulta, ainda uma vez, a força mitificatória da palavra. Em destaque, o controle e a manipulação do discurso pela ação governamental. No objetivo, a construção da opinião positiva sobre o regime e sobre o ditador. Principalmente junto à infância e à juventude do país, destacada a função da escola, obrigada a inserir-se no processo.

Centraliza-se a propaganda. Criam-se órgãos destinados a tutelar a construção da nacionalidade. São proibidas, por decreto, as transmissões radiofônicas, as publicações da imprensa e a alfabetização em língua estrangeira.[48]

A grade curricular abre-se ao ensino de línguas outras, garantido o uso exclusivo da língua portuguesa no ensino das demais disciplinas.

AINDA O RÁDIO E A DISSEMINAÇÃO DA LÍNGUA

Em que pesem literalmente sobre a liberdade as condenáveis interdições e a censura, o uso do rádio propicia a disseminação diária, na voz trabalhada dos locutores, de pronúncias, vocábulos, construções sintáticas divulgadoras do registro formal e informal do idioma.

E a população segue crescendo e a língua segue a sua história. Com as mudanças e os acréscimos trazidos pelo progresso e pelas alterações das estruturas e do intercâmbio social, e o progresso assumira, desde os fins do século XIX, um ritmo acelerado.

É de citar, a título de exemplo, a ampliação do número de servidores públicos e a formação de uma elite burocrática. E, consequentemente, apesar do clientelismo, a realização de concursos públicos, em que se exige, entre outras qualificações, o domínio do uso "culto" do idioma comum, a língua portuguesa. Na base, ainda a norma lusitana. No convívio, a variedade expressiva característica das letras da música popular brasileira. Multifacetada. Como nas composições de Noel Rosa e Vadico ou de Ismael Silva.

Dois exemplos: a letra do samba "Feitiço da Vila", de 1939, assinada pelos dois, pautada no registro formal. E a letra de "Antonico", composição de Ismael, do mesmo ano. Nesta, o "eu" que fala na letra dirige-se, em tom de conversa, ao nomeado no título para lhe associar um favor: conseguir "uma *viração pro* Nestor", que já foi até vítima de *"muamba"*. Vaticina um futuro feliz para este último e expressa seus agradecimentos pelo que for feito por ele. Não falta o uso da gíria, como se percebe.

O CONTINGENTE POPULACIONAL

Em 1940, vivem no Brasil 41,1 milhões de habitantes, em sua maioria com menos de 20 anos de idade, e com número próximo de homens e de mulheres.

Diminuíra o aporte de imigrantes estrangeiros e aumentara o fluxo dos migrantes internos, com alto movimento na direção do Centro-Sul e do Sul. Destaque, obviamente, para o então Distrito Federal.

São Paulo é o polo de atração mais evidente a partir de 1933, diante das restrições à imigração estrangeira e à retomada dos investimentos industriais.

Cresce rapidamente a população urbana. Na base, o operariado e o funcionalismo público, ampliadores da configuração suburbana da cidade. A classe média ganha seus nítidos contornos no Rio de Janeiro, capital da República.

Também em São Paulo, emerge o segmento mediano, com o aporte das levas de migrantes nordestinos, operários da construção civil, empregados no comércio. Formam-se comunidades operárias na periferia da cidade.

A realidade urbana impõe-se, progressora, à realidade rural, que não se modifica em sua estrutura.

Amplia-se o contingente de consumidores de entretenimento radiofonizado, de cinema, de futebol, importantes agentes no processo mitificatório de artistas e de produtos culturais e na disseminação das múltiplas variantes do idioma.

Os relacionamentos intergrupais têm, na ambiência rural, espaço de concretização nos armazéns, nas festas, nas cerimônias religiosas; no ambiente citadino, estreitam-se nos aglomerados das habitações populares. No convívio, a sedimentação de variantes regionais, o intercâmbio dos usos linguísticos. Com a presença sempre prestigiada, na mídia e na escola, do registro formal.

De 1920 a 1940, motivada por mudanças no sistema escolar, há uma redução no número oficial de analfabetos: de 69,9% para 56,2%. O índice de frequência à escola, primária ou média, passa de 9% para 21%. E o curso superior vê aumentar de 13.239 estudantes, em 1920, para 21.235, em 1940. Já é um avanço.

IMPRENSA, REVOLUÇÃO, ESTADO NOVO

Em meados da década de 1930, registra Nelson Werneck Sodré, a Aliança Liberal aglutina a oposição em torno do candidato Vargas, com apoio da maioria dos jornais. Entre eles, no Rio, *Correio da Manhã*, os Diários Associados; *A Manhã*, em determinado momento; *O Combate*; *A Esquerda*; *A Batalha*; *O Diário Carioca*, e o recém-lançado *Diário de Notícias*. Em São Paulo, destaca-se a anuência de *O Estado de S. Paulo*, do *Diário Nacional*, do *Diário de São Paulo*, de *A Praça de Santos*.

A situação se repete na maioria dos demais estados. Governistas eram, na capital federal, *O País*, *A Notícia*, *A Noite*, *A Crítica*, *A Vanguarda*, *A Ilustração Brasileira*; em São Paulo, o *Correio Paulistano*, *A Gazeta*, o *Jornal do Commercio* e o *Diário Popular*; em Belo Horizonte, *O Estado de Minas*; na Bahia, *A Tarde*.

O número de títulos atesta o vigor e a presença ativa da imprensa. A tal ponto mobilizadora no Rio que, deposto Washington Luís, os jornais situacionistas têm suas redações depredadas por populares entusiastas da revolução.

Instalado o Governo Provisório, Getúlio Vargas no poder, advêm rupturas e adesões, no desenho do novo jogo de forças que culminará no golpe de 1937 e no Estado Novo. Nesse espaço intervalar, perdem presença e poder os jornais que apoiaram o governo anterior.

Na antevéspera da Revolução de 1932, surge *O Separatista*, defensor da separação de São Paulo. Passa a circular o *Correio de São Paulo*, órgão dos revolucionários, a que aderem os Diários Associados.

Funda-se, em 1934, a *Folha de Minas*, que sofre o impacto do estado de sítio e da censura, que se acentua, violenta, com a ditadura estado-novista. Desaparecem jornais e revistas.

A sobrevivência conduz a concessões ao regime de força. Mesmo a caricatura perde espaço e presença crítica. Surgem jornais governistas, entre eles *A Manhã*, em terras cariocas, em 1941, e *A Noite*, em São Paulo, no ano seguinte. Ao fundo, a sombra controladora do Departamento de Imprensa e Propaganda.

Nos interstícios do controle rigoroso, compensações. Via literatura, com a fundação do *Casmurro*, semanário dedicado às letras. Via preocupação com problemas nacionais, como a que marca o *Observador Econômico e Financeiro*, de circulação mensal, a *Revista Industrial*, promovida pela Federação das Indústrias de São Paulo, o *Observador Econômico*, da Associação Comercial do Estado de São Paulo, estes últimos lançados em 1934.

Ousada, a fundação, em 1938, do semanário *Diretrizes*, à frente Azevedo Amaral e Samuel Wainer.

O ano de 1944 abre espaço para o lançamento da *Folha Carioca*.

Data de 1931 o *Jornal dos Sports*.

Pouco a pouco, corajosos clarões de liberdade começam a iluminar páginas do *Diário de São Paulo*, do *Correio da Manhã*, de *O Globo*. No objetivo, a redemocratização.

A língua escrita da imprensa mobiliza, como se depreende, a comunidade letrada e também continua contribuindo para o privilégio do registro formal do idioma.

Nos espaços da literatura

Mesmo sem conquistar o beneplácito do grande público e ainda polêmicas, as propostas modernistas estabilizam-se, aproximadamente, de 1930 a 1945.

Revitalizam-se, paralelamente, modelos tradicionais do verso. Poesia de expressão e poesia de construção se equilibram. Retoma-se a tradição simbolista. Assume-se maior preocupação com a palavra poética. Multiplicam-se os autores representativos, entre eles Carlos Drummond de Andrade, Jorge de Lima, Cecília Meireles.

A prosa ficcional ganha notável desenvolvimento, ainda que com reduzidas manifestações efetivamente representativas do romance moderno.

Nela têm presença destacada o neonaturalismo regionalista e social, o romance psicológico e o romance urbano. Caracterizam-se também dimensões urbano-sociais. A historiografia aponta como marcos iniciais desses percursos *A bagaceira*, de José Américo de Almeida, e *Macunaíma*, de Mário de Andrade, ambos de 1928.

O teatro também se desenvolve. Em especial a partir do final dos anos 1940, começa a assumir as dimensões modernas da profissionalização. A crítica amplia espaços, seja na imprensa, seja nos centros universitários.

Configura-se um equilíbrio no uso do material linguístico, em termos de normas reguladoras. O idioma-suporte abre-se às variantes e à criação artística.

A preocupação com a língua brasileira pode ser exemplificada com um trecho da famosa conferência de Mário de Andrade, datada de 1942:

O espírito modernista reconheceu que si vivíamos já de nossa realidade brasileira, carecia revivificar nosso instrumento de trabalho para que nos expressássemos com identidade. Inventou-se do dia prà noite a fabulosíssima "língua brasileira". Mas ainda era cedo; a força dos elementos contrários, principalmente a ausência de órgãos científicos adequados, reduziu tudo a manifestações individuais. E hoje, como normalidade de língua culta e escrita, estamos em situação inferior à de cem anos atrás. A ignorância pessoal de vários fez com que se anunciassem em suas primeiras obras, como padrões excelentes de brasileirismo estilístico. Era ainda o mesmo caso dos românticos: não se tratava duma superação da lei portuga, mas duma ignorância dela. Mas assim que alguns desses prosadores se firmaram pelo valor pessoal admirável que possuíam (me refiro à geração de 30), principiaram as veleidades de escrever certinho. E é cômico observar que hoje, em alguns dos nossos mais fortes estilistas, surgem a cada passo, dentro duma expressão já intensamente brasileira, lusitanismos sintáticos ridículos. Tão ridículos que se tornam verdadeiros erros de gramática! Noutros esse reaportuguesamento expressional ainda é mais precário: querem ser lidos alem-mar, e surgiu o problema econômico de serem comprados em Portugal. Enquanto isso, a melhor intelectualidade lusa, numa liberdade esplêndida, aceitava abertamente os mais exagerados de nós, compreensiva, sadia, mão na mão.[49]

O idioma segue, entretanto, o seu percurso na expressão dos falantes, orientado, para alguns, pela escola, guardiã do registro formal. Tal registro resiste ao impacto da ruptura: ao lado de poucas transgressões da norma, predomina nos textos modernistas.[50]

Como quer que seja, abrem-se espaços no registro privilegiado para concessões ao registro informal da modalidade popular.

Três destacados aspectos que se incorporam à arte literária do país marcam o Modernismo desde os primeiros momentos: a adoção do verso livre; a valorização poética do cotidiano; o culto do primitivismo.

Essa dimensão primitiva é um dos elementos que têm seu ponto de partida nas vanguardas europeias, onde se identifica com a atitude surrealista-expressionista. Só que, na arte da Europa, caracteriza, como explicita José Guilherme Merquior, "a busca niilista do absurdo e a ânsia pan-religiosa da inocência".[51] Além de procurar as formas originais.

No Brasil, ganha peculiaridade: encontra terreno fértil na matéria brasileira e efetiva-se com um cunho nacionalista bastante acentuado, valorizador de elementos paisagísticos, míticos e históricos, marcado pelo humor, pela paródia e pela valorização do cotidiano e do popular dimensionados criticamente.

Num segundo momento, ampliam-se os domínios do lirismo de preocupação existencial; ganham destaque os temas políticos, sociais, religiosos e sensuais-eróticos. Entre os exemplos, no espaço do romance regionalista de 1930, *Menino de engenho*, de José Lins do Rego, *Vidas secas* e *S. Bernardo*, de Graciliano Ramos, *Jubiabá* e *São Jorge dos Ilhéus*, de Jorge Amado.

Aflora uma acentuada produção ensaística.

Tenha-se presente que as características apontadas para as diversas fases do movimento são depreendidas das várias obras publicadas naquelas faixas de tempo, nas quais se configuram. Por força desse posicionamento, um mesmo autor pode produzir textos representativos de fases diversas, na singularização do seu processo criador. Basta lembrar, por exemplo, os percursos de Manuel Bandeira, Cassiano Ricardo e Carlos Drummond de Andrade.

Na música popular, desponta, entre outras composições, o samba-exaltação, marcado de ufanismo. Como na composição "Canta Brasil", de Alcyr Pires Vermelho e David Nasser, de 1941, em que "a voz enternecida" do eu lírico destaca a integração dos "ritmos bárbaros" emersos das selvas, ou seja, da população indígena, as "reservas de pranto" trazidas de longe pelos negros, os amores contados pelos brancos e a terra do Brasil, "onde o azul é mais azul", cortada por um rio-mar. Na língua-suporte, registros vários.

Presentifica-se também a reduplicação do estereótipo na imagem do negro, centrada não na afirmação da identidade cultural, mas no discurso denunciador apenas da situação de serviçal humilde e conformado. A composição "Terra seca", de Ary Barroso, o exemplifica. "O nego" que antes "varava" esses rios, essas matas, esses campos sem fim agora "nego veio", dirige-se ao "sinhô" para pedir "licença pra falá" e, por força de carregar o "corpo cansado" lamenta "ter-se acabado". A utilização do registro informal mediatizada pela criação do compositor relativiza a sua condição documental, em termos de uso da língua.

O hinário cívico idealiza, carregado de ufanismo, a imagem da pátria, na obrigatória presença diária na abertura das atividades da escola pública. É o caso de letras de composições como "Cantar para viver", de 1933, de autoria de Sylvio Salema e Heitor Villa-Lobos, que exalta o povo forte desta grande terra, o Brasil, que cultiva o trabalho e o saber, cioso desta terra "que há de ser nossa até morrer porque nos viu nascer".

Nas composições de caráter erudito, ganham presença temas brasileiros, em obras de Villa-Lobos e outros.

E o Brasil vai à guerra, à Segunda Guerra Mundial. E a língua estimula, entre outros discursos, na "Canção do expedicionário", de Guilherme de Almeida e Spartaco Rossi, datada de 1944.

O fim do conflito em 1945 assinala a vitória da democracia e da liberdade, que retomam lugar de anseio nas mentes e na consciência de muitos dos brasileiros. Entre eles, os militares.

Aflora uma vaga neoliberal. Na influência mobilizadora, o texto do "Manifesto dos Mineiros", de 1944, onde, entre outras propugnações, defende-se a redemocratização do país. De novo a força da palavra, mobilizadora.

A realização de eleições gerais estabelecida no Ato Institucional de fevereiro de 1945, a decretação, pouco depois, da anistia e a admissão da organização de partidos não impedem a exigência da renúncia do ditador.

A ORTOGRAFIA: ENTRE ACORDOS E DESACORDOS

1938: firma-se novo acordo luso-brasileiro, dirimidas as dúvidas decorrentes do anterior. Oficializado pelo Decreto-Lei n. 292, do ditador Getúlio Vargas, datado de 23 de fevereiro, que restabelece a vigência do Acordo de 1931.

1940: é publicado em Portugal, por Rebelo Gonçalves, o *Vocabulário ortográfico da língua portuguesa.*

1943: a Academia Brasileira de Letras publica o seu *Pequeno vocabulário ortográfico da língua portuguesa*, a partir das "Instruções para a organização do vocabulário ortográfico da língua portuguesa" aprovadas pela mesma Academia.

Evidenciam-se diferenças flagrantes entre os dois vocabulários publicados. Parte-se para o entendimento, num encontro interacadêmico, a Convenção para a Unidade, Ilustração e Defesa do Idioma Comum, realizada em Lisboa, no mesmo ano.

Emergem, na sequência, dois anos mais tarde, a Convenção Ortográfica de 1945 e a proposta de elaboração de um vocabulário ortográfico resumido.

O Congresso brasileiro não ratifica os cânones aprovados nesse conclave. O Brasil permanece fiel aos critérios configurados nas citadas "Instruções" da ABL, oficializados no ano de sua aprovação e posteriormente restabelecidos pela Lei n. 2.623, de 21 de outubro de 1955.

Portugal adota as normas de 1945. E oficializa-as pelo Decreto n. 35.228, de 8 de agosto. Tais normas estendem-se aos países africanos lusófonos então ainda não independentes.

Ortografia: um aspecto da questão da língua. Sua regulamentação: um reflexo e uma configuração de uma política linguística.

Novas mudanças virão, a partir de 1970.

NA TERCEIRA REPÚBLICA

A EDUCAÇÃO E O RETORNO À DEMOCRACIA

Os ventos democráticos mudam também os rumos da educação brasileira. Desde a Constituição, promulgada em 1946, na sequência do processo de redemocratização iniciado por José Linhares, o ministro do Supremo Tribunal Federal que assume a presidência diante da renúncia de Getúlio Vargas.

O texto constitucional volta a assegurá-la como um direito de todos e determina também a obrigatoriedade da escola primária e a gratuidade do ensino público para todos, provada, nos demais níveis, a falta ou insuficiência de recursos.

A nova Carta Magna, sem descurar do ensino público, abre espaço para o ensino particular, obedecidos os limites da legislação pertinente. E mantém a obrigatoriedade do ensino de religião ministrado de acordo com a confissão religiosa dos educandos.

A regulamentação e o efetivo cumprimento do que estabelece a lei maior esperarão, entretanto, o ano de 1961. Até lá, permanece em vigor a legislação estado-novista. Naquele ano, em 20 de dezembro, entrará finalmente em vigor a Lei n. 4.024, que fixa as Diretrizes e Bases da Educação Nacional.

Neste intervalo de tempo, marcado por amplos debates e atuações na direção da mudança e da melhoria do ensino, inúmeros movimentos: Campanha de Aperfeiçoamento e Difusão do Ensino Secundário (Cades); Campanha de Aperfeiçoamento e Expansão do Ensino Comercial (Caec); Campanha de Erradicação do Analfabetismo; Campanha Nacional de Educação de Adultos; Campanha de Educação Rural; Campanha de Educação do Surdo; Campanha de Reabilitação dos Deficientes Visuais; Campanha da Merenda Escolar; Campanha do Material de Ensino.[52]

No processo, a equivalência entre o ensino técnico e o secundário só virá em 1950, estabelecida pela Lei n. 1.076, de 31 de março. Com exigência de exames de adaptação. Restrita ao 1º ciclo. Na letra do Art. 1º do texto legal:

> Aos estudantes que concluírem Curso de 1º ciclo do ensino comercial, industrial ou agrícola, de acordo com a legislação vigente, fica assegurado o direito à matrícula no curso clássico bem como no científico [...] desde que prestem exames das disciplinas não estudadas naqueles cursos e compreendidas no primeiro ciclo do curso secundário.[53]

A abertura para o ingresso no curso superior, feitos os exames de seleção, vem, para os cursos técnicos, em 1953, por força da Lei n. 1.821, de 12 de março.

O registro formal do idioma ganha, em decorrência, ainda uma vez, significativos espaços de divulgação e consolidação.

No âmbito da Assembleia Nacional Constituinte, a propósito, a questão da língua voltara a ser objeto de discussão.

Grupos propugnavam sintomaticamente pela presença no texto constitucional da expressão "língua brasileira", para o idioma falado no Brasil. Era uma forma de marcar diferenças e distanciamento em relação à língua portuguesa, usada em Portugal. Entre os propositores, Herbert Parente Fontes, autor de *A questão da língua brasileira* e de *A língua que falamos*.

Do outro lado, avultam resistências defensoras da tradicional vinculação a Portugal. Ao fundo, direcionamento político, sem maior fundamentação objetiva.

O impasse é resolvido com a transferência cronológica. Situado nas "Disposições Transitórias" do documento legal, o artigo 46 da Constituição de 1946 estabelece que o governo nomeará comissão de professores, escritores e jornalistas que opine sobre a denominação do idioma nacional.

A comissão é nomeada pelo ministro da Educação.[54]

O parecer final traduz o posicionamento tradicionalizante:

> Não tardou, porém, que se verificasse um princípio linguístico, que se tem reconhecido como verdadeiro: postas em contacto duas línguas, um instrumento de uma civilização muito superior à civilização a que a outra serve, esta cede o seu terreno à primeira. Assim o português, expressão de uma civilização mais adiantada, triunfou sobre o tupi...
>
> À vista do que fica exposto, a Comissão reconhece e proclama esta verdade: o idioma nacional do Brasil é a LÍNGUA PORTUGUESA.[55]

RUMOS COMUNITÁRIOS E CAMINHOS DA COMUNICAÇÃO

No governo do marechal Dutra (1946-1951), industrialização e urbanização ganham maior abrangência. Operariado e classe média desfrutam de espaço social significativo.

Multiplicam-se os periódicos e atuam fortemente como formadores da opinião pública e baluartes do registro formal da língua. Permanece ainda marcadamente estigmatizada a sua não utilização.

As primeiras matérias de caráter político, nas sendas da assunção da abertura democrática, mobilizam os leitores do *Diário de São Paulo*, de *O Globo* e do *Correio da Manhã*. Entre os exemplos, a exaltação do comunismo e a louvação a Luís Carlos Prestes, feita por Monteiro Lobato; o anúncio da candidatura do brigadeiro Eduardo Gomes à presidência da República, na entrevista de José Américo de Almeida, mesma candidatura que contará com a tribuna ativa do *Diário Carioca*, fundado em 1946.

O jornal *Hoje* é lançado como órgão do Partido Comunista.

O ano de 1948 marca o lançamento do jornal *Quilombo*, dirigido por Abdias do Nascimento, em circulação até 1950, uma das mais importantes publicações dedicadas à luta pela afirmação cultural do negro no país.

Nos outros estados, continua ativa a presença dos periódicos.

> Nós saímos vigorosa e altivamente — ao encontro de todos aqueles que acreditam — com ingenuidade ou malícia — que pretendemos criar um problema no país. A discriminação de côr e de raça no Brasil é uma questão de fato (Senador Hamilton Nogueira). Porém a luta do QUILOMBO não é especificamente contra os que negam os nossos direitos, sinão em especial para fazer lembrar ou conhecer ao próprio negro os seus direitos à vida e à cultura.
>
> A cultura, com intuição e acentos africanos, a arte, poesia, pensamento, ficção, música, como expressão étnica do grupo brasileiro mais pigmentado, paulatinamente vai sendo relegada ao abandono, ridicularizada pelos líderes do "branqueamento", esquecendo-se esses "aristocratas" de que o pluralismo étnico, cultural, religioso e político dá vitalidade aos organismos nacionais, sendo o próprio sangue da democracia (Gilberto Freyre). Podemos dizer que o desconhecimento do negro como homem criador e receptivo vem desde 13 de maio de 1888.[56]
>
> (Trecho do texto "Nós", de Abdias do Nascimento, publicado na primeira página da edição n. 1 do jornal *Quilombo*)

O rádio amplifica seu raio de atuação e influência: abre-se ao lazer. A este se acrescenta a divulgação da música popular, então enriquecida de variadas composições, mobilizadoras de grande massa de público interessado, criadas, na maioria, a partir do uso coloquial do idioma. Um exemplo, entre outros, é a letra de "Baião", composição de Humberto Teixeira e Luiz Gonzaga, datada de 1946. Na qual figuram expressões como "*mostrá pra vocês*", "quero *afirmá*" e "*loco* pelo baião".

Em destaque, um notável repertório carnavalesco e os programas de auditório.[57] A marchinha carnavalesca "Maria Candelária", de Armando Cavalcanti e Klécius Caldas, de 1952, é um exemplo significativo da irreverência do carnaval. Vale lembrar que a Maria do título é uma "alta funcionária" que saltou de paraquedas, cai na letra "o" e está longe de cumprir o expediente da repartição. A letra insere-se na linhagem do coloquialismo.

Intensifica-se a interpenetração dos vários níveis de fala brasileiramente multifacetados.

À divulgação das letras das composições musicais logo se acrescentam os relatos empolgados dos prélios de um esporte: o futebol, chegado da Inglaterra desde o final do século XIX e que se tornaria mania nacional.

Depois de um primeiro momento de cultivo entre as elites, estende-se o jogo a pés de todas as classes, de múltiplas etnias, de naturais e de imigrantes. Antes era lazer de amadores. Mas diante do sucesso e da mobilização maciça de amplas camadas de público, o esporte se reorganizara e passara, em 1933, a ser profissionalizado.

É o começo de uma conhecida história de derrotas e de glórias, de catárticas alegrias da massa sofrida do povo, de presença gloriosa de heróis mitificados em campos de todo o mundo. E de um poderoso jogo de influências e pecúnia. De permeio, palavras da língua de origem: *goal-keeper, back, center half, corner, penalty, foul*, entre outras, mais tarde aportuguesadas ou substituídas por termos em português.

Um dado significativo: data de 1941 o lançamento no Brasil da radionovela, com *A predestinada*, na Rádio São Paulo, e a adaptação de *Em busca da felicidade*, na Rádio Nacional. Esta última, traduzida de original do cubano Leandro Blanco.

Desde então, por sua vez, esses folhetins radiofônicos povoam o imaginário do brasileiro e começam a disputar os espaços, do lazer cultural. De tal sorte que a Rádio São Paulo chega a transmitir nove novelas no horário diurno, e, de 1943 a 1945, só a Rádio Nacional leva ao ar 116, num total de 2.985 capítulos. Neste último ano, a mesma emissora é responsável por 14 novelas diárias.

Todas elas são carregadas de expressão oral, mas constituem língua escrita para ser falada, mediatizada pelo discurso ficcionalizado dos novelistas e pela fala dos intérpretes, mesclada de registros distintos e fortemente mobilizadora.

1947 marca o início da especialização: ganham destaque as transmissões esportivas e o jornal falado.

Na voz do locutor esportivo destaca-se a ênfase na função emotiva de linguagem, a criação de gíria específica, a narrativa mitificadora.

> Bauer aparou a bola no peito. Tentou passar por um contrário. Atrasou para Jair. Jair então se infiltra. Empurrou o couro. Defendeu Tejera. Voltou para Danilo. Danilo perdeu para Julio Pérez, que entregou imediatamente na direção de Miguez. Miguez devolveu a Julio Pérez, que está lutando contra Jair, ainda dentro do campo uruguaio. Deu para Ghighia. Ghighia devolveu a Julio Pérez, que dá em profundidade ao ponta-direita. Corre Ghighia! Aproxima-se do gol do Brasil e atira! Gol! Gol do Uruguai! Ghighia! Segundo gol do Uruguai![58]
>
> (Final da Copa do Mundo de 1950, transmissão da Rádio Nacional, narração de Jorge Curi, aos trágicos 33 minutos e 30 segundos do segundo tempo de Brasil x Uruguai)

O noticiário seleciona fatos da realidade vivida.

A publicidade inaugura o processo de mitificação dos objetos de consumo.

Trata-se de manifestações que misturam o registro formal e o informal do idioma, no afã de angariar ouvintes, logo conquistados maciçamente em todo o território brasileiro.

A atuação do rádio contribui fundamente para a sedimentação da multifacetada língua portuguesa do Brasil, por força do seu poder de penetração em grandes camadas populacionais em todo o território brasileiro.

Destacam-se, na dinâmica do processo: a divulgação de um vocabulário básico; a consolidação de estruturas gramaticais; a interação de realidades linguísticas regionais, e, sobretudo, a fixação da manifestação oral. Com uma peculiaridade significativa, ao lado da oralização peculiar: o texto escrito para ser lido.

A tela grande abre-se, na vaga da crescente influência americana do pós-guerra, aos filmes produzidos por Hollywood. Nos ouvidos, línguas estrangeiras; nas legendas, a língua portuguesa.

PRESENÇA DA RIBALTA

Os anos 1940 assistem a mudanças significativas no teatro brasileiro. Intensifica-se a profissionalização. Firma-se o teatro de ideias.

1943 é o ano-marco do teatro moderno no país, com a encenação de *Vestido de noiva*, de Nelson Rodrigues. Surgem, entre outros, ao longo do decênio, grupos de forte presença: Os Artistas Unidos, atuante durante 14 anos; o Teatro Brasileiro de Comédia, em 1947, o Teatro Popular de Arte, no ano seguinte. No palco, textos da dramaturgia estrangeira traduzidos, teatro de temas sociais e morais, teatro "de boulevard". Na direção, técnicas renovadoras. É também o tempo da "chanchada", gênero urbano centrado na caricatura e na sátira. Nos textos, a variedade de registros do idioma, brasileiramente configurados.

UM NOVO MEIO DE COMUNICAÇÃO DE MASSA

Um fato relevantíssimo marca o ano de 1950: a chegada ao país da televisão. Esta logo se tornará decisiva para a cultura de massa que começa a ganhar amplas dimensões.

O novo meio de comunicação se converterá, ao longo do tempo, em um poderoso instrumento de influência no comportamento individual e comunitário, com força quase hipnotizadora.

Na mobilização do telespectador, a múltipla linguagem de que se vale, em que se associam língua, imagem, música, ideologia. Indutora. Atuante por meio da informação direta e indireta, veiculada por meio de telejornais, mesas-redondas, anúncios, entrevistas e formas de entretenimento, como os filmes, os musicais, os programas humorísticos e, em destaque, as telenovelas e logo as séries.

Na veiculação, língua falada, língua escrita para ser falada, língua escrita para ser lida, nas legendas. Com implicações que fogem ao propósito do presente livro.

Em 1956, o número de televisores já totalizava, no Brasil, 141 mil unidades, número que passa, em 1958, a 344 mil e segue num crescimento avassalador. De tal modo que, em 1990, estará presente em 90% dos lares brasileiros.

Impactos midiáticos

A informação chega à grande massa de público, intermediada, basicamente, pelos meios de comunicação de massa, iluminados pela redemocratização, libertos das nuvens pesadas da censura.

No rádio, no teatro, no cinema, na televisão, nos discos, a língua falada, cuidada ou descontraída, leva seus matizes, com maior ou menor presença, aos ouvidos espalhados por todo o país.

As variantes dos grandes centros, notadamente a da capital, fazem-se ouvir e propiciam emulações. Amplia-se forçosamente o universo vocabular dos destinatários.

Desenvolve-se, a partir das legendas que se associam às imagens, uma espécie de processo, ainda que precário, de alfabetização assistemática.

Divulgam-se palavras e construções regionalizadas e os múltiplos registros da língua portuguesa do Brasil. Paralelamente, configura-se uma tendência à padronização do idioma a partir de determinados usos urbanos. No parâmetro, a variante carioca.

Na imprensa, a língua escrita, privilegiada, pautada no uso formal ditado pelas normas da tradição, segue contribuindo para a prevalência da modalidade culta do idioma.

As histórias em quadrinhos, mobilizadoras de grande massa de público infantojuvenil, registram variações linguísticas de todo tipo, destacado o âmbito da linguagem coloquial.

Data de 1938 a presença, nos gibis, dos super-heróis, com o lançamento da história do *Superman*, publicações que terão sua fase áurea em 1950 e mobilizarão milhares de leitores ainda por muito tempo. Amplia-se o hábito da leitura. Observe-se que os diálogos dos quadrinhos privilegiam o coloquial.

No rádio e na televisão, alternam-se o registro formal e o coloquialismo do cotidiano brasileiro.

Entrecruzam-se diversidades, mas ganha e muito a preservação da unidade idiomática, um dos fatores da unidade nacional.

NA LITERATURA

Nos espaços literários, vale reiterar, 1945 encontra as conquistas do Modernismo sedimentadas. Alguns críticos chegam a considerar que já se caracteriza um fim de ciclo nessa data. Ainda se depreende sua presença forte, entretanto, até, aproximadamente, 1955, ressaltada a relatividade de datas limítrofes para manifestações da arte, recurso didático, vinculado à tendência do ser humano de dividir para compreender.

Na dinâmica em que interagem os múltiplos fatores da história e da cultura do país, a literatura se acrescenta, nesse período, de novas contribuições e novos aspectos. Não se configuram dimensões de ruptura, indiciadoras de um novo movimento literário; radicaliza-se, porém, ainda mais, a crise entre a cultura estética e a modernização social.

A partir de 1945, a data-marco historicizada, a proposta modernista, estabilizada, convive com a revitalização da modelização tradicional.

Cultiva-se a universalidade temática, e uma tendência ao intelectualismo e a uma acentuada preocupação existencial.

Apura-se a construção do verso, com importância à palavra e ao ritmo e a um agudo senso de medida. O verso livre, consolidado, convive tranquilo com o metro e a rima tradicionais, tendência que já se inicia na fase anterior.

Ganha destaque a consciência estética, com o cultivo frequente da metalinguagem.

Os textos configuram um duplo posicionamento.

Por um lado, privilegiam a busca de explicações para o homem, acossado no mundo absurdo; questionam valores estabelecidos pela sociedade burguesa; assumem soluções no imaginário e na linguagem, como saídas para o impasse existencial: é ver, entre outros, os versos compromissados de *A rosa do povo*, 1945, de Carlos Drummond de Andrade, e de *Poesia liberdade*, 1947, de Murilo Mendes, ambos autores de obras-marco, revitalizadoras do percurso modernista, e ainda o verso renovador de *O engenheiro*, 1945, e mais *Psicologia da composição*, 1947, com a "Fábula de Anfion" e "Antiode", de João Cabral de Melo Neto.

De outro lado, vêm a público as inúmeras publicações caracterizadoras da poética formalista e disciplinada da chamada "Geração de 45", na esteira da permanência do verso tradicional no processo da literatura brasileira.

A prosa tende para um centramento na linguagem e um aprofundamento de preocupação existencial; traz a marca do experimentalismo. Como nos romances de Clarice Lispector. O romance regional cede espaço ao romance de introspecção psicológica, com a colocação em evidência, entre outros aspectos, de conflitos que envolvem a classe média urbana, ou tratam de choques entre a vida interiorana e a da grande cidade devoradora.

Começa a destacar-se, redimensionada, a associação entre regionalismo e problemática universalizante. Um exemplo: "A hora e vez de Augusto Matraga", de *Sagarana* (1946), livro de contos de João Guimarães Rosa.

A literatura ganha finalmente independência de modelos externos. Abre-se para um sem-número de temas, de problemas e situações. E, ao incorporar, consciente e deliberadamente, formas de expressão brasileiras, muitas delas emersas da fala popular descontraída, contribui para a diminuição do vazio entre língua popular e língua culta e para a sedimentação da língua portuguesa do Brasil.

A crítica amplia espaços, seja na imprensa, seja nos centros universitários.

OUTROS PERCURSOS CULTURAIS

Desestruturam-se, na sequência do curso histórico-cultural, os fundamentos da política cultural estado-novista. O país abre-se à modernidade. Privilegia-se a diferença, a pluralização cultural.

Presentificam-se na cena da cultura as manifestações populares. Diretamente. Sem a mediação unificadora do poder governamental.

Emerge, com forte presença da fala do cotidiano, uma arte voltada para o povo e dele oriunda, cujos espaços marcantes são o cinema e o rádio. Renova-se a linguagem da imprensa.

De registrar: a redução do índice oficial de analfabetismo para 50,5% da população de 51.944.401 habitantes; a ampliação do ensino secundário; o aumento do número de estabelecimentos de ensino superior. Ressalve-se que tais dados limitam-se aos analfabetos absolutos.

O Brasil a esse tempo

Como registra a percuciência de Adriana Lopez e Carlos Guilherme Mota, na esteira de Jacques Lambert e de outros estudiosos, contrapõem-se duas realidades no Brasil no final da primeira metade do século XX e começos da segunda:

> O "Brasil" da região Sul compreendia os estados do Rio de Janeiro, Minas Gerais, São Paulo, Paraná, Santa Catarina e Rio Grande do Sul, constituindo "o país "moderno", industrializado, "desenvolvido" e urbano, onde se faziam presentes o trabalho assalariado e o braço do imigrante. O outro Brasil compreendia os estados do Norte e do Nordeste, dominados por latifundiários, proprietários de grandes extensões de terras improdutivas, o país "arcaico", rural, "subdesenvolvido", segundo o vocabulário da época". Neste eram ainda mais visíveis as permanências político-culturais da sociedade patriarcal e da mentalidade escravista, cristalizadas ao longo da colonização de exploração.[59]

Em síntese, uma realidade social e cultural polifacetada, em que se cruzam distintos registros e variantes no uso do idioma comum.

A norma culta brasileira começa a ser, a partir dos anos 1940, objeto dos estudos de base científica que passam a constituir o fundamento de sua caracterização.

No retorno de Getúlio Vargas

No novo governo Vargas, desta vez com mandato democrático (1951-1954), evidenciam-se: a presença mais destacada do nacionalismo, principalmente nos grupos de esquerda; o incentivo ao desenvolvimento econômico, destacadas a aceleração do progresso e a diversificação industrial.[60]

O primeiro aspecto tem necessariamente repercussão nos procedimentos relacionados com a língua oficial do país, como elemento de identidade. Os destaques do segundo implicam infraestrutura e mão de obra.

Em função desta última circunstância, continuam a ser prestigiadas as classes trabalhadoras. Estimula-se o movimento sindical. O trabalhador segue politizando-se.

Politização associa-se a consciência cultural, a mobilização da capacidade de pensar. Pensar o Brasil, pensar a vida, pensar o eu, o outro e o mundo em sua nova circunstância, as relações entre o eu, o outro e o mundo.

Pensar vincula-se a representar o que se pensa, o que se sente, o que se busca. Essa representação implica linguagem. A forma mais eficaz de linguagem é a língua, meio de comunicação fundamental na vida comunitária. Amplia-se, em consequência, o universo de comunicação e expressão do povo no português multifacetado do Brasil. Em variados e distintos registros. A língua segue transformando-se. E a letra de "Retrato velho", marchinha de Haroldo Lobo e Marino Pinto, aconselha botar "o retrato do velho outra vez" e no mesmo lugar.

A inteligência do país retorna, com intensidade, à preocupação com a realidade nacional, notadamente no âmbito da problemática social das grandes camadas do povo. Valoriza-se a arte popular. Com ênfase no teatro regional do Nordeste. Ganham a cena variantes regionais e registros informais.

A arte teatral, aliás, segue em busca de espaços mais amplos. Funda-se, em 1953, em São Paulo, o vanguardista Teatro de Arena.

O cinema exibe filmes estrangeiros, notadamente americanos, dublados em português. A produção nacional dá os primeiros passos menos artesanais com os esforços da Cinédia e da Companhia Vera Cruz, que, dos começos dos anos 1950 até 1957, consegue, a duras penas, produzir 18 filmes. Sintomaticamente, dentro dos modelos hollywoodianos, entre eles o premiado *O cangaceiro*, de Lima Barreto, de 1953.

O universo cultural e o repertório linguístico do público leitor beneficiam-se das novas dimensões da literatura e dos rumos da mídia.

Ampliam-se, na arte literária, os domínios da preocupação existencial.

O "lirismo objetivo" de que são mestres Rainer Maria Rilke, Baudelaire e Ezra Pound, entre outros, ganha espaço, notadamente no tratamento dos temas filosóficos.

A valorização poética do cotidiano torna-se atitude dominante. Nessa direção, saem livros como *Opus 10*, 1952, de Manuel Bandeira, *Poemas*, 1951, de Henriqueta Lisboa, por exemplo.

Espaços míticos e temas ligados ao negro frequentam os versos de Jorge de Lima, com presença de vocábulos de origem africana.

Aprofundam-se as dimensões da arte de assumido e imediato compromisso social: são exemplos publicações como *O cão sem plumas*, 1950, de João Cabral de Melo Neto, e o *Romanceiro da Inconfidência*, 1952, de Cecília Meireles. O verso livre, incorporado à linguagem literária, convive tranquilo com os metros tradicionais.

A ficção intensifica a temática introspectiva e assume preocupação maior com o apuro técnico da linguagem.

O MOVIMENTO MODERNISTA E O PORTUGUÊS BRASILEIRO

A língua oficial que os brasileiros falamos muito se beneficia das inúmeras contribuições com que o Modernismo a enriquece, em termos de usos e de posicionamentos.

No âmbito da linguagem literária, os textos inovam na área do ritmo, da imagística e da estrutura, num processo de dessacralização e de questionamento. Ainda que fiéis ao discursivo.

A língua, por força de sua natureza, vive a sua constante mutação.

É relevante a contribuição do artista da palavra para a ampliação dos espaços do idioma.

Por outro lado, a dimensão libertadora, a valorização do cotidiano e a visão crítica da realidade brasileira em toda a sua extensão seguem contribuindo sobremaneira para a diluição do espaço que se interpunha entre a língua popular e a chamada língua culta. Além de acentuar as modulações do falar brasileiro ao situá-los no espaço da construção literária. Interações.

> Dê-me um cigarro
> Diz a gramática
> Do professor e do aluno
> E do mulato sabido
> Mas o bom negro e o bom branco
> Da Nação Brasileira
> Dizem todos os dias
> Deixa disso camarada
> Me dá um cigarro[61]
>
> (Poema "Pronominais", de Oswald de Andrade)

É por meio da língua que o ser humano concebe e expressa o mundo que o cerca. E a língua portuguesa traduz, naquela época brasileira, um tempo cultural e socialmente facetado, de que os aspectos apontados são apenas pequena mostra. Nesse processo, reafirma-se, a cada instância, como língua de cultura.

O objeto artístico buscado pelo criador do texto literário, em síntese, passa a orientar-lhe, ao longo do Modernismo, os usos da linguagem literária e da língua portuguesa do Brasil. De múltipla natureza.

No âmbito da liberdade criadora, relativiza-se o rigor do cânon centrado na tradição gramatical. Ainda que prevaleça a fidelidade ao registro formal. O movimento radicaliza a proposta nacionalizante tentada no Romantismo e revitaliza vigorosamente o português brasileiro.

E a palavra de Celso Cunha clarifica, nos anos 1960, os rumos do novo:

> A língua de nossos dias reflete a civilização atual, rápida no enunciado, em virtude da própria rapidez vertiginosa do desenvolvimento material, científico e técnico: processos acrossêmicos, reduções às iniciais de longos títulos, interferências de vocabulários técnicos, intercomunicação de linguagens especiais, tudo vulgariza-

do imediatamente pelo jornal, pelo rádio, pela televisão. Impossível ao estudioso do idioma manter a quimera do purismo linguístico, querer forçar a jovens, que pertencem aos mais diversos grupos sociais, um padrão linguístico dissociado da vida, mosaico de formas e construções de épocas várias, encanecidas ou mortas pelo tempo.

A petrificação linguística é a morte do idioma. A linguagem é, por excelência, uma atividade do espírito, e a vida espiritual consiste em um progresso constante.[62]

A LÍNGUA CANTADA

A música popular ganha espaço gravado, com letras que testemunham o desenvolvimento do processo social. Desde os começos de 1900. Língua cantada. Marcada de rica expressividade.

E logo se espraia a criação musical pela classe média urbana, tornada em MPB, Música Popular Brasileira. Com espaços universalizados de marcada sofisticação. Divulgam-se e sedimentam-se na fala comunitária palavras e construções na associação motivadora e sedutora que une a palavra e a música.

É o Brasil todo que canta. Porque cantar é preciso, como era preciso, para os lusos, navegar. E a letra do canto contribui para a unidade do idioma, na diversidade das variações associada à multiplicidade dos muitos ritmos de que se tece a musicalidade nacional, dos limites do Norte às coxilhas do Sul.

Música cujos sons iniciais inauguraram as praias de Cabrália nas gaitas portuguesas, encontraram-se com os cantos das tribos indígenas, com o soar dos tantãs e atabaques negros dos terreiros e das senzalas, abriram-se para contribuições imigrantes. E deram em modinha, em samba, em choro, em lundu, em caxambu, em jongo e outros tantos ritmos marcantes e sempre renovados. Com letras carregadas da sensibilidade brasileira. Nascidas da inspiração traduzida na informalidade da expressão do sambista popular ou da elaboração esteticizante pautada no registro formal. Transmitidas na oralidade das manifestações folclóricas, no improviso dos cantadores nordestinos e das rodas de samba. Escritas diretamente a partir da modalidade popular. Escritas para serem oralizadas no canto.

Minha vida era um palco iluminado
Eu vivia vestido de dourado
palhaço das perdidas ilusões
Cheio dos guisos falsos da alegria
Andei cantando a minha fantasia
Entre as palmas febris dos corações!
Meu barracão lá no morro do Salgueiro
Tinha o cantar alegre de um viveiro
Foste a sonoridade que acabou
E hoje quando do sol a claridade
Forra o meu barracão sinto saudade
Da mulher pomba-rôla que voou!
Nossas roupas comuns dependuradas
Na corda qual bandeiras agitadas
Pareciam um estranho festival
Festa dos nossos trapos coloridos
a mostrar que nos morros mal vestidos
é sempre feriado nacional!
A porta do barraco era sem trinco
mas a lua furando o nosso zinco
salpicava de estrelas nosso chão!
Tu pisavas nos astros distraída
sem saber que a ventura desta vida
É a cabrocha, o luar e o violão![63]

("Chão de estrelas", composição de Sílvio Caldas
e Orestes Barbosa, 1937)

No Âmbito da Gramática

Na direção da conclusão da comissão que se pronunciava em 1946 sobre a desigualdade da língua nacional, o Ministério da Educação, em atendimento à solicitação de um grupo de gramáticos, preocupados com a questão da terminologia gramatical, cria, 13 anos depois, outra comissão.[64] Objetivo:

estudar o problema e propor solução. Resultado: a Nomenclatura Gramatical Brasileira, recomendada pela Portaria n. 36, de 25 de janeiro de 1959, do Ministério da Educação.

O documento deixa aos professores a opção para questionamentos e tomadas de posição e tem o mérito de pôr alguma ordem no caos das designações.

Em paralelo, desenvolvem-se no país os estudos de Linguística. Nas universidades e, desde 1958, em cursos do Museu Nacional. Entre os pioneiros, Mattoso Câmara Jr., com atenção marcada em aspectos descritivos.

Assinale-se, em relação ao português brasileiro, o posicionamento assumido por Serafim da Silva Neto, referendado por Celso Cunha: para ambos, a língua portuguesa chegada ao Brasil no século XVI assegurou a permanência de uma unidade, com variações geográfico-regionais, socioculturais e expressivas. Destaca-se o entendimento do duplo aspecto do idioma: uma unidade na diversidade e uma diversidade na unidade, conceitos propostos por Antoine Meillet.[65] No entendimento de Silva Neto, *unidade* não quer dizer *igualdade*. A língua portuguesa falada no Brasil é bastante matizada. De tal forma que possibilita a caracterização de áreas diversificadas. O que se configura na nossa realidade linguística é a unidade na variedade e variedade na unidade.[66]

No comentário de Celso Cunha

> Esta reconhecida unidade superior da língua portuguesa no Brasil e no Portugal peninsular não impede que haja possíveis diferenças de pronúncia, de vocabulário e de construções de região para região dos dois domínios, pois que em linguística a unidade nem sempre é incompatível com a variedade. Por vezes até se pressupõe, como é o caso das relações entre uma língua nacional e seus dialetos, falares e subfalares.[67]

É, a propósito, também clarificador o pronunciamento de Antônio Houaiss:

Como toda língua, a nossa vive entre os polos da unidade e da diversidade. Qualquer unidade mínima discreta (discernível) nela se apresenta a cada realização fisicamente (ou psiquicamente) diferente, qualquer unidade máxima de sua intercomunicação espacial se apresenta de tal forma diferenciada, a tal ponto que, sempre social, comporta o *idioleto*, essa modalidade personalíssima com que cada usuário dela faz uso diferente de todos os outros usuários.[68]

A tese, dominante no Brasil até a atualidade, encontra contestadores. Entre eles, Ariel Castro, que, em livro de 2000, entre outros argumentos, conclui:

> Ao contrário do que pensavam Serafim da Silva Neto e Celso Cunha e seus adeptos, nunca houve no Brasil "unidade na variedade" e "variedade na unidade" simplesmente porque, até o século XVIII, período que interessa para os propósitos de compreensão da língua falada no Brasil, nunca houve tal unidade.[69]

O posicionamento do linguista entende a língua como norma: "uma norma geral chamada de 'língua portuguesa', tornando-se norma da língua escrita e língua falada, com a adesão das populações urbanas, que sempre viveram em função da corte e das elites que giravam em torno dela".[70]

Diversidade e unidade estão na base da promoção, em 1956, do I Congresso Brasileiro de Língua Falada no Teatro. Ao fundo, a tentativa de configuração de um padrão dito culto, então ainda na dependência de estudos isolados de especialistas.

Como quer que seja, a evidência das variantes geográfico-regionais e estudos e pesquisas na área concorrem para a validade da configuração inicialmente defendida por Serafim da Silva Neto.

Nos tempos de JK

O trágico suicídio de Getúlio Vargas, em 24 de agosto de 1954, põe fim ao impasse criado pela forte oposição que exige a sua renúncia.

Mais uma vez, as forças e os interesses contra o povo coordenaram-se novamente e se desencadeiam sobre mim.

Não me acusam, insultam; não me combatem, caluniam e não me dão o direito de defesa. Precisam sufocar a minha voz e impedir minha ação, para que eu não continue a defender, como sempre defendi, o povo e principalmente os humildes. Sigo o destino que me é imposto. Depois de decênios de domínio e espoliação dos grupos econômicos e financeiros internacionais, fiz-me chefe de uma revolução e venci. Iniciei o trabalho de libertação e instaurei o regime de liberdade social. Tive de renunciar. Voltei ao governo nos braços do povo. A campanha subterrânea dos grupos internacionais aliou-se à dos grupos nacionais revoltados contra o regime de garantia do trabalho. A lei de lucros extraordinários foi detida no Congresso. Contra a justiça da revisão do salário mínimo se desencadearam os ódios. Quis criar a liberdade nacional na potencialização das nossas riquezas através da Petrobras, mal começa esta a funcionar, a onda de agitação se avoluma. A Eletrobras foi obstaculada até o desespero. Não querem que o trabalhador seja livre. Não querem que o povo seja independente.

Assumi o Governo dentro da espiral inflacionária que destruía os valores do trabalho. Os lucros das empresas estrangeiras alcançavam até 500% ao ano. Na declaração de valores do que importávamos existiam fraudes constatadas de mais de 100 milhões de dólares por ano. Veio a crise do café, valorizou-se o nosso principal produto. Tentamos defender seu preço e a resposta foi uma violenta pressão sobre a nossa economia a ponto de sermos obrigados a ceder.

Tenho lutado mês a mês, dia a dia, hora a hora, resistindo a uma pressão constante, incessante, tudo suportando em silêncio, tudo esquecendo, renunciando a mim mesmo, para defender o povo que agora se queda desamparado. Nada mais vos posso dar a não ser o meu sangue. Se as aves de rapina querem o sangue de alguém, querem continuar sugando o povo brasileiro, eu ofereço em holocausto a minha vida. Escolho este meio de estar sempre convosco. Quando vos humilharem, sentireis minha alma sofrendo ao vosso lado. Quando a fome bater a vossa porta, sentireis em vosso peito a energia para a luta por vós e vossos filhos. Quando vos vilipendiarem, sentireis no meu pensamento a força para a reação. Meu sacrifício vos manterá unidos e meu nome será vossa bandeira de luta.

Cada gota do meu sangue será uma chama imortal na vossa consciência e manterá a vibração sagrada para a resistência. Ao ódio respondo com o perdão. E aos que pensam que me derrotaram respondo com a minha vitória. Era escravo do povo e hoje me liberto para a vida eterna. Mas esse povo de quem fui escravo não será mais escravo de ninguém. Meu sacrifício ficará para sempre em sua alma e meu sangue será o preço do seu resgate.

Lutei contra a espoliação do Brasil. Lutei contra a espoliação do povo. Tenho lutado de peito aberto. O ódio, as infâmias, a calúnia não abateram o meu ânimo. Eu vos dei a minha vida. Agora ofereço a minha morte. Nada receio. Serenamente dou o primeiro passo no caminho da eternidade e saio da vida para entrar na história.[71]

(Carta-testamento de Getúlio Vargas)

Passado o período tumultuado dos presidentes Café Filho, Carlos Luz e Nereu Ramos, caracteriza-se, no governo do presidente Kubitschek (1956-1961), na conclusão dos especialistas, uma tentativa de "organizar" o pensamento nacional, a partir da realidade sociocultural do país.

Na base, destaca Sônia Regina de Mendonça, uma visão dual do Brasil: de um lado, o arcaísmo das forças agrárias e o imobilismo social, que seriam responsáveis primeiro pelo subdesenvolvimento; do outro, o setor urbano ou moderno, onde se concentrariam as forças capazes de levar à superação da condição subdesenvolvida. A saída apontada: o desenvolvimento econômico, em termos capitalistas, utilizados os modernos recursos tecnológicos.[72]

Passa, assim, para segundo plano, o conflito forças dominantes/forças populares, pois, em função da técnica, todos, inclusive a classe média, seriam coenspartícipes da mesma ação desenvolvimentista. Mas a múltipla realidade social brasileira ainda se faz, efetivamente, de fundas desigualdades sociais.

A transferência da capital para o Planalto Central, em 1960, conduz, por outro lado, a mobilizações, deslocamentos populacionais. Migrações.

Tais circunstâncias repercutiriam necessariamente, a longo prazo, nos rumos do uso do idioma, notadamente na manifestação oral da comunicação cotidiana. Sobretudo em termos da maior ou menor interação entre os diversos registros que o caracterizam e de ampliações do vocabulário ativo. Segue privilegiado o registro culto.

QUEM É O BRASIL A ESSE TEMPO

Habitam o Brasil, em 1950, 52.944.397 indivíduos, num total de 18.782.891 na cidade e 33.161.506 no campo.

Em 1960, a população integra 70.070.457 pessoas. No espaço urbano, vive um total de 31.303.034 de pessoas e no espaço rural, 38.767.243.[73]

Os números configuram a mobilidade migratória e a maior incidência populacional na realidade campesina, de marcado uso conservador do idioma, predominantemente oral, em que pese a presença da escola.

A carência e a dificuldade de pesquisas na área inviabiliza conclusões pertinentes sobre a complexa configuração, à época, do idioma oficial no país.

Em pequena escala, configura-se o bilinguismo de comunidades indígenas e de segmentos localizados de imigrantes.

LINGUAGENS DA ARTE

Multiplicam-se, intensificadas, as manifestações artísticas no país. Criam-se novos teatros.

Ganha presença forte na cena brasileira, a partir de 1958, a busca de novos caminhos. Um exemplo é a encenação de *Eles não usam black-tie*, de Gianfrancesco Guarnieri. Na mesma linha estreia, em 1959, *Chapetuba F.C*, de Oduvaldo Vianna Filho. Já 1960 é o ano de *Revolução na América do Sul*, de Augusto Boal.

ROMANA — Tu acordou cedo, hein?

TIÃO — É!

ROMANA — O café já tá pronto.

TIÃO — A senhora também acordou mais cedo...

ROMANA — Serviço, filho, muito serviço!

TIÃO (procurando) — Cadê minha caneca?

ROMANA — Pode deixá que eu preparo. Pão não tem!

TIÃO — Não faz mal!...

ROMANA — Tu não dormiu quase nada...

TIÃO — É...

ROMANA (apontando Chiquinho que ressona) — Esse aí é que, se a gente não acorda, vai até de tarde!

TIÃO — É da idade.

ROMANA (aproximando-se de Tião) — Tu tá enfezado por quê?

TIÃO — Eu?

ROMANA — Deixa disso, fui eu que te fiz e te conheço bem. Essa testa franzida não me engana. O que é que há?

TIÃO — Nada, ué!

ROMANA (com intenção) — Tu vai fazê piquete?

TIÃO — O quê?

ROMANA — Piquete de greve. Tu vai fazê?

TIÃO — Num sei. Acho que já tem gente bastante.

ROMANA — Num vai te metê em bolo, hein?

TIÃO — Que bolo é que pode dá?

ROMANA — Greve sempre dá bolo?

TIÃO — Nem sempre.

ROMANA — Polícia chegou, tu sai de perto! Num vai te metê a valente!

TIÃO — Não precisa se preocupá.

ROMANA — Vê lá, hein?

TIÃO — Eu sei o que faço. Não se incomode![74]

(Trecho da peça, ato III, de *Eles não usam black-tie*, de Gianfrancesco Guarnieri)

De 1958 é ainda o Teatro Cacilda Becker. Determina-se a obrigatoriedade de apresentação de peças nacionais nas estreias dos novos grupos.

Egressos do TBC, Tônia Carrero e Paulo Autran formam, com Adolfo Celi, a Companhia Tônia-Celi-Autran, de notável carreira. É tempo do teatro nordestino de Ariano Suassuna. O ano de 1959 assinala o advento do Teatro dos Sete.

Encenam-se peças como *O pagador de promessas*, de Dias Gomes, no TBC; *A falecida* e *Boca de Ouro*, de Nelson Rodrigues, no Teatro do Rio e no Ziembinski; *...Em moeda corrente no país*, de Abílio Pereira de Almeida, e *Morte e vida severina*, de João Cabral de Melo Neto, no citado Teatro Cacilda Becker, depois de estrear na montagem do TUCA, em São Paulo.

O retirante explica ao leitor quem é e a que vai
— o meu nome é Severino
não tenho outro de pia.
Como há muitos Severinos,
que é santo de romaria,
deram então de me chamar
Severino da Maria;
como há muitos Severinos
com mães chamadas Maria,
fiquei sendo o da Maria
do finado Zacarias.
Mas isso ainda diz pouco:
há muitos na freguesia,
por causa de um coronel
que se chamou Zacarias
e que foi o mais antigo
senhor desta sesmaria.
Como então dizer quem fala
ora a Vossas Senhorias?
Vejamos: é o Severino
da Maria do Zacarias,
lá da serra da Costela,
limites da Paraíba.[75]

(Trecho do auto de Natal *Morte e vida severina*,
de João Cabral de Melo Neto)

A formação de atores e o teatro infantil, notadamente com peças brasileiras, reveste-se de relevância. Avulta, nessas instâncias, a figura de Maria Clara Machado, fundadora do Tablado e autora de inúmeros textos.

Ganha destaque a crítica teatral.

As variantes do idioma levam, sintomaticamente, à necessidade da reflexão sobre a modalidade a ser usada pelos atores.

Preconizam-se critérios a partir do citado I Congresso Brasileiro de Língua Falada no Teatro, realizado em 1956.

No objetivo, utópica, a tentativa de padronização de uma pronúncia a ser adotada não apenas na arte teatral, mas ainda em conferências, nos veículos de comunicação de massa, nas salas de aula, no Congresso Nacional.

Elege-se, como parâmetro, a fala da capital, o Rio de Janeiro.

Na conclusão, como se lê nos *Anais* do conclave, a recomendação de um minucioso conjunto de normas "para a língua falada no teatro culto, ou erudito, ou de âmbito universalista no Brasil", "resguardadas, nas realizações fônicas, as variantes afetivas e as variantes individuais — desde que umas e outras não sejam atentatórias destas normas", e "considerando, ainda, que, na interpretação de personagens de nítida cor local, devem os atores pronunciar com a devida adequação regional e social" e, "por fim, que a caracterização da pronúncia normal de cada vocábulo ficará na dependência da elaboração de um vocabulário ortoépico da língua portuguêsa segundo a pronúncia normal brasileira".[76]

Compare-se com as recomendações do I Congresso de Língua Nacional Cantada.

Observe-se: o objeto de preocupação é a língua oralizada e a configuração da "pronúncia normal brasileira" fica condicionada à elaboração de um vocabulário ortoépico.

A arquitetura enriquece-se de uma concepção nova valorizadora da simplicidade de linhas e formas, de que o projeto de construção de Brasília, de Niemeyer e Lúcio Costa, é significativo exemplo. A palavra antecede a concreção da arte.

A CRIAÇÃO DE BRASÍLIA

Nasceu do gesto primário de quem assinala um lugar ou dele toma posse: dois eixos cruzando-se em ângulo reto, ou seja, o próprio sinal da cruz.

Procurou-se depois a adaptação à topografia local, ao escoamento natural das águas, à melhor orientação, arqueando-se um dos eixos, a fim de contê-lo no triângulo equilátero que define a área urbanizada.

E houve o propósito de aplicar-se os princípios da técnica rodoviária — inclusive a eliminação dos cruzamentos — à técnica urbanística, conferindo-se ao eixo arqueado, correspondente às vias naturais de acesso, a função circulatória tronco, com pistas centrais de velocidade e pistas laterais para o tráfego local, e dispondo-se ao longo desse eixo o grosso dos setores residenciais.

Como decorrência dessa concentração residencial, os centros cívico e administrativo, o setor cultural, o centro de diversões, o centro esportivo, o setor administrativo municipal, os quartéis, as zonas destinadas à armazenagem, ao abastecimento e às pequenas indústrias locais e, por fim, a estação rodoviária, foram-se naturalmente ordenando e dispondo ao longo do eixo transversal que passou assim a ser o eixo monumental do sistema. Lateralmente e em termos de composição urbanística do eixo monumental, localizaram-se o setor bancário e o comercial, o setor dos escritórios de empresas e profissões liberais, e ainda os amplos setores do varejo comercial.[77]

(Trecho do *Relatório do plano-piloto de Brasília*, de Lúcio Costa)

Tempos do pós-guerra: fatos e mudanças

Entre 1945 e os começos dos anos 1960, a realidade brasileira exibe mudanças significativas. Acompanhemos as que se vinculam diretamente aos rumos do idioma em processo.

Evidenciam-se, em termos individuais e coletivos, decorrências do fim do conflito mundial.

A explosão da primeira bomba atômica em 1945 mobiliza perplexidades e revisões existenciais profundas. Como em todo o mundo.

Mesmo sem a intensidade que caracteriza os países que sofreram diretamente as agruras da guerra, também no Brasil a sensação de distensão coletiva e de retomada da crença no futuro não consegue eliminar a apreensão sub-reptícia gerada pela "guerra fria". Em contrapartida, os avanços tecnológicos e científicos passam a repercutir na preocupação brasileira. Gradualmente. Com a melhoria da vida cotidiana.

O gradativo desenvolvimento dos meios de comunicação acelera o cosmopolitismo e a permeabilização de informações em todos os níveis.

A realidade política, social e cultural brasileira transmuda-se, ainda, por força dos impactos decorrentes do processo de industrialização vivido pelo país, no seu lento, desigual e complexo percurso de inserção na modernidade.

Surgem movimentos sociais no campo; progride o sindicalismo de trabalhadores rurais. Começam a organizar-se as ligas camponesas. Desde 1955.

Ampliam-se, no espaço urbano, serviços educacionais e de saúde pública.

Convivem, democraticamente, no período, com maior ou menor conflito, posicionamentos ideológicos diversificados e contraditórios, por vezes radicalizados.

Nos polos mais acentuadamente antagônicos, os principais atores da cena sociopolítica nacional deixam-se perceber com nitidez ainda maior: as chamadas elites dominantes, de um lado, e do outro as chamadas forças populares. No meio, as classes médias.

Nesse quadro, a redemocratização, emergente na sequência da derrota do regime nazifascita, afirmam vários estudiosos, parece ter mobilizado a forte tendência à organização e à ordem que marca esse momento do processo histórico do país.

Expande-se a rede de ensino, em todos os níveis. Cria-se, em 1961, a Universidade de Brasília, a partir de um projeto renovador de Darcy Ribeiro.

Presentifica-se, no espaço da educação, a associação com o investimento. Começa a ganhar vulto a ideia de orientar o ensino pragmaticamente, na direção da formação da mão de obra média exigida pela indústria, na contracorrente da tradição brasileira, centrada na formação humanística. À luz de tal pensamento, reestrutura-se o ensino industrial.

De permeio, novos espaços de comunicação. Em decorrência, intercâmbio mais acentuado de registros linguísticos. Emergência de novas palavras. Em alguns casos, registradas em dicionários especializados.

Intensifica-se, na literatura, a presença de novas técnicas: a utilização do fragmentário e do fluxo de consciência, adaptação de montagem cinematográfica, da colagem, entre outras. No pano de fundo, implícita, explícita ou coincidentemente, as influências estrangeiras de Faulkner, Virginia Woolf, Aldous Huxley, Katherine Mansfield, James Joyce, entre outros, à luz do processo de permeabilização cultural peculiar à modernidade. Acrescentam-se aos temas dimensões trágicas e míticas, atmosfera misteriosa e onírica. É ler, por exemplo, *Memórias de Lázaro e Corpo vivo*, romances de Adonias Filho.

A produção cinematográfica ganha novo impulso e começam a pensar e a produzir os jovens que seriam responsáveis pelo importante e afirmativo "cinema novo" nacional, que traz para a tela, em nova linguagem, mobilizações da reflexão dos espectadores sobre temas políticos e sociais. Os filmes registram as falas do Brasil.

Ao fundo, sobem a ladeira "seu" NAGIB, na camisa com muitos bolsos sobressaem lápis e canetas, nas mãos uma pasta de couro, no rosto protegido por um chapéu claro o bigode bem aparado e ALCEBÍADES, mulato claro de ar sério e preocupado. Nas suas mãos, um livro de capa de couro com letras douradas.

SEU NAGIB (*acento árabe*)
— Não adianta, Alcebíades. Negócio comigo é na batata, não?
ALCEBÍADES
— Eu também sou assim, mas acontece que hoje...

Aparece ANA, descendo o barranco

ANA

— O Quincas tá aí? Quem viu o Quincas?

NEGUINHO

— Teve aqui, sim. Arriscou um "cachorro" e foi lá embaixo ver um galo de briga. Diz que vai montar uma rinha.

Riem.

SEU NAGIB (*para ANA*)

— Esqueceu da gente, não?

ANA

— Ainda não chegou dia cinco.

SEU NAGIB

— Eu sabe... eu sabe. É só pra lembrar. Da outra vez esqueceu dia cinco.

ANA

— Tá bem, seu Nagib, a gente nunca esquece do senhor.

ALCEBÍADES lava o rosto na bica

SEU NAGIB (*para ALCEBÍADES*)

— Tá vendo? Gente muita esquecida. Nunca se pode ficar descansado. Precisa dar em cima (*Tom*). Você precisa pagar hoje, sem falta.

ALCEBÍADES

— Mas... Seu Nagib, o negócio está seco.

SEU NAGIB

— Dá um jeito, senão luz vai faltar hoje de noite na samba.[78]

(Trecho do roteiro de *Rio, 40 graus*, filme de
Nelson Pereira dos Santos, 1955)

A televisão continua a assumir, cada vez mais, forte presença.

Índices da aceleração: chega-se à marca de 1 milhão de televisores, em 1964, com o uso regular do videoteipe.

Em 1965, inaugura-se a TV Globo.

Em destaque, o êxito das telenovelas, folhetim eletrônico, novo elemento alimentador do imaginário nacional[79] e poderoso veículo de difusão de determinadas modalidades de uso do idioma, com a busca de pronúncia padrão e de um vocabulário de âmbito nacional.

O ano de 1968 registra mais de 3 milhões de aparelhos e o advento da transmissão via satélite.

No teatro ganha evidência a mesma preocupação com o social e o político e a presença e a fala populares na linha do resgate cultural, como demonstra a citada peça *Eles não usam black-tie*. Outro exemplo é *Pedro Mico*, peça de Antonio Callado.

APARECIDA — Quando você estava falando aí dos tiras subindo o morro eu estava me lembrando da história de Zumbi.

PEDRO MICO — Quem é o cara?

APARECIDA — Ah, foi um preto escravo que viveu há muito tempo. Não sei por quê, quando você estava falando fiquei pensando que o Zumbi deve ter sido um crioulo assim como você, bem-parecido, despachado. E o Zumbi não se entregou como Mauro Guerra não. E não fazia nada de araque não. Se arrumou direitinho pra poder lutar de verdade. Era escravo fugido mas não fugiu sozinho não. Carregou com ele uma porção de escravos e subiram pra cima de um morro...

PEDRO MICO — Qual foi o morro? Era por aqui o negócio? Aqui no Rio, não tinha negócio de escravo não, tinha?

APARECIDA — Tinha sim. Tenho quase certeza. Era no Brasil todo. Mas o morro não era aqui não. Era na terra da minha mãe. Eu me lembro da história no colégio e mamãe disse que tinha sido na terra dela. O tal morro chamava Palmares. Parece que tinha muita palmeira.

PEDRO MICO — Então vai ver que era Palmeiras.

APARECIDA (*impaciente*) — Ah, Pedro, assim não conto mais não. Já basta que a gente está aqui conversando feito uma galinha dentro da panela esperando que toquem fogo nos gravetos.

PEDRO MICO — Antes que eu me esqueça, galinha é você. Vai metendo o Zumbi.

APARECIDA (*entusiasmando-se*) — Eu não sei mais do que isto não. O Zumbi fugiu com os outros negros que estavam cheios de apanhar de chicote e de viver nuns barracos imundos e meteu os peitos no mato até chegar no tal de morro dos Palmares. Lá não perdeu tempo com samba nem nada disso tudo que se faz hoje não. Fez muro, botou lá uma fortaleza, cercou o morro e aquilo ficou feito um país. Não me lembro quanto tempo durou não, mas, enquanto durou, foi pra valer. Todo mundo tinha casa decente, quintal, comida.

PEDRO MICO — E depois?

APARECIDA — Depois eles foram atacados.

PEDRO MICO — Por quê?

APARECIDA — Por quê? Ué. Preto naquele tempo tinha dono. Dono no duro, como se fosse, sei lá, um boi. Tudo ali era feito boi fujão que na roça a gente busca a laço no chifre e ferrão no lombo.[80]

(Trecho da peça *Pedro Mico*, de Antonio Callado)

Na literatura, sai o inovador *O homem e sua hora*, 1955, de Mário Faustino, feito de rigorosa integração entre a tradição e experimentalismo. Linguagens centradas na palavra. É a língua abrindo espaços para o novo.

Eclode, em 1956, o vanguardista Movimento da Poesia Concreta, que, sintomaticamente, pretende ser, na palavra dos seus propugnadores, "um projeto geral de nova informação estética, inscrito em cheio no horizonte da nova civilização técnica, situado em nosso tempo, humana e vivencialmente presente".[81]

Poetas que fizeram o Modernismo ampliam a contribuição individual com novas publicações.

Os autores da "Geração de 45" seguem construindo suas carreiras individuais.

Na prosa, a grande revelação é a obra ficcional de João Guimarães Rosa, destacado o romance *Grande sertão: veredas*, de 1956, texto onde se integram, harmoniosamente, o regional, o universal, a valorização da linguagem, dimensões míticas, históricas, religiosas e linguísticas. Sai a lume também *Doramundo*, 1957, de Geraldo Galvão Ferraz, considerado pela crítica obra marcadamente renovadora.

Na maioria das publicações da época segue predominante a dimensão introspectiva, notadamente caracterizadora de situações pouco comuns, acentuada a tentativa de mergulho no inconsciente e, em muitos casos, o experimentalismo na linguagem.

Não nos esqueça, a propósito, a relativização peculiar à constituição do cânon.

AINDA A MÍDIA

Configura-se, na segunda metade do século XX, assinala Nelson Werneck Sodré, uma concentração marcante da imprensa escrita.

Desaparecem inúmeros jornais e revistas de presença destacada desde o início da centúria. Entre estas últimas, *O Malho, O Tico-Tico, Fon-Fon, Careta, Eu Sei Tudo, Revista da Semana*. Deixam também de circular outras de aparecimento posterior, como *Vamos Ler, Carioca, Vida Nova, A Noite Ilustrada*.

Fica *O Cruzeiro*, até 1975, incorporada aos Diários Associados.

São lançados, em 1949, dois vespertinos cariocas, que marcarão posições dicotômicas fortemente mobilizadoras da opinião pública: *Ultima Hora*, dirigido por Samuel Wainer, e a *Tribuna da Imprensa*, sob o comando de Carlos Lacerda.

Reduz-se acentuadamente a presença da chamada pequena imprensa.

Ao longo da década de 1950, começa a presentificar-se, para ganhar vulto no decênio seguinte, o jornalismo centrado na notícia, na informação. É o que se observa nas páginas de *O Globo*, no *Correio da Manhã*, na *Folha da Manhã*, em *O Jornal*, no *Estado de Minas*, entre outros.

O ano de 1953 marca o lançamento da revista *Manchete*. Em Porto Alegre, o jornal *Zero Hora* data de 1964.

Surgem novas revistas que ganham presença nacional, o que não acontece com os jornais diários. Entre elas *Veja*, de 1968. Continua ativa a atuação de periódicos de circulação restrita aos estados.

Forte também a influência do rádio e da televisão na opinião pública, no condicionamento do consumo, em todas as direções, na influência sobre a política.

Na letra impressa, permanece o predomínio do registro formal.

No rádio e na televisão, seguem convivendo os múltiplos registros do idioma, em função das situações de fala. Ganha forte presença a tendência acentuada a um padrão nacional redutor, em detrimento de variantes geográfico-regionais e socioculturais.

A tônica do período é a concentração dos veículos midiáticos — jornais, revistas, rádio e logo a televisão — em grandes conglomerados, destacados, de início, os Diários Associados. Na sequência, sob o comando de Roberto Marinho, ganham vulto as Organizações Globo.

As corporações abrem-se ao capital estrangeiro. O Brasil, paralelamente, à circulação de revistas de outros países. Amplia-se, junto a uma pequena parcela da população letrada, o convívio com outras línguas de cultura.

CRISE, TURBULÊNCIA, RUPTURA

Passado o breve mandato de Jânio Quadros (1961) e o igualmente breve período do parlamentarismo, configuram-se, ao longo do governo de João Goulart (1961-1964), alguns aspectos que, em função do processo de estruturação comunitária e usos do idioma, se revestem de significação.

> Fui vencido pela reação e assim deixo o governo. Nestes sete meses, cumpri o meu dever. Tenho-o cumprido dia e noite, trabalhando infatigavelmente, sem prevenções nem rancores. Mas baldaram-se os meus esforços para conduzir esta Nação pelo caminho de sua verdadeira libertação política e econômica, a única que possibilitaria o progresso efetivo e a justiça social a que tem direito seu generoso povo. Desejei um Brasil para os brasileiros, afrontando nesse sonho a corrupção, a mentira e a covardia que subordinam os interesses gerais aos apetites e às ambições de grupos ou indivíduos, inclusive do exterior. Sinto-me, porém, esmagado. Forças

terríveis levantaram-se contra mim e me intrigam ou inflamam, até com a desculpa de colaboração. Se permanecesse, não manteria a confiança e tranquilidade, ora quebradas, indispensáveis ao exercício de minha autoridade. Creio mesmo que não manteria a própria paz pública.

Encerro, assim, com o pensamento voltado para a nossa gente, para os estudantes, para os operários, para a grande família do Brasil, esta página da minha vida e da vida nacional. A mim não falta a coragem da renúncia.

Saio com um agradecimento e um apelo. O agradecimento é aos companheiros que comigo lutaram e me sustentaram dentro e fora do governo e, de forma especial, às Forças Armadas, cuja conduta exemplar, em todos os instantes, proclamo nesta oportunidade. O apelo é no sentido da ordem, do congraçamento, do respeito e da estima de cada um dos meus patrícios para todos e de todos para cada um. Somente assim seremos dignos deste país e do mundo.

Somente assim seremos dignos de nossa herança e da nossa predestinação cristã.

Retorno agora ao meu trabalho de advogado e professor. Trabalharemos todos: há muitas formas de servir nossa Pátria.

Brasília, 25 de agosto de 1961
Jânio da Silva Quadros[82]

(Carta-renúncia do presidente Jânio Quadros)

Amplia-se a politização do povo brasileiro, acentuada a atuação dos estudantes e da Igreja Católica.

Destaca-se o movimento do operariado, notadamente com a atuação do movimento sindical na exigência de maior representação na discussão das questões de interesse nacional.

Diante do abalo sofrido pelo modelo desenvolvimentista, pressões de toda ordem mobilizam busca de soluções: torna-se premente a retomada do dinamismo do crescimento. Defendem-se, nesse sentido, reformas de base: agrária e urbana; voto de analfabetos e de segmentos das forças armadas.

Polariza-se o confronto ideológico entre direita e esquerda, politicamente assumidas.

O comprometimento político passa a dominar a produção cultural de vanguarda, assumida como agente da "missão pedagógica de conscientização e organização revolucionária das massas".[83]

Mudanças na estrutura social, mobilizações políticas associadas à produção artística envolvem comunicação e linguagem. Em decorrência, repercutem, necessariamente, na dinâmica que preside os rumos do idioma e os vários registros em que se configura.

Ainda que as alterações no comportamento linguístico não sejam de imediato perceptíveis na prática da comunicação cotidiana, a mobilização política e ideológica parece contribuir, ainda que timidamente, para a diminuição da coerção relacionada aos registros não formais. Os posicionamentos educacionais então adotados contribuem para a validade da hipótese.

EDUCAÇÃO NA TERCEIRA REPÚBLICA

No âmbito da educação, alguns fatos revestem-se de relevância, como mobilizadores de mudança.

A rede pública de ensino cresce significativamente. As escolas particulares buscam assegurar seus espaços. Confrontam-se posições. Acirradamente.

Na defesa da escola pública, é dado a público, nos rumos da Escola Nova, o "Manifesto dos educadores mais uma vez convocados". Em 1959. No cerne do texto, questões de política educacional. Nas propostas, solução conciliatória: a defesa da existência das duas redes: a pública e a particular. Mas com obras governamentais restritas à primeira e a sujeição das segundas a fiscalização.

Nos começos dos anos 1960, a população rural é ultrapassada pela população urbana. Ampliam-se espaços da industrialização.

É tempo da Lei de Diretrizes e Bases da Educação Nacional (Lei n. 4.024/61) efetivamente discutida pelo Congresso Nacional, nos termos da Constituição, e aprovada por João Goulart. E que não tem o aplauso das forças progressistas. Ganham presença organizações centradas na educação popular: Centros Populares de Cultura (CPC), o Movimento de Cultura Popular (MCP), o Movimento de Educação de Base (MEB).

Convivem as três pedagogias já assinaladas, cujos processos de ensino podem ser depreendidos como ponto de partida para o entendimento da síntese proposta por Paulo Ghiraldelli Jr., que destaca os cinco passos definidores de cada um:[84]

Pedagogia Tradicional	Pedagogia Nova	Pedagogia Libertadora
(Herbart)	(Dewey)	(Freire)
Preparação	Atividade	Pesquisa
Apresentação	Problema	temas geradores
Associação	dados do problema	Problematização
		(diálogo)
Generalização	Hipótese	Conscientização
Aplicação	Experimentação	ação social

Trata-se, como se depreende, de metodologias distintas e distinta orientação ideológica.

A questão da língua, sintomaticamente, não é objeto de preocupação enfática.

No segundo governo Vargas, a alfabetização cresce apenas 1,79%.

O governo de Juscelino Kubitschek valoriza o ensino técnico-profissionalizante, em consonância com a política desenvolvimentalista adotada. Educação para o desenvolvimento. A escola privilegia a formação de mão de obra técnica de nível médio. Quadruplicam-se entre 1957 e 1959 os recursos financeiros destinados ao ensino industrial.

Em consequência, ampliam-se a população escolar e, logo, o acesso ao registro formal, que segue privilegiado no ensino de português. Nas vozes cotidianas do povo, ainda que sob coerção social, prossegue a prevalência dos registros informais.

O reduzido período de Jânio Quadros concede ênfase ao ensino particular.

Em 1963, no mandato de João Goulart, metade da população ainda é analfabeta. Apenas 7% dos alunos do curso primário chegam à quarta série;

o ensino secundário só acolhe 14% dos que o procuram. Destes, 1% chega ao curso superior.

O governo se propõe um Plano Nacional de Educação, com promissoras metas qualitativas e quantitativas, entre elas matricular 100% da população escolar de 7 a 11 anos de idade que estejam cursando até a quarta série e 70% da população entre 12 e 14 anos na quinta e sexta séries.

Ainda se busca estimular, no governo de Goulart, a visão crítica do educando.

Uma nova diretriz, em termos do ensino do português, começa a ganhar destaque. Na orientação básica, duas dimensões: a conscientização das múltiplas modalidades que o idioma põe à disposição do falante e o centramento na língua escrita, privilegiado ainda o registro formal, de que a escola segue sendo guardiã.

Ganha destaque a valorização dos textos literários contemporâneos, agora ao lado dos textos não literários de toda ordem: jornalísticos, paraliterários. A letra e a música vão à aula de português. Passam a presentificar-se no livro didático.

Nova também, a preocupação com a configuração de uma política do idioma. Para além do impressionismo. Pautada nos estudos de filologia e linguística.

Celso Cunha defende, em 1964, uma

> política singela, realista, que lute não por uma utópica unificação do idioma, mas por manter a sua unidade relativa, sabendo de antemão que, considerada no tempo e no espaço, uma língua não pode ser "tout à fait la même". Queremos apenas que, de cada lado do Atlântico, a nossa não se torne "tout à fait une autre".[85]

E propõe, aos responsáveis pelo ensino idiomático, tanto nacionalistas como historicistas, o exame, isento de preconceitos, dos "pontos suscetíveis de ruptura e que um dia poderão vir a comprometer, senão a impedir, a mútua e benéfica compreensão atual".

Acrescenta ainda que não propõe uma unificação ou uma uniformização da língua; esta não seria tolerada por nenhuma comunidade integrante do universo da lusofonia.[86]

Ao fundo, ressalvadas as diferenças entre o português do Brasil e o português do outro lado do Atlântico, a defesa da unidade da norma culta comum.

NA QUARTA REPÚBLICA (REGIME MILITAR)

ALGUNS FATOS, POR CONTEXTUALIZADORES

Com a instauração do regime militar (1964-1985) redefinem-se radicalmente as regras do regime político.

Mantém-se, inicialmente, a Constituição de 1946, mas com alterações relevantes. Entre elas, a redução do âmbito de competência e atuação do Congresso. Taxativos, a propósito, os termos fixados no preâmbulo do Ato Institucional n. 1, assinado pelos comandantes do Exército, da Marinha e da Aeronáutica: "Fica assim bem claro que a revolução não procura legitimar-se através do Congresso. Este é que recebe desse Ato Institucional, resultante do exercício do Poder Constituinte inerente a todas as revoluções, a sua legitimação".[87]

O texto da nova Carta Magna, aprovada em janeiro de 1967 pelo Congresso reconvocado, abriga os poderes presidenciais vinculados à legislação ligada à segurança nacional.

A sequência dos presidentes militares — Castello Branco (1964-1967), Costa e Silva (1967-1969), os oficiais generais da Junta Governativa Provisória (Aurélio de Lyra Tavares, general, Augusto Rademaker, almirante, Márcio de Souza Melo, brigadeiro) (1969), Henrique Garrastazu Médici (1969-1974), Ernesto Geisel (1974-1979), João Batista Figueiredo (1979-1985) — é marcada, como é de todos consabido, pela assunção pelo Executivo de poderes excepcionais.

Em que pesem as insatisfações que levam civis a passeatas de protesto e à tentativa de reorganização da oposição, notadamente no âmbito da alta hierarquia católica, das entidades estudantis, da própria classe política, e a posição de alguns órgãos da imprensa, esfuma-se, com a decretação do Ato Institucional n. 5, a expectativa da mobilizadora reafirmação da democracia.

Atos de força que marcam o tempo ditatorial, como repressão, tortura, censura aos meios de comunicação e às astividades artísticas, com o decorrente cerceamento à liberdade de expressão, implicam repercussões regressoras na dinâmica do processo democrático e cultural e no âmbito dos direitos individuais.

Não obstante, verifica-se um efetivo crescimento econômico do país, o chamado "milagre brasileiro", favorecido, entre 1969 e 1973, segundo alguns especialistas, pela situação da economia mundial.

No âmbito da comunicação, o controle da imprensa e a propaganda de base ufanista são utilizados para divulgar a imagem do Brasil grande. Ainda uma vez, ganha vulto o poder da linguagem e, no seu âmbito, da língua, na direção de discursos aurificatórios.

Destaca-se a telecomunicação, amplamente desenvolvida a partir de 1964. É tempo da forte presença da emergente TV Globo, que logo se multiplica em rede nacional.

Na sequência do processo de abertura política, lento e gradual, iniciado no governo Geisel, a Nova Lei Orgânica dos Partidos, aprovada em dezembro de 1979, governo do general Figueiredo, determina o retorno do multipartidarismo.

Avoluma-se, no mandato deste último, a crise econômica que se vinha caracterizando e aprofunda-se com a recessão em 1981-1983, da qual o país emergirá a partir de 1984.

A bandeira da anistia, assumida pelo presidente, termina aprovada pelo Congresso e garante eleições para este último, em 1982.

Recorde-se, nesse mesmo ano, a deflagração da campanha pelas eleições diretas para a presidência da República, não aprovadas pelo mesmo Congresso.

As oscilações do poder, as implicações ideológicas, políticas e sociais que a elas se vinculam, conduziram e conduzem a repercussões na educação e também na área cultural e, consequentemente, nas criações literárias e nas atitudes dos artistas.

Tais fatores não determinam nem explicam a ação criadora, mas atuam como elementos condicionadores que podem ajudar a compreender, por exemplo, a significação das manifestações literárias a esse tempo tornadas realidade e os possíveis reflexos, a longo prazo, na dinâmica do idioma.

1950-1980: UMA BREVE SÍNTESE DO PROCESSO HISTÓRICO-CULTURAL

Nessas três décadas, em síntese, a realidade brasileira é marcada por alguns aspectos que, de alguma forma, implicam repercussões no ambiente do idioma. Notadamente nos espaços da interação dos registros da língua e do vocabulário.

Como explicita Boris Fausto, o país, antes agrícola, caminha na direção da transformação em urbano, industrial e de serviços. Muda significativamente a configuração social, econômica e política. Emergem alterações estruturais profundas na relação entre o rural e o urbano.[88]

Novas tecnologias da educação redundam na inserção no vocabulário da comunicação cotidiana de termos e expressões de origem estrangeira, em especial oriundos do inglês.

As duas décadas iniciais assistem à florescência de inúmeros estudos sobre a realidade brasileira.

Cria-se, em 1955, vinculado ao Ministério da Educação e Cultura, o Instituto Superior de Estudos Brasileiros (Iseb) de inspiração nacionalista, centrado na construção de uma ideologia nacional-desenvolvimentista. Na destinação, o ensino e a divulgação das ciências sociais.

Evidencia-se uma preocupação com pensar e dizer a realidade do país, o que é significativo para a consciência da identidade nacional, em que pese o caráter polêmico do conceito.

É sintomática, nos inícios dos anos 1960, a tomada de posição de vários artistas em termos de comprometimento ideológico.

Muitas das manifestações artísticas de então são levadas às favelas, aos sindicatos, às fábricas. Com a inserção, nos espaços da arte, de registros informais da língua-suporte.

A ação educacional envolve a alfabetização das camadas menos favorecidas. Para tanto, ao lado dos métodos tradicionais, privilegia a referida e conscientizadora metodologia criada pelo educador Paulo Freire, pautada na adequação do processo educativo às experiências no ambiente sociocultural, logo proibida pelo governo militar.

Vale lembrar que o método envolve, entre outros procedimentos: identificação de área onde se desenvolveria o trabalho de alfabetização; localização e recrutamento dos analfabetos residentes na área escolhida; entrevistas com adultos inscritos em "círculos de cultura" e com outros integrantes da comunidade selecionados entre os mais antigos e os mais conhecedores da localidade; registro de palavras nas entrevistas ligadas a questões vinculadas às vivências locais dos entrevistados; fixação, a partir do conjunto das entrevistas, de uma relação de palavras de uso comunitário corrente; escolha, nessa relação, de "palavras geradoras" — unidade básica na organização dos programas de atividades e na futura orientação dos debates, que teriam lugar nos "círculos de cultura". Em princípio, 17 palavras.[89]

São atitudes assumidas como dinamizadoras do processo educacional e cultural no país. Ao lado, o convívio com a permanência da tradição. Assim na arte e na educação, como na língua. Reduz-se ainda mais a distância entre os usos do idioma.

CONVERSINHA MINEIRA

— É bom mesmo o cafezinho daqui, meu amigo?

— Sei dizer não senhor: não tomo café.

— Você é dono do café, não sabe dizer?

— Ninguém tem reclamado dele não senhor.

— Então me dá café com leite, pão e manteiga.

— Café com leite só se for sem leite.

— Não tem leite?

— Hoje, não senhor.

— Por que hoje não?

— Porque hoje o leiteiro não veio.

— Ontem ele veio?

— Ontem não.

— Quando é que ele vem?

— Tem dia certo não senhor. Às vezes vem, às vezes não vem. Só que no dia que devia vir em geral não vem.

— Mas ali fora está escrito "Leiteria".

— Ah, isto está sim senhor.

— Quando é que tem leite?

— Quando o leiteiro vem.

— Tem ali um sujeito comendo coalhada. É feita de quê?

— O quê: coalhada? Então o senhor não sabe de que é feita a coalhada?

— Está bem, você ganhou. Me traz um café com leite sem leite. Escuta uma coisa: como é que vai indo a política aqui na sua cidade?

— Sei dizer não senhor: eu não sou daqui.

— E há quanto tempo o senhor mora aqui?

— Vai para uns quinze anos. Isto é, não posso agarantir com certeza: um pouco mais, um pouco menos.

— Já dava para saber como vai indo a situação, não acha?

— Ah, o senhor fala da situação? Dizem que vai bem.[90]

(Trecho de *A mulher do vizinho*, de Fernando Sabino)

Paralelamente, surgem, na literatura, novos movimentos.

O Concretismo segue desenvolvendo-se polemicamente, como vanguarda que se propunha.

De uma crise entre seus propositores, emerge, em 1962, o movimento Instauração Praxis, que opõe à "palavra-energia" à "palavra-coisa" propugnada pelos propositores da poesia concreta. O poema passa a ser entendido como um "produto" dinâmico, aberto à participação do leitor".[91]

Outra dissidência anterior já havia gerado, em 1959, o Neoconcretismo, mais no âmbito das artes plásticas e que pretendia uma dimensão mais objetiva e humanista em oposição às primeiras atitudes eminentemente lúdicas dos concretos.

Ainda em posição progressiva, situa-se a contribuição dos poetas ligados às revistas *Ptyx* (1963) e *Vereda* (1964), ligadas à anterior *Tendência*, de 1957.

Vanguardas. Mobilizadas por grupos de artistas. Novos matizes na linguagem. De repercussão reduzida, em termos da massa populacional e nos espaços idiomáticos.

Na prosa, o fato marcante: a emergência do conto. Notadamente a partir de 1960.

Numerosas e variadíssimas, as obras lançadas na época, com um grande volume de propostas marcadas de recursos renovadores. Dominante, significativamente, o centramento na realidade brasileira. Em contraste com o *boom* latino-americano. E com um número significativo de leitores.

A literatura ainda é produto cultural de prestígio, embora consumida por poucos em relação à totalidade da massa populacional brasileira. "Malagueta, Perus e Bacanaço", de João Antonio, contém excelentes exemplos da linguagem da narrativa curta àquela época.

Também forte é a presença da crônica, manifestação literária a que Machado de Assis dera configuração.

Trata-se de uma modalidade de texto que, navegando entre o literário e o não literário, retira sua caracterização da dinâmica do tempo, de cujos limites se libera por força da linguagem estética em que se concretize.

Faz-se de fatos e comentários do autor sobre a realidade próxima ou distante, mas sempre a partir de uma ótica atualizada. Em linguagem próxima do coloquial. E garante, à época, altas tiragens de jornais, de revistas e de livros. E, dado relevante, passa a frequentar, com assiduidade, a ação didática das escolas. Em destaque a produção de Rubem Braga.

> E considerei a glória de um pavão ostentando o esplendor de suas cores: é um luxo imperial. Mas andei lendo livros, e descobri que aquelas cores todas não existem na pena do pavão. Não há pigmentos. O que há são minúsculas bolhas d'água em que a luz se fragmenta, como num prisma. O pavão é um arco-íris de plumas.
>
> Eu considerei que este é o luxo do grande artista, atingir o máximo de matizes com o mínimo de elementos. De água e luz ele faz seu esplendor: seu grande mistério é a simplicidade.
>
> Considerei, por fim, que assim é o amor, oh! minha amada; de tudo que ele suscita e esplende e estremece e delira em mim existem apenas meus olhos recebendo a luz do teu olhar. Ele me cobre de glórias e me faz magnífico.[92]
>
> (Crônica "O pavão", de Rubem Braga)

E continuam com obra em processo autores de linhagem modernista e escritores de linha tradicionalista. Em prosa e verso. O novo se tradicionaliza e a tradição se revitaliza.

Acentua-se ainda mais, vezo da modernidade, a aproximação da língua literária à língua falada no cotidiano comunitário. Assegurada na literatura, com poucas exceções, a prevalência da norma culta tradicional.

Jornais distribuem-se pelo país. De presença tanto nacional como regional. Agentes atuantes. Intérpretes de posicionamentos. Divulgadores e sedimentadores do registro formal. Indutores de tomadas de posição.

Em destaque, a chamada imprensa nanica, na expressão do escritor João Antônio, de que *O Pasquim* é a manifestação mais relevante, com sua abertura para todos os registros da língua.

As telenovelas, abertas para a descontração da linguagem coloquial, presentificado o registro informal, seguem alimentando a fantasia e reduplicação de segmentos da realidade social, com lugar destacado no consumo. Altíssimos, os índices de audiência.

Periódicos, livros, rádio, discos, cinema, teatro, televisão intensificam a comunicação. De massa. E não apenas em âmbito nacional, mas ainda diminuindo as distâncias planetárias. Com predomínio também condicionador da fala citadina, nos espaços lexicais, estruturais e suprassegmentais.

A língua se beneficia de toda essa efervescência, sobretudo a partir da democratização da palavra poética, inaugurada pelos modernistas.

O desenvolvimento cultural da sociedade brasileira traz consigo, necessariamente, a ampliação do léxico do idioma e possibilita o enriquecimento do universo linguístico dos seus múltiplos usuários.

Paralelamente, a arte assume, ainda uma vez, a resistência à repressão. Um exemplo, entre outros, configura-se no espetáculo *Liberdade, liberdade*, de Millôr Fernandes, com estreia em 1965.

(Ainda com as luzes da plateia acesas, ouvem-se os primeiros acordes do Hino da proclamação da República. Apaga-se a luz da plateia. Ao final da Introdução, um acorde de violão e Nara Leão canta, ainda no escuro.)

NARA
Seja o nosso país triunfante,
Livre terra de livres irmãos...

CORO
Liberdade, liberdade
Abre as asas sobre nós,
Das lutas, na tempestade,
Dá que ouçamos tua voz...

(Acende-se um refletor sobre Paulo Autran. Ele diz)

PAULO
Sou apenas um homem de teatro. Sempre fui e sempre serei um homem de teatro. Quem é capaz de dedicar toda a vida à humanidade e à paixão existentes nestes metros de tablado, esse é um homem de teatro. (Baseado em textos de Louis Jouvet e de Jean Louis Barrault, do livro *Je suis Homme de Théatre*.) Nós achamos que é preciso cantar (*Acordes da Marcha da Quarta-feira de Cinzas*) agora, mais que nunca, é preciso cantar.[93]

(Trecho da peça *Liberdade, liberdade*,
de Millôr Fernandes e Ricardo Rangel)

Evidenciam-se, na cultura ocidental, marcas de um tempo novo. Agudiza-se a emergência de nova ruptura.

O advento da pílula anticoncepcional redireciona conceitos e preceitos na área sexual e na estrutura da família. O sexo desvincula-se do sentimento de culpa. Privilegia-se o princípio do prazer. Em que pesem resistências à mudança.

Ganha vulto a fragmentação social. Nesse espaço, etnias, mulheres e homossexuais erguem bandeiras de identidade cultural, início de um processo de resultados promissores, que o futuro logo assumirá. A estrutura social multiparte-se, sem perder a unidade.

Finda o tempo da guerra fria.

Ganham presença filosofias orientais.

A indústria eletrônica traz as primeiras marcas da revolução tecnológica.

Emerge a ecologia.

Abrem-se olhares novos sobre as relações sociais e econômicas.

Novas palavras vinculadas aos novos espaços existenciais passam a frequentar o mercado verbal. Na disseminação os sofisticados veículos de informação. O Brasil insere-se nessa realidade. Muda a configuração da estrutura social do país, a sociedade transforma-se. A língua insere-se nesse processo de mutações.

NOVOS RUMOS LITERÁRIOS NO BRASIL

A marca dominante, desde os anos 1970, passa a ser, no âmbito da literatura, a multiplicidade de tendências. Caracteriza-se um *movimento de dispersão*.

Ao longo do tempo marcado pela censura e a repressão, os grupos de vanguarda, emergentes nas décadas de 1950 e 1960, completam compulsoriamente o seu ciclo de ação incisiva: tornam-se instâncias históricas, com suas propostas incorporadas, com maior ou menor relevância, ao processo da literatura.

A produção poética dispersa-se num universo de individualidades. Em destaque, temas que vão de explicitações de problemáticas singulares a reflexões metafísicas, e, com muita frequência, a considerações sobre o próprio fazer poético.

A poesia volta, em muitos casos, a frequentar a torre de marfim. E em outros a rezar no templo de Narciso. Poucos são, obviamente, os textos centrados em questões sociais enquanto tal.

Em termos de linguagem, permanecem, por um lado, o cultivo do ritmo e da imagística tradicionais e modernistas; por outro, a amplitude e a configuração da obra produzida implicam a problematização do cânon e da legitimação.

Nesse quadro, o Movimento da Poesia Concreta, centrado na palavra-coisa e nas impressões verbivocovisuais, emergente em 1956, incorpora-se ao processo literário como vanguarda. Com alguma influência nas artes gráficas e na produção publicitária, com abertura de perspectivas para novas formas de criação. Mobilizada, sobretudo, a reflexão sobre o fazer poético.

O mesmo acontece com as experiências do Neoconcretismo.

Práxis, centrada na palavra-energia e no poema como produto dinâmico, à luz de uma posição filosófica dialético-existencial, já é história desde o final dos anos 1960. Os integrantes do movimento assumem percursos individualizados.

Violão de rua, que, em 1962-1963, agregou poetas preocupados com uma poesia de caráter humanista, social e político, brasileiramente assumido, não vai além das três antologias organizadas por Moacyr Félix enquanto tomada de posição grupal. Alguns colaboradores ensaiam um retorno em 1968, com *Poesia Viva I*, mas terminam também assumindo rumos singulares.

O grupo ligado às revistas mineiras, marcado pela associação do social e o histórico à palavra, também se desagrega.

Com o Tropicalismo, emergente no cenário cultural brasileiro a partir de 1967-1968, configura-se a prévia da dispersão. Movimento difuso, proposta anárquica, "geleia geral", sem qualquer preconceito estético, embora com pano de fundo ideológico comum, questiona, renova, abre perspectivas em várias artes, entre elas o cinema e a música popular. Restrita, a contribuição na literatura.

Simultaneamente brasileiro e universal, o procedimento relativa as posições antagônicas da época no Brasil, quando se oscilava entre a ênfase às raízes nacionais e à importação cultural, tempo em que o nacionalismo ainda era virtude apaixonadamente cultivada. Converte-se numa atitude de carnavalização, no sentido bakhtiniano[94] do termo. Contribui com pesquisas de expressão, humor, posição anárquica em relação aos valores burgueses, cosmopolitismo estético, eliminação de fronteiras entre o erudito e o popular, jogo intertextual. A letra de "Alegria, alegria", de Caetano Veloso constitui mostra significativa do discurso tropicalista.

Nas pegadas da liberação tropicalista, a dispersão configura-se ainda mais com a chamada *poesia marginal*, feita de procedimentos que começam a proliferar, significativamente, nos anos 1970, assumidos basicamente por jovens.

Não se corporifica proposta unificante, aglutinadora. Mesmo com os pequenos grupos, mais ligados pelo trabalho de produção e divulgação. Conta, sobretudo, a manifestação individual, pautada em impulsos emocionais, na criação totalmente livre e quase sempre com destaque na irreverência. Poema mais para ser ouvido do que lido.

Todos esses movimentos pontuam significativamente o processo literário brasileiro. Todos têm seu maior ou menor momento de impacto. Todos dialogam criticamente com os posicionamentos modernistas, referência comum. Abrem novas perspectivas para a linguagem poética. Propiciam à arte nacional modos de fazer que culminam nos *happenings* e nas *performances* bastante frequentes até os anos 1990. Consequentemente, levam a revisões nos critérios de legitimação do texto de literatura. E influem, sobretudo por meio da escola, nos usos do idioma. Ainda que em pequena escala.

Os movimentos de vanguarda, com seu caráter de assunção coletiva, destacam-se na cena literária até 1970, aproximadamente, com nítida preocupação com a realidade brasileira em mudança. Seja buscando abertura para a planetarização, como, em especial, os concretistas, seja concedendo ênfase à temática nacional, como os poetas de *Violão de rua*, seja dialogando com outras manifestações da arte brasileira ou universal, como os tropicalistas e os marginais.

No curso dos anos seguintes, em algumas repercussões, movimentos e atitudes se rarefazem, as vanguardas exauridas dão lugar mais amplo ao individualismo, ao lirismo de preocupação existencial.

A prosa segue seu rumo multifacetado e abre-se a dimensões hiper-realistas. Perde espaço o centramento na preocupação social de caráter regional.

Mudanças no processo educacional

No fundamento da educação, ao tempo do regime militar, predomina a ideologia do "desenvolvimento com segurança".

Extingue-se o Plano Nacional de Educação proposto no Governo João Goulart.

O curso superior tem reduzido o número de vagas. E é objeto de uma reforma universitária estabelecida pela Lei n. 5.540, de 28 de setembro de 1968.

A nova legislação adota, entre outras, as seguintes medidas: substitui o regime de cátedra pela departamentalização; institui a carreira universitária aberta; reorganiza a universidade em institutos dedicados à pesquisa e ao ensino básico e em faculdades e escolas, destinadas à formação profissional; flexibiliza os currículos, por meio de cursos parcelados semestrais; adota o sistema de créditos e de exames vestibulares unificados, além de ciclos básicos comuns a estudantes de cursos distintos; institui cursos de pós-graduação em nível de mestrado e doutorado e cursos de curta duração.[95]

E, em decorrência, o vestibular classificatório, sem nota mínima. Muda, necessariamente, o lugar do idioma no processo educacional: ameniza-se a exigência do domínio do registro formal.

As alterações radicais no âmbito do curso superior, por outro lado, implicam novas perspectivas em relação à formação dos especialistas em educação e dos futuros profissionais do ensino da língua materna e repercussões relevantes na prática pedagógica da área da linguagem.

O nível secundário passa a ser regulado pela Lei n. 5.692, de 11 de agosto de 1971, votada pelo Legislativo, em regime de urgência, em sessão conjunta do Congresso Nacional, "que durou duas horas e meia, com a manifestação de apenas quatro parlamentares".[96]

Marca-a basicamente o princípio de que o desenvolvimento é um empreendimento solidário: a reforma preconizada nele se inscreve plena. E envolve, simultaneamente, todas as áreas constitutivas da cultura.

O novo texto regulador mantém os objetivos gerais da educação nacional constante da Lei n. 4.024/61.

Propõe-se também o abandono do "ensino verbalístico e academizante, para partir vigorosamente para um sistema educativo de 1º e 2º graus, voltado para as necessidades do desenvolvimento [...]; o abandono do ensino meramente propedêutico pela adoção de um processo que valoriza progressivamente o estudante, dando terminalidade à escola de segundo grau, preparando os técnicos de nível médio de que têm fome a empresa privada como a pública", esclarece a Exposição de Motivos do Ministro da Educação e Cultura, ao encaminhar ao presidente da República o anteprojeto do texto legal.[97]

No que tange à estrutura, unificam-se os antigos primário e ginasial num curso de primeiro grau, com duração de oito anos, e os cursos científico e clássico, num curso de segundo grau, com três anos de duração. Eliminam-se os ramos comercial, industrial, agrícola e normal. O ensino religioso passa a ser facultativo.

O que se pretende alcançar: "o ensino de 1º e 2º graus tem por objetivo geral proporcionar ao educando: formação necessária ao desenvolvimento de suas potencialidades como elemento de autorrealização, qualificação para o trabalho e preparo para o exercício da cidadania" (art. 1º da Lei). Busca-se o desenvolvimento no educando das capacidades "de observação, reflexão, criação, decisão e ação". Para elas deve convergir "o ensino das matérias fixadas e o das que lhes sejam acrescentadas sem prejuízo da sua destinação própria".[98]

Tal preocupação sempre esteve presente no ensino brasileiro, porém de modo assistemático.

A lei preconiza ainda objetivos das matérias, a que se condicionam as funções dos seus conteúdos particulares, e os objetivos do grau escolar, considerado em cada caso: formação integral da criança e do pré-adolescente ou do adolescente, "segundo as fases de desenvolvimento dos alunos" (arts. 17 e 21 da Lei n. 5.692/71).[99]

Por matérias, entende-se "todo campo de conhecimentos fixado ou relacionado pelos Conselhos de Educação, e em alguns casos, acrescentado pela escola, antes de sua reapresentação, nos currículos plenos", sob a forma "didaticamente assimilável de atividades, áreas de estudo e disciplinas".

Os objetivos específicos mais os objetivos do grau convergirão para os fins da escolarização de primeiro e segundo graus em conjunto. E todos juntos "devem inspirar-se nos princípios de liberdade e nos ideais de solidariedade humana".

A lei propõe a formação integral do adolescente, resultante de dois aspectos da educação: a educação geral e a formação especial.

A primeira, a geral, destina-se "a transmitir uma base comum de conhecimentos indispensáveis a todos, na medida em que se espelhe o Humanismo dos dias atuais" definido no Parecer n. 45/72 do Conselho Federal de Educação.

A formação especial envolve, no primeiro grau, sondagem de aptidões e iniciação para o trabalho; no segundo grau, tem por objetivo a habilitação profissional.

O que caracteriza basicamente a formação especial é a terminalidade. Ainda que se admitam aprofundamentos em casos excepcionais no segundo grau, a regra é a formação de auxiliar técnico obtida em três anos de estudo e a de técnico, com exigência de quatro anos. Foram regulamentadas, de início, mais de duzentas habilitações profissionais.

O ingresso no curso superior exigia a conclusão do terceiro ano do segundo grau e a classificação em exames vestibulares. A partir de 1983, a Lei n. 7.044/82 liberou os estabelecimentos educacionais da oferta de habilitações.

Por outro lado, educar deve ser, efetivamente, um trabalho que envolve a escola, a família, a comunidade, o estado, o país. Torna-se obrigatório o ensino de primeiro grau.

O texto legal determina ainda que "o ensino de 1º e 2º graus será ministra-do obrigatoriamente na língua nacional". E mais: que, nesse mesmo âmbito, "ao estudo da língua nacional dar-se-á especial relevo, como instrumento de comunicação e como expressão da Cultura Brasileira".

Assume-se, assim, na letra da lei, a estreita relação entre língua e cultura. Relevante.

Em que pesem as sucessivas reformas e mudanças, dois problemas crô-nicos seguiam e seguem perpassando a escola brasileira: repetência e evasão escolar, em altos índices, com reflexos obviamente no ensino do idioma nacional e no domínio desta pelos educandos.

A ESCOLA E O IDIOMA

No âmbito pedagógico, o ensino do idioma ganha nova orientação.

Integra, como conteúdo específico, o chamado núcleo comum do cur-rículo previsto configurador do conteúdo mínimo, e, neste, a área de co-municação e expressão.

Pressupõe a interação com outras linguagens. Abre espaço para as ma-nifestações não literárias e paraliterárias. O privilégio, entretanto, continua sendo conferido ao registro formal.

A radicalidade das novas diretrizes conduz, de início, a uma confusão geral no ensino da língua, sobretudo diante das novas categorias curriculares e da inter-relação entre as linguagens integrantes da área de comunicação e expressão.

Lei, metodologia, seleção de textos, critérios geram, na múltipla realida-de brasileira, no mínimo perplexidades. Trata-se, ainda uma vez, de uma reforma feita para uma realidade desejável, mas não existente.

O ensino de português, em tal contexto, continua a ser marcado pelo distanciamento entre o registro informal e ultrainformal dominante na comunicação falada no convívio cotidiano e o registro formal da expressão oral e escrita, privilegiado na escola. Relevante, a abolição dos posicionamentos preconceituosos, em relação aos registros informal e ultrainformal.

Na orientação pedagógica, avultam as oscilações entre o centramento na *carência* do educando, que precisaria ser preenchida pela escola, e a nuclearização na *diferença*.

E mais: mesmo diante da recomendação da adoção gradativa dos novos princípios, as mudanças são implantadas como um todo.

A aplicação, ao longo de 25 anos de sua vigência, levou a resultados tais que obrigaram a revisões e alterações ao longo do processo. Uma nova configuração começa, gradativamente, a se impor como necessária.

ESPAÇOS DE LETRA E MÚSICA

Sob os ventos da abertura para o espaço internacional, surge, na música popular, a "bossa nova".

Assiste-se a uma intensificação do processo de intelectualização das letras associada ao coloquialismo. Com prevalência do registro formal do idioma. Também nesse âmbito, já se havia pensado na modalidade da língua cantada, no congresso realizado em 1937 no Teatro Municipal de São Paulo. Para uma ideia do processo citado, veja-se, entre outras, a letra de "Chega de saudade", composição assinada por Antonio Carlos Jobim e Vinicius de Moraes.

As composições musicais dos anos 1970 marcam-se, entretanto, de múltiplas feições.

Ao lado da bossa nova emergente, sambas, canções, marchinhas, música sertaneja, música regional seguem seu curso, na linhagem tradicional, com as letras elaboradas numa linguagem mais próxima da espontaneidade do discurso coloquial. A chamada MPB continua percorrendo seu caminho multifacetado.

Surgem composições de exaltação patriótica, como "Pra frente Brasil", de Miguel Gustavo.

Emergem letras-denúncia, de protesto velado, por força do rigor da censura, como "Meu caro amigo", de Chico Buarque e Francis Hime, composição de 1976, letras reflexivas sobre comportamentos existenciais, como "Metamorfose ambulante", de Raul Seixas e Paulo Coelho, de 1973, e "Como nossos pais", de Belchior, ou a rural "Romaria", de Renato Teixeira, ambas de 1975.

Na língua-suporte, a prevalência do registro formal. Mais um fator de sedimentação, no canto e na introspecção dos falantes.

Em paralelo, seguem presentes as composições caracterizadoras da música sertaneja, em que se presentifica o uso do coloquial distenso.

Nas manifestações do cotidiano, a língua segue na sua dinâmica, com prevalência do registro informal.

NA CENA TEATRAL

Mesmo sob as imposições regressoras decorrentes da censura, o teatro assume-se como trincheira de resistência intelectual. Por meio de espetáculos representativos. Como, em 1965, o citado *Liberdade, liberdade*, e *Morte e vida severina*, auto de Natal pernambucano, de João Cabral de Melo Neto, encenado pelo TUCA, da PUC de São Paulo; *Se correr, o bicho pega, se ficar, o bicho come*, de Oduvaldo Vianna Filho e Ferreira Gullar, de 1966; *Roda viva*, de 1967, de Chico Buarque de Hollanda; *Dois perdidos numa noite suja*, de Plínio Marcos, também de 1967; a montagem, por José Celso Martinez, de *O rei da vela*, de Oswald de Andrade, em 1968. De Oduvaldo Vianna Filho vai à cena ainda o marcante *Rasga coração*, em 1974. Acrescentem-se, entre outros, os espetáculos do Teatro Opinião.

Perpassam o período, sem assunção do compromisso assinalado, entre outras, as peças de Nelson Rodrigues, carregadas de tragicidade de preocupação moralizante. Na língua-suporte, a presença marcante do registro coloquial urbano.

Dupla, no juízo de Bárbara Heliodora, a natureza dos males trazidos pela censura à produção teatral: o silêncio dos autores de obra considerável que nunca mais escreveram; os obstáculos intransponíveis lançados aos autores novos. Conclui, entretanto, a rigorosa crítica: "O Brasil e o teatro saíram da censura e do governo militar mais maduros em relação à sua consciência de brasilidade e às questões ideológicas que ainda prevaleceram por muito tempo".[100]

Nas peças, como nas telenovelas, a presença dos múltiplos registros do idioma, o que contribui ainda mais para a diminuição do rigor da coerção social, em relação ao uso informal.

Mudanças na ortografia

O sistema ortográfico brasileiro permanecia fiel às Instruções da ABL oficializadas em 1943 e referendadas pela Lei n. 2.623, de 1955.

Em 1967, projeto do deputado Alceu de Carvalho apresentado ao Congresso Nacional, onde recebe o n. 504/67, propõe a alteração do artigo 1º do citado documento legal.

A proposição resume-se ao âmbito dos sinais gráficos.

Nesse espaço, estabelece que sejam abolidos do sistema então em vigor: o trema indicativo do encontro de vogais que não forma ditongo, mas hiato; o acento circunflexo do primeiro elemento nos advérbios terminados em -mente e nos derivados em que figuram sufixos precedidos do infixo -z (-zada, -zeiro, -zinho, -zista, -zito, -zorro, -zudo etc.); o acento grave nos derivados dessa natureza (em vez de *sòzinho* e *sòmente* se escreverá *somente* e *sozinho*); o acento circunflexo diferencial ou distintivo no *e* e no *o* fechado da sílaba tônica das palavras que estão em homografia com outras em que são abertas essas vogais, como, por exemplo, *esse* (pronome) e *esse* (substantivo); excetua-se a forma *pôde* (terceira pessoa do pretérito perfeito simples do indicativo do verbo poder), que manteria o circunflexo, de acordo com as regras vigentes.

O Conselho Federal de Educação e o Conselho Federal de Cultura manifestaram-se favoráveis à proposta.

Por solicitação do deputado Eurípedes Cardoso de Menezes, relator da matéria na Câmara Federal, é criada uma Assessoria Parlamentar, formada de especialistas.[101]

Em minucioso parecer, favorável às mudanças propostas, a Assessoria condicionou que sua aplicabilidade ou não resultasse igualmente de proposta da Academia Brasileira de Letras e da Academia das Ciências de Lisboa, e mais ainda da Academia Brasileira de Filologia e outras "instituições culturais que devem considerar as simplificações preconizadas no citado Projeto, e ainda outras de natureza simplificadora e unificadora resultantes dos atos relativos à ortografia emanados de entidades oficiais assim brasileiras como portuguesas".

As duas primeiras academias, em parecer conjunto, manifestam-se favoravelmente. Em 1971. A Academia Brasileira de Filologia também anuiu.

O Projeto é finalmente aprovado e as modificações nele configuradas incorporadas aos cânones reguladores da ortografia oficial, por meio da Lei n. 5.765 publicada no Diário Oficial da União de 20 de dezembro, com definição de entrada em vigor a partir de 20 de janeiro de 1972.

Portugal, por seu turno, em 1973, promulga Lei que acrescenta mudanças às normas de 1945: a eliminação dos acentos circunflexo e grave nos mesmos casos referentes aos advérbios em -mente ou com aqueles sufixos precedidos do infixo -z.

Em 1975, as duas academias elaboram novo projeto de acordo. Ainda uma vez, motivos de caráter político impedem a aprovação oficial das normas preconizadas.

A regulamentação voltará ao debate.

Dados populacionais e educacionais

Em 1950, a população brasileira chegara a 51,9 milhões de habitantes; 64% da população, rural, 36%, urbana.

Segundo o censo de 1970, o total sobe a 93.139.037 de habitantes: vivem na cidade 52.084.984 de pessoas, e, no campo, 41.054.053.[102]

Essa maior amplitude do contingente urbano significa maior mobilidade nos rumos do idioma falado e, em especial, escrito. Por força do maior número de agências culturais disponíveis, desde a escola aos centros de lazer, passando pelos órgãos de imprensa.

Em 1980, os habitantes do país totalizam cerca de 120 milhões: população rural, 33%; urbana, 67%. Quase a metade com menos de 20 anos. Isto significa que muitos estavam em idade escolar, vale dizer, mobilizados para familiarizar-se com o conhecimento sistemático do uso privilegiado da língua oficialmente adotada no país.

Ao longo dos trinta anos citados, verifica-se um avanço nos rumos da alfabetização e esta se torna singularmente importante: estimula a consciência da cidadania, conduz ao domínio da língua escrita, tradicionalmente centrada no uso formal; abre também espaço para o convívio com a literatura. Naquele ano de 1950, o censo registrava a existência de 53,9% de analfabetos do sexo masculino e 60,6% de analfabetos do sexo feminino.

Esses percentuais se reduzem, significativamente, segundo o censo de 1980: 34,9% de homens analfabetos para 35,2% de mulheres analfabetas.

Pesquisa posterior, datada de 1987, revela queda ainda mais relevante: 25,8% de homens e 26% de mulheres não são alfabetizados.

Entenda-se por alfabetização funcional, à luz da definição da Unesco,

> uma pessoa é funcionalmente alfabetizada quando pode fazer parte de todas as atividades nas quais a alfabetização é necessária para o funcionamento de seu grupo e comunidade e também para tornar possível que ela continue a usar a leitura, a escrita e a aritmética para seu próprio desenvolvimento e para o desenvolvimento de sua comunidade.[103]

Também cresceu, e substancialmente, a frequência aos cursos de nível médio e superior. Tal circunstância trouxe maior conscientização da importância do idioma, mas não significou, no caso brasileiro, o domínio geral da língua de que nos valemos. Até porque se torna difícil caracterizar, no âmbito de tais índices, a incidência de analfabetos funcionais.

Acrescente-se, a título de comparação: na Polônia e no Canadá, por exemplo, é considerado funcionalmente analfabeto todo adulto com menos de 8 anos de escolaridade. E um fato comum: na sociedade do conhecimento, o nível de empregabilidade do analfabeto é quase nulo.

É de assinalar a representatividade das mulheres, talvez devido à incursão no mercado de trabalho e à consciência da necessidade de afirmação de sua identidade cultural que emerge na década de 1960 e ganha cada vez mais evidência nas décadas seguintes.

Vale ressaltar, a este passo, a importância da alfabetização paterna e materna para a educação dos filhos: afinal, o ambiente familiar é tão ou mais importante do que a escola, no processo educacional. É mais um dado relevante no que se refere à língua e ao seu uso como instrumento de comunicação. Sobretudo em termos de variante sociocultural.

O registro formal continua social e pedagogicamente privilegiado.

MIGRAÇÕES EM PROCESSO

De 1940 a 1980, acentua-se a migração de nordestinos na direção do Centro e do Sul do país. Em especial para São Paulo e Rio de Janeiro. Na motivação, a industrialização e o flagelo das secas.

É também significativa a movimentação de gente de Minas para outros estados.

O desenvolvimento da atividade rural no Paraná, que, desde os anos 1920, mobilizava notável afluxo de migrantes, traz novas levas representativas por força dos apelos da cafeicultura local. Com o advento da cultura da soja, aliada ao café, a migração leva a população do estado a aumentar, entre 1950 e 1960, 43,5%. E muitos vêm de experiências malsucedidas em São Paulo e no Rio de Janeiro.

A fundação de Brasília e a transferência da capital conduzem à concretização efetiva da migração para o Oeste, mobilização incentivada pelos governantes desde o Estado Novo. Cultura de soja, de milho, de arroz e pecuária mobilizam fortes correntes migratórias que levam novos habitantes a Mato Grosso e Goiás.

A criação do estado de Rondônia também atrai muitos brasileiros, a tal ponto que, de uma população de 110 mil habitantes em 1970, chega, em 1990, a 1,1 milhão de pessoas, oriundas de vários pontos do país.

Move-se o eixo econômico do campo para as cidades.

São Paulo emprega, em 1970, 8.137.000 de habitantes. Em 1980, 12.588.000: mais de 10% da população total do país.

No Rio de Janeiro de 1970, a população é de 7.082.000 de pessoas. Em 1980, 9.018.000: perto de 8% do total da população brasileira.

Belo Horizonte tem, em 1970, 1.605.000 de habitantes; em 1980: 2.541.000: 2,1% da população geral.

Recife, Porto Alegre, Salvador, Fortaleza, Curitiba e Belém totalizam 30% da população total. O eixo São Paulo–Rio–Belo Horizonte, 20%.

Nesses contingentes, aumenta a população operária: 1950: 2.821.012 de trabalhadores; 1980: 14.303.820. Concentrada nos espaços da metalurgia mecânica, material elétrico, comunicações, transporte. Menor o contingente na indústria têxtil e na indústria de alimentos. Em paralelo, numerosas oficinas, pequenas fábricas nos espaços citadinos, grande número de camponeses na periferia.

Outros números são significativos, em termos de população rural. Em 1976: trabalham no campo brasileiro 15 milhões de indivíduos: 4,5 milhões de assalariados, 3,3 milhões de temporários e 1,6 milhão de assalariados permanentes. Pouco mais de 10 milhões se fazem de 4 milhões de donos de minifúndios, 2,4 milhões de pequenos posseiros, 4 milhões de parceiros e rendeiros.

Novas camadas médias urbanas totalizam 9.685.000 de pessoas: com salário, 6.685.000; não assalariados, 3.290.000.

Os assalariados, em tais termos, constituem uma categoria nova, "não operária, vinculada às funções burocráticas do Estado, à Universidade, aos transportes, aos bancos, ao comércio e todo um universo de difícil concentração, muito próximo do que Stuart Mills denominou de *Power Elite*, praticamente concentrado nas cidades, culta, no mais das vezes, e depois de 1975, esteios da luta contra a ditadura militar".[104]

Amplia-se significativamente o contingente letrado da população. Em que pese o número acentuado de analfabetos funcionais.

O uso do idioma recebe o impacto dessas instâncias comunitárias, ainda que as mudanças não sejam, de imediato, perceptíveis, e, mesmo ao longo de decênios, por força de sua complexidade, de difícil caracterização.

REPERCUSSÕES NO USO DO IDIOMA

A modernização da agricultura, com a mecanização e as novas técnicas de conservação e melhoria do solo e dos produtos cultiváveis, os avanços da veterinária e outros fatores que passam a reger a atividade no campo trazem, no âmbito da língua, a necessidade maior da alfabetização e de ampliação de vocabulário. No mínimo para possibilitar o acesso aos manuais técnicos de instrução.

Na área urbana, o aumento gradativo das atividades secundárias e terciárias, notadamente com o progresso da industrialização, exige ainda mais o domínio do idioma, cujo uso formal é condição, com maior ou menor intensidade, para o ingresso em espaços decisivos do mercado de trabalho.

A estruturação do ensino traz, entre as exigências de passagem de um estágio para outro, avaliações de desempenho no emprego do português, e esse desempenho vincula-se também ao domínio do uso prestigiado.

O movimento migratório propicia obviamente interinfluências de variantes regionais, com repercussões significativas, em termos de fonética, de morfossintaxe e de vocabulário. Mudanças que só o rigor de complexa pesquisa pode configurar.

A intensificação e a mobilidade da migração interna propiciaram acentuada interação das citadas variantes. Observe-se, a propósito, em relação às cidades, a proporcionalidade dos índices populacionais.

Nesse espaço, destaca-se a movimentação de contingentes significativos para o Rio de Janeiro, São Paulo e Brasília.

O caso da capital federal marca-se de singularidade, na medida em que, desde a sua criação, mobilizou o fluxo de migrantes de regiões as mais variadas, em especial de nordestinos.

A mescla de variantes conduziu a mudanças significativas nas variantes de origem: por mais que haja a intenção individual de manter fidelidade às peculiaridades da fala regional, a interação linguística redunda fatalmente em mudanças, seja no âmbito fonético e sintático, seja no vocabulário.

Por outro lado, no espaço das variantes socioculturais, também entrecruzam-se múltiplos registros.

Obviamente, os aspectos caracterizadores são perceptíveis a longo prazo.

Nesse sentido, os atlas linguísticos regionais, e em especial o *Atlas linguístico do Brasil*, constituem documentos da mais alta relevância, ainda que exijam atualização periódica. Não nos esqueça que a língua vive em contínua mudança, paralela à dinâmica da cultura em que se insere.

Ainda instâncias da realidade comunitária

O modelo dominante na realidade socioeconômica brasileira de Vargas a Ernesto Geisel não leva a população como um todo a converter-se numa sociedade de consumo. A realidade plural que marca o país se faz de ilhas de eficiência e bem-estar, quase sempre urbanas, emersas em um vasto oceano de pobreza.[105] Com universo cultural e, em termos de variantes socioculturais do idioma, marcadamente diferenciado.

Os anos compreendidos entre 1980 e 2016 prosseguem fiéis ao signo da mudança. Nos espaços demográficos, políticos e econômicos. Em paralelo, nos espaços linguísticos, caracterizam-se por alterações rápidas e significativas, cujo volume, entretanto, é de difícil avaliação.

O novo retorno à democracia

Nos tempos finais da ditadura militar, inúmeras categorias profissionais não vinculadas a sindicatos mobilizam-se, em torno de interesses coletivos. Emergem, em sua maioria, da nova classe média urbana, e são, entre outros, grupos de arquitetos, professores, médicos, funcionários públicos.

O sindicalismo renova-se com a participação de contingentes oriundos do desenvolvimento industrial: são, entre outros, metroviários, aeroviários, aeronautas, técnicos em computação.

A Central Única dos Trabalhadores, a CUT, constituída em 1983, configura-se como entidade autônoma, para além de estruturações sindicalistas anteriores, e, em pouco tempo, congrega operários, bancários e setores médios urbanos, como médicos e professores, além de sindicatos de empresas e órgãos públicos.

A dimensão congregadora e grupal privilegia, de par com o interesse coletivo sobre o interesse individual, a ampliação de espaços de comunicação interpessoal.

Os direitos sociais ganham destaque como elementos básicos da cidadania, em substituição à antiga perspectiva centrada no direito individual.

Também assoma a relação entre os indivíduos e o Estado. Francisco Carlos Teixeira da Silva, a propósito, chama a atenção para a crise em que se encontram o indivíduo e seu voto, mecanismos clássicos da representação, diante da assunção da função de "interlocutores legítimos com o Estado (e mesmo com os partidos) pela chamada sociedade civil organizada, as associações profissionais de bairro, de consumidores, os sindicatos".[106]

Convivem, no amplo diálogo entre os segmentos sociais, concretizado em tais circunstâncias, os registros formal e informal, com o índice do constrangimento da coerção social significativamente diminuído, ainda que permaneça forte a condição privilegiada do primeiro.

Ressalte-se: em 1980, 70% dos contingentes populacionais situam-se no polo urbano, fato que repercute na dinamização do idioma.

O IBGE registra, entretanto, em 1983, um dado significativo: 60 milhões de analfabetos e semiletrados. E mais: em 1985, numa população de 135.364.396 de brasileiros, 24.769.736, 18,3%, encontravam-se matriculados no primeiro grau, 3.016.138, 2,5%, no segundo grau e 1.518.904 no curso superior.

Esses índices relativos ao ensino superior constituem um avanço, mas sempre ameaçado ressalvadas as raras exceções, pela evasão escolar e pela irregularidade da qualidade do ensino.

Como quer que seja, alfabetização e escolarização implicam, em princípio, ampliação de universo cultural e, consequentemente, ampliação de vocabulário e de domínio do idioma.

NA QUINTA OU NOVA REPÚBLICA

A NOVA CARTA MAGNA E A EDUCAÇÃO

Restaurada a democracia, a Constituição Cidadã, promulgada em 1988, mantém no art. 205 os objetivos gerais do ensino de primeiro e segundo graus, estabelecidos na Lei n. 5.692/71:

> A educação, direito de todos e dever do Estado e da família, será promovida e incentivada com a colaboração da sociedade, visando ao pleno desenvolvimento da pessoa, seu preparo para o exercício da cidadania e sua qualificação para o trabalho.[107]

Fundamenta o ensino na "igualdade de condições para o acesso e permanência na escola"; na "liberdade de aprender, ensinar, pesquisar e divulgar o pensamento, a arte, o saber"; no pluralismo de ideias e de concepções pedagógicas e coexistência de instituições públicas e privadas de ensino; na "gratuidade do ensino público em estabelecimentos oficiais"; na "valorização dos profissionais de ensino"; na "gestão democrática do ensino público, na forma da lei, garantia de padrão de qualidade".[108]

Assegura, como dever do Estado, o "ensino fundamental, obrigatório e gratuito, inclusive para os que a ele não tiveram acesso na idade própria"; a "progressiva extensão e obrigatoriedade e gratuidade do ensino médio; o atendimento educacional especializado aos portadores de deficiência, principalmente na rede oficial de ensino"; o "atendimento em creche e pré--escola às crianças de zero a 6 anos de idade".[109] Avanços.

Determina a fixação "de conteúdos mínimos para o ensino fundamental, de maneira a assegurar formação básica comum e respeito aos valores culturais e artísticos, nacionais e regionais".

Preconiza que "o ensino religioso, de matrícula facultativa, constituirá disciplinas de horários normais das escolas públicas de ensino fundamental".

Estabelece que o ensino fundamental regular "será ministrado em língua portuguesa, assegurada às comunidades indígenas também a utilização de suas línguas nativas e processos próprios de aprendizagem".[110] Emerge a perspectiva de salvaguarda dessas últimas.

Abrem-se à escola, desse modo, amplos espaços de atuação no domínio do ensino do vernáculo. Dos usuários da língua oficial, dos indígenas remanescentes. Assume-se, na letra da lei, a *diferença* e a *pluralidade*.

A concretização do legalmente preconizado esbarra nos impasses crônicos da complexa infraestrutura educacional. Dado significativo: as línguas indígenas vernáculas passam a ser objeto de ensino sistemático.

O ensino da língua portuguesa segue dividindo posicionamentos polêmicos, notadamente entre o "correto" e o "adequado", o "oportuno" e o "inoportuno".

Na sequência da História

1989: A campanha que marca, no final do mandato do presidente Sarney (1985-1990), a culminância do processo de retorno à democracia expõe a força da televisão e da palavra. Em diferentes registros.

A coerção social decorrente do prestígio do registro formal é amenizada emblematicamente pela aceitação simpática do registro informal vinculada ao impacto do carisma e da retórica do opositor de Fernando Collor de Melo, Luís Inácio Lula da Silva. Sintomas.

O número de analfabetos com 15 anos de idade ou mais totalizava, nesse ano, 17.587.580, numa população na faixa etária considerada de 93.642.547,[111] dado significativo.

A aceleração do processo de modernização, com a exigência de "novas máquinas, elementos da robótica, automação, sistema *on-line*, computadores"[112] iniciada no breve mandato do presidente Collor (1990-1992) propicia a integração ao idioma de inúmeros termos técnicos novos, a partir do inglês, e necessidade de compreensão do funcionamento de novos instrumentos de trabalho, explicitado inicialmente nos respectivos manuais técnicos.

A ampliação da abertura para o mercado externo por meio do Mercosul, estabelecido pelo Tratado de Assunção, de 26 de março de 1991, por Brasil, Paraguai, Uruguai e Argentina, implica a relevância do português e do espanhol na intercomunicação. Com espaço aberto para a presença do "portunhol".

A adoção do Plano Real, lançado, em 1993, pelo então ministro da Fazenda, Fernando Henrique Cardoso, assessorado por uma equipe de economistas, constitui, econômica e socialmente, estratégia reconhecidamente relevante e vitoriosa da administração de Itamar Franco (1992-1995).

Na interpretação da prudência cautelosa e da agudeza das historiadoras Lilia Schwarcz e Heloísa Sterling, "a história dos governos de Fernando Henrique Cardoso e de Lula ainda está-se fazendo e que um novíssimo período da vida do país está sendo aberto",[113] juízo que pode ser estendido aos mandatos de Dilma Rousseff e de Michel Temer.

Tal circunstância, aliada à proximidade do objeto de apreciação, parcializa e relativiza conclusões sobre a realidade do Brasil no período compreendido entre 1995, ano do início do primeiro mandato de Fernando Henrique Cardoso, e a atualidade.

Com o respaldo dessa ressalva, revisitemos apenas fatos ocorridos ao longo desse tempo, na medida da pertinência das implicações em relação aos usos da língua que falamos.

No primeiro mandato de Fernando Henrique Cardoso (1995-1998), seguem desenvolvendo-se novas tecnologias.

Presentifica-se a chamada toyotização, com a possibilidade de multiplicidade de produtos e, portanto, de um trabalhador polivalente.

Decorrência importante, no plano idiomático: esse trabalhador, por força da especificidade do trabalho e ainda do diálogo entre ele e o empresário, precisa ter domínio sobre a língua que fala e suas potencialidades. Entre as consequências de tais instâncias, impõe-se a exigência de revisão da política educacional, com repercussões na política do idioma.

A ESCOLA E O PROCESSO EDUCACIONAL

A revisão se concretiza num novo documento legal que altera ainda uma vez as Diretrizes e Bases da Educação Nacional, com apoio na nova Constituição: a Lei n. 9.394, de 20 de dezembro de 1996, publicada no Diário Oficial da União em 23 do mesmo mês.

Parte-se, numa perspectiva amplificadora, do pressuposto de que "a educação abrange os processos formativos que se desenvolvem na vida familiar, na convivência humana, no trabalho, nas instituições de ensino, nos movimentos sociais e organizações da sociedade civil e nas manifestações culturais" (art. 1º).

Vincula-se a educação escolar ao mundo do trabalho e à prática social.

Assegura-se a inspiração "nos princípios de liberdade e nos ideais de solidariedade humana".

Reitera-se, como finalidade, "o pleno desenvolvimento do educando, seu preparo para o exercício da cidadania e sua qualificação para o trabalho" (art. 2º). Essa qualificação, diante do avanço tecnológico, envolve o domínio do idioma.

A organização dos sistemas de ensino emerge da colaboração da União, dos estados, do Distrito Federal e dos municípios, definidas as áreas das respectivas competências.

Em termos de níveis e modalidades de educação e ensino, envolve as seguintes instâncias: a Educação Básica, a Educação Superior, a Educação Especial.

A Educação Básica "tem por finalidades desenvolver o educando, assegurar-lhe a formação comum indispensável para o exercício da cidadania e fornecer-lhe meios para progredir no trabalho e em estudos posteriores".

E, numa perspectiva mais aberta, pode organizar-se em séries anuais períodos semestrais, ciclos, alternância regular de períodos de estudos, grupos não seriados, com base na idade, na competência e em outros critérios, ou por forma diversa de organização, sempre que o interesse do processo de aprendizagem assim o recomendar (art. 23).

Abrange os seguintes patamares:

- educação infantil, cuja finalidade é o desenvolvimento integral da criança até 6 anos de idade, em seus aspectos físico, psicológico, intelectual e social, complementando a ação da família e da comunidade;
- ensino fundamental, com duração mínima de oito anos, obrigatório e gratuito na escola pública, objetivando a formação básica do cidadão, mediante o desenvolvimento da capacidade de aprender, *tendo como meios básicos o pleno domínio da leitura, da escrita* e do cálculo;
- compreensão do ambiente natural e social, do sistema político, da tecnologia, das artes e dos valores em que se funda a sociedade;
- desenvolvimento da capacidade de aprendizagem, tendo em vista a aquisição de conhecimentos e habilidades e a formação de atitudes e valores;
- fortalecimento dos vínculos de família, dos laços de solidariedade humana e de tolerância recíproca em que se assenta a vida social.

Admitem-se o desdobramento do ensino fundamental em ciclos e o regime de progressão continuada na progressão regular por série.

Fica estabelecido que o ensino fundamental regular será ministrado em língua portuguesa, mas segue-se assegurando às comunidades indígenas a utilização de suas línguas maternas e processos próprios de aprendizagem.

O ensino fundamental exige a presença do aluno. O ensino a distância, nesse âmbito, é permitido apenas como complementação da aprendizagem ou em situações emergenciais. Mas já é uma ampliação do alcance da ação pedagógica e, em decorrência, do ensino do idioma.

A etapa quatro da educação básica é o chamado ensino médio.

Com duração de três anos, visa à consolidação e ao aprofundamento dos conhecimentos adquiridos no ensino fundamental.

Possibilita:

- o prosseguimento de estudos, com a preparação básica para o trabalho e a cidadania do educando para continuar aprendendo, de modo a ser capaz de se adaptar com flexibilidade a novas condições de ocupação e ou aperfeiçoamento posteriores;
- o aprimoramento como pessoa humana, incluída a formação ética e o desenvolvimento da autonomia intelectual e do pensamento crítico;
- a compreensão dos fundamentos científico-tecnológicos dos processos produtivos, relacionadas, no ensino de cada disciplina, a teoria e a prática.

Destaca-se a preocupação com a compreensão do significado da ciência, das letras e das artes no processo histórico de transformação da sociedade e da cultura.

A língua portuguesa, dado relevante, é situada como instrumento de comunicação, acesso ao conhecimento e exercício da cidadania.

Entre outras diretrizes, preconiza-se o domínio dos princípios científicos e tecnológicos que presidem a produção moderna, o conhecimento das formas contemporâneas de linguagem, o domínio dos conhecimentos de Filosofia e de Sociologia necessários ao exercício da condição cidadã.

Admite-se, como possibilidade, ao lado da necessária formação geral do educando, que o ensino médio o prepare para o exercício de profissões técnicas.

No âmbito da educação básica, situa-se ainda a educação de jovens e adultos que não tiveram acesso ou continuidade de estudos no ensino fundamental e médio na idade própria.

A Lei dispõe também e necessariamente sobre a educação profissional, a ser desenvolvida, em articulação com o ensino regular, por diferentes estratégias de educação continuada, em instituições especializadas ou no ambiente de trabalho. Trata-se de mudanças significativas, em relação às bases e diretrizes anteriores.

A Educação Superior situa-se como destinada, entre outros objetivos, a estimular a criação intelectual e o desenvolvimento do espírito científico e do pensamento reflexivo; a formar diplomados nas diferentes áreas do conhecimento, aptos para a inserção em setores profissionais e para a participação no desenvolvimento da sociedade brasileira; a colaborar na sua formação contínua.

Propõe o incentivo ao trabalho de pesquisa e investigação científica, visando ao desenvolvimento da ciência e da tecnologia e da criação e difusão da cultura; a promoção e divulgação de conhecimentos culturais, científicos e técnicos que constituem patrimônio da humanidade; a comunicação do saber através do ensino, de publicações e de outras formas de comunicação.

A Educação Especial será oferecida preferencialmente na rede regular a educandos portadores de necessidades específicas. Regula também a ação dos profissionais da educação.

A escola busca, assim, na letra da lei, assumir plenamente sua dupla função de agência cultural dialeticamente conservadora e transformadora.

Na primeira condição, vale reiterar, compete a ela preservar e disseminar, de forma sistemática, os valores que, ideologicamente, a sociedade do tempo considera basilares para a sua estruturação. Transformadora, propor-se o desenvolvimento da capacidade de crítica do educando. Em função dessa última atribuição, cabe a ela preparar cidadãos capazes de mudar a sociedade.

As propostas de reforma no âmbito do processo educacional vinculam-se à percepção pelo legislador do impacto da dinâmica do processo cultural em que a educação necessariamente se insere.

A teoria e a prática, entretanto, em que pese o empenho e os objetivos dos planejadores, nem sempre se compatibilizam, diante da realidade multifacetada da sociedade brasileira e da complexidade do tecido da educação sistematizada na escola: ainda uma vez, a realidade concreta permaneceu e ainda permanece, salvo engano, nos albores do século XXI, distante, para a maioria dos brasileiros, dos propósitos estabelecidos no documento regulador. Com risco de crise na formação de mão de obra especializada e de grave defasagem diante das exigências do acelerado progresso do conhecimento científico e tecnológico.

NOS ESPAÇOS DO ENSINO DO IDIOMA

A orientação oficial do ensino da língua evidencia-se nos *Parâmetros curriculares nacionais*, dados a público, em 1997, pelo então Ministério da Educação e do Desporto.

O documento tem como propósito "apontar metas de qualidade que ajudem o aluno a enfrentar o mundo atual como cidadão participativo, reflexivo e autônomo, conhecedor dos seus direitos e deveres".[114]

Entre os objetivos, de par com propiciar ao educando o desenvolvimento da capacidade de crítica, a nuclearização na capacidade de utilização das diferentes linguagens — verbal, matemática, gráfica, plástica e corporal. "Como meio para produzir, expressar e comunicar ideias, interpretar e usufruir das produções culturais, em contextos públicos e privados, atendendo a diferentes intenções e situações de comunicação."[115] Ampliações, em relação às diretrizes anteriores do ensino.

Nesse âmbito, destaca como fundamental para a participação social efetiva o domínio da língua, oral e escrita.

Vincula-se, em função do necessário comprometimento com a democratização social e cultural, à plena participação social, possibilitada pelo acesso aos saberes linguísticos necessários ao pleno exercício da cidadania.

Relaciona a escola com a função e a responsabilidade de garantir tal acesso a todos os alunos, responsabilidade entendida como "tanto maior quanto menor for o grau de letramento das comunidades em que vivem os alunos".[116] Conceitua, a propósito, letramento:

> [...] produto da participação em práticas sociais, que usam a escrita como sistema simbólico e tecnologia. São práticas discursivas que precisam da escrita para torná-las significativas, ainda que às vezes envolvam as atividades específicas de ler ou escrever. Dessa concepção decorre o entendimento de que, nas sociedades urbanas modernas, não existe grau zero de letramento, pois nelas é impossível não participar, de alguma forma, de algumas dessas práticas.[117]

O documento oficial associa ainda o dizer ao ter o que dizer, ou seja, linguagem verbal e conhecimento.

Apoia-se no entendimento de que a compreensão da linguagem vincula--se estreitamente à situação concreta que envolve a sua produção.

A partir desse princípio, explicita: "produzindo linguagem, aprende-se linguagem"; "produzir linguagem significa produzir discursos". Discurso, quando produzido, manifesta-se linguisticamente por meio de textos.

Texto é o "produto da atividade discursiva oral ou escrita que forma um todo significativo e acabado, qualquer que seja a sua extensão". Constitui "uma sequência verbal constituída por um conjunto de relações que se estabelecem a partir da coesão e da coerência".

Esclarece ainda que todo texto se organiza dentro de um determinado gênero do discurso.

Em termos específicos do ensino da língua portuguesa, abre espaço, sem hierarquizações, para as variantes geográfico-regionais, as falas dialetais, as variantes socioculturais e privilegia a relação fala/situação de fala. Segue apoiando-se na pedagogia da *diferença*.

Diferença não implica diluição do ensino. A aprendizagem dos conteúdos escolares não emerge da simples exposição aos alunos: há que corrigir distorções. Na letra dos *Parâmetros*: "a correção é bem-vinda sempre que for informativa. O problema é que, para decidir quando e qual correção é informativa, deve-se poder interpretar o erro — o que exige conhecimento nem sempre disponível".[118]

A propósito do ensino do idioma — é relevante assinalar —, esclarece, taxativamente, o documento oficial:

> A questão não é falar certo ou errado, mas saber qual a forma de fala utilizar, considerando as características do contexto de comunicação, ou seja, saber adequar o registro às diferentes situações comunicativas. É saber coordenar satisfatoriamente o que falar e como fazê-lo, considerando a quem e por que se diz determinada coisa. E saber, portanto, quais variedades e registros da língua oral são pertinentes em função da intenção comunicativa, do contexto e dos interlocutores a quem o texto se dirige. A questão não é de correção da forma, mas de sua adequação às circunstâncias de uso, ou seja, de utilização eficaz da linguagem: falar bem é falar adequadamente, é produzir o efeito pretendido.[119]

Ganha destaque, desse modo, a prevalência da estruturação do texto, fundada na articulação do pensamento. Perde espaço dominante a estruturação da língua, fundada na gramática. Relativiza-se a prevalência do registro formal na comunicação oral.

Na realidade da prática escolar, dividem-se posições, entre as novas diretrizes e a conciliação dos posicionamentos. Trata-se de uma experiência educacional ainda em processo.

A aplicação dos princípios estabelecidos pelo texto regulador tem, a propósito, encontrado resistências. O uso do registro formal ainda é elemento identificador de nível social e educacional. Não assumi-lo segue mobilizando a coerção social. Entendo que se converte, assim situado, em fator não de inclusão, mas de exclusão social.

A opção pela forma adequada às circunstâncias de uso, por outro lado, implica, nos termos explicitados ("saber qual a forma de fala utilizar, considerando as características do contexto da comunicação"), o conhecimento das múltiplas e várias possibilidades que a língua oferece ao usuário para comunicar-se e identificar as citadas circunstâncias.

Na prática da comunicação cotidiana da realidade brasileira, esse conhecimento só em mínimo e raro volume é adquirido assistematicamente.

A consciência de tais possibilidades constitui muito mais objeto de aprendizagem sistemática. E, nesse sentido, a escola ainda é a agência cultural por excelência. Mesmo diante das amplas possibilidades abertas pela internet.

A superação das circunstâncias é o desafio que cabe a ela enfrentar. E esse embate exige o conhecimento da complexa configuração das variantes socioculturais do português brasileiro, fundadas em pesquisas, para além da simples observação pragmática.

As pesquisas nessa direção vêm sendo, felizmente, objeto da ação operosa de especialistas, mas, salvo engano, ainda estão longe da orientação concreta da pedagogia da língua portuguesa no país.

Por outro lado, a escola e, no seu âmbito, os livros didáticos, marcadamente de caráter normativo, centralizam, em sua maioria, a atenção no uso formal.

O posicionamento parece resultar do conflito entre o preconizado pela legislação, na direção do ideal e do desejado, e o comportamento comunitário dominante, marcado pela coerção social.

Paralelamente, a língua transmitida segue seu curso, marcada, na expressão oral cotidiana, pelo predomínio maciço do registro informal e do ultrainformal.

Escrever, entretanto, no espaço da comunicação não literária ainda encontra forte resistência ao uso informal, excetuados os casos de reprodução desse mesmo uso.

A coerção social também se corporifica diante do não emprego do registro formal em situações em que é tradicionalmente exigido, ainda mais rigorosa em relação à letra escrita.

O novo e relevante não parece ser a prevalência do informal: é a diminuição da intensidade da perspectiva preconceituosa, coercitiva e estigmatizante antes assumida. Notadamente no espaço da expressão coloquial.

A maioria do povo brasileiro ainda está longe de dominar os vários registros a fim de compatibilizá-los com a situação de fala. E isto é um fato.

Avaliações de desempenho de amplo espectro no âmbito do uso da língua portuguesa, por outro lado, testemunham resultados desalentadores.

De par com tal estado de coisas, ganha vulto, desde o final do século XX, a acirrada querela entre linguistas e gramáticos, fortemente presentificada nos albores do século atual, com acentuada repercussão na prática pedagógica do ensino da língua oficial do país. Ao fundo, a urgência de definição de uma realista política do idioma. O tempo, senhor da razão, situa-se como o definidor do necessário entendimento, para além do conflito de paixões que costuma frequentar os espaços de tais estudos. É o que se espera da sensatez e do equilíbrio de quem neles navega com a prudência do bom senso.

RUMOS DA CULTURA PLANETÁRIA

A cultura ocidental exibe os sintomas da agudização de uma crise cujos inícios remontam aos anos 1950: a crise da modernidade, emergente no bojo do longo e atribulado percurso da modernização social. Esta última marcada, na síntese de Sérgio Paulo Rouanet, pela diferenciação da economia capitalista e do Estado moderno. A empresa capitalista supõe a existência de força de trabalho formalmente livre e um tipo de organização racional de produção baseado no cálculo contábil e na utilização técnica de conhecimentos científicos. O Estado moderno se organiza com base num sistema tributário centralizado, num poder militar permanente, no monopólio da legislação e da violência e principalmente numa administração burocrática racional.[120]

A expansão da dimensão utilitarista do processo de modernização amplia o processo de desumanização, agudizado desde as últimas décadas do século XX.

Acentua-se, nesses tempos de culminância da sociedade de consumo, a influência marcante da informação no configurar da cosmovisão dos indivíduos. Esta ainda mais se intensifica com a popularização do ciberespaço e a paralelização da realidade virtual. E informação implica uso de línguas.

Sessenta novos países emergiram nos últimos quarenta anos. O mapa do mundo se redesenha, num traçado forjado a palavra, a sangue e, sobretudo, a interesses econômicos.

Eis-nos, assim, diante de um novo período na sequência sócio-histórica com que o raciocínio humano discursivo procura entender e explicar os complexos caminhos da humana condição.

Entre suas marcas, aponta Milton Santos, ao lado da ação humana mundializada, destacam-se alguns aspectos: o assinalado contínuo conflito das variáveis construtoras do sistema em que se configura; o endeusamento da ciência e da tecnologia; a materialização da existência, medida, sobretudo, por índices estatísticos; o império da competitividade; o surgimento de novas ocupações, novas formas de viver, novas atitudes e valores, uma nova ética e, consequentemente, novas palavras.

Na dinâmica do processo e por força da permanência do estado crítico que peculiariza o período, este é marcado, na atualidade, nas palavras do papa Bento XVI, por uma caminhada "para a ditadura do relativismo que não reconhece nada como definitivo e tem como valor máximo o ego e os desejos individuais".[121]

Uma nova ética passa a comandar o comportamento, centrada no ultradimensionamento da relativização.

Há mesmo quem admita a possibilidade de rupturas e mudanças, na direção de novos paradigmas.

Ao fundo, assoma, globalizante, o interesse do mercado, associado visceralmente ao poder da informação, condicionadora, despótica, simuladora, na direção da formação de opinião. E, segundo alguns, manipulada por altos interesses ideológicos, políticos e econômicos.

No âmbito da informação domina a presença unificadora do idioma geral, o inglês, a língua franca da contemporaneidade. Ou, como propõe o sociolinguista L. Calvet, língua hipercentral, em torno da qual gravitam outras línguas de cultura supercentrais, entre elas a portuguesa.

Novas conquistas, novos fatos, novos termos são lançados e divulgados em língua inglesa. Noventa por cento da literatura técnica e científica do mundo hodierno escrita ou traduzida no idioma comprovam a sua relevância.

Agiganta-se o novo espaço, avassalador: a internet. Presentificam-se os comunicadores eletrônicos, juntamente com a rede, ampliadores do espaço da intercomunicação oral e escrita, com agilíssima força mobilizadora, capaz de aglutinar em instantes ideias e pessoas. A internet converte-se no grande e múltiplo feiticeiro virtual da tribo planetária.

Concomitantemente, uma nova ética passa a comandar o comportamento, centrada no ultradimensionamento da relativização.

Ao fundo, silencioso, o controle totalizador da informação e da vida de cada indivíduo do planeta, através de sofisticadíssimos mecanismos, a cada passo aprimorados.

Simultaneamente, ao lado das conquistas modernas, do notável avanço científico e tecnológico que conduz o homem por espaços nunca dantes navegados, assomam outros traços singularizadores.

Unifica-se o mercado. Invade-se e exibe-se a privacidade. Banaliza-se a violência. Persistem acentuadas desigualdades sociais. Avultam ameaças ao equilíbrio da Natureza, exaurida. Instauram-se e impõem-se o convívio e a valorização das diferenças: filosóficas, religiosas, ideológicas, políticas, linguísticas. Não sem conflitos. Por vezes radicais. Ganha forte presença, no cotidiano da vida, o espaço virtual.

Concretiza-se a mundialização, ainda que com espasmos tensos de resistências.

Densa, a ameaça dos fundamentalismos.

No espaço, banalmente sinistra, a ameaça da ruptura fatal da camada de ozônio e o decorrente e avassalador aquecimento global, ainda que questionado por alguns.

Um traço globalizador é a preocupação com o presente, sem projeção no futuro, um presente marcado pela negatividade, terrivelmente avassalador.

São múltiplas e aceleradas, nesse quadro, as transformações, nítidas e marcantes nos chamados países desenvolvidos.

Muitas dentre tais mudanças repercutem no Brasil, em que se presentifica uma sociedade mobilizada pelo sentimento do mundo, caracterizada por uma complexa realidade social tecida de múltiplas e díspares contingências, um país onde o mais perverso subdesenvolvimento convive com uma familiaridade peculiar com o moderno. Como observa Eduardo Portella: a modernização sem modernidade não soube desfazer-se do ufanismo quase congênito das ilusões edênicas, que por tanto tempo nos acalentaram e nos dispersaram. A nossa modernização, entre sôfrega, complacente e dessolidarizada, nunca foi verdadeiramente confiável.[122]

Os usos do idioma se inserem no quadro de influências de tais circunstâncias, entre outras instâncias, na necessidade de conceber, expressar e interpretar essa realidade, na absorção de novos termos e de estrangeirismos; na internalização desses novos aspectos à comunicação cotidiana e à linguagem literária.

Língua, conhecimento e cultura caracterizam-se por uma íntima vinculação.

MANIFESTAÇÕES NA ARTE

No âmbito das manifestações artísticas, notadamente na arte da literatura, o novo também atesta a situação crítica.

Em termos amplos, percebem-se algumas características.

Torna-se frequente a presença marcante e assumida da intertextualidade, ou seja, à luz das teorias de Mikhail Bakhtin, do diálogo ou do cruzamento de textos. Notadamente com o aproveitamento intencional de obras do passado.

Trata-se de utilização deliberada, como deixam claro, entre outros, os romances *Cem anos de solidão*, de Gabriel García Márquez, e *O nome da rosa*, de Umberto Eco.

Alia-se a tal procedimento a mistura de estilos, presente também na arte literária dos últimos decênios.

Evidencia-se uma intensificação do ludismo na criação literária. Permanece, portanto, a concepção lúdica da arte que se instaurou com a arte moderna europeia. Amplia-se consequentemente a dimensão experimentalista. Com o decorrente questionamento do cânon.

A liberdade plena da experiência, que alguns consideram uma "metáfora da liberação social", tem efetivamente conduzido a um verdadeiro arquiludismo. Próximo, por vezes, de um anarquismo criador.

Essa tendência manifesta-se tanto no âmbito da forma como no dos conteúdos que nela se integram. Em termos de juízos de valor, a tônica é também o relativismo.

Ganha ainda maior destaque o exercício da metalinguagem: o texto volta-se sobre si mesmo, quer como linguagem, quer como processo: passa a importar mais o fazer da obra do que os conteúdos de vida que possa revelar.

Configura-se no texto literário uma figuração alegórica de tipo hiper-real e metonímico. A tese é defendida por José Guilherme Merquior, na linha do pensamento de Walter Benjamin.

Compare-se: no Modernismo, tem-se uma figuração alegórica, mas de tipo surrealizante, reveladora, num processo metafórico, de espaços profundos do inconsciente que se superpõem à realidade concreta.

No âmbito específico da narrativa, intensificam-se os elementos de autoconsciência e autorreflexão próprios do Modernismo, marcas que se clarificam não só no comportamento das personagens, mas ainda na frequência da citada metalinguagem.

Radicalizam-se posições antirracionalistas e antiburguesas.

Ganha ênfase também o centramento na linguagem, privilegiada como lugar de configuração do real.

É peculiar ainda ao texto a exaltação do prazer, a presença do humor, em atitudes coerentemente dionisíacas.

Ampliam-se, na literatura, os espaços da linguagem e, nele, da língua-suporte.

No teatro, surgem, ainda que com menor volume e impacto, propostas em que a preocupação central passa a ser a organização de experiências, nas quais se busca uma total integração: pretende-se que o espectador não se limite a assistir simples e passivamente ao que se represente; todos, artistas e plateia, são copartícipes ativos do acontecimento artístico.

Em termos de veiculação o livro ganha um novo concorrente: a tela do computador, mobilizada pela internet, a telinha dos comunicadores eletrônicos, cada vez mais sofisticados. Mais recentemente ganha espaços acelerados o livro digital.

Na literatura brasileira

Parece repetir-se o que aconteceu com o Modernismo nacional, em relação aos traços configuradores do moderno na literatura europeia.

Ainda uma vez, a literatura feita no país traça um percurso específico, com alguns pontos de contato com a literatura alienígena. Por outro lado, apresenta elementos distintos dos que fazem aquele estilo epocal, outros que a ele muito devem e outros mais que os intensificam.

Em termos de processo, esse inter-relacionamento, enquanto tal, é similar ao que acontece em outros lugares: de um lado uma intensificação de aspectos próprios, de outro, uma reação contra o programa modernista.

Não se efetivam, nas últimas décadas, procedimentos literários vinculados a grupos ou movimentos. Convivem manifestações em prosa e verso intensificadoras da dispersão assinalada. Mas que possibilitam, no que se refere à poesia, a depreensão de algumas linhas de força dominantes.

São bastante numerosos os textos iluminados pelas conquistas do Modernismo, plenamente sedimentados e acrescidos de novos matizes.

Mulheres, homossexuais e negros intensificam o discurso vinculado à identidade cultural, com resultados significativos.

Na prosa, alguns romances dão continuidade à tradição realista-regionalista. Outros seguem no percurso da introspecção psicológica. Outros mais associam essa mesma dimensão à preocupação com a linguagem. Surgem narrativas de fundo histórico e narrativas apoiadas no diálogo intertextual com outras ficções. Ganham presença também narrativas ficcionais ou não de caráter esotérico ou místico. No conto, avultam a permanência da tradição realista, revitalizada a abertura para o imaginário, com ênfase no maravilhoso, e a preocupação acentuada com a linguagem.

Em termos de composição, os gêneros e suas formas de manifestação são questionados em todas as direções: fraturam-se estruturações e limites.

A crise do objeto conduz a teoria literária a reexaminar conceitos a rever fundamentos e metodologias.

Heresias de ontem convertem-se, no presente, em liturgia reverenciada. Liturgias cultivadas no passado passam a ser execradas como procedimentos heréticos.

Todos esses fatos repercutem nos usos da língua que falamos. O novo implica nomeação. Entrecruzam-se linguagens, variantes de todo tipo, tecnologias novas, novas palavras.

Complexa, a tarefa de identificar com precisão marcas totalizantes dessa repercussão.

A mídia, por seu turno, influi sobre condicionamentos.

As mudanças culturais obrigam a um redimensionamento nos rumos da educação e à reformulação da política do idioma. E abrem-se para novas dimensões da arte literária.

As novas propostas no espaço da literatura promovem reestruturações do texto escrito e propiciam o questionamento do cânon.

Por outro lado, o desenvolvimento da literatura centrada nos usos brasileiros do idioma, projeto intensificado a partir de 1922, de ruptura com os modelos do português europeu, privilegia singularidades do falar Brasil.

Com o Modernismo, ganha presença marcada, no texto literário, a norma brasileira, com sua especificidade. E sua dominância persiste.

Ainda a escola e números significativos

O censo de 1991 registra uma população brasileira de 146.825.475 de pessoas, com densidade populacional bruta de 17,18 habitantes/km^2 e uma taxa de urbanização de 75,49%.[123]

Desse contingente, 15% dos jovens entre 10 e 13 anos trabalham, contrariando a Constituição de 1988 que estabelece o limite de 14 anos para ingresso no mercado de trabalho; tal percentual atinge 40% em alguns estados.

E mais: ainda segundo a mesma fonte, em 1990, dos adolescentes entre 10 e 17 anos, só estudam 35,4%; estudam e trabalham, 19,5%; só trabalham, 31,7%; não estudam nem trabalham, 13,4%.

O trabalho, em tais níveis, afasta o adolescente da escola. Com raras exceções. Limita-se, desse modo, a sua qualificação. E a assunção do exercício pleno da cidadania.

Reduz-se ainda a necessária consciência e domínio das potencialidades do idioma, essencial para o desenvolvimento de aptidões e as ampliações de saberes. Notadamente diante das exigências de conhecimento e preparo decorrentes do processo de modernização vivido pelo país.

No segundo governo de Fernando Henrique Cardoso (1999-2002) marcam presença forte novas formas de organização social, amplas e atuantes.

Cruzam-se diferentes registros do idioma no âmbito das reivindicações sociais. Seguem diluindo-se significativamente distâncias entre falares do campo e falares urbanos.

Os espaços de exigência comunitária da imposição do registro formal abrem-se ainda mais à aceitação menos coercitiva do uso da língua pautado na relação entre a fala e a situação de fala.

ANO 2000, FINS DA CENTÚRIA

O trem do eurotúnel cruza em minutos de vácuo o canal da Mancha sob toneladas de terra e massa de água e liga num átimo a *gare de Lyon* à *Victoria Station*.

O planeta vive a hora e a vez plenas da informática e da cibernética.

Estreitam-se as distâncias através dos espaços virtuais. Eliminam-se fronteiras. O mundo é a casa de muitos, através da internet, espaço preenchido por palavras, imagens, imaginação, capazes de alimentar lazeres, prazeres, negócios, amores e sexo. Virtuais. Abre-se a bilhões de internautas a inconcretude do mundo do ciberespaço. Simultaneízam-se os fatos e as notícias.

Redes sociais diluem fronteiras de privacidade. Sofisticados aparatos de segurança controlam a intercomunicação de bilhões de indivíduos. Contrapartida: acirram-se conflitos de interesses étnicos e religiosos, paralelos aos nunca abandonados e cada vez mais universalizados interesses econômicos.

A informação, ainda que fragmentada, intensifica a influência sobre a visão de mundo dos indivíduos, em função do processo de modernização e do percurso do desenvolvimento econômico.

O heterodirigismo do comportamento humano amplia seus domínios. A partir de estratégias e táticas extremamente sutis. Na decorrência, a automação, a estetização dos produtos patrocinados pela mídia.

Desenvolve-se intensamente uma indústria do signo. Valoriza-se o simulacro, que apaga a distinção entre real e imaginário. É ver a publicidade. É ver as campanhas eleitorais, orientadas pelos especialistas em marketing. Não há como fugir do termo. Anestesia-se a sensibilidade das pessoas, condicionam-se comportamentos.

Múltiplas linguagens constituem presença forte e mobilizante nesses espaços.

Essas circunstâncias conduzem imediatamente à importância da soberania e da nacionalidade, instâncias em que a língua ganha singular relevância. A portuguesa do Brasil não está alheia a esta condição.

REPERCUSSÕES NO BRASIL

É tempo em que a população do Brasil totaliza, segundo o censo demográfico do IBGE do ano em questão, 169.872.852 de habitantes, assim distribuídos pelas regiões do país:

Região Norte: 12.893.561
Região Nordeste: 47.693.253
Região Sudeste: 72.297.351
Região Sul: 25.089.783
Região Centro-Oeste 11.616.745

Essa concentração populacional regionalizada implica a sedimentação de variantes regionais.

Por outro lado, o processo migratório inter-regional segue propiciando interações e mudanças.

Acelera-se o processo de urbanização. Acentua-se a mobilidade social.

Essa mobilidade envolve migração de contingentes de distintas regiões e de indivíduos de estamentos sociais distintos.

A migração assim configurada caracteriza-se por dois procedimentos significativos: parte dos migrantes sedia-se em grupo, ou agrega-se a grupos já formados na localidade aonde chegam, parte busca a integração na comunidade como um todo.

Tal circunstância obviamente repercute na configuração das variantes regionais e socioculturais. No primeiro caso, na direção da manutenção dos traços singularizadores. No segundo, na direção das alterações e do matizamento.

Os atlas linguísticos regionais e o *Atlas linguístico do Brasil* dão a medida da caracterização, que exige, necessariamente, atualização periódica.

Idioma oficial do país, a língua portuguesa, singularizada pela norma brasileira e pela diversidade que a matiza, como quer que seja, segue sedimentada como fator de unidade nacional.

Século XXI: a história em aberto

Amplia-se, significativamente, no segundo mandato de Lula (2006-2011), o contingente da classe média, acrescido de contingentes emergentes da classe menos favorecida.

No percurso, nos espaços do idioma, ganha evidência a peculiaridade do discurso oralizado do chefe da nação, frequentemente marcado pelo registro informal, mas com notável força de comunicação. Em especial na espontaneidade do improviso. O procedimento repercute nos espaços da diminuição da coerção social.

De novidade, no processo educacional, ao longo dos mandatos, o anúncio de reformas; entre as proposições, a ampliação para nove anos do tempo do curso fundamental, a adoção das cotas para negros nos estabelecimentos de ensino superior, a inclusão social, a sedimentação do ensino de línguas indígenas para os silvícolas remanescentes.

Em termos de escolarização, pesquisa do IBGE registra, em 2006, 14 milhões de crianças e adolescentes fora da escola. E explicita: 75,8% da população entre zero e 17 anos frequentam, naquele ano, estabelecimentos de ensino oficiais ou particulares.

Dados de 2010 seguem atestando, na realidade brasileira, índices consideráveis de analfabetismo, de evasão escolar, de deficiências na educação sistemática. O Censo desse ano, por exemplo, registra 13,9 milhões de analfabetos absolutos com 15 anos ou mais, número que equivale a 9,63% desse contingente comunitário.

Informes da Pesquisa Nacional por Domicílios (Pnad) revelam a existência no país, em 2011, de 12,9 milhões de indivíduos, numa população de mais de 190 milhões, que não sabem nem ler nem escrever. Dão notícia também de que o analfabetismo funcional, "representado por pessoas com 15 anos ou mais que tenham menos de quatro anos de estudos completos", marca 20,4% das pessoas dessa faixa etária.

A literatura luta para assegurar lugar de centro como produto cultural. Relativizam-se configurações canônicas e critérios avaliatórios. Prenunciam-se novos paradigmas.

A educação e nela o ensino do idioma seguem sendo um desafio para as autoridades governamentais e para os educadores. Persiste a polêmica entre gramáticos e linguistas.

Novas formas de composição musical ganham espaço na realidade brasileira, ao lado dos ritmos tradicionais e da presença, deglutida antropofagicamente ou não, de manifestações estrangeiras. Em paralelo, ganha espaços mais amplos a música sertaneja.

As manifestações folclóricas, notadamente no interior, procuram assegurar permanência comunitária, ciosas da tradição. Em alguns casos, ganham dimensões sofisticadoras e espaços midiáticos.

Nas letras, abertas para a multiplicidade das variantes socioculturais do idioma, misturam-se registros idiomáticos vários. Presentificam-se expressões coloquiais, de vocabulário específico de segmentos comunitários. Sem preocupação maior com a obediência aos princípios reguladores do registro prestigiado.

A letra da imprensa emerge plenamente assumida. Com status próprio e discurso peculiar. A serviço da informação, da interpretação e da discussão de ideias e acontecimentos. Propiciadora de entretenimento. Mobilizadora da opinião.

Em termos de discurso, fiel à tradição do comprometimento, salvo deliberadamente em certas instâncias, com o uso formal da língua, logo com as normas gramaticais.

E mais: serva, em princípio, da objetividade, exigida pela natureza do público-alvo, formado por destinatários de todos os níveis culturais. Pautada por uma dupla dimensão: a tradição da língua escrita não literária, associada à simplicidade da manifestação oral, em textos caracterizadores de variados gêneros do discurso: notícias, entrevistas, crônicas, editoriais, artigos de fundo, tiras, charges, quadrinhos, receitas, jogos etc. No suporte, ao lado do papel, telas de computador de comunicadores eletrônicos.

Na crônica, como aponta Edith P. Pinto, concretiza-se uma fórmula que concilia linguagem jornalística e linguagem literária, manifestação escrita e manifestação falada, correção gramatical e uso descontraído.

Essa fórmula, sedimentada ao longo de mais de um século de presença do gênero, está na base do êxito dessa modalidade de discurso, calcado na solidificação da relação entre leitor e autor, na medida em que este último atende às expectativas do primeiro.[124]

Permanece a prevalência da dimensão corporativa vinculadora dos veículos de comunicação.

Reduz-se o número dos grandes jornais e dos periódicos regionais. As revistas de âmbito nacional, como *Veja, IstoÉ, Época*, esta lançada em 1998, convertem-se em agências de relativo condicionamento do comportamento heterodirigido. Multiplicam-se revistas especializadas.

Um registro, relevante: em 1996, o Brasil passa a ser o sexto produtor de televisores e o terceiro maior consumidor, só ultrapassado pelos Estados Unidos e o Japão. Em 2016, cerca de 97% da população brasileira possui aparelho televisivo. O rádio segue atuante, na sua ação condicionadora e de forte influência, sobretudo por força de sua oralização, na direção do público não alfabetizado, mobilizados os distintos registros.

Em paralelo, a internet abre-se poderosa, para uma parcela significativa da sociedade, à convivência no espaço virtual. As redes sociais mobilizam num átimo milhares de adeptos.

Amplia-se na tela do computador e nos comunicadores eletrônicos, cada vez mais sofisticados, a comunicação interpessoal, com prevalência da linguagem coloquial. Escrita e oralizada.

Nesses espaços, o uso escrito do idioma é objeto de tratamento específico, por vezes redutor. Ainda limitado a espaços peculiares. Mas capaz de diluir repertório linguístico significativo de termos, de sentido e de amplitude semântica da língua. É o risco das simplificações.

No final de 2010, a propósito, mais de 192 milhões de telefones celulares e sofisticados comunicadores eletrônicos frequentam, em aumento progressivo, a comunicação brasileira, por meio de manifestações orais ou escritas. Esse índice segue em progressão gradativa nos anos subsequentes.

PROGRESSO TECNOLÓGICO, LÍNGUA E ESTRANGEIRISMOS

A complexa configuração das culturas nacionais na contemporaneidade é acompanhada da consequente ampliação do léxico e da convivência próxima das línguas de cultura. Em consequência, proliferam empréstimos linguísticos. Notadamente no âmbito da ciência e da tecnologia. Só na área de informática passaram a integrar a língua portuguesa milhares de novos termos, aportuguesados ou não, marcada a influência do inglês.

Tal integração não obedece a procedimento uniforme, em termos de variantes geográficas: certos termos estrangeiros ganham, por exemplo, forma distinta em Portugal e no Brasil.

Estrangeirismos sempre marcaram presença, com maior ou menor volume, na língua portuguesa. Caracterizados por dois aspectos: como modismos e, especialmente, como elementos enriquecedores, decorrentes da imigração e dos avanços do progresso. Emergem do convívio cultural dos povos, na condição de palavras imigrantes, que se inserem nos espaços do idioma sedimentado na comunidade de chegada.

Em sua maioria, situam-se no âmbito da ciência, da tecnologia, da diplomacia e, nessa condição, culminam por tornar-se indispensáveis.

Decorrem também de contribuições episódicas da moda e, já há algum tempo, da publicidade. Seja como designação de objeto concreto, técnica, modos de pensar, de fazer e de sentir.

Muitos passam a integrar o vernáculo comunitário. Outros simplesmente não vão além da efemeridade do modismo. Os acréscimos frequentam, com maior presença, a parte aberta do idioma e, em menor escala, a morfossintaxe.

O maior ou menor volume da presença estrangeira na língua vernácula vincula-se à maior ou menor influência que a cultura de um país possa exercer sobre a cultura de outro.

No caso do português, os empréstimos, de qualquer ordem, nunca chegaram a ameaçar-lhe, de fato, a integridade sistêmica.

Momentos houve, por exemplo, na história do português lusitano e do português brasileiro, em que a utilização de termos e expressões franceses era traço de elegância; afinal, a cultura francesa se impunha como modelar nesses espaços. Frequentava assiduamente reuniões e textos literários e diplomáticos.

É marcante, a propósito, na língua escrita do Brasil, notadamente nas manifestações literárias, a partir do século XVIII, a presença francesa. Exemplos sintáticos: o uso da preposição em construções como "ensaio sobre a língua portuguesa", "fogão a gás", "entusiasmo por Machado de Assis". Os empréstimos vocabulares são numerosos, aportuguesados ou não, entre eles, por exemplo, detalhes, ateliê, bufê, chofer, croquete, boate, garçom, filé *mignon, à la carte*.

O vezo chegou a merecer, no século seguinte, a palavra equilibradora de Machado de Assis. No seu antológico ensaio sobre a língua, ele assinala a divergência de opiniões sobre o assunto e declara-se favorável à abertura do português à influência francesa, desde que não se destruam "as leis da sintaxe e da essencial pureza do idioma".

A presença inglesa, já presentificada ao seu tempo, mobilizou o comentário ameno de Eça de Queirós, que se permitia o uso de estrangeirismos, mas, como Machado, à luz do gênio da língua e do equilíbrio:

> Este vocábulo *interviewar* é horrendo e tem uma fisionomia tão grosseira e tão intrusivamente yankee como o deselegante abuso que exprime. O verbo entrevistar, forjado com o nosso substantivo entrevista, seria mais tolerável e de um som mais suave e polido.[125]

O número excessivo e redundante dos termos estrangeiros é que efetivamente implicava preocupações. Notadamente entre especialistas e escritores, em tempo de afirmação da nacionalidade e de sedimentação do idioma. Os estrangeirismos moviam ainda a atuação radicalizada dos puristas, uma espécie há muito em extinção.

Alguns dentre eles eram tão ciosos, que chegavam a propor criações singulares, para substituir o termo estrangeiro, como *anidropodoteca*, para a francesa *galocha*, e *ludopédio* ou *balípodo*, quando da estreia do então elitista *foot-ball*.

A galocha perdeu destaque por absoluta superação tecnológica e o futebol vestiu-se de verde e amarelo e passou a integrar a cultura, a mitologia e o imaginário do brasileiro.

O esporte bretão comandou ainda a nacionalização e a criação das palavras designadoras dos outros esportes da bola: voleibol, basquetebol, cestobol. O *goal-keeper* virou goleiro, o *back* foi beque e hoje é zagueiro.

Caprichos da integração entre a comunidade e a língua que se fala: a contribuição individual, venha de onde vier, do especialista, do escritor, do cidadão comum, pode ou não coletivizar-se. Só tem ingresso no idioma, entretanto, se atende à *deriva*, ou seja, às tendências que o caracterizam em termos de estrutura sistêmica.

É exatamente em função do estágio de desenvolvimento da cultura ocidental no tempo hoje que emergem preocupações. Trata-se de um preocupar-se que envolve as línguas de cultura modernas. Sobretudo diante da cultura hegemônica do nosso tempo: a dos Estados Unidos da América do Norte.

Cabe considerar, em função do uso que fazemos do idioma, algumas instâncias básicas: a língua transmitida, sistematicamente, no âmbito da educação escolar e a língua adquirida, assistematicamente, no cotidiano da comunicação comunitária, a língua falada e a língua escrita.

A língua oralizada é a mais vulnerável à influência estrangeira na medida em que as situações de fala abrem-se para as múltiplas variantes socioculturais que integram a diversidade do idioma e por força da sua permeabilidade aos modismos incentivados pelo comércio, pelo cinema, pela mídia, pela música, pela publicidade, pelo mercado.

Acrescenta-se a essas circunstâncias o fascínio da expressividade do novo e dos modelos de uma cultura bem-sucedida e aparentemente garantidora de sucesso.

A língua escrita é mais conservadora e tradicionalmente apoiada no registro formal. Salvo quando escrita para ser falada. Abre-se, sim, aos estrangeirismos, mas em termos: a partir de sua efetiva necessidade ou incorporação ao léxico do idioma.

Nos espaços lexicais, os anglicismos têm marcado forte presença na nossa língua. Eles se impuseram, ao longo do tempo, como empréstimo válido, por força, sobretudo, das conquistas científicas e tecnológicas da modernização.

Ninguém, nem o mais rigoroso dos puristas, conseguirá impedir o uso comunitário de palavras como *air bag, apartheid, bacon, beagle, beatnik, best-seller, blazer, catch, check-up, chip, crawl, design, doping, e-mail, establishment, factoring, fashion, feedback, flash, freezer, hacker, happening, heavy metal, hobby, home page, hovercraft, jogging, kit, layout, lead, leasing, lobby, marketing, off-line, mouse, overdose, piercing, teleprompter, punk, funk, ranking, replay, rock, royalty, rush, scanner, self-service, sex-appeal, shimmy, show, skinhead, slogan, songbook, talk show, trailer, underground, videogame, yuppie, zoom, cassette, débacle, détente, flamboyant, jeton, mignon, pot-pourri, prêt-à-porter, réveillon, savoir-faire, sursis, vernissage,* ou das aportuguesadas abajur, ateliê, bacará, balé, batom, bandeide, beisebol, bife, bibelô, bijuteria, boate, boné, bulevar, buldogue, buquê, bricabraque, cabaré, cachecol, cachê, camelô, camuflagem, capô, carnê, carrossel, caubói, cavanhaque, chance, chantagem, chassi, chofer, chique, clichê, copidesque, dólar, drible, estresse, ianque, jóquei, nocaute, pênalti, sanduíche, náilon, teipe, xérox e tantas outras.

A permanência ou não de tais termos no vocabulário da língua portuguesa dependerá do arbítrio da comunidade. Os de uso mais corrente, a propósito, nem são tão numerosos.

A novidade preocupante nesses tempos de globalização é a exacerbação dessa presença.

O atual processo de anglicização revela-se, de fato, avassalador. Mas não é o uso dos termos estrangeiros em si, no caso do inglês, que põe em risco a configuração do país como Estado-nação. A ameaça vincula-se à maior ou menor inserção do país soberano na qualificação modernizadora ou pós-modernizadora do progresso.

Na palavra segura de Celso Furtado, a questão opõe, como elementos polarizadores, defesa como cultura e defesa como mercado. Nessa direção é que cabe a resistência das identidades, na atualidade do mundo interdependente.

É por meio de estratégias e táticas do mercado que a presente transnacionalização provoca a excessiva presença das palavras universalizantes do inglês. Excessiva é, no caso, o adjetivo nuclear. No comércio, na propaganda, na música, na ilusão do simulacro.

As contribuições vocabulares da ciência e da tecnologia terminam por se fazerem indispensáveis, quando não encontram contrapartida vernácula ou quando, por um forte poder de sedução, mobilizam os usuários do idioma e, de certa forma, se fazem enriquecedoras.

Por outro lado, dificilmente a influência do inglês ou de qualquer outra língua atingirá o sistema língua portuguesa como tal. Sequer a norma corre o risco de ser fundamente atingida.

As dimensões fono-morfo-sintático-semânticas que o singularizam não se abrem facilmente a incursões estrangeiras.

São episódicos casos como o plural de gol, por exemplo. O simples acréscimo do *s* contraria o princípio de pluralização do português. *Gois* e *goles* não vingaram no Brasil. A proposta substitutiva *tentos* não se sustentou. Resultado: a língua falada força o ingresso de *gols* já assimilado pela escrita. Portugal optou por *golos*.

Língua se vincula a processo cultural. Cultura implica comunidade. E, como assinala com precisão o realismo de Sérgio Paulo Rouanet:

> No ciberespaço e no mundo transnacional, está-se realizando o sonho surrealista de desfazer Babel. Mas isso não pode significar o fim do pluralismo linguístico; sem nenhum chauvinismo, é um fato objetivo que, só na língua materna, podemos exprimir plenamente o nosso pensamento e as nossas emoções. Isso é válido mesmo para as pessoas bilíngues ou trilíngues, que têm, não uma, mas duas ou mais línguas maternas. Sua competência se limita a essas línguas, não se estendendo, no mesmo grau, às línguas aprendidas posteriormente.[126]

E cabe acrescentar: também, na linguagem da matemática, as quatro operações fundamentais — somar, diminuir, dividir, multiplicar —, quando vernáculas, resistem fundamente à língua estrangeira aprendida pelo falante.

Há que deglutir antropofagicamente o termo estrangeiro, quando necessário. Vestir de verde e amarelo as palavras e expressões que não encontram contrapartida no idioma de chegada ou que sejam exigência do progresso. Ou manter com a forma original aqueles que, indispensáveis, sejam rigorosamente intraduzíveis. É uma estratégia.

Alguns termos e expressões certamente irão impor-se, a despeito de qualquer controle, ao capricho do uso, e até haverá outros que convivam com suas contrapartidas vernáculas ou com as formas naturalizadas, como acontece, há algum tempo, por exemplo, com *shampoo* e xampu.

Se existe similar no português para o termo ou construção estrangeira, ou se disputam sinônimos, uma boa prática é dar preferência ao termo nacional.

Caso contrário, prefira-se a forma aportuguesada, se já se encontrar coletivizada ou consagrada, ou use-se a palavra no idioma original, entre aspas ou em itálico, e, se manuscrita, sublinhada. É a tradição. Mas não se trata de assunção arbitrária da iniciativa individual: o aval da forma aportuguesada é dado pelos vocabulários e dicionários abalizados.

Como quer que seja, quem faz a língua é a comunidade que dela se utiliza. É ela que definirá a absorção ou não dos estrangeirismos. Independentemente de tentativas de eventual controle. De qualquer natureza.

O que ainda se pode também fazer na direção de preservar ao máximo a integridade da língua portuguesa como língua de cultura é agir em comum acordo com os demais membros da comunidade lusófona, como tem ocorrido, por exemplo, no âmbito da representação gráfica.

Ainda a ortografia

Os esforços na direção de um novo acordo ortográfico conduzem, em 1986, a mais uma tentativa de uniformização.

Esse propósito mobiliza um Encontro para a Unificação da Língua Portuguesa, que reúne, no Rio de Janeiro, na Academia Brasileira de Letras, representantes convidados dos países que, à época, adotavam o português como língua oficial. Por iniciativa e proposta de José Sarney e operacionalização de Antônio Houaiss.

Eram eles, além do Brasil e de Portugal, as demais nações lusófonas agora independentes: Angola, Cabo Verde, Guiné-Bissau, Moçambique e São Tomé e Príncipe. O Timor-Leste, que se tornaria independente em 1999 e só teria presidente eleito em 2001, não pôde representar-se, por motivos alheios ao Encontro.

O Acordo Ortográfico da Língua Portuguesa elaborado na ocasião propiciaria a unificação da grafia de 99,5% do vocabulário da língua comum. Para tanto, estabelecia medidas consideradas drásticas, como a supressão dos acentos das palavras proparoxítonas e paroxítonas. Terminou, como o de 1975, sem ir adiante, por força de reações polêmicas.

Novas negociações mobilizam, em 1989, os mesmos países.

Um novo documento regulador, decorrente da ação da Academia Brasileira de Letras e da Academia das Ciências de Lisboa, com a participação oficial de representantes dos citados países, é formulado em 1990. No objetivo, a unificação da grafia de 98% do vocabulário geral da língua. Na base dos conteúdos, o texto do Acordo de 1975, e, de estrutura, do Acordo de 1986, consideradas as divergências a ambos vinculadas.

O texto final é assinado, em Lisboa, em 16 de dezembro de 1990, por representantes das nações envolvidas. Com previsão de entrada em vigor dos novos princípios reguladores em 1994, mas na dependência da aprovação pelos congressos dos respectivos países.

Por força da incompatibilidade entre data de aprovação e data de vigência do novo Acordo firmado, um primeiro Protocolo Modificativo, celebrado em Cabo Verde, na Cidade da Praia, em 17 de julho de 1998, autoriza a adesão do Timor-Leste e elimina a exigência de fixação da referida data. Não logra êxito.

Um II Protocolo é então aprovado, em São Tomé, em 25 de julho de 2004, em reunião dos chefes de Estado e de governo da Comunidade dos Povos de Língua Portuguesa (CPLP), criada em 1996.

O novo documento altera significativamente o critério anterior, ao estabelecer que o Acordo "entrará em vigor com o terceiro depósito de instrumento de ratificação junto da República Portuguesa".

Tal dispositivo só se aplicaria, entretanto, quando passasse a vigorar o citado II Protocolo de que faz parte, ou seja, "no 1º dia do mês seguinte à data em que três Estados-membros tenham depositado os seus instrumentos de ratificação ou documentos equivalentes que os vinculem ao protocolo" (Ponto 3 do II Protocolo). Estabeleceu-se ainda que o documento deveria ser objeto de lei de cada um dos países.

O Brasil ratifica o II Protocolo em 2004; Cabo Verde, em fevereiro de 2005, e São Tomé e Príncipe em 2006. Com as respectivas documentações depositadas junto ao Ministério dos Negócios Estrangeiros de Portugal.

Em consequência, as três ratificações assim concretizadas conferiam ao Acordo condições de vigorar tecnicamente a partir de 1º de janeiro de 2007. Não vigora. Resistências acentuadas, oficiais e editoriais, de várias origens, dificuldades de ordem prática, além de injunções de caráter político conduziram ao adiamento da vigência.

Em março de 2008, o Conselho de Ministros de Portugal aprova o Acordo Ortográfico proposto. O mesmo faz, no mês de maio, a Assembleia da República Portuguesa. Ganha presença, nesse mesmo mês, no âmbito do Ministério da Educação do Brasil, a proposta de vigência das novas regras ortográficas em território brasileiro a partir de 1º de janeiro de 2009, a ser formalizada por ato do presidente da República.

Nesse sentido, é criada uma Comissão de Língua Portuguesa, a Colip, composta por professores universitários das áreas de linguística e de língua portuguesa, por um representante do Ministério das Relações Exteriores e por um representante da Academia Brasileira de Letras.

Apreciadas exaustivamente as diversas questões políticas e econômicas vinculadas à adoção da regulamentação nova, a Comissão propôs um período de transição de quatro anos, no fim do qual seriam plenamente implantadas no Brasil as normas ortográficas estabelecidas no Acordo.

O presidente Luís Inácio Lula da Silva o promulga, em Decreto de n. 6.583, assinado na Academia Brasileira de Letras, em 29 de setembro do mesmo ano, com a mesma data de vigência e prazo de adaptação estendido até 31 de dezembro de 2012.

O presidente de Portugal, Cavaco Silva, já havia sancionado o documento em ato de julho de 2008, com data de entrada em vigor fixada em janeiro de 2009 e período de adaptação estendido até 2014.

Guiné-Bissau e Timor-Leste o ratificam em 2009, Moçambique, em 7 de junho de 2012. Angola, até março de 2017, ainda não havia oficializado a adoção.

Tecnicamente, o Acordo vale para todos os países, por força do estabelecido no citado Protocolo II. A legitimidade legal de caráter amplo conferida a um documento que respeita as diferenças culmina por referendá-lo consensualmente. Em que pese a oficialização, os novos cânones ainda encontram alguma resistência.

Em meio às convergências e divergências, abriram-se aos entendimentos a propósito da aplicação dos critérios preconizados no documento regulador, que exigem, em alguns casos, interpretações consensuais. Sobretudo com vistas à elaboração do vocabulário comum, recomendado na introdução do documento regulador, em seu artigo 2º, "tão completo quanto desejável e tão normalizador quanto possível, no que se refere às terminologias científicas e técnicas".

A Academia Brasileira de Letras adotou as novas regras na 5ª edição do seu *Vocabulário ortográfico da língua portuguesa*, que, há algum tempo, vinha sendo elaborada, sob direção e orientação do acadêmico e filólogo Evanildo Bechara. A obra veio a público em 2009, em coedição com a editora Global.

O aval comunitário converteu-a em referência sobre o assunto.

No Brasil, a propósito, os novos cânones passam a ser adotados praticamente por toda a mídia, nas novas publicações das editoras, nos dicionários representativos, nas escolas, nos livros didáticos e no uso cotidiano. As secretarias de Educação estaduais e municipais os divulgam amplamente. Todos os livros que chegaram às escolas pelo Plano Nacional do Livro Didático (PNLD), a partir de 2010, incorporaram, por exigência dos editais, as regras da nova ortografia.

Em Portugal, a primeira edição do *Vocabulário ortográfico do português* (VOP), adaptado ao AOLP, vem a público em 2010, em edição virtual.

Trata-se da concretização de um projeto aprovado pelo Fundo da Língua Portuguesa, órgão que reúne seis ministérios portugueses: Ministério dos Negócios Estrangeiros (na presidência), ministérios das Finanças, da Cultura, da Educação, da Ciência, Tecnologia e Ensino Superior e dos Assuntos Suplementares. Na consultoria, representantes das universidades de Lisboa, do Minho, da Universidade Nova de Lisboa, da Academia das Ciências de Lisboa, do Departamento de Português da Direção da Tradução da Comissão Europeia do Instituto de Linguística e Tecnologia Computacional (Iltec), responsável pelo Portal da Língua Portuguesa. A Academia das Ciências de Lisboa, por sua vez, lançou, na sequência das edições de 1940, 1947 e 1970, a edição de 2012, revista.

Encontra-se em processo, em Portugal, há algum tempo, a elaboração do vocabulário comum, preconizado pelo texto do AOLP.

Novas mudanças na educação

Ao assumir a presidência da República, em 1º de janeiro de 2011, Dilma Rousseff explicitou o compromisso, entre outros posicionamentos, de dar continuidade e ampliar os avanços do governo que integrou e a cuja liderança sucedia.

No seu programa, de par com outros aspectos, evidencia-se a preocupação com uma questão visceralmente ligada à língua que falamos, preocupação que, ao longo da História do país, permanece mobilizadora. Em destaque, a melhoria da qualidade do ensino e a ampliação de vagas no segmento infantil e no segmento médio e a melhoria da qualidade do ensino, exigida pelo progresso científico e tecnológico contemporâneo.[127]

Sintomaticamente, é sancionada, em 4 de abril de 2013, a Lei n. 12.796, que "altera a Lei nº 9.394, de 4 de dezembro de 1996, que estabelece as diretrizes e bases da educação nacional, para dispor sobre a formação dos profissionais da educação e dar outras providências".

O novo documento regulador determina, entre outras disposições: educação básica obrigatória e gratuita dos 4 aos 17 anos de idade, em três etapas: pré-escola, ensino fundamental e ensino médio; educação infantil gratuita às crianças de até 5 anos de idade; atendimento educacional especializado aos educandos com deficiência, transtornos globais do desenvolvimento e altas habilidades ou superdotação, transversa a todos os níveis, etapas e modalidades, preferencialmente na rede regular de ensino; atendimento especializado e gratuito aos ensinos fundamental e médio para todos os que não os concluíram na idade própria; atendimento ao educando, em todas as etapas da educação, por meio de programas suplementares de material didático-escolar, transporte, alimentação e assistência à saúde.

Estabelece ainda que "o acesso à educação básica obrigatória é direito público subjetivo, podendo qualquer cidadão, grupo de cidadãos, associação comunitária, organização sindical, entidade de classe ou outra legalmente constituída e, ainda, o Ministério Público, acionar o poder público para exigi-lo".

O Censo da Educação Básica realizado no mesmo ano da nova lei revela, a propósito, que, desde 1996, a tônica da situação do ensino foi a estagnação.

A exceção situou-se no ensino básico, que registrou matrículas de 98% das crianças de 6 a 14 anos.

Segundo o mesmo censo, no mesmo período, o ensino médio, excetuado o ano de 2011, marcado por um pequeno crescimento, estacionou e teve diminuído o número de matrículas, com dados preocupantes: redução de 64 mil estudantes e alto índice de evasão e de reprovação no primeiro ano: cerca de 30% dos alunos.

Houve avanço significativo na alfabetização e grave regressão no ensino médio, este fundamental para o ingresso no mercado de trabalho e base para a formação no ensino superior.

O jornalista Luiz Garcia destaca esses dados e chama a atenção para a gravidade do quadro em artigo publicado na imprensa.[128]

O hábito de ler, na atualidade de 2013, ainda frequenta inquietantes espaços de precariedade: pesquisa do IBGE dada a público no mês de agosto conclui que a leitura só ocupa, entre os brasileiros, seis minutos do dia e que, na faixa etária dos 10 aos 24 anos, esse índice cai para três minutos.

A proposição legal ainda uma vez enfrenta, para a sua desejada efetivação, a complexidade da infraestrutura do sistema educacional.

Desnecessário destacar as decorrências negativas em termos do pleno domínio do idioma pelos falantes.

No âmbito do ensino da língua oficial, intensifica-se ainda mais a polêmica entre linguistas e gramáticos, centrada na configuração da norma brasileira e da adequação de sua presença pedagógica. No horizonte, um ponto de convergência: a adequação da fala à situação da fala, preconizada, como foi assinalado, pelos parâmetros curriculares oficiais. Progresso. Com alguma resistência.

Em 26 de junho de 2014, em cumprimento ao que dispõe o artigo 214 da Constituição Federal, é sancionada a Lei 13.005, que aprova o Plano Nacional de Educação, com vigência pelo prazo de dez anos a partir da data de publicação do texto legal.

O documento é acompanhado de um anexo com as metas objetivadas e as estratégias para alcançá-las.

Fato relevante e em processo de aplicação: em setembro de 2015, o Ministério da Educação apresenta e abre a consulta pública a proposta da Base Nacional Comum Curricular, desde então mobilizadora de debates, que se estenderam até a atualidade. O texto regulador define os objetos da aprendizagem na educação básica. Entre eles, a utilização das tecnologias digitais de comunicação e informação, a obrigatoriedade do ensino de inglês, a partir do 6º ano e o caráter formal em relação a outras línguas.

A vigência da BNCC permanece na dependência de análise pelo Conselho Nacional de Educação que submeteu o texto a cinco audiências públicas nacionais, antes de enviá-lo ao ministro da Educação, para a devida homologação.

A versão final do documento regulador foi apresentada pelo Ministério da Educação em 6 de abril do ano em curso.

Os resultados, positivos ou negativos, emergirão da dinâmica do processo educacional.

A BNCC define conhecimentos básicos e competências a serem desenvolvidos pelos educandos, afirma a igualdade de direitos de aprendizagem, estabelece os objetivos e a organização da ação pedagógica.

É o documento normativo em que, como a designação indica, se fundamenta a estruturação dos currículos escolares. Avanços promissores.

No espaço da ortografia, a presidente assina, em 28 de dezembro de 2012, o Decreto n. 7.875, que adia o início da vigência plena das novas regras para 1º de janeiro de 2016.

A prorrogação, como foi noticiado, foi objeto de decisão em reunião interministerial, no final de novembro, por recomendação de representantes dos ministérios das Relações Exteriores, Cultura, Educação e Casa Civil. Na justificativa, o não isolamento do Brasil na implementação, com a equalização da "adoção lusófona" e para dar mais tempo à população para adaptar-se às novas regras. A construção do texto do decreto coube ao Itamaraty, para quem — dado relevante — *nenhuma mudança de conteúdo entrou no mérito.*

Formara-se antes no Senado, na Comissão de Educação, Cultura e Esporte, um grupo de trabalho para acompanhar o caso.

As novas regras do Acordo de 1990, em conclusão, permaneceram em vigor no Brasil e continuaram convivendo com as anteriores. Apenas num prazo mais dilatado, aberto a possíveis novas orientações.

Finalmente, a partir do primeiro dia de 2016, o AOLP 1990 passou a ser plenamente adotado no país.

Em Portugal, os novos critérios decorrentes do AOLP, ainda que oficialmente adotados, não tiveram o beneplácito do consenso. Mesmo com a sua vigência plena, a partir de maio de 2015, a polêmica permanece com momentos de maior ou menor intensificação. Nos países de África, a adoção não é também plenamente tranquila.

Tenha-se em mente que acordos ortográficos revestem-se de caráter político, mais do que de caráter linguístico, respeitadas as opiniões em contrário.

Notas

1. Disponível em: <planalto.gov.br/ccivil_03/constituicao/constituicao91.html>.
2. *Jornal do Commercio*, n. 1, Rio de Janeiro, 1º out. 1827, p. 1. Acervo: Biblioteca Nacional.
3. SEVCENKO, Nicolau, op. cit., p. 36-37.
4. Campanha do sabão Reuter, *O Malho*, 14 set. 1912. Acervo: Fundação Casa de Rui Barbosa.
5. FAUSTO, Boris, op. cit., p. 295.
6. Cf. WISSENBACH, Maria Cristina Cortez, op. cit., p. 85.
7. Cf. <institutocravoalbin.com.br/acontece/o-pai-do-samba-o-lundu>.
8. Registrado na Biblioteca Municipal em dezembro de 1916 por Ernesto dos Santos (Donga), com o título de "Roceira". Gravado em arranjo instrumental nesse mesmo ano, em fevereiro do ano seguinte surge a gravação de Bahiano.
9. Cf. PRIORE, Mary del e VENÂNCIO, Renato, op. cit., p. 223.
10. Cf. WISSENBACH, Maria Cristina Cortez, op. cit., p. 97.
11. JOÃO DO RIO. *A alma encantadora das ruas*. Paris/Rio de Janeiro: H. Garnier, 1908, p. 35.
12. PAMPLONA, Marco. A revolta era da vacina? In: SCLIAR, Moacyr et al. *Saúde pública: histórias, políticas e revoltas*. São Paulo: Scipione, 2002, p. 65.
13. FAUSTO, Boris, op. cit., p. 281-82.
14. Id., ib., p. 295-303.
15. Cf. BERQUÓ, Elza. Da evolução demográfica. In: SACHS, Ignacy; WILHELM, Jorge; PINHEIRO, Paulo Sérgio (orgs.). *Brasil: um século de transformações*. São Paulo: Companhia das Letras, 2001, p. 27.
16. Cf. FAUSTO, Boris, p. 276.
17. Id., ib., p. 280.
18. Id., ib., p. 281.

19. BERQUÓ, Elza, op. cit., p. 23.

20. Cf. CUNHA, Celso; SILVA NETO, Serafim da. Atlas linguístico-etnográfico do Brasil. *III Colóquio Internacional de Estudos Luso-Brasileiros. Actas*, v. 2. Lisboa: 1960, p. 409-10.

21. Cf. id., ib. Ver também FERRONHA, Antonio Luís (coord.), op. cit., p. 76-77.

22. DIMAS, Antonio. *Bilac, o jornalista: crônicas*, v. 2. São Paulo: Edusp/Imprensa Oficial/Editora Unicamp, 2006, p. 388.

23. Academia Brazileira de Lettras. *Estatutos e regimento interno*. Rio de Janeiro: Imprensa Nacional, 1897, p. 2.

24. NABUCO, Joaquim. *Escriptos*. Discursos litterarios. Rio de Janeiro: H. Garnier, 1901, p. 204-06.

25. ROTERMUND, Wilhelm. *Fibel feir deutsche Schulen in Brasilien*. Apud ALENCASTRO, Luiz Felipe de e REMAUX, Maria Luiza. Caras e modos de migrantes e imigrantes. In: ALENCASTRO, Luiz Felipe de (org.), op. cit., p. 333.

26. MENDES, J. de Brito. *Canções populares do Brasil*. Rio de Janeiro: J. Ribeiro dos Santos, editor, s.d., p. 3-4. Disponível em: <archive.org/details/canoes-populare00brituoft>.

27. Cf. COUTINHO, Ismael de Lima. *Gramática histórica*. 6. ed. Rio de Janeiro: Acadêmica, 1969, p. 71-80.

28. Os exemplos foram selecionados de NUNES, J. Joaquim. *Crestomatia arcaica*. 6. ed. Lisboa: Liv. Clássica — Editora, 1967. Podem ser encontrados outros nos textos dos inícios do período da Colônia.

29. Disponível em <planalto.gov.br/ccivil_03/constituicao/constituicao34.htm>.

30. PEREIRA, Eduardo Carlos. *Grammatica historica*. São Paulo: Wieszflog Irmãos, 1916, p. 192 e 195.

31. Cf. HOUAISS, Antônio. *A crise de nossa língua de cultura*. Rio de Janeiro: Tempo Brasileiro, 1983, p. 51-52.

32. Cf. GHIRALDELLI JR., Paulo. *História da educação*. 2. ed. São Paulo: Cortez, 1994, p. 17-18.

33. Id., ib., p. 19-20.

34. Id., ib., p. 26-27.

35. CUNHA, Celso. *Língua portuguesa e realidade brasileira*, op. cit., p. 45.

36. Documento assinado pelos membros da Associação Brasileira de Educação – ABE, em 19 de março de 1932, também denominado Manifesto dos Pioneiros da Educação Nova. Acervo: Associação Brasileira de Educação.

37. Anais do Primeiro Congresso da Língua Nacional Cantada, p. 56 ss.

38. COELHO, Eduardo Prado. Introdução a um pensamento cruel: estruturas, estruturalidade e estruturalismos. In: _____. (org.). *Estruturalismo. Antologia de textos teóricos.* Minho: Portugália Editora, 1968, p. xxxviii-xxxix.

39. BARBOSA, João Alexandre. A modernidade no romance. In: PROENÇA FILHO, Domicio (org.). *O livro do seminário: ensaios.* São Paulo: L/R, 1983, p. 22-23.

40. ABREU, Capistrano de. In: BRITO, Mario da Silva. *História do Modernismo brasileiro.* Rio de Janeiro: Civilização Brasileira, 1964, p. 16.

41. In: BRITO, M. da Silva, op. cit., p. 17.

42. "Não sabemos definir o que queremos mas sabemos discernir o que não queremos", apud COUTINHO, Afrânio. *Introdução à literatura no Brasil.* 8. ed. Rio de Janeiro: Civilização Brasileira, 1976, p. 268.

43. COELHO NETO. *Vesperal.* Rio de Janeiro: Grande Livraria Ed. Leite Ribeiro, 1922, p. 11-12.

44. ANDRADE, Mário de. *Paulicea desvairada.* São Paulo: Casa Mayença, 1922, p. 68-69.

45. MENDONÇA, Sônia Regina de. As bases do desenvolvimento capitalista dependente: da industrialização restringida à internacionalização. In: LINHARES, Maria Yedda, op. cit., p. 344.

46. Id., ib., p. 345-46.

47. Cf. PILETTI, Nelson e PILETTI, Claudino. *História da educação.* 5. ed. São Paulo: Ática, s.d., p. 179-81.

48. Cf. Decreto n. 383, de 18 de abril de 1938.

49. ANDRADE, Mário de. *O movimento modernista.* Conferência lida no Salão de Conferências da Biblioteca do Ministério das Relações Exteriores do Brasil no dia 30 de abril de 1942. Rio de Janeiro: CEB, 1942, p. 51-52.

50. Como comprovam pesquisas de Raimundo Barbadinho Neto (*Sobre a norma literária do Modernismo.* Rio de Janeiro: Ao Livro Técnico, 1977) e Luís Carlos da Silva Lessa (*O Modernismo brasileiro e a língua portuguesa.* 2. ed. rev. e ampl. Rio de Janeiro: Grifo, 1976).

51. Cf. MERQUIOR, José Guilherme. Comentário à comunicação do professor Guilhermino César, "A poesia brasileira de 22 até hoje". In: PROENÇA FILHO, Domicio (org.), *O livro do seminário,* op. cit., p. 258.

52. Cf. PILETTI, Nelson e PILETTI, Claudino, op. cit., p. 187.

53. Disponível em: <www2.camara.leg.br/legin/fed/lei/1950-1959/lei-1076-31-marco-1950-363480-publicacaooriginal-1-4.html>.

54. Integraram-na: padre Augusto Magne, relator; Sousa da Silveira, Júlio Nogueira, Clóvis Monteiro, professores; Cláudio de Sousa, presidente da ABL;

general Francisco Borges de Oliveira, da Diretoria de Ensino do Exército; Pedro Calmon, historiador, da ABL; Azevedo Amaral, reitor da Universidade do Brasil; padre Leonel Franca, reitor da PUC-Rio; Gustavo Capanema, deputado e ex-ministro da Educação; Gilberto Freyre, sociólogo e deputado; Afonso de Taunay, da ABL.

55. Relatório unanimemente aprovado e apresentado ao Sr. Ministro da Educação e Saúde pela Comissão nomeada para cumprir a determinação contida no art. 35 do Ato das Disposições Transitórias, apenso à Constituição do Brasil. In: *Língua e linguagem. Revista da Academia Brasileira de Filologia*, v. 1, jan.-fev. 1947.

56. Trecho do texto "Nós", de Abdias do Nascimento, publicado na primeira página da edição n. 1 do jornal *Quilombo*. In: *Dois séculos de Imprensa no Acervo da Biblioteca Nacional*, op. cit.

57. Cf. MENDONÇA, Sônia Regina de, op. cit., p. 36.

58. Apud AGUIAR, Ronaldo Conde. *Almanaque da Rádio Nacional*. Rio de Janeiro: Casa da Palavra, 2007, p. 127.

59. LOPEZ, Adriana e MOTA, Carlos Guilherme, op. cit., p. 719.

60. FAUSTO, Boris, op. cit., p. 409.

61. ANDRADE, Oswald. *Poesias reunidas de Oswald de Andrade*. São Paulo: Companhia das Letras.

62. CUNHA, Celso. *Uma política do idioma*. Rio de Janeiro: São José, 1964, p. 24-25.

63. CALDAS, Sílvio e BARBOSA, Orestes. Copyright Irmãos Vitale S.A. Copacor. Addaf.

64. Constituem-na os professores Antenor Nascentes, Clóvis Monteiro, Cândido Jucá, Celso Cunha e Carlos Henrique da Rocha Lima, assessorados por Antonio José Chediak, Serafim da Silva Neto e Sílvio Edmundo Elia.

65. "Ce qui caractérise d'abord le dialecte c'est donc la diversité dans l'unité, l'unité dans la diversité". MEILLET, Antoine. *La méthode comparative en linguistique historique*. Oslo: Instituttet for Samenlignende Kulturforskning, 1928.

66. SILVA NETO, Serafim da. *Introdução ao estudo da língua portuguesa no Brasil* 2. ed. rev. e ampl. Rio de Janeiro: INL, 1963, p. 271.

67. CUNHA, Celso. *Gramática da língua portuguesa*. 2. ed. rev. e atual. Rio de Janeiro: Fename, 1975, p. 10.

68. HOUAISS, Antônio. *A crise de nossa língua de cultura*, op. cit., p. 39.

69. CASTRO, Ariel. *A língua do Brasil*, op. cit., p. 164.

70. Id., ib., p. 163.

71. Acervo Fundação Getúlio Vargas.
72. MENDONÇA, Sônia Regina de, op. cit., p. 61-62.
73. Nesse mesmo ano, dos 8.510.000 km² que constituem o território do Brasil, só 31% encontraram-se ocupados, e nem todos de forma efetiva, além de pertencerem a 3.350.000 de proprietários. Cf. LINHARES, Maria Yedda (org.), op. cit., p. 239.
74. GUARNIERI, Gianfrancesco. *Eles não usam black-tie*. 2. ed. Rio de Janeiro: Civilização Brasileira, 1983, p. 80-81.
75. MELO NETO, João Cabral. *Morte e vida severina*. Rio de Janeiro: Alfaguara.
76. Cf. Anais do Primeiro Congresso Brasileiro de Língua Falada no Teatro. Rio de Janeiro: Ministério da Educação e Cultura, 1958, p. 479 ss.
77. COSTA, Lúcio. *Relatório do plano-piloto de Brasília*. Elaborado pelo Arquivo Público do Distrito Federal, Companhia do Desenvolvimento do Planalto Central e Departamento do Patrimônio Histórico e Artístico Nacional. Brasília: Governo do Distrito Federal, 1991.
78. SANTOS, Nelson Pereira dos. *Rio, 40 graus*. In: _____. *Três vezes Rio*. Rio de Janeiro: Rocco, 1999, p. 52-53.
79. A primeira telenovela estreou em julho de 1963, na TV Excelsior; *2-5499 ocupado*, de autoria de Dulce Santucci, baseada em original de Alberto Nigré, protagonizada por Glória Menezes e Tarcísio Meira.
80. CALLADO, Antonio. *Pedro Mico*. Rio de Janeiro: José Olympio, 2015.
81. CAMPOS, Augusto de; PIGNATARI, Décio; CAMPOS, Haroldo de. *Teoria da poesia concreta. Textos críticos e manifestos — 1950-1960*. 2. ed. São Paulo: Duas Cidades, 1975, p. 7.
82. Cf. Discursos selecionados do Presidente Jânio Quadros. Organização Camille Bezerra de Aguiar Muniz. Brasília: Fundação Alexandre de Gusmão, 2009.
83. MENDONÇA, Sônia Regina de, op. cit., p. 347.
84. GHIRALDELLI JR., Paulo, op. cit., p. 124.
85. CUNHA, Celso. *Uma política do idioma*, op. cit., p. 10.
86. Id., ib., p. 34-35.
87. Apud MENDOÇA, Sônia Regina de; FONTES, Virgínia Maria. *História do Brasil recente — 1964-1980*. São Paulo: Ática, 1988, p. 15.
88. FAUSTO, Boris, op. cit., p. 538.
89. Cf. BEISIEGEL, Celso de Rui. *Estado e educação popular*. São Paulo: Pioneira, 1974, p. 165. Apud PILETTI, Nelson e PILETTI, Claudino, op. cit., p. 194-95.
90. SABINO, Fernando. *A mulher do vizinho*. 16. ed. Rio de Janeiro: Record, 1991, p. 136.

91. CHAMIE, Mário. *Instauração Praxis. Manifestos, plataformas, textos e documentos críticos — 1959-1972*, v. 2. São Paulo: Quiron, 1974, p. 14-15.

92. In: PROENÇA FILHO, Domicio (org.). *Pequena antologia do Braga*. 6. ed. Rio de Janeiro: Record, 2001, p. 24.

93. FERNANDES, Millôr; RANGEL, Ricardo. *Liberdade, liberdade*. Porto Alegre: L&PM, 2002, p. 20. O espetáculo, dirigido por Flávio Rangel, estreou em 1965.

94. Cf. BAKHTIN, Mikhail. *La poétique de Dostoiévski*. Paris: Seuil, 1970, p. 172-76.

95. Cf. PILETTI, Nelson e PILETTI, Claudino, op. cit., p. 204.

96. Cf. PILETTI, Nelson. *Estrutura e funcionamento do ensino fundamental*. 25. ed. São Paulo: Ática, 1999, p. 12.

97. Cf. PASSARINHO, Jarbas. Exposição de Motivos n. 273, de 30 de março de 1971. In: BRASIL. Ministério da Educação e Cultura. Departamento de Apoio. Diretoria de Documentação e Divulgação. *Ensino de 1º e 2º graus*. Brasília, 1972, p. 15.

98. Cf. BRASIL. *Habilitações profissionais no ensino do 2º grau*. Rio de Janeiro: Expressão e Cultura; Brasília: 114, 1975, p. 26.

99. BRASIL. Conselho Federal de Educação. Parecer n. 853/71. In: op. cit., na nota 574, p. 59.

100. BÁRBARA HELIODORA. O teatro brasileiro na cena cultural brasileira (1950-2007). Conferência pronunciada na Academia Brasileira de Letras, 2007.

101. Presidida pelo professor Antenor Nascentes e integrada ainda pelos professores Aires da Mata Machado Filho, Cândido Jucá (filho), Celso Ferreira da Cunha, Carlos Henrique da Rocha Lima, Evanildo Cavalcante Bechara e Olmar Guterres da Silveira.

102. Cf. <www.ibge.gov.br>.

103. UNESCO. Educação para todos: alfabetização para a vida, relatório de monitoramento global de educação para todos, 2006, relatório conciso. Brasília, 2006, p. 15. Disponível em: <http://unesdoc.unesco.org/images/0014/001442/144270por.pdf>.

104. MENDONÇA, Sônia, op. cit., p. 353.

105. Cf. FAUSTO, Boris, op. cit., p. 531-50.

106. Cf. SILVA, Francisco Carlos Teixeira da. "A modernização autoritária: do golpe militar à redemocratização 1964-1984". In: LINHARES, Maria Yeda Leite (org.). *História Geral do Brasil*. Rio de Janeiro: Campus, 2000, p. 391.

107. BRASIL. *Constituição da República Federativa do Brasil*. Texto constitucional promulgado em 5 de outubro de 1988, com as alterações adotadas pelas Emendas Constitucionais nº 1/92 a 31/2000 e pelas Emendas Constitucionais

de Revisão de 1 a 6/94. Brasília: Senado Federal, Subsecretaria de Edições Técnicas, 2001, p. 119.

108. Id., ib., art. 206.

109. Id., ib., art. 208.

110. Id., ib., art. 210, p. 120.

111. Cf. PILETTI, Nelson e PILETTI, Claudino, op. cit., p. 209, com base em dados do MEC/SAG/CLS de 1989.

112. Cf. SILVA, Francisco Carlos Teixeira da, op. cit., p. 404.

113. SCHWARCZ, Lilia e STARLING, Heloísa Murgel. *Brasil: uma biografia*. São Paulo: Companhia das Letras, 2015, p. 20.

114. SOUZA, Paulo Renato. Ao professor. In: BRASIL. Secretaria de Educação Fundamental. *Parâmetros curriculares nacionais: língua portuguesa*. Brasília: Secretaria de Educação Fundamental, 1997.

115. BRASIL. Secretaria de Educação Fundamental. *Parâmetros curriculares nacionais*, op. cit., p. 8.

116. Cf. id., ib., p. 23.

117. Cf. id., ib., p. 23.

118. Cf. id., ib., p. 29.

119. Cf. id., ib., p. 31-32.

120. Cf. ROAUNET, Sérgio Paulo. *As razões do Iluminismo*. São Paulo: Companhia das Letras, 1987, p. 231.

121. Cf. *O Globo*. 2. ed. Rio de Janeiro, 12 fev. 2013.

122. PORTELLA, Eduardo. Modernidade no vermelho. In: SACHS, Ignacy et al., op. cit., p. 459.

123. Cf. <biblioteca.ibge.gov.br/biblioteca-catalogo?id=782view=detalhes>.

124. PINTO, Edith Pimentel. *A língua escrita do Brasil*, op. cit., p. 48.

125. QUEIRÓS, Eça de. Ecos de Paris. Apud GUERRA DA CAL, Ernesto. *Língua e estilo em Eça de Queirós*. Lisboa: Aster, p. 85-86.

126. ROUANET, Sérgio Paulo. Língua e filosofia. Ciclo de conferências da ABL, 2006.

127. ROUSSEFF, Dilma. Discurso de posse. In: *O Globo*. Rio de Janeiro, 2 jan. 2011, p. 8.

128. Cf. GARCIA, Luiz. Médio, mas não medíocre. In: *O Globo*. Rio de Janeiro, 28 fev. 2014, p. 23.

Brasil: um país multilíngue, uma língua oficial generalizada

UMA VISÃO PANORÂMICA DA ESTRUTURAÇÃO COMUNITÁRIA

BRASIL, SÉCULO XX: MOBILIDADE SOCIAL E REFLEXOS NO IDIOMA

Em síntese, de 1900 até os inícios do século atual — sigo, basicamente, na linha da explicitação de Ignacy Sachs —, o Brasil vive um processo marcado, como aconteceu com outras nações, pelo crescimento de cidades, pela mudança de costumes e por alterações socioculturais profundas.

Constituía um país agrário de grandes dimensões. Caracterizava-se pela dependência econômica e política. Fazia uso precário de tecnologias.

Passa a ser um país de grandes centros urbanos. Converte-se, gradativamente, numa nação de ampla e diversificada economia, em que se presentifica um integrado complexo industrial. Vale-se de sofisticados recursos tecnológicos.

Exibe uma produção artística e intelectual de alto nível qualitativo, ainda dependente, mas de forma distinta, das contingências da realidade globalizada do mundo contemporâneo.[1]

Caracteriza-se por uma representação da sociedade rural definida, até os começos da centúria, por uma imagem ou a busca de uma imagem de unicidade.

Tal configuração cede espaço, apontam Afrânio Garcia e Moacir Palmeira, a uma "oposição dos agentes concebidos por categorias como 'agricultura familiar', 'complexo agroindustrial', demonstrando a competição por terra, por recursos financeiros, por força de trabalho e pela legitimidade de designar o futuro das relações no mundo rural e das configurações cidade-campo".[2]

Nesse processo, as grandes plantações tradicionais, com suas peculiaridades, dão origem aos tradicionais padrões de sociabilidade e à dimensão conservadora. Essa dimensão também marca, nesse âmbito, acrescento, o uso do idioma. É vezo antigo.

Simultaneamente, configuram-se, ao longo do século, no bojo das categorias emergentes assinaladas, novas relações sociais.

Essas relações implicam reflexos na dinâmica das trocas linguísticas: o mundo rural, por exemplo, emerge bafejado, no final do século, pelos ventos altamente mobilizadores da modernização.

Intensificam-se, desde os inícios da centúria, as relações das plantações de cana-de-açúcar, de café, de algodão, de cacau, ou das fazendas de gado com os centros urbanos nuclerizadores da interligação com os pontos de exportação.

Reduz-se, em consequência, a tradicional distância entre a cidade e o campo, com repercussões no emprego da língua utilizada.

Acrescentem-se, a propósito, o papel integrador da rede ferroviária, advinda no final do século XIX, a multiplicação das rodovias e a diluição das distâncias, com o acelerado progresso da aviação.

E mais: nas últimas décadas do século passado, as cidades concentram o maior volume de habitantes.

Do total da população brasileira, 70% residem em espaços urbanos em 1980 e, no ano 2000, esse percentual sobe para 88%.

O censo de 2010 registra 84,36% de habitantes nas cidades e 15,64% no campo, numa população de 190.755.799 de pessoas. Permite também constatar significativa mudança no fluxo da migração interna no país.

O migrante já não se desloca da precariedade de uma área rural para áreas urbanas.

Por força do processo interiorizante da urbanização, verifica-se, a partir de 1995, um deslocamento dentro da mesma região ou o retorno ao lugar de origem. A intensidade dos fluxos dos espaços campesinos para as cidades perde presença, em metade dos estados, para um equilíbrio no movimento de entrada e saída.

Tais contingências, a longo prazo, repercutem necessariamente na configuração da prática linguageira.

Na intensificação da intermediação, vale reiterar, atuam significativamente a escola, as mídias, a literatura, a internet, os aparelhos de comunicação interpessoal, cada vez mais sofisticados e extremamente mobilizadores.

Desaparece o isolacionismo linguístico, ainda que se configurem resistências de segmentos comunitários às possíveis influências.

O Brasil era antes identificado estaticamente com um todo coerente e coeso. Passa a configurar-se, pouco a pouco, como resultado de um processo dinâmico, na direção, cada vez mais evidenciada, de uma identidade plural em curso. Marcada de múltiplos e vários aspectos.

O português brasileiro insere-se nessas instâncias, marcado pela assinalada unidade na diversidade e vice-versa.

Nos começos do século atual, o país deixa perceber, na vaga dos percursos da cultura ocidental, a intensificação do questionamento de cânones e metodologias, a emergência de novos paradigmas e possíveis reestruturações culturais.

A proximidade e a rapidez dos acontecimentos relativizam, é certo, a interpretação dos fatos contemporâneos e cogitações sobre a dinâmica futura.

As características assinaladas e os vários estudos e pesquisas sobre a sua configuração possibilitam, entretanto, uma visão, ainda que precária e questionável, da realidade linguageira do Brasil na atualidade.

INÍCIOS DO SÉCULO XXI: ASPECTOS DA REALIDADE LINGUÍSTICA

O português do Brasil é, nos começos de 2015, a língua usada pela maioria da população brasileira de mais de 190 milhões de indivíduos,[3] consolidado como idioma oficial e hegemônico do país.

Com ele convivem:

- diversas línguas e dialetos indígenas falados na região amazônica. O número de falantes oscila, em função de vários fatores, entre eles o deperecimento, a fixação de reservas indígenas e suas decorrências. Dados da internet registram 180 línguas e dialetos falados, em 2012, notadamente na região citada, por 460 mil usuários, que se distribuem em 225 etnias ou sociedades, algumas em processo de desaparecimento, e 8 mil famílias que se valem ainda do nheengatu.[4] Segundo o Censo de 2010 do IBGE, 850 mil usuários, distribuídos em 205 etnias, falavam 274 dialetos e línguas;

- línguas trazidas por imigrantes, notadamente italiano, japonês, espanhol, alemão, chinês, ucraniano, polonês e libanês, usadas na comunicação familiar. Algumas delas são também utilizadas na imprensa e em livros regularmente editados e consideradas, em termos menos coletivos e mais individuais, como segunda, terceira ou quarta língua;
- o português lusitano de falantes de origem portuguesa;
- o falar crioulo de pequenas comunidades de descendentes de antigos escravos africanos.

Configura-se, portanto, no Brasil contemporâneo, uma realidade linguística unilíngue no geral, de par com realidades multilíngues localizadas. Essa circunstância envolve:

- falantes unilíngues: só falam o português ou falam sua língua indígena; constituem a maioria;
- falantes bilíngues: falam vernáculo próprio e a língua comum, o português; são pequenas minorias;
- falantes trilíngues: falam o vernáculo, a língua portuguesa e uma terceira; são poucos, em relação à totalidade da população;
- falantes culturalizados poliglóticos: valem-se do português, vernacular, e não raro usam, oralmente e por escrito, três a mais idiomas: ainda não são relevantes em termos de proporcionalidade populacional.

Atualmente, três localidades brasileiras têm mais de um idioma oficial.

A primeira é a cidade de São Gabriel da Cachoeira, no interior da Amazônia, na fronteira com a Colômbia e a Venezuela. Trata-se do único município brasileiro oficialmente quadrilíngue: são línguas oficiais, além do português, o nheengatu, o tucano, o baníua.

Os outros dois são Pomerode, em Santa Catarina, que, ao lado do português, tem o alemão como oficial, e Tacuru, em Mato Grosso do Sul, onde ao português se junta o guarani.

O convívio de duas ou mais línguas, a propósito, pode ser mais ou menos longo, em função de políticas linguísticas não coercitivas, propiciadoras ou não de assimilação e unificação, que no caso afirmativo possibilitam, entre outras práticas de preservação, o ensino nas duas línguas, a da maioria e a da minoria, frequentes, por exemplo, em comunidades de imigrantes alemães e japoneses.

Acrescente-se que as línguas ágrafas, como bem assinalou Antônio Houaiss, limitam-se ao presente. O que nelas configura passado é o que dele restou, feito presente. O que não sobreviver não é. As línguas escritas, por seu turno, integram o presente e todos os passados por meio delas preservado.[5]

A inclusão, pela política educacional em vigor, do ensino regular das línguas indígenas nas comunidades em que constitui o vernáculo contribuirá, por certo, para a sua permanência e para novas configurações, notadamente diante da assunção da representação gráfica. Qualquer que seja o suporte.

O PORTUGUÊS DO BRASIL

INTERAÇÕES LINGUÍSTICAS

Desde os fins do século XVIII, como ficou assinalado, a língua portuguesa sobrepõe-se às línguas gerais.

Assim situada, é ponto pacífico, caracteriza-se por uma configuração diferenciada da que identifica o português europeu. Para tanto, concorrem circunstâncias e fatores que seguem resumidos. A explicitação do processo configurador, entretanto, como será explicitado, divide os especialistas.

BASES PORTUGUESAS

Os colonizadores originam-se de diversas regiões de Portugal. A língua de que se valem se faz, em função de tal circunstância, de variantes regionais, ou seja, de dialetos metropolitanos diversos.

Presentifica-se, de um lado, no discurso dos letrados que falaram ou escreveram no Brasil sobre o Brasil dos dois ou dos três primeiros séculos, num total de 0,5 a 1% da população ao longo desse período histórico; de outro, na condição de instrumento de comunicação oral de gente analfabeta, que falava o português aprendido em casa, matizado gradualmente pelas decorrências do ambiente marcado pela mistura de línguas.

Essa mescla linguística, por seu turno, envolve basicamente também duas circunstâncias:

Primeira: no convívio comunicativo com indígenas e negros, ainda que predomine, durante certo tempo, o emprego de uma "língua geral", o português era usado, em qualquer lugar da Colônia, por falantes de língua vernácula distinta. Tal condição conduzia, consequentemente, a alterações fonéticas.

Segunda: a língua portuguesa falada entre portugueses e seus descendentes nascidos na Colônia é marcada pelos traços caracterizadores das diferenças dialetais ligadas às distintas e várias regiões de Portugal e do Ultramar de que se originam os que vêm para o Brasil, do século XVI ao século XIX, e talvez mesmo até o século XX.

O fato de os portugueses que se deslocaram para cada um dos lugares da expansão colonial se originarem de distintos e vários lugares metropolitanos conduz à caracterização, em cada núcleo de colonização, de um português "médio" comum.

Essa característica, assinale-se, não é específica da expansão da língua portuguesa: é própria das línguas modernas de cultura.

Em Portugal, caracterizam-se, como outros obstáculos da intercomunicação, apenas outras línguas decorrentes do próprio português, ou seja, os vários dialetos crioulos.

As línguas lusofônicas guardam, diferentemente em todos os lugares onde se constituem como instrumento de comunicação comunitária, aspectos comuns.

Essa condição se verifica de tal maneira, destaca Houaiss, que o português brasileiro se identifica linguisticamente mais com o português das antigas colônias africanas do que com certos dialetos da metrópole.

Em função dessa circunstância, configura-se uma "unidade" ultramarina, diversa da "unidade" metropolitana, facilitada por força da intercomunicação da modalidade culta oral das antigas colônias, muito mais intensa do que a da metrópole.[6]

A afinidade entre as modalidades brasileira e portuguesa perdura, quando, ao lugar da colonização, acorrem maciçamente portugueses da mesma localidade metropolitana: é o caso do falar catarinense do litoral, de marcada colonização açoriana.

A tese centrada na regionalização do português de origem, como um dos fatores da diferença entre os dois usos do idioma, além de dividir espaços com a teoria evolucionista e a teoria da crioulização, tem merecido, entretanto, mais recentemente, ponderáveis revisões divergentes.

A linguista Rosa Virgínia Matos e Silva, por exemplo, entende que a relação entre as duas variantes geográficas do idioma reveste-se de complexidade: "não se reduz à simplicidade com que tem sido formulada desde Serafim da Silva Neto, como a 'origem regional dos colonizadores' aqui chegados".[7] A favor da advertência, destaca-se o predomínio das etnias não brancas ao longo da história brasileira, anteriormente assinalado.

Divergências à parte, a língua portuguesa encontra, na Colônia, como ficou caracterizado, uma realidade linguística heterogênea.

Mesmo diante da divisão de espaços de utilização com as línguas gerais e de ser, em determinados espaços comunitários, por elas sobrepujada, culmina por manter-se como sistema, fiel, nessa circunstância, às tendências que como tal a caracterizam.

Na sua situação, entretanto, de língua do poder exercido pelo colonizador, é, ao longo dos três primeiros séculos do domínio luso, oficialmente imposta à comunidade.

Como linha de força da imposição, aponta Bethania Mariani, está a sua condição de língua escrita e gramatizada, como tal abrigo da memória do colonizador a propósito de sua própria história e dela mesma.[8] No processo, acrescento, a instituição do padroado real; na intensificação, a política do idioma adotada pela administração pombalina.

Sigo na esteira da pertinente tese de Bethania, com algumas achegas.

Para ela, a assunção dessa história no discurso apoia-se na ideologia do etnocentrismo. Em decorrência, sobrepõe-se e se impõe o silêncio sobre quaisquer movimentos de afirmação ou de preservação de identidade indígena ou africana. Não nos esqueça que se trata do idioma do colonizador.

Por outro viés, três fatores conferem à língua da Colônia, por oposição, condição de similitude à língua portuguesa da metrópole, em termos de configuração de memória comunitária: a sistematização gramatical da língua indígena pelos missionários, concretizada nas línguas gerais; a disseminação dessas línguas entre indígenas, escravos e portugueses, intensa nos primeiros séculos da colonização; sua presença na Amazônia.

Essas circunstâncias contribuem para a paralelização e a interação entre línguas gerais e a portuguesa e entre as distintas culturas. Nesse convívio, o português avulta como língua de cultura.

A oralização das línguas africanas, as circunstâncias de seu uso pelo escravo, que buscava na comunicação valer-se da língua do senhor, deixa perceber com mais nitidez, entre outras contingências, a natureza de tal processo. Em decorrência, propicia a formação de dialetos crioulos e semicrioulos.

A partir do século XIX, a independência mobiliza a preocupação comunitária com uma identidade cultural própria. Caracteriza-se a busca de configuração da nacionalidade brasileira.

Esses fatores mobilizam a oposição à memória colonizadora e, consequentemente, a construção, no discurso, sobretudo escrito, da história e da memória da nação emergente, o império do Brasil.

Configura-se, a propósito, desde os primeiros tempos do país independente, a preocupação de estudiosos com a especificidade do português brasileiro, que ganha vulto a partir da segunda metade do século XIX.

Explicita-se, por exemplo, nos espaços da Faculdade de Direito de São Paulo, em 1828 e 1829: linguagem brasileira é a expressão que empregam os estudantes para nomear a língua de que se valem.

Um exemplo é o escritor João Salomé Queiroga, àquele tempo matriculado naquela casa de ensino. A persistência é atestada por seu próprio testemunho, em texto de 1873, com a grafia atualizada:

> Dizem-me que sou acusado por deturpar a linguagem portuguesa. Mais de uma vez tenho escrito que, compondo para o povo do meu país, faço estudo e direi garbo, de escrever em linguagem brasileira: se isso é deturpar a língua portuguesa, devo ser excomungado pelos fariseus luso-brasileiros. Escrevo em nosso idioma, que é luso-bundo-guarani.[9]

Componentes indígenas

As contribuições das línguas indígenas também se caracterizam pela diferença de locais e de estruturação. E dividem os estudiosos.

Há quem considere, como Sílvio Elia, em livro de 1979, que "as influências do substrato indígena não podem ser afastadas, mas são difíceis de detectar".[10] Entende-se por substrato, na definição de Mattoso Câmara Jr., "a língua a que se superpôs a dos dominadores".[11]

Sílvio Elia admite que podem presentificar-se "no vocabulário onde são indiscutíveis e às quais até alguns autores pretendem restringir-se", mas põe de quarentena quase todas as alegadas influências do tupi no português,[12] para, num livro de edição póstuma, organizado por Evanildo Bechara, reafirmar que são "inegáveis", ainda que estejam por identificar. Acrescenta, como dado expressivo, que, excetuadas as contribuições lexicais, as alterações fonéticas e morfossintáticas atribuídas à interferência entre esses falares de um lado e a língua portuguesa de outro em solo brasileiro quase sempre são as mesmas. Na verdade conhecidos processos de crioulização, como desgastes fonológicos e simplificações morfossintáticas.[13]

Entre outros traços, destaca que tanto a conservação da nasalidade e sua intensificação, como a lentidão do falar caipira podem ser resultantes do contato luso-tupi.[14]

Antônio Houaiss, por sua vez, é categórico, num pronunciamento que dá a medida da dinâmica do processo de interação linguística:

> [...] o aleatório ponderal da formação, em cada ponto, do português "médio" no Brasil plantou-se sobre um substrato linguageiro indígena diferente de ponto a ponto e diferente, dialetalmente, até na língua geral, que deve ter-se dialetalizado na morfossintaxe, no vocabulário regional e provavelmente em elementos suprassegmentares.[15]

Ainda que, em outro lugar, afirme: "É pouco o que se sabe sobre influências de abstratos ou substratos indígenas ou africanos".[16]

Seriam de influência indígena, entre outros traços, além de vocábulos ligados à toponímia, à fauna e à flora, a frequência, na linguagem coloquial, de adjetivos promíscuos terminados em -a, em total coincidência com formas tupis, quer se trate de étimos dessa língua, quer não: *peba, puba, tinga, sacana, bacana, caipira, caipora, coroca* etc.

Mattoso Câmara Jr. prefere situar a contribuição indígena ao português na categoria empréstimo, configurado de maneira ampla e irrestrita apenas no plano lexical.[17]

Darcy Ribeiro também limita a contribuição indígena à parte "aberta" da língua, ou seja, ao seu léxico, quer em termos de palavras, quer em termos morfolexicais.

O consenso limita-se, de fato, ao espaço do léxico, num contingente de termos difícil de contabilizar.

O francês Paul Teyssier destaca a criatividade vocabular e fraseológica do "brasileiro", diante da identificação dos objetos e noções "próprias da realidade brasileira, do clima à flora, à fauna, aos costumes, à cultura popular, à vida social". Aponta o aproveitamento, nessa direção, das línguas indígenas, em destaque o tupi, e das línguas dos escravos africanos.[18] Na sua *História da língua portuguesa*, lista vários tupinismos.

A propósito, Antenor Nascentes registra, no seu *Dicionário etimológico*, contribuições vocabulares de origem indígena à língua portuguesa.[19]

Em livro de 1946, Gladstone Chaves de Melo calcula em perto de 10 mil os termos indígenas, na maioria de origem tupi, incorporados ao português brasileiro, quantitativo diminuído para 4.500 em texto de 1990.[20]

Tal elenco de tupinismos é significativamente ampliado por Antônio Geraldo da Cunha no seu *Dicionário histórico das palavras portuguesas de origem tupi*, fruto de rigorosa pesquisa em textos dos séculos XVI, XVII e XVIII e de pesquisa de menor vulto em textos dos dois séculos seguintes.[21]

João Roque Lorenzato registra 4.500 no seu livro *Curiosidades vocabulares indígenas na cultura do Brasil*.

Mauro Villar, coautor do Dicionário Houaiss, relativiza, de certa forma, as conclusões sobre a matéria, em entrevista a Manoel Pinto Ribeiro, datada de 2000.

Entende o lexicólogo que os termos tupi e tupinismo são utilizados nos dicionários de língua portuguesa para designar, do mesmo modo, o tupi antigo, o guarani, o nheengatu (também dito neotupi), e eventualmente vocábulos cujos étimos pertenceram a outros troncos e outras famílias linguísticas. Assinala, em discordância com outros números, que o quadro linguístico indígena do Brasil limita-se a 120-150 línguas, aproximadamente à metade do total das línguas indígenas faladas ao tempo do descobrimento.

Considera que os estudos etimológicos na área encontram-se "atrasados" e que o sentido hiperonímico do termo tupi, entendido como "empréstimo de alguma vaga língua indígena do continente americano", por outro lado, está longe de ser o ideal, mas segue sendo utilizado por ausência de fontes mais precisas em que possam ser fundamentados os respectivos estudos.

Para ele, a quantificação dos indigenismos linguísticos no português nunca foi realizada com método. As opiniões, divergentes, vão de 4.500 vocábulos aos 50 a 100 mil estimados por Silveira Bueno. Outras estimativas totalizam perto de 10 mil.

Villar destaca que as vozes amerindigenistas presentes no português superam as dicções árabes. Assinala a significativa "quantidade de topônimos, fitônimos, etnônimos, litônimos, meterônimos, demonônimos, alguns antropônimos etc. — que colorem a nossa língua, especialmente a falada no Brasil de belos sons e visões ameríndios". Reitera, entretanto, que as quantificações, nesse âmbito, não ultrapassam o espaço das presunções.[22]

Como se depreende, a matéria está longe de ser tranquila. A superação das divergências espera a ampliação e o rigor de novas pesquisas.

> Uma feita os quatro iam seguindo por um caminho no mato e estavam penando muito de sêde longe dos igapós e das lagoas. Não tinha nem mesmo umbu no bairro e Vei, a Sol, esfiapando por entre a folhagem guascava sem parada o lombo dos andarengos. Suavam como numa pagelança em que todos tivessem besuntado o corpo com azeite de piguiá, marchavam. De repente Macunaíma parou riscando a noite do silêncio com um gesto imenso de alerta. Os outros estacaram. Não se escutava nada porém Macunaíma sussurrou:
>
> — Tem coisa.[23]
>
> (Trecho de *Macunaíma*, de Mário de Andrade)

COMPONENTES AFRICANOS

As línguas africanas, múltiplas e diferenciadas, deixam marcas mais presentes também no vocabulário e em traços fonéticos.

Tais marcas presentificam-se com destaque em palavras de cunho religioso e hedonístico, presentes nos cânticos, refrões, bordões e orações litúrgicas e rituais; em vocábulos que integram línguas secretas; em estruturas gramaticais do português brasileiro popular; em falas de determinadas comunidades afro-brasileiras de vida rural isolada. Africanismos são também, desde os modernistas, aproveitados em textos literários.

> **Ai. Pra tudo tem um nome e tá no dialeto. Tem essa língua, esta tradição existe. Essas coisa que tô falano. Nada que eu tô prá falá num tá no dialeto. Não, a gente num pode inventá, cê tem que fala, uma coisa que ocê pode caçá ela na orige e incontrá. Mas uma palavra que num existe, num pode falá.**
>
> **Agora hoje, hoje esse povo num sabe comé faz esses rituais. Tinha que tê um rituá. Isso só fazia murtano, oedino quarqué coisa. Hoje em dia o povo num qué sabe de nada mais não.**[24]
>
> **(Depoimento de Antonio Crispim Veríssimo, mestre de vissungo)**[25]
>
> Muriquinho piquinino
> Ô parente
> Muriquinho piquinino
> De quissamba na cacunda
> Purugunta onde vai,
> Ô parente
> Purugunta onde vai
> Pro quilombo do Dumbá.
> Ei chora-chora mgongo ê devera
> Chora gongo, chora
> Ei chora — chora mgongo é cambada
> Chora, gongo, chora.[26]
>
> **(Letra de vissungo cantado por Clementina de Jesus)**[27]

Dos possíveis dialetos crioulos próprios de comunidades da mesma natureza restam escassos vestígios nas cercanias da comunidade de Helvétia, no extremo sul da Bahia.

Você gosta de mim,
Eu gosto de você:
Se papai consenti,
O' meu bem,
Eu caso com você...
Alê, alê, calunga,
Mussunga, mussunga ê.

Se me dá de vesti,
Se me dá de comê,
Se me paga a casa,
O' meu bem,
Eu caso com você...
Alê, alê, calunga,
Mussunga, mussunga, ê.[28]

(Versos do folclore pernambucano,
colhidos por Sílvio Romero)

Textos modernistas exemplares nesse âmbito, são os poemas de Jorge Lima que tratam de temas ligados aos negros, como, por exemplo, "Rei é Oxalá, rainha é Iemanjá". Nele figuram, entre outros, versos com "Eu cumba vos dou curau. Dai-me licença angana". E "a vós peço vingança contra os demais aleguás e capiangos brancos".

Nessas horas perdidas, dentro do desassombro da vaidade, vento zunindo na tábua dos peitos empinados de orgulho, Rita mobica, Rita livre, livre, matutava com o filho, nos vão lá dela:

— Tu vai nascê dum abraço grande toda vida, minino! Tu vai nascê do abraço mais maió desse mundo! Dum abraço de um Dunga-Xaxá devera! Nascê dum abraço sadio, brotado do suspiro das ondas do mar... (Vento comendo bonito na tábua dos peitos empinados. Bata lavada drapeando nos brancos da lua. Pés passarinhando na areia limpinha...) Importa, fio, que tu tenha sido

> gerado de nóis preso de ferro. Gerado nos fundão do barco lascado da mardade dos home...Importa não! Nascido de nóis ajuntado em cambada por branco perverso... Importa não! Vendido no mercado da praia... Tu és fio de Reis, minino! Importa tronco, chibata... Iaiá perversa nas ruindade! (Cabelo enrolado, assanhado no vento, olho branqueado, estalado no céu. Barriga dançando no jongo da festa da indunga do amor...)Importa talho de couro na carne dorida... Importa bunda lanhada, não! Importa tudo, não! Tu há de nascê dum abraço de Reis, dum abraço devera, conho! Tu também vai ser Prinspe na quebrada da vida... Reis! Reis desse povo cativo...”[29]
>
> (Trecho do romance *Ganga-Zumba*, de João Felício dos Santos)

Complexa, é outra questão que divide os estudiosos, por vezes de forma radical.[30]

Para uns, como Jacques Raimundo, que foi professor do Colégio Pedro II – Internato, e Renato Mendonça, diplomata e pesquisador do tema, em textos pioneiros de 1933,[31] deve-se à contribuição africana a totalidade dos traços que diferenciam o português brasileiro do português lusitano.

Do primeiro é *O elemento afro-negro na língua portuguesa*. Nele, aponta fatores determinantes de traços fonéticos e sintáticos característicos da presença africana no português brasileiro e identifica 441 africanismos. Jacques Raimundo é autor também de *O negro brasileiro e outros estudos*, de 1936, em que apresenta outras observações sobre o tema.

O livro de Renato Mendonça intitula-se *A influência africana no português do Brasil*. Teve uma segunda edição aumentada em 1935 e várias outras em sequência, incluída a de 2012, comemorativa do centenário de seu nascimento, com introdução de Alberto da Costa e Silva e prefácio de Yeda Pessoa de Castro. Registra 375 palavras geograficamente localizadas e aspectos da fala popular no seu entender reveladores da influência africana na língua portuguesa do Brasil.

A adoção como paradigma da metodologia por utilizada por Yeda Pessoa Castro para a elaboração do seu importante *Falares africanos na Bahia* (2001-2015) dá a medida de sua relevância no âmbito dos estudos da área.

Gladstone Chaves de Melo, por seu turno, em *A língua do Brasil*, de 1946, entende que a citada influência se processa com mais profundidade "na morfologia, na simplificação e na redução das flexões do plural e das formas verbais na fala popular". O filólogo as situa no âmbito da deriva do idioma. Admite também a existência de duas línguas gerais de base africana; uma fundada no iorubá, na Bahia, outra, no kimbundo, em outros espaços.

Já Serafim da Silva Neto nega, na sua *Introdução ao estudo da língua portuguesa*, 2ª edição, 1963, a influência no português brasileiro de línguas africanas ou ameríndias. Para ele, "o que há é cicatrizes da tosca aprendizagem que da língua portuguesa, por causa de sua mísera condição social, fizeram os negros e os índios". Assume, entretanto, na mesma obra, que não se inclui entre aqueles "que veem interferências linguísticas a todo preço e a todo risco, mas em ambientes linguísticos e sociais como no caso do Brasil dos séculos XVI, XVII e XVII, é preciso não perder de vista essa possibilidade, ao menos para exame, como hipótese de trabalho".

Os dois filólogos admitem, no entanto, que, por força do uso que faziam da língua portuguesa os falantes africanos, tenham-se formado dialetos crioulos e semicrioulos.

Silva Neto entende como dialeto crioulo "uma língua europeia toscamente aprendida por povos de cultura e situação social inferior. Caracteriza-se por simplificação extrema que atinge sobretudo a conjugação".

Decorre, segundo ele, da necessidade "de adultos de posição social inferior de aprender, rapidamente, a língua do senhor, aprendê-la de outiva e não pelo regular ensino da escola".[32]

O semicrioulo é um "estágio aperfeiçoado da primitiva aprendizagem". Envolve a incorporação de traços do idioma europeu que altera.

Os juízos de valor depreendidos da adjetivação são reveladores do posicionamento ideológico.

Ao fundo, nas posições de Chaves de Melo e Silva Neto, como se pode depreender, a teoria derivacionista.[33]

Na configuração do português brasileiro, se evidenciaram, assim, desde o século XVI, duas derivas: a primeira, extremamente conservadora e de estruturação lenta, vinculada às tendências do português de origem; a segunda, decorrente das circunstâncias sociais específicas, de estruturação rápida.

Percebe-se a relevância do quadro histórico-social na configuração do idioma.

A tese da prevalência da deriva é esposada, como foi assinalado, em texto de 1972, por Mattoso Câmara Jr.[34] O consagrado linguista admite a possibilidade de terem atuado, na configuração do português popular e dialetal brasileiro, substratos indígenas e falares africanos, na estrutura fonológica gramatical. Entende que, de outro lado, se verificaram "sobrevivências de traços portugueses arcaicos, que não se eliminaram de áreas isoladas ou laterais em relação às grandes correntes de comunicação da vida colonial".[35]

Em *A unidade linguística do Brasil*, de 1979, na sequência das considerações de Serafim da Silva Neto, Sílvio Elia também abraça a tese da prevalência do português sobre as línguas indígenas e africanas por força da condição cultural superior dos colonizadores e das produções literárias dos lusitanos. E admite a possiblidade da existência, no espaço do uso popular da língua, não de um idioma crioulo, "entendia a expressão como designativa de uma língua mista e estabilizada, mas um estágio preparatório que não chegou a vingar institucionalmente, ou seja, aquilo que o mesmo Serafim da Silva Neto chamou semicrioulo".

No entendimento, a língua dominante nas fazendas da Colônia era "a do reinol português e seus descendentes". O contato dessa língua com as línguas africanas, em geral o quimbundo e o nagô, nas terras baianas, propiciou interferências. Estas, entretanto, não foram bastantes para a constituição de um idioma crioulo. "O que houve foi um aparecimento de um falar emergencial, como diz Serafim da Silva Neto, por meio do qual brancos e negros procuravam entender-se". Ou seja, um pidgin.

A matéria é objeto de novos e iluminadores estudos e interpretações datados dos anos 1980. Destacam-se, nessa direção, as contribuições estrangeiras de Gregory Guy e John Holm.[36]

Ambos apontam para uma presença africana no português do Brasil por força do longo tempo de convivência dos idiomas. Na base das conclusões, pesquisas de campo na realidade urbana e rural contemporâneas.

Pioneiras, em termos de investigações do gênero, as observações de Carlota Ferreira, sobre a fala da comunidade afro-brasileira de descendentes de escravos por ela descoberta na Bahia, nas citadas cercanias de Helvétia fala que identifica como remanescência de um dialeto crioulo de base africana.[37]

Nos anos 1990, no caminho dos estudos de Guy e Holm e na descoberta de Carlota Ferreira, Alan Baxter, da Universidade Australiana de La Trobe, desenvolveu pesquisa junto à comunidade por ela estudada e apontou, em 1992, para um processo de crioulização e atual descrioulização em curso nessa e em outras comunidades mais similares em que o contingente negro é dominante.

Na continuidade da pesquisa, passou a projeto sobre "Vestígios de dialetos crioulos de base lexical portuguesa em comunidades afro-brasileiras rurais isoladas" por ele coordenado, atuante em São Paulo e na Bahia, com a participação de professores da Universidade de São Paulo, da Universidade Estadual de São Paulo e da Universidade Federal da Bahia.[38] Para os dois estudiosos a marca da influência africana no Brasil é a instabilidade.

Existem, a propósito, informa Margarida Maria Taddoni Petter, comunidades negras abertas a pesquisas do gênero em Minas Gerais, Mato Grosso, Mato Grosso do Sul, Goiás, Espírito Santo, Ceará, Bahia, São Paulo. Algumas já objeto de estudo.

É o caso da comunidade do vale do Ribeira, tema de tese de Mary F. Careno,[39] e do Cafundó, estudada por Carlos Vogt, Peter Fry e Maurizio Gnerre.[40]

> Pesquisador: Oh! Octávio! O artista.
>
> Cida: Veio de carro?
>
> P: Veio de ônibus?
>
> [...]
>
> C: Ele veio aqui, né?
>
> O: Isto!
>
> C: Aquela moça lá, a Maria, tem outra mocinha também que eu não sei como é o nome dela. São duas mocinhas. Elas são boazinhas, né, compadre Otávio?
>
> O: Uma meio moreninha.
>
> C: Muito boazinha ela, né? Outro dia eu fui pedir uma ... lá e aquele filho do Lazão que trabalha lá, ele olha a gente e tem nojo.
>
> O: É, mas é isso aí?
>
> C: Quando era pequeno eu carreguei ele. Lavava roupa pra... nós morava no Caxambu, né? ... pequeno, assim mais pequeno dessa menina minha, esse mais ... andava a cavalo com a Marina, a Marina vinha em casa, deixava a criança pra mãe olhar, né?
>
> P: Marina é a mulher de Lázaro?
>
> C: É, mulher do Lazão.
>
> P: É *cafombe*, ela?
>
> O: É *cafombe. Avero, Avero, avero.*
>
> C: *Nhapeca.*
>
> O: É *nhapeca, nhapecava. Avero* e *nhapecava.*

P: *Nhapecava.*

C: *Nhapeca, nâni, nhapeca é naninha.*

O: Isso é!

P: Que quer dizer isso?

O: Quer dizer que mais pra cá do que pra lá, mais pra cá.

P: Fala de novo, Otávio.

O: Mais pra cá do que pra lá.

P: Com é que é na língua?

O: Hein! *Avero, avero, vavu e vimba, vimba nâni.*

P: Ah! *Avero.* Que quer dizer *avero*? Branco?

C: *Avero* é o leite.

P: Leite.

O: O leite é branco, é.

P: Quer dizer que tá usando leite.

O: É assim, ele é...

C: Quer dizer que a pessoa que é.

O: Isso, moreno.

C: Morena assim, não é branco.

O: É misturado.

C: E não é bem preto, daí é o *avero* com a *nhapeca*, quer dizer, é o café com leite.

O: É.

P: Ah! Como que é café?

O: *Nhapecava*, né?

P: *Nhapecava?* Então *avero*...

O: Isso... que tá assim, e *avero*... o senhor não foi até o fim da letra.

C: *Nhapecava.*

O: E daí que já compreendi o senhor... toda a letra.

C: A Lucimara é o *avero nhapeca*, andando mais *nhapeca* do que *avero*.

O: Mais... acaba de falar.

P: É. Assis tá mais pro *avero* do que pro *nhapeca*.

C: *Nhapeca.*

O: É isso, é isso aí.[41]

(Trecho de diálogo de pesquisador com dois moradores
do Cafundó: Octávio Caetano, líder da comunidade,
e mestre da "língua africana" e dona Cida, sua sobrinha)

Acrescente-se a língua dos negros da Tabatinga, estudada por Sônia Maria de Melo Queiroz.[42]

> — Pois é, aí os camonim chega no conjolo do cuete, né?: — É, ocora, eu quero mavera, eu quero mavera, ru quero mavera... Comé que eu vô tipurá? A ingura catita.
> — Curimba, uai.
> — Ah, curimba! Eu tô curimbano, já avura, né? Num dá. Curimbá mais do que eu curimbo, num tem jeito, né, Parecida?
> — É. ... Para de caxá matuaba, uai.
> — Uai, só se eu fizé os camonim pitá conjema, só se eu fizé os camonim pitá conjema, só se eu fizé conjema aí dá pra mim curiá mais, ocaia.

"Tradução" da autora:

> — Pois é, aí os menino chega em casa, né?: — É, pai, eu quero leite, eu quero leite, eu quero leite... Comé que eu vô arrumá? O dinheiro poco.
> — Trabalha, uai,
> — Ah, trabalha!... Eu tô trabalhano até demais, né Num dá. Trabalhá mais que eu trabalho num tem jeito, né, Parecida?
> — É... Para de beber pinga, uai.
> — Uai, só se eu fizé os me nino morrê, se eu fizé os menino morrê, aí dá pra mim comê mais, mulhé.[43]

A etnolinguista Yeda Pessoa de Castro, em livro fundamentado em ampla pesquisa, lembra alguns fatos altamente significativos que podem ser assim resumidos:

- integra a população do Brasil o maior contingente de indivíduos de descendência negra concentrado fora do continente africano;
- não se configurou no país um crioulo brasileiro como segunda língua ou como língua nacional, semelhante às que emergiram em outras

ex-colônias americanas, uma vez que o português foi imposto, de qualquer maneira, durante três séculos consecutivos, como um falar estrangeiro a uma população majoritária de falantes africanos;

- é admissível a tendência de falantes de qualquer língua, por mais resistentes a mudar hábitos articulatórios da sua língua materna, a acomodá-los ao sistema fonológico da língua adquirida, como deve ter ocorrido no Brasil com o falante africano em relação ao português.[44]

A partir de tais considerações, formula uma clarificadora hipótese, compatível com as circunstâncias extralinguísticas vinculadas ao processo em exame.

Centraliza a questão nas diferenças fonológicas entre o português brasileiro e o português lusitano.

Considera que as marcas desse afastamento resultam, *a priori*, "de um compromisso entre duas forças dominantes opostas e complementares: de um lado, uma imantação dos sistemas fônicos africanos em direção ao sistema do português e, em sentido inverso, um movimento do português em direção aos sistemas fônicos africanos, sobre uma matriz indígena pre-existente mais localizada no Brasil".

Assinala que, por consequência, o português lusitano, arcaico e regional, foi ele próprio, por força da longa convivência com as falas de África, de certo modo e relativamente objeto de um processo de africanização.

Entende que "a complacência ou resistência face a essas influências mútuas é uma questão de ordem sociocultural e os graus de mestiçagem linguística correspondem, mas não de maneira absoluta, aos graus de mestiçagem biológica que se processam no país".[45]

A partir desse pensamento, aponta, com agudeza, algumas conclusões pertinentes, configuradoras de uma relevante correção de rumos nos estudos da matéria.

Entende que a influência africana no português do Brasil vai além dos espaços lexicais: integra, mais profundamente, o processo de configuração do perfil da língua e das diferenças em relação ao português falado em Portugal.

Destaca, a propósito, a relevância e a constância, em todas a regiões do Brasil onde se exigiu mão de obra escrava, da presença do povo banto, que

560

antecede em dois séculos a presença maciça dos ewes, e em três centúrias, a dos iorubás.

Em decorrência, as contribuições bantas são menos aparentes por força de sua maior integração no "processo de síntese pluricultural brasileiro, e o negro banto, mais do que outros, o principal agente modelador da língua portuguesa em sua feição brasileira e seu difusor pelo território brasileiro sob regime colonial e escravista".[46]

Acrescenta que o privilégio de uma ótica centrada nos iorubás na configuração da presença africana decorre de uma perspectiva metodológica etnocêntrica, centrada em pesquisas que adotam como *corpus* terreiros de relevo na capital baiana, nos quais elementos da língua iorubá e da religião dos orixás possibilitam observação empírica.

E mais: o grau de resistência à mudança e à integração que marcou os povos de África trazidos escravos para o Brasil não se deve à superioridade de uma cultura sobre outras, "mas a fatores históricos, sociais e econômicos mais ou menos favoráveis".

Em texto de 2016, a pesquisadora sintetiza:

> E o português brasileiro, portanto, naquilo em que se afastou do português de Portugal é historicamente o resultado de um movimento implícito de africanização do português europeu arcaico e regional, e, em sentido inverso, do aportuguesamento do africano, sobre uma base indígena pré-existente e geograficamente mais localizada no Brasil.[47]

O citado livro de Yeda Castro registra mais de 2.500 vocábulos de origem africana incorporados ao português do Brasil, entre eles, abadá, abará, acarajé, angu, babá, bagunça, banzar, batucar, batuque, berimbau, bobó, budum, bunda, cachaça, cachimbo, caçula, cafuné, camarinha, camundongo, candango, candomblé, canganceiro, capoeira, carimbo, catinga, caxumba, chimpanzé, cochilo, coisa-feita, congada, cuíca, dendê, dengo, desbunde, descarrego, empombar, encabulado, encafifar, encosto, enquizilar, esmolambado, forrobodó, fuá, fubá, fungar, fuxicar, gangorra, ganzá, ialorixá, inxerir, jabá, jabaculê, jegue, jiló, lambada, lenga-lenga, liamba, maconha, maculelê, macumba, mandinga, mangar, maracutaia, marimbondo, massapé, maxixe, miçanga, minhoca, mochila, molambo, molecagem, moleque, monjolo, moranga, moringa, muxoxo, nego, orixá, pai de santo, pé de moleque, quiabo, quilombo, quilombola, quitanda, quitute, samba, sunga, tanga, tutu de feijão, tutu-marambaia, xingar, umbanda, zabumba, zangar, zanzar, ziquizira, zonzo.

Numeroso também é o registro de termos africanos originários do banto, levado a termo por Nei Lopes no seu *Dicionário banto do Brasil* — um repertório etimológico de vocábulos brasileiros originários do centro, sul, leste e sudoeste africanos.[48]

A propósito dos africanismos — entendidos como "empréstimos de línguas e dialetos africanos integrados no sistema de nossa língua e também vocábulos e expressões dessas línguas e dialetos *in natura* em livros de literatura africana escritos em português" —, Mauro Villar explicita, na citada entrevista, que, numa perspectiva ampla, que abrange o universo da lusofonia,

> o dicionário contou, ainda, com a cooperação de redatores e linguistas de Portugal, São Tomé e Príncipe, Guiné-Bissau, Cabo Verde, Angola, Moçambique e Macau. [...] Assim como registrou e definiu em sua nominata palavras e locuções dos crioulos orientais e africanos de origem portuguesa, além de diversos vocábulos de outros idiomas — por exemplo, do chinês e de algumas línguas africanas —, incorporados ao nosso léxico por se registrarem em obras literárias cujo meio de expressão foi o português.[49]

Observe-se que a pesquisa em referência privilegia fontes de caráter literário.

É provável, como admitem vários estudiosos, que, no processo de sobreposição de predomínio da língua portuguesa às línguas gerais, notadamente a de base tupi, a estrutura destas últimas, matizadas nos espaços do vocabulário de contribuições africanas e portuguesas, tenha cedido lugar à estrutura de base portuguesa matizada de contribuições indígenas e africanas, extremamente simplificada.

É também admissível que a língua geral de base indígena, por mais geral que o fosse como língua oral de comunicação, devia ser, por sua vez, matizada por traços não estruturais, como pronúncias, elementos tonais, e outros, que certamente se transferiram para o português. Hipótese anteriormente formulada por Antônio Houaiss, a propósito da relação entre o português e o Tupi Missionário.[50]

Tal interação teria contribuído para a configuração das variantes da língua portuguesa do Brasil. É mais uma hipótese, num terreno que é objeto de variada interpretação.

A propósito, segundo a citada Yeda Pessoa de Castro, certas manifestações do português brasileiro na fala popular emergem da associação reforçada de aspectos fonéticos do português arcaico e das línguas de África.

> Tinha um moço qui a mãe dele era pobre. Ele num tinha nada. Aí, tudu dia pescava aqueles pexe. Vendia, compava ropa, compava meio de cumê. Tudo com esses pexe. Aí, quando chegô um dia, ele foi, chegô assim na bera do rio e tavas pescano. Aí, nisso, chegôa aquela moça, aquela princesa munto bunita!
>
> — Cumé qu'ocê chama?
>
> — Eu chamo Antoim.
>
> — Eu chamo Garça. Cê qué impregá lá im casa?
>
> — Sim, imprego, uai!
>
> — Cê qué i lá pra casa?
>
> Diss'assim:
>
> — Vô sim senhora.
>
> — Pois antãoce vamo, puque lá in casa nóis tá picisando de uma cumpania, picisando de quem fica. Papai tá picisando de um trabaiadô lá. Antãoce vamo!
>
> Tudo largado!... chujo!... cabelo grande!... barba!...
>
> Aí foi, levô ele.
>
> — Antão vamo, Antoim. Cê sobe aqui na minha cacunda e fécha os óio.
>
> Lá vai, lá vai, lá vai andano, andano, lá vai.[51]
>
> (Passagem de texto de Maria Cecília de Jesus, afrodescendente, nascida em 1905, contadora de histórias recolhidas, transcritas e publicadas em livro organizado por Maria Selma de Carvalho, José Murilo de Carvalho e Ana Emília de Carvalho)

Compare-se com o citado depoimento de Antonio Crispim Veríssimo, mestre de vissungo.

> No âmbito dos estudos da questão, emerge, não sem contestação, conceitos como anticrioulo, proposto por Hildo de Couto, resultado de seu processo de regramaticalização da língua original do povo dominado pela língua do povo dominante corrente."[52]

A configuração da presença africana no português brasileiro, em síntese, reveste-se de complexidade e aguarda a sua plena concretização.

Os avanços significativos das pesquisas linguísticas, intensificados a partir do século passado, possibilitam, entretanto, identificar os seguintes aspectos: substratos de falares de África na estrutura fonológica da língua portuguesa do Brasil; presença de falares crioulos em comunidades afro-brasileiras de descendentes de escravos, urbanas e rurais; marcas no vocabulário, com destaque para palavras de cunho religioso e hedonístico, situadas como empréstimos; vocábulos que integram línguas secretas, em estruturas do português brasileiro popular, em determinadas comunidades afro-brasileiras de vida rural isolada; africanismos presentificados em textos literários; imantação de sistemas fônicos africanos em direção ao português e vice-versa; processo de africanização do português arcaico e regional, por força de convivência com as falas de África; influência africana além dos espaços lexicais; a citada presença e constância do povo banto na totalidade das regiões do Brasil de presença escrava.

Outros componentes

Acrescentem-se às bases assinaladas o influxo da presença das línguas dos imigrantes, notadamente no que se refere à constituição da diversidade idiomática.

Trabalhadores europeus chegam progressivamente ao Brasil a partir da independência. Na bagagem, diferentes costumes, culinária diversa, vestuário peculiar, formas de expressão. Nos espaços ocupados, áreas economicamente mais desenvolvidas, situação que pode ter concorrido para a diferente configuração cultural do Norte e do Sul do país, da cidade e do campo, do litoral e do sertão. E para aspectos linguísticos. Hipóteses.

Suzana Cardoso, em livro de 2006, numa visão também ampla da realidade multicultural e polifacetada do Brasil, aponta o denso inter--relacionamento dos distintos grupos e culturas, especialmente nos espaços do vocabulário do português do Brasil. Conclui, com agudeza, que são numerosos os aspectos decorrentes das contribuições africanas e indígenas no léxico do português brasileiro e representativos aqueles que emergem das línguas imigrantes.[53]

O PORTUGUÊS BRASILEIRO, UNIDADE E DIVERSIDADE

A língua de uso generalizado no Brasil é, em conclusão, uma modalidade da língua portuguesa.

No processo de sedimentação, associam-se a interveniência de políticas linguísticas, da ação pedagógica, da literatura e da paraliteratura, dos meios de comunicação de massa, que passam a ganhar presença avassaladora: imprensa, rádio, cinema, televisão. Mais recentemente, a internet e os sofisticados veículos de comunicação eletrônica.

A caracterização singularizadora constrói-se gradativamente ao longo dos tempos coloniais, com normas básicas configuradoras já sedimentadas, como vimos, nos começos do século XIX, tempos de afirmação da identidade nacional.

Do Império aos tempos atuais, singulariza-se e caracteriza um uso peculiar por parte da comunidade brasileira, com marcas próprias, simultaneamente conservadoras e transformadoras.

Língua viva, consequentemente em contínua mudança. Longe de ser uniforme. Unidade na diversidade. E vice-versa. Não se trata de uma exclusividade. Nenhuma língua constitui, na sua totalidade, um sistema uno, sem variantes.

Em consequência, em relação ao uso comum, uma língua histórica pode apresentar, em determinadas regiões, sem perda de identidade, características diferentes. Seja na maneira de pronunciar, seja no vocabulário, na morfossintaxe e na ortografia.

Pode também apresentar, por força do processo de construção comunitária, variações de uso no plano social. Num e noutro caso, sem prejuízo para a intercomunicação dos usuários. Trata-se de variações vulneráveis a mudanças, ao longo do tempo.

Admite ainda variações expressivas, vinculadas à especificidade do uso de cada um dos falantes que dela se vale.

É ponto pacífico, a partir dos estudos na área, como assinalam Celso Cunha e Lindley Cintra, em texto de 1985, que uma língua histórica se constitui de

> um conjunto de sistemas linguísticos, isto é, de um diassistema, no qual se inter-relacionam diversos sistemas e sub-sistemas. Daí o estudo de uma língua revestir-se de extrema complexidade, não podendo prescindir de uma delimitação precisa dos fatos analisados para controle das variáveis que atuam, em todos os níveis, nos diversos eixos de diferenciação. A variação sistemática está, hoje, incorporada à teoria e à descrição da língua.[54]

A complexa caracterização da variação, entretanto, também não é pacífica.

Como destaca, com percuciência, Dino Preti, é a oposição entre diversidade e uniformidade que mantém a língua num contínuo movimento de fluxo/refluxo.

O primeiro caracteriza uma força diversificadora e se constitui das falas individuais, em interação com fatores extralinguísticos. O refluxo constitui uma "força disciplinadora, prescritiva, que nivela os hábitos linguísticos".

Preti assinala ainda, com agudeza, que, mantendo-se, as duas forças abrem-se a mútuas concessões. De tal modo, que em função de uma necessidade comunicativa, "o indivíduo sacrifica sua criatividade enquadrando-se, inconscientemente, na linguagem do grupo em que atua; a comunidade, por seu turno, admitindo a criação individual, incorpora hábitos originais que atualizam os processos da fala coletiva, e evolui naturalmente, procurando uma melhor forma de comunicação".

O linguista português J. G. Herculano de Carvalho, ao tratar do saber linguístico, situa, a propósito, as variedades em dois grupos: o das variedades sincrônicas e o das variedades diacrônicas.[55]

As primeiras caracterizam-se por serem "cronologicamente simultâneas, observáveis num mesmo plano temporal". Compreendem três modalidades: *variações causadas por fatores geográficos* (dialetos ou falares de influência regional — cidade, vila, aldeia); *variações socioculturais* (vinculadas a família, classe, padrão cultural, atividades habituais); *variações estilísticas* (ligadas à expressividade).

As *variedades diacrônicas* caracterizam-se por se encontrarem "dispostas em vários planos de uma só tradição histórica".[56]

Para muitos especialistas, essas diversificações têm caráter dialetal.

Entenda-se dialeto na tríplice dimensão que, em sentido amplo, identifica modernamente o termo.

No *plano geográfico*, o termo indica um falar característico de determinadas áreas, marcado por semelhanças léxicas e fonéticas próprias; no *plano histórico*, um falar com a mesma origem da língua comum do país, diante da qual tem menor prestígio; no *plano linguístico*, um falar caracterizado por "desvios que podem ocorrer tanto no plano geográfico (dialetos regionais ou variedades diatópicas) quanto no plano social (dialetos sociais ou variedades diastráticas)".[57]

Esse é o termo que, desde os anos 1970, passou a ser usado nos estudos de dialetologia urbana, nos Estados Unidos da América, para nomear "qualquer variação de grupo na língua, de natureza geográfica ou cultural".[58]

As variedades diatópicas ou geográficas situam-se no plano horizontal da língua.

As diastráticas ou sociais, ou socioculturais, situam-se no plano vertical do idioma. Presentificam-se dentro da linguagem de uma comunidade específica urbana ou rural.[59]

As variações diastráticas ou socioculturais abrangem também, segundo alguns estudiosos, as variações expressivas ou diafásicas, nestas incluídas, entre outras, a variante literária, as variantes de grupos de idade, as variantes de sexo, e ainda linguagens técnicas. Outros, entretanto, consideram as variantes diafásicas uma terceira categoria. Entre eles, na esteira de Coseriu, Celso Cunha e Lindley Cintra.

Nos três adjetivos determinantes das variações o prefixo grego *dia*, "através de", mais o substantivo também helênico *topos*, "lugar", o latino *stratum*, "estrato", "camada", e o grego *fásis*, "expressão".

Especialistas há, a propósito, que distinguem dialetos de falares.

É o caso de Manuel Alvar, que entende o dialeto como um "sistema de sinais desgarrado da língua comum, viva ou desaparecida; normalmente, com uma concreta delimitação geográfica, mas sem uma forte diferenciação de outros da mesma origem".[60]

Para ele, os falares são "manifestações em que as diferenças entre o uso da língua em determinada região não são muito acentuadas e não atingem certo nível de coerência. Seja na pronúncia dos sons da fala, na melodia e na construção da frase, no uso de certas palavras".[61]

O linguista divide ainda os falares em regionais e locais. Falares locais: subsistemas "de traços pouco diferenciados, mas com matizes próprios, dentro da estrutura regional a que pertencem e cujos usos estão limitados a pequenas circunscrições geográficas, normalmente com caráter administrativo".[62]

Estaria no primeiro caso o dialeto caipira, estudado por Amadeu Amaral. Marcado por um tom geral lento no frasear, plano e igual, sem variedade de inflexões, de andamentos, de esfumaturas, traços que enriquecem a expressão das emoções na pronúncia normal do português, acentos mais carregados na prolação total de um grupo de palavras.[63]

Entre os falares se situariam, por exemplo, o falar nordestino, com os subfalares paraibano, pernambucano, alagoano etc.

Nos anos 1960, ganhou destaque a distinção entre dialeto e variante nacional.

A proposta se deve ao professor Gueórgui Stepanov, da Universidade de Leningrado, para quem "a diferença básica de valor metodológico entre o dialeto e a variante nacional consiste em distintos modos de funcionamento social: o primeiro (o dialeto) é utilizável só para uma parte da comunidade no seio da nação; a segunda (a variante) é um instrumento usado pela nação inteira".[64]

O conceito, como se depreende, limita-se à posição dos usuários no espaço comunitário.

As distinções assinaladas esbarram na complexidade da fixação dos contingentes caracterizadores.

Já para Eugenio Coseriu, a diferença entre língua e dialeto situa-se em outra dimensão: na visão do renomado linguista, a designação dialeto, considerada em relação a língua, refere-se a uma língua menor que se inclui em outra maior, esta última entendida como um idioma, uma língua histórica, por sua vez, esclarece, compreendida, ressalvados casos especiais, como uma "família histórica composta de modos de falar afins e interdependentes". Os dialetos a integram, se constituem "famílias menores dentro da família maior".[65]

Para o renomado linguista, a propósito, os dialetos geográficos são relativamente homogêneos, por força da soma das linhas virtuais que marcam o limite, também virtual, de formas e expressões linguísticas, linhas denominadas isoglossas. Nessa condição os citados dialetos constituem subsistemas organizados fônica, morfossintática e lexicalmente.

Já as variações diafásicas, expressivas ou estilísticas configuram subsistemas incompletos, ou seja, formas parcialmente divergentes no interior de um mesmo dialeto.

Acrescenta ainda Coseriu que os dialetos assim compreendidos podem vir a transformar-se, ao longo do tempo, em novas línguas históricas, o que não ocorre com as demais variações.

Os citados Celso Cunha e Lindley Cintra, em *A nova gramática do português contemporâneo*, optam pelo emprego generalizado de dialeto "no sentido de variante regional da língua, não importando o seu maior ou menor distanciamento com referência à língua padrão", e o fazem diante da dificuldade de caracterização, na prática, das modalidades diatópicas.[66]

O filólogo Evanildo Bechara também limita a designação dialeto às variantes regionais.[67]

Mattoso Câmara Jr., no seu *Dicionário de filologia e gramática referente à língua portuguesa*, considera que, do ponto de vista puramente linguístico, os dialetos "são línguas regionais que apresentam entre si coincidência de traços linguísticos fundamentais. Cada dialeto não oferece, por sua vez, uma unidade absoluta em todo o território por que se estende, e pode dividir-se em subdialetos, quando há divergência apreciável de traços linguísticos secundários entre zonas desse território".

Esclarece o renomado estudioso que "ao conceito linguístico se acrescenta, em regra, um conceito extralinguístico de ordem psíquica, social ou política, isto é — a existência de um sentimento linguístico comum".

Por força das coincidências de traços linguísticos essenciais e da inegável existência de um sentimento comum, ele propõe "a divisão da língua portuguesa em dois grandes dialetos, correspondentes a nações distintas: o lusitano, ou português europeu, em Portugal, e o brasileiro, ou português americano, no Brasil".[68]

A identificação do dialeto com as variantes geográficas — continentais, locais ou regionais — predomina nos estudos do português brasileiro, mas não costuma estender-se às variantes socioculturais ou diastráticas e às variantes expressivas ou diafásicas, que assim seguem sendo designadas por muitos.

Mais recentemente, a metodologia adotada pela Geolinguística Pluridimensional Contemporânea reestruturou a classificação tradicional, no âmbito das designações e da abrangência. De certa forma, atualizou-a, diante das mudanças da estruturação comunitária.

Na reestruturação empreendida, manteve as variantes ou variedades diatópicas e reorganizou as demais como categorias e não como subdivisões.

É a orientação adotada na elaboração do *Atlas linguístico do Brasil* que se insere "no quadro metodológico da Geolinguística Pluridimensional Contemporânea, contemplando, além do parâmetro diatópico, outros parâmetros variacionais (diastrático, diageracional, diafásico, diassexual ou diagenérico)".[69]

As variedades diageracionais remetem às faixas etárias, como, por exemplo, ao português falado pelas crianças, pelos jovens, pelos idosos. As diassexuais ou diagenéricas abrangem os discursos femininos e masculinos.

A nomenclatura de cada uma dessas variedades e o âmbito de sua aplicação à realidade da língua portuguesa do Brasil ainda dividem especialistas.

Entendo que nada impede que as variedades diastráticas possam também ser chamadas de socioculturais ou culturais, nelas situados os registros formal e informal e as modalidades ditas culta e popular e as variedades ou variantes diatópicas de geográficas, de geográfico-regionais, ou mesmo de dialetos, com as necessárias ressalvas relativas à abrangência.

A LÍNGUA EM PROCESSO

Nomenclatura e conceituações à parte, o fato é que há um uso comum a toda a área geográfica onde se adota o português como veículo de comunicação.

Tal uso caracteriza uma *língua-padrão*, depreendida, ao longo da História, do seu emprego pelos falantes, a partir da eleição de uma variante ou dialeto regional que culmina por sobrepor-se às demais variedades regionais. Entenda-se o segundo termo como *padrão ideal*.

Essa variação diatópica privilegiada converteu-se na chamada *língua comum* ou *língua histórica*. Esta passou a constituir um sistema linguístico ideal, que perpassa a prática linguageira de todos os componentes da comunidade.

A variação que se torna língua comum ou histórica é o dialeto falado no território situado entre o rio Douro e o rio Minho, o dialeto interamnense, eleito língua nacional com a fundação da nacionalidade portuguesa. É a partir dessa região que o português moderno irá constituir-se.

Essa língua nacional oficializada sofreu alterações no seu percurso histórico, até chegar à sua configuração atual, e permanece sempre objeto de mudanças, na sua condição de língua viva, e também caracterizada, com marcas peculiares, pela unidade na variedade e pela variedade na unidade.

O português brasileiro tem, nas suas bases, a fala familiar e a fala religiosa de grupos minoritários de portugueses oriundos de inúmeros e vários lugares do território luso, vale dizer, de distintos dialetos metropolitanos, a partir de todas as regiões de Portugal, como assinala Paul Teyssier.

Para ele, o que sucedeu, de fato, foi que os colonos portugueses do Brasil elaboraram uma koiné por eliminação de todos os traços marcados dos falares portugueses do Norte e por generalização das maneiras não marcadas do Centro-Sul.[70]

Entende-se por koiné uma língua ou um dialeto comum decorrente da fusão de falares diversos tomado como padrão num amplo espaço geográfico.

O português que chega na fala dos achadores e dos colonizadores caracteriza-se, na maioria dos usuários, pelo registro informal.

É essa modalidade de uso do idioma que constitui a base do futuro português brasileiro no âmbito do mesmo grupo social, que se torna a maioria da população.

Em paralelo, o registro formal, privilégio de poucos entre aqueles que se propuseram a aventura Brasil, ganha gradativamente os espaços do ensino sistemático nas escolas, desde os pioneiros jesuítas.

Os citados falares lusitanos foram, pouco a pouco, matizados por contribuições indígenas e africanas, várias e distintas em termos de configuração e localização.

Tais contributos situam-se na parte aberta do idioma, com possível presença na dimensão tonal e rítmica.

Os falares são também objeto, paralelamente, de influência de línguas de imigrantes, numerosos e distintos, chegados desde o Império e que se concentraram distintamente em várias localidades do território nacional.

Consolidadora de normas, fixadora de cânones, de ampla repercussão na língua oralizada, figura, no âmbito da interação, a língua escrita.

Nesses espaços, presentifica-se ainda a influência da língua literária.

Forte ao longo do tempo e intensificada na atualidade, desponta a influência da mídia em todo o universo da intercomunicação oral e escrita.

Guardiã da variante sociocultural privilegiada, assoma a escola, ciosa da unidade idiomática, ainda que, na atualidade, sem descurar de tal privilégio, atenta às muitas possibilidades de uso, à luz da relação entre a fala e a situação de fala, sem posicionamentos discriminatórios.

No âmbito da manifestação oral, configura-se a presença dos vários registros, com predomínio do informal.

O uso do idioma, na comunicação coloquial cotidiana, caracteriza-se, na fala da maioria da população, por um reduzido vocabulário de difícil quantificação, ainda que alguns especialistas o situem aproximadamente entre 3 mil e 5 mil vocábulos. Com relativo aproveitamento efetivo pela língua literária. É a lição tradicional.

Esclareça-se que a ausência de pesquisas coloca sob suspeita todo e qualquer quantitativo nessa área. Um exemplo significativo, ainda mais por tratar-se de língua escrita e de um *corpus* reduzido: estudo levado a termo, em 2009, pela Comissão de Lexicologia e Lexicografia da Academia Brasileira de Letras comprovou que o vocabulário usado por Machado de Assis na sua obra literária, ao contrário das 3 mil palavras até então apontadas, totaliza, na realidade, 17 mil palavras, para mais.

Ainda no espaço da oralidade, cabe considerar, no processo linguístico, entre outros aspectos, os textos marcados pela espontaneidade dos locutores da mídia e, em especial, os textos que são escritos antes para serem mais lidos do que ditos. E ditos em voz alta, como na televisão, no rádio, no cinema, no teatro.

A mídia evidencia instâncias significativas.

A imprensa tende a assegurar um uso elaborado do idioma, marcado pela preocupação com a economia verbal, a objetividade, evitadas, em princípio, as reiterações, os lapsos, as vacilações. Língua cuidada, preferentemente de alcance nacional, pautada, por consequência, numa dimensão unificadora do idioma, com base, com raras exceções, no registro socialmente privilegiado.

O rádio associa tais preocupações à presença do registro informal do coloquial descontraído. Até porque privilegia a língua oralizada.

Na televisão, notadamente no noticiário, observa-se uma tendência a uma padronização generalizadora. Telenovelas e minisséries, por seu turno, abrem-se ao coloquialismo e a variantes diatópicas e diastrásticas, numa mescla de registros vários; os programas humorísticos, ao uso informal.

Mais recentemente, a mídia eletrônica vem acentuando tais dimensionamentos, com o risco de significativa redução de repertório e da consequente diluição de matizes expressivos do idioma. Não nos esqueça que língua e universo cultural estão estreitamente vinculados.

Em relação ao português europeu, o português brasileiro — como conclui Edith Pimentel Pinto — constitui uma variante diferenciada, porque contemporânea do processo de unificação que a caracteriza, e não anterior a ela: a sua configuração faz-se ao longo do curso do processo histórico que envolve a colonização e a afirmação da soberania. Trata-se de uma variante caracterizadora de "outra norma paritária em relação à norma portuguesa".[71]

NORMA E SISTEMA

Sem ignorar a complexidade da conceituação do termo e a controvérsia que a acompanha, entenda-se *norma* na acepção de Eugenio Coseriu, como a realização coletiva do *sistema* língua.

Sistema remete a qualquer conjunto organizado e ordenado de unidades, sejam abstratas, concretas, imaginárias ou reais, objetivando a realização de determinada ou de determinadas finalidades.

Para o renomado linguista, o termo denota, no caso da língua, uma entidade abstrata, constituída de um conjunto de oposições funcionais. Integra, assim, os traços distintivos que fazem com que uma unidade de língua não se confunda com outra.

No âmbito do sistema, por exemplo, a oposição de fonemas está na base da significação do vocábulo, como se pode verificar, entre outros aspectos, na comparação entre *bala*, *bela*, *bola*, *bula*, ou entre *bala*, *cala*, *fala*, *mala*, *pala*, *tala*. Indicia também o gênero ou o número das palavras, como em *gato/gata*, *bonito/bonita*, *fato/fatos*, *vala/valas*. Marca número e pessoa das formas verbais, como em *amo*, *amas*, *temo*, *temes*.

A norma emerge dos usos do sistema. Envolve tudo o que se realiza tradicionalmente em formas socialmente determinadas e relativamente constantes.

A concretização da norma, a sua realização individual, é o que Coseriu denomina *fala*.

Como sistema, uma língua envolve uma série de possibilidades indicadoras dos rumos abertos ou fechados do falar comunitário. Possibilita, como tal, uma multiplicidade de realizações.

O mesmo não acontece com a norma, um conjunto de realizações que, contrariamente, se impõe ao falante, limita as suas possibilidades de expressão e varia segundo a comunidade. Sua caracterização é objeto dos dicionários e das gramáticas normativas.

Uma língua pode abarcar as formas ideais de sua realização, a sua dinamicidade, o seu modo de fazer-se. Pode também admitir várias normas, que representam modelos, escolhas que se consagraram dentro das possibilidades de realizações de um sistema linguístico.[72]

Quando alguém diz, por exemplo, eu *fazi*, o que acontece frequentemente na fala infantil, está sendo fiel aos princípios do sistema, porque o elemento distintivo que, nele, caracteriza a primeira pessoa do singular do pretérito perfeito do indicativo é o fonema /i/, como em *temi*, *perdi*, mas está contrariando a norma, que consagra tradicionalmente a forma *fiz*.

A norma, porém, tem seus caprichos. Um exemplo: no sistema língua portuguesa, usa-se, entre muitos, na formação de substantivos a partir de verbos, o sufixo -ção, como em *variar/variação*. O uso normativo, em alguns casos, afasta-se desse princípio e usa casamento, em lugar de casação, tomada, em vez de tomação. Se o sistema apresenta uma única forma de concretização, ela costuma coincidir com a opção normativa. É também comum, no caso de várias formas fiéis ao sistema, elas serem abrigadas pela norma.

O sistema abre-se à criação individual. Ao usar, por exemplo, o adjetivo *almado*, em oposição a *desalmado*, Guimarães Rosa atende às características do sistema da língua portuguesa. O estranhamento inicial diante do termo criado se deve ao impacto do novo.

Observe-se que propostas como esta podem ou não vir a integrar os espaços normativos. Se se coletivizarem, culminam por enriquecer a língua. Caso contrário, não ultrapassam o texto do autor.

Trata-se de um relacionamento complexo. O sistema se faz mais abrangente do que a norma, ao possibilitar criações dessa natureza. A norma, por sua vez, ganha mais amplitude do que o sistema, ao admitir formas que contrariam o jogo de oposições que o caracterizam.

Está nesse último caso, por exemplo, o emprego de *pego*, em lugar de *pegado*, em frases como "Fulano foi pego em flagrante": "pego" não tem história na língua. A frequência do uso acabou inserindo na norma uma forma que contraria os princípios do sistema. Na origem de tal formação está certamente a analogia com *pago/pagado*.

Curiosamente, a consciência do sistema parece evidenciar-se na oscilação da pronúncia da vogal tônica, dividida entre o timbre fechado e o aberto, /*pêgo*/, /*pégo*/: a oposição peculiar ao sistema possivelmente está na base do estranhamento diante do /e/ aberto: /*pégo*/ é forma da primeira pessoa do presente do indicativo: eu /*pégo*/. O caráter opositivo se evidencia, para comparar, em palavras como *nego*, do verbo negar, e *nego*, substantivo, *rego*, do verbo regar, e *rego*, substantivo. Hipóteses.

A norma pode variar, portanto, no seio de uma mesma comunidade linguística, como apontam Celso Cunha e Lindley Cintra, seja de um ponto de vista diatópico (português de Portugal/português do Brasil/português de Angola); seja do ponto de vista diastrástico (linguagem central/linguagem média/linguagem popular); seja de um ponto de vista diafásico (linguagem poética/linguagem da prosa).[73]

Norma e saber linguístico

A língua é a linguagem de uma comunidade.

Ainda na esteira da lição de Coseriu, entende-se, em sentido estrito, que "a linguagem é uma *atividade humana universal*, que se realiza *individualmente*, mas sempre segundo técnicas *historicamente* determinadas (línguas)".[74]

Quando dizemos, por exemplo, "cavalo não fala", ou seja, não utiliza a linguagem, no sentido assinalado, como meio de comunicação, estamos nos referindo à linguagem como uma *atividade* situada no âmbito *universal*.

Se conseguimos identificar quem fala, a consideramos no nível *individual*. Acontece, por exemplo, ao dizermos "João falou".

Se sabemos que alguém, ao falar ou escrever, está se valendo de determinada língua, português, inglês, francês etc., referimo-nos ao nível *histórico*.

Podemos ainda considerar a linguagem, em cada um desses níveis, como *saber* ou como *produto*.

A associação dos níveis e dos pontos de vista assinalados conduz, segundo o mesmo Coseriu, a nove seções na estrutura geral da linguagem.

No *nível universal*, a linguagem como *atividade* corresponde ao "falar não determinado historicamente"; como *saber*, é o "saber falar em geral"; como *produto*, é "o falado, a totalidade do que se disse ou ainda do que se pode dizer, sempre que se considere coisa feita".

No *nível individual*, a linguagem corresponde, como *atividade*, ao discurso, ou seja, ao "ato linguístico (ou a série de atos linguísticos conexos) de um determinado indivíduo numa determinada situação"; como *saber*, é "o saber relativo à elaboração dos discursos"; como *produto*, é "um texto, falado ou escrito".

No *nível histórico*, é, como *atividade*, "a língua concreta, tal qual se manifesta no falar, como determinação histórica deste"; como *saber*, é o saber idiomático: é "a língua enquanto saber tradicional de uma comunidade"; como *produto*, a linguagem "não se apresenta nunca de modo concreto, uma vez que tudo o que nesse nível se produz (se cria) 'ou redunda numa expressão dita uma única vez', ou se adota e se fixa historicamente, passa a fazer parte do saber tradicional".

O falar é uma atividade cultural. Assim situado, abre-se, ainda segundo Coseriu, a três enfoques distintos.

Pode ser entendido: como *atividade criadora*, que se vale de um saber já existente para expressar algo novo e capaz de criar um saber linguístico; como o próprio saber subjacente à atividade, vale dizer, como *competência*; como *texto*, ou seja, como o produto criado em decorrência do falar individual.

Na sua condição de atividade cultural, o falar vincula-se, portanto, a um *saber*.

Esse saber admite três planos, em função dos enfoques assinalados: o *saber elocutivo*, o *saber idiomático* e o *saber expressivo*.

O *saber elocutivo* corresponde ao falar em geral por meio de qualquer língua; identifica-se, assim, com a *competência linguística geral*.

O *saber idiomático* corresponde a falar uma determinada língua em conformidade com a tradição linguística comunitária; é sinônimo de *competência linguística particular*; envolve, portanto, uma dimensão histórica.

O *saber expressivo* é um saber gramatical manifestado numa língua particular e que pode ir além do que já se encontra criado nessa língua; identifica-se com a *competência textual*.

A *norma* associa-se a juízos de valor relacionados com a inter-relação entre o falar e o saber linguístico e vinculados à utilização do idioma pelos indivíduos, na direção do que seria "certo" ou "errado", "adequado" ou "inadequado", "apropriado" ou "inapropriado".

A questão é relevante, na medida em que implica critérios de avaliação de desempenho no uso do idioma.

Evanildo Bechara a ilumina, ao distinguir, a partir do pensamento de Coseriu, três modalidades de normas vinculadas a tal inter-relação.

Os procedimentos relacionados com os princípios norteadores do pensamento, "autônomos ou independentes dos juízos que se referem à língua particular e ao texto", constituem a *norma de congruência ou de coerência*; vinculam-se ao *saber elocutivo*.

O falar em uma língua particular de acordo com os princípios reguladores historicamente determinados e correntes na comunidade que dela se vale configura uma *norma de correção*.

O português, na condição de língua histórica, é um conjunto de várias práticas linguísticas comunitárias.

Em consequência, abre-se a mais de uma norma desse último tipo, entre elas as que configuram o português do Brasil, o português de Portugal, o português dos demais países da comunidade lusófona, o registro formal, o linguajar popular etc. A *norma de correção* vincula-se, portanto, ao *saber idiomático*.

Linguisticamente, os vários registros do idioma configuram normas próprias. Tradicionalmente, entretanto, os critérios de correção associam-

-se ao registro formal, socialmente prestigiado, significativamente também conhecido como norma culta.

A norma de correção fundamenta-se nos princípios preconizados pelas gramáticas. Tem tradicionalmente seus guardiães mais atuantes no ensino da língua na escola, regulado por legislação específica.

Os compêndios didáticos da área, marcados pela prevalência do caráter *normativo*, privilegiam tradicionalmente uma mesma variante de gramática apoiada, basicamente, em escritores representativos.

No caso, nesse sentido, de alguma ruptura nos textos, prevalecem soluções ditadas pelo arbítrio do docente. Configura-se como que uma jurisprudência, sedimentadora.

Trata-se de outra questão complexa. A descrição gramatical em seu modelo tradicional, de criação grega, ainda que de inegável utilidade, não consegue abranger a plenitude da diversidade estrutural das línguas do mundo. A busca de novas modelizações tem mobilizado, desde o século XIX, a preocupação dos estudiosos. A solução totalizadora, entretanto, ainda habita um distante horizonte.

Associada intimamente ao falante, ao destinatário, ao objeto ou à situação de fala situa-se a *norma de adequação*, vinculada, consequentemente, ao *saber expressivo*. Independe do critério de correção em relação à língua particular e do critério de congruência ou coerência em relação ao falar geral.[75] Nesses espaços, destaca Bechara, "a adequação ao discurso e à constituição de textos pode levar em conta o objeto representado ou o tema, o destinatário ou a situação ou circunstâncias".[76]

Como se depreende, as várias configurações normativas não se contrapõem: complementam-se.

Há algum tempo, no bojo da querela entre gramáticos e linguistas, a orientação do ensino vem se dividindo entre privilegiar a norma de correção ou a norma de adequação. Com alguma concessão à associação de ambas.

Entendo que não se trata de posições inconciliáveis. O risco é o radicalismo de posicionamentos redutores.

O desenvolvimento dos meios de transporte ferroviário, rodoviário e aeroviário, os avanços da comunicação, o êxodo rural e a consequente aproximação de núcleos populacionais anteriormente distantes e isolados, o decorrente intercâmbio de ideias, tudo isso propiciou, nos séculos XIX e

XX, e segue propiciando, no XXI, a tendência a uma normatização da língua portuguesa do Brasil direcionada pela difícil, complexa e relativa unificação.

A cultura de massa e a comunicação maciça também vêm contribuindo para tal, muito embora sejam responsáveis por modismos linguísticos aos quais advêm, sem questionamentos, falantes desejosos de participação comunitária.

Os meios de comunicação de massa, por outro lado, como assinala, com agudeza, Maria Emília Barcelos, no âmbito da correção, respondem pelo "condicionamento linguístico e até mesmo social dos grupos ao divulgar a língua comum, a norma das comunidades urbanas, especialmente no que tange ao nivelamento das estruturas e do léxico. Ao mesmo tempo, esses formadores de opinião automatizam o indivíduo, levando-o a pensar, a falar e agir dentro de padrões predeterminados".[77]

Vale lembrar que uma língua se caracteriza pela tensão constante entre inovação e conservação.

O PORTUGUÊS BRASILEIRO: VARIAÇÕES GEOGRÁFICO-REGIONAIS OU DIATÓPICAS[78]

Histórico da questão

A configuração do português brasileiro reveste-se de complexidade, sobretudo diante do caráter multifacetado do idioma.

O enfrentamento da questão, entretanto, tem sido objeto de estudos, como ficou assinalado, desde os começos do século XIX, com acentuada intensificação a partir da segunda metade da mesma centúria. No século seguinte, começam por uma caracterização demasiadamente genérica das variantes geográfico-regionais, e logo culminam em amplos e fundamentados estudos etnográficos e dialetológicos.

Há que considerar, no âmbito de tais caracterizações, que a dialetação no Brasil, como assinala Antônio Houaiss, ocorre simultaneamente com a emergência da língua nacional, diferentemente do que acontece nos países românicos europeus, em que é anterior a configuração desta última. Por outro lado, reveste-se de traços interpsíquicos, vale dizer, "muito mais compreensíveis entre os usuários da língua nacional, quaisquer que sejam os pontos de onde provenham: o acesso a um código comum é relativamente mais fácil".[79]

Ao longo do tempo assinalado, Suzana Cardoso e Carlota Ferreira distinguem, com percuciência, em texto de 1994, três fases relacionadas com a questão, a que a primeira especialista e mais Jacyra Mota acrescentam uma quarta, em texto de 2006.

A primeira fase começa em 1826, quando é divulgado o pronunciamento primeiro do citado Domingos Borges de Barros, o visconde de Pedra Branca, escrito em 1824-25. No limite, a publicação, em 1920, de *O dialeto caipira*, de Amadeu Amaral.

A contribuição do visconde faz-se de um estudo comparativo do português do Brasil e do português de Portugal, escrito para o *Atlas Etnographique du Globe*, de Adrien Balbi. Pedra Branca aponta distinções lexicais, assinala diferenças semânticas. No total, destaca oito palavras que mudaram de significado no Brasil e cinquenta usadas no país e desconhecidas em Portugal.

No período, os estudos concentram-se no léxico, notadamente nas peculiaridades brasileiras. É tempo de dicionários, léxicos e vocabulários regionais, entre eles, em 1853, o *Vocabulário brasileiro para servir de complemento aos dicionários da língua portuguesa*, de Vaz da Costa Rubim; o *Glossário de vocábulos brasileiros*, tanto de derivados como daqueles cuja origem é ignorada, do visconde de Beaurepaire-Rohan, publicado de 1883 a 1884, na *Gazeta literária*, e transformado, em 1889, no *Dicionário de vocábulos brasileiros*; *A linguagem popular amazônica*, de Macedo Soares, também de 1884, com 120 palavras de origem tupi usadas na Amazônia; *O tupi na geografia nacional*, de Theodoro Sampaio, em 1901; o *Dicionário de brasileirismos*, de Rodolfo Garcia, em 1912.

A segunda fase vai da publicação do citado *Dialeto caipira* até 1952, ano das primeiras manifestações da geolinguística no Brasil. Publicam-se obras centradas no léxico, outras de caráter geral, outras mais de feição regional e ainda obras nuclearizadas na presença africana na língua do Brasil.

Entre as primeiras, *Vocabulário gaúcho*, de Roque Calage, em 1926; *Dicionário de animais do Brasil*, de Rodolpho Von Ihering, em 1931; *Vocabulário do Nordeste do Rio Grande do Sul — linguagem dos praieiros*, de Dante de Laytano, de 1933; *O vocabulário pernambucano*, de Pereira da Costa, em 1937; *Vocabulário amazonense*, de Alfredo Maia, em 1939.

Entre as obras de caráter geral, situam-se *O ritmo da língua nacional*, de Álvaro Maia, de 1926; *O português do Brasil*, de Renato Mendonça, de 1937; *O problema da língua brasileira*, de Sílvio Elia, em 1940; *A língua do Brasil*, de Gladstone Chaves de Melo, de 1946; *Diferenciação e unificação do português do Brasil* e *Capítulos de história da língua portuguesa do Brasil*, em 1946, de Serafim da Silva Neto, textos reunidos na *Introdução ao estudo da língua portuguesa*, em 1950.

Nos estudos de feição regional, destacam-se *O linguajar carioca em 1922*, de Antenor Nascentes, publicado em 1924, depois denominado *O linguajar carioca*; *A linguagem dos cantadores*, de Olívio Monteiro, em 1933; *A língua do Nordeste*, de 1934, de Mário Marroquim; *O falar mineiro* e *Estudos de dialectologia portuguesa — a linguagem de Goiás*, de José Aparecido Teixeira, em 1944; *A linguagem popular da Bahia*, de Edison Carneiro, em 1951.

A contribuição africana é tratada por Jacques Raimundo, em 1933, com *O elemento afro-negro na língua portuguesa*; por Renato Mendonça, em *A influência africana no português do Brasil*, também de 1933, e por Dante de Laytano, em *Os africanismos no dialeto gaúcho*, em 1936.

A fase terceira tem como marco inicial a publicação do Decreto n. 30.643, de 20 de março de 1952. O documento estabelece as finalidades da Comissão de Filologia da Casa de Rui Barbosa. Entre elas, prioritária, a elaboração do atlas linguístico do Brasil. A regulamentação do Decreto, objeto da Portaria n. 536, de 26 de maio daquele ano, reitera, com ênfase, esse objetivo.

O cumprimento do estabelecido no texto legal esbarrava na ausência de perspectiva pertinente na apreciação de aspectos da variação linguística caracterizadora da língua portuguesa do Brasil. O enfoque adequado, entretanto, pouco a pouco se corporifica nas contribuições de estudiosos, entre eles Nascentes, Silva Neto, Celso Cunha e Nelson Rossi.

De Nascentes são os dois volumes das *Bases para a elaboração do atlas linguístico do Brasil*, publicados, respectivamente, em 1958 e em 1961.

Serafim da Silva Neto foi um dos defensores ardorosos do ensino de dialetologia nos cursos superiores do país, destacada a atenção aos falares brasileiros. É ver o seu *Guia para estudos dialectológicos*, de 1957. Neste mesmo ano, a propósito, defende, com Celso Cunha, no III Colóquio de Estudos Luso-Brasileiros, realizado em Lisboa, a elaboração de atlas regionais, diante da impossibilidade prática de concretização do atlas nacional.

Se não são tranquilos os posicionamentos relacionados à nomenclatura, aos conceitos e às configurações no âmbito da diversidade linguística, a situação é ainda menos pacífica diante da realidade linguística brasileira.

No rumo das tentativas dos estudiosos, registrem-se as pioneiras conclusões de Antenor Nascentes, baseadas em diferenças de pronúncia e apoiadas em observações pessoais feitas em viagens pelo país.[80]

O autor de *O linguajar carioca* aponta dois grupos dialetais brasileiros: o dialeto do Norte e o dialeto do Sul. Na base da caracterização, associa ao critério geográfico um critério de natureza fonética, e outro de natureza prosódica.

No âmbito do primeiro, situa a abertura das vogais pretônicas no Norte, em palavras que não sejam diminutivos nem advérbios em -mente: pégar por pegar, córrer por correr; no espaço do segundo, destaca a cadência da fala: "cantada" no Norte, "descansada" no Sul. No grupo Norte — observe-se a terminologia —, identifica dois subfalares: o amazônico e o nordestino; no grupo Sul, quatro subfalares: o baiano, o fluminense, o mineiro, o paulista.[81]

Com base na proposição de Nascentes, Serafim da Silva Neto identifica, na realidade brasileira, os seguintes falares: amazônico, nordestino, baiano, fluminense, mineiro, sulino.[82]

A propósito, Nascentes, em 1953, assinalam Yonne Leite e Dinah Callou, ressaltava a grande dificuldade da divisão do Brasil em áreas linguísticas: a falta de determinação "de linhas demarcadoras de cada um dos fenômenos linguísticos que singularizariam os dialetos",[83] ou seja, das chamadas isoglossas.

As autoras entendem que é verdadeira a constatação do filólogo, mas ponderam que tal dificuldade não constituiu impedimento à "aceitação da existência de 'variantes' delimitáveis": qualquer brasileiro "é capaz de reconhecer, intuitivamente, um grande eixo divisório entre falares do 'norte' e falares do 'sul': uma 'cadência' do nortista e outra do sulista, vogais pretônicas abertas do nordestino e fechadas do sulista, o s sibilado do sulista, em oposição ao chiante do carioca e o rolado do gaúcho em oposição ao aspirado do carioca".[84]

A pertinência das conclusões de Nascentes é corroborada pelo referendo dos autores do *Atlas linguístico do Brasil*. Com base na análise de sua proposta, ao selecionarem as localidades integrantes da rede de pontos do ALiB, os seus autores, à luz dos objetivos do *Atlas* e da nova realidade brasileira, mantiveram 163 das 602 apontadas por eles nas *Bases* para a elaboração do *Atlas Linguístico do Brasil*.[85]

Cabe a Nelson Rossi o pionerismo na direção da proposta de Silva Neto e Celso Cunha, com a realização do *Atlas prévio dos falares baianos*, elaborado e publicado entre 1960 e 1963. Na coautoria, Dinah Callou (então Dinah Maria Isensee) e Carlota Ferreira.

Em "Os estudos dialetológicos no Brasil e o Projeto de Estudo da Norma Urbana Culta", ensaio das citadas Dinah Callou e Maria Helena Marques, publicado na revista *Littera* em 1973, encontra-se uma visão geral da situação dos estudos brasileiros na área até 1972.

As duas estudiosas, com pertinência, chamam a atenção para a tradição purista em que se apoiava a grande maioria dos trabalhos dos especialistas.

Assinalam que os subsídios que estes trouxeram para o conhecimento de determinadas peculiaridades do português do Brasil revestem-se de caráter indireto e assistemático uma vez que tais trabalhos sempre se preocuparam com "a fixação de uma norma histórico-literária", baseada em exemplos dos clássicos portugueses, sem levar em conta a realidade linguística brasileira, seja em termos de língua falada, seja em termo de língua-suporte da literatura.

À época da publicação do ensaio, as autoras o apontam, datava de pouco tempo o centramento dos estudos numa "concepção de língua como instrumento de comunicação social, maleável e diversificada em todos os seus aspectos, meio de expressão entre indivíduos, em sociedades também diversificadas social, cultural e geograficamente".[86]

O texto das duas especialistas traz informações também sobre o Projeto de Estudo da Norma Urbana Culta (NURC). Trata das várias reuniões realizadas, da preparação do material de pesquisa, das gravações levadas a termo até a data da publicação do ensaio. Esclarece que, a esse tempo, ainda não se iniciara a análise do material levantado, tarefa que passou a ser objeto do Projeto da Gramática do Português Falado, de autoria de Ataliba Teixeira de Castilho, coordenador, com Nicolau Salum, do Projeto NURC em São Paulo.

O Projeto NURC data de 1970. Objetiva o estudo das normas linguísticas de cinco capitais brasileiras (Porto Alegre, São Paulo, Rio de Janeiro, Salvador e Recife) com base na análise da fala culta média habitual. Justificativa da escolha do *corpus* da pesquisa: tais cidades propiciam uma amostra, relativa a "uma população urbana concentrada em quatro cidades fundadas no século XVI e uma — Porto Alegre — no século XVIII, distribuídas por nossa extensão territorial mais densamente povoada, correspondendo, grosso modo, às regiões geográficas do Sul (POA), Sudeste (SP e RJ) e Nordeste (SSA e RE)". Modelo inspirador: Projeto Internacional sobre o Espanhol na América.

Observe-se que o Projeto prioriza a língua falada.

PROJETO NURC/SP
INQUÉRITO Nº 18 — BOBINA Nº 7
Tipo de inquérito: diálogo entre informante e documentador (DID)
Duração: 45 minutos

Data do registro: 01/12/71
Tema: A casa. O terreno, vegetais, agricultura, animais, gado
Informante: Homem, 31 anos, solteiro, advogado, natural de São Paulo, pais paulistanos, 1ª faixa etária.

(Trecho)
Doc. Essas pessoas que trabalham... em fazenda têm um nome especial?
Inf. NÃO eram chamá/ eram de dois tipos... de acordo com o trabalho... haviam os colonos... e os camaradas... o::... os colonos... eles recebiam acho que por mês... quer dizer eram como empregados... normais... e o camarada ele::...se não me falha a memória ele recebia por:: empreitada... por serviço vamos dizer'
Doc. eu não sei a pre/
Inf. Agora o:: o:: eu não sei bem porque que chamavam colonos... mas os empregados aqui em Campinas eles eram quase todos... descendentes de... colonos italianos...
Doc. Sim
Inf. Todos de... mesmo:: nomes italianos... sotaque de italiano... e::... até com termos italianos também.[87]

(Trecho da entrevista: linhas 55/70)

Ao admitir a existência na realidade linguística brasileira de uma pluralidade de normas, o Projeto NURC se contrapõe ao objetivo do I Congresso Brasileiro de Língua Falada no Teatro, realizado em 1956, que se propunha a padronização de uma pronúncia não marcada em termos regionais que deveria ser usada, além do teatro, no Congresso Nacional, em salas de aula, em conferências e na mídia em geral.

De 1975 são os ensaios de Sílvio Elia, "Unidade e diversidade fonética do português do Brasil" e as "Notas sobre as áreas dialetais brasileiras", publicados nos *Ensaios de filologia e linguística*, de 1975, e os *Fundamentos histórico-linguísticos do português do Brasil*, de 2003. Recentes são os vários volumes já publicados da citada *Gramática do português falado*.

A propósito, em texto de 1980 cuja tradução, feita por Celso Cunha, é publicada no Brasil em 1997, Paul Teyssier assinala alguns aspectos da questão.

Entende que a língua do Brasil se caracteriza por uma determinada diversidade geográfica.

As iniciativas dos linguistas em mapear os "dialetos" que a integram partem de modelos aplicados às línguas europeias.

Assim posicionados, estabelecem, privilegiada a geografia, uma distinção entre um Norte e um Sul. No limite, de forma geral, uma linha imaginária que, no rumo da costa, se estenderia da foz do rio Mucuri, no extremo sul da Bahia, até o estado de Mato Grosso, nas proximidades da Bolívia.

Teyssier observa, porém, que, na realidade, "as divisões 'dialetais' no Brasil são menos geográficas que socioculturais": as diferenças existentes entre o modo de falar do indivíduo culto e do seu vizinho analfabeto são mais numerosas num determinado lugar do que as que se configuram nas falas de dois brasileiros de mesmo nível de cultura originários de regiões distantes uma da outra.

Isto posto, para ele a dialetologia brasileira será menos horizontal que vertical. Sob tal perspectiva, existe, no "brasileiro", uma série de níveis: no ápice, situa-se "a língua das pessoas cultas (com gradações entre um registro oficial estrito e um registro familiar livre); depois a língua vulgar das camadas urbanas gradativamente menos instruídas e finalmente os falares regionais e rurais".[88]

Na direção de tais estudos, há efetivamente que considerar as diferenças da língua falada nos espaços urbanos, desde sempre mais dinâmica, e a língua usada na realidade rural, tradicionalmente mais conservadora, e mais a diluição contemporânea da distância entre esses espaços. Acrescentem-se, a propósito, dados consideráveis.

No ano de 2001, 79% dos espaços geográficos do país se encontram urbanizados.

Em 2005, 85% da população brasileira vive em cidades, com um processo constante de migração interna.

Nesse último ano, a influência da mídia já alcança as mais longínquas regiões do país, com sua linguagem marcada pela assinalada tendência à unificação de determinado padrão linguístico nacional, acentuada, salvo quando se impõe a tipificação inerente às variantes geográfico-regionais ou socioculturais. Unificação, reitere-se, não significa uniformização.

A influência do rádio ganha relevância, com estações de alcance nacional ao lado de estações de abrangência regional; a televisão atua, totalizadora; a internet e os comunicadores eletrônicos ampliam avassaladores os contatos linguísticos interpessoais.

Dados do IBGE de março de 2015 estimam em 16% do total de habitantes a população rural brasileira.

Diferenças geográfico-regionais independem de opção pessoal. São condicionamentos comunitários, vinculados à naturalidade dos cidadãos. Quem nasce e vive no Nordeste, por exemplo, caracteriza-se por um falar nordestino; mineiro usa falar de mineiro.

As migrações internas é que podem provocar o desenvolvimento de outros hábitos linguísticos, por força da fixação, por longo tempo, do falar adulto em região de onde o falante não se origina. E são diferenças que se patenteiam basicamente na manifestação oral. Eventual e intencionalmente são aproveitadas e fixadas na língua literária.

A efetiva caracterização das variantes diatópicas reveste-se de complexidade, diante das dimensões pluriculturais que marcam o passado e o presente brasileiro.

No âmbito do caráter complexo da pesquisa, situa-se a amplitude do objeto e a natureza de enfoque. Acrescente-se a dinamicidade que caracteriza a mobilidade do idioma e que, consequentemente, relativiza as conclusões de caráter sincrônico.

Inúmeros e dedicados especialistas, como ficou assinalado, entretanto, vêm, há algum tempo, superando os desafios, com resultados que possibilitam, na atualidade, uma visão objetiva da realidade linguística do português brasileiro.

A propósito, depois da publicação do atlas da Bahia, Nelson Rossi e sua equipe completam, em 1973, o *Atlas linguístico de Sergipe*. Na colaboração, além de Dinah Callou e Carlota Ferreira, Suzana Cardoso, Jacyra Mota, Judith Freitas, Nadja Andrade e Vera Rollemberg.

De 1977 é o primeiro volume do *Esboço de um atlas linguístico de Minas Gerais*, de autoria de José Ribeiro, Mário Zágari, José Passini, Antonio Gaio. Os três outros volumes que completam a obra se encontram atualmente em fase de publicação.

O citado *Atlas linguístico da Paraíba*, cujas autoras são Maria do Socorro Silva de Aragão e Cleusa Bezerra de Menezes, previsto para três volumes, teve os dois primeiros publicados em 1984.

O Atlas linguístico de Sergipe é publicado em 1987.

Vanderci de Andrade Aguilera é o autor do *Atlas linguístico do Paraná*, composto de dois volumes publicados em 1994, com dados referentes a 65 localidades.

O *Atlas linguístico-etnográfico da Região Sul*, com coordenação de Walter Koch, abrange Paraná, Santa Catarina e Rio Grande do Sul e já conta com dois volumes editados em 2002.

De 2004 é o *Atlas linguístico sonoro do Pará*, publicado por Abedelhak Razky, o primeiro no gênero, no Brasil.

O *Atlas linguístico de Mato Grosso do Sul*, de autoria de Albana Xavier, é de 2007.

O *Atlas linguístico do estado do Ceará*, coordenado por José Rogério Fontenelle Bessa, em dois volumes, data de 2010.

Um *Atlas linguístico do Amazonas* é tese de doutoramento de Maria Luíza de Carvalho Cruz, apresentada à UFRJ e aprovada.

A citada Suzana Cardoso, da Universidade Federal da Bahia, é autora do *Atlas linguístico do Sergipe II*, de 2005, caracterizado por um tratamento multidimensional.

A quarta fase dos estudos dialetológicos tem como marco inicial, na continuidade da concretização de atlas regionais, o Projeto Atlas Linguístico do Brasil (Projeto AliB), em desenvolvimento desde 1996. No ponto de partida, a iniciativa de um grupo de pesquisadores em dialetologia do Instituto de Letras da Universidade da Bahia, no âmbito do Seminário Nacional Caminhos e Perspectivas para a Sociolinguística no Brasil. Local, a capital baiana.

O Projeto objetiva, em termos gerais,

> descrever a realidade linguística do Brasil, no que tange à língua portuguesa, com enfoque na identificação das diferenças diatópicas, diastráticas e diageracionais (fônicas, inclusive prosódicas, morfossintáticas, léxico-semânticas), consideradas na perspectiva da Geolinguística pluridimensional;
>
> oferecer aos estudiosos da língua portuguesa (linguistas, lexicólogos, filólogos e das demais áreas de estudos linguísticos), aos pesquisadores de áreas afins (história, antropologia, sociologia), aos pedagogos (gramáticos, autores de livros-texto para o ensino fundamental e básico, professores); subsídios para o aprimoramento do ensino/ aprendizagem e para uma melhor interpretação do caráter multidialetal do Brasil.[89]

Na direção, um Comitê Nacional, formado de representantes de cada um dos atlas publicados e de um representante dos atlas com projeto em desenvolvimento.[90]

Em relação aos objetivos, 2014 registra um fato auspicioso: o lançamento dos dois volumes iniciais do *Atlas linguístico do Brasil*: volume 1, *Introdução*, volume 2, *Cartas linguísticas 1*.[91] Desnecessário ressaltar a sua relevância e indispensabilidade.

Um terceiro volume a ser publicado "apresentará estudos circunstanciados sobre os diferentes temas refletidos nas cartas linguísticas. Na continuidade do trabalho, os demais volumes programados se ocuparão do perfil mais amplo ao conjugar a essas informações iniciais o que retrata toda a rede nacional, representativa das diferentes áreas geográfico-culturais do território nacional".[92]

A caracterização dos dialetos brasileiros tem envolvido, assinale-se, distintos procedimentos.

De início, funda-se em perspectivas de caráter subjetivo, marcadas de impressionismo e generalizações.

O pioneiro atlas, realizado nos anos 1960, ainda traz marca de precariedade e de abrangência restrita a reduzidos espaços geográficos. O maior rigor metodológico começa a ganhar presença na década posterior com o amplo leque de possibilidades aberto pela utilização dos computadores.

As pesquisas levadas a termo na direção do real e efetivo retrato linguístico do Brasil tornam possível apontar, a partir, notadamente, do Projeto NURC, alguns traços configuradores de usos regionais do português, complementados pelos atlas já publicados. Tenha-se em mente, a propósito, força da dinâmica que preside o processo linguístico, a relatividade de algumas conclusões.

ALGUMAS CONCLUSÕES DAS PESQUISAS REALIZADAS PELO PROJETO NURC

Configura-se, observadas as modalidades cultas das cinco capitais selecionadas pelo Projeto, a pluralidade de normas objetivamente depreendidas e não de uma única norma fixada com base em padrões externos de correção e juízos de valor.

É o que assinalam Yonne Leite e Dinah Callou no livro intitulado *Como falam os brasileiros*, texto em que se apoia, basicamente, a caracterização que vem na sequência.

Como primeiros resultados, chegou-se à confirmação de dois aspectos: a contraposição de normas gerais distintas no espaço das modalidades regionais e a contraposição de normas específicas internas em cada uma delas. Na base das configurações, destaca-se a frequência dos comportamentos linguísticos. Vale reiterar que se trata de características da norma urbana culta.

Importa ressaltar um dado delimitador: tecnicamente, nas cinco áreas urbanas trabalhadas, a pesquisa nuclearizou-se em falantes com curso superior completo, de ambos os sexos, distribuídos por três faixas de idade: 25-35 anos, 36-55 anos e 56 anos em diante.

O comportamento linguístico dos falares dos grupos comunitários estudados não coincide, ao contrário do que se pensava, com as respectivas regiões geográficas.

Recife, nesse sentido, em termos fonéticos, aproxima-se, em vários aspectos, mais de Porto Alegre do que de Salvador.

Esclarecem as autoras que, com referência a características fonéticas e morfossintáticas, não é possível depreender "um feixe de isoglossas que determine áreas dialetais nítidas".[93]

A variante diatópica do Rio de Janeiro, por exemplo, tida como "padrão" em relação aos demais dialetos ou falares brasileiros e incluída, tradicionalmente, entre os dialetos do sul, caracteriza-se, em certos casos, por realizações próximas de outras regiões.

CONFIGURAÇÕES NO ÂMBITO DA FONÉTICA

As vogais pretônicas, grafadas *e* e *o*, são, efetivamente, abertas nos falares do Norte e fechadas nos do Sul.

Em relação às pretônicas médias abertas, a pesquisa revelou os seguintes indicadores, em termos percentuais: Salvador: 60%; Recife: 47%; Rio de Janeiro: 5%; São Paulo: 0%; Porto Alegre: 0%.

Considerada a faixa etária, a elevação das pretônicas no Rio de Janeiro configurou-se mais frequente nos falantes de mais de 56 anos, com diminuição gradativa nas gerações mais jovens, de 25 a 35 anos.

Em Recife, ao contrário, a geração mais jovem alteia a vogal, tanto a anterior, *e*, como a posterior, *o*. Explicitam Dinah Callou e Yonne Leite que "esse comportamento inverso nas duas cidades, uma do Nordeste e outra do Sudeste, não é surpreendente, uma vez que o processo mais comum em Recife é o do abaixamento da vogal e são os mais idosos que utilizam com frequência a vogal aberta".[94]

O *s* pós-vocálico é "chiado" (palatal) no Rio de Janeiro e, em menor escala, em Recife; é sibilante (alveolar) em São Paulo e em Porto Alegre; Salvador se caracteriza pela realização equilibrada das duas pronúncias. Nesta cidade, o "chiamento", entretanto, é menor do que o que ocorre em Recife e na terra carioca. Comprova-se a acuidade de Antenor Nascentes quando configura a oposição de um falar baiano aos falares fluminenses, sulista e nordestino.

O *l* depois de vogal na mesma sílaba é vocalizado em todo o território brasileiro, traço que impede a sua consideração como marca da fala popular desta ou daquela região.

A pronúncia porto-alegrense, entretanto, distingue-se na fala culta por sua realização alveolar/velar. Esta convive com a pronúncia vocalizada predominante entre os jovens, mas somente nos falantes do sexo masculino. Na fala das mulheres não se observa tal configuração.

A pronúncia do *r* carioca aproxima-se da de Salvador e Recife.

Na cadência ou ritmo frasal, ressalta, com nitidez, a peculiaridade do falar cantado dos cearenses, amazonenses ou pernambucanos.

Já Porto Alegre se singulariza por uma não ocorrência do padrão descendente e total predominância do padrão ascendente (89%).

O Rio de Janeiro aproxima-se da melodia frasal porto-alegrense, embora dela difira pela possibilidade mínima de um padrão descendente. Ocupa, em geral, uma posição intermediária entre Salvador e Recife de um lado e São Paulo e Porto Alegre de outro. No caso específico, está mais próximo de Porto Alegre que de São Paulo.

> As cidades de Salvador e Recife mais uma vez apresentam comportamentos semelhantes, embora o padrão descendente seja mais característico da primeira. Os dados referentes a esse padrão é que permitem traçar uma linha que separa Salvador, Recife e São Paulo de Porto Alegre e Rio de Janeiro.[95]

CONFIGURAÇÕES NA ÁREA DA MORFOSSINTAXE

Em termos de morfossintaxe, é de se destacar o emprego do artigo definido diante de nomes próprios e de possessivos: *o meu livro, a minha casa*.

Observa-se uma frequência gradativamente acentuada na presença do artigo na direção do Nordeste para o Sul ainda que a marca das falas das cidades-alvo seja a heterogeneidade.

Os sulistas parecem tender ao uso do artigo; os nortistas, a não utilizá-lo.

Os paulistas são os campeões no emprego do determinante diante de antropônimos e, com os cariocas, ficam no meio-termo diante dos possessivos.

Outro traço diferenciador é o emprego de *a gente* como pronome pessoal.

A alternância com o pronome nós é equilibrada nas cinco capitais estudadas: 56% para o uso de *nós*, 44% para o uso de *a gente*.

No Rio de Janeiro, a locução *a gente* é mais usada, quando sujeito de oração, num percentual de 59%, em relação ao emprego do pronome *nós*, privilegiado nas outras cidades. Na década de 1990, 75% dos falantes-alvo do Rio de Janeiro já dela se valiam.

Curiosamente, o emprego de *ter* por *haver* ainda não atinge dimensão totalizante na fala brasileira culta contemporânea.

No Rio de Janeiro da mesma década de 1990 era usado por 78% do público-alvo, chegando a ultrapassar o índice de 97% entre os mais jovens (25-35 anos).

Na década de 1970, ainda eram os jovens que preferiam o verbo ter (77 a 89%), com exceção dos falantes de Salvador, onde tal uso era mais frequente na faixa de 36 a 55 anos (90%). Por outro lado, a capital baiana é a única das cidades-alvo onde os homens usam mais *ter* em lugar de *haver*.

Observe-se que a língua escrita, notadamente a da imprensa, já incorporou, há algum tempo, tal uso do verbo ter. Resta aos gramáticos referendá-lo definitivamente como marca da norma brasileira. E não estarão cometendo nenhum crime de lesa-língua: o emprego de ter em lugar de haver é prática atestada desde o século XVI.[96] Também o *l* vocalizado nas circunstâncias assinaladas já era comum no latim e a fala francesa costuma omitir faz séculos o *r* final dos verbos no infinitivo.

Diferenças léxico-semânticas

Envolvem um número reduzido de palavras, caracterizadoras dos chamados regionalismos. Por força do espaço em que se situam, não oferecem obstáculo à compreensão que um dicionário abalizado não resolva. Prevalece o vocabulário comum. Paralelamente ao uso da comunicação comunitária cotidiana, costumam frequentar, como traços singularizadores, o texto de literatura e da paraliteratura.

Um exemplo literário, nordestino, do uso de regionalismos:

Estava-se em fevereiro e nem um pingo de água. O poço da Catingueira, o mais onça da ribeira do Banabuiú, que em 1825 não pode esturricar, sumia-se quase na rocha, entre as enormes oiticicas, de um lado, e do outro, o saibro do *rio*. Era um trabalhão para os pobres vaqueiros: aqui, alevantar uma rês caída; ali fazer sentinela nas aguadas a fim de proteger o gado amofinado contra a crueldade do mais forte; e todos os dias que dava Nosso Senhor, cortar rama. E ainda tinha que percorrer constantemente as veredas e batidas para acudir prontamente a rês inanida de fome e sêde, perseguir os porcos, que algum desalmado vizinho teimava em criar, persegui-los à bala porque o torpe cabeça-baixa impestava os bebedouros.[97]

Um exemplo literário, de fala gaúcha, do uso de regionalismos:

> Eu tropeava, nesse tempo. Duma feita que viajava de escoteiro, com a guaiaca empanzinada de onças de ouro, vim varar aqui neste mesmo passo, por me ficar mais perto da estância da Coronilha, onde devia pousar.
> Parece que foi ontem!... Era por fevereiro; eu vinha abombado da troteada.
> Olhe, ali, na restinga, à sombra daquela mesma reboleira de mato, que está nos vendo, na beira do passo, desencilhei; e estendido nos pelegos, a cabeça no lombilho, com o chapéu sobre os olhos, fiz uma sesteada morruda.[98]

Os atlas regionais publicados até 1996 objetivavam, sobretudo, a documentação sincrônica das variantes diatópicas ou geográfico-regionais, ainda que envolvessem algumas questões direcionadas a denominações mais antigas, de forma a possibilitar o registro de variantes diageracionais.

O *Atlas linguístico do Brasil* amplia significativamente a caracterização do idioma nacional.

Nele, para a constituição do *corpus*, "incluíram-se nos questionários não só questões de ordem fonético-fonológica (questionário fonético-fonológico — QFF), semântico-lexical (questionário semântico-lexical — QSL) e morfossintática (questionário morfossintático — QMS), mas também questões de pragmática, temas para discursos semidirigidos, questões metalinguísticas e texto para leitura, permitindo, assim, a ampliação dos parâmetros analisados".[99]

Diálogo 01
QFF 1

INQ. — Qual é o tipo de moradia mais comum aqui nessa região [...] As pessoas moram mais em apartamento... ou...?
INF. — É vice-versa, né? São dividido — Porque *muntchas* pessoa num tem... num tem uma renda financêira de comprá uma casa...[100]

(Diálogo entre entrevistador e informante masculino, de nível de escolaridade fundamental, faixa etária I, de Recife)

Diálogo 04
QSL 121— MENSTRUAÇÃO

INF. — A gente aqui, ói, tem vários nome, né, a gente pode chamá *menstruação*, muita gente chama *boi*, muita gente chama *regra*, muita gente diz assim: *naqueles dias*, tá entendendo?
INQ. — Agora, essa muita gente, assim, vamos dizer, é mais o quê, o pessoal jovem, o pessoal mais velho...?
INF. — *Boi* geralmente é aquelas pessoas ignorante, antiga, né? Agora a gente não, a gente já diz *menstruação*, né?
INQ. — E *regra*, quem é que fala, é esse pessoal mais antigo também?
INF. — Também, é... A minha sogra dizia muito assim: "naqueles tempo". Aí, até meu marido, aí, às vezes, com o costume dela, ele sempre diz, sabe, quando eu estou meio nervosa, ele diz; ói, toda vez que você está *naqueles tempo*, você fica...[101]

(Diálogo entre entrevistador e informante de sexo feminino, faixa etária II, nível universitário, de Maceió, AL)

Diálogo 04

QMS 36 — Caber

INQ. — Então a sua irmã, alguém passa aqui pra te levar a uma festa, só que o carro está lotado, está cheio de gente, ela fala: 'vem Dos Anjos entra...' só que você está achando que não.

INF. — Não dá, não tem lugar, ué.

INQ. — Então você fala...

INF. — Tá lotado.

INQ. — Então: não, eu não...

INF. — Não vou.

INQ. — Eu não... aí dentro.

INF. — Eu não vou.[102]

(Diálogo entre entrevistador e informante de sexo feminino, faixa etária II, nível universitário, de Macapá, AP)

Não nos esqueça um traço relativizador das conclusões, situadas nos espaços da sincronia: a língua vive em contínua mudança, paralela às mutações da realidade social em que se insere. Sua descrição e configuração deve necessariamente acompanhar-lhe a dinâmica, num permanente processo de atualização.

Para uma visão mais minuciosa da matéria, podem ser consultados: o referido *Como falam os brasileiros*; os atlas linguísticos dos estados; os dois volumes do *Atlas linguístico do Brasil*; os volumes até o presente publicados da *Gramática do português falado*, resultantes do desenvolvimento do Projeto da Gramática do Português Falado, iniciado em 1988, a partir de proposta de Ataliba Teixeira de Castilho e que envolve a participação de uma numerosa equipe de especialistas.[103]

NORMA BRASILEIRA, NORMA LUSITANA

As semelhanças e diferenças entre o português lusitano e o português brasileiro constituem mais um assunto caracterizado por posicionamentos polêmicos.

A matéria ganha relevância no tempo do Romantismo e é reativada no Modernismo, no âmbito literário.

As tomadas de posição ganham vulto posteriormente entre os filólogos e os linguistas, com predomínio de posições moderadas. A tônica é o reconhecimento de especificidades no espaço da língua portuguesa comum. Há especialistas que defendem a existência de duas línguas distintas.

A tendência dominante, entretanto, entre estudiosos brasileiros e portugueses, faz algum tempo, é considerar a variante brasileira "outra norma, paritária em relação à norma lusitana",[104] como acentua Edith Pimentel Pinto.

Para a especialista, inclusive, "a designação 'língua brasileira' ou 'idioma brasileiro' pode aplicar-se à modalidade brasileira, sem qualquer implicação com a defesa de sua autonomia".[105]

Tal posição é defendida, desde 1983, por Antônio Houaiss: "a rigor, sem estraçalhamentos nominalistas, nada impede que lhe chamemos idioma brasileiro".[106]

O mesmo Antônio Houaiss destaca, a propósito, em *O português do Brasil*, com primeira edição em 1986, alguns aspectos iluminadores e ainda atuais da questão.

Lembra a natureza das línguas de cultura, frequentemente esquecida na consideração da matéria.

Tais línguas, explicita, têm "a figura de uma pirâmide inserida noutra pirâmide". Os ápices de ambas "apontam em sentido contrário". Uma delas tem, na base, "os universos práticos de campanário, que se diversificam pela coloquialidade e dialetalidade oral" e, no ápice, "a prática teórica da universalidade dos textos científicos, lógicos, filosóficos, jurídicos, matemáticos e afins; entre a base e o ápice, há a prática oral ou escrita da expressão artística ou profissional, que tende para a base ou para o ápice".

Assinala que, nesses espaços, se vai da máxima diversidade tópica específica oral na base à máxima universalidade genérica escrita, no ápice.

Acrescenta algumas explicitações, de que cabe destacar duas:

Os usuários da língua situados na base da pirâmide, caracterizados por um grau máximo de espontaneidade na sua expressão oral, se diferenciam em função de três aspectos: a distância geográfica, a atividade profissional, o afastamento de interesses e práticas da vida.

Os que se encontram no ápice da pirâmide — por força do teor quase igual de sua culturalização gráfica — "se entendem entre si de modo quase comum ou mesmo comum".

Esta circunstância vincula-se a um dado relevante: em tal nível, "a língua de cultura portuguesa é universal para todos os que a aprenderam como língua de cultura, isto é, transmitida pelo aprendizado escolar: nessa pirâmide, sobe-se de milhares de dialetos locais para um certo tipo de linguagem sem cor local e, de certo modo, sem cor temporal, pois a culturalização acumula o léxico, e as regras gramaticais do presente".

Na base da pirâmide, situam-se, portanto, "léxicos localistas e regras particularistas que se inserem num sistema cujo coroamento se faz com um léxico e regras universais para todos os culturalizados, numa fonia que, no nosso caso, é a lusofonia. A figura serve para todas as fonias cultas: anglofonia, francofonia, russofonia, hispanofonia etc.".[107]

Na sequência de suas considerações, Houaiss especifica números de palavras referentes aos distintos usuários da língua, num volume que, passados 25 anos, exige, necessariamente, por força da dinâmica da cultura, atualização pautada no rigor da pesquisa.

Situo-me entre os que entendem que, até a atualidade, a língua usada no Brasil é uma modalidade brasileira da língua portuguesa, uma norma paritária, considerada a diferenciação gradativa em relação ao português lusitano, perceptível no século XIX e evidenciada com nitidez a partir da centúria seguinte.

Diferenças e semelhanças

Em termos de oralidade, tomadas em conjunto, seja na pronúncia, seja na frequência de determinados vocábulos, as diferenças entre as normas portuguesa e brasileira se evidenciam. O mesmo acontece no âmbito da morfossintaxe, espaço em que se convertem, frequentemente, em matizes estilísticos.

Quando configuradas na escrita, trazem marcas regionalizantes, localistas. Ao se fazerem presentes nos textos literários, sedimentam-se como diferenciadoras, marcas de identidades nacionais. E convergem para a fixação de normas para além da prática oralizada.

Predomina a norma comum presentificada na prática escrita e oral dos usuários cultos do idioma, ou seja, daqueles que cultivam o aprendizado da língua, quer no uso cotidiano da forma privilegiada, quer por meio do ensino sistemático escolarizado.

Nesses espaços, as distinções de vocabulário e de grafia e uma que outra diferença no âmbito da sintaxe longe estão de prejudicar o domínio do idioma comum.

No vocabulário, os traços comuns envolvem com maior volume, a igualdade, seja no âmbito da estrutura fonológica significante, seja no espaço do significado.

Evidenciam-no, por exemplo: a nomenclatura das divisões do tempo — horas, dias, estações do ano e os nomes dos pontos cardeais; as designações das festas; os nomes de parentesco, das cores, dos elementos identificadores, das formas de saudação e de cortesia; as formas de tratamento e seus diferenciais afetivos e/ou conexos e, com alguma exceção, os pronomes, os numerais, os artigos, os advérbios e as locuções adverbiais, as preposições e locuções prepositivas, as conjunções e as locuções conjuntivas.

Mesmo os termos não integrantes deste ou daquele léxico, e os que tenham distintos correspondentes, como eléctrico, autocarro, comboio, no Brasil bonde, ônibus e trem, constituem um número pequeno e de fácil e rápido domínio pelo usuário diante das situações de fala.

Dados de 1983, que também exigem pesquisa atualizadora diante da aceleração que marca o processo cultural na contemporaneidade, sobretudo diante da presença da televisão brasileira nos lares portugueses: a prática coloquial dos falantes cultos envolvia, na época, entre 10 mil e 15 mil palavras comuns ao Brasil, a Portugal e aos lusófonos cultos em geral.

> São notas de minha última viagem a Portugal. "Devido ao rebentamento dum pneu de um das rodas da retaguarda, despitou-se um autocarro..." — É assim que se conta, em Portugal, a história de um ônibus que derrapou. Ele pode ter colhido um peão (pedestre) na berma (acostamento) da estrada, ou "um miúdo (menino) que estava a jogar à bola". O corpo "encontra-se de velação (velório) hoje a partir das 16 horas".

> Pagar a renda do andar é pagar o aluguel do apartamento. O avião não decola, descola, e não aterrissa, aterra: e o sujeito que vem consertar a pia não é o bombeiro, é canalizador. Diga betão armado no lugar de cimento idem, e prefira dizer caixilharias a alumínio, no lugar de esquadrias de alumínio. Sua geladeira deve ser promovida a frigorífico e seu banheiro a casa de banho. O aquecedor é esquentador, e o exaustor é "de fumos"; manicure é manucura; e não chame um empalhador, e sim um palheireiro de cadeiras. Caminhão é camião, e quando ele bate não bate, embate; seu motorista é camionista. A casa (mobilada e não mobiliada) vende-se com "o recheio". Oferecem-se marçanos e turnantes, e mulheres a dias. Lanterneiro é mais logicamente bate-chapas e cardápio é ementa; esquadra é a delegacia de polícia [...][108]
>
> (Trecho da crônica "Em Portugal se diz assim",
> de Rubem Braga)

É certo que, na prática oral, evidenciam-se, em termos fonéticos, marcas diferenciadoras. Mas estas não prejudicam significativamente a unidade maior do idioma. Nem intrafronteiras nem fora delas.

E vale reiterar: numa língua de cultura, como é o português, é inevitável, modernamente, a repercussão da modalidade escrita dos chamados "dialetos" literários nas modalidades faladas.

Trata-se de um traço que envolve as variações geográficas ou diatópicas, e as variações diastráticas ou diafásicas, mesmo quando utilizadas por analfabetos, caso de grande parte dos lusófonos de língua oficial no Brasil e em Portugal, em menor escala, e nos países soberanos da África lusófona.

E mais: a chamada mídia eletrônica penetra, avassaladora, todo o universo de intercomunicação verbal oral de uma cultura, com repercussões na língua. Sobretudo em tempos de globalização.

Um dado de relevância: o alto prestígio no Brasil da modalidade lusitana, em seu registro formal, considerado tradicionalmente no país modelar e orientador do ensino e, como tal, referendado pelas gramáticas normativas.

Importa dizer: as oposições funcionais que caracterizam a língua portuguesa como sistema são, rigorosamente, as mesmas em toda a comunidade lusofônica.

No âmbito dessa macrounidade, entretanto, como assinala Edith Pimentel Pinto, "o português do Brasil constitui uma microunidade, correspondente a um uso típico, por parte de toda a comunidade brasileira, mediante uma gradativa diferenciação, talvez já consistente no século passado e hoje indiscutível".[109] (A centúria passada é, no caso, o século XIX.)

A existência de tal microunidade, explicita a especialista, é comprovada por determinadas constantes linguísticas já tradicionalmente presentificadas no uso coletivo.

Tais constantes evidenciam-se na preferência por determinados traços que se sobrepõem a outros, e estes, em contraste com o que acontece em outros espaços do mundo lusófono, se tornam raros ou desaparecem.

A reiteração dessas marcas preferenciais, que traduzem uma determinada visão de mundo, terminam por configurar modelos específicos dos falantes brasileiros.

Consolida-se, desse modo, uma norma brasileira, distinta da norma portuguesa ou africana.

O sistema, vale dizer, como esclarece a citada especialista, a unidade maior, entendida em termos abstratos, "diversifica-se, socialmente, em normas; e afinal se concretiza, diversificando-se inumeravelmente, nos atos de fala. Eis por que o português do Brasil não se identifica com o de Portugal e o de África, embora seja língua portuguesa".[110]

É o pensamento consensual, o que não significa que o distanciamento não possa ampliar-se na dinâmica do processo sócio-histórico, a tal ponto que, no futuro, venham a configurar-se idiomas efetivamente distintos.

Diante dessa possibilidade, assume relevância a preocupação com a união dos países que integram o universo da lusofonia em torno da preservação do idioma comum. Seja em termos de dimensões culturais e políticas, seja em termos do potencial econômico de que se reveste, no mundo globalizado.

Peculiaridades da variante brasileira

A língua portuguesa que aporta na Colônia ao tempo do achamento na voz dos comandantes e na fala da marujada marcou-se, na Europa, por influência da França, de alterações no século XVIII, sobretudo em relação à fonética. Um aspecto, a título de exemplo: o *e* átono, provavelmente a partir dessa influência, é extremamente breve, vale dizer, nem muito aberto, nem muito fechado, além de não ser nem francamente anterior, nem posterior; é ouvir, de boca portuguesa, vocábulos como tard', pont', p'lotão, qu'rer.

A vinda da família real, em 1808, propicia um reaportuguesamento da fala brasileira, já então influenciada por línguas indígenas e africanas.

Assinale-se que a abertura dos portos às nações amigas e a permissão régia de concessão de terras a estrangeiros, atos do regente D. João, viabilizam a vinda de imigrantes para o Brasil.

À base trifacetada de portugueses, índios e negros acrescenta-se contingente maior de gente de inúmeras etnias e de línguas distintas.

Esses estrangeiros se estabelecem em distintas regiões do país, em função das necessidades de cada uma. Amplia-se gradativamente o espaço de inter-relações, de trocas, de mesclas linguageiras.

No Brasil independente, a modalidade brasileira possivelmente altera-se, ainda que não em profundidade, por força da presença dos imigrantes, notadamente instalados no Centro e no Sul do país.

Acrescentam-se, em consequência, ao português, em várias comunidades, traços típicos de pronúncia e mudanças lexicais.

Essas características diferenciam-se em função das variáveis decorrentes do fluxo migratório e sua destinação regional. Evidencia-se, gradualmente, a diversidade na utilização do idioma comum, em função dessa regionalização, presentificada mais acentuadamente nos espaços do léxico e em traços da pronúncia.

Outras marcas peculiares da variante brasileira do idioma comum sedimentam-se com o desenvolvimento e a assunção das propostas do movimento romântico centrado no nacionalismo e na configuração de uma literatura eminentemente brasileira, na direção de uma identidade nacional.

Tais propostas são ampliadas pelo projeto modernista que propugna e assume, ainda que sem radicalidade, a ruptura com modelos linguísticos da tradição lusitana, sem interferir, entretanto, na estrutura do sistema.

Nessa direção, emergem novas dimensões singularizadoras da fala dos brasileiros.

Em paralelo, ao longo do processo histórico, a norma linguística do Brasil ganha, em espaços mais amplos da população, o reforço da mídia, notadamente do rádio e da televisão.

Já há algum tempo, por outro lado, acrescenta-se o tratamento distinto de milhares de vocábulos ingleses, oriundos do progresso científico e tecnológico, que se inserem na língua: os portugueses optam sistematicamente pela tradução dos termos. No Brasil, alternam formas de origem e formas aportuguesadas.

A esse contingente numeroso juntam-se as palavras oriundas do império do consumo, ampliado em espaços mundializados.

O inglês ganha, em termos planetários, foros de "língua franca", ao lado da língua vernácula, só que na condição de língua de cultura.

A plena caracterização da norma brasileira, entretanto, aguarda ainda a continuidade das pesquisas, que se têm revelado promissoras.

Tal caracterização, vale reiterar, reveste-se de difícil concretização, por força da amplitude e da complexidade do objeto e da obstaculização de inúmeros fatores.

Entre estes últimos, destacam-se a aceleração das mudanças socioculturais; a mobilidade social; o dinamismo do processo de urbanização e de industrialização vivido pelo Brasil; a influência da mídia; a instabilidade e a fluidez que marcam a realidade contemporânea.

Evidencia-se, com raras exceções, por outro lado, a resistência das gramáticas brasileiras ao abrigo e abono como próprias do registro formal do brasileiro de práticas frequentes universalizadas na realidade comunitária.

Iniciativas como as anteriormente assinaladas, a que se acrescenta, com destaque, a cuidada *Gramática de usos do português*, de Maria Helena de Moura Neves, têm propiciado, entretanto, resultados parciais de relevância. Tais estudos, ressalvadas a precariedade de alguns dados, possibilitam uma visão das diferenças entre o português do Brasil e o português lusitano.

Paul Teyssier, na citada *História da língua portuguesa*, identifica brasileirismos. Aponta distanciamentos no vocabulário, sem o registro de tupinismos e africanismos. Tece considerações sobre a questão da língua entre os escritores brasileiros e entre os filólogos e linguistas.

A propósito dos "filólogos da escola brasileira", assinala que, de modo geral, adotam posições moderadas, destacado o reconhecimento da originalidade linguística do Brasil e da superior unidade da língua portuguesa, e reivindicam uma especificidade brasileira no interior do português.[111]

As diferenças são por ele apontadas, com a ressalva feita, destacados aspectos conservadores e renovadores da norma brasileira na fonética, na morfossintaxe, com ênfase na primeira.

Entre outros, o renomado linguista assinala:

1) as duas pronúncias brasileiras do -s e do -z sibilantes: a enunciação como [s] em final absoluto, em palavras como atrás, vez, talvez, ou diante de consoante sonora, como em mesmo, lista, faz frio; a enunciação como chiantes, tal como ocorre em Portugal, na fala carioca do Rio de Janeiro e adjacências e em algumas comunidades ao longo do litoral fluminense. Lembra Teyssier a possibilidade de tratar-se do efeito da citada "relusitanização" da terra carioca oriunda da presença, em 1808, de D. João e sua corte. É também comum a ditongação: veiz, talveiz, atraiz;

2) a pronúncia como -i e -u, do -e e do -o em sílaba átona final, exceturadas algumas falas do sul: /vivi/, /repassi/, /compassu/; em sílaba pretônica, porém, são fechadas as duas vogais nas falas do Centro-Sul e ganham pronúncia aberta nas falas nortista e nordestina: /rêtornu/, /rétornu/; /prôpósitu/ /própósitu/;

3) a monotongação eventual do ditongo ey, quando interno, como acontece em vocábulos como primeiro (primero) e certeiro (certero), assinalando que, em geral, mantém-se a pronúncia ey;

4) o tratamento como dígrafos do encontro -sc, em termos como nascer (nacer), crescer (crecer), piscina (picina), pronúncias impensáveis no português europeu;

5) a pronúncia do -a pretônico sempre aberto: café, caderno;

6) a pronúncia fechada, com raras exceções, das vogais a, e, o tônicas, seguidas de sílaba iniciada por consoante nasal como em amamos, vivemos, somos, Antônio, pena, diferentemente do que ocorre em Portugal, onde são abertas;

7) a ausência de distinções de timbre do a e do o pretônicos, fechado ou aberto;

8) a pronúncia como i do e final em termos proclíticos e enclíticos como em Venha mi ver, Vou ti visitar, não si esqueça di mim, assim é si lhi parece;

9) a vocalização, excetuadas algumas falas do sul, do l final: vegetal /vegetau/, Brasil /Brasiu/, solúvel /solúvel/, girassol /girassol/; no registro informal de certas comunidades, acrescenta, o fonema desaparece, em posição final: /carnavá/ (carnaval), /mé/ (mel); no fechamento de sílabas internas, nesse mesmo caso, costuma ser substituído por [r]: /arto/ (alto), /vorta/ (volta);

10) a eliminação de certos grupos consonantais presentes em determinados vocábulos de origem erudita, com a introdução de um -i ou de um -e, este menos frequente: adivogado (advogado), adimirar (admirar), obisservar (observar), pissicologia (psicologia);

11) a palatalização do t e do d nos grupos ti e di, com exceções: mentir, dizer, dia;

12) a eliminação do r, em final de sílaba, no registro informal da linguagem coloquial: /cantá/ (cantar), /douto/ (doutor), /dizê/ (dizer); em contrapartida, o registro formal procura marcar com ênfase a presença do r forte, com variação de pronúncia, em função da região do falante;

13) o uso generalizado da locução formada pelo verbo estar + verbo principal no gerúndio (está fazendo, está vivendo, está construindo), em substituição à construção lusitana estar +a + verbo principal no infinitivo: está a fazer, está a viver, está a construir;

14) o uso com ou sem artigo dos pronomes possessivos: meu livro, o meu livro, minha pátria, a minha pátria; em Portugal é obrigatória a presença do artigo;

15) o uso do pronome átono como proclítico, em enunciados como "Pedro se animou", construção, aliás, comum no português clássico e atualmente desusada em Portugal;

16) o emprego do pronome átono em início absoluto de frase como em "Me faz um favor", "Me conta uma coisa", ao lado de construções como "Faça-me o favor" (e não "me faça o favor"), e em construções como "Ia pouco a pouco se afastando", e não como no português lusitano, "Ia-se pouco a pouco afastando".

Esses quatro últimos aspectos caracterizadores de modalidades de construção frasal brasileira são considerados adequados ao registro formal, o que não acontece com os seguintes, não incorporados até o momento ao citado registro formal e passíveis na sua maioria de coerção social:

1) uso de frases negativas como "não sei não" ou "sei não";
2) orações infinitivas com o pronome mim como sujeito: "para mim fazer" (e não "para eu fazer");
3) uso de feito, com o sentido de como: "gritava feito um louco";
4) uso dos pronomes ele(s), ela(s), como complemento de verbo: vi ele, vi eles, encontrei ele, encontrei elas, não conheço ele;
5) supressão do -s, marca de plural, em substantivos e adjetivos acompanhados de determinantes (artigos, pronomes, numerais): as pessoa; meus livro; estes caderno; dois real;
6) não utilização de verbos no futuro do presente e do pretérito;
7) não utilização do infinitivo flexionado;
8) simplificação do paradigma dos tempos: eu vivo, ele vive, nós vive, eles vive.

Como se percebe, Teyssier aponta comportamentos linguísticos de caráter amplo, empiricamente perceptíveis, no convívio com falantes brasileiros e portugueses.

Acrescentem-se ainda os seguintes fatos, típicos do português brasileiro: uso de *você* e *a gente* como pronomes pessoais, com decorrente e acentuada redução do emprego dos pronomes tu e vós; emprego, em determinadas regiões, do pronome tu acompanhado de verbo na terceira pessoa: tu ama, tu teme, tu parte, construções não incorporadas ao registro formal.

Em *A língua escrita do Brasil*, Edith Pimentel Pinto, por seu turno, assinala convergências e divergências sobre a autonomia ou não de uma "língua brasileira".

Considera que as posições que defendiam o estatuto de autonomia para o português brasileiro esgotaram-se em duas instâncias: no âmbito dos especialistas, diante de teorias linguísticas objetivamente iluminadoras; entre os não especialistas, por força do sentimento de pertença ao mundo da lusofonia, estimulado pela ação da escola e que conduz ao consenso atual a propósito da língua materna do brasileiro.[112]

Conclui, como ficou assinalado, que a língua do Brasil é, essencialmente, a língua portuguesa.

Na direção das peculiaridades do português brasileiro, centraliza suas reflexões na língua literária.

Destaca o "compromisso com a oralidade"; assinala, nessa direção, aspectos lexicais, e aspectos peculiares em outros campos da língua, notadamente no uso de verbos e de pronomes.

Sinaliza para "o compromisso com a tradição escrita"; em tal sentido, rastreia o processo literário brasileiro em seu relacionamento com a especificidade do português do Brasil.

Estende comentários ao "compromisso com a terra", presentificado nos textos literários, marcada a relação entre estes e a discriminação/não discriminação da oralidade.

Trata do "compromisso com o homem", espaço em que aponta para o aproveitamento da fala urbana, o registro do cosmopolitismo, a poetização do coloquial, a relação entre o popular e o culto.

Dedica amplo espaço ao "compromisso com a informação", centrado na língua da imprensa e suas particularidades.

Fecha o volume com conclusões de pesquisas de campo sobre o português escrito.

À mesma autora se devem ainda os dois volumes de *O português do Brasil: textos críticos e teóricos* (v. 1, 1820-1920, e v. 2, 1920-1945), o primeiro publicado em 1979, o segundo, em 1981. Trata-se de preciosas antologias de textos representativos do pensamento da intelectualidade brasileira sobre a questão da língua do Brasil, desde o despertar da consciência a esse respeito até o esgotamento de certas reivindicações polêmicas, como a da citada "língua brasileira".

Ataliba Teixeira de Castilho, em texto intitulado "A hora e vez do português brasileiro", disponibilizado na internet, também sintetiza diferenças atuais entre este e o português europeu.

Com resultados parciais publicados em vários volumes até a presente data, presentifica-se o assinalado Projeto de Gramática do Português Falado, centrado na preparação de "uma gramática referencial da variante culta do português falado no Brasil, tal como foi documentada em cinco capitais brasileiras (Recife, Salvador, Rio de Janeiro, São Paulo e Porto Alegre) pelo Projeto de Estudo da Norma Urbana Linguística Culta — Projeto NURC",[113] projeto da gramática iniciado em 1988, a partir de proposta do citado Ataliba Teixeira de Castilho.

Aspectos singularizadores da língua portuguesa do Brasil podem ser também encontrados na coletânea de ensaios organizada por Ian Roberts e Mary A. Kato intitulada *Português brasileiro, uma viagem diacrônica*, cuja segunda edição data de 1996. No núcleo das pesquisas fundamentadoras, a língua popular oralizada.

A caracterização da língua portuguesa nos países africanos que integram a Comunidade dos Povos de Língua Portuguesa reveste-se de maior complexidade.

Independentes e soberanos desde 1975, intensificado o convívio com as muitas línguas nacionais, a configuração dos rumos do idioma conduzem a enfoques diferenciados e exigem estudos específicos. A partir deles, será possível apontar peculiaridades, condicionadas, necessariamente, pela marcha do tempo e pela dinâmica das culturas.

PORTUGUÊS BRASILEIRO: VARIAÇÕES SOCIOCULTURAIS OU DIASTRÁTICAS

As variantes diastráticas ou socioculturais constituem os vários níveis ou registros do idioma.

Configuram-se, portanto, vale reiterar, no chamado plano vertical da linguagem.

Presentificam-se historicamente com mais nitidez na realidade urbana. Na base, o dinamismo que caracteriza esta última, em contraste com a regularidade e a pouca variação de ambiente e contato linguageiro na realidade rural.

Essas circunstâncias, entretanto, possivelmente vêm perdendo relevância, diante da influência da televisão e da mídia eletrônica, que têm contribuído avassaladoramente para a diluição de distâncias. Este último aspecto, entretanto, exige pesquisa ampla para fundamentar conclusões mais objetivas.

As variantes de tal natureza constituem procedimentos que podem ser ditados por vários motivos: a posição social dos usuários, o nível dos estudos, o grupo a que pertençam, a idade, o grau de escolaridade, a profissão.

A posição social é o espaço em que se busca singularidade dentro do grupo. Em função desse lugar na sociedade, o uso do idioma pode apresentar variações associadas, no mais das vezes, à situação de fala.

O nível dos estudos envolve grau de escolaridade.

A escola brasileira, mesmo na atualidade, privilegia basicamente, como foi destacado, a modalidade de uso idiomático tradicionalmente privilegiada pela sociedade. Ainda que procure associar essa dimensão à língua aprendida desde a infância até a finitude. Há algum tempo busca também relacionar a fala à situação de fala, com abertura para a diferença, sem preconceitos.

A maior ou menor eficiência do uso da língua a partir de sua aprendizagem sistemática na escola depende, portanto, da política do idioma adotada e da metodologia que orienta o ensino.

O grupo a que o falante pertence, por outro lado, costuma estar na base de certas variantes. Notadamente na realidade urbana. Veja-se, por exemplo, na contemporaneidade, a prática linguística de determinados segmentos jovens, na periferia do Rio de Janeiro.

Há que considerar ainda o *contexto*, entendido como as condições extraverbais ligadas ao ato da fala. Este relaciona-se não com os princípios organizatórios da língua como sistema, mas com as normas, fixados determinados princípios, a partir de um padrão ideal de procedimentos fonético-fonológicos, léxicos e morfossintáticos.

Envolve, assim, fatos e aspectos prestigiados tradicionalmente como modelares em função de certas circunstâncias do convívio comunitário, modelos que integram a gramática, por isso mesmo dita normativa, do idioma.

É da interação dos fatores apontados e em função dessas formas modelaras que emergem os chamados registros ou níveis de fala ou níveis sociolinguísticos, ainda que de precária caracterização, em termos globalizadores.

Mesmo, entretanto, diante da relatividade que preside a sua configuração, a tradição dos estudos depreende da realidade linguageira do Brasil as seguintes modalidades de uso ou registros ou níveis de fala, ou níveis sociolinguísticos: o registro formal, prestigiado, que pode ser comum ou sofisticado, rigorosamente fiel às normas gramaticais, tradicionalmente fixadas; o registro informal ou descontraído, que se permite "infidelidades", nessa mesma direção; o registro ultrainformal, afastado de qualquer preocupação do gênero.

Comparem-se, a título de exemplo, os seguintes enunciados, centrados em mensagens semelhantes:

— *Você foi muito burro! Eu sempre te disse que aquele sujeito era ladrão, você não ligou e acabou se prejudicando.* (Registro informal)

— *Você foi uma besta! Eu sempre lhe disse que aquele cara era ladrão, tu não me deu a mínima e entrou pelo cano!* (Registro ultrainformal)

— *Você foi um tolo! Eu sempre lhe disse que aquele indivíduo era ladrão, você não me deu atenção e deu-se mal!* (Registro formal)

— *Você foi um palerma! Eu sempre o adverti sobre a cleptomania distorcida daquele indivíduo; a você pouco se lhe deu e agora sofre as graves consequências de sua atitude!* (Registro ultraformal)

Admite-se que, nesse espaço, se configurou, desde os começos da colonização, uma diferença entre a fala do colonizador português e a fala dos nascidos e vividos no Brasil, distinção marcada pela tendência ao crescimento.

Esse português caracterizou-se gradativamente pela heterogeneidade e pela variabilidade. No processo, como acontece com outras línguas, pluralizaram-se os registros assinalados, notadamente na comunicação cotidiana oralizada.

Numa perspectiva linguística, coexistem, no universo multifacetado da comunidade brasileira, distintas normas tensionadas. Configuram-se, ao lado da norma padrão tradicional, pautada no português europeu, no âmbito das variantes socioculturais. Vinculam-se, em princípio, ao nível de escolaridade.

O usuário do idioma é, obviamente, livre para falar como quiser ou como puder.

Para certas circunstâncias do convívio social, entretanto, como foi assinalado, a sociedade brasileira exigiu, e segue exigindo ainda na contemporaneidade, a adoção do registro formal. Sobretudo na língua escrita.

Tal situação decorre da relação historicamente estabelecida entre os estamentos da sociedade. Não dominá-lo implica restrições, coerção e um alto preço social. Observe-se que, significativamente, costuma ser identificado como norma "culta", em oposição ao registro informal por sua vez identificado como norma "popular", com esses dois adjuntos do termo norma ideologicamente comprometidos.

É uso exigido pelo mercado de trabalho qualificado; é importante no desempenho de determinadas profissões; é adotado, com exceções vinculadas a situações específicas, pela mídia impressa, radiofônica e televisiva; constitui fator considerável para a progressão na vida escolar, em que pesem as tendências a privilegiar a criatividade e a articulação do pensamento em detrimento da competência linguística; é considerado índice de nível cultural.

Assim situado, envolve, em determinadas circunstâncias, rigorosa avaliação de desempenho verbal e contribui significativamente para a construção da imagem individual.

Diante dessa tradição privilegiadora, propiciam comportamentos preconceituosos e coerção social formas e construções consideradas "incorretas", seja no âmbito lexical, semântico, gramatical e discursivo, na medida em que se afastam da norma prestigiada.

Seguem alguns exemplos, entre vários outros, registrados na publicação *Menas: o certo do errado, o errado do certo*, do Museu da Língua Portuguesa, vinculada à sexta mostra temporária produzida pelo governo de São Paulo, em 2010, com curadoria de Ataliba Teixeira de Castilho e Eduardo Calbucci: "*A liminar foi caçada pela desembargadora*"; "*Os padrões de previsão do tempo, devido ao aquecimento global, varia*": "*Mandarei-te aquele e-mail amanhã pela manhã*"; "*Vossa senhoria precisais estudar mais*"; "*Muitos eleitores se absteram de votar na eleição de ontem*"; "*Ficou contente por causa que ninguém se feriu*"; "*Eu estou fora de si*".[114]

A língua é um sistema e é também um fato social. O convívio em sociedade abriga a diferença e abre-se ao consenso comunitário. Esse consenso acompanha a dinâmica inerente ao processo sociocultural. O nosso principal meio de comunicação põe a nosso dispor, na condição de usuários, múltiplas formas de expressão, entre elas o registro formal.

Tal registro pode ser aprendido assistematicamente, no convívio familiar ou comunitário, mas sobretudo como objeto da ação sistemática da escola.

A opção por este ou por aquele registro, se o usuário os domina, é efetivamente vinculada à situação de fala.

A arte literária abre-se, em nome da criação, ao rompimento com o normativo.

O uso formal é marcado pela presença de princípios relativamente tradicionalizados e pela busca do ideal de universalização, apoiada na codificação de princípios normativos, em termos gramaticais. É necessário, em consequência, que existam gramáticas e léxicos para caracterizá-los, em que pesem argumentos em contrário.

A aprendizagem de tais princípios, por força do compromisso com o registro formal ou culto, não se reveste da espontaneidade da língua falada no nível do vernáculo, isto é, da língua que se aprende "em casa e de uso em casa, para fins de casa", desde que se nasce. Exige convívio e estudo. Notadamente, a ação da escola. Incorporados é que, por força de automatização, ganham, por sua vez, caráter espontâneo.[115]

Entre a abertura e o limite assinalados, há uma vasta gama de matizes. Esta condição envolve questões de caráter pedagógico e de política do idioma que dividem os especialistas.

PORTUGUÊS BRASILEIRO: VARIAÇÕES EXPRESSIVAS OU DIAFÁSICAS

As variações dessa natureza envolvem tradicionalmente língua falada e língua escrita, língua não literária e língua literária.

Alguns especialistas incluem entre elas discurso masculino e discurso feminino; discurso de crianças, discurso de jovens, discurso de idosos.

A classificação mais recente, adotada, como vimos, pelo ALiB situam estas últimas, respectivamente, nas categorias variedades diassexuais ou diagenéricas, e variedades etárias, ou diageracionais.

O LUGAR DA GÍRIA

A gíria consiste num uso expressivo especial da língua, adotado pelos integrantes de um grupo ou uma categoria social com o objetivo de se destacarem dos demais usuários do idioma por meio de marcas linguísticas.

Há estudiosos que a consideram uma espécie de língua informal.

Costuma ser adotada intencionalmente, como acontece com os locutores esportivos, por exemplo, para individualizar o profissional, para marcar um "estilo". Funciona também como um uso peculiar de determinados grupos comunitários. É o caso da gíria de certos profissionais liberais, da gíria da caserna, da gíria dos surfistas, da gíria dos estudantes, da gíria familiar, da gíria de certos segmentos marginais da sociedade e até da gíria familiar.

Não deve ser confundida com o vocabulário técnico, próprio de determinadas áreas do conhecimento.

Os termos de gíria, com poucas exceções, têm suas origens em épocas e locais distintos.

No Rio de Janeiro, para citar exemplos, ao longo de 1940, era comum o uso de termos como bota-fora (despedida), chocante (muito divertido), brotinho (mulher jovem), do barulho (maravilhoso, sensacional); dos anos 1950, datam barbeiro (mau motorista), bafafá (confusão); a década de 1960 é tempo de boa-pinta (de boa aparência) e prá frente (avançado, atualizado). Nos anos 1970 surgem maneiro (correto, bom), dar bode (gerar confusão); nos anos 1980, o bode virou mau humor, o brotinho cedeu lugar à mina. Os anos 1990 foram tempos de azaração, mala, perua, gata, mauricinho, patricinha; mais próximos são irado (excelente) e sinistro (maravilhoso).

Alguns termos e expressões, por força de sua expressividade, acabam incorporados ao vocabulário descontraído do idioma, entre eles arisco (desconfiado), bagulho (algo imprestável, pessoa sem nenhum atrativo), baita (grande), barbeiro (mau motorista), bater papo (conversar), blefar (falsear, enganar), cara (indivíduo qualquer) e gari (varredor de rua).

OBSERVAÇÕES POR PERTINENTES

Variações diatópicas, diastráticas e diafásicas não implicam, do ângulo estritamente linguístico, julgamentos de valor. Nenhuma variante é melhor ou pior do que outra, é boa ou ruim, superior ou inferior. Os diferentes usos da língua constituem formas de atualização da faculdade da linguagem, inerente à condição humana.

É de notar, a propósito, que as variantes geográficas não inviabilizam a plena comunicabilidade entre os brasileiros de todas as regiões e de todas as classes sociais.

É óbvia para efeitos de comunicação e da adequação consciente da fala à situação de fala, a relevância do universo cultural do falante e o seu domínio das múltiplas possibilidades que o idioma põe à sua disposição.

O uso do registro formal do idioma insere-se, entretanto, no elenco de outras exigências do convívio estabelecidas pela comunidade, como, por exemplo, a adequação do vestuário a certas situações e determinados comportamentos esperados em certas circunstâncias da vida comunitária.

INTERVENIÊNCIAS NO PROCESSO

Três agentes exercem relevante influência no comportamento linguageiro comunitário: a escola, a literatura e os meios de comunicação.

A ESCOLA

A escola, cumpre reiterar, é uma agência cultural ao mesmo tempo conservadora e transformadora.

De um lado, tem como fundamento de sua ação a preservação dos valores que a sociedade elegeu como basilares e representativos; de outro, objetiva que o discente desenvolva a sua capacidade de crítica, a ponto de abrir-se ao questionamento daqueles mesmos valores e, na dinâmica do processo sociocultural, possibilitar a diluição de alguns e a instauração e a adoção de outros. Sua ação insere-se nesse processo, na sua função de educar. É consensual, há algum tempo, que ela não muda a sociedade: prepara o educando para transformá-la.

Em termos do ensino da língua, converteu-se, até algum tempo, na realidade brasileira, em guardiã zelosa da língua-padrão, em baluarte da disseminação do registro formal, estigmatizados os demais usos do idioma.

De alguns anos à atualidade, diante, sobretudo, dos avanços dos estudos de linguística, passou a ter entre os objetivos na área conscientizar o educando das múltiplas possibilidades que o idioma põe à sua disposição para comunicar-se e familiarizá-lo com o registro ainda privilegiado pela comunidade, sem qualquer atitude preconceituosa em relação aos demais.

Como objeto de aprendizagem, esse registro vem sendo pautado na comunicação urbana, espaço regional ou nacional que assume dimensão totalizadora.

Em muitos casos, o ensino da língua ocorre sem maior atenção aos aspectos vernaculares oriundos das vivências do educando e de hábitos linguísticos adquiridos no seu convívio com a língua aprendida desde o berço.

Destaca-se, em contrapartida, a aceitação do convívio de registros, a partir da adequação da fala à situação de fala. Ainda que não totalizante.

Ainda permanece distante a integração entre o português brasileiro e a pedagogia do idioma.

A questão do ensino da língua vernácula não navega em águas de tranquilidade e, nessa condição, divide os estudiosos e os professores.

Há quem se paute pelo rigor da tradição culta; existe quem relativize a utilização da língua. Ao fundo, a necessidade da adoção de uma efetiva política do idioma.

À luz da objetividade, entretanto, cumpre reiterar que, no início da segunda década do século em curso, o domínio do registro formal ainda se impõe comunitariamente, para além dos posicionamentos doutrinários, como fator de inclusão social.

A escola, a cada passo, se vê obrigada a responder às múltiplas solicitações da sociedade e das decorrentes mudanças dos rumos da pedagogia.

Se antes destinava-se a um restrito público elitizado, há muito acolhe, democrática, o público de massa, como meio de ensino.

De uma escola apoiada em conhecimentos básicos de fundamentação humanista, abre-se às exigências do progresso: passa a oferecer um sem--número de opções, a prolongar a duração do tempo de escolaridade, a valer-se de novas tecnologias da informação e da comunicação, a fim de melhor atender às exigências de uma sociedade assumidamente industrial e mobilizada pelo consumo.

As Constituições do país e as leis de Diretrizes e Bases da Educação que marcam a História brasileira são indicadores do processo e do caráter singular de que se reveste. Trata-se de uma instituição em que se associam, simultaneamente, aspectos educativos, ideológicos, sociais e políticos.

A LITERATURA

Literatura é arte. O oxigênio da arte é a liberdade. A abertura para o novo propiciada por essa liberdade possibilita o enriquecimento da língua.

O texto literário contribui, ao mesmo tempo, para sedimentar o sistema linguístico e para a incorporação das inovações produzidas pelo escritor/criador. Essas inovações implicam, para serem coletivizadas, o atendimento à *deriva* do idioma.

A Literatura, mesmo diante da dinamicidade do conceito, tem sido o lugar por excelência da criação a partir da língua. Possibilita ainda a interação entre a língua falada e a língua escrita.

No âmbito comunitário, vale destacar, há algum tempo sofre a concorrência de inúmeras e sedutoras formas de lazer. Luta para assegurar, na realidade brasileira como em outras paragens, o seu lugar de centro como produto cultural.

No âmbito da língua, de que se vale como suporte, abre-se à pluralidade dos registros.

A escola é a agência cultural excepcionalmente apta a estimular o hábito da leitura do texto literário, para assegurar-lhe espaço.

O seu consumo implica, por sua natureza, alfabetização, seu usufruto maior ou menor vincula-se ao universo cultural do leitor ou ouvinte, para cuja ampliação, por outro lado, contribui significativamente.

Os índices de anafalbetismo na realidade brasileira, ainda que revelem avanços, notadamente nos níveis iniciais da alfabetização, estão longe dos níveis garantidores da plena inserção na cultura letrada e do pleno exercício da cidadania. O desafio da superação reveste-se de obstáculos gradativamente agudizados na contemporaneidade.[116]

Desnecessário assinalar a relevância das demais funções da arte literária, notadamente na direção do autoconhecimento, do conhecimento do mundo, do conhecimento do outro com que convivemos no mundo, da relação com o mundo e com o outro, da relação com a identidade cultural e da ampliação do repertório cultural e linguístico do leitor.

Os meios de comunicação de massa

Os meios de comunicação de massa convertem-se em agentes poderosamente direcionadores do comportamento heterodirigido. Podem conduzir a condicionamentos redutores. Ainda que abertos aos múltiplos registros, privilegiam a norma comunitária urbana. Promovem e disseminam padrões. Tendem a homogeneizar os usos da língua. Alteram vocabulário. Interferem no ritmo do idioma, em suas variantes regionais. Geram condicionamentos.

Destaca-se, na direção dessa última função, a linguagem da publicidade. Nesse processo, a imprensa atua como elemento aproximador da fala e da escrita, dimensionando níveis de uso.

A partir dos anos 1980, o mundo muda em ritmo cada vez mais acelerado. Amplia-se significativamente o âmbito das tecnologias da informação e da comunicação.

A informatização da vida profissional, a difusão de tecnologias na vida cotidiana, a multiplicação de fontes de informação e de cultura levam-na, ainda uma vez, a tentar "digerir" as mudanças. É condição para o cumprimento com êxito da sua missão.

Algumas alterações são altamente impositivas: em menos de uma geração, a informática banalizou sua presença em inúmeras atividades públicas e particulares.

A microeletrônica e suas decorrências invadiram os aparelhos eletrodomésticos, os carros, os cartões de banco. Processos interativos multiplicam-se nos grandes mercados e nas estações, nos Correios. Computadores conectados em rede ocupam espaços em escritórios do mundo. A vaga dos microcomputadores dos começos da década de 1980 agiganta-se avassaladora com seus jogos de vídeo e correios eletrônicos, para culminar com o domínio totalizante da multimídia e da internet. Ganha espaço a realidade virtual. Comunicadores eletrônicos cada vez mais aprimorados multiplicam mensagens individuais de todo gênero. Diluem-se fronteiras espaciais e temporais. A mobilização coletiva em rede se faz superlativamente mobilizadora e formadora de opinião A utilização da rede e de comunicadores celulares amplia a presença da língua oral e escrita na intercomunicação pessoal, matizada de procedimentos simplificadores.

Informática e telemática penetram todos os espaços de atividades privadas e públicas, modificam modos de trabalho e de vida; banalizam-se, na contemporaneidade, esses novos instrumentos, na escola como em todos os lugares da vida do ser humano. Com reflexos relevantes no uso do idioma. De imediato diante do surgimento de novos termos e do uso de estrangeirismos. A literatura ganha novos suportes, para além do papel impresso, como telas de computador e livros eletrônicos.

Todos esses fatores repercutem nos rumos do idioma e conduzem a alterações só perceptíveis, entretanto, a longo prazo.

Notas

1. Cf. SACHS, Ignacy. Introdução. In: SACHS, Ignacy et al., op. cit., p. 9.
2. GARCIA, Afrânio e PALMEIRA, Moacir. Transformação agrária. In: SACHS, Ignacy et al., op. cit., p. 41.
3. Cf. informação do IBGE: "Em 34 anos a população brasileira praticamente dobrou em relação aos 90 milhões de habitantes da década de 70 e, somente entre 2000 e 2004, aumentou em 10 milhões de pessoas. Em 2050, seremos 259,8 milhões de brasileiros e nossa expectativa de vida, ao nascer, será de 81,3 anos, a mesma dos japoneses, hoje. [...] Em janeiro de 2004 a população brasileira ultrapassou os 180 milhões de habitantes. Esta é uma das conclusões da Revisão 2004 da Projeção da População realizada pelo IBGE, a primeira a incorporar as taxas de natalidade e mortalidade calculadas a partir do Censo 2000 [...] além das estatísticas de óbitos do Registro Civil 1999-2001 e da PNAD 2001". IBGE. *Comunicação social*, 30 ago. 2004, disponível em <http://www. ibge.gov.br/home/presidencia/noticias/30082004projecaopopulacao.shtm>.
4. Cf. Censo de 2010 do IBGE. Segundo registro de Yonne Leite e Dinah Callou, a propósito, estimativa do pesquisador Aryon Rodrigues registra, em 2002, 350 mil falantes, distribuídos por 206 etnias. Cf. LEITE, Yonne e CALLOU, Dinah. *Como falam os brasileiros*. Rio de Janeiro: Zahar, 2002, p. 14.
5. Cf. HOUAISS, Antônio. *A crise de nossa língua de cultura*, op. cit., p. 17.
6. HOUAISS, Antônio. *O português do Brasil*, op. cit., p. 97.
7. CASTILHO, Ataliba T. A hora e vez do português brasileiro. Cf. <www. estacaodaluz.org.br>.
8. Cf. MARIANI, Bethania, op. cit., p. 24.
9. QUEIROGA. João Salomé. Arremedo — lendas e cantigas populares. Rio de Janeiro, Tip. Perseverança, 1873. Cf. CASTELLO, José Aderaldo. *História da*

literatura brasileira. Origens e Unidade (1500-1960). São Paulo: Editora da Universidade de São Paulo, 1999, p. 421.

COUTINHO, Afrânio (org.). *Caminhos do pensamento crítico*. Rio de Janeiro · Americana/Prolivro, 1974, p. 243.

10. ELIA, Sílvio. *A unidade linguística do Brasil*. Rio de Janeiro: Padrão, 1979, p. 193.

11. CÂMARA JR., Joaquim Mattoso. *Introdução às línguas indígenas brasileiras*, 2. ed. rev. Rio de Janeiro: Acadêmica, 1965, p. 108.

12. Id., ib., p. 194. Atitude que também adota Gladstone Chaves de Melo. A questão é amplamente discutida por Sílvio Elia.

13. ELIA, Sílvio. *Fundamentos histórico-linguísticos do português do Brasil*, op. cit., p. 49-50.

14. Id., ib., p. 59.

15. HOUAISS, Antônio. *O português do Brasil*, op. cit., p. 98.

16. HOUAISS, Antônio. *A crise da nossa língua de cultura*, op. cit., p. 36.

17. CÂMARA JR., Joaquim Mattoso, op. cit., p. 78.

18. Cf. TEYSSIER, Paul. *História da língua portuguesa*. São Paulo: Martins, 1997, p. 109.

19. Cf. NASCENTES, Antenor. *Dicionário etimológico da língua portuguesa*. Rio de Janeiro, 1955.

20. Cf. MELO, Gladstone Chaves de. *A língua portuguesa do Brasil*. 4. ed. Rio de Janeiro: Padrão, 1981, p. 43; e O português do Brasil. In: *Revista do Brasil*. Rio de Janeiro: Secretaria de Educação e Cultura/Fundação Rio Arte, 1990, p. 112.

21. Cf. CUNHA, Antônio Geraldo da. *Dicionário histórico das palavras portuguesas de origem tupi*. São Paulo: Melhoramentos/Edusp, 1978.

22. Cf. *Revista Brasileira de Filologia*, ano I, n. 1. Rio de Janeiro, 2002, p. 113 ss.

23. ANDRADE, Mário de. *Macunaíma*. 3. ed. São Paulo: Martins Fontes, 1962, p. 29.

24. In: SAMPAIO, Neide Freitas (org.). *Vissungos. Cantos afrodescendentes em Minas Gerais*. 2. ed. rev. e aum. Belo Horizonte: Viva Voz, 2009, p. 15. Disponibilizado na internet. Texto editado a partir da transcrição da entrevista realizada por Neide Freitas Sampaio com o Sr. Crispim em sua casa, em Ausente, zona rural próxima de Milho Verde, no município do Serro (MG), no dia 7 de janeiro de 2005.

25. Vissungos são cantos afro-brasileiros cantados em Minas Gerais em diversas situações da vida cotidiana.

26. In: SAMPAIO, Neide Freitas (org.). op. cit., p. 23.

27. Tradução feita por descendentes dos escravos que trabalhavam nas regiões do Serro e de Diamantina: "O menino com a trouxa nas costas está correndo para o quilombo do Dumbá. Os que ficam choram porque não podem acompanhá-lo", segundo MACHADO FILHO. *O negro e o garimpo em Minas Gerais*, 1978, citado por Neide Freitas Sampaio.

28. Apud ROMERO, Sílvio. *Folclore brasileiro: contos populares do Brasil*. Belo Horizonte: Itatiaia; São Paulo: Edusp, 1985, p. 222.

29. SANTOS, João Felício dos. *Ganga-Zumba. A saga dos quilombolas de Palmares.* 2. ed. Rio de Janeiro: José Olympio, 2010, p. 32-33.

30. Ver, a propósito, PETTER, Margarida Maria Tadonni. A contribuição das comunidades afro-brasileiras rurais para a história do português do Brasil. In: *Anais do IV Congresso Luso-Afro-Brasileiro de Ciências Sociais*, realizado no Rio de Janeiro de 1º a 5 de setembro de 1996, ver também CASTRO, Yeda Pessoa de. Africanias, acolhendo as línguas africanas. Conferência de abertura do VI SIALA — Universidade de Minas Gerais, nov. 2016.

31. Cf. RAIMUNDO, Jacques. *O elemento afronegro na língua portuguesa*. Rio de Janeiro: Renascença, 1933; e MENDONÇA, Renato. *A influência africana no português do Brasil*. Rio de Janeiro: Sauer, 1933.

32. Cf. SILVA NETO, Serafim, op. cit., p. 107.

33. Cf. MELO, Gladstone Chaves de, op. cit.

34. Cf. CÂMARA JR., Joaquim Mattoso. Línguas europeias de ultramar: o português brasileiro. In: _____ . *Dispersos*. Rio de Janeiro: Fundação Getulio Vargas, 1972.

35. CÂMARA JR., Joaquim Mattoso. *História e estrutura da língua portuguesa*. Rio de Janeiro: Padrão; Prolivro, 1975, p 33.

36. Cf. GUY, Gregory. Linguistic Variation in Brazilian Portuguese: Aspects of Fonology, Syntax and Language History. University of Pennsylvania, Ann Arbor, University Microfilms, 1981; e *On the Nature and Origins of Popular Brazilian Portuguese. Estudios sobre Español de América y Linguística Afroamericana*. Bogotá: Instituto Caro y Cuervo, 1989; HOLM, John. *Creole Influence on Popular Brazilian Portuguese*. In: G. Gilbert (org.). *Pidgin and Creole Languages*. Honolulu: University of Hawaii Press, 1987, p. 406-29, e *Pidgin and Creoles*. Cambridge University Press, 1988.

37. Cf. FERREIRA, Carlota. Remanescente de um falar crioulo brasileiro (Helvétia-Bahia). In: FERREIRA, Carlota et al. (orgs.). *Diversidade do português do Brasil: estudos de dialetologia rural e outros*. 2. ed. Salvador: Centro Editorial e Didático da UFBA, 1994.

38. Do desenvolvimento do projeto até 1996, dá notícia Margarida Maria Taddini Petter, da USP, em comunicação intitulada "A contribuição das comunidades afro-brasileiras rurais para a história do português brasileiro", constante do volume *Territórios da língua portuguesa: culturas, sociedades, políticas*. Anais do IV Congresso Luso-Afro-Brasileiro de Ciências Sociais, coordenado por Gláucia Villas Boas. Rio de Janeiro, IFCS, 1998, p. 451-57.

39. CARENO, Mary Francisca. *A linguagem rural do vale do Ribeira: a voz e a vez das comunidades negras*. Assis, 1991. Unesp. Tese de doutoramento.

40. VOGT, Carlos; FRY, Peter; GNERRE, Maurizio. Rios de Cristal: contos e desencontros de outras 'línguas africanas' no Brasil. In: *Cadernos de estudos linguísticos* 18, 1985, p. 109-28; e *Inventário analítico da coletânea do Cafundó*. Campinas: Cedae/Unicamp.

41. In: VOGT, Carlos & FRY, Peter, col. de Robert W. Slenes. *Cafundó: a África no Brasil: linguagem e sociedade*. Campinas – SP, Editora da Unicamp, 2013, p. 177-79.

42. Ver QUEIROZ, Sônia Maria de Melo. *Pé preto no barro branco: a língua dos negros de Tabatinga*. Belo Horizonte: Ed. UFMG, 1998.

43. In: QUEIROZ, Sônia Maria de Melo, op. cit., p. 95.

44. CASTRO, Yeda Pessoa de. *Falares africanos na Bahia. Um vocabulário afro--brasileiro*. Rio de Janeiro: ABL/Topbooks, 2001, p. 77. O livro registra mais de 2.500 vocábulos de origem africana.

    ———. A propósito do que dizem os vissungos. In: *Vissungos, cantos afro-descendentes em Minas Gerais*. Belo Horizonte: UFMG, 2008.

45. Id., ib., p. 77.

46. CASTRO, Yeda Pessoa de, op. cit., p. 129.

47. CASTRO, Yeda Pessoa de. Africanias, acolhendo as línguas africanas. Conferência de abertura da VI SIALA — Universidade Federal de Minas Gerais, Belo Horizonte, 6 nov. 2016.

48. Cf. LOPES, Nei. *Dicionário banto do Brasil*. Rio de Janeiro: Prefeitura da Cidade do Rio de Janeiro, s.d.

49. VILLAR, Mauro, op. cit., p. 115-16. Revista da Academia de Filologia.

50. Cf. HOUAISS, Antônio. *A crise de nossa língua de cultura*, op. cit., p. 34-35.

51. CARVALHO, Maria Selma de; CARVALHO, José Murilo de; CARVALHO, Ana Emília de (orgs.). *Histórias que a Cecília contava*. 2. ed. Belo Horizonte: Editora UFMG, 2011, p. 57.

52. COUTO, Hildo Honório do. *Anticrioulo*. Rio de Janeiro: Padrão, 1979.

53. CARDOSO, Suzana Alice Marcelino; MOTA, Jacyra; SILVA, Rosa Virgínia Mattos (orgs.). *Quinhentos anos de história linguística do Brasil.* Salvador: Secretaria de Cultura e Turismo do Estado da Bahia, 2006.

54. CUNHA, Celso e CINTRA, Luís Filipe Lindley. *A nova gramática do português contemporâneo.* 5. ed. rev. Rio de Janeiro: Nova Fronteira, 2001, p. 3.

55. Cf. CARVALHO, J. G. Herculano. *Teoria da linguagem*, v. 1. Coimbra: Atlântica, 1967, p. 291 ss.

56. Cf. id., ib., p. 291.

57. Cf. PINTO, Edith Pimentel, op. cit., p. 78.

58. PRETI, Dino. *Sociolinguística. Os níveis da fala.* 3. ed. rev. e mod. São Paulo: Nacional, 1977, p. 16.

59. Id., ib., p. 17.

60. ALVAR, Manuel. *Hacia les conceptos de lingua, dialecto y habla. Nueva Revista de Filologia Hispánica* 15; 17, 1961. In: CUNHA, Celso e CINTRA, Luís Filipe Lindley, op. cit., p. 4.

61. Id., ib., p. 4.

62. Id., ib., p. 4.

63. Cf. AMARAL, Amadeu. *O dialeto caipira.* São Paulo: Anhembi, 1955.

64. In: CUNHA, Celso. *A questão da norma culta brasileira,* op. cit., 1985, p. 65.

65. COSERIU, Eugenio. *Sentido y tareas de la dialectologia.* México: Instituto de Investigaciones, 1982, p. 11-12.

66. CUNHA, Celso e CINTRA, Luís Filipe Lindley, op. cit., p. 4.

67. BECHARA, Evanildo. *Moderna gramática portuguesa.* 37. ed. rev. e ampl. Rio de Janeiro: Lucerna, 1999, p. 37.

68. CÂMARA JR., Joaquim Mattoso. *Dicionário de filologia e gramática referente à língua portuguesa.* 2. ed. Rio de Janeiro: J. Ozon, 1964, p. 109.

69. MOTA, Jacyra Andrade. Recursos metodológicos: questionários e informantes. In: CARDOSO, Suzana Alice Marcelino da Silva et al. *Atlas linguístico do Brasil*, v. 1. Londrina: Eduel, 2014, p. 79.

70. Cf. TEYSSIER, Paul, op. cit., p. 97-98.

71. PINTO, Edith Pimental, op. cit., p. 8.

72. COSERIU, Eugenio. *Sincronia, diacronia e historia: el problema del cambio linguístico.* 2. ed. Madri: Gredos, 1973, p. 55.

73. Cf. CUNHA, Celso e CINTRA, Luís Filipe Lindley, op. cit., p. 7-8.

74. COSERIU, Eugenio. *Lições de linguística geral.* Rio de Janeiro: Ao Livro Técnico, 1980, p. 91.

75. Cf. BECHARA, Evanildo, op. cit., p. 34-35.

76. Id., ib., p. 35.
77. BARCELOS, Maria Emília. Atualidades dos estudos linguísticos no Brasil. (Cada um fala como é.) Conferência na Academia Brasileira de Letras, 2006.
78. Com base nas pesquisas e nos estudos do Projeto de Estudo da Norma Urbana Culta — NURC (cf. LEITE, Yonne e CALLOU, Dinah, op. cit., p. 25 ss.), nos atlas regionais brasileiros e no *Atlas linguístico do Brasil*, v. 1 (Introdução) e v. 2 (Cartas linguísticas). Para uma visão mais ampla e atualizada, consultar os citados atlas e os volumes da *Gramática do português falado*, obra citada na bibliografia do final do volume.
79. HOUAISS, Antônio. *A crise de nossa língua de cultura*, op. cit., p. 36.
80. Antenor Nascentes era carioca. Seu estudo parte da comparação do seu próprio falar com observações assistemáticas relativas aos demais falares brasileiros. Ao fundo, a oposição a um português lusitano virtual. Era dessa forma que, no Brasil das primeiras décadas do século XX, se realizavam estudos dialetais.
81. Cf. NASCENTES, Antenor. *O linguajar carioca*. 2. ed. ref. Rio de Janeiro: Simões, 1953, p. 25-26.
82. Cf. SILVA NETO, Serafim da. *Introdução ao estudo da filologia portuguesa*. 2. ed. Rio de Janeiro: Instituto Nacional do Livro, 1976.
83. LEITE, Yonne e CALLOU, Dinah, op. cit., p. 19-20.
84. Id., ib., p. 20. Em que pese a dificuldade assinalada, há quem, a propósito, admita a existência de 15 dialetos no português brasileiro: o caipira, o cearense, o baiano, o fluminense, o gaúcho, o mineiro, o nordestino, o nortista, o paulistano, o sertanejo, o sulista, o florianopolitano, o carioca, o brasiliense, o da serra amazônica.
85. CARDOSO, Suzana Alice Marcelino da Silva et al., op. cit., p. 39-40.
86. CALLOU, Dinah Maria Issense e MARQUES, Maria Helena. Os estudos dialetológicos no Brasil e o projeto de estudo da norma linguística culta. In: *Littera* 8: 100. Rio de Janeiro: Grifo, 1973.
87. Normas para transcrição: truncamento/; entoação enfática: maiúsculas; prolongamento de vogais e consoantes: qualquer pausa. Amostras do Projeto NURC (voz e transcrição) foram disponibilizadas pelo Centro de Documentação Alexandre Eulálio (CEDAE), da Unicamp.
88. TEYSSIER, Paul. *História da língua portuguesa*. São Paulo: Martins Fontes, 1997, p. 98.
89. CARDOSO, Suzana. *Para um país pluricultural, uma língua multifacetada*. Conferência pronunciada na Academia Brasileira de Letras, 2006.

90. Na participação, entre outros, professores de oito universidades brasileiras: Abedelhak Razky, Aparecida Negri Isquerdo, Cléo Wilson Altenhofen, Jacyra Mota, Maria do Socorro Silva de Aragão, Mário Zágari, Suzana Cardoso, Vanderci Aguilera e Walter Koch.

91. Ver informe sobre o desenvolvimento do Projeto em <www.abralin.org/revista/RV8N1/su.pdf>.

92. CARDOSO, Suzana Alice Marcelino da Silva et al., op. cit., p. 15.

93. Cf. LEITE, Yonne e CALLOU, Dinah, op. cit., p. 26.

94. LEITE, Yonne e CALLOU, Dinah, op. cit., p. 42.

95. Id., ib., p. 50-51.

96. Cf. id., ib., p. 58.

97. PAIVA, Manuel de Oliveira, *Dona Guidinha do Poço*. São Paulo: Saraiva, 1952, p. 22.

98. LOPES NETO, Simões. *O negro Bonifácio e outras histórias*. Porto Alegre: Mercado Aberto, 1996, p. 5.

99. CARDOSO, Suzana Alice Marcelino da Silva et al., op. cit., p. 79.

100. In: MOTA, Jacyra Andrade. Percursos metodológicos: questionários e informantes. In: CARDOSO, Suzana Alice Marcelino da Silva et al., op. cit., p. 84.

101. In: MOTA, Jacyra Andrade, op. cit., p. 86.

102. AGUILERA, Vanderci de Andrade. A metodologia e sua aplicação no campo. In: CARDOSO, Suzana Marcelino da Silva et al., op. cit., p. 102-03.

103. O volume I da *Gramática*, organizado por Ataliba Teixeira de Castilho, dá notícia do Projeto e traz ensaios dedicados a "rupturas na ordem de adjacências canônicas no português falado", "considerações sobre a posição dos advérbios", "aspecto do processamento do fluxo de informação no discurso oral dialogado", "a questão da ordem na gramática tradicional"; o volume II, subtitulado *Níveis de análise linguística*, organizado por Rodolfo Ilari, trata de fatos da fonologia, da morfologia e da sintaxe e ainda da organização textual interna; o volume III, de subtítulo *As abordagens*, organizado por Ataliba Teixeira de Castilho, dedica-se à "organização textual-interativa", a outros aspectos de sintaxe e morfologia; o volume IV, subtitulado *Estudos descritivos*, tem organização de Ataliba Teixeira de Castilho e Margarida Basílio e trata de "classes gramaticais", "relações gramaticais" e "organização textual-interativa"; o volume V, de subtítulo *Convergências*, tem organização de Mary A. Kato e é dedicado a "fonética e fonologia", "morfologia e classes de palavras", "relações gramaticais" e "organização textual-interativa"; o volume VI, *Desenvolvimentos*, organizado por Ingedore G. Villaça Koch, trata de "or-

ganização textual-interativa", "sintaxe", "fonética" e "morfologia"; o volume VII, *Novos estudos*, organizado por Maria Helena de Moura Neves, dedica-se a novos aspectos de "organização textual-interativa", "sintaxe", "morfologia derivacional", "fonética e morfologia"; o volume VIII, organizado por Maria Bernadete M. Abaurre e Angela C. S. Rodrigues e de subtítulo *Novos estudos descritivos*, abrange "organização textual-interativa", "sintaxe", "morfologia flexional", "fonética e fonologia". Além dos organizadores, dezenas de outros especialistas assinam os capítulos que integram os volumes.

104. Cf. PINTO, Edith Pimentel, op. cit., p. 8. Ver, também, a propósito, posição de Celso Cunha, explicitada no ensaio "Política e cultura do idioma". In: CUNHA, Celso. *Língua, nação, alienação*, op. cit., p. 11-36.

105. HOUAISS, Antônio. *A crise de nossa língua de cultura*, op. cit., p. 9.

106. Id., ib., p. 50.

107. HOUAISS, Antônio. *O português do Brasil*, op. cit., p. 17-19.

108. In: PROENÇA FILHO, Domicio (org.). *Pequena antologia do Braga*, op. cit.

109. PINTO, Edith Pimentel. *A língua escrita no Brasil*. São Paulo: Ática, p. 11.

110. Cf. PINTO, Edith Pimentel, op. cit., p. 11-12.

111. TEYSSIER, Paul, op. cit., p. 116.

112. PINTO, Edith Pimentel, op. cit., p. 11.

113. CASTILHO, Ataliba Teixeira de (org.). *Gramática do português falado*, v. 1. 4. ed. rev. Campinas: Editora da Unicamp, 2002, p. 9.

114. Cf. MUSEU DA LÍNGUA PORTUGUESA. *Menas: o certo do errado, o errado do certo*. São Paulo: Imprensa Oficial, 2010, p. 27-31.

115. Cf. HOUAISS, Antônio. *A crise de nossa língua de cultura*, op. cit., p. 59.

116. Cf. Ação educativa: Instituto Paulo Montenegro: Ibope Inteligência. INAF Brasil 2011. Indicador de analfabetismo funcional principais resultados.

Conclusão

2017. O Brasil segue feito de muitos Brasis. Altera-se o desenho da comunidade, notadamente com a gradativa ascendência de significativos contingentes de estamentos sociais.

Os múltiplos caminhos da mídia e da arte seguem contribuindo para a diluição de espaços entre registros da língua na comunicação cotidiana.

Ampliam-se léxicos e estruturações. Sedimentam-se usos idiomáticos. Palavras e construções arcaízam-se e desaparecem do mercado verbal. Neologismos ganham presença. Modismos ocupam espaços, diante das incursões tecnológicas na comunicação. Estrangeirismos, em grande volume anglicismos, frequentam a comunicação cotidiana e inserem-se no idioma oficial. A letra escrita no papel convive com o risco da prevalência da representação digitalizada.

Persistem, no país, como em outras nações, as exigências do registro formal para instâncias comunicativas que sempre o privilegiaram, ainda evidenciada a coerção social diante de certas situações de fala.

Linguistas propõem a plena democratização linguística, assegurada a coerência do discurso.

Gramáticos dividem-se entre a defesa por vezes acirrada do registro formal, fiel à tradição lusitanizante, e alguma abertura para a adequação do registro às circunstâncias da língua falada.

Entre uns e outros há quem adote a posição conciliatória entre os dois posicionamentos.

Na escola, o centramento no texto, pautado nas normas de coesão e coerência, divide espaços, predominante, com a nuclearização na estruturação gramatical. Na modelização, a abertura para a multiplicidade dos gêneros do discurso. Nessa direção, ganham presença didática textos literários e não literários, privilegiados por muitos estes últimos. As exigências da educação seguem enfrentando impasses. E as exigências da comunicação continuam a impor-se. As línguas vivem em contínua mudança, paralela ao organismo social que as criou. É o equilíbrio de forças entre a conservação e a inovação que vem garantindo a unidade do principal instrumento de comunicação por meio do qual nos expressamos os brasileiros e os integrantes das demais comunidades de língua portuguesa espalhadas pelos cinco continentes.

No alvorecer do século XXI, a língua portuguesa do Brasil, consolidada, múltipla na sua unidade, multifacetada na voz dos seus mais de 200 milhões de habitantes abre-se, desafiadora, a pesquisas e projetos, felizmente numerosos e reveladores. Viva, altera-se, como todas as línguas em processo, com autonomia. Marcada de traços peculiares: português brasileiro.

Domicio Proença Filho

Bibliografia

ABREU, Alzira Alves de; LATMAN, Fernando; WELTMAN, Marieta de Moraes Ferreira; RAMOS, Plínio de Abreu. *A imprensa em transição: o jornalismo brasileiro nos anos 50*. Rio de Janeiro: Fundação Getulio Vargas, 1996.

ABREU, Casimiro de. *Primaveras. Poesias*. Lisboa: Livraria Editora Mattos Moreira & Cardosos, 1883.

ABREU, João Capistrano de. *O descobrimento do Brasil*. Nota liminar de José Honório Rodrigues. 2. ed. Rio de Janeiro: Civilização Brasileira; Brasília: INL, 1976.

_____. *Capítulos de história colonial*. Rio de Janeiro: Civilização Brasileira, 1976.

ACADEMIA BRASILEIRA DE LETRAS. *Vocabulário ortográfico da língua portuguesa*. 5. ed. São Paulo: Global, 2009.

ACADEMIA BRASILEIRA DE LETRAS. *A língua portuguesa na Revista Brasileira*. Rio de Janeiro: Academia Brasileira de Letras, 2006.

ACADEMIA DAS CIÊNCIAS DE LISBOA. *Vocabulário ortográfico atualizado da língua portuguesa*. Lisboa: Imprensa Nacional – Casa da Moeda, 2012.

ACIOLI, Vera Lúcia. *A escrita no Brasil Colônia: um guia para leitura de documentos manuscritos*. Recife: Massangana, 1996.

AGUIAR, Ronaldo Conde de. *Almanaque da Rádio Nacional*. Rio de Janeiro: Casa da Palavra, 2007.

A INCONFIDÊNCIA da Bahia: devassas e sequestros. Separata dos *Anais da Biblioteca Nacional*. Rio de Janeiro: Biblioteca Nacional, 1931.

ALBUQUERQUE, Gonçalves de Melo e. *Cartas de Duarte Coelho a el rei*. 2. ed. Recife: Fundação Joaquim Nabuco/Massangana, 1997.

ALENCAR, José de. *Iracema. Lenda do Ceará*. 5. ed. Rio de Janeiro: Garnier, 1948

_____. *Obra completa*. 4 v. Rio de Janeiro: José Aguilar, 1960.

_____. *Diva*. Rio de Janeiro: Jacintho Ribeiro dos Santos, 1903.

ALENCASTRO, Luiz Felipe de (org.). *História da vida privada no Brasil*, v. 2. *Império: a corte e a modernidade nacional*. São Paulo: Companhia das Letras, 1997.

ALKMIM, Tânia Maria (org.). *Para a história do português brasileiro*, v. 3. São Paulo: Humanitas, FFCH-USP, 2002.

ALARCOS LLORACH, Emilio. *Gramática de la lengua española*. 4. ed. Madri: Espasa-Calpe, 1994.

ALMEIDA, Manuel Antonio de. *Memórias de um sargento de milícias*. Rio de Janeiro: Officinas da Livraria Moderna. Domingos de Magalhães Editor., s/d.

ALMEIDA, Rita Heloísa. *O diretório dos índios: um projeto de "civilização" no Brasil do século XVIII*. Brasília: Editora da UNB, 1997.

ALVES, Antonio de Castro. *Espuimas fluctuantes*. Porto Alegre: Pelota Nova Editora; Porto Alegre: Carlos Pinto e Cia., 1870.

ALVES FILHO, Ivan. *Brasil: 500 anos em documentos*. Rio de Janeiro: Mauad, 1999.

ALMEIDA, Plínio de. *Pequena história do maculelê*. In: *Revista Brasileira de Folclore*, 16 set. dez. 1966.

AMARAL, Amadeu. *O dialeto caipira*. São Paulo: Anhembi, 1955.

ANAIS DO CONGRESSO BRASILEIRO DE LÍNGUA VERNÁCULA. Rio de Janeiro: Casa de Rui Barbosa, 1949.

ANAIS DO I CONGRESSO DA LÍNGUA NACIONAL CANTADA. São Paulo: Departamento de Cultura, 1938.

ANAIS DO I CONGRESSO BRASILEIRO DE LÍNGUA FALADA NO TEATRO. Rio de Janeiro: Ministério da Educação e Cultura/INL, 1958.

ANCHIETA, Joseph de. *Arte de gramática da lingoa mais usada na costa do Brazil*. Ed. facsmilar da Biblioteca Nacional do Rio de Janeiro. Rio de Janeiro: Imprensa Nacional, 1933.

_____. *Informações, fragmentos históricos e sermões do padre Joseph de Anchieta*. Rio de Janeiro: 1933.

_____. Auto representado na festa de S. Lourenço. Peça trilíngue do século XVI, transcrita, comentada e traduzida na parte tupi por M. L. de Paula Martins. In: Museu Paulista. Boletim I, Documentação Linguística I, Ano I. São Paulo: 1948, p. 22.

ANDRADE, Manuel Correia de. *A Guerra dos Cabanos*. Rio de Janeiro: Conquista, 1965.

_____. *A Revolução de 1930: da República Velha ao Estado Novo*. 2. ed. Porto Alegre: Mercado Aberto, 1988.

ANDRADE, Oswald de. *Obras completas*. 3. ed. Rio de Janeiro: INL/Civilização Brasileira, 1972.

ANDRADE FILHO, Sílvio Vieira de. *Um estudo sociolinguístico das comunidades negras do Cafundó, do antigo Caxambu e de seus arredores.* Sorocaba: Secretaria de Educação e Cultura, 2000.

ANJOS, Augusto dos. *Eu e outras poesias.* 21. ed. Texto e notas de Antonio Houaiss. Notas biográficas de Francisco de Assis Barbosa. Rio de Janeiro: São José, 1971.

ANTONIL, André João (João Antonio Andreoni, S.J.). *Cultura e opulência do Brasil.* São Paulo: Melhoramentos, 1923.

AQUINO, Rubim; VIEIRA, Fernando; AGOSTINO, Carlos Gilberto Werneck; ROEDEL, Hiram. *Sociedade brasileira: uma história. Através dos movimentos sociais.* Rio de Janeiro: Record, 1999.

AQUINO, Rubim S. Leão; MENDES, Francisco R.; MAEGELI, Lúcia Maria de B.; CECOM, Cláudio. *Brasil, uma história popular.* Rio de Janeiro: Record, 2003.

ARAÚJO, Emanoel (org.). *Para nunca esquecer: negras memórias de negros/memórias de negros.* Rio de Janeiro: Museu Histórico Nacional, 2002.

ARBEX JR., José e SENISE, Maria Helena Valente. *Cinco séculos de Brasil.* São Paulo: Moderna, 1998.

ARMITAGE, João. *História do Brasil.* Rio de Janeiro: Edições de Ouro, 1995.

ARROYO, Leonardo. *Pero Vaz de Caminha — Carta a el-rey D. Manuel.* São Paulo: Dominus, 1963.

ARQUIVO HISTÓRICO DO RIO GRANDE DO SUL. *Coletânea de documentos de Bento Gonçalves da Silva 1835-1845.* Porto Alegre: Comissão Executiva do Sesquicentenário da Revolução Farroupilha, Subcomissão de Publicações e Concursos, 1985.

ASSALIM, Clarice. *A conservação das marcas gramaticais arcaicas em manuscritos e impressos do português do século XVII: ortografia e nexos de coordenação nos textos seiscentistas brasileiros,* v. 1. São Paulo: USP, 2007.

AUTOS de devassa do levantamento e sedição intentados na Bahia em 1798. Salvador: Imprensa Oficial, 1961.

AUTOS de devassa da Inconfidência Mineira. 2. ed. Rio de Janeiro: Biblioteca Nacional, 1936-1938.

AUTOS da devassa: prisão dos letrados do Rio de Janeiro, 1794. Niterói: Arquivo Público do Estado do Rio de Janeiro. Rio de Janeiro: Eduerj, 1994.

AZEREDO, José Carlos de (org.). *Língua portuguesa em debate.* Petrópolis: Vozes, 2000.

AZEVEDO, Aluísio. *O homem.* Rio de Janeiro: Typ. de Adolpho de Castro Silva & Cia., 1887.

_____. *O cortiço.* Rio de Janeiro: Garnier, 1890.

AZEVEDO FILHO, Leodegário (org.). *Brasil, 500 anos de língua portuguesa*. Rio de Janeiro: Ágora da Ilha, 2000.

AZEVEDO, Manuel Antônio Álvares de. *Obras*. 2. ed. Rio de Janeiro: Garnier, 1862.

BAIÃO, António. *Os sete únicos documentos de 1500, conservado em Lisboa, referentes à viagem de Cabral*. Lisboa: 1940.

BAGNO, Marcos. *Português ou brasileiro? Um convite à pesquisa*. São Paulo: Parábola Editorial, 2001.

BARBADINHO NETO, Raimundo. *Sobre a norma literária do modernismo*. Rio de Janeiro: Ao Livro Técnico, 1977.

———. *Tendências e constâncias da língua do modernismo*. Rio de Janeiro: Acadêmica, 1972.

BARBOSA, Domingos Caldas. *Viola de Lereno: Colleção de suas cantigas, offerecidas aos seus amigos*, v. 1. Lisboa: Na Officina Nunesiana, 1798. LIMA SOBRINHO, Alexandre José. *Língua portuguesa e a unidade do Brasil*. Rio de Janeiro: José Olympio, 1958.

BAUMAN, Zigmunt. *Globalização: as consequências humanas*. Rio de Janeiro: Jorge Zahar, 1998.

———. *Modernidade e ambivalência*. Rio de Janeiro: Jorge Zahar, 1999.

BARROS, Edgard Luiz de. *O Brasil de 1945 a 1964*. São Paulo: Contexto, 1990.

BEAUREPAIRE-ROHAN, Henrique Pedro Carlos de. *Dicionário de vocábulos brasileiros*. Salvador: Progresso Editora, 1956.

BECHARA, Evanildo. *As fases históricas da língua portuguesa*. Mimeo. Tese de concurso para Professor Titular de Língua Portuguesa da Universidade Federal Fluminense. Niterói: 1985.

———. *Moderna gramática da língua portuguesa*. 37. ed. rev. e ampl. Rio de Janeiro: Lucerna, 1999.

———. *Ensino de gramática: opressão? Liberdade?* São Paulo: Ática, 1985.

———. *A nova ortografia*. Rio de Janeiro: Nova Fronteira, 2008.

BELLO, José Maria de Albuquerque. *História da República (1889-1930)*. Rio de Janeiro: Simões, 1940.

BENEVIDES, Maria Victória de Mesquita. *O governo Jânio Quadros*. 3. ed. São Paulo: Brasiliense, 1985.

BERNARDET, Jean-Claude. *Guerra camponesa no Contestado*. São Paulo: Global, 1979.

BESSA, Luís Carlos. *O modernismo brasileiro e a língua portuguesa*. Rio de Janeiro: Fundação Getulio Vargas, 1966.

BETHELL, Leslie. *A abolição do tráfico de escravos no Brasil: a Grão Bretanha, o Brasil e a questão do tráfico de escravos. 1807-1869.* Rio de Janeiro: Expressão e Cultura/Edusp, 1976.

BILAC, Olavo. *Poesias.* 3. ed. Rio de Janeiro: Garnier, 1905.

_____. *Poesias.* Rio de Janeiro: Francisco Alves, 1922.

BLINKENBERG, Andreas. *Da necessidade de uma gramática-padrão da língua portuguesa.* São Paulo: Ática, 1983.

BORBA, Francisco da Silva. *Dicionário de usos do portuguêss do Brasil.* São Paulo: Ática, 2002.

BOURDIEU, Pierre. *Sur la télévision.* 17. ed. Paris: Raisons d'Agir Éditions, 1998.

_____. *A economia das trocas linguísticas.* São Paulo: Edusp, 1996.

BOXER, C. R. *Relações raciais no império colonial português.* Rio de Janeiro: Tempo Brasileiro, 1967.

BOSI, Alfredo. *História concisa da literatura brasileira.* 37. ed. São Paulo: Cultrix, 1999.

_____. *Dialética da colonização.* São Paulo: Companhia das Letras, 1992.

_____. *Entre a literatura e a história.* São Paulo. Editora 34, 2013.

BRAGA, Rubem. *Pequena antologia do Braga.* Seleção de Domicio Proença Filho. 2. ed. Rio de Janeiro: Record, 1998.

BRANDÃO, Ambrósio Fernandes. *Diálogos das grandezas do Brasil.* Ed. da Academia Brasileira de Letras, corr. e ampl. Com numerosas notas de Rodolfo Garcia e introdução de Jaime Cortesão. Edições Dois Mundos, s.d.

BRASIL — MINISTÉRIO DA EDUCAÇÃO E CULTURA. *Anais do Primeiro Congresso Brasileiro de Língua Falada no Teatro.* Rio de Janeiro: 1958.

BRASIL — MINISTÉRIO DA EDUCAÇÃO E DO DESPORTO. Secretaria de Educação Fundamental. *Parâmetros curriculares nacionais. Terceiro e quarto ciclos do ensino fundamental. Português. Versão preliminar para discussão nacional.* Brasília: 1997.

BUENO, Eduardo. *A viagem do descobrimento. A verdadeira história da expedição de Cabral.* Rio de Janeiro: Objetiva, 1998.

_____. *Capitães do Brasil. A saga dos primeiros colonizadores.* Rio de Janeiro: Objetiva, 1999.

_____. *História concisa da literatura brasileira.* 32. ed. rev. e ampl. São Paulo: Cultrix, 1995.

_____. *Náufragos, traficantes e degredados.* Rio de Janeiro: Objetiva, 1998.

CALAGE, Roque. *Vocabulário gaúcho, contendo mais de 2000 termos usados no liguajar rio-grandense.* Porto Alegre: Livraria O Globo, Barcelos Bertaso & Cia., 1926.

CALDEIRA, Jorge. *História do Brasil com empreendedores*. São Paulo: Malemluco, 2009.

CALDEIRA, Jorge; CARVALHO, Flávio; FIARC, Cláudio de. *Viagem pela história do Brasil*. São Paulo: Companhia das Letras, 1997.

CALLOU, Dinah (org.). *A linguagem falada culta no Rio de Janeiro: materiais para seu estudo*. Rio de Janeiro: UFRJ, 1991.

CALLOU, Dinah e DUARTE, Maria Eugênia Lamoglia (orgs.). *Para a história do português brasileiro*. Rio de Janeiro: Faperj/UFRJ, 2002.

CALMON, Pedro. *História do Brasil*, v. 2. Rio de Janeiro: José Olympio, 1959.

_____. *História da civilização brasileira*. São Paulo: Companhia Editora Nacional, 1958.

_____. *História social do Brasil*, v. 1: *Espírito da sociedade colonial*. 2. ed. São Paulo: 1937.

_____. *História do Brasil na poesia do povo*. Rio de Janeiro: A Noite, s.d.

CALVET, Louis-Jean. *Les marches au langues. Les effets linguistiques de la mondialisation*. Paris: Plon, 2002.

CÂMARA JR., Joaquim Mattoso. *Dicionário de filologia e gramática referente à língua portuguesa*. 2. ed. Rio de Janeiro: J. Ozon, 1964.

_____. *História e estrutura da língua portuguesa*. Rio de Janeiro: Padrão/Prolivro, 1975.

_____. *Para o estudo da fonêmica portuguesa*. Rio de Janeiro: Padrão, 1977 (1953).

_____. *Introdução às línguas indígenas brasileiras*. 2. ed. Rio de Janeiro: Acadêmica, 1965.

_____. *Princípios de linguística geral*. 3. ed. rev. e ampl. Rio de Janeiro: Livraria Acadêmica, 1959.

CAMARGO, Ana Maria de Almeida. O descobrimento do Brasil através de textos (edições críticas comentadas). In: *Revista de História* 66, abr.-jun. São Paulo: 1966.

CAMINHA, Adolpho. *Bom-Crioulo*. Rio de Janeiro: Domingos de Magalhães Editor, 1895.

CAMÕES, Luís de. *Os Lusíadas*. In: _____. *Obra completa*. Rio de Janeiro: José Aguilar, 1963.

CAMPOS, Roberto. *Lanterna de popa*. Rio de Janeiro: Topbooks, 1994.

CANDIDO, Antonio. *Formação da literatura brasileira. Momentos decisivos. 1750-1880*. 10. ed. rev. pelo autor. Rio de Janeiro: Academia Brasileira de Letras/Ouro sobre Azul. 2006.

CARDIM, Fernão. *Tratados da terra e da gente do Brasil*. Intr. e notas de Batista Caetano, Capistrano de Abreu e Rodolfo Garcia. 2. ed. São Paulo: Nacional, 1939.

CARDOSO, Ciro Flamarion (org.). *Escravidão e abolição no Brasil: novas perspectivas.* Rio de Janeiro: Zahar, 1988.

CARDOSO, Fernando Henrique. *Pensadores que inventaram o Brasil.* São Paulo: Companhia das Letras, 2013.

CARDOSO, Suzana Alice; MOTA, Jacyra; SILVA, Rosa Virgínia Mattos e (orgs.). *Quinhentos anos de história linguística do Brasil.* Salvador: Secretaria de Cultura e Turismo do Estado da Bahia, 2006.

CARDOSO, Suzana Alice Marcelino da Silva; MOTA, Jacyra Andrade; AGUILERA, Vanderci de Andrade; ARAGÃO, Maria do Socorro Silva de. *Atlas linguístico do Brasil,* v. 1 e 2. Londrina: Eduel, 2014.

CARENO, Mary Francisca. *Vale do Ribeiro: a voz e a vez das comunidades negras.* São Paulo: Editora Arte e Ciência, 1997.

CARONE, Edgard. *A primeira República: texto e contexto.* São Paulo: Difusão Europeia do Livro, 1969.

_____. *A República Nova (1930-1937).* São Paulo: Difel, 1974.

_____. *O tenentismo: acontecimentos, personagens, programas.* São Paulo: Difel, 1975.

_____. *Revoluções do Brasil contemporâneo. 1922/1938.* 4. ed. São Paulo: Ática, 1989.

_____. *Brasil: anos de crise, 1930-1945.* São Paulo: Ática, 1991.

CARVALHO, Filipe Nunes. Do descobrimento à União Ibérica. In: JOHNSON, Harold e SILVA, Maria Beatriz Nizza da. *Nova história da expansão portuguesa. O império luso-brasileiro (1500-1620).* Lisboa: Estampa, 1992.

CARVALHO, J. G. Herculano. *Teoria da linguagem, 2. V.* Coimbra: Coimbra Editora, 1983.

CARVALHO, Joaquim Barradas de. *À la recherche de la specifité de la Renaissance portugaise. L'Esmeraldo de situ orbe de Duarte Pacheco de Oliveira et la littérature portugaise de voyages à l'époque des Grandes Découvertes.* 2 v. Paris: Fondation Calouste Gulbenkian, 1983.

CARVALHO, José Murilo de. *A construção da ordem: a elite política imperial.* Rio de Janeiro: Campus, 1980.

_____. *Os bestializados: o Rio de Janeiro e a República que não foi.* 3. ed. São Paulo: Companhia das Letras, 1987.

_____. *Teatro das sombras: a política imperial.* Rio de Janeiro: Vértice, 1988.

_____. *Dom Pedro II.* São Paulo: Companhia das Letras, 2007.

CARVALHO, José Murilo de (coord.). *História do Brasil Nação — 1808-2010,* v. 2, *A construção nacional — 1830-1889.* Rio de Janeiro: Objetiva, 2012.

CARVALHO, José Murilo; BASTOS, Lúcia; BASILE, Marcelo (orgs.). *Às armas, cidadãos! Panfletos manuscritos da Independência do Brasil (1820-1821)*. São Paulo: Companhia das Letras; Belo Horizonte: Editora UFMG, 2012.

CARVALHO, José Murilo de; BASTOS, Lúcia; BASILE, Marcello (orgs). *Guerra literária: panfletos da independência (1820-1823)*. Belo Horizonte: Editora UFMG, 2014.

_____. *História da literatura*. dit. Álvaro Lins. Literatura Oral. Rio de Janeiro: José Olympio, 1954.

CARVALHO, Laerte Ramos de. *As reformas portuguesas na educação*. São Paulo: 1978.

CASA DE RUI BARBOSA. *Anais do Congresso Brasileiro de Língua Vernácula*. 2 v. Rio de Janeiro, 1957.

CASAGRANDE, Nancy dos Santos. *A implantação da língua portuguesa no Brasil no século XVI*. São Paulo: Editora PUC-SP/EDUC, 2005.

CASCUDO, Luís da Câmara. *Contos tradicionais do Brasil*. Belo Horizonte: Itatiaia; São Paulo: EDUSP, 1986.

CASSIANO RICARDO. *Martim Cererê: o Brasil dos meninos, dos poetas e dos heróis*. Ed. crítica org. por Marlene Gomes Mendes; Deila Peres e Jayro José Xavier. Rio de Janeiro: Antares; Brasília: INL, 1987.

CASTELLO, José Aderaldo. *A literatura brasileira. Origens e unidade (1500-1960)*. 3 v. São Paulo: Edusp, 1999.

_____. *Manifestações literárias da era colonial*. São Paulo: Cultrix, 1967.

_____. *O movimento academicista no Brasil*. 1641-1822. 10 v. São Paulo: Conselho Estadual de Cultura, 1969.

CASTILHO, Ataliba Teixeira (org.). *Para a história do português brasileiro*, v. 1. São Paulo: Humanitas USP/Fapesp, 1998.

_____. *A língua falada no ensino de português*. 3. ed. São Paulo: Contexto, 2000.

_____. *A hora e a vez do português brasileiro*. Disponível em: <www.estacaodaluz. org.br>.

CASTRO, Ariel. *A língua do Brasil*. Rio de Janeiro: Galo Branco, 2000.

_____. *Etapas da história cultural do Brasil. Povo, literatura, língua*. Rio de Janeiro: Galo Branco, 2000.

_____. *Américo America! Decifrando enigmas da vida e da obra de Amércio Vespúcio*. Venezia: Centro Internazionalle dellla Grafica di Venezia: Navona Editora, 2008.

CASTRO, Claudio de Moura. *Educação na era da informação: o que funciona e o que não funciona*. Rio de Janeiro: Banco Interamericano de Desenvolvimento: UniverCidade, 2001.

CASTRO, Sílvio. *A carta de Pero Vaz de Caminha*. Porto Alegre: L&PM, 1966.

CASTRO, Therezinha. *História documental brasileira*. Rio de Janeiro: Record, 1975.

CASTRO, Yeda Pessoa de. *Falares africanos na Bahia*. Rio de Janeiro. 3. ed. Academia Brasileira de Letras/Topbooks, 2005.

_____. *Os falares africanos na interação social do Brasil-Colônia*. Salvador, UFBA, 1980.

_____. *Acolhendo as línguas africanas. Conferência de abertura, VI SIALA*. Universidade Federal de Minas Gerais, 2016.

CONRAD, Robert. *Os últimos anos da escravatura no Brasil*. Rio de Janeiro: Civilização Brasileira, 1975.

CONTIER, Arnaldo. O descobrimento do Brasil através dos textos. Edições críticas e comentadas. In: *Revista de História* 67, jul.-set. São Paulo: 1967.

CORTESÃO, Jaime. *A carta de Pero Vaz de Caminha*. 2. ed. Lisboa: Portugália, 1967.

_____. *A colonização do Brasil*. Lisboa: Portugália, 1969.

_____. *Introdução à história das Bandeiras*. Lisboa: Horizonte, 1964.

COSERIU, Eugenio. *Sincronia, diacronia e história: o problema da mudança linguística*. Rio de Janeiro: Presença; São Paulo: Edusp, 1979.

_____. *Teoria del lenguaje y lingüística general*. 2. ed. Madri: Gredos, 1959.

_____. *Lições de linguística geral*. Trad. de Evanildo Bechara. Rio de Janeiro: Ao Livro Técnico, 1980.

_____. *Introducción a la lingüística*. Madri: Gredos, 1986.

_____. *Competencia lingüística*. Madri: Gredos, 1992.

_____. *Sincronia, diacronía e historia*. 2. ed. rev. e corr. Madri: Gredos, 1973.

COSTA, Angela Marques da e SCHWARCZ, Lilia Moritz. *1890-1914: no tempo das incertezas*. São Paulo: Companhia das Letras, 2000.

COSTA, Emília Viotti da. *Da senzala à colônia*. 2. ed. São Paulo: Ciências Humanas, 1982.

_____. *Da Monarquia à República: momentos decisivos*. 7. ed. São Paulo: Fundação Editora da Unesp, 1999.

COSTA, Hipólito José da. *Correio Braziliense ou Armazém Literário. De junho de 1808*. Ed. fac-silmilar. São Paulo: Imprensa Oficial do Estado; Brasília: *Correio Braziliense*, 2001.

COSTA, Lúcio. *Brasília, cidade que inventei*. Relatório do Plano Piloto de Brasília elaborado pelo _____, COOEPLAN, DEPHA, 1991.

COUTO, Hildo Honório do. *Anticrioulo*. Brasília: Thesaurus, 2002.

COUTO, Ronaldo Costa. *História indiscreta da ditadura e da abertura: Brasil, 1964-1985*. 3. ed. Rio de Janeiro: Record, 1999.

CRUZ E SOUSA, João da. *Broquéis*. Rio de Janeiro: Magalhães & Cia. Editores, 1893.

CUNHA, Antônio Geraldo. *Dicionário histórico das palavras portuguesas de origem tupi*. São Paulo: Melhoramentos; Brasília: INL, 1978.

CUNHA, Celso. *A questão da norma culta brasileira*. Rio de Janeiro: Tempo Brasileiro, 1985.

_____. *Gramática do português contemporâneo*. Belo Horizonte: Bernardo Álvares, 1970.

_____. *Língua portuguesa e realidade brasileira*. Rio de Janeiro: Tempo Brasileiro, 1968.

_____. *Língua, nação, alienação*. Rio de Janeiro: Nova Fronteira, 1981.

_____. *Que é um brasileirismo*. Rio de Janeiro: Tempo Brasileiro, 1987.

_____. *O ensino de português*. Rio de Janeiro: MEC — Serviço de Documentação, 1954.

_____. *Uma política do idioma*. Rio de Janeiro: São José, 1964.

CUNHA, Celso e CINTRA, Luís Filipe Lindley. *Nova gramática do português contemporâneo*. 3. ed. Rio de Janeiro: Nova Fronteira, 2001.

CUNHA, Euclides da. *Os sertões. Campanha de Canudos*. Rio de Janeiro: Laemmert & Cia., 1902.

D'ARAÚJO, Maria Celina. *O Estado Novo*. Rio de Janeiro: Zahar, 2000.

_____. *As instituições brasileiras da era Vargas*. Rio de Janeiro: Eduerj/FGC, 1999.

_____. *O descobrimento das Índias. Diário de Álvaro Velho*. Rio de Janeiro: Objetiva, 1998.

DIAS, Antônio Gonçalves. *Os Tymbiras. Poema americano*. Leipzig: F. A. Brockhaus, 1857.

_____. *Meditação*. Rio de Janeiro: H. Garnier, 1909.

_____. *Cantos*. 5. ed. Leipzig: F. A. Brockhaus, 1877.

DIAS, Carlos Malheiro. *História da colonização portuguesa*. Porto: Litografia Nacional, 1926.

DIAS, Pedro. *Arte da língua de Angola*. Ed. fac-similar. Rio de Janeiro: Fundação Biblioteca Nacional, 2006.

DIEGUES JR., Manuel (org.). *História da cultura brasileira*. Rio de Janeiro: CRC, 1973.

_____. *Etnias e culturas do Brasil*. Rio de Janeiro: Biblioteca do Exército, 1980.

DIETRICH, Wolf. *Bibliografia da língua portuguesa do Brasil*. Tübingen: Gunter Narr, 1980.

DINARTE, Silvio (pseudônimo de Alfredo Maria Adriano d'Escragnolle Taunay). *Innocencia*. 2. ed. Rio de Janeiro: G. Leuzinger e Filhos, 1884.

ELIA, Sílvio. *A unidade linguística do Brasil. Condicionamentos geoeconômicos.* Rio de Janeiro: Padrão, 1979.

————. *Fundamentos histórico-linguísticos do português do Brasil.* Rio de Janeiro: Lucerna, 2003.

————. *O problema da língua brasileira.* Rio de Janeiro: Pongetti, 1984.

————. *Ensaios de filologia e linguística.* 2. ed. Rio de Janeiro: Grifo/MEC, 1975.

————. *A língua portuguesa no mundo.* 2. ed. São Paulo: Ática, 2000.

ENNES, Ernesto. *As guerras dos Palmares.* São Paulo: Companhia Editora Nacional, 1938.

FACHIN, Phablo. O português da chibata. In: *Língua portuguesa.* Editora Segmento, Ano I, n. 2, 2005.

FAORO, Raymundo. *Os donos do poder.* Porto Alegre: Globo, 1975.

FAUSTO, Boris. *História do Brasil.* 2. ed. São Paulo: Edusp/Fundação do Desenvolvimento da Educação, 1995.

————. *Trabalho urbano e conflito social.* São Paulo: Difel, 1977.

————. *História concisa do Brasil.* 2. ed. São Paulo: Edusp, 2006.

FEATHERSTONE, Mike. *O desmanche da cultura: globalização, pós-modernismo e identidade.* São Paulo: Studio Nobel/SESC, 1977.

FALEIROS, Vicente de Paula; NUNES, Seleme; FLEURY, Sônia. *A era FHC e o governo Lula: transição?.* Brasília: Instituto de Estudos Socioeconômicos, 2004.

FEIJÓ, Luiz César Saraiva. *A linguagem dos esportes de massa e a gíria no futebol.* Rio de Janeiro: Tempo Brasileiro, 1994.

FERNANDES, Florestan. *Mudanças sociais no Brasil.* 2. ed. São Paulo: Difel, 1960.

————. *O negro no mundo dos brancos.* São Paulo: Difusão Europeia do Livro, 1972.

FERREIRA, Carlota da Silveira. *Remanescentes de um falar crioulo brasileiro. Diversidade do português do Brasil. Estudos de dialetologia rural e outros.* Salvador: Centro Editorial e Didático da UFBA, 1994.

FERREIRA, Carlota da Silveira. *Remanescentes de um falar crioulo brasileiro. (Helvétia — Bahia).* Comunicação apresentada ao II Congresso Interamericano da ALFAL. São Paulo, 3-8 jan. 1969. Texto policopiado.

FERREIRA, Carlota e CARDOSO, Suzana. *A dialetologia no Brasil.* São Paulo: Contexto, 1984.

FERREIRA, Carlota; MOTA, Jacyra; ANDRADE, Nadja; SILVA, Myriam; SILVA, Rosa Virginia; CARDOSO, Suzana; ROLLEMBERG, Vera; FREITAS, Judith. *Diversidade do português do Brasil.* Salvador: EdUFBa, 1984.

FERREIRA, Jorge e DELGADO, Lucilia de Almeida Neves (orgs.). *O Brasil republicano: o tempo da ditadura.* 2. ed. rev. Rio de Janeiro: Civilização Brasileira, 2007.

FERRONHA, Antônio Luís (coord.). *Atlas da língua portuguesa na História e no mundo.* Lisboa: Imprensa Nacional – Casa da Moeda; Comissão Nacional para as Comemorações dos Descobrimentos Portugueses; União Latina, 1992.

FICO, Carlos e POLITO, Ronald. *A história no Brasil (1980-1989). Elementos para uma avaliação histórica.* Ouro Preto: UFOP, 1992.

FIGUEIREDO, Luciano. *Rebeliões no Brasil Colônia.* Rio de Janeiro: Jorge Zahar Editor, 2005.

FLEXOR, Maria Helena. *Abreviaturas: manuscritos do século XVI ao XIX.* São Paulo: Unesp/Arquivo do Estado, 1991.

FLORES, Moacyr. *Dicionário da história do Brasil.* Porto Alegre: PUC-RS, 1996.

FOLHA DE S.PAULO. Suplemento Mais! São Paulo, 10 mar. 2002.

FONTA, Sérgio (org.). *O esplendor da comédia e o esboço das ideias: dramaturgia brasileira dos anos 1910 a 1930.* Rio de Janeiro: MINC-Funarte, 2010.

FONTANA, Ricardo. *O Brasil de Américo Vespúcio.* Brasília: UNB/Linha Gráfica, 1995.

FORTES, Herbert Parente. *A questão da língua brasileira.* Rio de Janeiro: GDR, 1968.

FRANÇA JUNIOR. *Cahio o Ministerio! Comedia Original de Costumes em três actos.* Rio de Jnaeiro: Livraria Popular de A. A. da Cruz Coutinho, 1883.

FREITAS, Décio. *Palmares: a guerra dos escravos.* Rio de Janeiro: Graal, 1982.

_____. *A guerra dos escravos.* Porto Alegre: Movimento, 1973.

FREYRE, Gilberto. *Casa-grande e senzala.* Edição crítica. Coord. de Guillermo Giucci, Enrique Rodríguez Larreta e Edson Nery da Fonseca. Madri, Barcelona, Havana, Lisboa, Paris, México, Buenos Aires, São Paulo, Lima, Guatemala, San José: ALLCA XX, 2002.

_____. *Sobrados e mocambos.* 6. ed. Rio de Janeiro; José Olympio, 1981.

FRY, Peter e VOGT, Carlos. *Cafundó a África no Brasil: linguagem e sociedade.* São Paulo: Companhia das Letras, 1996.

FURTADO, Celso. *Desenvolvimento e subdesenvolvimento.* Rio de Janeiro: Fundo de Cultura, 1961.

_____. *Formação econômica do Brasil.* Rio de Janeiro: Fundo de Cultura, 1959.

FURTADO, João Pinto. *O manto de Penélope: história, mito e memória da Inconfidência Mineira de 1788-9.* São Paulo: Companhia das Letras, 2002.

GALVES, C. *Ensaio sobre as gramáticas do português.* Campinas: Editora da Unicamp, 2001.

AMA, José Basílio da. *O Uraguay.* Lisboa: Na Regia Officina Typogrrafica, 1769.

GÂNDAVO, Pero de Magalhães. *Tratado da Terra do Brasil. História da Província de Santa Cruz.* Belo Horizonte: Itatiaia, 1980.

_____· *História da província de Santa Cruz a que vulgarmente chamamos Brasil.* Ed. fac-similar. Lisboa: Biblioteca Nacional, 1984.

_____· *Regras que ensinam a maneira de escrever a orthografia da língua portuguesa; com um diálogo que adiante se segue em defensam da mesma lingua.* Lisboa: Officina de Atnonio Gonsalvez, 1574.

_____· *A primeira história do Brasil: história da província de Santa Cruz a que vulgarmente chamamos Brasil.* Modernização do texto original de 1576 e notas, Sheila Moura Hue e Ronaldo Menegaz; revisão das notas botânicas e zoológicas, Ângelo Augusto dos Santos; prefácio, Cleonice Beradinelli. 2. ed. Rio de Janeiro: Jorge Zahar Editor, 2004.

GASPARI, Elio. *A ditadura envegonhada*, v. 1. São Paulo: Companhia das Letras, 2002.

_____·*A ditadura escancarada*, v. 2. São Paulo: Companhia das Letras, 2002.

_____·*A ditadura derrotada*, v. 3. São Paulo: Companhia das Letras, 2003.

_____·*A ditadura encurralada*, v. 4. São Paulo: Companhia das Letras, 2004.

GUERRA DA CAL, Ernesto. *Língua e estilo em Eça de Queirós.* Lisboa: Aster [s.d].

GUIMARÃES, Bernardo. *A escrava Isaura.* 3 ed. Rio de Janeiro: Garnier, 1956.

_____·*Lendas e romances.* Nova ed. Paris: H. Garnier, 1900.

GUIMARÃES, E. *História da semântica. Sujeito, sentido e gramática no Brasil.* Campinas: Pontes, 2004.

GHIRALDELLI JR., Paulo. *História da educação.* 2. ed. rev. São Paulo: Cortez, 1994.

GOMES, Angela de Castro (coord.). *História do Brasil Nação — 1808-2010*, v. 4, *Olhando para dentro — 1930-1964.* Rio de Janeiro: Objetiva, 2013.

GOMES, Flávio dos Santos. *Histórias de quilombolas: mocambos e comunidades de senzalas no Rio de Janeiro, séc. XIX.* São Paulo: Companhia das Letras, 2006.

GONZAGA, Adhemar e SALLES, Paulo Emílio. *70 anos de cinema brasileiro.* Rio de Janeiro: Expressão e Cultura, 1996.

GONZAGA, Tomás Antonio. *Marilia de Dirceu.* 2. ed. Lisboa: A Editora, s.d.

GOULART, José Alípio. *Tropas e tropeiros na formação do Brasil.* Rio de Janeiro: Conquista, 1961.

GOULART, Maurício. *Escravidão africana no Brasil, das origens à extinção do tráfico.* São Paulo: Martins, 1949.

GROSSE, Sybille e ZIMMERMAN, Klaus (orgs.). *Substandard e mudança no português do Brasil.* Frankfurt am Mein: TFM, 1998.

GUEDES, Max Justo. *O descobrimento do Brasil.* Rio de Janeiro: 1966.

GUIMARÃES, Bernardo. *O seminarista.* 4. ed. São Paulo: Ática, 1976.

_____. *A ilha maldita. O pão de ouro.* Rio de Janeiro: Garnier, 1879.

GUIMARÃES, Eduardo e PUCCINELLI, Orlandi. *Língua e cidadania: o português do Brasil.* Campinas: Pontes, 1996.

GUY, Gregory R. *On the nature and origins of vernacular Brazilian Portuguese.* In: Estudios sobre español de America y linguística afroamericana. Bogotá: Instituto Caro y Cuervo, 1989, p. 226-244.

HAIDAR, Maria de Lourdes. *O ensino secundário no império brasileiro.* São Paulo: Edusp/Grijalbo, 1972.

HOLLANDA, Sérgio Buarque de. *Raízes do Brasil.* Org. Pedro Meira Monteiro, Lilia Moritz Schwarcz; estabelecimento do texto e notas Maurício Acuña e Marcelo Diego. São Paulo: Companhia das Letras, 2016.

_____. *Visão do Paraíso. Os motivos edênicos no descobrimento e colonização do Brasil.* São Paulo: Nacional, 1969.

_____. *Visão do Paraíso. Os motivos edênicos no descobrimento e colonização do Brasil.* 6. ed. São Paulo: Brasiliense, 1996.

_____. *Capítulos de história colonial.* São Paulo: Brasiliense, 1991.

HOLLANDA, Sérgio Buarque de (coord.). *História geral da civilização brasileira.* São Paulo: Difusão Europeia do Livro, 1960.

HOLM, J. *Popular Brazilian Portuguese: a semicreole.* In: D'ANDRADE, Ernesto; KIHM, Alain (orgs.). *Actas do colóquio sobre crioulos de base lexical portuguesa.* Lisboa: Colibri, p. 37-66.

HOUAISS, Antônio. *A crise de nossa língua de cultura.* Rio de Janeiro: Tempo Brasileiro, 1983.

HOUAISS, Antônio. *O português do Brasil.* 3. ed. Rio de Janeiro: Revan, 1992.

_____. *O português no Brasil.* 3. ed. Rio de Janeiro: Revan, 1992.

_____. *O que é língua?* São Paulo: Brasiliense, 1990.

_____. *Tentativa de descrição do sistema vocálico do português culto na área dita carioca.* Rio de Janeiro: Departamento de Imprensa Nacional, 1959.

HUTTER, Lucy M. *Imigração italiana em São Paulo(1880-1889).* São Paulo: Instituto de Estudos Brasileiros, 1972.

IGLÉSIAS, Francisco. *Trajetória política do Brasil: 1500-1964.* São Paulo: Companhia das Letras, 1993.

_____. *Historiadores do Brasil.* Rio de Janeiro: Nova Fronteira; Belo Horizonte: Editora UFMG, 2000.

JESUS, Maria Cecília de e ALVES, Maria das Dores. *Histórias que a Cecília contava.* Org. de Maria Selma Carvalho, José Murilo de Carvalho e Ana Emília de Carvalho. Belo Horizonte: Instituto Cultural Amilcar Martins/Editora UFMG, 2008.

JOHNSON, Harold e SILVA, Maria Beatriz Nizza da (coords.). *Nova história da expansão portuguesa*, v. 6, *Império luso-brasileiro*. Lisboa: Estampa, 1992.

Jornal do Commercio, n. 1. Rio de Janeiro, 1º out. 1827.

KLEIMAN, Ângela B. (org.). *Os significados do letramento: uma nova perspectiva sobre a prática social da escrita*. Campinas: Mercado de Letras, 1995.

LAMEIRA, Horácio de. *Dicionário popular paraibano*. João Pessoa: Ed. Universitária da UFPB, 1979.

LEITE, Serafim. *História da Companhia de Jesus no Brasil*. 10 v. Lisboa: Livraria Portugália; Rio de Janeiro: Civilização Brasileira, 1938-50.

LIMA, Ivana Stolze e CARMO, Laura do. *História social da língua nacional*. Rio de Janeiro: Edições da Casa de Rui Barbosa, 2008.

LIMA, Lana Lage. *Rebeldia negra e abolicionismo*. Rio de Janeiro: Achiamé, 1981.

LIMA, Manuel de Oliveira. *O Império brasileiro (1821-1889)*. Belo Horizonte: Itatiaia; São Paulo: Edusp, 1989.

_____. *D. João VI no Brasil*. 3. ed. Rio de Janeiro: Topbooks, 1996.

LIMA SOBRINHO, A. J. *A língua portuguesa e a unidade do Brasil*. Rio de Janeiro: José Olympio, 1977.

LINHARES, Maria Yeda Leite (org.). *História geral do Brasil*. 2. ed. Rio de Janeiro: Campus, 2000.

LOBO, Tânia. A questão da periodização da história linguística do Brasil. In: CASTRO, Ivo e DUARTE, Inês (orgs.). *Razões e emoção. Miscelânea em homenagem a Helena Mira Mateus*. Lisboa: Imprensa Nacional – Casa da Moeda, 2003.

LOPES, Eliane; FARIA FILHO, Luciano Mendes; VEIGA, Cyntia Greive (orgs.). *500 anos de educação no Brasil*. Belo Horizonte: Autêntica, 2000.

LOPES, Nei. *Bantos, malês e identidade negra*. Rio de Janeiro: Forense Universitária, 1988.

LOPEZ, ADRIANA e MOTA, Carlos Guilherme. *História do Brasil: uma interpretação*. São Paulo: Editora Senac São Paulo, 2008.

LORENZATO, João Roque. *Curiosidades vocabulares indígenas na cultura do Brasil*. São Paulo: Palavra e Prece, 2007.

LUFT, Celso Pedro. *Língua e liberdade. Por uma nova concepção da língua materna*. 6. ed. São Paulo: Ática, 1998.

LUSTOSA, Isabel. *O nascimento da imprensa brasileira*. Rio de Janeiro: Jorge Zahar Editor, 2003.

_____. *Insultos impressos: a guerra dos jornalistas na Independência*. São Paulo: Companhia das Letras, 2000.

MACEDO, Joaquim Manuel de. *Os doces amores*. Rio de Janeiro: Typographia do Correio Mercantil, 1848.

ASSIS, Joaquim Maria Machado de. *Esaú e Jacob*. Rio de Janeiro: Garnier, 1904.

_____. *Crítica*. Col. feita por Mário de Alencar. Rio de Janeiro: Garnier, s/d.

MAGALHAENS, D. J. Gonçalves. *Suspiros poéticos e saudades*. 3. ed. Rio de Janeiro: Garnier, 1865.

MARCHANT, Alexander. *Do escambo à escravidão*. São Paulo: Nacional, 1943.

MARIANI, Bethania. *Colonização linguística. Línguas, política e religião no Brasil (XVI a XVIII) e nos Estados Unidos da América (século XVIII)*. São Paulo: Pontes, 2004.

_____. A institucionalização da língua histórica e cidadania no Brasil do século XVIII. O papel das academias literárias e da política do marquês de Pombal. In: ORLANDI, E. P. (org.). *História das ideias linguísticas do Brasil*. Campinas: Unemat/Pontes, 2001.

MARROQUIM, Mário. *A língua do Nordeste (Alagoas e Pernambuco)*. São Paulo: Nacional, 1934.

MARQUILHAS, Rita. *Norma gráfica setecentista: do autógrafo ao impresso*. Lisboa: INIC, 1991.

MARTINS, Wilson. *História da inteligência brasileira*. 7 v. São Paulo: T. A. Queiroz, 1992.

_____. *História da inteligência brasileira*. São Paulo: Cultrix/Universidade de São Paulo, 1977-78.

MATOS, Ilmar R. *História do Brasil Colônia*. Rio de Janeiro: Campus, s.d.

MATOS, Ilmar; DOTTORI, Ella; Werneck, J. Luís. *Brasil: uma história dinâmica*. São Paulo: Nacional, 1969.

MATOSO, Kátia. *Ser escravo no Brasil*. São Paulo: Brasiliense, 1982.

MAXWELL, Kenneth. *A devassa da devassa*. 2. ed. Rio de Janeiro: Paz e Terra, 1978.

_____. *A devassa da devassa. A Inconfidência Mineira: Brasil e Portugal, 1750-1808*. Rio de Janeiro: Paz e Terra, 1994.

MATOS, Gregório de. *Poemas escolhidos*. Sel., intr. e notas de José Miguel Wisnick. São Paulo: Cultrix, 1976.

MELATTI, Júlio César. *Índios do Brasil*. São Paulo: Edusp, 2007.

MELO, Gladstone Chaves de. *A língua do Brasil*. Rio de Janeiro: Fundação Getulio Vargas, 1971.

MELLO, Evaldo Cabral de. *A fronda dos mazombos: nobres contra mascates*. Pernambuco, 1666-1715. São Paulo: Companhia das Letras, 1995.

_____. *Nassau. Governador do Brasil holandês*. São Paulo: Companhia das Letras, 2006.

_____. *Tempo dos flamengos: influência da ocupação holandesa na vida e na cultura do Norte do Brasil*. Recife: Massangana, 1987.

_____. *A educação pela guerra*: leituras cruzadas de história colonial. São Paulo: Penguin Classics, Companhia das Letras, 2014.

_____. *O negócio do Brasil*. Portugal, os Países Baixos e o Nordeste – 1641-1669. Rio de Janeiro: Capivara, 2015.

MELO NETO, João Cabral de. *Morte e vida Severina*. Rio de Janeiro: Alfaguara, 2007.

SOUZA, Martim Afonso. *Memórias de Martim Afonso de Sousa*. São Paulo: Obelisco, 1964.

MENDES, Cândido. *Lula: a opção mais que o voto*. 5. ed. rev. e ampl. Rio de Janeiro: Garamond, 2003.

MENDONÇA, Carlos R. *500 anos de descobrimento: uma nova dialética*. Rio de Janeiro: Destaque, 1999.

MENDONÇA, Renato. *A influência africana no português do Brasil*. Rio de Janeiro: Sauer, 1933.

_____. *A influência africana no português no Brasil*. Apresentação de Alberto da Costa e Silva, prefácio de Yeda Pessoa de Castro. Brasília: FUNAG, 2012.

MERQUIOR, José Guilherme. *De Anchieta a Euclides*. Rio de Janeiro: José Olympio, 1977.

MONTEIRO, Clóvis. *Português da Europa e português da América. Aspectos da evolução do nosso idioma*. Rio de Janeiro: Livraria J. Leite, 1931.

MONTEIRO, John Manuel. *Negros da terra, índios e bandeirantes nas origens de São Paulo*. São Paulo: Companhia das Letras, 1995.

MOREL, Marco. *As transformações dos espaços públicos: imprensa, atores políticos e sociabilidades na cidade imperial (1820-1840)*. São Paulo: Hucitec, 2005.

MOTA, Carlos Guilherme (coord.). *Brasil em perspectiva*. São Paulo: Difel, 1966.

_____. *Ideologia da cultura brasileira. 1933-1974: pontos de partida para uma revisão histórica*. 3. ed. São Paulo: Ática, 1977.

MOTA, Carlos Guilherme e LOPEZ, Adriana. *História do Brasil: uma interpretação*. 4. ed. São Paulo: Editora 34, 2015.

MOURA, Clóvis. *O quilombo e a rebelião negra*. São Paulo: Brasiliense, 1986.

_____. *Rebeliões na senzala*. 3. ed. São Paulo: Livr. Ed. Ciências Humanas, 1938.

MUNIZ, Tânia Lobo. *Para a história do português brasileiro.*

MUSEU PAULISTA. *Boletim I.* Documentação linguística I. Ano I. São Paulo, 1948.

MUSSA, Alberto. O papel das línguas africanas na formação do português do Brasil. In: AZEREDO, José Carlos de (org.). *Língua portuguesa em debate: conhecimento e ensino.* Petrópolis: Vozes, 2000.

NARO, Anthony. *Estudos diacrônicos.* Petrópolis: Vozes, 1973.

NARO, Anthony e SCHERRE, Maria Marta Pereira. *Origens do português brasileiro.* São Paulo: Parábola, 2007.

NASCENTES, Antenor. *Dicionário etimológico da língua portuguesa.* Rio de Janeiro: Francisco Alves/Acadêmica/Livros de Portugal, 1952.

_____. *O linguajar carioca.* 2. ed. Rio de Janeiro: Simões, 1963.

NEVES, Maria Helena de Moura. *Gramática de usos do português.* São Paulo: Unesp, 2000.

NISKIER, Arnaldo. *Educação brasileira: 500 anos de história — 1500-2000.* 2. ed. Rio de Janeiro: Consultor, 1996.

NÓBREGA, Manuel da. *Cartas do Brasil (1549-1560).* Rio de Janeiro: Imprensa Nacional, 1886.

_____. *Cartas do Brasil e mais escritos do Pe. Manuel da Nóbrega (opera omnia).* Coimbra: Acta Universitatis Conimbrigensis, 1955.

NOLL, Volker. *O português brasileiro: formação e contrastes.* São Paulo: Globo, 2008.

NOVAES, Fernando A. *Portugal e Brasil na crise do antigo sistema colonial.* São Paulo: Hucitec, 1981.

NOVAES, Fernando A. (org.). *História da vida privada no Brasil,* v. 2. São Paulo: Companhia das Letras, 1997.

NUNES, Zeno Cardoso e NUNES, Rui Cardoso. *Dicionário de regionalismos do Rio Grande do Sul.* 7. ed. Porto Alegre: Martins Livreiro, 1996.

O ESPELHO. Revista semanal de literatura, modas, indústria e artes. Ed. fac-similar. Rio de Janeiro: Fundação Biblioteca Nacional, 2008.

OLIVEIRA, Alberto de. *Poesias.* Rio de Janeiro: Francisco Alves, 1912.

OLIVEIRA, Manuel Botelho. *Música do Parnaso.* Ilha de Maré. Rio de Janeiro: Anuário do Brasil, s.d.

ORLANDI, E. P. (org.). *História das ideias linguísticas no Brasil.* Campinas: Unemat/Pontes, 2001.

ORTIRWANO, Gisela Swetlana. *A informação no rádio. Os grupos de poder e a determinação dos conteúdos.* 3. ed. São Paulo: Summus, 1985.

ORTIZ, Renato; BORELLI, Sílvia Helena Simões; RAMSO, José Mário Ortiz. *Telenovela: história e produção.* 2. ed. São Paulo: Brasiliense, s.d.

O VASSOURENSE. Vassouras, 12 mai. 1859.

PAIVA, Manuel de Oliveira. *D. Guidinha do Poço*. Rio de Janeiro: Artuim, 1997.

PEREIRA, Merval. *O lulismo no poder*. Rio de Janeiro: Record, 2010.

PEREIRA, Paulo. *Os três únicos testemunhos do descobrimento do Brasil*. Rio de Janeiro: Lacerda, 1999.

PEREIRA, Sílvio Batista. *Vocabulário da carta de Pero Vaz de Caminha*. Rio de Janeiro: INL, 1964.

PERES, Damião. *História dos descobrimentos portugueses*. 4. ed. Porto: Vertente, 1992.

PEREIRA, Nuno Marques. *Compendio narrativo do peregrino da América*. Lisboa: Officina de de Antonio Vicente da Silva, 1710.

PERRONE-MOYSÉS, Leila. Vérité et fiction dans les prémières descriptions du Brésil. In: SEIXO, Maria Alzira (coord.). *A viagem na literatura*. Lisboa: Comissão Nacional para as Comemorações dos Descobrimentos Portugueses/ Europa-América, 1997.

PETTER, Margarida Maria Taddoni. Línguas africanas no Brasil. In: CARDOSO, Suzana Alice; MOTA, Jacyra; SILVA, Rosa Virgínia Mattos e (orgs.). *Quinhentos anos de história linguística do Brasil*. Salvador: Secretaria de Cultura e Turismo do Estado da Bahia, 2006.

PETTER, Margarida Maria Taddoni. A contribuição das comunidades afro-brasileiras rurais para a hisória do português brasileiro. In: *Territórios da língua portuguesa, culturas sociedades políticas*. Anais do IV Congresso Luso-Afro-Brasileiro de Ciências Sociais. Coord. De Gláucia Villas Boas, Rio de Janeiro: IFCS, 1998.

PFROMM NETO, Samuel; ROSAMILHA, Nelson; SIB, Cláudio Zaki. *O livro na educação*. Rio de Janeiro: Primor/INL, 1974.

PILETTI, Nelson. *Estrutura e funcionamento do ensino fundamental*. São Paulo: Ática, 1999.

PILETTI, Nelson e PILETTI, Claudino. *História da educação*. 5. ed. São Paulo: Ática, s.d.

PILOTO, Afonso Luiz e TEYXEYRA, Bento. *Naufrágio e Prosopopeia*. Recife: Universidade Federal de Pernambuco, 1969.

PINTO, Edith Pimentel (org.). *O português do Brasil. Textos críticos e teóricos*. São Paulo: Edusp, 1978.

_____. *A língua escrita no Brasil*. 2. ed. São Paulo: Ática, 1992.

PITA, Sebastião da Rocha. *História da América portuguesa*. Belo Horizonte: Itatiaia; São Paulo: Edusp, 1976.

POMPEIA, Raul. *O Atheneu*. Rio de Janeiro: Typ. da Gazeta de Notícias, 1888.

PONTES, E. *Tópico no português do Brasil*. Campinas: Pontes, 1997.

_____· *O português do Brasil. Textos críticos e teóricos*. Rio de Janeiro: Livro Técnico, 1979.

PORTELLA, Eduardo. Modernidade no vermelho. In: SACHS, Ignacy; WILHELM, Jorge; PINHEIRO, Paulo Sérgio (orgs.). *Brasil: um século de transformações*. São Paulo: Companhia das Letras, 2001.

_____· *Confluências. Manifestações da consciência comunicativa*. Rio de Janeiro: Tempo Brasileiro, 1983.

PORTELLA, Eduardo; CASTRO, Manuel Antonio de; MERQUIOR, José Guilherme; CUNHA, Helena Parente; PANDOLFO, Maria do Carmo; SODRÉ, Muniz; SILVA, Anazildo Vasconcelos da. *Teoria literária*. Rio de Janeiro: Tempo Brasileiro, 1975.

PRADO JUNIOR, Caio. *Formação do Brasil contemporâneo*. 20. ed. São Paulo: Brasiliense, 1987.

_____· *Formação do Brasil contemporâneo: Colônia*. São Paulo: Publifolha, 2000.

PRETI, Dino. *Os níveis da fala*. 3. ed. rev. e mod. São Paulo: Nacional, 1977.

PRIORE, Mary del. *Religião e religiosidade no Brasil colonial*. São Paulo: Ática, 1995.

PRIORE, Mary del e VENÂNCIO, Renato Pinto. *O livro de ouro da História do Brasil. Do descobrimento à globalização*. Ed. rev. e ampl. Rio de Janeiro: Ediouro, 2001.

_____· *Uma breve história do Brasil*. São Paulo: Planeta do Brasil, 2010.

PROENÇA FILHO, Domicio. *Pós-modernismo e literatura*. 3. ed. São Paulo: Ática, 1999.

_____· *Estilos de época na literatura*. 20. ed. rev. São Paulo: Prumo, 2012.

_____· *A linguagem literária*. 7. ed. São Paulo: Ática, 1999.

_____· *Dionísio esfacelado: Quilombo dos Palmares*. Rio de Janeiro: Achiamé, 1997.

PROENÇA FILHO, Domicio (org.). *A poesia dos Inconfidentes*. Rio de Janeiro: Nova Aguilar, 2. ed.1999.

_____· *O livro do seminário: ensaios*. I Bienal Nestlé de Literatura Brasileira, 1982. São Paulo: L/R Editora, 1982.

_____· *Literatura brasileira*, v. 1, *Crônica, teatro, crítica*. Ensaios. II Bienal Nestlé de Literatura Brasileira. São Paulo: Norte, 1986.

_____· *Literatura brasileira*, v. 2, *Criação, interpretação e leitura do texto literário*. Ensaios. II Bienal Nestlé de Literatura Brasileira. São Paulo: Norte, 1986.

_____· *Leitura do texto, leitura do mundo*. Rio de Janeiro: Rocco, 2017.

PROENÇA FILHO, Domicio e GODOY, Rejane Maria L. *Nova ortografia da língua portuguesa: manual de consulta*. Rio de Janeiro: Record, 2012.

_____.*Nova ortografia da língua portuguesa: guia prático.* Rio de Janeiro: Record, 2009.

QUEIROZ, Sônia. *Pé preto no barro branco. A língua dos negros da Tabatinga.* Belo Horizonte: Editora UFMG, 1998.

_____.*A língua do negro da costa: um remanescente africano em Bom Despacho (MG).* Belo Horizonte, FALE, UFMG, 1985.

RAIMUNDO, Jacques. *A língua portuguesa no Brasil: expansão, penetração, unidade e estado atual.* Rio de Janeiro: Imprensa Nacional, 1941.

_____.*O elemento afro-negro na língua portuguesa.* Rio de Janeiro: Renascença, 1933.

RAMOS, Arthur. *A aculturação negra no Brasil.* São Paulo: Nacional, 1942.

_____.*O folk-lore negro do Brasil. Demopsychologia e psychanalyse.* Rio de Janeiro: Civilização Brasileira, 1935.

REIS, Arthur César Ferreira. *A expansão portuguesa na Amazônia dos séculos XVII e XVIII.* Manaus: INPA, 1958.

REIS, Daniel Aarão (coord.). *História do Brasil Nação — 1808-2010*, 5 v. *Modernização, ditadura e democracia. 1964-2010.* Rio de Janeiro: Objetiva, 2014.

REIS, João José. *Rebelião escrava no Brasil: a história do Levante dos Malês em 1835.* São Paulo: Companhia das Letras, 2003.

REIS, João José e SILVA, Eduardo. *Negociação e conflito: a resistência negra no Brasil escravista.* São Paulo: Companhia das Letras, 1989.

REIS, João José e GOMES, Flávio dos Santos (orgs.). *Liberdade por um fio: história dos quilombos no Brasil.* São Paulo: Companhia das Letras, 1996.

RETO, Luís (coord.). *Potencial econômico da língua portuguesa.* Alfragide: Texto, 2012.

REVISTA DA ACADEMIA BRASILEIRA DE FILOLOGIA. Ano I, n. 1, Rio de Janeiro, 1. sem. de 2002.

RIBEIRO, Bertha. *O índio na história do Brasil.* São Paulo: Global, 1983.

RIBEIRO, Darcy. *Aos trancos e barrancos: como o Brasil deu no que deu.* Rio de Janeiro: Guanabara, 1985.

_____.*O povo brasileiro.* 2. ed. 22. reimp. São Paulo: Companhia das Letras, 1995.

_____.*Os índios e a civilização.* 2. ed. Petrópolis: Vozes, 1977.

RIBEIRO, João. *História do Brasil. Curso superior.* 17. ed. rev. e ampl. por Joaquim Ribeiro. Rio de Janeiro: Francisco Alves, 1960.

ROBERTS, Ian e KATO, Mary (orgs.). *Português brasileiro: uma viagem diacrônica.* Campinas: Editora da Unicamp, 1993.

RODRIGUES, Aryon Dall'Igna. *Problemas relativos à descrição do português contemporâneo como língua padrão do Brasil.* Petrópolis: Universidade Católica de Petrópolis/Arquivo Mattoso Câmara, 1966.

_____. *Línguas brasileiras: para o conhecimento das línguas indígenas.* 2. ed. São Paulo: Loyola, 1994.

RODRIGUES, José Honório. *Teoria da história do Brasil.* 5. ed. São Paulo: Nacional; Brasília: INL, 1978.

RODRIGUES, Nina. *Os africanos no Brasil.* 2. ed. São Paulo: Nacional, 1935.

ROMERO, Sílvio. *História da literatura brasileira.* 5 v. Rio de Janeiro: José Olympio, 1945.

ROUANET, Sérgio Paulo. *As razões do Iluminismo.* São Paulo: Companhia das Letras, 1987.

SABINO, Fernando. *A mulher do vizinho.* 16. ed. Rio de Janeiro: Record, 1991.

SALVADOR, frei Vicente do. *História do Brasil: 1500-1627.* 7. ed. São Paulo: Edusp, 1982.

SAMPAIO, Teodoro. *O tupi na geografia nacional.* 5. ed. São Paulo: Nacional; Brasília: IHL, 1987.

SANCHEZ, Edgard. *Língua brasileira.* São Paulo: Nacional, 1940.

SANDMANN, Antônio. *Formação de palavras no português brasileiro contemporâneo.* Curitiba: Scientia et Labor/Icone, 1989.

_____. *A linguagem da propaganda.* 3. ed. São Paulo: Contexto, 1999.

SANTIAGO, Paulino. *Dicionário de uma linguagem: o falar de Alagoas.* Maceió: Universidade Federal de Alagoas, 1976.

SANTOS, Milton. *Por uma outra globalização. Do pensamento único à consciência universal.* Rio de Janeiro: Record, 2000.

SCHWARCZ, Lilia Moritz. *As barbas do imperador: D. Pedro, um monarca nos trópicos.* São Paulo: Companhia das Letras, 1998.

_____. *D. Pedro II e seu reino tropical.* São Paulo: Companhia das letras, 2009.

SCHWARCZ, Lilia Moritz (org.). *História da vida privada no Brasil, v. 4. Contrastes da intimidade contemporânea.* São Paulo: Companhia das Letras, 1998.

SCHWARCZ, Lilia Moritz (coord.). *História do Brasil Nação — 1808-2010, v. 3, A abertura para o mundo — 1889-1930.* Rio de Janeiro: Objetiva, 2012.

SERAINE, Florival. *Dicionário de termos populares registrados no Ceará.* Rio de Janeiro: Simões, 1958.

SILVA, Alberto da Costa e. *A enxada e a lança. A África antes dos portugueses.* 2. ed. rev. e ampl. Rio de Janeiro: Nova Fronteira, 1996.

_____. *A manilha e o libambo: a África e a escravidão. 1500-1700.* Rio de Janeiro: Fundação Biblioteca Nacional, 2002.

_____. *Um rio chamado Atlântico. A África no Brasil, o Brasil na África*. Rio de Janeiro/UFRJ, 2003.

SILVA, Alberto da Costa e (coord.). *História do Brasil Nação — 1808-2010*, v. 1, *Crise colonial e independência: 1808-1830*. Rio de Janeiro: Objetiva, 2011.

SILVA, Benedicto. *A língua portuguesa na cultura mundial*. Porto: Fundação Engenheiro Antonio Almeida; Rio de Janeiro: Fundação Getulio Vargas, 1992.

SILVA, José Bonifácio. *Poesias de Americo Elysio (José Bonifácio de Andrada e Silva)*. Rio de Janeiro: Eduardo e Henrique Laemmert, 1861.

SILVA, José Paranhos. *O idioma do hodierno Portugal comparado com o do Brazil por um brazileiro*. Rio de Janeiro: Typ. de L. Winter, 1979.

SILVA, Maria Beatriz Nizza da. *A carta de Pero Vaz de Caminha*. Rio de Janeiro: Agir, 1965.

_____. *Cultura e sociedade no Rio de Janeiro: 1808-1822*. São Paulo: Companhia Editora Nacional, 1978.

_____. *Vida privada e quotidiano no Brasil da época de D. Maria e de D. João VI*. Lisboa: Estampa, 1993.

_____. *História da colonização portuguesa no Brasil*. Lisboa, Colibri, 1999.

_____. *Cultura no Brasil Colônia*. Petrópolis: Vozes, 1980.

_____. *Brasil: colonização e escravidão*. Rio de Janeiro: Nova Fronteira, 2000.

SILVA, Maria Beatriz Nizza da (coord.). *Dicionário da história da colonização portuguesa do Brasil*. Lisboa: Verbo, 1994.

SILVA NETO, Serafim da. *Introdução ao estudo da língua portuguesa no Brasil*. 2. ed. rev. e ampl. Rio de Janeiro: INL, 1963.

_____. *A língua portuguesa do Brasil*. Rio de Janeiro: Acadêmica, 1960.

_____. *Introdução ao estudo da língua portuguesa no Brasil*. 5. ed. Rio de Janeiro: Presença, 1986.

_____. *Língua, cultura e civilização*. Rio de Janeiro: Acadêmica, 1960.

SILVA, Rosa Virgínia Mattos e (org.). *Para a história do português brasileiro*, v. 1 e 2. São Paulo: Humanitas USP/Fapesp, 2001.

_____. *Ensaios para uma sócio-história do português brasileiro*. São Paulo: Parábola, 2007.

SKIDMORE, Thomas. *Brasil: de Castelo a Tancredo*. 6. ed. Rio de Janeiro: Paz e Terra, 1988.

SIMON, Maria Lúcia Mexias. *O falar da escravidão*. Rio de Janeiro: Tempo Brasileiro, 1996.

SIMÕES, Manuel. *A literatura de viagens nos séculos XVI e XVII*. Lisboa: Comunicação, 1985.

SIMONSEN Roberto. *História econômica do Brasil*. São Paulo: Nacional, 1980.

SOARES, Laura Tavares; BENJAMIN, Cesar; SADER, Emin. *Governo Lula: decifrando o enigma*. São Paulo: Viramundo, 2004.

SOARES, Gláucio Ary Dillon e D'ARAÚJO, Maria Celina (orgs.). *21 anos de regime militar: balanço e perspectiva*. Rio de Janeiro: FGV, 1994.

SOBRINHO, Barbosa Lima. *A língua portuguesa e a unidade do Brasil*. 2. ed. Rio de Janeiro: Nova Fronteira, 2000.

SODRÉ, Muniz. *O monopólio da fala: função e linguagem da televisão no Brasil*. 2. ed. Petrópolis: Vozes, 1977.

SODRÉ, Nelson Werneck. *História da literatura brasileira*. 4. ed. Rio de Janeiro: Civilização Brasileira, 1964.

_____. *Formação da sociedade brasileira*. Rio de Janeiro: José Olympio, 1944.

_____. *Síntese da história da cultura brasileira*. Rio de Janeiro: Civilização Brasileira, 1972.

SOUSA, Bernardino José de. *O pau-brasil na história nacional*. São Paulo: Companhia Editora Nacional, 1978.

_____. *Ciclo do carro de bois no Brasil*. São Paulo: Companhia Editora Nacional, 1958.

SOUSA, Pero Lopes de. *O diário de navegação de Pero Lopes de Sousa pela costa do Brasil até o rio Uruguai (1530 a 1532)*. 4. ed. Rio de Janeiro: D.L. dos Santos, 1867.

SOUZA, Laura de Mello e (org.). *História da vida privada no Brasil*, v. 1, *Cotidiano e vida privada na América Portuguesa*. São Paulo: Companhia das Letras, 1997.

SOUZA, T. O. Marcondes de. *Amerigo Vespucci e suas viagens*. 2. ed. São Paulo: Instituto Cultural Ítalo-Brasileiro, 1954.

SPINA, Segismundo. *História da língua portuguesa*. São Paulo: Ateliê Editorial, 2008.

SUPLEMENTO da *Folha de S.Paulo*, 10 mar. 2002.

TAPAJÓS, Vicente. *História administrativa do Brasil*.

TEIXEIRA, Bento. *Prosopopeia. Dirigida a Jorge Dalbuquerque Coelho, capitão e governador de Pernambuco*. Nova Lusitânia & Cia.

TEYSSIER, Paul. *História da língua portuguesa*. São Paulo: Martins Fontes, 1997

_____. *Manuel de langue portugaise (Portugal-Brésil)*. Paris: Klincksieck, 1976.

UCHOA, Célia Ribeiro. *Dicionário regional da Paraíba*. João Pessoa: 1967.

VAINFAS, Ronaldo (dir.). *Dicionário do Brasil colonial*. Rio de Janeiro: Objetiva, 2001.

_____. *Dicionário do Brasil Império*. Rio de Janeiro: Objetiva, 2008.

VAREJÃO, Filomena de Oliveira Azevedo. *Dossiê: Difusão da Língua Portuguesa*. In: *Cadernos de Letras da UFF* — n. 39, 2009, p. 119-137.

VARNHAGEN, Francisco Adolfo de. A carta de Pero Vaz de Caminha. In: *Revista do Insituto Histórico e Geográfico Brasileiro*, v. XL, parte 2, Rio de Janeiro, 1877.

VARNHAGEN, Francisco Adolfo de (org.). *Diário da navegação de Pero Lopes de Sousa pela costa do Brasil até o rio Uruguai (de 1530 a 1532)*. 4. ed. Rio de Janeiro: Typographia de D. I. dos Santos, 1867.

VASCONCELOS, Eliane. *La femme dans la langue du peuple au Brésil*. Paris: Éditions L. Hartmattan, 1994.

VEIGA, Manuel. *A construção do bilinguismo*. Praia: Instituto da Biblioteca Nacional e do Livro, 2004.

VERÍSSIMO, José. *História da literatura brasileira*. 3. ed. Rio de Janeiro: José Oympio, 1954.

VIANNA FILHO, Luiz. *A língua do Brasil*. 2. ed. Salvador, 1954.

_____. *O negro na Bahia*. 2. ed. São Paulo: Martins, 1976.

VIEIRA FILHO, Domingos. *A linguagem popular do Maranhão*. 3. ed. São Luís: Gráfica Olímpica, 1979.

VIEIRA, Maria de Nazaré da Cruz. *Aspectos do falar paraense (fonética, fonologia e semântica)*. Belém: UFPA, 1980.

VILAÇA, Marcos Vinicios e ALBUQUERQUE, Roberto Cavalcanti de. *Coronel, coronéis*. 2. ed. Rio de Janeiro: Tempo Brasileiro; Brasília: EdUnB, 1978.

VILELA, Mário e KOCH, Ingedore Villaça. *Gramática da língua portuguesa*. Coimbra: Almedina, 2001.

VILLALTA, Luiz Carlos. *1789-1808. O Império Luso-Brasileiro e os Brasis*. São Paulo: Companhia das Letras, 2000.

VIOTTI, Manuel Nogueira. *Novo dicionário da gíria brasileira*. 3. ed. Rio de Janeiro: Livraria Tupã, 1957.

VARELA, Nicolau Fagundes. *Vozes da América. Poesias*. Porto: Typographia de Antonio José da Silva Teixeira, 1878.

VENTURA, Zuenir. *1968: o ano que não terminou*. Rio de Janeiro: Nova Fronteira, 2006.

_____. *Cidade partida*. São Paulo: Companhia das Letras, 1994.

VERNEY, Luís Antonio. *Verdadeiro método de estudar*. Ed. org. por António Salgado Júnior. Lisboa: Sá da Costa, 1949-1953.

VIEIRA, Antonio. *Sermoens do Pe. Antonio Vieira. Terceira parte*. Lisboa: Officina de Miguel Deslandes, 1863.

_____. *Sermões*. Ed. fac-similar. São Paulo: Anchieta, 1945.

VILELA, Mário. *Gramática da língua portuguesa*. Coimbra: Almedina, 1999.

VITERBO, Joaquim de Santa Rosa. *Elucidário das palavras, termos e frases*. 3. ed. Lisboa/Porto: Civilização, 1983.

VOGT, Carlos; FRY, Peter. A descoberta do Cafundó: alianças e conflitos no cenário da cultura negra no Brasil. In: *Religião e sociedade* 8, 1982.

_____. *Cafundó: a África no Brasil*. 2. ed. Campinas: Editora da Unicamp, 2013.

WEFFORT, Francisco. *Espada, cobiça e fé. As origens do Brasil*. Rio de Janeiro: Civilização Brasileira, 2012.

WEHLING, Arno. *Administração portuguesa no Brasil de Pombal a D. João (1777-1808)*. Brasília: Funcep, 1986.

WEHLING, Arno e WEHLING, Maria. *Formação do Brasil colonial*. 3. ed. rev. e ampl. 4. reimp. Rio de Janeiro: Nova Fronteira, 1999.

WEREBE, Maria José. *Grandezas e misérias do ensino no Brasil*. 2. ed. São Paulo: Ática, 1997.

WILCKEN, Patrick. *Império à deriva. A corte portuguesa no Rio de Janeiro, 1808-1821*. Trad. de Vera Ribeiro. Rio de Janeiro: Objetiva, 2005.

ZIMMERMAN, Klaus (org.). *O português brasileiro: pesquisas e projetos*. Frankfurt am Mein: TFM, 2000.

Índice remissivo

Os números de páginas em itálico remetem aos textos ilustrativos, marcados com destaque ao longo do livro.

A alma encantada das ruas (obra), *385*

A bagaceira (obra), 435

A capital federal (obra), 347

A catedral (obra), *335*

A Confederação dos Tamoios (obra), 302, 307

A escrava (obra), 312

A escrava Isaura (obra), 292

A falecida (obra), 460

A hora e vez de Augusto Matraga (obra), 447

A Ilha de Maré (obra), 146-*148*

A influência africana no português do Brasil (obra), 554, 581, 645

A língua do Brasil (obra), 555, 581

A língua do Nordeste (obra), 581

A língua escrita do Brasil (obra), 605

A língua que falamos (obra), 440

A linguagem dos cantadores (obra), 581

A linguagem popular amazônica (obra), 580

A linguagem popular da Bahia (obra), 581

A lotação dos bonds (obra), *357*

A mãe do ouro (obra), *314*

A Marmota (obra), 343

A moreninha (obra), 288

A normalista (obra), 328

A nova gramática do português contemporâneo (obra), 569

A questão da língua brasileira (obra), 440

A rosa do povo (obra), 447

A um poeta (obra), *332*

A unidade linguística do Brasil (obra), 223, 556

A viuvinha (obra), 343

Abdias do Nascimento, 441

Abedelhak Razky, 587

Abílio Pereira de Almeida, 460

Acordes da Marcha da Quarta-feira de Cinzas (obra), *481*

Adolfo Caminha, 328, *330*

Adolfo Celi, 460

Adolfo Coelho, 323

Adonias Filho, 464

Adriana Lopez, 139, 274, 448

Adriano de Abreu Cardoso Machado, 402

Adrien Balbi, 301, 580

Afonso de Taunay, 535

Afonso Lopes, *17*, 19, 28

Afonso Luiz Piloto, 132

Afonso Pena, 379

Afrânio Garcia, 541

Africanismos, 292, 383, 384, 552, 554, 562, 564, 603

Agostinho da Silva Vieira, 402

Ai, ioió (obra), 387

Alan Baxter, 556

Albana Xavier, 587

Alberto da Costa e Silva, 190, 554

Alberto de Oliveira, 332, 354, *355*

Alberto Mussa, 191

Alcyr Pires Vermelho, 436

Aldous Huxley, 464

Alegria, alegria (obra), 483

Alemão (idioma), 363, 398, 544

Alfredo Bosi, 122, 221, 285, 428

Alonso de Aragona, 63

Alphonsus de Guimaraens, 334, *335*

Aluísio Azevedo, 328, *329*, 337, 351, *352*

Álvares de Azevedo, 288, *298*, *315*

Álvaro Ferreira de Vera, 402

Álvaro Maia, 581

Álvaro Moreira, 348

Amaro de Roboredo, 402

Ambrósio Fernandes Brandão, 37, *38*, *71*, 120, *121*

Américo Vespúcio, 34-36, 209-211, 214

Amor (obra), 348

Amor com amor se paga (obra), 347

Amor e pátria (obra), 347

Ana Emília de Carvalho, 563

Analfabetismo, 117, 320, 398, 408, 439, 448, 516, 517

André João Antonil, *175*

André Vidal de Negreiros, 99

Angela C. S. Rodrigues, 625

Aníbal Machado, 421

Aniceto Gonçalves Viana, 401-403

Anísio Teixeira, 405

Antenor Nascentes, 211, 535, 537, 550, 581, 582, 590

Anthony J. Naro, 191

Antífona (obra), *353*

Antiode (obra), 447

Antoine Meillet, 454

Antonico (obra), 431

Antônio Araújo, 59

Antonio Callado, 466, *467*

Antonio Carlos Jobim, 488

Antonio Crispim Veríssimo, *552*, 564

Antônio da Silva Lisboa, 239

Antônio de Araújo, 239

Antonio Gaio, 587

Antônio Geraldo da Cunha, 550

Antônio Houaiss, 88, 200, 238, 250, 474, 524, 545, 546, 549, 563, 579, 596, 597

Antonio Joaquim de Macedo Soares, 363

Antonio José Chediak, 535

Antonio Pereira Coruja, 363

Antonio Ruiz de Montoya, 63

Apolinário Porto Alegre, 363

Árabe (idioma), 26, 197, *464*, 551

Ariano Suassuna, 460

Ariel Castro, 89, 90, 136, 205, 455

Armando Cavalcanti, 442

Armando Gonzaga, 348

Arno Wehling, 66, 183, 185, 227

Arte da gramática da língua mais usada na costa do Brasil (obra), 58

Arte da Língua Brasílica (obra), 59

Arte de grammatica da Língua Brazílica da naçam Kiriri (obra), 62

Arte y vocabulario de lengua guarani (obra), 63

Artur Azevedo, 347, *349*

Artur da Costa e Silva, 474

Artur Ramos, 190

Aryon Dall'Igna Rodrigues, 56, 58, 60, 91, 190, 216

As asas de um anjo (obra), 347

Assis Chateaubriand, 395

Ataliba Teixeira de Castilho, 583, 595, 606, 607, 610, 624

Atlas linguístico da Paraíba (obra), 587

Atlas linguístico de Mato Grosso do Sul (obra), 587

Atlas linguístico do Amazonas (obra), 587

Atlas linguístico do Brasil (obra), 495, 516, 570, 581, 582, 588, 593, 595, 623

Atlas linguístico do estado do Ceará (obra), 587

Atlas linguístico do Paraná (obra), 587

Atlas linguístico do Sergipe II (obra), 587

Atlas linguístico sonoro do Pará (obra), 587

Atlas linguístico-etnográfico da Região Sul (obra), 587

Atlas prévio dos falares baianos (obra), 583

Auguste Henry Victor Grandjean de Montigny, 246

Augusto Boal, 458

Augusto Comte, 325

Aurora Fluminense, 263, *265*, 321

Auto da pregação universal (obra), 117

Auto de São Lourenço (obra), *85*, 117

Avisos ao povo bahiense (obra), 164

Azevedo Amaral, 535

Bahiano (cantor), *384*, 532

Baião (obra), 442

Barão do Rio Grande, *281*

Bárbara Heliodora, 489, 537

Barbosa Lima Sobrinho, 251, 307, 308

Bases da ortografia portuguesa (obra), 402

Bases para a elaboração do atlas linguístico do Brasil (obra), 581, 582

Batalha de Oliveiros com Ferrabraz (obra), *238*

Belchior (cantor), 489

Belchior da Silva Cunha, 270

Bento Teixeira, 102, 118, *120*, 131, 222, 223

Bento, o milagroso do Beberibe (obra), *365*

Bernardo Guimarães, 292-*294*, 313, *314*

Bernardo Pereira de Berredo, 136

Bernardo Pereira de Vasconcelos, 260

Bethania Mariani, 547

Biblioteca lusitana (obra), 222

Boca de Ouro (obra), 460

Boca do Inferno (Gregório de Matos), 128

Bombonzinho (obra), 348

Bom-crioulo (obra), 328, *330*

Boris Fausto, 174, 208, 212, 222, 236, 281, 382, 387, 476

Bossa Nova, 488

Brás da Costa Rubim, 363

Breve introducción para aprender la Lengua Guarani (obra), 63

Broquéis (obra), 420

Caetano de Mello e Castro, *114*

Caetano Veloso, 483

Café Filho, 457

Caio Prado Jr., 198

Cala a boca Etelvina (obra), 348

Canaã (obra), 336

Canção do exílio (obra), 304

Canção do Expedicionário (obra), 437

Canção do trabalho (obra), 429

Canta Brasil (obra), 436

Cantar para viver (obra), 437

Canto do Piaga (obra), 305, *306*

Capistrano de Abreu, 214, 311, 420

Capítulos de história da língua portuguesa do Brasil (obra), 581

Caramuru, 43, 44, 48, 213, 215

Caramuru (obra), 169

Carl Friedrich von Martius, *201*, 245

Carlos Drummond de Andrade, 425, 434, 436, 447

Carlos Guilherme Mota, 139, 226, 274, 448

Carlos Lacerda, 468

Carlos Luz, 457

Carlos Vogt, 557

Carlota Ferreira, 556, 580, 583, 587

Carolina Michaeles de Vasconcelos, 401

Carta de guia dos casados (obra), 402

Carta de nomes para se ensinar em pouco tempo a ler e escrever figurando a pronúncia do Brasil (obra), 402

Casa-grande e senzala (obra), 174

Casimiro de Abreu, 311

Cassiano Ricardo, 436

Castello Branco, 474

Castrioto Lusitano (obra), 122

Castro Alves, 288, 293, 312

Catálogo genealógico das principais famílias que procederam de Albuquerques e Cavalcantes em Pernambuco e Caramurus na Bahia (obra), 166

Catecismo da doutrina christãa na Língua Brazílica da naçam Kiriri (obra), 62

Catecismo na Língua Brasílica (obra), 59

Catecismo pequeno do Bispo (obra), *196*

Cavaco Silva, 526

Cecília Meireles, 434, 450

Celso Cunha, 181, 191, 198, 224, 251, 350, 391, 412, 451, 454, 455, 473, 566, 567, 569, 575, 581, 583, 585

Cem anos de solidão (obra), 511

Cenas da vida amazônica (obra), 363

Chão de estrelas (obra), *453*

Chapetuba F.C. (obra), 458

Chega de saudade (obra), 488

Chico Buarque, 488, 489

Cinco Minutos (obra), 343

Cipriano Barata, 262

Clarice Lispector, 447

Cláudio de Sousa, 348, 534

Cláudio Manuel da Costa, 169, *170*, 226

Clementina de Jesus, *552*

Cleusa Bezerra de Menezes, 587

Coelho Neto, 348, *422*

Coleção de vocábulos e frases usados na Província de São Pedro no Rio Grande do Sul (obra), 363

Como falam os brasileiros (obra), 589, 595

Como nossos pais (obra), 489

Como se faz um deputado (obra), 347

Compêndio narrativo do Peregrino da América (obra), *138, 167*

Comunidade dos Povos de Língua Portuguesa (CPLP), 525, 607

Confessio Fluminensis (obra), 78

Convenção Ortográfica de 1945, 438

Corpo vivo (obra), 464

Cosme, 268

Couto de Magalhães, *361*

Crioulização, 202, 322, 547, 549, 556

Cristóvão Colombo, 24

Cristóvão Jacques, 41

Crônica dos frades menores da Província do Brasil (obra), 166

Cruz e Sousa, 334, *336*, 337, 352, *353*, 420

Cultura e opulência do Brasil (obra), *175*

Curiosidades vocabulares indígenas na cultura do Brasil (obra), 220, 550

Darcy Ribeiro, 40, 44, 45, 187, 463, 550

David Nasser, 436

Demônio familiar (obra), 295, *296*, 347

Desagravos do Brasil e glórias de Pernambuco (obras), 166, 222

Descrição verdadeira de um país de selvagens nus, ferozes e canibais situados no Novo Mundo América (obra), 215

Descrioulização, 323, 556

Deus lhe pague (obra), 348

Diabo Coxo, 345, *346*

Diálogos das grandezas do Brasil (obra), 37, *38, 71*, 120, *121*

Diana (obra), 73

Dias Gomes, 460

Dicionário banto do Brasil (obra), 562

Dicionário da língua brasileira (obra), 363

Dicionário da Língua portuguesa (obra), 363

Dicionário de animais do Brasil (obra), 580

Dicionário de brasileirismos (obra), 580

Dicionário de vocábulos brasileiros (obra), 580

Dicionário etimológico da língua portuguesa (obra), 211, 550

Dicionário histórico das palavras portuguesas de origem tupi (obra), 550

Diferenciação e unificação do português do Brasil (obra), 581

Dilma Rousseff, 499, 528

Dinah Callou, 582, 583, 587, 589, 590, 618

Dino Preti, 566

Diogo Álvares Correia (Caramuru), 43, 45, 48, 213, 215

Diva (obra), 307, 308

Dois momentos de Rui Barbosa (obra), 368

Dois perdidos numa noite suja (obra), 489

Dom Casmurro (obra), 338, 340, 420

Dom João de Lencastro, 205

Dom João I, 209

Dom João III, 41, 42, 47, 49, *50*, *75*

Dom João IV, 99, 101, 165, 205

Dom João V, 136, 137, 140

Dom João VI, 233, 235, 237, 244-246, 248, 250, 251, 254, 601, 603

Dom Manuel I, 210, 211

Dona Maria I, 157, 233, 245

Domingos Borges de Barros (Visconde de Pedra Branca), 300, 580

Domingos Caldas Barbosa, 169, *172*

Domingos de Loreto Couto, 166, 222

Domingos Fernandes Calabar, 97

Domingos Jorge Velho, 73, 113

Domingos José Gonçalves de Magalhães, 287, 302, *303*, 307

Doramundo (obra), 468

Duarte Coelho, 47, *74*, *132*

Dante de Laytano, 580, 581

Duarte Fernandes, 38, 211

Duarte Nunes Leão, 402

Duarte Pacheco Pereira, 24

Duque Bicalho, 429

Eça de Queirós, 520

Edison Carneiro, 581

Edith Pimentel Pinto, 310, 322, 323, 353, 518, 573, 596, 600, 605

Eduardo Bueno, 208, 209, 214

Eduardo Calbucci, 610

Eduardo Carlos Pereira, 406

Eduardo de Almeida Navarro, 193

Eduardo Gomes, 441

Eduardo Portella, 510

Eduardo Prado Coelho, 416

Eles não usam black-tie (obra), 458, *459*, 466

Elza Berquó, 390

Em busca da felicidade (obra), 442

Em moeda corrente no país (obra), 460

Em Portugal se diz assim (obra), *599*

Emile de Bois-Garin, 263

Ensaio sobre a história da Literatura do Brasil (obra), 287

Ensaios de filologia e linguística (obra), 585

Epitácio Pessoa, 405, 426

Ernesto Carneiro Ribeiro, 395, 412

Ernesto Geisel, 474, 496

Esaú e Jacó (obra), *284*, 336, 420

Esboço de um atlas linguístico de Minas Gerais (obra), 587

Esmeraldo de situ orbis (obra), 24

Estácio de Sá, 64, 65

Estevão Froes, 41

Estudos de dialectologia portuguesa — a linguagem de Goiás (obra), 581

Estudos lexicográficos do dialeto brasileiro (obra), 363

Eu arranjo tudo (obra), 348

Euclides da Cunha, 354, 393, 421

Eugenio Coseriu, 567-569, 573-577

Eurípedes Cardoso de Menezes, 490

Evaldo Cabral de Mello, 98, 99

Evanildo Bechara, 527, 549, 569, 577, 578

Evaristo da Veiga, 263

Evocações (obra), *336*

Exposição de Motivos do Ministro da Educação e Cultura (obra), 485

Ezra Pound, 450

F. Bertholameu Ferreira, *77*

Fábula de Anfion (obra), 447

Fagundes Varela, 313

Falares africanos na Bahia (obra), 554

Fanfarrão Minésio, 168

Fernando Collor de Melo, 499

Fernando Henrique Cardoso, 499, 514

Fernando Tarallo, 323

Fernão Dias Paes, 92, 330

Ferreira Gullar, 489

Filipe Camarão (Poti), 100

Filologia, 217, 350, 413, 473, 490, 491, 581

Filosofia, 80, 156, 243, 412, 416, 481, 502

Flores de sombra (obra), 348

França Junior, 295, *297*, 347, *357*

Francês (idioma), 42, 52, 53, 69, 79, 87, 99, 123, 158, 192, 197, 199, 204, 300, 301, 363, 520, 576, 592

Francis Hime, 488

Francisco Adolfo Coelho, 403

Francisco Campos, 405

Francisco Carlos Teixeira da Silva, 496

Francisco Chaves, 44

Francisco de Brito Freire, *83*, 122

Francisco de Paula Freire de Andrade, 225

Francisco de Souza, 69

Francisco Gonçalves Martins, 271

Francisco Manuel de Melo, 402

Franco Fortini, 419

Frei Antônio de Santa Maria Jaboatão, 166

Frei Antonio do Rosário (obra), 148

Frei Francisco de Nossa Senhora dos Prazeres, 177, 272

Frei José de Santa Brígida (Bartolomeu), 143

Frei José de Santa Rita Durão, 169

Frei Manuel Calado, 122

Frei Rafael de Jesus, 122

Frei Vicente do Salvador (Vicente Rodrigues Palha), 121, 122, 223, 650

Frutas do Brasil (obra), 148, *149*

Fundamentos histórico-linguístico do português do Brasil (obra), 208, 585

Gabriel García Márquez, 511

Gabriel Soares de Sousa, 73, 86, *87*, 89, 120, 179

Ganga-Zumba, 112

Ganza-Zumba (obra), 554

Gaspar Barléu, 111

Gaspar da Gama, 26

Gaspar de Lemos, 30, 32, *34*

Gastão Tojeiro, 348

Gazeta literária (obra), 363, 580

Geraldo Galvão Ferraz, 468

Getúlio Vargas, 410, 427, 428, 433, 438, 449, 455, *457*, 472, 496

Gianfrancesco Guarnieri, 458, *459*

Gil Vicente, 117

Gilberto Freyre, 174, 221, **441**

Giuseppe Garibaldi, 268

Gladstone Chaves de Melo, 323, 550, 555, 581, 619

Glaura (obra), 169

Glossário de vocábulos brasileiros (obra), 363, 580

Gomes Freire de Andrade, 165
Gonçalo Coelho, 36, 211
Gonçalves Dias, 288, 291, 303, *304, 306-*
308, 312, 322
Graça Aranha, 336
Graciliano Ramos, 436
Gramática de usos do português (obra),
602
Gramática do português falado (obra),
583, 585, 595, 607, 623
Grande sertão: veredas (obra), 467
Gregório de Matos, 102, 128, *130,* 131
Gregory Guy, 323, 556
Guanabara: revista mensal artística,
scientífica e litteraria, 264
Guia para estudos dialectológicos
(obra), 581
Guilherme de Almeida, 437

Hans Staden, 48, 215
Heitor Villa-Lobos, 429, 437
Heloísa Sterling, 161, 225
Henrique Dias, 100
Henrique Garrastazu Médici, 474
Henrique Morize, 426
Henriqueta Lisboa, 450
Herbert Parente Fontes, 440
Hercule Florence, 145
Hipólito José da Costa, 240
História da língua portuguesa (obra),
229, 550, 603
História da literatura brasileira (obra),
201, 218, 219
História do Brasil (obra), 121, *122*
Historie d'un voyage fait en la Terre

du Brésil autrement dite Amerique
(obra), 52
Humberto Teixeira, 442

Ian Roberts, 607
Ignacy Sachs, 541
Imigração, 109, 139, 144, 181, 359, 397,
432, 519
Imprensa, 117, 135, 161, 186, 194, 198,
237, 239, 242, 247, 250, 261, 262,
272, 273, 279, 282, 283, *303,* 315,
320, 321, 340-344, *346,* 350, 358,
361, 379, 387, 393, 394, 395, 398,
415, 428, 431, 433-435, 445, 447,
448, 468, 474, 475, 480, 491, 517, 529,
544, 565, 573, 592, 606, 616
Inácio José de Alvarenga Peixoto, 169
Inglês (idioma), 204, 363, 408, 476, 499,
509, 519, 520, 522, 523, 530, 576, 602
Inglês de Sousa, 328
Inocência (obra), 294, *295, 351*
Instinto de nacionalidade (obra), *339*
Introdução ao estudo da língua portu-
guesa (obra), 535, 555, 581
Invocação (obra), 313
Iracema (obra), 290, *291,* 369
Ismael Silva, 431
Italiano (idioma), 211, *302,* 363, 544
Itamar Franco, 499
Ivan Alves Filho, 211

J. da Gama, 300, 301
J. G. Herculano de Carvalho, 566
Jacques Lambert, 448
Jacques Raimundo, 554, 581
Jacyra Mota, 580, 587

James Joyce, 464
Jânio Quadros, 469, *470*, 472
Jean de Léry, 52, *53*
Jean-Baptiste Debret, 246
João Barbosa Leão, 402
João Barbosa Rodrigues, *62*
João Batista Figueiredo, 474, 475
João Cabral de Melo Neto, 447, 450, 460, 489
João da Nova, 34
João de Lisboa, 41
João de Morais Madureira Feyjó, 402
João do Rio, *385*
João Felício dos Santos, *554*
João Fernandes Vieira, 99
João Franco Barreto, 402
João Goulart, 469, 471-473, 484
João Guimarães Rosa, 447, 467, 574
João Ramalho (Bacharel de Cananeia), 43-45, 213
João Ribeiro, 24, 323
João Roque Lorenzato, 550
João Salomé Queiroga, 548
Joaquim Barradas de Carvalho, 24
Joaquim Manuel de Macedo, 288, 347
Joaquim Nabuco, 337, 396, *397*
Joaquim Norberto Teixeira e Sousa, 288
Joaquim Silvério dos Reis, 161, 226
Johann Baptist von Spix, 245
Johann Friedrich Herbart, 408, 472
John Dewey, 409, 472
John Holm, 556
Joracy Camargo, 348
Jorge Amado, 436
Jorge de Albuquerque Coelho, 118, 132, 223

Jorge de Lima, 434, 450
Jorge de Montemayor, 73
Jornal do Brasil, 379, 393, 394
Jornal do Commercio, *264*, 272, 321, 342, *379*, 393, 433
José (obra), 425
José Aderaldo Castelo, 165
José Américo de Almeida, 435, 441
José Aparecido Teixeira, 581
José Basílio da Gama, 169, *171*
José Bonifácio de Andrada e Silva, 301, *302*
José Celso Martinez, 489
José Clemente Pereira, 260
José de Alencar, 290, *291*, 295, *296*, 299, 303, 307, 308, *310*, 311, 314, 342
José de Anchieta, 50, 58, 59, 62, 65, 75, 81, *84-86*, 89, 109, 117, *122*, 131, *133*, 218, 219
José do Patrocínio, 345
José Guilherme Merquior, 436, 511
José Jorge Paranhos da Silva, 402, 501
José Leite de Vasconcelos, 401, 403
José Lino Coutinho, 260
José Lins do Rego, 436
José Murilo de Carvalho, 248, *563*
José Passini, 587
José Rangel, 429
José Ribeiro, 587
José Rodrigues Preto, *201*
José Rogério Fontenelle Bessa, 587
José Sarney, 498, 524
José Veríssimo, 363, 403
Joseph Naro, 324
Juan Días de Solis, 40, 41
Jubiabá (obra), 436

Judith Freitas, 587

Juscelino Kubitschek, 457, 472

Justiniano José da Rocha, 273

Katecismo indico da lingoa Kariris (obra), 62, *63*

Katherine Mansfield, 464

Klécius Caldas, 442

L. Calvet, 509

Latim, 49, 53, 58, 62, 80, 84, 99, 104, *110*, 116, 117, 143, 155, *180*, 194, 204, 208, 210, *302*, 592

Laura de Mello e Souza, 125, 223

Leandro Blanco, 442

Leandro Gomes de Barros, *238*, *365*

Leila Mezan Algranti, 158, 176

Lendas e romances (obra), 293, *294*

Léxico, 78, 128, 184, 197, 406, 480, 519, 521, 550, 562, 565, 579, 580, 588, 592, 597, 598, 601, 608, 611, 627

Lião Anriquez Manoel de Coadres, *77*

Liberdade, liberdade (obra), 480, *481*, 489

Libero Badaró, 263

Lição de botânica (obra), 347

Lições de português (obra), 412

Lilia Moritz Schwarcz, 161, 222, 246, 368, 499

Lima Barreto, 336, 337, 340, *341*, 449

Lindley Cintra, 566, 567, 569, 575

Língua Geral Amazônica, 60, 61, 64, 94, 134, 176, 182, 193, 272, 278, 366, 387

Língua Geral Brasileira, 63, 64, 199, 272

Língua Geral do Sul, 60, 192

Língua Geral Guarani, 63, 140, 193, 197

Língua Geral Meridional, 60, 192

Língua Geral Paulista, 60, 64, 67, 83, 91, 123, 125, 134, 139, 140, 145, 173, 182, 192, 193, 387

Língua Geral Setentrional, 60, 193

Língua Kiriri, 62

Língua portuguesa (obra), *332*

Línguas (intérpretes), 35, 41, 44, 58, 75, 87-89, 98, 99, 194

Linguística, 13, 228, 413, 454, 473, 526, 527, 582

Livro de viagem da nau "Bretoa" (obra), *39*

Lord Byron, *315*

Lourenço da Veiga, 69

Lourenço Filho, 405

Lúcio Costa, 461, *462*

Lúcio de Mendonça, 337

Lucíola (obra), 307

Luís Antonio Verney, 402

Luís Carlos Prestes, 441

Luís de Camões, 73, 118, 146, *302*, *332*

Luís Figueira, 59

Luís Inácio Lula da Silva, 499, 516, 526

Luís Maria Silva Pinto, 363

Luís Peixoto, 387

Luís Salim, 270

Luiz Carlos Villalta, 134, 197

Luiz Francisco de Paula Cavalcanti de Albuquerque Secretário, 266

Luiz Garcia, 529

Luiz Gonzaga, 442

Luiz Vincêncio Mamiani, 62

Lundu do Pai João (obra), *399*

Lusbela (obra), 347
Luxo e Vaidade (obra), 347

Machado de Assis, 264, *284*, 291, 322, 326, 337, *339*, 343, 344, 347, 412, 420, 479, 520, 572
Macunaíma (obra), 435, *551*
Malagueta, Perus e Bacanaço (obra), 479
Manifesto dos educadores mais uma vez convocados (obra), 471
Manifesto dos Mineiros (obra), 437
Manifesto dos Pioneiros da Educação Nova (obra), 411, 533
Manjerona (obra), 348
Manoel da Silva Ferreira, 158, *160*
Manoel Pinto Ribeiro, 550
Manuel Antônio de Almeida, 288, *289*, 342
Manuel Bandeira, 436, 450
Manuel Botelho de Oliveira, 102, 145, *146, 148*
Manuel da Nóbrega, *47-51*, 65, *67, 72*, 74, *75*, 79, 101, *105*
Manuel Felix Coelho, 402
Manuel Francisco dos Anjos Ferreira, 268
Manuel Inácio da Silva Alvarenga, 163, 168, 169
Manuel Teles de Barros, 69
Marchinha, 442, 449, 488
Marechal Floriano Peixoto, 378
Margarida Maria Taddoni Petter, 557, 620, 621
Maria Bernadete M. Abaurre, 625
Maria Candelária (obra), 442
Maria Cecília de Jesus, *563*

Maria Clara Machado, 461
Maria Cristina Cortez Wissenbach, 383
Maria Emília Barcelos, 532, 579, 623
Maria José Werebe, 102, 221, 317
Maria Luíza de Carvalho Cruz, 587
Maria Selma de Carvalho, *563*
Maria Wehling, 66, 183, 211
Marília de Dirceu (obra), *162*, 169, 239
Marino Pinto, 449
Mário Casassanta, 405
Mário de Andrade, 421, 422, *424*, 435, *551*
Mário Faustino, 467
Mário Marroquim, 581
Mário Zágari, 587, 624
Marlos de Barros Barbosa, 206
Marquês de Pombal, 117, 156, 181, 204, 409
Martim Afonso de Sousa, 36, 42, 43, 46, 47, 125, 213, 214
Marvada pinga (obra), 415
Mary A. Kato, 607, 624
Mary del Priore, 236
Mary F. Careno, 557
Matias de Albuquerque, 96, 97
Mattoso Câmara Jr., 59, 322, 323, 454, 549, 556, 569
Maurício de Nassau, 78, 97-99, 111
Maurizio Gnerre, 557
Mauro de Almeida, 384
Mauro Villar, 550, 551, 562
Meditação (obra), *291*
Melchior Ramires, 41
Mem de Sá, 64, 65, 67, 68, 179
Memórias de Lázaro (obra), 464
Memórias de um sargento de milícias (obra), 288, *289*, 342

Menas: o certo do errado, o errado do certo (obra), 610

Menino de engenho (obra), 436

Menotti del Picchia, 421

Metamorfose ambulante (obra), 488, 489

Metamorfoses (obra), 73

Meu caro amigo (obra), 488

Michel Temer, 499

Miguel Gustavo, 488

Mikhail Bakhtin, 510

Millôr Fernandes, 480, *481*

Milton Santos, 508

Missal (obra), 420

Mistérios da paixão de Cristo (obra), 73

Mitologia, 147, 297, 521

Moacir Palmeira, 541

Moacyr Félix, 483

Moçambique (ritmo), 383

Modernismo, 350, 394, 416, 418, 421, 436, 446, 450, 451, 467, 511-513, 596

Monólogo de uma sombra (obra), 354

Monteiro Lobato, 421, 441

Morena (obra), 348

Morfossintaxe, 272, 354, 364, 495, 519, 549, 565, 591, 597, 603

Morte e vida severina (obra), 460, 489

Mundus Novus (obra), 210

Murilo Mendes, 447

Música do Parnaso (obra), 145, *146*

Nacionalismo, 289, 407, 424, 449, 483, 601

Nadja Andrade, 587

Não consultes médico (obra), 347

Naturalismo, 282, 325, 326, 328

Nei Lopes, 562

Nelson Pereira dos Santos, *465*

Nelson Rodrigues, 444, 460, 489

Nelson Rossi, 581, 583, 587

Nelson Werneck Sodré, 117, 240, 262, 276, 341, 393, 433, 468

Nereu Ramos, 457

Nhô-Totico, 426

Nicolas Antoine Taunay, 246

Nicolas Durand de Villegaignon, 51-53, 78

Nicolau Coelho (Njcolaao Coelho), 17, 26

Nicolau Salum, 583

Nitheroy Revista Brasiliense de Sciencias, Lettras e Artes, 287

Noel Rosa, 431

Norberto Silva, 202

Nós (obra), 441

Nova Lusitânia: história da guerra brasílica (obra), *83*

Novo Orbe Seráfico Brasílico (obra), 166

Nuno Marques Pereira, *138*, 167, 224

Nuvem (obra), 348

O Ateneu (obra), 336

O Badejo (obra), 347

O caçador de esmeraldas (obra), *331*

O cangaceiro (obra), 449

O cão sem plumas (obra), 450

O Cortiço (obra), 328, *329, 352*

O elemento afro-negro na língua portuguesa (obra), 554

O elemento negro na língua portuguesa (obra), 581

O engenheiro (obra), 447

O falar mineiro (obra), 581

O filho do pescador (obra), 288

O Guarani (obra), 290, 315, 343

O homem (obra), 328

O homem e a América (obra), 321

O homem e sua hora (obra), 467

O idioma do hodierno Portugal comparado com o do Brazil (obra), 364

O intruso (obra), 348

O jesuíta (obra), 347

O linguajar carioca em 1922 (obra), 581, 582

O mambembe (obra), 347, *348, 349*

O milhafre (obra), 348

O missionário (obra), 328

O Mulato (obra), 273, 328

O navio negreiro (obra), 293

O negro brasileiro e outros estudos (obra), 554

O nome da rosa (obra), 511

O pagador de promessas (obra), 460

O pavão (obra), *479*

O português do Brasil (obra), 581, 596

O português do Brasil: textos críticos e teóricos (obra), 606

O primo da Califórnia (obra), 347

O problema da língua brasileira (obra), 581

O protocolo (obra), 347

O que é o casamento (obra), 347

O rei da vela (obra), 489

O riso e a lágrima (obra), 422

O ritmo da língua nacional (obra), 581

O simpático Jeremias (obra), 348

O tratado de geometria (obra), 239

O tupi na geografia nacional (obra), 580, 650

O turbilhão (obra), 348

O verdadeiro método de estudar para ser útil à República e à Igreja (obra), 402

O vocabulário pernambucano (obra), 580

Observações sobre o comércio franco do Brasil (obra), 239

Ochelsis Laureano, 415

Octávio Caetano, 558,

Ode ao burguês (obra), *424*

Oduvaldo Vianna, 348

Oduvaldo Vianna Filho, 458, 489

Olavo Bilac, *331, 332,* 337, 352, *353,* 395

Olívio Monteiro, 581

Opus 10 (obra), 450

Oralidade, 177, 179, 192, 309, 351, 364, 452, 572, 597, 606

Ordenança do coronel (obra), 348

Orestes Barbosa, *453,* 535

Orthografia nacional (obra), 403

Orthographia da língua portugueza, offerecida ao senhor Francisco Manuel de Melo (obra), 402

Ortografia, 89, 208, 400, 402, 403, 427, 438, 490, 491, 524, 527, 530, 565

Ortografia nacional (obra), 401

Ortographia da lingoa portugueza (obra), 402

Os africanismos no dialeto gaúcho (obra), 581

Os deuses de casaca (obra), 347

Os Lusíadas (obra), 73

Os Sertões (obra), 354, 393, 421

Os timbiras (obra), *288*

Oswald de Andrade, 421, *451*, 489

Outros textos de História — Valeroso Lucieno (obra), 122

Ovídio, 73

Pacífico Licutã, 270

Padre Antonio Vieira, 58, 83, 102, 104, 130, *131*, 133, *134*

Padre Azpilcueta Navarro, *48*, 58, 74

Padre Bernardo de Nantes, 62, *63*

Padre Fernão Cardim, 54, 57, 73, *110*, 218

Padre Manuel Álvares, 143, 224

Páginas recolhidas (obra), 420

Pandiá Calógeras, 81

Papa Bento XVI, 508

Paraguaçu, 213

Parâmetros curriculares nacionais (obra), 504

Parnasianismo, 325, 326, 331

Paschoal Carlos Magno, 348

Paschoal Lemme, 409

Paul Teyssier, 205, 550, 571, 585, 603, 605

Paula Brito, 338, 344

Paulo Autran, 460, *481*

Paulo Coelho, 489

Paulo Freire, 472, 476

Paulo Ghiraldelli Jr., 317, 408, 472

Pedro Álvares Cabral, 18, 32, 36, *37*, 38, 116, 208, 209, 234

Pedro Calmon, 80, 535

Pedro Mico (obra), 466, *467*

Pedro Nunes Leal, 304, 308

Pedro Teixeira, 94

Pelo Telefone (obra), 384

Pequeno vocabulário ortográfico da língua portuguesa (obra), 438

Pereira da Costa, 580

Pero de Magalhães Gândavo, *29*, 86, 210, 218

Pero Lopes de Sousa, 42, *44*, *47*, 212-214

Pero Vaz de Caminha, 17-19, 23, *25*, 28, *31*, 89, 146, 210

Peter Fry, 557

Pierre Plancher, 263

Pinheiro Chagas, 291

Plínio Marcos, 489

Poemas (obra), 450

Poesia liberdade (obra), 447

Poesia Viva I (obra), 483

Popularium sul-riograndense e o dialeto nacional (obra), 363

Poranduba maranhense (obra), 177, 272

Português arcaico, 323, 563, 564

Português brasileiro, 13, 18, 90, 189, 322, 323, 451, 454, 506, 520, 543, 546, 548, 550, 552, 554, 555, 560, 561, 563-565, 570, 571, 573, 579, 595, 605-607, 611, 614

Português brasileiro, uma viagem diacrônica (obra), 607

Português europeu, 196, 317, 323, 361, 366, 513, 545, 561, 570, 573, 603, 606, 609

Pra frente Brasil (obra), 488

Primeiros cantos (obra), 304

Profissão de fé (obra), *353*

Projeto de Estudo da Norma Urbana Culta (NURC), 583-585, 589, 607, 623

Pronominais (obra), 451
Proposta Rodolfo Dantas, 319
Prosopopeia (obra), 118, *120*, 132
Psicologia da composição (obra), 447
Ptyx (revista), 478

Quase ministro (obra), 347
Quebranto (obra), 348
Quilombo (jornal), 441
Quincas Borba (obra), 420

Raimundo Correia, 332, 333
Raimundo Gomes, 268
Rainer Maria Rilke, 450
Raposo Tavares, 91, 92
Rasga coração (obra), 489
Ratio Studiorum (obra), 80, 408
Raul Pompeia, 336
Raul Seixas, 489
Realismo, 282, 325, 326, 523
Rebelo Gonçalves, 438
Regionalismo, 294, 350, 447, 592, 593
Regras da orthographia portuguesa (obra), 402
Rei é Oxalá, rainha é Iemanjá (obra), 553
Reise in Brasilien: Viagem pelo Brasil (obra), 245
Relação da aclamação que se fez na capitania do Rio de Janeiro do Estado do Brasil, e nas mais do sul, ao Sr. Rei Dom João IV (obra), 165
Relação do naufrágio que passou Jorge d'Albuquerque Coelho, capitão e governador de Pernambuco (obra), 132, 223

Relatório do plano-piloto de Brasília (obra), 462
Renato Mendonça, 554, 581
Renato Pinto Venâncio, 236
Renato Teixeira, 489
Renato Viana, 348
Repertório estatístico do Brasil (obra), 340
Retrato velho (obra), 449
Revolução na América do Sul (obra), 458
Rio, 40 graus (obra), *465*
Roceira (obra), 384, 532
Roda viva (obra), 489
Rodolfo Garcia, 212, 223, 580
Rodolfo Leite Ribeiro, 333
Rodolpho Von Ihering, 580
Roger Bastide, 314
Romanceiro da Inconfidência (obra), 450
Romantismo, 170, 285, 286, 299, 302, 309, 313, 337, 350, 451, 596
Romaria (obra), 489
Ronaldo Vainfas, 82, 218
Roque Calage, 580
Roquette Pinto, 426
Rosa Virgínia Matos e Silva, 547
Rubem Braga, 479, *599*
Ruy Barbosa, 221, 319, 395, 412
Ruth Maria Fonini Monserrat, 60

S. Bernardo (obra), 436
Sabino Barroso, 271
Salvador Correia de Sá, 65
Sampaio Dória, 405
Samuel Wainer, 434, 468

São Jorge dos Ilhéus (obra), 436
Sagarana (obra), 447
Sardanapalo (obra), 315
Se correr, o bicho pega, se ficar o bico come (obra), 489
Se eu morresse amanhã (obra), *298*
Sebastião José de Carvalho e Melo, 151
Segundas três musas de Melodino (obra), 402
Serafim da Silva Neto, 135, 204, 225, 323, 391, 454, 455, 547, 555, 556, 581, 582
Sérgio Buarque de Holanda, 179
Sérgio Paulo Rouanet, 507, 523
Sermão pelo bom sucesso das armas de Portugal contra as da Holanda (obra), 130, *131*
Serração da Velha (obra), *177*
Sextilhas de Frei Antão (obra), 306, *307*
Silva Ramos, 403
Silveira Bueno, 551
Sílvio Caldas, *453*
Sílvio Elia, 90, 135, 208, 549, 556, 581, 585
Sílvio Romero, *201*, 202, 219, *362*, *553*
Simão Rodrigues, *49, 51*
Simbolismo, 205, 325, 326, 334, 416
Sinhá Malvina (personagem), 292
Sistema de ortografia brasileira (obra), 402
Sociedade brasileira: uma história através dos movimentos sociais (obra), 209, 320, 371
Sol do Sertão (obra), 348
Sônia Maria de Melo Queiroz, 559
Sônia Regina de Mendonça, 428, 429, 457
Spartaco Rossi, 437

Stuart B. Schwartz, 225
Stuart Mills, 494
Sub tegmine fagi (obra), 312
Superman (obra), 446
Suspiros (obra), 311
Suspiros poéticos e saudades (obra), 302, 303
Suzana Cardoso, 565, 580, 587
Sylvio Salema, 437

Tânia Lobo, 189, 206, 228, 229, 643
TBC (teatro), 460
Telenovela, 445, 446, 480, 490, 536, 573
Teófilo Otoni, 263
Terra Roxa e Outras Terras (obra), 394
Terra seca (obra), 437
Tesoro de la Lengua Guarani (obra), 63
The Rio Packet, 264
Theodoro Sampaio, 580
Tomás Antônio Gonzaga, 162, 168,169, 239, 300, 301
Tomás Beckman, 95
Tomé de Sousa, 47-50, 58, 66, 67, 72, 126, 179
Tônia Carrero, 460
Tratado descritivo do Brasil (obra), 73, 89, 179, 180, 220
Tratados da terra e da gente do Brasil (obra), 54, 73, 110
Triste fim de Policarpo Quaresma (obra), 336, 341
TUCA (teatro), 460, 489
Typhis Pernambucano, 261

Ufanismo, 436, 437, 510
Ulrich Schmidel, 45
Umberto Eco, 511

Universidade da Bahia, 206, 588

Universidade de Coimbra, 145, 260, 360

Universidade de São Paulo, 412, 557

Universis Christi Fidelibus (obra), 31

Urupês (obra), 421

Vadico, 431

Várias histórias (obra), 420

Variedades ou Ensaios de Literatura (obra), 242

Vasco da Gama, 24

Vasconcelos de Abreu, 402

Vaso grego (obra), 355

Vaz da Costa Rubim, 580

Vendedor de ilusão (obra), 348

Venturoso (D. Manual), 23, 32, 118

Vera Rollemberg, 587

Vereda (revista), 478

Verso e reverso (obra), 310, 347

Vestido de noiva (obra), 444

Viagens pelo interior do Brasil (obra), 246

Vidas secas (obra), 436

Vila Rica (obra), 170, 226

Vinicius de Moraes, 488

Viola de Lereno (obra), 169, 172

Violão de rua (obra), 483, 484

Virginia Woolf, 464

Viriato Correia, 348

Visconde de Beaurepaire-Rohan, 363, 580, 632

Visconde de Taunay, 294, 295

Vocábulos indígenas e outros introduzidos no uso vulgar (obra), 363

Voyage pithoresque e historique au Brésil (obra), 246

Voz Paulistana, 272, 321

Walter Benjamin, 511

Walter Koch, 587, 624

Washington Luís, 385, 433

William Faulkner, 464

William Kilpatrick, 409

Yeda Pessoa de Castro, 190, 199, 554, 559, 561, 563

Yonne Leite, 582, 589, 590, 618, 623, 624

Zambi, 89

Zero Hora, 468

Zumbi, 112-114, 172, 222, 466, 467

Este livro foi composto na tipografia Minion
Pro Regular, em corpo 11/15,5, e impresso
em papel off-white no Sistema Cameron da
Divisão Gráfica da Distribuidora Record.